外研社社史编写组 编著

长风破浪

外研社40年改革发展史
1979—2019

上卷

外语教学与研究出版社
北京

# 序

王定华

北京外国语大学党委书记

　　金秋十月，举国同庆，乐曲如潮。在这样一个喜庆美好的日子里，我们刚刚庆祝了新中国的 70 周年华诞，又迎来了外研社的 40 岁生日。这既是外研社的喜事，也是北京外国语大学发展史上的大事。在此，我谨代表北京外国语大学，向关心支持外研社建设发展的老领导、老专家致以崇高的敬意，向团结一心、锐意进取的外研社全体职工表示衷心的祝贺！

　　40 年前，外研社沐浴着中国改革开放的春风应运而生。伴随着全国外语教育复苏、文化体制改革、素质教育实施、信息技术腾飞，外研社立足时代，服务人民，勇于探索，引领潮流，取得了丰硕成果，已发展成为中国外语教学与研究的重要基地、外语类图书的出版重镇和中国企业"走出去"的标杆。

　　40 年来，外研社服务外语教育改革发展，实现了外语教材大、中、小、幼学段全线出版和教材出版、学术出版、文化出版、大众出版、辞书出版齐头并进，成立了中国英语阅读教育研究院、中国外语测评中心、中国外语教材研究中心、中国职业外语教育发展研究中心等多家专业性学术研究机构，打造了涵盖多语种、全学段的赛事体系，承担了全国范围的外语教师培训。

40 年来，外研社服务国家对外开放战略，"记载人类文明，沟通世界文化"，使"中华思想文化术语"、《走遍中国》等系列丛书、汉语教材成功落地海外市场，版权输出数量超过千种，迄今已在全球 11 个国家创立分支机构，与 700 多家海外出版社建立了富有成效的伙伴关系。

40 年来，外研社把握时代脉搏，抓准战略方向，优化产品结构，使出版业务不断拓展，精品战略扎实推进，国际业务稳步起航，数字业务快速发展。发行码洋从 1990 年的 1000 万元发展到如今的 33 亿元，实现了社会效益和经济效益的统一。外研社也以自己的力量反哺北外，在学术出版、教师培训、学术会议、科研项目等方面为学校提供了全方位的支持与服务。

回顾 40 年的发展历程，可以说，外研社既是改革开放的见证者、受益者，也是改革开放的践行者、推动者。我们更加清晰地认识到，坚持党的教育方针和文化方针，服务立德树人、文化传承和社会主义现代化建设是外研社的使命所在；坚持特色发展，把握外语教育新动向，洞悉外语学习新需求，是外研社的立身之本；坚持创新发展，解放思想，实事求是，与时代同步伐，把握时代脉搏、聆听时代声音是外研社的发展之基。立足新时代，面向现代化，希望外研社勇于迎接挑战、抓住机遇，自觉肩负起以文化人、以文育人、以文培元的使命。

一是坚持正确政治导向。希望外研社领导班子带领全体职工认真学习贯彻习近平新时代中国特色社会主义思想，学习贯彻习近平总书记关于教育工作和社会主义文化建设的重要论述，增强"四个意识"，坚定"四个自信"，做到"两个维护"，深刻理解新时代国家外语教育改革和对外开放的新形势，不断满足人民大众日益增长的文化教育发展的新需求，以精品奉献人民，用明德引领风尚。

二是推进文明交流互鉴。做好《"一带一路"国家文化教育大系》大型丛书的编写和出版工作，做好中国外语博物馆的策划、设计和建设。加大海外业务拓展力度，推动中国名家名作走出去，主动讲好中国共产党治国理政故事、中国人民奋斗圆梦故事、中国和平发展合作共赢故事，让世界更好地了解中国。

三是深入实施融合发展。如今，数字革命推动了出版传媒业态的不断变化，人类知识的生产方式、传播方式、服务方式发生深刻变化。外研社要积极变革创新，注重在互联网特别是移动端，发展壮大出版阵地，深入实施数字融合战略。加快推进产品融合、渠道融合、平台融合、生态融合，推动传统出版和新兴媒体优势互补、一体化发展，更好地服务新时代的千万读者。

四是完善现代治理体系。要把企业党建有机融合于公司治理之中，把管党治党的责任体系和现代企业制度的市场化运作机制有机结合起来。学习现代企业管理经验，完善现代治理体系，建立健全权责对等、运转协调、有效制衡的决策、执行和监督机制，全面加强风险防控能力，实现平稳较快发展。

"长风破浪会有时，直挂云帆济沧海。"希望外研社全体职工认真贯彻落实习近平新时代中国特色社会主义思想，不忘初心、牢记使命，乘势而上、加快发展，再立新功、绽放芳华。北京外国语大学将一如既往地全力支持外研社创新发展，提供坚强后盾，也希望社会各界朋友给予外研社更多的指导与厚爱。让我们一起携手并进，重整行装再

长风破浪

出发，服务外语教育改革发展，推动世界文明交流互鉴，为加快推进
教育现代化、构建人类命运共同体、实现中华民族伟大复兴的中国梦
做出新的更大的贡献！

2019 年 12 月 6 日

# 前言

　　史志为镜，揽照古今。治天下者以史为鉴，治邦国者以志为鉴，史志资政育人之功能，已为越来越多的人所知晓。撰国史、修县志，历朝历代都很看重。中华民族历来就有治史、学史、用史的传统。

　　习近平总书记指出："历史是一面镜子，鉴古知今，学史明智。重视历史、研究历史、借鉴历史是中华民族5000多年文明史的一个优良传统。当代中国是历史中国的延续和发展。新时代坚持和发展中国特色社会主义，更加需要系统研究中国历史和文化，更加需要深刻把握人类发展历史规律，在对历史的深入思考中汲取智慧、走向未来。"对于国家民族来说，兴盛有其原因，衰亡有其教训，这是我们不能不加以总结和借鉴的。

　　当然，习总书记所说的是研读中国史、世界史的重要性。具体到一个地区、一个部门、一个单位，或一个出版社，了解自身的历史变革，总结自身的兴衰成败，同样是极为有益的。温故能够知新，彰往可以察来。总而言之，历史是人类的明师，欲知大道，必先为史。

　　盛世修史，此其时矣。外语教学与研究出版社成立至今已40年，历经风雨，不断发展壮大。现今基础稳固，实力雄厚，并且继续快速发展，呈现光明的前景。40年的历史蕴藏着丰富的内涵，既蓬勃生动，又矛盾纷繁，经验教训极多，亟待系统归纳总结，寻求内在规律，以勉励今人，昭示来者，由光辉历史走向光明未来，再创新的辉煌。因此，《长风破浪：外研社40年改革发展史（1979—2019）》这部外研社社史的诞生可谓恰逢其时。

　　在编写社史的过程中，我们始终遵循了以下几点：

　　第一，在总体上，编写社史要坚持以马克思列宁主义、毛泽东思想、邓小平理论、"三个代表"重要思想、科学发展观和习近平新时代中国特色社会主义思想为指导，以40年巨大变化的史实为依据，证明党的基本路线和出版方针的正确与威力，证明外研社广大员工是真正的英雄。

　　第二，在原则上，编写社史应当实事求是，言必有据。也就是说，要采取历史唯物主义的态度，不唯书，不唯上，只唯实，力求秉笔直书，写出一部翔实的社史来。

　　第三，在内容上，要表现出外研社始终坚持正确的政治方向，将社会效益放在首位，努力实现社会效益与经济效益最佳结合的经营方针，突出"发展才是硬道理"的改革发展思想，以生产经营为中心，兼顾其他方面，把时间、地点、人物和事件来龙去脉写清楚，间或夹杂点评，力求史实准确、观点正确。对于一些史料把握不准又多有歧见的问题，我们不敢"罢黜众说，定于一尊"，只好语焉不详，或是点到为止，甚至干脆略去不写了。

　　第四，在体裁上，不搞大型的以时间为序的传统纪传体或纪事本末体的编年史，只编写一部现代章节式体裁的通史，力求重点突出、顾及全面。

第五，在文字上，行文尽量采用简洁凝练的现代书面语，也偶用通俗直白的现代口语，不用网络上流行的新鲜词语。在文字通畅明白的基础上，坚持宜粗不宜细的原则，尽量做到详略得当，总字数控制在 50 万字左右。

我们编写社史所用的材料来源于文献。所谓"文献"，如一位著名传记作家所言，是由"文"与"献"所组成："文"指档案、图书等文字材料，也就是人们所说的"死材料"；"献"指口碑，亦即"活材料"——通过采访有关当事人而掌握的大量第一手材料。

编写社史有大量文献可作依据，这是我们的优势所在。但当代人写当代史，也有很大的局限。正如人们所说，历史像一幅油画，离得越近越觉得混浊模糊，离得越远反而看得清楚。太近了，人们站在不同的角度对事件和史实会有不一的看法，不免"横看成岭侧成峰，远近高低各不同"。身在当代又不能恰当地论述当代，这是一种无法摆脱的尴尬。《红楼梦》中有诗云："欲知目下兴衰兆，须问旁观冷眼人。"由于我们不是"旁观冷眼人"，而是"内中热眼人"，就越发感到编写社史的局限和困惑。更有甚者，执笔者们不仅是当代人和"热眼人"，而且是外研社发展进程的亲历者和参与者，对社史的看法就更加难以避免主观的感情色彩。这大概就是人们常说的"旁观者清，当局者迷"，而换成我们的情况便成了"不识出版真面目，只缘身是外研人"。"易代修史"之所以成为二十四史不更之传统，大概就是出于当代人不能撰写当代史之故吧。我们今天所不能的，后人则能之。外研社真正经得起检验的高水平之社史，只能出在后来人的笔下。

长风破浪

　　本部社史共分六章。首先，大致以十年为界，分为"应运而生，艰苦创业（1979—1989）""顺势而为，乘风而上（1990—1999）""深化改革，砥砺奋进（2000—2010）""挺拔主业，多元探索（2011—2019）"四章，记述外研社的发展历程。其次，第五章为"薪火相传，不忘初心"，是对外研社发展战略、国际合作、企业文化、党的建设等重要方面的经验总结和理论升华。最后，第六章为"大事记·人物志·重点项目"，收录了建社以来外研社的主要事件和事迹、历任社领导和中层正职干部的人物小传，梳理了40年来的获奖产品和重要项目。需要说明的是，前四章体现的是外研社不同的发展时期，且由多人分别执笔，因此在文字风格及体例格式上有所不同，前后衔接也有一些不尽人意之处，还望读者海涵。

　　简而言之，我们希望这部社史既展现了一幅波澜壮阔的改革画面，又是一部有血有肉的奋斗史，还是一本可学习、可借鉴的好书。读者既可以读到对"外研速度""外研现象""外研奇迹"的阐释与记录，又可以收获一些有益的"外研经验"。

　　执笔者们不是史学工作者，自然缺乏这方面的专业知识。据说，为史者追寻的境界是：史学的真实与广博，哲学的睿智与思辨，文学的灵气与秀美。我们与这种境界相去甚远，即便退而求其次，也觉得很困难。总之，由于执笔者写作水平有限，出版时间又较为紧迫，全书疏漏及不足之处在所难免，还请读者见谅。如有相关建议或批评，我们将虚心接受及采纳，并在修订或再版时予以改正。

外研社社史编写组

2019 年 12 月

# 目录

## 第六章
## 大事记·人物志·重点项目 .................................893

引子

长风破浪

## 外语教育出版四十载，不忘初心奋力再出发
### ——庆祝外语教学与研究出版社成立40周年研讨会侧记

四十年波澜壮阔，新时代成就斐然。

从白手起家到年发行码洋33亿元，从收到第一封读者来信到荣获"全国优秀出版社"称号，从无名小社到获得"中国出版政府奖"，外语教学与研究出版社（简称"外研社"）沐浴改革开放的春风，伴随中国特色社会主义的伟大实践，参与并见证了我国文化体制改革和外语教育改革的全过程，为推动我国外语教育改革创新、支持我国外语教育事业发展做出了重要贡献。

### 40年不忘初心，砥砺前行

2019年10月25日，外研社这个伴随着改革开放诞生和成长起来的大学出版社，迎来了她的四十华诞。在外研社国际会议中心，简约而不失隆重、典雅而充满激情的庆祝外研社成立40周年研讨会成功举行。会议以"不忘初心，砥砺前行"为主题，回顾辉煌成就，总结成功经验，展望美好未来。

北京外国语大学党委书记王定华在讲话中充分肯定了外研社在支持文化体制改革和服务外语教育创新方面做出的重要贡献。他说："坚持党的教育方针和文化方针，服务立德树人、文化传承和社会主义现代化建设是外研社的使命所在；坚持特色发展，把握外语教育新动向，洞悉外语学习新需求，是外研社的立身之本；坚持创新发展，解放思想，实事求是，与时代同步伐，把握时代脉搏、聆听时代声音是外研社的发展之基。"

北京外国语大学党委书记
王定华出席研讨会并讲话

王定华书记对外研社的未来发展提出了四点希望。

**一是坚持正确政治导向**。希望外研社领导班子带领全体职工认真学习贯彻习近平新时代中国特色社会主义思想，学习贯彻习近平总书记关于教育工作和社会主义文化建设的重要论述，增强"四个意识"，坚定"四个自信"，做到"两个维护"，深刻理解新时代国家外语教育改革和对外开放的新形势，不断满足人民大众日益增长的文化教育发展的新需求，以精品奉献人民，用明德引领风尚。

**二是推进文明交流互鉴**。继续践行"记载人类文明，沟通世界文化"的光荣使命，组织好、落实好《"一带一路"国家文化教育大系》大型丛书的编写和出版工作，扎扎实实做好中国外语博物馆的策划、设计和建设。加大海外业务拓展力度，推动中国名家名作走出去，主动讲好中国共产党治国理政的故事、中国人民奋斗圆梦的故事、中国坚持和平发展合作共赢的故事，让世界更好地了解中国。

**三是深入实施融合发展**。当前，数字革命推动了出版传媒业态的不断变化，人类知识的生产方式、传播方式、服务方式发生深刻变化。要积极变革创新，注重在互联网特别是移动端，发展壮大出版阵地，深入实施数字融合战略。加快推进产品融合、渠道融合、平台融合、生态融合，推动传统出版和新兴媒体优势互补、一体化发展，更好地服务新时代的千万读者。同时，外研社也不限于图书的出版，要不断拓展更广的疆域。

**四是完善现代治理体系**。要把企业党建有机融合于公司治理之中，把管党治党的责任体系和现代企业制度的市场化运作机制有机结合起来。学习现代企业管理经验，完善现代治理体系，建立健全权责对等、运转协调、有效制衡的决策、执行和监督机制，全面加强外研社在战略、组织、财务、内控、生产运营、人力资源和市场营销等各方面的风险防控能力，实现平稳较快发展。

北京外国语大学校长杨丹
出席研讨会

北京外国语大学副校长袁军
主持研讨会

外研社总编辑徐建中
汇报工作

对于外研社40年的发展经验，外研社总编辑徐建中将其精炼地总结为：守正出新、忠于使命，把脉大势、服务时代，强化战略、拓展视野，锐意改革、突破创新，不忘初心、脚踏实地，正"三观"、树"正气"。具体来说，体现在以下六个方面。

第一，**守正出新、忠于使命**。外研社忠于党的出版事业，始终坚持正确的政治方向、价值取向、文化导向，以社会主义核心价值观为引领，传播正确的历史观、民族观、国家观、文化观和教育观，勤于探索，勇于担当。外研人深知，出版物既有一般社会产品的物质形态，又有一般物质产品不具备的意识形态，是物化了的思维，凝固了的意识，不仅具有传播知识、介绍经验的作用，更有阐述思想、宣传主张的功能。这是党的出版、社会主义出版的实质。在这方面，外研社一直不懈努力。值得一提的是，在2019年9月23日开幕的"伟大历程　辉煌成就——庆祝中华人民共和国成立70周年大型成就展"上，外研社出版的"中华思想文化术语"系列丛书作为重要成果向世人展出。

第二，**把脉大势、服务时代**。改革开放使中国走向世界，也使世界走向中国。外研社始终秉持"记载人类文明，沟通世界文化"

的使命追求，与国家命运、民族复兴同频共振。改革开放之初，民族复兴大业急需培养大批优秀的外语人才，在这一背景下，外研社应运而生，架设起"教"与"学"的桥梁，为中国外语教育事业做出了独特的贡献。在国家教育体制改革、文化体制改革的关键时期，外研社再次积极响应、顺势而为，投身教育出版行列，将自己的力量汇入国家文化教育事业的江河洪流之中。可喜的是，在国家深入推动"一带一路"倡议的进程中，外研社已成为中国出版界的领军代表，更加忠实地服务于党和国家的工作大局，致力于中外合作交流与高层次、国际化人才的培养，为积极推动与"一带一路"沿线国家的文明交流互鉴做出了实实在在的贡献。

第三，强化战略、拓展视野。40年的发展表明，外研社的成功并不在于某一本书、某一件事的成功，而是大局观、战略的成功。从"生存图强"到"精品战略"，从"规模化发展"到"教育服务转型"和"教育服务生态建设"，外研社不盲目、不盲从，清晰地认识自己所处的每一个阶段，以战略高度定方向，剖析自我，判断时局，果断决策，坚定执行。令外研人骄傲的是，外研社是国内最早一批开展国际合作的出版社，在国际化战略的指导下，响应"一带一路"倡议，成功建设了13个海外分支机构。外研社的国际化战略以全球化的思维与方式推动了自身事业的发展，更以全球化的视野与格局助力国家文化"走出去"。

第四，锐意改革、突破创新。在过去40年中，外研社的发展也并非一帆风顺。从20世纪80年代末出版市场供给过剩，到90年代教材的校园推广起步艰难；从21世纪第一个10年各大出版集团纷纷成立，乃至进入资本市场，到近年来互联网企业大举进入教育产业；外部环境急剧变化。外研社在浪急滩险中不彷徨、不畏惧，不断挑战和改变自己。外研人目光敏锐，脚步坚定，锐意改革，突破创新。单是数字化变革，外研社就在业务发展、组织配套、流程再造、人员调整、机制突破等方面做了大量投入。

**第五，不忘初心、脚踏实地**。如果说，外研社40年来有什么不变的，那就是外研人对中华民族伟大复兴的中国梦的坚持，对国家发展战略的贯彻，对北外红色基因的传承；是外研社不忘初心的信念、艰苦奋斗的精神、脚踏实地的品格、无畏创新的勇气。外研人有一股劲儿，那就是不驰于空想、不骛于虚声，不甘平凡、不落窠臼，永远在超越、永远在攀登。外研人有一种追求，那就是精益求精、开拓进取、创新引领、追求卓越。外研人有一个信念，那就是外研社永远是一面屹立的旗帜。

**第六，正"三观"、树"正气"**。外研社始终坚持党的绝对领导，坚持正确的政治方向，坚持以社会主义核心价值观为引领，牢固树立"四个意识"，坚定"四个自信"，坚持"两个维护"，在工作中贯彻党的文化教育出版方针，执行"三重一大"的经营方针。在北京外国语大学党委的领导下，外研社党总支认真学习党的出版方针，教育引导全体干部员工树立正确的世界观、人生观和价值观，打造锤炼一支政治立场坚定、作风正派、本领过硬的各级领导团队、管理团队和员工团队。这是外研社 40 年来取得不凡成就的根本所在，也是外研社能够经风雨、渡难关的根本所在。

97岁高龄的全国优秀教师、北京外国语大学教授陈琳为外研社送上了祝福视频，他说："我祝愿正值壮年的外研社在新的40年里，为新时代社会主义建设做出更大、更重要的贡献。"外研社专

中国出版协会副理事长、外研社名誉社长李朋义发言

家代表、南京大学教授王守仁称赞外研社是一家有凝聚力和创造力的出版社，形成了"丹心与赤诚、雄心与奉献、忠心与担当"的企业文化。他希望外研社坚守初心使命，继承优良传统，坚持出版导向与一流标准，服务中国外语教育，并祝愿外研社再创辉煌。

中国出版协会副理事长、外研社名誉社长李朋义深情地回顾了外研社40年波澜壮阔、与时代同行的奋斗史。他指出外研社40年蓬勃发展靠的是天时、地利、人和。"天时"指的是党的出版方针的指引和国家改革开放的大环境、大政策给外研社创造了良好的发展机遇。习近平新时代中国特色社会主义思想为外研社指明了新的发展方向。在中宣部、教育部、国家新闻出版总署的坚决支持下，外研社得以持续发展。"地利"指的是北京外国语大学党委正确和坚强的领导，北外的品牌和广大的专家学者作为坚强后盾，全国乃至全世界专家学者的丰富资源，使外研社得以发展壮大，成为中国最大的大学出版社，位列全国出版社的前三名。"人和"指的是外研社广大干部职工想象奇迹、脚踏实地、团结奋斗、同舟共济的精神和干劲。熊健、梁克家、林学洪、林易、段世镇、靳平妥、范明贤、徐秀芝、信德麟、郑鸿毅、任满申、徐冀侠、解景芳、刘甲英等一批老领导、老同志为外研人树立了学习的榜样。赵文炎、李明明的因公殉职给外研人留下了无尽的思念。以葛菊生、白蕴伟、雷航为代表的一批老外研人留下了宝贵的精神财富。李社长殷殷嘱托新一代外研人要传承老一辈外研人无私奉献、不畏艰辛的品格，发扬创新精神，紧跟国家改革开放的步伐，坚持党的出版方针，为实现中华民族伟大复兴的中国梦而努力奋斗。

新员工代表李丝佳在发言中说："吾辈外研人，自由、思辨、勤奋、担当，虽面临更加复杂多样的形势、更加开放和挑战的格局，仍须思考如何接过前辈们手中的火炬，燃烧出一片新天地。愿每一个外研人都能不忘初心，浮舟沧海，立马昆仑。"

中国职业技术教育学会会长、教育部原副部长鲁昕对外研社提出了四点要求。**一是坚持党的领导，把握工作方向。**随着国家改革开放全面扩大，"一带一路"倡议不断实施，我们在国际活动中的话语权越来越重要，更加需要国际化的人才、能够制定国际规则的人才，外研社有着充分的能力培养国际化人才，希望外研社为这样

中国职业技术教育学会会长、
教育部原副部长鲁昕讲话

的人才提供教材、研究材料，使新一代中国人真正走进世界舞台的中心。**二是进一步提高出版的能力和水平。**今天的时代是信息技术不断发展的时代，技术迭代已经成为趋势。数字化教材、数字化图书必不可少，要适应数字化的变革、数字化的转型、数字化的提升。**三是服务好国家的教育战略。**2035年国家战略已经规划好了，我们要建成人力资源强国，要建成学习大国和学习强国。外研社在讲好中国故事方面是最具优势的团队。**四是不断开拓创新。**外研社要为国家产业升级培养更多人才、为实现人民群众对美好生活的向往做出更大的贡献。鲁昕会长还希望外研社将"外研红"发扬光大，发展成为知名品牌。

全国政协文化文史和学习委员会副主任、中国版权协会理事长阎晓宏盛赞外研社是中国出版业的一面旗帜，认为外研社的发展经验值得总结。**一是坚持开放、合作，拓宽国际视野。**在20世纪80年代我国的出版业态还比较传统封闭的环境下，外研社率先设立了国际部，开展版权合作，成为中国最早开展国际合作的出版社之一。这就像一缕清风吹开了外研社业务发展的大门，同时也为很多出版社开启了发展的思路。**二是响应国家战略，率先海外布局，在"走出去"和国际化的实践中兼顾社会效益和经济效益。**近年来外研社的版权输出和"走出去"工作都取得了很大的成绩。**三是注重版权积累，挖掘无形资产的价值。**2008年国务院印发的《国家知识产权战略纲要》到2019年已经实施了11个年头，我国的版权面貌发生了根本性的变化。在以内容为王、以知识产权为王的新环境下，谁能够真正地挖掘IP、运用IP、保护和管理好IP，谁就能够具有持久的生命力。外研社长期以来持续地积累了一大批自主版权，前瞻性地

全国政协文化文史和学习委员会副主任、
中国版权协会理事长阎晓宏讲话

全国人大教科文卫委员会主任委员、中国
出版协会理事长柳斌杰发来贺信

将核心产品的著作权掌握在自己手中，这是其业务稳固的核心奥秘所在。阎晓宏理事长希望外研社能够继续积极响应"一带一路"倡议，探索可持续发展的国际合作模式；重视版权建设，挖掘版权价值，维护行业秩序。

中国出版协会副秘书长沈建林宣读了全国人大教科文卫委员会主任委员、中国出版协会理事长柳斌杰的贺信。柳斌杰理事长表示："经过40年的发展，外研社已成为中国出版业的一面旗帜，成为文化行业蓬勃发展的典型代表。外研社是出版业改革发展40多年来的一个缩影，是其中的佼佼者，也是中外驰名的品牌社。"他称赞外研社"讲政治、有品位、重科学、敢担当"，并希望外研社坚守服务国家外语教育事业的出版宗旨，坚守文化使命，通过不断深化改革、坚持体制机制创新、加快融合发展，提升出版能力，保持高品位、高质量、高效益发展。

柳斌杰理事长还对外研社的发展提出了四点希望。**一是坚持正确的政治方向，坚守服务国家外语教育事业的出版宗旨**。外语出版始终是外研社的核心竞争力，希望外研社能够不忘初心，加快内容创新步伐，进一步推动中国外语教育改革，提高全民外语素质，为提升中华文明全球影响力提供强大支持。**二是继续深化改革，坚持体制机制创新，提升出版能力。**在当前出版业融合发展的大环境下，外研社要用好大数据、人工智能等新技术，构建立体化外语教育知识服务体系，努力做大做强主业，在激烈的竞争中立于不败之地，在全球出版市场上独树一帜。**三是坚守文化使命，不忘出版责任，始终保持高品位、高质量、高效益发展。**希望外研社多出能惠及当代、传之后世、经得起历史和实践检验、具有穿越时空的科学和文化价值的高品位图书，精心策划打造精品，提升知识服务质量，努力实现社会效益和经济效益的双统一、双丰收、双提升。四

王定华书记、杨丹校长为李朋义、段世镇、范明贤、郑鸿毅、任满申、解景芳、徐冀侠、刘甲英等老一辈外研人颁发"终身成就奖"

**是加快融合发展，推动产业转型升级。**当前数字技术、网络技术、智能技术发展迅猛，外研社要不断改革创新，打破界限，在内容、载体、分发等方面融通融合，运用好这些技术，激活多年来所积累的内容资源和大量的数据，进行多次开发，生产多种产品，满足精神生活高质量的需求，发展多种业态、形态的出版传播力。

最后，北京外国语大学党委书记王定华、校长杨丹为李朋义、段世镇、靳平妥、范明贤、徐秀芝、梁克家、信德麟、郑鸿毅、任满申、徐冀侠、解景芳、刘甲英等做出非凡贡献的老一辈外研人颁发了"外研社终身成就奖"，并向他们致以崇高的敬意。

外研社社委会成员徐建中、王芳、章思英、王勇、范晓虹、常小玲、刘捷，董事会成员沈立军、张琳等出席了研讨会。

会后，多才多艺的外研人以配乐诗朗诵《外研红》、创意舞蹈

庆祝外研社成立40周年文艺演出

《外研好汉》等精彩节目，为外研社40岁生日献上贺礼。演出在全场1000多人齐唱《我和我的祖国》的歌声中圆满结束。

## 40年风雨兼程，岁月如歌

"好雨知时节，当春乃发生。"

40年来，外研社紧跟时代、把脉大势，一路披荆斩棘，结下累累硕果。徐建中总编辑表示，外研社40年的成长蜕变，是一部由各级领导指挥、专家学者谱曲、外研社全体员工演奏的交响乐，是一首外研社风雨兼程、砥砺奋进、开拓创新的进行曲，也是一支礼赞中国改革开放成就的颂歌。

1979年，外研社沐浴着中国改革开放的春风应运而生，成为改革开放初期最早成立的几家大学出版社之一，被称为大学出版园地的第一批"报春花"。在"三屉桌、木板椅、一部书稿、一支笔"的艰苦创业期，老一辈外研人怀着"生存图强"的理想，在艰难的条件下打拼，推出了《学生英汉汉英词典》《现代汉英词典》《现代英汉词典》等一批扎实的外语学习用书。

1992年，在邓小平南方谈话精神的鼓舞下，在党的十四大精神指引下，外研社牢牢把握"以经济建设为中心"的发展战略，出版了"九十年代英语系列丛书"、《汉英词典》(修订版)、《许国璋〈英语〉》、《新概念英语》、"书虫"等一系列精品图书，影响至今。世纪之交的外研社已经占有全国英语图书零售市场22%的份额，被国内外媒体称为"中国外语图书市场上真正意义的产业领导者"和"中国出版改革与发展的缩影"。

20世纪末，在国家教育体制改革的背景下，外研社制定了"以教育出版为中心"的发展战略，率先开辟大学英语教材市场，出版了《新编大学英语》《新视野大学英语》等精品教材，首先将"以学生为中心"的教学理念引入高校大学英语课堂，产生了广泛而深刻的影响。与此同时，外研社投入巨资开发大学英语网络教学平台，成为第一家将网络教学方式引入高校外语教学的出版社。21世纪之初，外研社抓住国家基础教育改革的时机，研发出版覆盖小学、初中、高中的《英语》（新标准）教材，并以其理念新、内容新、方法新等特色，推动了全国基础阶段的英语教学，也真正实现了周恩来总理在新中国成立之初提出的英语教材"一条龙"的设想。在坚守教育出版的同时，外研社先后涉足汉语出版、少儿出版、职教出版、科学出版等新领域，开启教育培训和数字出版的新业务。21世纪第一个10年，外研社发行码洋超过20亿元，总资产达16亿元，"外研奇迹"响彻行业内外。

进入新时代，在习近平新时代中国特色社会主义思想的指引下，外研社坚持"把社会效益放在首位，实现社会效益和经济效益相统一"，坚持正确的出版方向，贯彻党的文化、教育、出版方针，坚守出版质量，大力开拓创新，并已形成大、中、小、幼学段全线出版，教、学、测、评、研综合发展，教材出版、学术出版、文化出版、大众出版、辞书出版齐头并进，对内引进、对外输出双向拓展的新格局。外研社积极迎接教育信息化的挑战，全力打造北外在线、外研在线、外研社K12、外研壹佳等在线平台，人工智能、线上与线下日趋交融，构建形成了"外研社+互联网"的媒体融合大平台。外研社还通过全国基础外语教育研究培训中心、中国英语阅读教育研究院、中国外语测评中心、中国职业外语教育发展研究中心等机构推动理论与实践创新，构建产研融合、协同发展的新生态。今日之外研社已发展成为拥有80多种语言出版能力和13家海外分支的综合性文化教育出版机构，成为中国外语教学与研究的重要基地、外语类图书的出版重镇、中国企业"走出去"的先进单位。

外研社的初心是什么？

正如研讨会上徐建中总编辑在汇报中所说："我们的出版业也有我们的初心和使命，这就是用知识为人民谋幸福，用知识为民族谋复兴。牢记使命，我们的事业就会更加辉煌。"回望外研社40年的发展之路，可谓不忘初心，不辱使命！

## 40年深耕细作，继往开来

"在过去几十年里，我国外语专业的出版社以各种形式积极参与、主动服务中国外语教育改革与发展，而外研社是推动国家外语教育出版高质量发展的主力军、排头兵和产业领导者，对中国外语教育产生了重大影响。"这是外研社专家代表、南京大学教授王守仁对外研社40年来为中国外语教育做出的重大贡献的肯定与赞许。

新中国成立70年来，外语教育始终与国家和民族的命运紧密相连，也肩负着建设教育强国的使命。外研社成立至今，参与并见证了我国外语教育事业的繁荣发展，始终践行为教学与科研服务的办社宗旨，在学前教育、基础教育、高等教育、职业教育、大众教育等领域深耕细作，每年出版大量精品教材与学术力作，服务数千万名大中小学生，培训十万余人次外语教师，为推动我国外语教育改革创新、支持我国外语教师专业发展做出了重要贡献。

**学前教育打造权威阅读成长方案。**自2002年开拓少儿出版领域以来，外研社一直紧跟市场趋势，围绕英语阅读、卡通动漫、绘本、少儿文学四条主要产品线，构建了具有外研特色的学前教育板块，打造了"丽声英语阅读""聪明豆""温妮女巫魔法绘本""托马斯英语启蒙""小书房""阅读起步走""布奇童书"等众多品牌。2018 年年底，在整合资源、调整业务的基础上，外研社成立了"学前教育事业群"，确立了学前教育业务板块的重要地位。

外研社致力于为中国儿童打造权威、专业的中英文阅读体系和适合少年儿童的阅读成长方案。其中，"丽声英语阅读"为孩子们搭建起从英语启蒙到自然拼读，再到分级阅读的科学而完备的英语阅读体系；"聪明豆中文绘本课程"在全国多所幼儿园及学校陆续开展；"布奇乐乐园"系列产品依托外研社拥有的自主动漫形象对读物、课程进行了立体化开发运营。外研社为幼儿园和中小学教师提供了完备、专业的中英文阅读课程指导及教学服务，同时助力家长深入了解阅读理念，推动家庭阅读的顺利开展。

**基础教育注重立体融合**。进入21世纪以来，外研社始终与我国基础外语教育发展同频共振。2001年，外研社抓住基础英语教育改革的契机，与麦克米伦教育出版集团合作推出《英语》（新标准）教材。问世近20年来，这套惠及几千万青少年的经典教材共计出版8亿册。外研社还打造了《悦读联播》《多维阅读》等多套符合课标精神的英语分级读物，并通过"外研社基础外语教学与研究丛书"等50余种外语教育学术、研究、实践指导类图书，促进教师专业发展。从课标教材到配套读物，再到辅助教师的教学资源包和教师发展学术丛书，外研社在基础教育领域搭建了完整的产品谱系。与此同时，外研社还为师生们搭建了全面的学术支持和高端交流平台，在教师培训、学术研讨、课题研究等方面助力专业发展。

除了传统业务，近年来外研社还大力加强数字产品研发和数字资源建设，领航出版行业的信息化转型，在基础教育阶段实现了线上线下融合发展。2016年，面向基础教育阶段搭建的教、学、研三位一体平台——外研社基础教育集群官网Unischool正式上线。它集图书及数字产品、增值服务、资源建设、教师培训、课题科研、考试评测、赛事活动等业务于一身，专注为基础教育阶段的广大学校及教育培训机构提供数字化外语教育解决方案。2018年，外研社又推出外研AI智能学习平台，以人工智能赋能英语教育，为K12学段提供英语学科全方位、智能化、一站式解决方案。如今，外研社已经形成了"基础教育教材+数字业务+类数字产品+师资培训+学生活动"的产业链。

**高等教育生发闭环合力**。40年来，外研社高等教育业务见证了改革开放以来中国高等外语教育的变革，也以先进的理念、丰富的产品和优质的服务引领和推动了变革。1998年，外研社进军大学英语教材市场，推出《新编大学英语》，提出"以学生为中心"的教学理念，打破了一直以来大学英语教学以教师为中心的观念，对我国大学英语教学的改革发展影响深远。三年后，外研社又以《新视野大学英语》吹响了"立体化"教学的号角，这是国内第一套与现代信息技术结合的立体化大学英语教程。外研社还以《现代大学英语》《当代大学英语》《新标准大学英语》《新一代大学英语》《大学思辨英语教程》等精品教材，以及不同外语语种的优质教材，构建了多层次、多品种的大学英语、英语类专业以及多语种教材体系。

教材之外，外研社还积极探索教学模式改革，推动教师发展，创新人才培养，为全国高校外语教育改革发展提供全方位的支持与服务：在教学支持方面，构建了集教、学、测、评、研于一体的数字化教学平台——U校园（Unipus），为高等院校及师生提供数字内容、课程、平台、工具、智慧教室和云方案六位一体的智慧教学解决方案；在教师发展方面，形成了学术出版、教师培训、教学大赛、虚拟教研室等多元化方案；在测评体系方面，推动了课堂学习与职场应用对接的人才培养模式改革，于2016年发布了"国际人才英语考试"；在教学研究方面，建立了iResearch外语学术科研网，开展了教材、教师与教法研究，传播了新的教学理念与方法。各业务板块相互促进，整合线上与线下，融通教学与测评，连接校园与职场，形成高等外语教育服务新生态。

**职业教育聚焦学以致用**。中国职业技术教育学会会长、教育部原副部长鲁昕在研讨会上表示，希望外研社能够服务好国家教育发展战略，特别希望外研社为职业教育多出版图书。自21世纪初以来，高职教育蓬勃发展。2000年，外研社联合国内多家五年制高职院校英语教师合作编写的《英语教程》正式出版，填补了职业教育英语教材的市场空缺，外研社也因此成为教育部"职业教育教材建设基地"。2007年，外研社职业教育出版分社成立，继续以服务职业教育国家规划教材建设为己任，以出版高质量外语教材为核心，同时在中高职公共基础课、专业课领域精耕细作，不断丰富中等职业教育教材体系。

随着新时代职业教育教学改革不断深入，外研社职业教育业务向教育服务转型，已形成以出版为中心，以数字服务、教育培训、师生赛事、学术科研、国际合作等为特色的专业化、立体化、国际化教育服务体系，致力于推动我国职业教育改革创新，提升我国职业教育水平与国际竞争力。2019年6月，北京外国语大学中国职业外语教育发展研究中心成立，标志着外研社职业教育发展进入服务国家战略、引领行业标准、搭建沟通平台的新阶段。

**大众教育坚守多元发展**。外研社大众教育出版既涵盖自建社之初就开疆辟土的外语辞书、外语读物和大众外语学习用书，也包括近年来不断拓展的学术出版、科学出版、文艺社科和通识教育出版。外研社以其专业、专注、与众不同，为国民外语水平和综合素养的提高提供全面解决方案。

在辞书出版领域，外研社从各国著名出版公司原版引进一大批外语词典，邀请知名学者主持词典编译，数十年间出版了《朗文当代高级英语辞典》《新世纪英汉大词典》《汉法大词典》等多部辞书。2019年推出的《朗文当代高级英语辞典》第6版双解本，高效助力语言学习，为英语学习者提供了交流、阅读、写作、翻译的全面解决方案。十六年磨一剑的《汉法大词典》荣获第四届中国出版政府奖。

在学术出版领域，外研社一直秉持承担社会责任、突出社会效益优先的经营原则，出版了"当代国外语言学与应用语言学文库""外语学科核心话题前沿研究文库""外国文学研究文库"等学术力作2800余种，《季羡林全集》《王佐良全集》等近200种图书获国家优秀学术出版物奖。

2019年10月16日，外研社联合施普林格·自然集团共同策划编辑的《〈自然〉百年科学经典》十卷本全系列在德国法兰克福国际书展上发布。这是外研社涉足科学出版以来迈出的里程碑式的一步。

外研社汉语出版经过十余年的探索和积累，已建成汉语辞书、中小学及成人汉语教育、教师发展、中国文化等多个产品线，完成29个语种的《汉语900句》、80个语种的《汉语800字》等重大出版项目，打造的重量级中型语文词典《现代汉语规范词典》获全国优秀畅销书奖等奖项。

这是教育产业蓬勃发展的新时代。在这条道路上，外研社沐浴过阳光，经历过风雪，翻越过崇山峻岭，跋涉过大江大河。外研社砥砺前行，一路奔跑，方向永远在前方。未来，外研社必将在产业洪流中继续扩大自己的外延，放大既有的优势，实现新的战略跨越。

# 第一章

## 应运而生，艰苦创业

### （1979 — 1989）

1978年12月，中国共产党十一届三中全会胜利召开，作出了将党和国家的工作重点转移到社会主义现代化建设上来和实行改革开放的伟大决策。这次会议是新中国成立以来具有深远意义的伟大转折，全国各行各业的面貌自此焕然一新。在会议精神的鼓舞下，国家的文化教育事业逐渐复苏。1979年8月28日，经外交部、教育部和国家出版事业管理局批准，外语教学与研究出版社宣告成立。初创的外研社从无到有，艰难起步。老一辈外研人凭借埋头苦干、无私奉献的精神，克服了一个又一个困难，为外研社的进一步发展奠定了物质基础，也为后来者提供了永恒的精神支持。

## 第一节
## 大潮初起，外研社创立

"文革"结束后，国家百废待兴，百业待举。在党中央、国务院的领导下，文化教育事业逐步走上正轨，中国的出版事业也恢复了生机。顺应改革开放的时代潮流，在外语教材供不应求的现实需要下，外研社成立了。

### 1. 文化教育事业复苏，教材供不应求

1977年8月，在中国共产党第十一次全国代表大会上，党中央正式宣布"文化大革命"结束。8月8日，邓小平同志在科教工作座谈会上作了题为《关于科学和教育工作的几点意见》的发言，指出："学术刊物要办起来。要解决一下科研、教育方面的出版印刷问题，并把它列入国家计划。""有价值的学术论文、刊物一定要保

证印刷出版。""关键是教材。教材要反映出现代科学文化的先进水平,同时要符合我国的实际情况。"12月,国家出版局在北京召开了全国出版工作座谈会。这次会议把"长期压得抬不起头来的广大出版工作者解放出来",是一次解放思想、拨乱反正的会议。

1978年7月18日,国务院转批国家出版局《关于加强和改进出版工作的报告》,批语指出:"出版战线在宣传马克思列宁主义、毛泽东思想,实现新时期总任务,极大地提高整个中华民族科学文化水平的斗争中,担负着重要任务。"同年12月,党的十一届三中全会召开,一个万象更新、风云际会的时代正式拉开帷幕。

1979年3月30日,邓小平在党的理论工作务虚会上讲话时说:"由于林彪、'四人帮'的十年捣乱,思想战线上长期间充满了胡言乱语,以至人们对于从事政治教育工作的许多干部和教师失掉了信任。"他希望"思想理论战线的同志们一定要赶快组织力量,定好计划,在尽可能短的时间里陆续写出并印出一批有新内容、新思想、新语言的有分量的论文、书籍、读本、教科书来,填补这个空白"。

这些十一届三中全会召开前后发生的新动向,极大地调动了科研、教育工作者的积极性。

此时中国的文化出版事业凋敝到难以想象的地步,"书荒"困扰着每一个求知上进的人。偌大的中国只有寥寥百余家出版社,所出图书大多为政治读物。作为人们走出国门、了解世界、进行国际交流的学习工具——外语图书,更是少之又少。而且,不只是社会上缺乏外语图书,就连外语院校的教材建设工作也严重滞后。北京外国语学院在全国外语院校中处于领先地位,但由于"文革"对教学秩序的冲击,许多老专家和老教授的科研成果与教学经验都无从发表与出版，学生上课也没有正规的教材，只能使用油印的单篇讲义。可即便如此，其他外语院校还是不断向北外求援，索要各种讲义与资料，最多的时候发展到全国100多家外语教学单位与北外确定了定期提供教学资料的关系。北外教材出版科的工作人员为了完成任务尽其所能，不惜加班加点工作。只是，限于人力、物力和财力，尤其是无法解决的纸张按计划供应的问题，这种状况很难长久维持。这时，一些人头脑中萌生了办一家出版社的念头，这样就既可以满足学校和社会对于外语教材与图书的需求，又能解决专家教授出书难的问题，有利于外语教学和科研工作。产生这种想法的人有领导同志，也有相关的行政、业务人员。

为了落实邓小平同志有关科教和出版的指示，教育部高等教育司外语处处长刘祖才先后数次来到北外，与学校教育革命组副组长、主管全校科教工作的殷桐生商谈，希望北外能成立一家出版社。尽管北外领导如杨伯箴、胡叔度等人都积极支持，然而当时的北外各项工作千头万绪，成立出版社的困难很大——既难以筹措足够的资金，又缺乏有业务经验的人手。这时候，《外语教学与研究》的复刊就成为出版社成立的重要前提条件。

## 2．群策群力，成功筹办外研社

《外语教学与研究》是一本学术价值极强、行业威望极高的学术刊物，在"文革"中不得不停办。1978年1月24日，《外语教学与研究》杂志复刊筹备组向学校教育革命组提交了要求复刊的报告。两天后，教育革命组将复刊报告提交到学校党委，党委很快同意恢复《外语教学与研究》杂志，对外公开发行。当时，在该刊编辑部工作的只有六个人：总负责人是梁克家，林学洪、林易、靳平妥承担编辑工作，王敏负责学校内部刊物《课外学习》，李松林为编辑部秘书。

李松林曾因被错划为"右派"而在教材出版科接受改造，负责教材的印刷及发送工作，他熟知教学资料的匮乏情况，又在日常工作中了解了印刷厂和出版社的运作方式。落实政策后，他被调动到复刊不久的《外语教学与研究》编辑部，负责行政工作。他意识到，由北外成立一家出版社，是必要而可行的。1979年4月28日，他受组织委托撰写了《关于成立外语出版社的建议》的报告，由教育革命组组长罗俊才转交给学校党委。党委书记杨伯箴及各位常委在报告上做了批示和圈阅，一致同意成立出版社，并责成教育革命组成立筹备小组。教育革命组就把这一任务交给了《外语教学与研究》编辑部，具体的工作就由梁克家和李松林负责。

5月14日，《外语教学与研究》编辑部向校党委提交了第二份报告——《建立出版社的初步计划草案》。草案中提出了六个议题，提请党委审定：（1）出版社的名称；（2）方针和任务；（3）机构设置；（4）资金来源；（5）人事配备和组织关系；（6）交通工具。学校党委很快做了批示，并给出版社定名：外语教学与研究出版社。

6月14日，北京外国语学院向外交部递交了《关于成立出版社的报告》，并转报国家出版事业管理局和中宣部。报告写明了办社原因及出版社的名称、出版范围、组织机构、印刷力量等方面的议题，恳请上级领导机关予以批准。

8月28日，国家出版事业管理局致函外交部，同意北京外国语学院成立出版社。批复全文如下：

*长风破浪*

**同意建立外语教学与研究出版社**

（79）出版字第514号

外交部：

（79）部干字第176号函悉。

同意北京外国语学院建立外语教学与研究出版社，该社的代号编为215号。请你部相应加强学校印刷厂的生产力，为该社出书做好准备。今年的新闻出版纸张计划指标已无余额可供分配，该社的用纸拟到明年再行统筹安排。

国家出版事业管理局（印）

一九七九年八月二十八日

抄报：中央宣传部

抄送：教育部


9月13日，北京外国语学院办事组（即院办公室）向学校各单位发出关于外语教学与研究出版社成立的通知。通知宣布，外语教学与研究出版社已经国家出版事业管理局批准，于1979年8月28日正式成立。出版社的筹建工作由《外语教学与研究》编辑部负责，现已正式开始工作，望院内各有关单位大力支持。

改革开放前，全国只出现过"一个半"大学出版社："一个"是指1955年成立的中国人民大学出版社，1966年由于"文革"停办；"半个"是指1957年成立的华东师范大学出版社，从成立到停办仅有一年多的时间。1978年到1980年，这两家出版社恢复工作。外语教学与研究出版社（以下简称"外研社"）则与北京大学出版社、

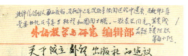

李松林起草的《关于成立外语出版社的建议》 关于同意建立外研社的批复

清华大学出版社等一起，成为"文革"后最早成立的几家大学出版社，被称为大学出版园地的第一批"报春花"。

1980年3月30日，《光明日报》刊登了外研社成立的消息，这应该是外研社历史上的第一则"广告"：

这个出版社的主要任务是，出版外语教学和研究及帮助群众学外语的各种刊物。目前已出版和即将出版的期刊有七种：《外语教学与研究》《英语学习》《德语学习》《法语学习》《苏联文艺》《外国文学》和《课外学习》。另外，还出版外语教材、外语教学参考书、外语工具书、外语研究专著、外国文学研究论著以及国际政治、外国情况介绍和外国历史地理等方面的著作和译本。

外研社第一代社领导班子合影。左起：姚金中、梁克家、林易、
熊健、林学洪、靳平妥

外研社党支部合影。左起：李朋义、徐秀芝、任满申、范明贤、
韩一斌、田寒

## 第二节
## 筚路蓝缕，创业维艰

外研社成立的背后既有时代感召，也有现实需要，更重要的是有先行者的远见卓识和上级主管单位的大力支持。一家小小出版社的成立只是万里长征的第一步。刚成立的外研社除了创办者们的热情和勇气之外什么都缺，缺人员、缺资金、缺认同、缺交通工具，甚至连办公场地都不够。这时候的外研社可谓举步维艰。

### 1．早期的人员构成

建社伊始，外研社只有六个人，也就是《外语教学与研究》杂志编辑部的班底，其中有五人已过知天命之年。除负责行政工作的李松林较为了解出版业务外，其他人都只是从事编辑工作。梁克家是俄语专业毕业的，兼管编辑部；林学洪精通英语、俄语，还懂得法语、西班牙语、德语等，是难得的学者型编辑；林易的专业是俄语、英语；靳平妥的专业是俄语，懂得英语；王敏负责《课外学习》的编辑工作。虽然人数不多，但他们或是难得的外语人才，或是经验丰富的文字编辑，或是思路开阔的实干型人才。他们有着积极的工作态度和一流的专业素养，急切地想做出一番事业，以弥补失去的十年。这支队伍可以以一当十，是初生的外研社得以开展业务的保证。

1979年11月，国家出版局召开会议，外研社要派代表去参加。参加会议者的姓名和职务需要上报，这时就需要确定外研社成员的具体职务及岗位。为此，杨伯箴将如下安排写在纸上交给梁克家：副社长梁克家，总编辑林学洪，副总编辑林易、靳平妥，出版部副主任李松林。北外教育革命组副组长熊健自外研社成立起就一直兼管其工作，他于1979年年底被任命为外研社社长。1981年年初，他开始专任外研社社长。

随着出版业务的发展，外研社人员逐渐增多。1979年年底，王维国和徐秀芝先后调入，王维国做俄语编辑，徐秀芝做法语编辑。此外，还调入了景希荣，协助李松林做行政、出版工作。1980年，相继调入李朋义、范明贤、金秀珍、梁德润、李师钊、包潜、徐天佑等12人，充实了编校和出版队伍。

1981年6月，姚金中被校党委任命为外研社副社长兼外研社·图书馆党总支书记，主管行政、出版和党务工作。7月，经考试，在社会上招聘葛菊生、董君慧等财会人员；9月，成立外研社财务组。当年，还调入张杰栋、诸中英做美术编辑。北外日语系毕业生王萍与赵小刚等四名复员军人也进入外研社，从事编辑、发行

外研社第二代社领导班子合影。左起：任满申、梁德润、段世镇、靳平安、范明贤、郑建德、李朋义

外研社老一代出版人

大学刚毕业的青年编辑李朋义

刚调入外研社的青年编辑徐秀芝

工作。之后的几年，又陆续有人员调入，但直到1985年年底，外研社也只有58人，其中编辑15人、校对4人。1989年年底，员工规模发展到82人，其中编辑40人。

　　出版从业者是为人作嫁、辛勤付出的幕后工作者，社会地位并不高。外研社又是籍籍无名的新生出版社。因此，建社之初，人才招不来、留不住就成了大问题。外研社新进人员的组成有以下几类：落实政策的被错划为"右派"的老同志、学校其他部门人员、社会招聘人员，以及刚毕业的大学生等。李松林、景希荣、徐天佑、李师钊、包潜、金秀珍等同志落实政策后，外研社的成立为他们提供了弥补失去的岁月、挥洒激情和发挥才能的舞台，他们非常珍惜这一工作机会。他们都是外研社的优秀代表，有的还成为了社领导。而那时的大学毕业生却是"天之骄子"，他们在考虑工作去向时，很少会青睐出版社这类单位；或者，即使进了出版社也只是将之作为跳板。从1979年到1984年，北外分配到外研社的大学生中，只有李朋义与徐秀芝留了下来，坚守他们热爱并为之奋斗终生的出版事业。

社长段世镇主持1988年全社会议

随着建社元老们渐渐离休或退休，领导层也发生了一些人员变动。1984年熊健离休后，北外院长王福祥开始兼任外研社社长，梁德润被任命为副社长，信德麟从外单位调入，任副总编辑。同年，董德全被任命为图书馆·出版社党总支书记。1985年，段世镇调入外研社，任副社长，1986年10月开始担任社长。此外，原北外机关单位的部分人员，如任满申、郑建德等也从学校的党政工作岗位调入外研社，从编辑业务到行政管理，边学边干，逐步由外行变为内行，成为重要的领导力量。新进大学生徐秀芝、李朋义等人，善于学习，勇于担当，也逐渐成长了起来，成为外研社未来发展的干部储备。

## 2．组织机构逐渐完善

由上文可以看出，外研社创立初期人员较少，规模不大，因此，组织机构也比较简单，只设了编辑部、出版部、发行部（最初叫经理部）、财务组、办公室几个部门。"麻雀虽小，五脏俱全。"这几个部门各司其职，使一家起步阶段的出版社正常运转起来。

编辑工作是整个出版工作的中心环节，编辑部也就是出版社的核心部门。外研社是在《外语教学与研究》编辑部的基础上成立的，创业元老们有丰富的期刊编辑经验，但对于图书出版业务还需要进一步学习。新进社的年轻编辑则几乎要从头学起。因此，外研社创立的前几年就建立了较为完善的编辑培训与学习制度，主要体现在以下几个方面：

第一，刚从外语专业毕业进社的大学生并不懂编辑业务，连标点符号的准确用法都不了解，更别提书的章节如何划分、字号字体如何区别等。社内老编辑于是"以老带新"，主动帮助新编辑提高。大学毕业生都要先经过一年实习，再做一年校对，才有资格做编辑。第二，外语专业的学生虽然外语水平较高，但汉语的文字水平还有待提升，外研社就邀请北外汉语教研室的老师给大家"补课"。第三，积极联系商务印书馆和中华书局等大社名社，邀请业界知名的编辑到外研社做出版经验和编辑经验方面的报告。第四，陆续派有关工作人员分别参加教委和版协组织的编辑、出版、印刷、财会方面的培训班。第五，在学院统一安排下，推进职称评定工作，调动大家积极性，稳定人才队伍。这些措施多管齐下，成效显著，外研社新老编辑的业务水平都得到了很大提升。

出版部是一个综合性的工作部门。随着业务的开展，出版部由李松林、徐天佑两人，渐渐增加到十余人，分为五个小组。技术编辑组负责稿件的接收登记，齐、清、定的检查，体例的安排，书稿的发排，新书的预报，样书的管理等。校对组除了肩负繁重的校对任务，还要对个别书稿进行一定的再加工。美术编辑组负责版式、封面和插图等的设计工作，相关设计都要反复与责编、印制人员甚至总编、作者协商，有时一些重要的书要画出几种样稿，供他们选用。印制组负责对外联系20多家印刷厂，调配纸张材料，督促进度，把关印装质量。外研社自己成立的小胶印车间负责印刷一些印数较少的非通用语种的"短版活"。在计划经济为主导的时代，出版部负责人还要根据每年的出书计划向出版局申请纸张指标，向新华书店发行所上报所出图书的书目及定价等信息。1985年10月，外研社从编校合一的角度出发进行了部门调整，技术编辑组、校对组、美术编辑组由出版部划归编辑部领导，形成了更为科学完善的组织架构。

党总支书记姚金中

副总编辑、代总编辑林昮

副总编辑信德麟

副社长梁德润

副总编辑郑建德

发行部的前身是经理部，成立于1982年，1984年改为发行部。20世纪80年代初，出版社的图书发行沿袭以前的由新华书店征订包销的制度，但国家也已经允许出版社进行一定范围内的发行改革与试验。比如，1981年6月，国家出版局发布《关于改善出版社自办发行的意见》，指出："实践证明，出版社自办部分图书的发行，以补书店发行之不足，很有必要，应当坚持下去"，"在试行中，经出版社和书店协商同意，允许进行多种形式试验"。1983年6月，中共中央、国务院发布《关于加强出版工作的决定》，明确要求："要改革新华书店的经营管理体制，同时要发展集体的和个体的发行网点，逐步形成以新华书店为骨干的、多种流通渠道、多种经济形式、多种购销形式、减少流通环节的图书发行网。"这就是通常所说的"一主三多一少"的改革政策和措施。外研社发行部响应上级号召，做了一些市场调查研究工作，进行了一定范围的自办发行试验。首先，在一些大城市建立了34家特约经销处、37家代销处，在北京发展了16家个体代销户。其次，举办了一些宣传推介会，创办《外语书讯》，向外界积极宣传外研社及所出图书。最后，发行部还办了本社读者俱乐部（外研书店前身），组织待业青年流动售书；改进邮购工作，与专业对口的外文书店建立了直接供货关系，为全国范围内的重点中学及外语院系提供新书预报及征订业务。这些早期的自办发行活动为以后全方位、大规模的发行改革打下了一定的基础。

建社初期，外研社只是临时聘请了一位退休人员记账，具体的财务工作由学校财务科代管。1981年，葛菊生、董君慧、邹家明三人先后进社做财会工作。9月，外研社有了独立的财务账号，成立了财务组。财务独立的真正意义在于外研社有了财权，使外研社的生产经营和快速发展有了资金上的保障和更大的自主权。第一任社长熊健在新中国成立前曾在多家大学开设过经济学、会计学方面的课程，他发挥经营管理方面的长处，为财务人员讲解财务知识，利用有限的人力建立了较为先进的财会工作制度。1983年年底，外研社的财务工作，特别是葛菊生在熊健指导下写出的外研社财务分析报告，得到了教育革命组组长罗俊才的肯定。罗俊才说，这样的财务总结能够成为领导很好的参考，希望学校其他财务人员能将之作为范本，参照写作。建社之初，财务工作的目标是"保本薄利，略有盈余"，这基本反映了当时的经营情况。

社办公室设立于1982年9月，此前由于人手不足，行政、人事、后勤等方面的工作一直由社领导或别的部门代劳。根据人员精简、提高效率的原则，办公室只设主任一名、司机兼办事员一名。之后的十余年，办公室的人员配置都保持在这一状态。

综上所述，建社几年后，外研社的机构设置不断完善，各部门的职责范围逐渐明确，各项工作有条不紊地推进，为出版事业的发展提供了强有力的支持与保障。

### 3. "锣齐鼓不齐"的办公条件

1979年9月，外研社向北外党委提交报告，要求学校帮助解决人员、资金、办公场所、办公设备的问题。党委书记杨伯箴做了明确的批示：人员问题请政工组会同教改组提名单报党委，资金问题请财务科办，房子、家具、办公用品请总务组办。可以看出，学校领导对刚成立的外研社充满关怀。但受限于北京外国语学院的办公场所和可用资金也不够充足，因此，建社初期的外研社办公条件比较艰苦。

外研社成立时，只在北外东院教学主楼的五层有一间办公室，面积十多平方米。办公室中间放了一张大桌子，两边各坐三个人，靠墙还放了一大排书柜。如果有人出来进去，其他人就必须站起来让出通道。到了冬天，五层的暖气不热，必须生炉子取暖。平均年龄五十多岁的编辑们就不得不将搬煤块、倒炉灰列入工作范围。"三屉桌、木板椅，一部书稿、一支笔"是当时办公环境的真实写照。

外研社简陋的办公楼和仓库

北京外国语学院新建印刷厂

　　1979年年底，外研社新进了人员，学校也多拨给了一间办公室，但条件没有大的改善。无论是年老体弱的老编辑，还是身怀六甲的年轻女编辑，都只能在这样的环境中办公。直至1981年，在外研社的力争下，学校从东院学生宿舍6号楼又挤出12间房子给了外研社。每个房间只有12平方米，三位社长加上办公室主任也只好挤在一个房间里，出版部的办公室则挤满了七个人。校对人员住在楼外的简易书库里，新来的大学生李朋义等三人没有地方办公，只好在宿舍里看稿子，还有人不得不在家里上班。

　　后来，北外将西院1号楼的一至三层划给外研社，使办公空间有了一定的扩展，但条件依然十分简陋。三四个人共用一间小办公室，房间里没有现在必备的电脑、饮水机、空调等办公设备，只有台灯、电风扇和每天早上都要提到学校开水房灌开水的暖壶。楼道里有一部大家公用的电话，放在一张木椅上。办公室里时不时飘来四楼住户煤气灶上饭菜的味道和孩子们的哭闹声。炎炎夏日，嘎吱作响的电风扇只是聊胜于无，起不到多大作用，有的年轻编辑热得受不了，直接到水房用凉水冲脑袋、擦身体来降温。

　　西院1号楼的南北两侧建有外研社的简易库房。南侧是一排石棉瓦的活动房，共四五间，每间大约二三十平方米；紧邻楼的北墙搭建了一溜大棚，大棚北面还建有两排石棉瓦的活动房，七八间，每间也有二三十平方米。大棚下、活动房内堆满了书，图书出库、入库都非常不便，费时费力。春冬两季北风刮起，尘土飞扬；夏秋两季雨水来临，又有漏雨之虞。外研社出版的一本本图书，就是从如此简陋的库房里发往了全国各地。

　　办公条件的窘迫不只体现在"内"，还体现在"外"，尤其是"外出"。书刊是一种特殊的商品，具有很强的时效性和紧迫性，为此出版社必须具备便捷的交通工具。初创的外研社只有几辆破旧的自行车，员工骑自行车和挤公共汽车下印厂或外出办事是家常便饭，从社领导到行政人员，从总编辑到下印刷厂核红的校对，概莫能外。遇有急事或路程远时只好向学校要车，或向中国人民大学出版社、科学普及出版社等兄弟出版社求援。但这并非长久之计，尤其是在外研社早期有9种期刊要发行，工作人员经常奔波于出版社、印厂、纸厂和邮局之间。于是，社领导克服困难为出版部配了一部机动交通工具——济南产轻骑摩托车。这在当时可是个稀罕事物，车子一到，平均年龄五十多岁的老先生们骑上去，你试一圈我跑一趟，新鲜得不得了。这辆摩托车提升了建社初期那些繁杂琐碎工作的效率，幸亏有了它，才能将那么多种类的图书、期刊送到读者手上。

外研社第一辆汽车背后的故事就更有意思了！当时国家实行计划经济，买汽车需要指标，指标的申请十分困难。由于北外的主管部门是外交部，1980年，社领导去找外交部沟通。正巧，外交部有一辆原准备送到中国驻越南大使馆的吉普车，因为爆发了自卫反击战的缘故没有发出。就这样，外研社花了一万元把这辆车买下，初步缓解了出行的困难。这辆吉普车为外研社立下了汗马功劳，也曾遭遇过一些尴尬。1983年，外研社拟与牛津大学出版社签订一份版权贸易协议，总编辑林学洪乘车去北京饭店拜访牛津大学出版社的负责人，临近饭店时保安人员愣是不让这辆车开上饭店门前的高坡。还有一次，两个台湾人来北京洽谈业务，外研社用吉普车去机场迎接。对方一上车就诙谐地说："平生我没有坐过军车，到大陆我第一次坐了军车！"

同样令人印象深刻的还有一件事，当时的林学洪总编辑连张名片都没有，陪同他一起去会晤外国同行的年轻编辑李朋义临时起意，先用打字机在白纸上打好社名、头衔、社址、电话等，再把纸裁好，贴在硬纸板上，为林学洪手工做了5张名片。这也是外研社创立之初向外界亮出的第一张名片。

## 4．逐步解决资金和稿源难题

外研社白手起家，一无资金，二无稿源。工作刚开始起步，一举一动都需要花钱。怎么解决资金问题呢？先从"借"开始。向谁借？向学校借。但是，向学校借只能借现钱，要彻底解决出版社的资金问题，只有靠自己挣钱。这时候，编辑部想到了《英语学习》。这本杂志创刊于1958年，由北外英语系的教师担任编辑，"文革"结束后复刊，和《外语教学与研究》一样，由商务印书馆出版并在全国范围内发行，发行量已经高达80万份。

李松林代表外研社前往商务印书馆商谈，得到了对方的同情与支持。他们很痛快地将《英语学习》交与外研社，但也额外提了一个条件，就是把不赚钱的《外语教学与研究》也交给外研社出版发行。本来外研社的班底就是《外语教学与研究》的编辑部，可想而知，这项"交易"顺利达成了。没想到的是，这一安排在学校内部遇到了阻力。当时，《英语学习》的编辑人员不相信刚问世的外研社有印刷发行能力，负责人听说杂志要改由外研社出版后，找到学院领导，强烈反对这一安排。只是合同已签，木已成舟，他们也只好接受。从这件事上也可以看出外研社初创时面临的窘境。

1979年10月起，《英语学习》正式由外研社出版。根据双方协议，这两种期刊由商务印书馆转交外研社的初期，原来的印刷厂、发行的邮局、供给纸张的公司及指标等，一律不变。这就解决了大部分的难题。至于印刷费用，所幸有学校财务科的大力支持。《英语学习》每印一期要用3卡车纸，花费5万元，财务科前3个月垫付了这些钱。1979年12月，出版三期后一结算，除了还清欠学校的15万元，外研社还结余35万元。

一家出版社不能只出杂志，不出图书。为了策划图书选题，1979年10月，主管编辑工作的梁克家向英语系和德语系的教师们组稿，但是只拿回了一份书目，没有拿到一部现成的书稿。然而，外研社的前辈们没有放弃，仍在多方打听有无稿源。

1980年4月，外研社第一本书《女英烈传》出版。这本书是同名电影的脚本。《女英烈传》是"文革"结束后得到允许在电影院和电视节目中放映的西方故事片之一。这是一个根据真实故事改编的电影，讲述了第二次世界大战期间英国传奇女间谍奥维莱特

外研社出版的第一本图书《女英烈传》

勇敢而传奇的一生。外研社将这部电影的脚本印刷发行，受到当时外语学习者的欢迎，首印即5万册，1983年3月还曾再版。

《女英烈传》属于"《英语学习》读物丛书"。这一丛书以初级和中级英语水平的读者为对象，在建社两年内陆续出齐。丛书中的读物还有《二号大街的囚徒》《未来世界的城市》《我的青少年时代》《尼罗河上的惨案》等，都可供英语

自学或课堂教学使用。这些读物体裁多样，每册均配有汉语注释，以解释语言难点，提供知识背景，对作家及作品也做了简要介绍。丛书冠以"《英语学习》"之名，也体现了外研社先辈们的市场意识，毕竟在当时，外研社是籍籍无名的新生出版社，而《英语学习》已经是发行量达80万册的知名杂志。

除了《女英烈传》之外，李松林等人经过多方打听，还拿到了三部书稿：张中载、陈德彰翻译的《天网恢恢》，庄绎传写作的《汉英翻译500例》，以及陈廷祐写作的、原本打算由商务印书馆出版的《英文汉译技巧》。这些图书的出版都为新生的外研社的生存做出了重要贡献。

《天网恢恢》有一个副标题——"国际警察组织对形形色色罪犯的搏斗"。顾名思义，这本书主要讲了国际警察破案、办案的故事，趣味性、可读性强。但是，这是一本通俗读物，既不是教材教辅，也不是严肃的学术著作。拿到稿件后，编辑部内部展开了一次讨论。支持出版的人认为，通俗读物很可能是畅销书，能够解决没有稿源、资金不足的燃眉之急；反对者认为，外研社是大学出版社，出版这类故事书不大符合建社宗旨。最终，编辑部统一意见，认为"生存"下来是当务之急，于是开始对这本书进行编校工作。1980年6月，《天网恢恢》出版后，征订数达到30万册。

《汉英翻译500例》共有二十章，从各个角度对比了汉英两种语言的不同之处，指出了翻译时应该注意的问题。该书所归纳的规律切合实际，是一本大众化的教学辅助读物，为汉英对译提供了许多很好的范例。为了将这本书做成"典型"，外研社联系到国家外文出版局下属的外文印刷厂，对编排、印制和装帧严格把关，将这本普通的平装书做得非常完美。1980年5月，《汉英翻译500例》出版，破除了学校内部一些教职工对于新生的外研社是否能出书、出好书的疑问。

《英文汉译技巧》出版于1980年7月，该书介绍了英文汉译时应如何准确地理解英文，以及如何忠实流畅地译成中文的问题，书中系统的论述与精选的例句对读者有很大的帮助，出版后发行量达七八万册。就这样，成立不到一年，外研社用最初的几本书打出了名气，打开了市场。之后的几个月，校内专家学者和校外人士开始向外研社送来大批书稿。外研社的老前辈们加班加点地工作，截至1980年11月，出版社已经发排书稿101种，影印外文图书50余种。"稿源"问题就此基本解决。

书稿不断付印，但卖出去图书的回款有一定周期，印厂却要不断地结算排印费。这时的外研社账上资金拮据，只好请求学校垫付。学校垫付到30万元时，财务科担心这笔钱会成为坏账，不肯继续提供帮助。为了解决这一问题，刘柯院长召集外研社和财务科负责人召开紧急会议，但未达成一致。没有资金寸步难行，外研社只好向外寻求解决办法。这时候，之前大力支持外研社成立的高教司刘祖才处长二话没说，很快将10万元拨给北京外国语学院，供外研社专用。

1982年，回款陆续到账，盈利也越来越多，外研社资金状况好转，还清了欠学校的30万元、欠教育部的10万元，并上交学校利润20万元，账上还结余了100多万元。看到这些成绩，创社元老们欣喜不已，觉得辛勤付出的一切都有了回报。

### 5．空前团结的集体主义精神

外研社的先辈们被改革开放的大好形势激发出空前的热情，他们脚踏实地，埋头苦干，克服了种种困难，推动着外研社大步向前，出现了蒸蒸日上的发展局面。那时候的外研人，上上下下都在为多出书、快出书、出好书而兢兢业业、夜以继日地工作着。大家团结一心，配合默契，有着极强的荣誉感和责任感。

有一组数字可以说明创社之初外研人的辛劳程度与工作劲头。1982年，外研社共有5位英文编辑，全年英语审稿字数为2200万。按当时出版界通行的标准，每个编辑每年完成编审的字数应为60万到70万，也就是说，5位编辑全年应该完成350万的任务，剩下的1850万，是他们靠加班加点、牺牲休息时间和节假日来完成的。

1982年第一次全社员工合影

20世纪90年代员工出游合影

　　副编审李师钊为外研社早期图书的出版做出了重大贡献。建社前五年，共出书583种，发排10 400万字。这些书稿中的大部分，要经李师钊技术加工，其中不少还要编辑加工。他工作起来投入忘我，夜以继日，经常周末也不休息。1984年7月份，《俄汉双解小词典》的书稿不符合要求，他亲赴上海，住在狭小的地下旅馆里，在30多度的高温中连续工作了一个月，打字60万，使书稿顺利发排。当年他已年近六旬，还经常风雨无阻地骑自行车到印厂。在车间，他时不时与工人一起搬起十几斤重的铅字盘，解决排印中的问题。他吃苦耐劳的实干精神，为外研人永远铭记。

　　由于人手短缺，长期以来，一级校对包潜一个人肩负起全社的校对、校订和下厂核红工作。来外研社之前，他在学校教材出版科工作了20多年。对待工作他努力钻研，能用打字机打多个语种的教材，速度既快，质量又好。1980年10月，包潜调入外研社校对室工作。对待新的工作，他勤勤恳恳、任劳任怨，夜以继日地完成所交办给他的任务，常常盯着一本本书稿工作到深夜。他虚心学习，通过

副编审、技术编辑李师钊

实践熟悉了出版、编辑和校对的业务，成为出版社的行家。

外研社是一个风清气正、空前团结的集体。由于人手不足，图书倒库上架、装车卸车之类的事情经常需要全社员工集体上阵。这时候只要一招呼，大家便蜂拥而至，男女老幼排成一条长龙，一包接一包快速传递，库管员这时则成了指挥。其他如打扫卫生、集体郊游、部门运动会等活动，大家也都踊跃参与，相互关照。在日复一日的相处中，外研社同事之间培养了真挚友爱的情感，不是亲人，胜似亲人。

建社之初的外研人，为了共同的目标凝聚到一起，谱写了一部奔腾豪迈的创业史。他们不仅是后来者事业上的引路人，也共同奠定了外研社企业文化的基调。感谢这样一个个无私奉献的外研人，是他们铸就了有光芒的外研文化。在他们的精神指引下，40年漫漫征途，成百上千的外研人在平凡岗位上默默工作，创造了一个又一个辉煌。

部分离退休人员合影

## 第三节
## 建社前五年的外研社重点图书

作为一家专业性的大学出版社，外研社积极响应党和国家提出的加强教材建设、加强外语教育的相关指示，主动联系学校各院系及社会上的科研单位，搜集教学与学术方面的选题。在紧锣密鼓的工作节奏中，各种语种的教材、教辅及学术专著纷纷在外研社面世。其中，种类最多的是英语教材与教辅，俄语、阿拉伯语专业教材的出版也已成体系。由于"文革"结束后的"书荒"，这一时期出版的不少图书取得了令人瞩目的经济效益。当然，限于当时较为落后的生产条件，外研人也在这一过程中付出了艰苦卓绝的努力。

## 1. 响应号召，推进外语教材编写工作

1977年8月，根据邓小平同志要做统编教材的指示，教育部召开高等学校教材编审出版工作座谈会，制定了《关于高等学校教材编审出版工作若干问题的暂行规定》。规定要求，所有高等院校和高校教师，都要把从事教材工作与从事教学、科研工作放到同等的地位，给予同样的重视，并切实从人力、物力和时间上加以保证，努力完成好所承担的教材建设任务。

1977年8月，全国高等学校招生工作会议召开，会议决定恢复已经停止了十年的全国高等院校招生考试。成千上万的人重新拿起书本，加入求学大军，社会上掀起了学习、读书的热潮。1978年，英语科目成绩作为高考录取参考分，此后几年分别以10%、20%、50%和75%的比例计入总分。1983年起，英语成绩以100%的比例计入高考总分。由此，中学师生在英语教与学上倾注的热情逐年高涨。

1978年8月，教育部在北京召开了全国外语教育座谈会，这是"文革"以后第一次全面研究和规划外语教育的会议。会议指出了新中国成立以来外语教育比较突出的两个问题：一是根据当时形势的需要，大力发展俄语教育，忽视了英语和其他语种；二是注意了专业外语教育，对高校公共外语教育和中小学外语教育注意不够。会议召开后，1979年3月，教育部印发了《加强外语教育的几点意见》。意见指出，要千方百计地提高外语教育质量，切实抓好中小学外语教育这个基础，在办好高等学校专业外语教育和公共外语教育的同时，大力开展各种形式的业余外语教育，努力使越来越多的科技工作者和其他专业人员掌握外语工具。

1980年，全国高等学校外语专业教材编审委员会成立，这是教育部在外语教材方面的业务性指导机构和咨询机构。为了协调各类外语教材的出版工作，教育部还分别在北京外国语学院的外语教学与研究出版社和上海外国语学院的上海外语教育出版社设立了两个外语教材办公室，俗称北方办公室和南方办公室。大学外语教材编写工作的组织、规划、人员、印刷出版等逐一落实，这在我国外语教育史上是从未有过的。

"文革"结束后，各行各业百废待兴，急需大量的人才，其中外语人才尤为紧缺，因而客观上需要大力加强外语教育，完善外语教材建设。北京外国语学院有一支优秀的教师队伍，有纳忠、王佐良、许国璋、周珏良、张道真、高厚堃、薄冰、陈琳等蜚声中外的专家学者。无论是学术研究还是一线教学，他们都勤勤恳恳、兢兢业业。他们丰富的教学经验和领先的教学水平，足以承担起编写教材的重任。然而，"文革"结束前，能够出版的教材寥寥无几，只有许国璋主编的《英语》、张道真编著的《实用英语语法》和薄冰主编的《英语语法手册》等少量图书由商务印书馆出版。"文革"的结束和十一届三中全会的召开，以及国家领导人、相关主管部门对文化教育事业频频作出的相关指示，让这些专家学者的积极性极大地调动了起来，各种教材及专著的编写步入正轨。而外研社的成立恰逢其时，为这些外语教材的出版提供了便利。

## 2. 服务英语学习，出版适销对路产品

英语是最通用的国际语言。新中国成立之后，由于国际形势的原因，国家对俄语教育的重视程度远超英语。改革开放后，英语在

外语教育界的地位大大提升。针对社会上不断高涨的英语学习热情，外研社推出了一批适销对路的图书，取得了良好的社会效益和经济效益，其中最重要的有：陈琳广播电视讲座的配套教辅《广播电视英语讲座辅导材料》，张道真主编的《视听英语》丛刊，英国广播公司出品的《走向生活》（*On We Go*）教学片的配套教材，以及首印即高达280万册的《小小英汉词典》等。

## 2.1 深受欢迎的广播电视英语教学资料

十年"文革"给我国的教育事业造成了极大的破坏。改革开放之初，限于教育资源的有限及师资力量的薄弱，国家大力发展电视、函授、广播等业余教育。1980年年底，专门成立了中国高校外语电教协会筹备组，开展了不少高校外语电教工作。1984年9月，中国高校外语电教协会正式成立。

陈琳教授是广播电视英语教学领域的先行者。作为知名英语教育专家，早在1955年，他即受命主编新中国第一套高校英语系通用教材《大学英语》，还曾担任由周恩来、陈毅同志倡导的"一条龙外语教学"工作的负责人。1978年，他从北京外国语学院调到筹备中的中央广播电视大学，并于1978年至1983年和北京外国语学院吴青教授共同担任广播电视英语讲座的主讲教师。

广播电视英语讲座由中央电视台和中央人民广播电台主办。当时，电视还没有普及，更多的人是通过广播来收听课程。该课程电视和广播同步播出，一天播放早、中、晚三次，而且都是在黄金时间。课程的配套教材《英语》（1—4册）由人民教育出版社出版。1981年，外研社争取到了课程的配套教辅《广播电视英语讲座辅导材料》（1—4册）的出版权，但有个前提：必须开学前见书。

陈琳教授和吴青教授主讲电视英语节目，图为录制现场

　　这是一个非常艰巨的任务，当时距开学只有一个月左右的时间，单是征订工作就难以完成。计划经济时代，新书征订都要通过新华书店发行所向全国寄发征订单。限于落后的通信条件，一个月连征订单都不一定能够寄回。在这种情况下，外研社想到了外文书店，开辟了第二渠道。外文书店数量较少，每个市只有一家，联系征订更快捷；而新华书店从中央到省市再到街道，每一层级的分店都要寄送征订单。外文书店借助电话征订的方式，很快统计出第一次征订的数字：100万册。得知这一数字，外研社从干部到职工都非常兴奋，但是印刷难题又摆在了眼前。由于印数巨大、时间紧迫，北京市并没有合适的印刷厂。于是，外研社紧急联系其他省市的印刷厂，最终山西新华印刷厂接受了这一任务。幸运的是，山西省出版局对这一项目大力支持，召集了本省出版、发行、纸张供应的负责人开会，集体部署工作。多方努力之后，这本书终于如期送到读者手中。但是，由于这本书的征订方式，新华书店发行所到外研社"兴师问罪"，要解除与外研社的所有征订合同。外研社相关负责人诚恳道歉，表示外研社起步不久，对业务流程还不够熟悉，又解释了任务的急迫性。最终，对方也表示了理解，这次小风波并

没有影响双方之后的合作。首次征订100万
册后,《广播电视英语讲座辅导材料》多次
再版,为初创的外研社带来了相当可观的社
会效益和经济效益。

1982年4月,外研社推出《视听英语》
丛刊。这一丛刊由当时正在筹备中的中国高
校外语电教协会策划,主编为著名英语教学
专家、英语语法学家、北京外国语学院教授

《视听英语》丛刊

张道真,副主编为著名英语教育家和英语语音学家、国际关系学院
教授申葆青。学习者要全面掌握并使用英语,必须打好语音基础,
适当发展听说能力。丛刊即是为了解决这些问题而出版的,设计有
口语入门、复述材料、听力材料、简写读物等栏目。该丛刊两月一
出,三年内出齐。每期丛刊都附有磁带、录像带,学习者可以根据
自己的需要选购,结合文字资料进行学习。由于内容丰富有趣,编
者是英语教学领域大名鼎鼎的专家学者,该丛刊很受欢迎,每期印
量都在10万册左右。

申葆青教授                张道真教授

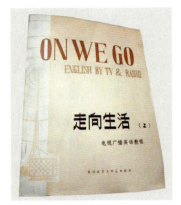

《走向生活》

此外，1982年，外研社还出版了英国广播公司出品的电视广播教学片《走向生活》的配套教材。当时，中央电视台开始播放这一教学片，作为《跟我学》(*Follow Me*)的练习补充。《走向生活》是一套基础英语课程，主要对象是初学英语的青年。教程内容是反映伦敦耶兹先生家中青年房客的生活情景，他们来自英国各地，从事不同的职业，在耶兹先生家中共同生活一段时间之后，又分别走向新的生活。该教程一共30单元，每单元包括一篇对话、一篇小故事和各种练习，语言简单易懂，内容生动活泼，是一部比较好的视听教材。为了配合中央电视台的英语电视教学，筹备中的中国高校外语电教协会委托北京外国语学院视听教学中心对该教程进行翻译、注释，为练习编写答案。《走向生活》的配套教材分为上、下两册，于1982年2月由外研社出版，首印即34万册，之后数次重印，累计销量近百万册。

## 2.2　供不应求的中学英语学习资料

高考恢复后，中学各科目学习资料及复习资料都供不应求，而英语在总分值中所占比重又逐年增加。外研社敏锐地抓住了这一契机，联系到北京市海淀区教师进修学校，出版了《中学英语语法》，后又策划出版了《中学英语词汇大全》一书。

1981年3月，《中学英语语法》由外研社出版。该书为北京市海淀区教师进修学校根据教育部1980年颁布的《十年制全日制中学英语教学大纲》编写，专为中学生、中学教师及英语自学者设计。编者包括在基础英语教学领域经验丰富的龚亚夫、王绍芳等学者，成稿还经过了中国人民大学许孟雄教授和外研社副总编辑林易的指导和审阅。

《中学英语语法》集语法知识解说、语法练习与练习答案于一书，按照由易到难、由浅入深，先单项、后综合的原则编排，讲解清晰明确，行文通俗易懂。该书几乎能解决英语初学者面临的所有语法问题，出版之后重印七次，累计印数160多万册。1986年，该书出版了修订版，畅销多年，累计销售达几百万册。

1984年8月，外研社出版了《中学英语词汇大全》一书，这也是为中学师生编写的参考书。当时，初中、高中英语课的试用教材和实验教材都已推出，该书将各册教材的课文、练习、题解、短文、诗歌中的单词、习语、人名、地名均收罗在内，是一本非常实用的参考书，首印29万册，后又多次重印。

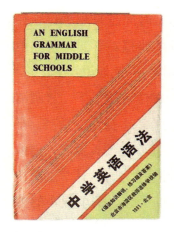

《中学英语语法》

龚亚夫教授

## 3．林学洪与《小小英汉词典》

《小小英汉词典》是外研社建社初期出版的重磅工具书。当时，香港出版了一部128开的小英汉词典，很受欢迎。内地出版社受到了启发，同时有四家出版社在筹备这一类型的词典的出版，其中一家便是外研社。外研社的出书计划上报之后，1981年6月，新华书店发行所发来了第一次征订数目：100万册。但这时，词典还只是一个初稿，排版、审校及印刷的工作量极重。

这部词典共29万字，要用一个月的时间完成排版。任务最初交到了北京外国语学院印刷厂，得知工期后北外印刷厂表示难以完成。外研社又联系到北京广播学院印刷厂，他们接下了这个任务，当天取走了稿子和排到一半的铅字盘。

为了节省时间，外研社决定边排边校。时任总编辑林学洪带着年轻编辑李朋义和胡援东到了北京广播学院印刷厂。面对非常简陋的条件，林学洪二话不说就住下了，三个人挤在一间小屋子里开始了一场"攻坚战"。一开始，林学洪是白天工作、晚上休息，一天工作16个小时。几天之后，林学洪的休息时间越来越少，往往是凌晨两点睡下，四点钟又在小桌子上开始改稿。李朋义担心他的身体，就劝他说："林老师休息吧！"林学洪抱歉地说："哎哟，小李，我耽误你们睡觉了。"第二天凌晨，林学洪不见了。直到清晨，李朋义才找到了他。原来，印刷厂附近有一个公用电话亭，亭子里有一个放电话机的小桌子，林学洪怕打扰年轻编辑休息，悄悄躲在那里默默工作着。灯光昏暗，面积不到一平方米，林学洪趴在小桌子上，完全忘记了燥热的空气和疲惫的身体。那个瘦小的剪影，一直留在李朋义的脑海中。到了最后关头，林学洪三天两夜没

《小小英汉词典》（新版）　　　总编辑林学洪

合眼。那时候，他坐下就会睡着，于是他就站起来，来回走动着改稿子。连续工作52个小时后，林学洪终于撑不住了。印刷厂的工人感动地说："我们还真没见过这样拼命干活的人。"李朋义给社长熊健、副社长梁克家等领导打电话汇报了情况。社领导带领金秀珍等一批编辑赶到北京广播学院印刷厂支援。干部职工齐心合力奋战十余天之后，终于按时完成了任务。

排版完成后是印刷问题。外文印刷厂接受了这一任务，但要将32开的印版改为128开，他们没有相关经验。最后在一位老工人的指导下，采用胶印机解决了这一难题。接下来面临的是纸张问题。除了商务印书馆存有的百余令，纸张公司也没有储备多余的词典纸。外研社将百余令纸全借了来，却也远远不够，因为需要的是7000令之多。后经多方打听，得知山东黄石有个造纸厂生产这种纸，外研社派人与该厂反复协商，对方终于同意把生产卷烟的纸停下来生产词典纸。然后，装订时又遇到了新的问题，小词典的开本规格和100万部的装订量，都超出了外文印刷厂的能力范围。外文印刷厂生产科召集了北京及周边的20多家装订厂，先请他们做出样板书，又经过实地考察，最后确定十几家来一同完成这个任务。

短短四个多月，《小小英汉词典》的排、印、发工作全部完成。总编辑林学洪等人在词典出版过程中体现的"逢山开路，遇水架桥"、永不放弃的拼搏精神，外研人将永远铭记。多家印刷厂、装订厂及造纸厂对外研社的鼎力支持，外研人也将永远感激。在印制过程中，《小小英汉词典》的征订数不断增加，首版即达280万册，后又多次重印，总印数达500多万册。1982年，外研社配套出版了同样开本的《小小汉英词典》，首印70万册，多次重印后总印数达200多万册。这两部词典的成功策划，使初创的外研社积累了可观的原始资金，在出版界站稳了脚跟。

## 4. 两套《俄语》，两种经典

外研社建社后出版的第一套教材是北京外国语学院编写的《俄语》。受教育部委托，北京外国语学院俄语系丁树杞、姜秀文、蒋宗烨等专家学者，编写出一套高等学校俄语专业基础阶段的教材。在七八、七九两级学生的教学中试用后，该教材又进行了修订。1981年，《俄语》（1—4册）由外研社出版。教材主要对象是掌握了1400个单词、具备了初步语法知识的学生，对于中学俄语教师和俄语自学者也有一定的参考价值。《俄语》第1、2册以日常生活和一般社会、文化生活题材为主，第3、4册除通过课文教学继续扩大生活阅读外，逐步增加了一般性的政治、经济、历史、地理、文学等方面的内容。1981年，这套教材的导论教材《俄语导论课》也由外研社出版。

在编写过程中，编者对俄语基础阶段的教学经验作了初步总结，对各种教学法进行了分析和研究，也探讨了功能教学法的经验。这些工作使《俄语》的编写理念较为新颖。该教材把培养学生交际能力作为基础阶段首要的教学任务，按题材编排材料；努力使言语训练与交际活动密切结合，注意教学的情景性和情景的真实性；所编选的对话、课文和练习尽量做到通俗上口，合乎交际习惯。此外，《俄语》还提供了关于苏联现状和人民生活方式等方面的知识。

很快，随着形势的变化，1986年丁树杞教授又在《俄语》的基础上主编了《基础俄语》（1—4册），将起点降为500个单词。该教材继承了《俄语》的优良传统，语言体系严谨，练习充足合理，并且结合当时外语教学法的发展趋势，继续融入了交际性原则和鲜活的口语材料。

自1980年起，黑龙江大学俄语系编写的《俄语》（1—4册）也由外研社陆续出版。值得一提的是，北外和黑大两所大学同根同源，都可以上溯至1941年成立于延安的中国人民抗日军政大学三分校俄文大队。三分校俄文大队后来增加了英文科，扩建为延安外国语学校。1947年，鉴于东北地区首先解放，延安外国语学校俄文专业部分师生奔赴东北，成立了哈尔滨外国语专科学校，后更名为哈尔滨外国语学院，也即后来的黑大；而另一部分留在华北，主要以英文系师生为主，辗转成立了外国语学校，也即后来的北外。1959年并入北外的北京俄语学院，就是哈尔滨外国语学院迁回北京的一支。也正由于如此传奇的历史渊源，北外和黑大两所大学的校庆日只相隔一天。

长风破浪

北京外国语大学俄语系编写的《俄语》

黑龙江大学俄语系编写的《俄语》

  黑大俄语系同样有着多年的教材编写经验，曾先后几次编写、出版俄语课本。黑大《俄语》的语法讲解简明扼要、概念清楚，课文选材也做到了体裁多样、题材广泛。教材中的课文长短适宜，难度恰当，符合教学上由浅入深、循序渐进的原则。此外，教材还增加了补充阅读材料的篇幅，有利于学生自学，提高阅读水平。

  两套《俄语》，两种经典。北外《俄语》和黑大《俄语》一经出版，就成为当时高等学校俄语专业基础阶段的核心教材。在俄语骨干教材之外，外研社1981年还出版了蔡毅主编的《俄译汉教程》（上、下）。该教材专供高等院校俄语专业高年级翻译课使用，主编蔡毅为俄语教学与研究专家，曾任北京外国语学院俄语系主任。李德发、蔡建、李之朴、杨锡智、王维国等人编译的《俄汉双解小词典》也于1985年12月出版，首印7万多册。该词典收录了5000个常用词词条，约60万字，并附有俄语语音和语法基础知识，可作为大中学生学习俄语的工具书，亦可供大中学校俄语教师参考。

## 5. 专业化、体系化的阿拉伯语出版

改革开放后，中国的阿拉伯语教育步入一个全面发展的新阶段，阿拉伯语高等教育逐渐正规化。北京外国语学院阿拉伯语专业师资力量雄厚，教学经验丰富。1981年，阿拉伯语独立成系，并于当年成为我国第一个阿拉伯语语言文学硕士点，1986年成为第一个博士点。学科的发展离不开配套教材的完善。北京外国语学院阿语系成立了各种教材编写组，由纳忠、余章荣等知名学者主持，完成了《阿拉伯语》《阿拉伯语基础语法》《阿拉伯语课外读物》等系列教材教辅的编写工作，并由外研社出版。

纳忠教授是著名的阿拉伯历史学家、阿拉伯语教育家，被誉为阿拉伯文化泰山北斗和中阿文化交流友好使者。他于1940年毕业于埃及爱资哈尔大学，获"学者证书"，曾任中央大学、云南大学教授。1958年后，历任北京外国语学院教授、亚非洲史学会第一至第三届会长，北京外国语大学教授、博士生导师。此外，纳忠教授还是联合国教科文组织首届沙迦阿拉伯文化奖获得者、巴基斯坦"希吉来国际学术奖金"提名委员。他长期从事阿拉伯历史、伊斯兰文化的研究，曾主编《阿拉伯语》《阿拉伯语基础口语》《阿拉伯语基础语法》等重量级教材。

纳忠教授

余章荣教授

　　余章荣教授1954年毕业于北京外国语学院英文系，后赴埃及留学，1961年毕业于开罗大学文学院阿拉伯语系。他长期在北外从事阿拉伯语言文学教学与研究工作，1981年至1987年兼任系主任，1990年被评为博士生导师。余章荣教授主编或参与编写了《阿拉伯语》《阿拉伯语基础语法》《基础阿拉伯语》《实用阿拉伯语语法》等多种教材专著，在阿拉伯语言文学教学及研究方面造诣颇深。

　　《阿拉伯语》（1—10册）由"北京外国语学院阿拉伯语系《阿拉伯语》编写组"编写，自1982年起在外研社陆续出版，至1987年出齐，后又多次修订出版。这是新中国正式铅印出版的第一套阿拉伯语教材，也是20多年来最有影响力的阿拉伯语教材之一。《阿拉伯语》被其他一些高校乃至各地伊斯兰教经学院、民间阿拉伯语学校，以及广大阿拉伯语自学者普遍采用，受到广泛好评。

　　《阿拉伯语基础语法》（1—4册）出版于1983年，也是北外阿语系成立编写小组之后集体工作的结晶。阿拉伯语的语法内容十分丰富，使用规则比较复杂，既严谨周密，又不乏灵活多变，因此较难掌握。该书以实用为原则，采取了与传统阿拉伯语语法书不同的全新体系和体例，将复杂的语法现象用简洁明了的语言予以归纳、总结、分析，并配以规范、生动、易懂的例句。对广大阿语学习者来说，这是一本必备的工具书。

除此之外，1981年，外研社出版了《古兰经文选》( 汉阿对照 )；1982年，出版了《阿拉伯语基础口语》；1984年至1985年，出版了《阿拉伯语课外读物》( 1—10册 )，等等。可以看出，在建社的前五年，从基础教材到口语课本、语法课本、读物，外研社的阿拉伯语出版已经专业化、体系化，这是外研社为阿拉伯语教学做出的有目共睹的贡献。此后数十年，外研社的阿拉伯语出版始终在全国外语出版界占据权威地位。

## 6．出版文学翻译作品的最初尝试

1980年到1982年间，为了解决北外教师积压的翻译书稿的出版问题，外研社出版了一批翻译文学作品，大约有80多本。其中，源自英语、俄语、法语的翻译作品各10余种，其余为西班牙语、泰语、捷克语、保加利亚语、阿拉伯语、印度尼西亚语等语种的文学作品翻译本。

从内容看，这些作品的翻译水平较高，经得起各种检验。但当时是计划经济时代，这些书的出版在上级规定的外研社出版范围之外，因而引起了主管部门注意。教育部和中宣部出版局有关领导召见梁克家副社长，向外研社提出了要求。1982年，中宣部发文（中宣发函〔82〕117号文），重申了外研社的出版范围：

外语教材，外语读物，外语教学参考书，外语工具书，外国语言、文学等研究的专门性著作，外国人学习汉语用书，外语教学与学习有声资料。

按照上级要求，外研社主要出版的图书应是面向大专院校的各种外语教材。但是，外语院校的教学与科研当时已经开始从单一教授和研究外国语言与外国文学向外国语言、文学、文化、政治、经济、历史相结合的方向发展。北外教学用书和科研课题，也相应扩大到外国文学、政治、经济等各个领域。在这种情况之下，外研社打算相应调整出版范围，向国家出版局递交了增用"四海出版社"或"北京外国语学院出版社"副牌的申请，希望能用不同的名义出版各种不同的图书，但最终没有得到上级批准。

自此至国家出版管理部门允许出版社一定程度上放开出版范围限制之前，外研社始终严格遵守出版范围，致力于在出版范围内策划外语教材、教辅、工具书等图书，在社会效益优先的基础上创造更多的经济效益。

## 7. 服务教学与科研，出版学术专著

作为大学出版社，外研社牢记为教学与科研服务的建社宗旨，在创立的前五年中出版了一批具有较高学术水平和科研价值的学术著作。

1981年，外研社出版了著名翻译家、外交学院教授程镇球的《论汉译英的几个问题》。1982年，出版了英国文学研究专家、北京外国语学院教授王佐良的《英国诗文选译集》，该书选取了英国文学史上的经典诗文，配以优美精准的译文。当年，还出版了著名语

《英国诗文选译集》　　　王佐良教授

言学家、心理学家陆志韦的《中国诗五讲》，该书为中英文对照，作者用英文论述中国诗词以供外国人学习了解。

　　这一时期外研社还出版了一些俄语研究及苏联文学研究的专著。1980年，外研社出版了周春祥编写的《现代俄语复合句》。周春祥为北京师范大学教授，长期从事高校俄语教学与研究工作。1981年和1984年，外研社分别出版了王福祥所著的《俄语话语结构分析》和《俄语实际切分句法》。王福祥为著名语言学家、外语教育家，教授、博士生导师，曾担任北京外国语学院院长，并兼任外研社社长，还曾担任《外语教学与研究》《中国俄语教学》杂志主编等职务。他多年来一直从事话语语言学、俄语语法学及俄语语言学研究，曾获"普希金奖章"。此外，俄罗斯文学研究专家、中国社会科学院外国文学研究所主任吴元迈主编

王福祥教授

的《论当代苏联作家》，中国社会科学院外国文学研究所苏联文学研究室集体编写的《苏联文学史论文集》等著作也由外研社出版。1982年，当代苏联文学讨论会在苏州召开，与会者150人左右，多来自各大学、研究机构及出版社。外研社社长熊健在会议上介绍了外研社出版的研究苏联文学的专著，得到了大家的关注与赞赏。

另外，外研社还出版了中国社会科学院外国文学研究所主持编写的"外国文学研究资料丛刊"的部分图书，包括《司各特研究》《易卜生评论集》《肖洛霍夫研究》等。中国翻译工作者协会《翻译通讯》编辑部编写的《翻译研究论文集（1894—1948）》《翻译研究论文集（1949—1983）》两书，也由外研社出版。

出版这些学术著作，虽然不能为外研社带来显著的经济效益，但能够展现学术研究成果，推动相关学科的发展与建设，有着重大的社会效益。与此同时，学术著作的出版也彰显了外研社在学术方面的出版水平，提高了外研社在学术界的认可度和影响力。

## 建社五周年庆祝活动纪实

1984年9月8日，外研社隆重举行了建社五周年庆祝大会。中宣部出版局副局长伍杰，教育部高教一司负责人付克、王岳等出席。社科院中国笔会、新华书店等有关单位领导莅临。吕叔湘、张志公、戈宝权、姜椿芳、陈冰夷、毕朔望、冯亦代、叶水夫、李越然等专家学者到会祝贺。北京外国语学院院长王福祥、外研社社长熊健先后讲话。伍杰同志和付克同志也作了重要讲话，肯定了外研社五年来的成绩，并对今后的发展提出了殷切的期望。

　　会上，熊健社长总结了外研社成立五年来的发展成就。外研社成立以来，在主管部门的关怀下，在北京外国语学院的领导下，在商务印书馆、中国人民大学出版社等兄弟出版社的帮助及多家印刷厂、装订厂的支持下，取得了一定的发展成就。

　　五年间，外研社先后出版书籍583种，4028万册；发行各种期刊共251期，计3709万册；图书和期刊分别排字7743万和2957万，共计10 700万字，用纸累计47万令。从1983年1月起，外研社基本实现了一周出版两书，一个月投放市场近70万份期刊的良好业绩。

熊健社长在建社五周年大会上讲话

庆祝外研社成立五周年大会

建社以来，外研社书刊销售总额为2720.8万元，创利近400万元，上缴学校利润70万元。经过五年努力，外研社已经成为拥有一定规模物质基础的出版社。

外研社是北京外国语学院的出版社，依托北外28个专业、500多位外语教师和100多位其他课程教师的资源优势，坚持为教学与科研服务，出版了大批高质量的专业教材、参考书、工具书、读物，以及外国语言文学研究专著。其中，仅英语方面的教材和读物就有近200种，各种英语工具书、参考书近20种。英语之外，外研社的俄语、阿拉伯语、法语、德语、日语等语种的教材出版也卓有成绩，有的填补了专业空白。

外研社在开展出版工作时，一直遵循上级主管部门和北京外国语学院批准的出版方针，为繁荣外语教育事业，促进中外文化交流，促进祖国四化和社会主义精神文明建设做出了应有的贡献。根据中央关于加强精神文明建设和清除精神污染的指示，外研社全面检查了已出版书刊，未发现任何重大原则错误。

与会专家、领导纷纷对外研社取得的发展成就表示认可，高度赞赏了外研人的辛勤付出与拼搏精神，并祝愿外研社能够更好更快地成长，为我国的外语教育事业继续不懈奋斗。

1984年9月4日，《人民日报》刊登了《外语教学与研究出版社成立五周年敬告读者作者》的广告，简要介绍了外研社的宗旨、使命及发展成绩。9月10日，《北京晚报》报道了外研社的社庆活动。这一时期，外研社还面向本校师生与社会公众举办了优惠售书活动。总之，外研社利用建社五周年的契机举行的系列庆祝活动，总结了既有的发展经验，鼓舞了员工的士气，扩大了社会影响力。

# 第四节
## 20世纪80年代中后期的困难萧条时期

外研社创立前几年发展较为迅速，既得益于改革开放形势下国内对外语图书需求升温、外语图书供不应求这一市场条件，也得益于老一辈外研人所投入的前所未有的工作热情。但事物的发展从来不是一帆风顺的。20世纪80年代中后期，由于计划经济体制的制约，以及外语图书市场日趋饱和与印制成本猛增等原因，外研社的生产经营遭遇困难，曾一度为待印图书购买纸张而捉襟见肘。为了走出困境，外研人积极发挥主观能动性，采取了种种措施，以求在困境中实现突围。

### 1. 陷入困境，外研社经济效益下降

20世纪80年代中后期，中国的改革由农村转向城市，由农业转向工业与其他行业，面临的局面更为复杂。出版界也不例外，几乎全国所有的出版社都遇到了发展危机，大学出版社面临的问题更为严重。

当时，人们在思想观念及行为方式上长期囿于计划经济体制的制约，习惯于原有的条框管理。上级主管部门下发的文件一再强调大学出版社是学术性的事业单位，不能片面追求利润，要坚持保本微利政策。进一步明确提出，高校出版社是高等学校中的学术性事业单位。因此，大学出版社要立足本校，面向全国，以社会效益为最高原则。直到1988年，中央才明确提出在发展社会主义有计划的商品经济条件下，出版社必须由生产型向生产经营型转变，使出版社既是图书的出版者，又是图书的经营者。

由于城市的改革起步晚，人们的改革愿望远没有农村那样急迫。出版从业者思想还不够解放，缺乏改革勇气，尤其是大学出版社创建时间不长，缺乏经验，暂时走不出出版界固有的发展模式。

同全国一些出版社一样，外研社进入了困难萧条时期。具体而言，主要有以下四个方面的原因。

第一，发行渠道不畅通，出现了卖书难的局面。20世纪80年代中后期，由于出版社的数量和图书品种、数量的迅猛增加，新华书店无论是在资金、储运方面，还是在人员结构和素质、技术条件和设备、管理和运行机制等方面都难以适应新形势的发展。"作者→出版社→新华书店→零售书店→读者"的单一链条无法继续运转，出现了一种恶性循环：图书卖不动新华书店就不肯进货，新华书店不进货读者就买不到书。1985年下半年，新华书店总店发行所突然通知说，外研社有69种图书的订数全部作废。这69种书中有29种已经印制完成，准备上市，另有24种已经付印，加起来共计有53种图书，印数达上百万册。这么多图书送不出去，只好拉回仓库，造成库存猛增，资金大量积压，无法周转。据统计，1985年外研社平均每种图书的订数是16 900册，1986年则下降到12 000册，每种图书平均订数比上一年降低三分之一。另外，外研社9种期刊的征订数也大幅下降，1986年为701万册，1987年为671万册，1988年为522万册，1989年下降到284万册，较1986年减少了417万册。在这种情况下，外研社不得不在期刊出版上采取措施"开源节流"：减少向北外师生免费赠阅的期刊数量；集中管理封底刊登广告的收入，用于补贴亏损；封面一次制版、每期换色，降低用纸克数，等等。最后更是忍痛割爱，停办了《课外学习》《当代苏联文学》。剩下的几种期刊的订数后来下降到170万册。

第二，上级部门决定降低高校教材定价。当时有社会舆论反映，高校教材定价较高，出现了大学生买不起书的现象。这是计划经济向市场经济转型时物价上涨所导致的结果。相关主管部门决定无论如何都要保证教材的供应，于是八部委联合下发文件，要求高校教材定价降低20%到25%。外研社虽然面临发展困境，但坚决执行上级指示，将教材实际定价降低了21%左右。虽然国家教委给予了一定的补贴，但大部分亏损不得不由外研社自己承担。

第三，纸张、装订材料及工价上涨，成本猛增。20世纪80年代中期，外研社图书出版所用纸张的30%到40%由国家实行计划供应，但却经常不能按时到货。而且，其中质量较好的纸张远远少于质量较次的纸张。为了保障课前到书，按时供应教材，外研社只能从社会上采购一部分议价纸、高价纸。另外，外研社出版的图书大部分为中外文混排，排版工价也高于一般的中文书。出版辞书还要用到字典纸，每吨的价格要比一般图书用纸高出千元以上。这些因素都增加了外研社图书出版的成本。

第四，全国出版社数量剧增，外语图书供大于求。随着改革开放的深入，全国出版社的数量成倍增长。一些出版社超越出版范围，将出版外语图书作为效益增长的手段。因此，外语图书市场趋于饱和，竞争激烈。外研社却始终遵循国家对本社出书范围的有关规定，只能出版外语学习类图书。

重重困难的出现，造成了外研社整体经济效益的下降。建社初期的1982年，外研社销售收入为809万元，但从1985年到1987年，连续三年外研社每年的销售收入都徘徊在600多万元左右，直到1988年才略有增长。销售收入降低，成本上涨，导致这一时期外研社的利润下降严重。1983年外研社利润为160万元，1988年则为53万元，下降了大约三分之二。经历了前五年的迅速发展之后，外研社不得不直面挑战，采取一些措施进行改革，努力实现由生产型向生产经营型的转变。经过几年夹缝求生、发奋图强的努力，1989年外研社销售收入终于突破1000万元，实现利润82万元。然而，经营局面仍面临着较大的困难。

## 2. 直面市场，自办发行成为图书发行主渠道

针对出版业发展过程中遇到的困难，国家不断推进图书发行体制改革，提出"三放一联"，放开图书批发及销售市场。外研社抓住时机，加大自办发行力度，采用多种方式增加图书的订数和销量，加强仓库的储备和周转工作，减少库存积压。在发行部的集体努力下，外研社的自办发行工作取得一定成效。

### 2.1 多管齐下，打造自办发行网络

1985年春季，国家新闻出版署在重庆召开全国图书发行会议，会议作出一个重大决定：出版物总发行由新华书店代理制改为出版社自办发行，新华书店由包销改为经销。中国的图书市场打破了几十年来新华书店一统天下的局面，新华书店的作用发生了很大变化。出版社自办发行由小到大，渐渐发展成为图书市场重要的发行渠道。

出版社自办发行，是指依靠出版社自身的力量发行图书，主要有这几种方式：在批发业务上建立自己新的发行渠道，在零售方

面广布自己的销售网点，以及开展灵活方便的邮购业务。1988年5月，中宣部、新闻出版署联合印发《关于当前图书发行体制改革的若干意见》，明确提出：建立和发展开放式的效率高的充满活力的图书发行体制，继续完善和发展以国营商店为主体的、多种流通渠道、多种经济成分、多种购销形式、少流通环节的新格局，推进"三放一联"。"三放一联"即是指：放权承包，搞好国营书店；放开批发渠道，搞活图书市场；放开购销形式和发行折扣，搞活购销机制；推行横向联合，发展各种出版发行企业群体和企业集团。

外研社以外文书店为主干，在全国建立了一大批特约经销店，减少了图书流通环节。同时，外研社加强与其他大学出版社的横向联系，与兄弟出版社互相组织代销，并定期在其他出版社的读者俱乐部或书店开展展销活动。此外，外研社还积极参加全国各地的各种书市、展销会、图书订货会，比如：全国外文书店系统的协作会、大学出版社发行协作会、全国自学考试中心协作会，还有全国各大行政区的协作会，等等。在这些会议上，外研社与会人员，无论是社长、发行部主任，还是普通员工，都积极向客户介绍本社图书，王佐良、许国璋、周珏良、陈琳等知名教授都是他们宣传的重点。

外研社还积极在各地开办图书座谈会、新书发布会等活动，并联系媒体进行营销宣传。《广州日报》、上海东方电视台、浙江钱江电视台、山西电视台、陕西电视台、青岛电视台、《天津日报》、天津电视台、《南京晚报》、南京电视台等媒体都对外研社的图书或活动有所报道，提高了外研社的知名度。

外研社参加各地书市

　　1990年，李朋义任副社长，主管出版和发行工作。外研社首开先河，单独举办社店联谊会，最初以邀请外文书店为主，后来逐步扩大到新华书店、个体书商等，至今已经举办了30年。每次订货会期间，从订票、接站到驻会，外研社都耐心细致地为客户们服务。会上，社长、副社长、总编辑、副总编辑、发行部主任等人都会详细介绍外研社的发展规模、选题规划、重点图书及发行情况等。订货会上彼此的交流与互动，使外研社与大批书店、经销商建立了良好的合作关系，让外研社收获了源源不断的图书订单。

　　逐渐地，外研社在全国打造了一个以外文书店、新华书店为主，以个体经销商为辅的自办发行网络。在更多地掌握图书发行的主动权的同时，外研社也更好地了解了市场，并间接加强了与读者的联系。

外研社和音像社召开图书音像制品发行座谈会。左二起：音像社常务副社长刘宁，外研社社长李朋义、发行部主任郑鸿毅，北外副院长余章荣，外研社党总支书记范明贤

社领导与外商洽谈业务。左起：梁德润、梁克家、李朋义

## 2.2 郑鸿毅带领的"冬练三九、夏练三伏"的发行团队

在自办发行、开辟图书市场的过程中，外研社发行部做出了历史性的贡献。这是一个特别能吃苦、特别能战斗的团队，面对重重困难，他们"冬练三九，夏练三伏"，凭借智慧和汗水逐步打开了图书发行的市场。

当年的发行部兼有市场、销售、储运多种功能，在人手有限的情况下工作极为繁重。发行部员工要在各地书店间不断奔波，要频繁接待书店业务人员，要紧盯图书库存以及时提出重印计划，还要向书店及经销商催收货款。当然，工作的重中之重是想方设法保证图书能按时发货，及时到货。

当时，全国处在计划经济向市场经济转型的过程中，交通还不够便利，铁路运输十分紧张。铁路系统效率较低，火车没有提速，耗时也较长。而且，运送货物要提前"做计划"申请车皮。"做计划"是指提前去车站预约、登记，填写货运通知单。但"计划"并没有任何保证，不一定何时能有车皮。等货运通知单来了或者电话通知可以送货了，运货方必须在很短的时间内将货物准备好——也许半天，也许一两天；也许一个集装箱，也许十几个集装箱——然后再按通知的时间将货物及时送到铁路货场，否则下次做"计划"就会有麻烦。

自办发行后，外研社的图书除了一小部分由新华书店征订，一小部分存放在印刷厂库房，剩下的大部分图书都存放在外研社的"书库"里。所谓书库，就是在当时办公的筒子楼两侧搭建的简易

"冬练三九、夏练三伏"的发行团队

库房，南侧是一排石棉瓦的活动房，北墙则是一溜大棚。随着印书量不断增加，库存图书逐渐无法堆放。这时候就需要发动全社人员倒库。后来外研社就干脆把图书堆放在办公楼外的小马路两边，从筒子楼门口一直堆到北京外国语学院办公楼前边，成为学校一道独特的风景。书堆下边放着垫板，上边盖着苫布，为了防火、防水、防盗，还要昼夜安排人值班。另外，学校教学楼的地下室也存放着图书，搬进搬出，上上下下，十分吃力困难。

可想而知，这么简陋的库房给发行工作增加了多少困难。发行部员工几乎每天都要手工开票、库房配书、上站发货，加班加点地打包发运也是常事。他们"冬练三九，夏练三伏"：夏天顶着高温酷暑，汗流浃背；冬天迎着凛冽寒风，双手皲裂。由于人手短缺，发行部每一个人都成了多面手：打包、装集装箱、填清单等，都很熟练。销售旺季时，发行部主任、业务人员都要出库、打包、装车，有时任务紧急，甚至要动员全社所有部门帮忙。牛皮纸加塑料绳，旧课桌加铁台子，没有打包机，只能人工打包。大家毫无怨言，手都勒出了血泡，还在咬牙坚持。

发行部主任郑鸿毅（右）和员工赵小刚（左）正在核验发货

为了能按时送书，外研社发行部还采用了汽车运输的办法。发行部员工常常跋涉数千里，送货到东北三省、河北、陕西、江苏、浙江等地。路途遥远，他们风餐露宿，辛苦异常。有一年严冬的夜晚，送书途中汽车出了故障。当时前不着村，后不着店，又没有通信工具，发行部主任郑鸿毅等人只能在路上冻一晚，到第二天早上，除障车才出现。汽车运输虽然辛苦，但满足了书店对图书的迫切需求，真正做到了社店一家，外研社得以牢牢地维护住了这些销售网点。

在发行工作中，原副社长、发行部主任郑鸿毅功不可没。他是外研社公认的老黄牛、实干家，曾被北京市评为优秀教育工作者，被北京外国语大学评为优秀共产党员和先进工作者。为了扩大销售网点，他背着几十斤重的像砖头一样的字典、样书，走遍了全国各地的新华书店、外文书店和个体书商，向他们宣传外研社的图书，了解图书的上架率。为了节省开支，郑鸿毅出差大部分都是坐火车硬座，有一次从广州回来，没有买到硬座，他硬是站了20多个小时回到北京。为了巩固来之不易的发行阵地，无论发达地区还是落后地区，无论是国营大书店还是民营小书店，郑鸿毅都一视同仁，与他们保持了良好的关系。书店同仁来北京时，郑鸿毅都会帮他们买好火车票，安排好住宿，甚至请到自己家吃顿饺子，使他们宾至如归。2001年，郑鸿毅光荣退休，离开奋斗了近二十年的外研社。全社大会上，他被授予"外研社的光荣，外研人的楷模"的终身成就奖，社长李朋义被他以社为家的奉献精神感动到眼圈泛红，全场员工起立并给予了他最真诚、最长久、最热烈的掌声，长达一分钟之久。

郑鸿毅副社长获"终身成就奖"。后排站立者左起：李朋义社长、陈乃芳校长、周烈副校长

　　总之，20世纪80年代中后期，在发行部员工的辛勤付出和不懈努力下，外研社的自办发行工作卓有成效。1985年，自办发行销售收入为100万元左右，占图书销售总额的29%。1989年，这一数字增长至676万元，占比63%。也就是说，将近三分之二的图书由外研社自发，只有三分之一由新华书店发行所发行。这时，自办发行已经成为外研社图书发行的主渠道，使外研社在图书市场上占据了更大的主动权。

## 3．调整出书结构，坚持双效合一

　　外研社的自办发行使图书流通更为顺畅，很大程度上解决了"卖书难"的问题。更关键的问题还是如何调整出书结构，使外研社既能继续更好地为教学和科研服务，又能在夹缝中求生，壮大自身实力。

### 3.1 承担教材出版重任，保证课前到书

20世纪80年代中后期，即使面临经营上的困难，外研社依然认真贯彻执行《高等学校出版社工作若干问题的暂行规定》，坚持为教学和科研服务，把社会效益放在首位，把出版教材、教学参考书和学术著作作为自己的首要任务。外研社一直承担着国家教委外语专业教材编审委员会下达的教材出版任务，为全国高等学校外语教学供应教材。这些教材在外研社所有图书品种中的占比约为55%。除英语的一些品种外，此类教材的征订数极低，2000册以下的品种约占42%，2000册至5000册的品种约占25%。可以看出，此类教材67%的征订数是在5000册以下，也即为出版业常说的"短版活"。出版这些教材都是"亏本儿的买卖"，给外研社造成了不小的经济压力，在困难萧条时期尤其如此。

这一时期外研社出版的高校外语教材中，最为经典的是《大学英语教程》。"文革"结束后，我国英语专业教材的建设真正开始。1983年，胡文仲、祝珏、马元曦、李贺主编的《大学英语教程》第1、2册由商务印书馆出版。1985年，杨立民、徐克容主编的该教程的第3、4册由外研社出版，并于次年进行了修订。1987年，王家湘、刘新民主编的第5册和张中载、张毓霖主编的第6册也由外研社出版。此外，外研社还为该教程出版了专用的教师手册及录音磁带，并在1992年出版了第1、2册的修订版。这套教材的编写者都是在英语教学领域卓有建树的专家学者，在他们的精心设计之下，这套教程起点高、编排新颖全面、内容丰富多样，一经问世就被绝大多数高校的英语专业选用。以第3、4册为例，到1997年时已重印18次，总印数70余万册。对于专业外语教材而言，这一印量非常难

得，足见其受欢迎程度及影响力。此外，1988年起开始出版的河北师范大学教授吴伟仁主编的《英国文学史及选读》与《美国文学史及选读》，根据英国或美国文学史的时间顺序进行编排，尽可能遴选了文学史上的重要作家作品，内容丰富，观点正确，选文具有代表性，可作高校外文系英语专业英美文学史和文学作品选读课程的课本或参考书，也是广大中学英语教师及具有一定水准的英语自学者和英美文学爱好者进修的理想读物。

左起：杨立民教授、梅仁毅教授、徐克容教授

王家湘教授

《大学英语教程》

《英国文学史及选读》

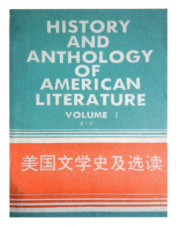

《美国文学史及选读》

无论是广被采用、能够取得经济效益的《大学英语教程》及英语专业的其他教材，还是印量较小、肯定"赔本"的其他语种的教材，外研社都慎重对待，保质保量地按时完成出版工作。日语、俄语、法语、西班牙语、阿拉伯语等属于通用语种，这些语种的教材、教辅尚且出一本亏一本，更不用说捷克语、老挝语、阿尔巴尼亚语、斯瓦希里语这些非通用语种的教材了。而且，由于计划供纸不能按时到货，外研社不得不在社会上采购议价纸，议价纸的价格要高出许多，且还在不断上涨。随着经济效益的下降和亏损数字的逐年上升，外研社的资金短缺情况日益严重，甚至要举债度日。比如，1988年，外研社东挪西借，举债105万元，其中包括了学校借给的30万元周转资金。

在如此困难的条件之下，外研社动员编、印、发全体力量，保证所有教材都能在春秋两季课前到书。1987年秋季和1988年春季，外研社共供应此类教材136种；1988年秋季和1989年春季，共供应125种。由于资金压力过大，外研社不得不采取一些灵活的措施。有的教材订数太少，外研社就三年或两年一印，每次多印一些，虽然积压了库存，但也降低了成本。

在外研社的努力下，意大利语、瑞典语、捷克语、波兰语、罗马尼亚语、匈牙利语等20多个非通用语种都配备了铅印或胶印的基本教材、语法教材和口语教材，结束了学校长期使用油印教材教学的历史。其中许多语种的教材还是第一次在我国正式出版。这些教材的出版满足了相关语种的教学需要，提高了相关语种的教学质量，促进了国内外学术交流，也为教师职称的评定提供了有利条件。

### 3.2 牢记建社宗旨，支持学术著作出版

这一时期，虽然面临经营危机，资金无比紧张，外研社依然坚持推进学术著作的出版工作，出版了一批高质量的学术专著或论文集。

著名翻译家、英国文学研究专家王佐良先生的《论契合：比较文学研究集》出版于1985年，收录了先生于20世纪40年代后期和80年代前期从事比较文学研究时用英文撰写的11篇论文。这些论文都是作者在比较文学方面的鼎力之作，探讨的中心问题是20世纪中西方文学间的"契合"关系。"契合"二字十分贴切地描述了不同文化间相互影响、相互渗透的关系，这一概念的提出，是对比较文学研究的重大贡献。此书出版后受到中外学术界的一致欢迎和高度评价，并荣获北京市首届"哲学社会学和政策研究优秀成果荣誉奖"与"比较文学图书荣誉奖"等奖项。1989年出版的《翻译：思考与试笔》一书，是王佐良先生从自己的翻译实践出发，写作的探讨翻译理论、翻译风格、翻译中的文化比较等问题的文章的结集，对从事翻译工作的读者具有一定的指导作用。

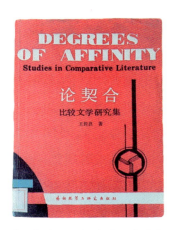

《论契合：比较文学研究集》

1989年，外研社出版了北京外国语学院邓炎昌、刘润清两位教授写作

的《语言与文化：英汉语言文化对比》一书。该书主要作者邓炎昌教授生于美国，毕业于美国南加利福尼亚大学国际关系系，在中国和美国生活多年，对两国的语言、社会和文化有较深的了解和感受。刘润清教授在英国兰开斯特大学获语言学副博士学位，在英语教学与语言学方面很有造诣，是我国语言学界最有影响力的研究者之一。该书对英汉语言文化进行对比，适应了英语教学与研究的需要，有很大的参考价值，成为改革开放之后最早关注文化学习的著作，后屡次再版。

1989年，外研社出版了北外法语系主任陈振尧教授主编的《法国文学史》一书。该书内容简明，条理清晰，向外语院校法语系师生、法语工作者和一般读者介绍了法国文学的梗概。在对文学现象的阐述过程中，编者自己的观点也有所表现，做到了史中有论，论中有史，史论结合。

此外，这一时期外研社还出版了老一辈外语教育家付克的《论外语教学》、著名语言学家王福祥的《话语语言学》、著名德语语言学及文学研究专家刘芳本的《德语情态小品词》、著名英语教学和研究专家胡文仲的《英语的教与学》、著名英语文学及西方文论研究专家张中载的《托马斯·哈代——思想和创作》，并引进了美国文学研究学者安妮特·T. 鲁滨斯坦（Annette T. Rubinstein）的《美国文学源流》《英国文学的伟大传统》等著作。

在困难时期坚持出版这些学术著作，展现了外研社作为专业的大学出版社的魄力与雄心。外研社在诞生之初，就确立了为教学与科研服务的建社宗旨，无论顺境还是逆境，这一初心从未改变。学术著作的不断出版，推动了我国外语科研的进步，其中一些著作填

张中载教授　　　　　　　胡文仲教授

补了相关学科的空白。在这一过程中，外研社自身的品牌形象也得到了提升。

### 3.3 "以书养书"，策划畅销及长销书

外研社出版的优秀教材和学术专著，促进了高等院校外语专业教学质量的提高和科研建设工作的进步。但作为一家出版社，外研社要想保持长远发展，必须解决经营的资金问题。借债出书只是一时之举，优化选题、"以书养书"、提高经济效益，才是长久之计。当然，提高经济效益并不意味着忽视社会效益。外研社出书首先考虑的是两个效益都好的图书，只有经济效益而无社会效益的图书，是绝对不予出版的。这一时期，外研社在中宣部批准的出书范围内，努力做到各类图书品种互相调配、互相补充，轻重有别、丰歉相济，策划出版了一批双效俱佳的畅销书和长销书。

第一，以各种英语词典为主的外语学习工具书畅销不衰，为外研社带来了令人瞩目的经济效益。建社前五年出版的《小小英汉词典》《小小汉英词典》及《新编学生实用英汉小词典》等工具书，还在不断重印。段世镇社长、靳平妥总编辑、梁德润副社长、郑建

德副总编辑领导编写的《现代汉英词典》（1988年出版）、《现代英汉词典》（1990年出版）也取得了很好的社会效益和经济效益，两部词典的总印数都在百万册以上。这一时期出版的《现代汉语通用词典》《学生英汉汉英词典》《汉语常用词搭配词典》《英汉人物地名事件词典》等学习类、实用性的工具书，也很受欢迎，收获了可观的订购量。

另外，外研社还开始了"外汉汉外系列词典"的选题策划工作。这一系列词典计划采用国际流行开本，统一规格、统一封面，每部120万字到150万字左右，收词3万到4万条。列入编写计划的有日汉汉日词典、法汉汉法词典、德汉汉德词典、英汉汉英词典、俄汉汉俄词典、西汉汉西词典等。其中，除英汉汉英词典较好着手外，其他都要进行大量的筹备工作。实际上，这些词典的出版工作大多是在20世纪90年代甚至21世纪初完成的，但在困难萧条时期，外研社能做出这种规划与部署，足见眼光之长远。

第二，外研社为满足初高中学生和社会上英语学习者的需求，出版了一大批教学参考书与英语学习资料。此前，外研社出版的北京市海淀区教师进修学校编写的《中学英语语法》等书，还在不断重印。这一时期，外研社继续出版了该学校编写的《初中英语单元练习手册》《初中英语语法练习手册》《高中英语单元练习手册》《高中英语语法练习手册》等六种图书，总印数高达120万册，创造了不小的经济效益。

20世纪80年代中后期，电视广播教学方兴未艾。北京外国语学院、中央人民广播电台联合举办了"广播函授英语课程"，由著名外语教育专家陈琳主讲。"广播函授英语课程"学制三年，分六个学期。同名教材《广播函授英语课程》共六册，每学期使用一册，每册分上、下两本。陈琳主编教材的前四册，庄绎传主编教材五、六册。全六册共12本，于1986年至1988年出齐。这套教材从成人自学的实际需求出发，循序渐进安排教学内容和教学目标，先培养学生具备较扎实的英语基础知识和听、说、读、写基本技能，再培养他们的阅读理解能力和中英文互译能力。三年间，"广播函授英语课程"无论春夏秋冬，一天都没有间断，甚至新春佳节也照播不误。这一课程的学习者众多，相关教材卖出十几万册，配套资料《广播函授英语课程课外读物》及录音磁带也取得了良好的经济效益。

1989年，外研社还出版了《新编循序渐进美国英语》（1—7册）。这是一套读物丛书，所有课文选自美国《读者文摘》历年发表过的文章，按语言和内容的深浅分为七级。通过阅读这些课文，读者不仅可以提高英语水平，还可窥见美国人的生活方式、思想感情、价值观念，以及美国的社会现状和问题，并学到一些现代科学技术和社会文化知识。丛书有精准详细的译注，译注者为当时外研社的编辑李朋义、臧庆凤、汪颖、甘美华、王春丽、张镜等人。这也是外研社所采取的"边使用边培养人才"的特殊培养方式。丛书中还设计了难度适当的练习，并配有录音磁带。总之，这套丛书可读易学，在当时是非常新颖的一套学习资料。许国璋教授概括了该丛书的七个特色，外研社将这些话印在封底：美妙的故事、流畅的语言、生动的图片、详细的注解、精美的印刷，练习适量，毫不枯燥，从浅到深地读，下七册功夫。许老的高度评价让这套书更受欢迎、供不应求。

《新编循序渐进美国英语》

　　改革开放后出现了"出国热"，人们急于提高英语口语和听力水平。针对这一现象，外研社出版了一系列图书。1989年出版的《当代美国英语会话》，作者杨鑫南在欧美留学、工作多年，有着丰富的英语教学经验，曾担任过板门店谈判的翻译。该书主要为准备赴英语国家学习、工作的人员以及初级涉外工作者而编写，也可用作成人英语短训班教材。1988年出版的《美国会话120》和1991年出版的《英国会话130》都是专为我国初、中级英语读者进行口语和听力训练而选编的图书。两书中所选编的情景会话都精选自美国、英国近年来出版的口语听力教材和原版录音带，这些会话短小生动，文字简易，在题材和内容上相辅相成，极少重复，实用性很强。1990年开始出版的"美式英语会话"系列包括《基础美语会话》《美语通用会话》《赴美留学会话》三册，循序渐进地提高读者的英语听说能力。此外，外研社还出版了《实用美国英语口语》（1987）、《赴美英语指南》（1988）、《英语口语大全》（1989）等优质图书。20世纪八九十年代，这类图书畅销不衰，屡次再版，取得了可观的经济效益。

第三，积极开展版权贸易工作。20世纪80年代中后期，外研社出版的一些精品图书开始向港台地区及国外输出版权。香港三联书店购买了外研社《小小汉英词典》《中国诗五讲》

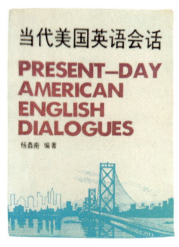

《当代美国英语会话》

两本书的版权。日本东方书店、新加坡联邦出版公司、联邦德国的JULIUS GROOS出版社向外研社购买了《汉语动词常用词搭配词典》一书的版权。牛津大学出版社引进了《现代汉英词典》，新加坡智力出版社引进了《新编学生英语小词典》《英汉双解初级词典》等书。《日本常用词语惯用法》和《新日本语语法》被台湾笛藤出版图书有限公司引进，《德语速成》《当代英语变迁》《法语词汇学概述》《中学英语语法》《实用美国英语口语》等则被台湾晓园出版社引进。这些出版社在出书后，都按照合同规定寄来了版税。外研社不但早于国内出版界近十年就迈出了"走出去"的步伐，使我国的出版物进入了国际主流市场，而且增加了自身的外汇收入。

外研社的版权引进工作则开始得更早。1983年，在林学洪总编辑的主持下，外研社就与牛津大学出版社签署了《牛津初级英语学习词典》和《牛津英语用法指南》的版权引进协议。谈判初期，对方要求的版税率很高，并要求支付外汇。外研社对其解释，我国尚未加入《世界版权公约》，翻译版可以不付版税即出版，但外研社尊重对方的版权，还是希望付版税。这一举动赢得了牛津大学出版社的好感和信任，表示理解当时的中国国情，欣然签约。坦诚互信的开端为之后的合作打下良好基础。1985年到1987年，外研社与牛津大学出版社签订了引进《牛津实用英语语法》《英汉双解牛津初级英语学习词典》《牛津当代英语袖珍词典》《牛津当代英语成语词典》及"学生英语文库"等图书的协议。1988年至1990年间，外研

外研社出版的多种英语词典

《牛津实用英语语法》
和《朗文英语语法》

社还与朗文出版公司签订了《朗文英语语法》《朗文英汉双解词典》等图书的版权引进协议。根据协议，这些图书或直接印行，或在翻译之后出版中译本或英汉双解本。这些高质量图书的版权引进及陆续出版，满足了高层次英语学习者的需要，也彰显了外研社国际合作水平的不断提高。

## 第五节
## 外研社建社以来领军人物群像谱

改革开放的最初十年，全国新出现了300余家出版社，外研社只是其中小小的一家。为什么它最终可以脱颖而出，被誉为"中国出版改革发展的缩影"？建社以来，那些信仰坚定、品格高尚的人，那些目光如炬、敢于尝试的人，那些埋头苦干、甘愿奉献的人，那些锐意改革、不断进取的人，已经告诉了我们答案。

### 1. 熊健—— 一生不悔的共产主义信仰

外研社第一任社长熊健出身显赫，他的父亲熊斌是国民党高级将领，曾任陕西省政府主席、北平市市长。1935年，15岁的熊健赴日留学，其间接触了不少进步人士，逐渐产生了强烈的爱国进步思想。回国后，他不愿做一个饱食终日的公子少爷，而是主动学习马克思主义，投身革命事业。1943年1月，熊健由周恩来特批加入中国共产党，他与傅作义的长女傅冬菊、陈布雷的女儿陈琏等一样，都是身份特殊的中共地下党员。当时我党南方局遭到国民党反动派的严重破坏，熊健充分利用自己的各种条件，不顾个人安危，多次完成了党组织交付的重要任务。在北平解放的前几年里，他凭借国民党官家子弟的背景，为和平解放做出了贡献。正如一位与他相熟的老友所言："如果改编成电视剧本，完全是一个轰轰烈烈、曲折离奇的故事，这是一个有勇有谋的地下工作者精英的高大形象。"

社长熊健

在北京外国语学院工作期间，熊健历任教务处领导，德语系、西班牙语系首任系主任及亚非语系重组后的系主任，并于1979年被任命为外研社第一任社长。

新中国成立前，熊健曾在中国大学、华北学院任教，开设过高级会计学等课程。作为社长，他发挥经营管理方面的长处，在有限的人力条件下建立了较为先进的行政管理与财会工作制度。作为一名久经考验的共产党员，熊健还有着先人后己的工作作风。外研社第一次发补助时，熊健建议，编辑人员的标准是30元，行政干部为20元。他自己负责《课外学习》，可以领取30元，但他坚持只领20元。学校分配给外研社一些办公室，他在朝北的房间里办公，而将朝南的房间全部让给了编辑。

熊健以一颗赤子之心投身祖国的解放和建设事业。在新中国成立后的不同时期，他曾因为家庭出身而受到过不公正的待遇，但他始终抱定共产主义信仰，对自己选择的道路终生无悔。熊健以其坚定的信仰、严谨的作风与出色的经营才能，在第一任领导集体中起到了带头作用。

## 2. 林学洪——无私奉献的编辑品格

林学洪1946年毕业于厦门大学，精通英语、俄语，通晓法语、德语、意大利语和西班牙语，在语言学、文学、辞书编纂等方面都有很深的造诣。林学洪1957年任《西方语文》编辑，1959年任《外语教学与研究》编辑，1978年《外语教学与研究》复刊后任主编。1979年，外研社成立，林学洪出任总编辑直至1989年。以林学

总编辑林学洪

洪的学识和学术造诣，他完全可以在大学做教授，著书立说。可他没有留下一本自己的著作，毕生都在编辑事业上辛勤耕耘。

林学洪主编《外语教学与研究》期间，每期十几万字的文稿，他都要亲自校订好几遍。为了按期出刊，他常常通宵工作。杂志刊登的不同语言的文章他都能校阅修改，所提的建议得到各个语言领域的学者认可。作为出版社的总编辑，林学洪既要制订出版计划、策划选题、组织稿件、指导年轻编辑，还要担任一些书籍的责任编辑。事必躬亲的他甚至还会亲自去印刷厂校订核红。对于书稿，他总是严格把关，很多书稿经过他的深加工，甚至改写重写，经常被改得"满天星"，但当作者出于感激而希望他能署名时，他总是坚决拒绝。

为了外研社，为了作者和读者，林学洪付出了太多太多，但他所拿的，只是一个月几十块钱的基本工资，除此之外他再不索求一分一毫。《外语教学与研究》发给他的编辑费，他要么不收，要么当作党费上交组织。

林学洪的党费缴纳单

认识林学洪的人很确定地说，没见林学洪去过电影院，没见他去过戏院，没见他休过假。许多年来，他没有星期天，没有寒暑假，加班加点，超负荷工作。林学洪的父母七八十岁高龄时从福建来北京，他都没时间陪伴他们。父亲去世的时候，林学洪怀着悲痛的心情安葬了他，然后又匆匆赶来上班。1983年11月，积劳成疾的林学洪突发脑血栓，轻度偏瘫，在治疗后并未痊愈的情况下，他又出现在工作岗位上。此后，就算旧病复发他也仍然坚持上班，直到离休。

不慕虚名、不恋钱财，埋头苦干、甘于奉献，这就是林学洪的高尚编辑品格。

## 3. 梁克家——敢为人先的创新精神

建社初期担任主管编辑工作的副社长并于后来担任常务副社长的梁克家不但编辑经验丰富，与林学洪总编辑配合默契，出版了一批深受当时社会欢迎的外语读物，还具有敢为人先的创新精神和眼

主持工作的常务副社长梁克家

界魄力。在他的领导下，外研社成为国内第一家使用计算机编辑、排版及办公的出版社。

20世纪80年代，科学技术飞速发展，计算机已进入西方发达国家的办公领域和出版界，以手工拣字铅印为主的传统出版业，也在技术上逐渐发生革命性变化。计算机排版和胶印进入出版领域，淘汰了落后的排印技术。但在当时的中国，使用这项技术的人凤毛麟角，寥寥无几。1984年6月，外研社花费十多万元添置了9台微型电子计算机，应用于编辑排版和局部办公领域。这在国内出版界是首创，也是外研社当时的一个重要科研项目。使用计算机进行排版可以大大缩短排版周期，从而加快图书的出版速度，降低成本。以《大学英语教程》第3册（第1分册）为例，用计算机进行排版，从收到稿件起，经过编辑加工、版式设计、操作员输入、编辑校对、三次校改、打印版样、进行照排处理，到最后制成胶片，仅用时一个月。另外，用计算机排英文书稿可以用英文原版的Wordproof等校对软件进行拼写检查，可以自动校出书稿中绝大部分拼写错误，不仅节省时间，也提高了英语图书的质量。在1985年前后的一年多时间里，外研社用计算机试排了《朗文英汉双解词典》等三部书稿，总共约320万字。除了编辑排版，外研社还投入研发了发行部的库存处理软件。

当年，在呼和浩特召开的第一次全国大学出版社工作会议上，梁克家副社长专门就出版新技术问题做了主题发言，介绍外研社在编排及办公领域使用计算机的情况。此后，中宣部出版局还曾专门在外研社召开了现场学习会，人民出版社、商务印书馆、人民文学出版社等许多知名出版社的领导都前来参观。

1988年，外研社的计算机增加到11台，可以承担英语图书排版任务的50%，累计编排56种图书，共1130万字左右。计算机的应用使外研社的工作方式发生了崭新的变革，工作效率得到了极大的提升，人们的思想观念也发生了关键性的转变。

2019年10月25日，在庆祝外研社成立40周年研讨会上，梁克家同志被授予"终身成就奖"。

### 4. 段世镇、靳平妥——迎难而上的务实作风

改革开放之初，图书市场供不应求，外研社得以蓬勃发展。20世纪80年代中期以后，出版发行界进入困难、萧条时期，外研社也陷入了资金短缺、经营困难的局面。

为了解决这些问题，时任社长段世镇、总编辑靳平妥迎难而上，反复调查研究，果断采取了一些行之有效的改革措施。首先，外研社抓住国家开放图书批销市场和进行发行体制改革的机遇，开

社长段世镇

总编辑靳平妥

始自办发行，力图增加订数和销售量，减少库存积压。其次，动员社领导和全社同志，针对广大中学生、高校非外语专业的学生、社会上外语学习者的需要，发扬北外和外研社的优势与特色，合理调整出书结构，增加畅销书品种，编写或翻译了一大批教材、教学参考书、词典等，达到了"以书养书"的目的。最后，加强对外交流，促进国际合作，先后与牛津大学出版社、朗文出版公司签订了十余项图书引进协议，还向新加坡等国家和地区的一些出版社转让了约20种外研社图书的海外出版权。

这一系列措施创造了不小的经济效益，让外研社在夹缝中存活、壮大。与此同时，外研社坚持为教学科研服务，以出版教材、教学参考书和学术专著为基本任务。在外研社负责出版的高校教材中，67%的教材征订数在5000册以下，42%的教材在2000册以下。即使这类"短版活"出一本亏一本，段世镇和靳平妥仍带领外研社编印发各部门有关同志全力以赴地解决纸张和资金问题，确保每年春秋两季课前到书。

　　知难不畏难，知苦不言苦。段世镇、靳平妥求真务实，迎难而上，带领外研社走出困境，为下一个十年的跨越式发展打下了基础。

　　2019年10月25日，在庆祝外研社成立40周年研讨会上，段世镇、靳平妥两位同志被授予"终身成就奖"。

### 5．范明贤、徐秀芝——党政一心的党务工作原则

　　范明贤1965年毕业于北京外国语学院俄语系，1980年调入出版社做编辑，同时兼任熊健的秘书，参与行政工作。1984年开始从事党务工作，1987年至1998年担任大学图书馆、出版社、电教中心、三个研究所和印刷厂联合党支部总支书记。

　　范明贤沉稳喜静，酷爱读书，有深厚的文史功底，从事党务工作后，不断加强个人理论修养，坚持学习毛泽东思想、邓小平理论，对党的路线领会深刻，亦能学以致用。作为党总支书记，范明贤以邓小平理论为指导，从外研社实际出发，坚决贯彻落实党的基本路线和出版方针；坚定维护社长负责制，支持社长统一指挥生产经营和行政工作；抓牢抓好党的基层建设，为外研社的发展提供了政治保障。

　　苏联解体、东欧剧变，党风和社会风气发生变化，党建工作的开展面临许多实际困难。范明贤勇挑重担，带领党总支迎难而上，建立健全了党组织生活，发展了一批高级知识分子党员，落实了一批被错划的"右派"的入党问题。

　　在邓小平发表南方谈话和党的十四大召开后，范明贤带领外研社党支部组织了一系列的学习研讨活动，坚定"发展才是硬道理"的信念，以生产经营为中心开展党务工作。他与其他社领导一起走

党总支书记范明贤　　　　　　　党总支书记徐秀芝

访了东北三省和北京市的20余家出版社与书店，学习经验，开阔眼界，加快改革步伐。

1992年，外研社通过了常务副社长李朋义提出的《外研社改革与发展综合方案》。范明贤提出了党政"同耕一块田，同种一块地"的口号，坚定地支持社长负责制，毫无保留地支持社长行使职权，使党的基本路线和出版方针得以顺利地贯彻落实。他与李朋义二人被学校领导称赞为"珠联璧合、相得益彰"，群众称他们是"黄金搭档"。

在范明贤的领导下，外研社党支部在1991年和1996年两次被评为优秀党支部，党总支也被评为先进党总支，范明贤本人被北外评为优秀共产党员、先进工作者。他所倡导和践行的"抓中心"（即贯彻党的基本路线）、"抓干部"（即坚持党的组织路线）、"抓党建"（即搞好党的基层建设）的三大原则，充分发挥了党组织的政治核心作用，成为外研社党务工作的基本经验。

　　1998年起，徐秀芝开始担任外研社党总支书记兼副社长。在任党总支书记期间，她坚决贯彻落实党的基本路线，在外研社党务工作基本经验的指导下，带领全社党员、干部积极落实党的思想建设、政治建设、组织建设和纪律建设。作为党总支书记，她坚决支持社长负责制，同李朋义、于春迟、蔡剑峰三任社长配合默契，为外研社的发展提供了强有力的组织保障。作为副社长，她推动了外研社与麦克米伦教育出版公司合作的"21世纪小学英语"项目（《新标准英语》教材项目前身）的启动。在所分管的多个领域，她身先士卒，团结带领广大干部圆满地完成了相关出版业务工作。

　　2019年10月25日，在庆祝外研社成立40周年研讨会上，范明贤、徐秀芝两位同志被授予"终身成就奖"。

## 6．李朋义——运筹帷幄的出版家

　　1980年，李朋义在北外英语系毕业后被分配到外研社。他青少年时期在农村度过，还经历了五年军旅生活的磨炼，深知人间冷暖与生活的不易。能够接受高等教育，并在外研社这个温暖的大家庭工作，让他有一种知遇感和幸福感。他决心扎下根来，勤勤恳恳做事、认认真真做人，干一辈子出版。

　　李朋义做编辑的八年里深得林学洪器重，担任过《汉译实用英语语法》《新编高级英语》《新概念英语》

社长兼总编辑李朋义

《中国英语教学国际讨论会论文集》等多种书稿的责任编辑。而且，李朋义刚一进社便兼职做高等学校外语专业教材编审委员会秘书，许国璋教授为该委员会副主任兼英语组组长。在许老帮助下，李朋义进步很快。

1988年，工作出色的李朋义被外研社派往英国利兹大学留学。学习之余，他还有意识地观察国外出版社的选题策划和宣传推广工作，自觉学习国外先进的出版文化。1989年，获得语言学硕士学位的李朋义回国，被任命为外研社编辑部主任和总编室主任。在市场经济刚刚萌芽之时，他提出"心中想着读者，眼睛盯着市场"，带领青年编辑们风餐露宿地开展市场调查。1990年4月，李朋义被提拔为外研社副社长，分管出版和发行工作兼任编辑部主任和总编室主任，实际担负起了编、印、发三项主要的出版工作。1992年，北外党委任命李朋义为常务副社长，主持全面工作。1993年3月，李朋义被正式任命为社长。

在20世纪80年代，大学生是稀缺优秀人才，是社会各项事业的中坚力量。在草创不久的外研社扎根，需要热爱出版事业，需要有一颗执着的心。与李朋义先后到外研社工作的五名大学生，大多因为吃不了这份苦或其他原因而纷纷另择他路。凭着年龄和专业优势，李朋义完全可以有更好的选择，但他留了下来。第一，他懂得感恩，当时的社长、总编辑非常器重这个聪明、勤奋、有思路的年轻人，让他对外研社和出版事业建立了深厚的感情。第二，这里有他尊敬的师长，如王佐良、许国璋、林学洪、胡文仲、陈琳等，他们学识渊博，作风严谨，与李朋义亦师亦友，不遗余力地提携、帮助李朋义，是李朋义的人生导师。

多年的基层工作经历与早期深入的业务探索，使得李朋义没有辜负领导与师长的栽培。他一步步成长为新一代外研人中的领军人物，成为外研社当之无愧的掌门人。在他任社长的15年中，外研社建立了一套适合社会主义市场经济环境的选题策划机制和营销管理体制，建立了社务委员会、编辑委员会、经营委员会三个委员会的决策制度，制定了"干部能上能下、职工能进能出、收入能高能低、机构能设能撤"的人事管理制度。李朋义锐意改革、不断进取，先后提出"精品战略""以教育出版为中心""规模效益""信息服务"四大五年战略规划，统筹策划了《许国璋〈英语〉》《新概念英语》《新编大学英语》《新视野大学英语》《新标准英语》《走遍美国》《朗文当代英语辞典》等一大批精品图书。在他的带领下，外研社实现了崛起与腾飞，创造了中国出版史上的"外研现象""外研奇迹""外研速度"。

在度过艰难的创业期后，外研社在李朋义任上实现了几次大飞跃，从继任时的几十间筒子楼办公室、年销售码洋1000多万元，到离任时的三座建筑物、年销售码洋17亿元、囊括出版界的大部分奖项……李朋义用自己人生中最美好的年华，换取和守护了外研社的茁壮成长。外研社奇迹般的发展道路上永远烙下了李朋义坚实的脚印。

2019年10月25日，在庆祝外研社成立40周年研讨会上，李朋义同志被授予"终身成就奖"。

## 7．于春迟、蔡剑峰——坚守出版主业，推动创新转型

于春迟历任国际合作部主任、社办公室主任、出版部主任、社长助理、总支副书记、副社长，2002年任常务副社长。2007年，李

社长于春迟                          社长蔡剑峰

朋义调任中国出版集团公司党组书记、副总裁后，于春迟接任社长。在任期间，于春迟继续坚持李朋义提出的"信息服务"战略，并提出了"四轮驱动"战略：上马ERP系统，从"靠领导推动"转化为"靠流程推动"；推行基于绩效的人本管理；强化出版主业，为新业务提供"源头活水"；开拓新业务，在品牌、资源上与出版主业良性互动。这一战略全面提高了外研社的管理水平，增强了外研社的抗风险能力，使外研社在国内出版领域继续保持领先地位。此外，于春迟大力推动外研社更快更好地向新业务转型。

    蔡剑峰历任外语读物编辑室主任、国际合作部主任、社办公室主任、社长助理、副总编辑，2002年起任总编辑，2011年接任社长。蔡剑峰初入外研社就对市场调研产生浓厚兴趣，他"走店串校"一个月，提出了"九十年代英语系列丛书"的选题。丛书出版后非常畅销，曾占领英语读物市场80%的份额。蔡剑峰担任外研社社长期间提出了两大努力方向：第一，尽可能维持或延长传统出版主业的高峰状态，变成熟为成长；第二，面向出版数字化和教育服务化的愿景，及早转型，由"产品公司"转型为"解决方案公司"。以基础教育事业群、高等教育事业群和阅读事业群三大集群的组建为发轫，外研社迈出了改革转型的步伐。进入"十三五"，我国经济全面进入"减速增质"的新常态。面对新形势，蔡剑峰提出了"坚守出版，发展教育，探索并布局文创，建设国内领先、国际知名的教育文化名企"战略，致力于将外研社打造为国际化的教育文化集团。

### 8. 徐建中、王芳——坚定理想信念，敢于担当作为

徐建中1992年加入外研社，历任编辑室主任、读者俱乐部主任、社长助理、副社长、总编辑。2017年10月受北京外国语大学党委任命主持外研社工作。

徐建中多年工作在高校英语教材出版及营销一线，通过组织《新视野大学英语》《新一代大学英语》等教材出版，促成Unipus智慧教学云平台上线，推动国际人才英语考试研发，策划"全国高等学校外语教育改革与发展高端论坛"等会议，举办"外研社杯"全国英语演讲大赛、写作大赛与阅读大赛等活动，建立中国职业外语教育发展研究中心等机构，积极推进外研社教育出版全面转型，构建教、学、测、评、研一体的外语教育整体解决方案。主持全社工作后，把握新时期外研社发展方向，探索多元化业务创新路径，提出加强内容生产力、技术驱动力、营销竞争力、生态融合力、平台链接力、人员效益力、职能管控力、企业盈利力的"八力"建设，

主持工作的总编辑徐建中　　　　　　党总支书记王芳

为外研社发展部署新战略，构建新格局；代表外研社参加2019年5月召开的"亚洲文明对话大会"，推动外研社与多个国际合作伙伴沟通，加强双向交流，拓宽合作领域；主持策划《改革开放的先声——中国外语教育实践探索》与《民族复兴的强音——新中国外语教育70年》等图书，弘扬优秀文化，打造精品力作，不断提升外研社的影响力与引领力。

王芳现为外研社党总支书记兼副社长，于1994年进入外研社德语工作室从事编辑工作，历任德语工作室主任、社长助理兼营销总监、副社长、党总支书记兼副社长。

王芳长期分管外研社的市场营销、生产经营、战略规划、法律事务工作。任党总支书记以来，王芳主管外研社党组织建设，同时分管人力资源部、财务部、法务审计部和基础教育事业群的工作。她主管市场营销工作期间，建立起大中专教材经销商招标选拔机制和经销商分级管理机制，为外研社的渠道管理奠定了良好的基础。这套机制一直沿用至今，为外研社的渠道管理发挥着重要作用，外研社品牌和外研社特色的营销模式被同行公认为外研社持续发展的动力所在。除了营销工作，王芳还长期分管出版中心，在生产线上是出版质量的把关人、出版效率的推动者，始终为生产调度工作保驾护航。她所领导的生产、印制工作始终围绕"质量、周期、成本"三项指标，为外研社的平稳生产和经营奠定了良好的基础。王芳分管的基础教育事业群包括七大业务部门，这些部门既独立发展，又与事业群内其他部门有机关联。基础教育事业群在收入、利润连年增长的前提下，一直积极探索新的业务发展模式，是外研社教育服务转型的中坚力量。在数字化探索方面，她一手打造的"外研通"点读笔和"外研AI"数字化解决方案每年销售收入过亿元，探索出了新型数字产品的发展模式。

## 第六节
## 高质量、高品位的学术性、知识性期刊

在外研社创立初期，期刊出版占据了重要地位。创社元老们都是《外语教学与研究》编辑部的成员，外研社也得名于这一刊物。北外英语系编辑的《英语学习》从商务印书馆转由外研社出版，解决了外研社成立初期的资金困难。《课外学习》从内部发行转向公开发行，成为国内最受欢迎的知识性刊物之一。改革开放后，各类

外语学习或研究期刊纷纷复刊或创办，外研社作为专业的外语出版社，将不少此类刊物的出版任务纳入了工作范围。几十年间，顺应时代的发展，这些刊物也发生了一些变革。

## 1.《外语教学与研究》

《外语教学与研究》的前身为《西方语文》，是我国外语界第一家学术期刊，创办于1957年6月。1959年，北京外国语学院与北京俄语学院合并，北外主办的《西方语文》和俄院主办的《俄罗斯语文》也合并在一起，改称《外语教学与研究》，对外公开发行。1966年起，该刊因"文革"而停办12年，1978年复刊，由商务印书馆出版。1979年，《外语教学与研究》编辑部筹办了出版社，该刊也转由本社出版。在全国一百多家大学出版社里，只有外语教学与研究出版社和上海外语教育出版社不是以高校名字命名的，而以一家刊物的名字命名的出版社只有外研社。由此也可见《外语教学与研究》的学术地位与影响力。

在《西方语文》的创刊号上，有朱光潜、范存忠、岑麒祥、李赋宁、王佐良、水天同、初大告等诸多名家的名作，有教学心得分享、研究方法探讨，更有对西方语言、文学的深入研究。这些文章文风朴实、功力深厚，使该刊创立之初就不同凡响。更名为《外语教学与研究》后，刊物宗旨不改，研究外国语言和文化、关注祖国外语教育实践始终是其中心任务。

作为我国外语界最权威的学术期刊，《外语教学与研究》的各任主编都是博学多才、德高望重的学者，他们怀揣加强学术交流、促进学术研究的理想，主持杂志的编辑工作。最初，王佐良先生就为杂志确立了很高的学术水准，他要求文章既有创见，还有文采，营造了浓厚的学术氛围。20世纪五六十年代，林学洪先生是王佐良的得力助手，负责杂志的具体编辑工作。他本人精通多种外语，对国外的语言学研究和教学法研究动态一直密切关注。1978年，《外语教学与研究》复刊后，他开始任杂志的主编。1979年建社后，林学洪出任外研社总编辑，《外语教学与研究》转由许国璋领导的北京外国语学院外国语言研究所主办。许国璋先生继任主编后，将刊物的质量视为生命，不仅自己为刊物撰稿，还经常点评刊物内容。他写作的"编者的话"充满了对外语教育和我国外语学术研究的关注，往往语重心长，总是切中要害。

《外语教学与研究》是我国外语教育和学术研究的一面镜子，虽然是一本学术刊物，但发行量最高时达7.5万册。该刊记录了学科发展初期的学术成果，也记录了政治运动对我国外语教育的干扰，还记录了"文革"后外语教育改革和语言学研究的发展历程。随着改革开放进一步深入，学术期刊的专业化、规范化、国际化成为时代诉求。《外语教学与研究》在继承前辈事业的基础上采取了一系列新举措，取得了一个个新成效。20世纪90年代后，杂志开始设立栏目，包括语言研究、外语教育、翻译研究、书刊评介等，进一步促进了刊物的专业化发展。2000年成立编审委员会，按国际惯例实行同行专家匿名审稿制度。同时，加强编辑部内部管理，制定了《〈外语教学与研究〉管理与责任条例》。在用稿方针上，继续注重集聚我国外语学术重要成果，同时着意吸纳境外优秀学术论作，扩大了稿源，提升了刊物在国际学界的辐射度和影响力。近十年来，该刊的一个重要举措是扩大与学界的学术联系。2007年该刊举办了首届"全国外语教学与研究专家论坛"，次年又举办了首届"全国外语教学与研究中青年学者论坛"，此后成为一个惯例，隔年交替举办其中一种，迄今已举办10届。2012年，增办"全国外语教学与研究博士生论坛"，与中国外语与教育研究中心共同主办，迄今也已举办5次。2013年以来，该刊在全国学界率先深入相对落后地区进行开门办刊，策划了多次民族地区或西部地区的外语学科发展研讨会，有力地推动了当地外语学科的建设。

由于深厚的背景、优良的传统和持之以恒的学术精神，该刊几乎囊括了一家外语期刊所能获得的种种荣誉，在国内诸大学术期刊评价体系中成绩优异：在南京大学中国社会科学研究评价中心研制的"中文社会科学引文索引"（CSSCI），中国社会科学院文献信息研究中心研制的"中国人文社会科学核心期刊"，北京大学研制的"中国常用外国语类核心期刊"，清华大学图书馆、中国学术期刊（光盘版）电子杂志社、中国科学文献计量评价研究中心编辑的《中国学术期刊综合引证报告》，以及中国科学评价研究中心、武汉大学图书馆、武汉大学信息管理学院研发的《中国学术期刊评价研究报告——RCCSE权威、核心期刊排行榜与指南》中，《外语教学与研究》均连续多年稳居本学科领域首席地位。

在国家级的荣誉和资助方面，该刊入选国家新闻出版总署"中国期刊方阵"，为"双效期刊"；2003年、2005年获评国家新闻出版总署第二、三届"国家期刊奖百种重点期刊"；2005年，该刊"外语教育"栏目入选首批"教育部高校哲学社会科学学报名栏"；2009年，该刊入选"教育部高校哲学社会科学学报名刊"，是外语界唯一入选此建设工程的学报；该刊还获评"中国人文社科学报

长风破浪

《外语教学与研究》

核心期刊"全国百强社科学报""中国人文社科学报名刊",以及"北京市十佳社科学报""北京市一等奖社科学报"等称号。2012年,该刊成为全国哲学社会科学规划办首批"国家社科基金资助期刊"。

该刊还因较高的学术水准和严格的编辑规范而得到国际学术界认可,长期为美国《语言学与语言行为文摘》(*Linguistics and Language Behavior Abstracts*)、《社会学文摘》(*Sociological Abstracts*)等国际著名文献检索刊物收录,而且是国内最先被收录的外语类期刊。2013年以来,该刊连续被中国学术文献国际评价研究中心等评定为"中国最具国际影响力学术期刊"。

## 2. 《课外学习》

1980年7月,由外研社主办的北京外国语学院内部刊物《课外学习》开始由邮局公开发行。这是一种通俗性、知识性刊物,是为了落实周恩来总理的有关指示而创办的。

"文革"中,"四人帮"鼓吹"知识越多越反动"的谬论,周总理与之进行了针锋相对的斗争。1970年冬天，在一个月内，周总理连续四次接见北京外国语学院和北京大学等学校的外语专业的教师和学生代表，做了重要指示，特别提出学习外语必须掌握政治基本功、外语基本功和知识基本功。为了贯彻周总理的指示，北京外国语学院责成原学报编辑部靳平妥等人成立知识组。1972年，在极为困难的情况下，《课外学习》问世了。

　　《课外学习》最初只是简单的油印材料，每月一期，在北京外国语学院内部发行。但当时市面上的书刊很少，《课外学习》因其知识性、趣味性大受欢迎，除了本校师生外，社会各界人士也不断索要，争相传阅。于是，编辑部便每期多印一些，放在教材科办公室售卖，只收一角的成本费用。7年时间里，《课外学习》共出版了74期，每一期出刊时读者都会排起长队购买。外研社成立后，《课外学习》开始对外公开发行，由小开本改为大开本，刚开始是双月刊，后改为单月刊。

《课外学习》五周年纪念合影。前排左起：诸中英、靳平妥、王敏、何颖、王维国

　　《课外学习》是一种面向大中学生和广大青年读者的知识性杂志。该刊每期辟有世界各地、祖国风貌、知识讲座、中外文学名著简介、百科集锦、文化与艺术、科学与技术等十多个专栏。"世界各地"专栏是为了帮助青年扩大视野、了解世界、认识世界，学到有用的世界地理知识而设立的。"中外文学名著简介"专栏每期介绍一两部中外文学名著，并对作者和作品内容进行评介。为了帮助准备参加文科高考的考生，《课外学习》还专门开辟了"高考辅导"专栏。

　　还有一个故事可以说明《课外学习》的受欢迎程度。著名学者、经济学家于光远1983年9月到青海柴达木盆地考察时，一路上见到很多成年累月工作在荒无人烟的戈壁沙漠上的养路工人。他们不只工作、生活条件艰苦，文化生活也十分贫乏。于是，于光远为了帮他们开阔眼界、增长知识，决定每期订购25本《课外学习》送给这些青年工人。《课外学习》编辑部成员很受感动，不仅每一期杂志都及时如数寄到青海，还主动给青年们赠送了当年已经出版的单行本及之前的合订本。

　　1983年12月29日，中央人民广播电台《青年之友》栏目播放了记者对《课外学习》编辑部成员的专访——《为了青年的成长》，将《课外学习》作为优质期刊向全国青年推荐。

　　总之，《课外学习》的内容与它的名字一样，朴实无华，不靠刊登荒诞离奇的故事、庸俗无聊的趣闻去招徕读者，而是为读者提供各种切实有用的知识，用知识本身去吸引人。在《北京晚报》1985年组织的"最佳杂志大家评"活动中，《课外学习》名列前茅，成为当时五种最受欢迎的杂志之一。读者评价该刊格调高雅、文章

《课外学习》

精悍、内容新颖，既有知识性，又有严肃性。

《课外学习》在公开发行的11年中始终深受读者欢迎，最高印数达15万册左右，效益相当可观。此外，外研社还精选各期文章，出版了"《课外学习》丛书"及文史地理系列图书14种，印数总计80多万册。

1991年，由于纸张紧缺、印刷力量不足，国家主管部门对期刊加以调整和规范。教育部指示，外研社作为大学出版社，应集中力量编辑出版以学术研究为主的刊物，以综合性常识为主的刊物可以停止印行。就此，《课外学习》停刊。

### 3.《英语学习》

《英语学习》诞生于1958年，由北外英语系的教师们主持编辑，商务印书馆出版，是新中国成立后的第一本英语学习辅导杂志。刊名由时任外交部部长的陈毅亲笔题写。当时，北外英语系是全国最大的以英语为专业的科系，1955年全国高中恢复英语学科，很多人在学习及教学中遇到问题就来咨询北外，英语系应接不暇，因此创办该刊。"文革"中《英语学习》停办，1978年复刊。1979年，该刊转由新生的外研社出版。

《英语学习》创刊时正
值国门封闭、政治运动此起
彼伏之时，但是，该刊在可
允许的范围内最大限度地做
到了内容丰富有趣，编排科
学合理。复旦大学中文系教
授严锋曾写过一篇题为《伟
大的杂志》的文章，回忆在

《英语学习》（20世纪80年代）

那个知识匮乏的年代里，他通过阅读《英语学习》刊登的童话故
事、诗歌散文及名家名著，体会到读书的乐趣，增长了见识，提高
了英语水平。

　　《英语学习》还有一个为人称道的重要特色：大作者写就小文
章。北外刘世沐、高厚堃等著名教授都曾主编该刊，朱光潜、陈
嘉、王佐良、许国璋、周珏良、杨周翰、李赋宁、葛传椝，这些大
师级的人物都曾是这本薄薄的普及性学习刊物的作者。20世纪90年
代，已过古稀之年的周珏良先生还在《英语学习》上撰写了一系列
"英诗赏析"的文章。以这些大学者的境界来说，文章不分大小，
都需要认真对待。但考虑到《英语学习》读者对象的语言程度，刊
登的他们的文章往往深入浅出、字字珠玑，实乃读者之幸。

　　改革开放后，人们学习英语的劲头有增无减，《英语学习》复
刊后很快成为全国最热门的刊物之一，发行量一直增加，最高时达
上百万册。但是，伴随着"英语热"的浪潮，人们学习英语的资
源不断丰富，方式手段也不断革新。由于市场竞争激烈，《英语学
习》订数出现下降。1998年，外研社和北外英语系协商合办该刊，

办公地点迁到外研社大厦。二者的实力联姻使《英语学习》在保持高质量的编辑水平的同时，内容更为丰富，选材更加新颖，焕发出新的生机。

60多年来，《英语学习》集学习辅导杂志与社会文化杂志于一身，堪称"学习英语的终生益友，了解世界的精彩橱窗"，在广大英语学习者心中始终享有盛誉。由于该刊的知识性、学习性和趣味性，以及数十年如一日的高品质，该刊被评为教育部、

《英语学习》（21世纪）

新闻出版总署优秀外语期刊、免检期刊，还荣获了"全国优秀外语教辅期刊"的称号。

2013年，一系列教育改革措施相继出台，中国基础英语教育也发展到了一个新的阶段。因此，《英语学习》于2014年推出"教师版"，聚焦基础英语教育，关注教育实践的发展动态，以帮助英语教师增长专业知识，提升整体素质。《英语学习》（教师版）推出后深受欢迎，成为基础英语教育领域的权威杂志。

## 4.《外国文学》

《外国文学》创刊于1980年7月，是北京外国语大学主办的学术期刊。1981年，《外国文学》编辑部由学校划归外研社。创刊之初，《外国文学》由外国文学研究所所长王佐良主管，外研社社长熊健担任主编，编辑部还邀请到著名文学家、翻译家萧乾先生担任

顾问。在老一辈学者的指导下，该刊从一开始就保持了严谨的学术态度和开阔的学术视野，逐步形成了自己的风格，发行量最高时达到5.7万册。

1983年9月11日，《北京晚报》在一篇报道中引用小说家、翻译家叶君健先生的话说："《外国文学》几年来发稿一直比较严肃，从未登过侦探类作品，确实想对外国文学做点认认真真的介绍。"的确，改革开放之初，《外国文学》帮助读者了解世界各国的文学作品，填补了外国文学译介领域的很多空白，受到业界内外的广泛赞誉。新华社、《人民日报》、《文学报》、《北京晚报》、《沈阳日报》、《深圳特区报》、《新民晚报》和《翻译通讯》等媒体先后对《外国文学》进行过报道。

而今，《外国文学》已成为国内外国文学研究领域历史最长、影响最大的专业学术刊物之一。随着时代发展，该刊完成了以介绍外国文学作品为主到刊载外国文学研究成果为主的转型。《外国文学》在继续广泛关注世界各民族语言文学之外，还重点介绍国外作家作品研究及批评理论的趋势与动向，展示国内外国文学研究的最新成果，为国内学者提供研究借鉴，与国内外同行进行有效的学术对话。

在我国近年来出现的各种期刊评价体系中，《外国文学》均获得好评：自1996年以来为人大复印报刊资料中心外国语言文学学科转载最多的期刊

《外国文学》

之一；不仅历次入选CSSCI来源期刊，而且连续多年排名外国文学类第二；2009年年初，入选社科院文献计量与科学评价研究中心的"中国人文社会科学核心期刊"。

## 5．其他外语期刊

《俄语学习》创刊于1959年，由北京外国语学院俄语系主办，商务印书馆出版。该刊以广大俄语自学者、大中学俄语师生为读者对象，登载俄语学习、教学材料，分析俄语语言现象，兼以介绍苏联国情知识，为俄语在中国的传播及推广起了很大的作用。"文革"期间《俄语学习》停办，1985年复刊。复刊后的《俄语学习》由单月刊改为双月刊，由外研社出版，主要栏目有初学园地、读物、知识之窗、电视新闻、俄罗斯文化、俄罗斯名作家等，最高发行量达3万册。在外研社参与主编下，《俄语学习》自2009年第3期起由原来的32开扩版为16开，定位于学术研究路线，面向高校教师、硕博士群体和科研机构的研究人员，设学术园地、文化之窗、文学名作赏析、艺术名作赏析、名师讲坛、教学论坛、学术动态等栏目，2018年被中国社会科学评价研究院评定为"2018年度中国人文社会科学期刊AMI综合评价A刊扩展期刊"。《俄语学习》从2019年第6期开始改刊名为《欧亚

《俄语学习》

人文研究》，办刊宗旨为：坚持正确的舆论导向和办刊方向，刊载"丝绸之路经济带"欧亚大陆沿线国家和地区人文研究成果，开展学术交流，服务"一带一路"倡议。

《苏联文艺》创刊于1980年，由北京外国语学院俄语系创办，邓蜀平教授担任首任主编。该刊以介绍当代苏联文学与社会现状为主，辅以俄国古典文学及苏联现代文学介绍，内容主要包括小说、剧本、诗歌、作家作品论、文艺争论等。1985年，《苏联文艺》更名为《当代苏联文学》，重新定位，只译载苏联当代文学作品，增加篇幅、充实内容，栏目上增设了长篇小说赏介、八十年代短篇小说、当代苏联文学概况、当代作家介绍、电影之窗、文坛信息、新书消息等栏目。此后，刊物随着苏联当代文学现状的发展变化，每一年都有新的栏目出现，生活和时代气息也更加浓郁。1990年下半年，由于发行渠道不畅、纸张紧缺等原因，该刊停刊。10年间，该刊共印行54期，最高发行量达6万册。

《德语学习》于1979年1月创办，是我国唯一的德语语言学习杂志，首任主编为中国德语教学研究会会长祝彦教授，最高发行量达1.8万册。《德语学习》自创刊伊始即确立了求真、严谨的办刊风格，为我国德语教学和德语在全社会范围内的普及、提高发挥了重要作用。《德语学习》刊出100期时，季羡林先生亲笔题写贺词赞许道："德国学术文化彪炳寰宇。《德语学习》对促进我们向德国学习做出了贡献。"随着信息社会的兴起、各类读物的增加，《德语学习》作为德语教学辅助刊物的作用下降。同时，德语专业的数量大幅增长，但缺少一个能够集中反映德语人文研究的平台，致使许多科研成果难以产生应有的影响力。为此，《德语学习》自2013年起

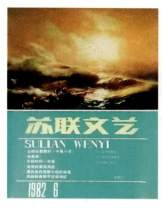
《苏联文艺》

《德语学习》

更名为《德语人文研究》。新刊为学术研究期刊，以德语国家的文学、语言学、文化学为主要内容，涵盖其他人文学科的研究成果，收录德语文学、德语语言学、德语教学、德语国家社会文化等研究方向的高质量原创学术论文。

《法语学习》创刊于1980年7月，由北京外国语学院法语系主办，首任主编为法语系主任李廷揆教授，是我国唯一的中法双语双月刊，最高发行量1.5万册。《法语学习》致力于推动全国法语教学工作，为广大法语专业师生、法语专业工作人员与自学者提供法语语言和法国文学的学习园地。主要栏目包括诗歌欣赏、精品书架、法语课堂、译苑掇英、语言研究、文学研究、翻译研究等。2018年1月，顺应时代发展和科学研究的需要，北外法语系将《法语学习》改版为全新的研究型杂志《法语国家与地区研究》。新刊以"国际视野、区域定位、中国关注"为办刊导向，旨在发表国内外学术界对法语国家与地区的政治、经济、社会、人文等领域的最新研究成

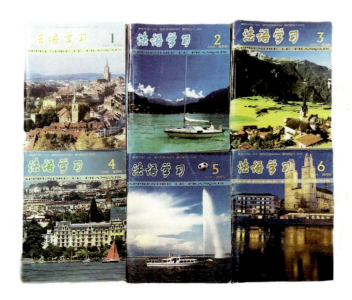

《法语学习》

果，内容不仅包括区域研究的传统研究领域，也涵盖对法语语言与教学、文学、翻译等领域的研究和思考。

《大学英语》创刊于1983年，由北京市高等学校公共英语教学研究会和北京航空学院主办。该刊是面向高等院校非英语专业的大学生、研究生，及英语自学者、研究生备考者、出国预备人员等的双语教学辅导刊物，旨在紧密结合大学英语的教学实际，反映教与学两方面的要求，满足不同层次读者的需要。1983年12月，外研社开始负责该刊出版发行事宜。由于目标读者明确、内容翔实丰富，该刊发行量一直较高，最高时达17万册，是外研社早期出版期刊中为数不多的盈利刊物之一。目前，该刊为中华人民共和国新闻出版总署双效期刊，获评中国外语教学期刊质量检测入网免检优秀刊物。此外，《大学英语》还于2004年推出了学术版，聚焦探讨英语词汇及语法辨析、英语教学理念发展与英语教学改革等问题。

前文所列的9种期刊，有的虽创刊于20世纪50年代，但在"文革"中停刊，"文革"结束后才复刊；其余大部分是顺应改革开放的时代大潮而诞生的。外研社成立后虽然资金紧

《大学英语》

缺、人手有限，但仍责无旁贷地承担了这些期刊的出版及发行工作。其中，《英语学习》是商务印书馆为支持外研社发展，转交到外研社出版的。《外语教学与研究》原为北外学报，其编辑部成员即是外研社的创社元老。《德语学习》与《苏联文艺》是外研社"救活"的两个杂志，它们创刊后原由北外印刷厂排印发行，但限于资金和人力原因不能按时寄送到订户手中，外研社刚有盈利便接过了它们的出版事宜，帮学校解除了压力与危机。此外，由于受众范围较小，《德语学习》《法语学习》等杂志其实是亏损的，但外研社坚持为教学和科研服务的宗旨，决定用当时赚钱的《英语学习》《课外学习》等刊物"抽肥补瘦"。

这些刊物的编辑工作都由相关院系、机构的教师们业余承担，他们以极大的热情投入到刊物的组稿、选稿及改稿中，还经常要亲自执笔撰写富有趣味性、科学性和实用性的稿件。几十年间，这些刊物扶持了一批又一批的作者，也培养了一代又一代的读者。外研

社的编辑、发行人员和各刊的编者一起，为外语教学的进步及外国文学的普及、研究事业做出了重要贡献。

## 第七节
## 机构扩展，风雨同行

在外研社从一个不起眼的小出版社成长为全国知名的大社、名社、强社的发展过程中，北京外语音像出版社、北京外国语大学印刷厂、北京外研书店一路风雨同行，贡献显著。与这些机构有关的故事，成为外研社历史上不可或缺的重要篇章。

### 1. 北京外语音像出版社

1983年9月21日，北京外语音像教材出版社经广播电视部批准，在北京外国语学院成立；1992年，更名为北京外语音像出版社。成立之后，北京外语音像出版社先后经历了与北外电教中心合办、独立发展、与外研社合并的三个发展阶段。在各个时期，北京外语音像出版社始终自觉执行党的出版方针和政策法规，坚持为外语教学与科研服务，将社会效益放在首位，为我国外语教育事业的发展做出了应有的贡献。

#### 1.1　北京外语音像教材出版社的成立

20世纪特别是60年代之后，随着声、光、电、磁等现代科学技术的应用，以纸张为载体、用印刷术加工的出版物之外，多种载体、多种加工工艺的出版物开始出现。音像制品是其中发展最迅速、生产量增长最快、传播范围也最为广泛的一种特殊类型的出版物。音像制品以其强大的传播功能，迅速渗透到科技、文化、教育等各个领域。

对外语学习而言，音像制品的作用更是不容小觑。北京外国语学院是教育部直属的重点高等外语院校，担负着培养外语人才的使命。20世纪五六十年代，北外就成立了电教室，开始制作外语录音教材，积累了大量质量较好的外语视听教学资料，深受校内外广大师生和社会各界外语学习者的欢迎。20世纪60年代上半期，上海外国语学院、广州外国语学院、北京语言学院等院校都曾派人前来复制各个语种的音像教学资料。"文革"期间，正常的教学活动中断，教材建设也止步不前。

"文革"结束后，改革开放使各行各业蓬勃发展，社会急需大批外语人才，外语教育事业也需要采用更先进的教学手段。根据邓小平同志"教育要面向现代化，面向世界，面向未来"及"要制定加速发展电视、广播等现代化教育手段的措施"的指示，北外加强了外语电化教学工作。在不断丰富和引进各语种外语音像材料之外，北外还于1979年动工建造了电教大楼，大楼于1982年落成启用。之后，借助联合国教科文组织的捐款，北外引进了德国、挪威的先进视听设备。自此，全国各地到北外电教中心参观、学习，并复制各语种音像资料的单位和个人络绎不绝。境外亦有人来函要求购买音像资料。这些因素造成了北外电教中心对外复制量很大，需要花费大量人力、物力。仅1982年，电教中心对外复制录音带达31 425盒，录像资料达944小时，幻灯片1981年、1982年共复制50 000余件。这些工作已经超出了校际交流的范围，实际上已相当于一家音像出版社的生产规模。

可见，北京外国语学院除保证自己的视听教学任务外，还有潜力、有条件、有能力成立外语音像出版社，以推动外语电教事业的进步，促进全国音像产业的发展。

1982年年底到1983年年初，北外电教中心主任王琪、副主任韩茂长在教务长陈振宜的主持下，多次召开行政工作会议及电教中心临时领导小组碰头会议，商议音像出版社建社事宜，包括出版方针、组织机构、出版任务等方方面面。讨论之后，在电教中心资料室工作的陆惟勉起草了《关于北京外语音像教材出版社建社的初步意见》《关于出版社建社的补充意见》《筹建音像出版社的几点意见》等几份文件。1983年1月23日，文件由电教中心临时领导小组负责人陈振宜审阅后，转王福祥副院长圈阅。王福祥指示临时领导小组继续做好建社的各项筹备工作，抓紧起草申请成立音像出版社的正式报告。

1983年5月31日，电教中心临时领导小组负责人陈振宜向北外党委提交了《关于申请批准成立我院外语音像教材出版社》的正式报告，请北外领导审批。这一报告经北外党委常委圈阅审批后，于1983年6月17日呈报给教育部电教局。

1983年8月15日，北外又向教育部提交了《关于成立我院外语音像出版社的几点补充说明》，表示：该社不单独建立机构，附设于电教中心，归电教中心领导；人员编制也由电教中心内部调剂，设备和基金拟在现有教学经费和学院自创基金中解决。

教育部电教局接到北外的正式报告和补充说明后，于1983年9月10日以教育部的名义向广播电视部提交了《关于北京外国语学院、广州外国语学院成立外语音像教材出版社的报告》。

教 育 部 文 件

⑻教电字００５号

关于北京外国语学院、广州外国语学院
成立外语音像教材出版社的报告

广播电视部：

送去北京外国语学院、广州外国语学院申请成立外语音像教材出
版社报告和补充报告各一份。按照国务院国发〔１９８２〕１５４号
文的规定，考虑到两院现有的编审力量和设备状况，我们同意北京外
国语学院成立北京外语音像教材出版社，同意广州外国语学院成立广
州外语音像教材出版社。

请予审批。

一九八三年九月十日

广播电视部收到教育部发文后，根据国务院〔1982〕154号文件《录音录像制品管理暂行规定》，于1983年9月21日回复教育部，同意北京外国语学院成立北京外语音像教材出版社。广播电视部的批复全文如下：

广播电视部文件

广发录字〔1983〕740号

关于同意成立北京外语音像教材出版社和

广州外语音像教材出版社的批复

教育部：

你部（83）教电字005号函收悉。根据国务院〔1982〕154号文件《录音录像制品管理暂行规定》，同意北京外国语学院成立北京外语音像教材出版社，广州外国语学院成立广州外语音像教材出版社，其任务是出版外语教学用的音像制品，建议加强出版的计划领导，加强发行工作的管理，在出版发行上有所分工，避免重复。特复。

中华人民共和国广播电视部

一九八三年九月二十一日

抄送：北京市委宣传部、北京市人民政府教卫办、北京市广播事业局、北京市工商行政管理局、北京外国语学院、广东省委宣传部、广东省广播事业局、广州市工商行政管理局、广州外国语学院。

## 1.2　与电教中心合办的初创阶段

1983年9月21日，广播电视部正式批准北京外语音像教材出版社（以下简称"音像社"）成立后，北外拨款30万元开始筹建。从这时到1988年9月，音像社与电教中心合办，为两块牌子、一套人马。音像社社长由北外院长王福祥兼任，具体组建工作则由电教中心主任王琪负责。电教中心的有关机构承担着音像社的编辑、录制、出版发行等业务工作。

1984 年开始，音像社陆续增加人员，组建业务部门。起初，学院党委委派陈振宜教务长具体指导电教中心和音像出版社的各项工作，将王琪调出，任命李俊宣和陆惟劻同志为出版社副总编辑。1984 年 9 月，任命卢云九为音像社主管副社长，李松林任副社长，协助工作。此后，从全院各单位先后调入的同志有：王耀根、胡滨、于民、张慧来、杨玲娟、王大政、谢凯、顾其成、陈世荣、殷志维、王志洁、王毓成等。1985 年 5 月至 6 月，根据学院的安排，音像社从社会上招聘了 15 位工作人员。至 1986 年年底，社办公室、编辑部、制作部、经理（发行）部、财务室，以及附属的美编室、营业厅等业务部门相继组建完成，保证了音像社基本工作的正常运转。

音像社在与电教中心合办初创的过程中，不仅各业务部门的组建遇到不少困难，而且工作条件非常艰苦。电教中心在用房非常紧张的情况下，挤出 20 平方米的视听室用作音像社的复制生产车间、20 余平方米的地下室用作产品库房。发行部门无处打包，只能在学生下课后在楼道内打包发货。因此无论是编辑还是发行人员，都要经常加班加点。不管刮风下雨、严寒酷暑，只要来货，大家一齐上阵，卸车扛箱入库。

创社初期，虽然既缺乏相关经验，又面临种种困难，但凭借北外丰富的多语种资源和实力雄厚的师资队伍，音像社逐渐打开了局面，出版了一大批外语学习音像制品，创造了良好的销售业绩。1988 年，音像社的整体资产达到两三百万元。这一时期，音像社出版了《国际音标》《常人趣事》《安徒生童话集》《功能英语》《许国璋〈英语〉》《英语900句》《标准英语有声词典》等 100 多种不同语种的音像学习资料，同时为校际交流征订发行多种外语幻灯片配套教材，引进多种外语录像带教材、电影片外语教材。其中，《如何教——初中英语示教录音》《基础英语录像教材》《中级英语录像教材》三套教材曾被国家教委列为全国师范院校、中学教师进修选用教材。《常人趣事》《三剑客》《金银岛》三种英语录音磁带曾被列为成人高教自学考试口试必修教材。

### 1.3 独立发展，扩大生产与经营

1987年党的十三大召开以后，北京外国语学院的电教事业和音像出版事业发展很快，对音像出版事业和产品的要求也日益提高。两种不同性质、不同管理体制的机构一起工作，渐渐不符合当时的发展形势。电教中心属事业性质，承担的是教书育人的职责；音像社属企业性质，更重生产和经营。当时的临时领导班子成员很难应付纷繁复杂的两种不同的工作方式，每天陷入大量的具体事务当中，很难考虑双方的改革和发展问题。而且，双方职工因立场和利益关系不同，也产生了一些矛盾，影响了各自的工作。

北京外国语学院副院长、
音像社社长穆大英教授

音像社总编辑陈琳教授

音像社副社长卢云九

音像社副社长李松林

音像社副社长王耀根

音像社常务副社长刘宁

音像社副社长解景芳

音像社副社长徐冀侠

1988年9月，学校领导在听取双方领导和职工意见后，决定将电教中心与音像社彻底分开，两个单位独立核算。之后，任命解景芳为音像社主管副社长，王耀根任副社长协助工作。1989年年底，为加强对音像社的领导，学校党委委派教务长穆大英兼音像出版社社长，任命刘宁为常务副社长。不久，任命陈琳教授为总编辑。

独立开展工作后，音像社的工作地点从电教中心迁到了北外东院原院附小及汽车库房。可想而知，工作条件非常简陋。没有暖气，工作人员现找有关方面帮助安装；房子漏雨，他们只好自己修补；没有原材料库房，他们自力更生搭起了大棚；之前小学老师们用过的厨房也被合理利用，当作了成品库房。

在改善工作条件的同时，音像社还改进和添置了生产设备，扩大了生产规模，提高了生产效率；制订了编录、生产、发行等制度，提升了经营管理水平。两三年的时间里，音像社先后购置了小谷MTR-12录音编辑机一台、调音台MX-P21两台、V-222双踪示波器一台、ZN4110立体声失真度测量仪一台、ZN5970抖晃测量仪一台、CCP-13B高速复制机10台，以及录音座、扩音器等设备。虽然当时录音产品信号还是模拟的，复制系统也是盒对盒的，但是有了较为先进的设备和工作人员的严格把关，音像社生产的产品的质量得到了主管部门和社会公众的肯定。但这一时期，由于发行渠道不畅、原材料上涨及市场竞争激烈等原因，音像社的发展也渐渐徘徊不前，进入了瓶颈期。

### 1.4 两社合并后实现跨越式发展

北京外国语学院有外语教学与研究出版社和北京外语音像教材出版社两家出版社，虽然所出版教材的类型不同，但都是为外语教学及科研服务的出版机构，联系也越来越紧密，很多工作需要互相配合。如果两社合并、统一规划，将大大增强两社的实力，加快两社的发展。但是，合并涉及人、财、物方方面面，涉及领导班子和组织机构，涉及各种关系和管理条件等，不宜操之过急。因此，学校决定从调整领导班子开始，实行一长两社制，即一个社长、两个出版社；然后，逐步过渡为"一套人马、两块牌子"。

1992年8月，院党委决定由外研社常务副社长李朋义兼任音像社副社长。1993年3月，院党委正式任命李朋义为外研社社长和音像社副社长，统一指挥外研社工作，重点抓影响全局的大型项目。此外，院党委还在外研社、音像社及印刷厂成立了三人核心领导小组，组长为党总支书记范明贤，成员为李朋义、任满申。核心小组的任务是协调两社关系，为两社合并创造条件。两社合并后，核心小组自动解散。两社实行了社长负责制，确立了集体领导、民主集中、群众路线的三条工作原则。

1993年，音像社从日本引进了一套小谷DP-90高速大开盘录音复制系统。这套设备的引进在音像社发展史上起到了承前启后的重要作用，是里程碑式的标志事件。从此，音像社从小作坊式的手工生产模式过渡到了大机器生产模式。这套高速复录系统日产量达10 000盒以上，此前，原手工盒对盒高速复录机20台每天开足马力，也只不过生产4000盒。得益于先进技术的引进，1993年音像社产量达300多万盒，销售收入1200余万元，与1990年创下的最高销售收入420万元相比，增长了两倍。

音像社录制车间

在这一阶段，音像社不仅注重硬件的发展，更重要的是建立了一套严格的音像制品编审制度，包括严格的选题制度、"三审"制度、责任编辑负责制及质量检验制度。决定出版的产品，必须要经编委会集体讨论决定，并经初审、复审、终审三级审查。而且，相关的文字稿、录制完成的母带、装帧设计稿和投产通知单均须由总编辑、副总编辑及主管社长签字并归类存档。随着编审工作越来越规范化，音像社生产的产品内容健康、题材广泛、语言规范、音调准确，更符合广大外语读者的需求，赢得了良好的社会信誉及经济效益。

1992年，在多方努力下，音像社的全名由"北京外语音像教材出版社"改为"北京外语音像出版社"，去掉了"教材"二字。这一改变打破了音像社只能出外语教材的业务范围限制，拓展了音像社的业务范畴。

这一时期，外研社提出了"精品战略"，出版了《许国璋〈英语〉》、《走遍美国》、《电视俄语》、"英语听力教程"和"英语口语教程"等系列精品图书。音像社则大力配合，出版了相关教材的配套音像资料。其中有数个品种的磁带年发行量达五六十万盒以上，《走遍美国》的磁带年发行量则达到了150万盒。"英语口语教程"荣获全国首届优秀教育音像出版物一等奖，并和"英语听力教程"一起，取得了出版两年发行近百万盒磁带的成绩。此外，《电视俄语》《企业管理英语》《当代美国英语会话》等音像产品，也都各具特色，受到我国广大外语职业工作者和自学者的关注与欢迎。英语之外，音像社还出版了俄语、德语、法语、意大利语、日语、西班牙语、阿拉伯语、匈牙利语等多个语种的外语音像教材，为这些外语的教学水平提升做出了重要贡献。

# 北京外国语大学

(94) 北外校办字第067号

## 关于我校两个出版社合并的通知

经1994年12月26日校长办公会研究决定外语教学与研究出版社与北京外语音像出版社自1995年1月1日合并，两社保留原社名不变，不增加人员编制，采取合署办公办法，对外仍为两个出版社。

北京外国语大学
校长办公室
一九九四年十二月二十六日

两社合并的通知

1995年1月，李朋义社长在外研社和音像社两社合并大会上讲话

133

　　1995年1月1日，经北京外国语大学批准，外研社同音像社正式、彻底合并。合并前，音像社共有职工60人（其中正式职工45人，临时工15人），设有社办公室、总编室、录音编辑室、录像编辑室、制作部、发行部、财务科7个科室。合并后，音像社所有部门都并入外研社，职工的福利待遇及工资水平也与外研社保持一致。两社一套人马、两块牌子，对外统称外研社。1998年外研社大厦建成后，两社也集体搬入新大楼。

　　合并是新的开始，两社不断调整出版图书和外语音像制品的结构，走特色经营的道路，有效、合理、充分地利用出版资源，在注重质量和效益的基础上扩大规模，整体实力不断增强。仅在合并后的前三年，两社共销售图书3036万册，音带1452万盒，像带22.2万盒。其中，音带、像带的销售量占音像社创社14年来销售量的56%，销售码洋总计6.8亿元，利润总额9240.5万元。六年后，北京外语音像出版社即跃居全国高校教育音像出版社榜首。

　　合并后的20多年里，音像社同外研社一起，在以教育出版为中心战略、规模效益战略、信息服务战略、四轮驱动战略及教育文化名企战略等几大战略的指引下，实现了跨越式的发展，成为全国知名的现代化外语图书音像出版社。外研社能成长为全国最大的外语出版机构，音像社起到了强大的辅助作用。二者携手为推动我国外语教学、提高全民外语素质、促进社会主义精神文明建设做出了巨大贡献。

## 2．北京外国语大学印刷厂

　　在外研社大厦一楼的西北角，端放着一台国防大学印刷厂赠送的圆盘印刷机。这个古色古香的老物件儿，还是传统铅字印刷时代的产物。印刷术的发明是人类文明加快继承和传播进程的前提条件，印刷业是出版业中不可或缺的一环。在北京外国语大学的教学与科研事业中，在外研社的发展中，北京外国语大学印刷厂（以下简称"北外印刷厂"）做出了不可磨灭的贡献，发挥了极其重要的作用。

## 2.1 从"铅与火"到"光与电"

早在1956年，由于外语教学需要印制大量的自编教材，北京外国语学院即成立了印刷厂。印刷厂由教材出版科领导。这时，教材出版科承担了两部分的印刷业务：一是铅字印刷，由新成立的印刷厂负责；二是刻蜡版油印，主要承担一些数量较少的印制任务。

从20世纪50年代到80年代后期，随着时代的变迁，北外印刷厂既印制过不同类型的教材、教辅、期刊，也印制过政治宣传资料、各种行政文件报表，还曾经作为学生的劳动基地承担了教育功能。印刷厂在很长时间里为各院系印制教学资料并不收取费用，直到改革开放后才开始作为一家企业来生产经营，正规核算，自负盈亏。

"文革"结束后，北外印刷厂的业务范围不断扩大，可以完成从铸字、排字、印刷到装订的系统的印刷工作。而且，除中文、英语之外，俄语、阿拉伯语等语种的资料也都可以印刷，外文印刷水平仅逊于更加专业权威的外文印刷厂，受到了社会的广泛认可。但是，限于设备及人员因素，北外印刷厂印力有限，外研社的印制任务要大量依靠社会上的印刷厂。

1959年，北京外国语学院印刷厂全体职工合影

20世纪70年代末，发达国家已经基本普及激光照排、胶印印刷工艺，我国印刷行业却仍在沿用落后的铅排铅印技术。80年代中后期，在国家教委的主持和争取下，世界银行向中国提供了一大笔低息贷款，以促进高校教材建设事业的发展。北京大学、清华大学、中国人民大学、北京师范大学、中央民族学院、北京外国语学院六所院校成功申请到了这一项目。但是，这笔贷款只能用于购买激光印字机、激光照排机、双面胶印机、四色胶印机等先进的印刷机器，相关院校还需自行建造新的厂房。于是，北外拨款在西院东南角新建了一栋小楼，作为新印厂的厂房，即后来员工们所称的"小白楼"。外研社也为此提供了一部分资金。

1989年，新的厂房交付使用。1990年1月，北外任命于丙寅负

印刷设备

责新印刷厂的筹建工作。这些工作千头万绪，既要招聘新的技术骨干，又要对原有的技术工人进行培训，还要安装、调试大型设备，购置一些配套设备。另外，旧印刷厂、教材出版科也同新印刷厂合并，原有设备能够继续使用的搬到新厂，既有人员和资金也由新厂统一管理。这期间虽然出现了种种问题，但全新的北外印刷厂顺利"告别铅与火，迎来光与电"，成为一家能完成激光照排、双面胶印、彩色印刷、轻印刷、铅印等多种印制任务的中型印刷厂。

新厂工作步入正轨后，北外印刷厂不断加强内部管理，主要采取了以下措施：第一，健全和完善定额管理、成本管理、资金管理和质量管理各项制度；第二，实行严格的经济责任制，提高会计管理水平和会计核算水平；第三，开始实行内部核算，按实现利润的比例发放奖金，调动员工积极性；第四，在用工制度上打破正式工、合同工、固定工、临时工的用工界限，优胜劣汰，在动态中优化组合；第五，精打细算，增收节支，不断提高员工节约意识。既配备了先进设备，又改进了管理制度，北外印刷厂的工作蒸蒸日上，排、印、装的水平不断提高，印刷周期也大大缩短。

　　1996年9月，北京外国语大学校长王福祥对外研社社长李朋义说："根据学校的决定，外研社兼并北外印刷厂，债权债务都由外研社承担起来。"李朋义明白，外研社除了要承担起印刷厂的管理责任外，还要偿还为修建印刷厂新楼而向世界银行申请的80万美元贷款。为了顾全大局，也为了出版社的长远发展，外研社毫不犹豫地服从了学校的决定，还清了世界银行的贷款，并担负起了印刷厂未来的发展责任。

　　多年来，北外印刷厂为北京外国语大学和外研社的发展壮大做出了重要贡献，最高时曾承担外研社当年图书印制工作量的40%。1993年，外研社组织印刷质量评比活动。承印外研社图书的十几家

于丙寅厂长（左一）、赵进魁副厂长（左三）和印刷厂的老师傅们

印刷厂共送来了220本图书。所有图书的版权页都被撕掉后，评委们综合考察图书印刷中的各项流程和工艺。最后的评比结果显示，获评优秀的图书中有57%是北外印刷厂印刷的，由此可见北外印刷厂对质量的把控之严。1998年，北外印刷厂被北京市印刷质量管理协会授予"印刷质量达标企业"，而且还被认定为北京市市级印刷定点企业。2000年，《中国新闻出版报》报道了北外印刷厂，称其为"外文词典印刷业务市场上的黑马"。同年，北外印刷厂被评为北京市印刷行业的年度"十佳企业"。

### 2.2　顾全大局，三次搬迁

北外印刷厂共经历过三次搬迁。每一次搬迁，印刷厂员工们都顾全大局，从外研社的整体利益出发，做出了极大牺牲。

1999年，北外印刷厂经历了第一次搬迁，从西院的小白楼迁到了通州。1998年年初，外研社整体搬入了新建的外研社大厦。出于对未来发展前景的考虑，外研社决定进一步扩展办公空间，将大厦后面的小白楼改造成办公楼。另外，印刷厂的生产工作也使得周围环境比较脏乱、嘈杂，并对周边环境造成了一定的污染。于是，多方考虑之下，外研社决定将印刷厂搬到通州八里桥。印刷厂在此地租了一个小院，里面的旧厂房条件很差，冬天冷、夏天热，空调都是快要报废的旧设备，基本起不到什么作用。从西三环到八里桥，有近两个小时的路程。为了在八点前到岗，员工们每天起早贪黑，天不亮就要起床坐班车。厂长于丙寅也不得不在学校、印厂之间两头跑，经常上午还在社里开会，下午就必须去通州。而且，为了生产和设备的安全考虑，他还长年累月地住在通州的宿舍，以应付各种可能的突发状况。

　　2002年上半年，印刷厂进行了第二次搬迁，从通州搬到了外研社在大兴的储运、生产和培训基地。2001年时，印刷厂厂长由童幼春接任，副厂长为张培华。在他们的主持下，印刷厂的员工们只用了一天时间就搬完了各种大型机器和配套设备，机器一安装就马上继续生产。刚刚搬去时，大兴还没有现在壮观的国际会议中心，只有一片正在建设中的工地。工地上有几间储运部的库房和一座生产楼，食堂则是搭建的简易活动房。生产楼的一楼、二楼是印刷厂的车间，三楼被作为库房，四楼则是音像社的制作车间。虽然条件依然有些简陋，但毕竟是正规、稳定的生产场所，相较于在通州时已经改善了太多。2004年5月15日，外研社国际会议中心、外研社物流中心、北京外国语大学印刷厂新厂的落成庆典举行。印刷厂有了独立的厂房，员工们欢欣鼓舞，干劲满满，以极大的热情投入生产，当年就创造了建厂以来最高的经济效益，产值达1000多万元。

　　大兴国际会议中心营业后，举办的活动越来越多，规模越来越大，参会者动辄达两千人，这么多人的食宿问题很难解决。于是，2005年，外研社决定将印刷厂从大兴国际会议中心迁走，将厂房改建为餐厅。这是印厂的第三次搬迁。考虑到员工通勤、厂房及设备维护成本等问题，外研社决定将印刷厂搬到西山脚下的巨山农场。搬迁之前，各种大型机器已经转让给了京科印刷厂。新厂房是之前农场用来养殖各类家畜的房间，环境较差，印刷厂只好慢慢规划利用。空间不够，又在外面搭建了简易大棚。但就在这样艰苦的条件下，印刷厂的员工们依然坚守在自己热爱的工作岗位上。

## 2.3　贡献，直至最后一刻

　　第三次搬迁之后，由于没有了大胶印机，北外印刷厂无法再继续印刷大批量的图书。2006年起，一些员工不得不选择离开。当时，随着生产经营方式的转变和服务形式的创新，外研社的图书印制业务基本都交给了专门的印刷厂商。但是，外研社出版的非通用语种教材、北外的各种试卷还继续由北外印刷厂印制。非通用语种图书印量较小，社会上的印刷厂往往不愿承印，是北外印刷厂义无反顾地承担了这些工作。也就是说，直到2010年4月停办，北外印刷厂自始至终都在为我国外语教学与科研事业贡献着自己的力量。甚至在2010年5月，印刷厂员工都已经被分派到储运部工作，有一批试卷着急印刷，所有员工二话不说，返回巨山农场工作，完成了这最后一批印刷任务。

出版工作包括"编、印、发"三大部分，即负责对人类文明成果进行选择的选题策划和编辑工作，负责把知识和文明"装订成册"的印制工作，负责将文明成果"卖"给大众的发行工作。在"出版-印刷-发行"三位一体的传统出版产业环境中，出版社拥有绝对丰富的内容资源和作者资源，始终处于优势地位；书店拥有庞大的发行渠道和发行市场，与经济效益直接挂钩，也占有一定优势；印

印刷厂厂长童幼春在照排车间

刷厂负责将知识材料装订成册，其工作虽然庞杂辛苦，但相较而言，所收获的待遇却远不如前面二者。因此，有种说法是"出版社坐着挣钱，书店站着挣钱，印刷厂跪着挣钱"，形象地道出了印刷行业的艰难。

即使利润微薄、经营困难，北外印刷厂依然坚持严格把关印刷质量，不断提高经济效益。从1990年新厂筹建，再到三次搬迁后于2010年退出历史舞台，印刷厂共创收7414万元。在很多难以想象的困难面前，印刷厂的员工们展现了任劳任怨的敬业精神和大公无私的奉献精神，做出了有目共睹的贡献。在外研社的历史上，理应为他们写下浓墨重彩的一笔。历史将永远铭记他们！

## 3．北京外研书店

提到外研书店，每一个语言学习者都不会陌生。三十多年来，书店滋养了几代外语学习者，也成了广大读者心中的语言学习基地。背靠北京外国语大学和外语教学与研究出版社，有着一批爱岗敬业、无私奉献的员工，外研书店占据天时、地利、人和的优势，自成立以来就发展迅速，既取得了良好的经济效益，也为外研社社会知名度的提升做出了贡献。当下，国家大力推进全民阅读，实体书店呈现回暖态势，外研书店也不断创新、华丽转型，将自身打造成了一个新型多元的综合性文化空间。

### 3.1　从零开始，在探索中发展

建社不久，为了方便展示、销售书籍，推广本社产品和品牌，外研社在北京外国语学院西院校门处开办了一个小小的读者服务部。刚开始时，服务部只陈列了数十本外语书籍，有一两名店员。音像社1983年成立后，在北外东院平房区西南角开办了一个小型读者服务部。随着两社的规模日益壮大，产品种类越来越丰富，两个小店渐渐不能满足出版社的发展需求。而且，两社合并也已提上议程，将两个读者服务部合并，成立一家更大、更专业的书店势在必行。

1992年，两个读者服务部一起搬入北外西院南侧的一栋小楼（现在北外国际大厦位置）内。由于两社还未合并，所以服务部彼此相对独立经营，由院长办公室基金办主任李树祥协调管理。两者独立经营带来很多不必要的麻烦，没有营业执照也限制了书店的发展。于是，在李树祥、杨京玉等人的多方奔走之下，1993年8月，北外图书音像商店正式注册成立，以独立法人资格走向市场。书店注册时拟定的名字其实是"北外图书音像店"，但阴差阳错，正式批文下来，变成了"北外图书音像商店"。"商店"容易造成误解，于是，1997年书店重新注册时将店名改为"北京外研书店"。

20世纪80年代，外研书店旧址

书店刚起步时只有八名员工，总经理为李树祥，营业面积也只有80多平方米。由于空间狭小，总经理办公室同时还成了业务室、财务室和休息室。而且，在资金紧缺的情况下，书店没有配置交通工具，员工从其他出版社进货，还需乘坐公交车或使用自己的自行车。也是因为没有库房，书店从外研社进货则需每天打单取书。就这样，一包包图书运回书店后，大家再一起卸书、上架。

随着业务的发展，书店终于购置了第一辆微型面包车。很长一段时间内，书店的员工都既是业务员又是装卸工，每天要开车进货、送货、取货，经常是早出晚归，午饭就在小摊上随便吃一点。大家心往一处想，劲往一处使，齐心协力谋发展，鼓足干劲创新高。

刚刚开业时，与很多其他店面一样，外研书店的经营理念和销售方式在现在看来是比较落后的。当时还是封闭式柜台销售，周末休息，中午还有午休时间。热销全国的《维克多英语》改变了这种局面。这是外研社引进的一部畅销世界的英语教学片，在中央电视台播放后风靡全城。读者纷纷前来购买，常常在外研书店前排起长队。中午闭店休息时，读者往往抱怨连连，因为他们是特意请假过来买这套书的，时间宝贵耽搁不起。于是，外研书店率先改为全天营业，周末不休息，封闭的柜台式销售也改为自选式销售。对此，书店的员工毫无怨言，积极支持，他们的家属也利用空闲时间帮忙进货、卸货、上架。大家深知，外语热、出国热带来了无限的发展机遇，只有把握机遇才能创造更多的销售业绩，实现更大的发展。李树祥总经理则特意组织了家庭联谊会，对家属的理解与支持表示感谢。书店成立的第一年，即创造了五六十万码洋的销售额。

随着书店的快速发展，员工队伍也不断壮大。在李树祥总经理的领导下，书店组织了对员工规范化服务的统一培训，建立健全了各项规章制度，包括晨会制度、每日考核制度、奖惩制度等。外研书店的工作步入了更为健康的发展轨道。

### 3.2  扩展业务，步入黄金时代

一年一个新台阶，一年一种新面貌，外研书店原有的经营面积已不再能适应书店的发展需要。1997年，外研书店进行了扩大升级改造，由原来的一层变为两层，营业面积从80平方米扩大到300平方米。这时的外研书店分为两层三个销售大厅：一层南侧为音像厅，主营外语音像制品及光盘等；一层北侧为书刊厅，主营外语教材、教辅、一般工具书及考试类图书；二层为"精品阁"，主营原版小说、原版词典、经济管理英语、经贸英语、旅游英语、学术专著及其他语种图书等。书店的员工也增加到三四十人，分属于门市部、教材部、储运部等多个部门。

2003年，外研社决定将读者俱乐部并入外研书店。读者俱乐部成立于1998年，主要工作内容是吸收会员、邮购图书，下设邮购

部、信息部（会员服务部）、编辑部和网络部（网上书店）。为了吸收会员，工作人员广做宣传，会员逐年增多，最多时终身会员曾达到6万余人，其他会员为2万人。在经营中，俱乐部为会员提供了免费会刊、优惠购书、专版图书、短期培训及会员活动等多种服务。但是，这种经营方式占用了大量的人力、物力和财力，经营成本很高，利润空间甚小。由于收入连年负增长，会员人数也持续萎缩，因此外研社决定将读者俱乐部与书店合并。外研书店接过了这个担子，尽其可能地维持读者俱乐部的运营工作。

2000年后，为配合外研社推广大学英语教材，外研书店还与京津冀地区的数十家大专院校建立了业务往来。书店不定期举办大专院校教材科科长会议，积极听取各学校负责人对书店工作提出的建议，不断改进工作方式，得到了业务单位的认可。

所有学校的教材，书店都是送货上门。原书店门市部经理、教材部经理杨京玉提到过一次难忘的送货经历。有一年的酷暑，他和同事赵启明各开一辆汽车，将几千套《新编大学英语》送往天津大学。不巧的是，杨京玉开的那辆车的空调坏了。在骄阳炙烤下，他开车在高速公路上往返了两次，大汗淋漓，几近虚脱。但是，当天下午4点多钟返回书店时，新的任务又在等待他们——承德师专急等用书。他们毫不迟疑，马上装车前往承德，到达时已是晚上10点多钟。尽管当时已经筋疲力尽，但见到深夜中等待着的老师们，他们感到心满意足，一切疲劳都烟消云散了。

为了提升营业额，提高经济效益，外研书店还经常组织外出售书活动，工作人员的足迹踏遍了北京的各个大专院校。这些活动既方便了学生购书，又提升了品牌效应。此外，外研书店还积极参加各类展会活动，开辟各种渠道扩大销售额。日复一日，年复一年，书店员工的辛勤劳动和优质服务得到了广大读者的肯定，外研书店的口碑也在一次次的活动中慢慢建立了起来。

2006年，李树祥调离外研书店后，张同曙接任外研书店总经理。张同曙在外研社发行部工作多年，有着丰富的工作经验，为外研书店带来了丰富的人脉资源和一定的经济效益。2014年，张同曙调离外研书店后，书店总经理由法务部主任王鸿接任。2016年，王鸿调离，总经理由副社长何皓瑜兼任，由付帅负责具体工作。2018年年底，付帅正式担任总经理。

### 3.3  华丽转型，成为京西文化地标

2010年8月，为了配合北外国际大厦的建设，外研书店不得不搬出原址。书店先是在东院的图书馆经营了几个月，那儿空间太大，没有暖气，冬天极为难熬；又在次年元旦，用三天假期的时间搬进了三环路边的临时建筑，度过了几年艰难的岁月。北外国际大厦建成后，学校和外研社决定将书店迁回。从作出决定到书店装修、搬迁、开业，只用了两个月的时间，这再一次证明了什么是外研速度。2016年9月10日，外研书店重装开业。新店共上下两层，营业面积接近1000平方米。书店筹备过程中，团队调研了多家国内外优秀的书店，并最终确定了"古朴现代"的装修风格，即兼具历史沉淀感与现代简洁轻快感的设计理念。

新的外研书店在延续和保持外语特色的同时，也新增了人文社科、亲子阅读、咖啡文创、艺术空间等区域，致力于打造成新型的多元文化空间和京西的文化地标。书店一楼主要陈列人文社科等大众图书，丰富的外国文学作品是一大特色；一楼到二楼的楼梯为很

宽的木质楼梯，楼梯一侧被全部设计为直通房顶的书架，书架上摆放了各种原版图书，让人看起来赏心悦目；楼梯另一侧放有几个宽大的长方形坐垫。可以看出，书店在更好地利用空间的同时，十分注重读者在书店浏览阅读的体验。二楼的书籍均与外文有关，还专门开辟了一块亲子阅览区，里面有适合各年龄段儿童的精美绘本和原版读物，并配备了专门设计的许多颜色鲜艳、造型独特的座位。此外，书店设有200多平方米的咖啡厅，宽大的布艺沙发可以让人随意阅读、小憩，浓醇的咖啡和精美的西点令人不由驻足。

重装开业以来，书店每年举办的文化活动超过百场，活动形式多样，涵盖学术论坛、文化沙龙、诗歌朗诵会、艺术展演普及、亲子阅读、主题画展等，并逐步打造了"致敬"系列诗会、"国际诗歌之夜"、"费孝通思想研究讲坛"、"午间有戏"等品牌活动。

2018年4月，外研书店成功走出校园，开办了第一家校外分店——东升科技园店。此举也意味着外研书店将面向更为广泛的受众，逐步向连锁、科技、创新的综合阅读文化空间转型。

焕然一新的外研书店

外研书店东升科技园店开业

2018年外研书店全体员工合影，右一为现任总经理付帅

经过30多年的发展，外研书店已成为广大外语学习者心中的圣地，形成了"在外研书店没有您找不到的外语书"的权威口碑。外语特色和国际化毫无疑问是外研书店的最大亮点。在书店员工的共同努力下，外研书店营业额节节攀升，从建店初期的五六十万元增长到现在的近7000万元，每年都超额完成销售和利润指标。如今，外研书店在提升经济效益之外，更是勇于创新、敢于超越，承担起了更多的社会服务功能，成为京西知名的文化地标，并收获了十大"最北京"实体书店、全国十佳校园书店、全国亲子阅读体验基地等荣誉称号。

# 这十年我们的发展成就

1979年，在改革开放的时代大潮中，在教育文化事业复苏的现实需要下，外研社应运而生，艰难起步。在发展的前五年里，外研人不惧办公条件的困难和资金、稿源的短缺，白手起家，取得了令人瞩目的成绩。之后，面对发行不畅、成本上涨等原因造成的发展困境，外研人迎难而上，在重重危机中奋起，努力实现新的突破。

截至1989年年底，外研社共出版图书1499种，累计发行6805万册。获奖图书共有45种，其中27种获国家级奖项，18种获省市级奖项。除出版教材、教辅外，外研社还出版了在全国具有广泛影响力的期刊，《外语教学与研究》《外国文学》《英语学习》《课外学习》《俄语学习》《法语学习》《德语学习》等期刊累计发行近7000万册。

在教材出版方面，外研社十年来共出版各类教材874种，占全部图书种类的58%。外研社不仅出版了英、俄、法、德、西、阿、日等主要语种的教材并努力使之系统化，还出版了大量非通用语种的教材，其中许多语种的教材都是我国历史上第一次正式出版。

在学术专著方面，外研社也给予了充分关注。十年来外研社出版学术专著80多种，占全部图书品种的6%左右，内容分别属于语言学、外语教学法、外国文学与文化研究、翻译理论等，其中有一些填补了该学科的空白。为了迎接国庆四十周年和建社十周年，外研社还专门出版了十部精装学术专著和论文集，赢得了学术界与社会的广泛好评。

在国际合作方面，外研社是最早开展国际合作的中国出版社之一，先后与牛津大学出版社、朗文出版公司，以及联邦德国、新加坡、日本等一些国家和地区的出版社建立了联系，引进、输出了一批图书的版权。

这十年，外研社始终与时代的脉搏紧紧相连，认真贯彻党的出版方针，坚持为教学和科研服务的办社宗旨，努力实现社会效益与经济效益的统一。这十年，老一辈外研人始终以社为家，日复一日地挥洒汗水，拼搏奉献，成就了外研社第一个十年的辉煌业绩。这十年间，外研社积累了宝贵的经验，为未来的大发展与大繁荣奠定了一定基础。外研社正积蓄着力量，等待崛起。

# 第二章

## 顺势而为，乘风而上

### （1990 — 1999）

十一届三中全会拉开了改革开放的序幕，国家的经济建设、人民生活和综合国力都上了一个新台阶。然而，1989年春夏之交的政治风波使国际国内形势发生了一些重大变化。国内一些人对改革开放政策，对社会主义制度，乃至对党的基本路线都产生了一些疑问。这时候，邓小平同志的南方谈话如徐徐春风，吹遍大江南北，为中国的经济建设提供了重要的理论指导。中国的改革开放和现代化建设进入了一个以追求发展为中心的高速发展时期。政治、经济和文化的全球化、信息化趋势给中国出版业带来了前所未有的机遇和挑战。在伟大理论的指引下，外研社解放思想，转变观念，在20世纪的最后一个十年，从一个名不见经传的小社，发展成全国最大的外语出版基地之一，成为全国出版业的一面旗帜。

## 第一节
## 再迎春风，《外研社改革与发展综合方案》出台

1992年1月18日至2月21日，邓小平先后赴武昌、深圳、珠海和上海视察，沿途发表了著名的南方谈话，回答了中国向何处去的问题。1992年10月，中国共产党第十四次全国代表大会召开，确立了邓小平建设有中国特色社会主义理论在全党的指导地位，确立了社会主义市场经济体制的改革目标，解除了把计划经济和市场经济看作属于社会基本制度范畴的思想束缚。

面对第二次发展机遇，外研社高度重视对新思想、新精神的学习，结合本社实际，精心组织策划了一系列理论和实践学习活动。

## 1. 学习讲话精神，理论联系实际

邓小平同志的南方谈话一经发表，外研社领导就立即认真学习领会其中精神。邓小平同志提出的"计划和市场都是经济手段""经济发展得快一点，必须依靠科技和教育"让他们意识到，出版业改革发展的春天来了。他们应时而动，结合本社实际，精心组织策划了一系列理论学习活动和社情研讨会议，要求全体党员、干部、职工，全面深刻地领会谈话的精神实质，在工作中认真贯彻执行。

在理论学习方面，首先，党支部和社领导在党内和干部中三次原原本本地传达了谈话精神，组织大家逐字逐句逐段地学习、理解。其次，为了方便个人学习，党支部把学习南方谈话和学习党的十四大报告结合起来，摘录了要点，编制了索引，印发给大家。再次，组织了多次小组讨论活动，带领大家交流心得体会，号召大家用谈话精神武装头脑，更新观念。然后，召开全社大会，大家一起交流学习南方谈话和党的十四大精神的心得体会，在讨论中提高认识。最后，还组织了针对南方谈话和党的十四大报告学习的开卷考试，检验学习成果。

理论学习之外，更重要的是将理论与实际相结合。为了吃准社情，外研社与音像社召开了一系列研讨会。

1992年6月16日外研社召开了第一次研讨会。分管外研社工作的北京外国语学院副院长余章荣出席了会议。他传达了国家有关出版改革的会议精神和中宣部出版局领导的讲话内容，介绍了上海交通大学出版社和北京经济学院出版社的改革情况，要求外研社上下深入学习邓小平同志的南方谈话。在肯定外研社之前几年工作的基础上，他强调要继续强化深化改革、增强经济意识，明确提出出版范围分工不要太死板、政企要分开、内部要实行目标管理责任制等要求。总支书记范明贤分析了出版社进行改革的内部条件和外部条件，希望大家发扬团结和实干的优良传统，强调改革要勇于实验，胆子要大、步子要稳，要推行社长负责制。

1992年6月22日外研社召开了第二次研讨会。财务工作负责人葛菊生传达了大学出版社成都财务会议精神，内容包括：出版社要在学校内部实行企业管理，财务独立核算；财务工作直属社长领导，要由工具服务型向功能管理型转变。当天下午的会议还讨论了发行部的改革方案，该方案在26日的社务扩大会议上通过。

1992年8月21日至22日，音像社召开研讨会，就该社近年发展缓慢的原因、应该采取的措施以及对前景的预测等问题进行了研讨。在听取了几位社领导的发言后，刚刚兼任音像社副社长的李朋义分析了出版业发展形势与市场状况。他认为，1977年至1979年是中国图书市场如饥似渴的发展阶段，1980年至1984年是稳定发展阶段，1985年至1992年则是激烈竞争阶段。在谈到音像社这几年发展低迷的原因时，他特别提出，干部是决定的因素。他要求干部们反

外研社召开学习邓小平同志南方谈话的研讨会。左起：社长李朋义、党总支书记范明贤、党总支副书记任满申

思一下：思想是否解放，事业心、竞争意识、奉献精神是否足够，管理水平和业务熟悉程度是否过关。之后，他就音像出版物的编辑工作、产品制作及发行工作谈了一些具体意见。院领导余章荣、赵申出席了此次研讨会，他们希望两社在研讨的基础上，都能尽快制定改革方案。

社内研讨之外，社领导们还主动走向社外，了解业界动向。1992年9月至12月，常务副社长李朋义、总编辑靳平妥和副书记任满申等人，先后考察访问了东北三省和上海、北京、西安等地的大学出版社与外文书店。他们实地调研兄弟出版社的生产流程，了解他们的经营状况，学习他们的管理经验，并交流了学习邓小平南方谈话精神和党的十四大报告的心得体会。

为了整合出版资源、提高工作效率，两社还进行了一些机构调整。1992年8月，外研社领导就编辑部的调整和划分问题广泛征求了编辑及有关人员的意见，最后决定将大编辑部划分为辞书、读物、教材、综合四个编辑室，保留总编室、校对室和美编室。9月，外研社门市部召开研讨会，会议明确图书销售门市部（后改名为外研书店）隶属于出版社，是外研社与学院的窗口，财务上进行独立核算。在这次会议上余章荣副院长再次提出，两社一厂要提出一个改革总方案，同时研究了出版大楼的立项问题。11月，印刷厂厂长于丙寅向社领导汇报了印厂的改革方案，重点是人事制度、分配制度及内部管理制度的改革。

1992年11月17日，学院党委书记曹小先来外研社调研，在听取了李朋义、范明贤等社领导的汇报后，她表示学校将对外研社给予三方面的支持：第一，学校给予出版社宽松的经营环境和管理政策，允许出版社实行自主分配制度，并在办公用房上给予支持；第二，筹建出版大楼所需的1500万元，出版社可在每年上缴学校100万元基础上自行筹款；第三，学校与出版社合办培训中心，由成人教育学院负责发放大专文凭。

通过一系列的学习、研讨和调整，社领导们认识到，机遇与挑战并存，在新的时代浪潮中，适者才能生存和发展，不适者将被淘汰出局。外研社上下都树立了"以经济建设为中心"的中心意识，把发展放在第一位的发展意识，以及社会主义也有市场的竞争意识。至此，制定外研社发展与改革综合方案的时机已经完全成熟。

## 2. 蓝图绘就，《外研社改革与发展综合方案》问世

如前所述，外研社和音像社已经在积极响应社会主义市场经济的号召，但一直以来都是较为零散、被动、机械的调整，还没有形成体系与制度。拟定一套包含业务拓展、人员培养和制度规范等各方面内容的具体可实施的综合改革发展方案，作为指导未来十年，甚至二十年发展的蓝图，成为当务之急。这也是主持工作的常务副社长李朋义焦灼思索的问题。

此时，李朋义已经在外研社工作了十二年。1980年，他从北京外国语学院英语系毕业后，自愿来到草创不久的外语教学与研究出版社当编辑。当时的大学生非常金贵，当编辑并不是一个很好的选择。与李朋义先后到外研社工作的五名大学生，都因为吃不了这份苦而纷纷另择他路，或留洋镀金，或到外企挣钱，或走上仕途。但李朋义留了下来，他觉得，当编辑的辛苦，跟他年少时在农村吃的

158

苦和当兵时受的磨炼比起来，算不了什么。外研社当时还处于创业时期，出版社和图书的品牌都还不够响亮，编辑们除了伏案工作之外，还要走南闯北去推销图书。就是在直接与市场接触的过程中，李朋义一直在思考，外研社究竟有哪些优势、哪些短板，又能怎样化劣势为优势呢？

当了八年编辑，认真敬业的李朋义编辑出版了一系列畅销图书后，于1988年被派往英国利兹大学留学。在英国时他最常逛的是书店，他有意识地去观察国外出版社都出了哪些书，怎么做宣传推广工作。1989年，拿到语言学硕士学位的李朋义回国后，被任命为外研社编辑部主任和总编室主任。随后，他带领着年轻编辑走出办公室，大搞市场调查。因工作出色，1990年4月他被提拔为外研社副社长，主管出版和发行工作，同时兼任总编室主任和编辑部主任，实际上抓起了编、印、发这三项主要的出版工作。因段世镇社长积劳成疾，病休在家，1992年6月，学院党委任命李朋义为常务副社长，主持外研社全面工作；8月，北外党委又任命他兼任音像社副社长。

再迎春风，邓小平南方谈话让已经具备了一定市场竞争意识的李朋义欢欣鼓舞。在这不平凡的一年，在一系列的研讨学习之后，他一直苦苦思索的外研社应该怎样"变"的问题，答案渐渐明朗化、具体化。

1992年10月1日，当大家都沉浸在国庆节的欢乐气氛中时，刚刚主持工作的李朋义"闭关"了。他买来面包、矿泉水，把自己反锁在办公室里，专心致志地撰写外研社的改革与发展方案。饿了啃一口面包，困了趴在桌子上睡一会儿，眼睛一睁开又继续写作。这是李朋义特有的工作方式，在思考重大问题时，他希望不受任何外在事物的干扰，让自己完全沉浸到问题中去，力求将方方面面考虑到位。三天后，他拿出了外研社历史上第一份《外研社改革与发展综合方案》。

节后，他将这个方案分发给全体社委会成员及部门主任，让大家提修改与补充的意见。经过大家反复讨论和修改，方案于1992年12月24日在社委会扩大会议上得到通过。这成为此后十多年指导外研社快速发展的纲领性文件与规划蓝图。

定稿后的《外研社改革与发展综合方案》分为"改革的指导思想""改革的目的""改革的目标""改革的内容"等几大部分。

在"改革的指导思想"中，方案明确提出以邓小平同志南方谈话和党的十四大精神为指导，贯彻党的"一个中心、两个基本点"的基本路线；牢牢把握"以经济建设为中心"的思想，将生产经营放在一切工作的首位；抓住时机敢试、敢闯、敢冒，思想再解放一些，胆子再大一些，步子再快一些，排除一切困难和阻力，集中精力搞发展。

李朋义社长向全社员工报告
《外研社改革与发展综合方案》

在拟定"改革的目的"时，方案既考虑到了出版业整体发展格局和支持学院发展的大局，又照顾到了职工提高收入水平和福利待遇的需求。这部分的内容主要有以下几个方面：第一，通过逐步建立和完善内部管理机制、人事制度和物质激励措施等，调动全社职工积极性，以解放和发展全社生产力；第二，在增加图书品种、扩大发行数量的同时，更要注重适应市场，增强竞争意识，搞好选题、改进设计、提高图书质量，以求得社会效益和经济效益的统一；第三，随着出版社经济实力的提高和对学院贡献的增长，还要不断提高社内职工的工资奖金和福利待遇。为了鼓励职工团结一心、铆足干劲、力争上游，方案设定了具体的增长数字，比如：在三年内，即到1995年，外研社每年出书品种应达到360种，做到"日出一书"，其中新书要有120种；销售额和利润方面，每年都要递增20%，上缴学院利润也要每年递增20%，职工收入也应同步增长。

在"改革的目标"中，方案首次提出了"人员职业化、业务多元化、市场国际化、设备现代化、管理科学化"的五化标准。"人员职业化"即是要求全社人员的素质在五年内有明显提高，达到他们所从事工作所需的职业要求。具体而言，管理干部的标准是革命化、年轻化、知识化、专业化，懂经营、会管理、肯奉献、有干劲；编辑人员和各类专业技术人员的标准是政治合格、业务过硬、学历要高、专业性要强、知识面要宽、经营意识要足；工人和其他人员的标准是有理想、有道德、有文化、守纪律。方案还正式提出，外研社将采取措施支持员工进修与提升学历。"业务多元化"是指一业为主，多种经营，大力发展第三产业。主业，即图书出版工作，是我们的立社之本；多种经营是指可以在现有基础上，组建一个本社经营或合资经营的文化公司，经营文化产品，举办文化活动，以扩大外研社影响力，增加收入。"市场国际化"是指在开拓国内发行渠道的同时，力争在今后几年内打开国际市场的发行渠道，变以卖版权为主为以卖图书为主，在增加外汇收入的同时扩大海外影响力。具体措施为组建国际合作部。"设备现代化"是指现代化的出版大楼、现代化的办公条件、现代化的排印设备等。现代化的外语图书音像出版大楼的筹建被提上议事日程。"管理科学化"是指在方案出台后，要进一步健全和完善各种规章制度，依法治社。

"改革的内容"是方案的重中之重，涉及经营管理体制的改革、人事制度的改革、分配制度的改革。国家教委和新闻出版署在〔88〕教材图字019号文件中规定，高校出版社是学术性的事业单位，在学校内部实行企业管理。据此，在经营管理体制的改革上，外研社明确了"事业单位，企业管理"的性质，提出了实行社长负责制，社长是出版社的法人代表，主持、领导出版社的全面工作。外研社实行社务委员会、编辑委员会和经营管理委员会的三会制度，重大行政业务问题经集体讨论，由社长作出决定。在人事制度的改革上，实行干部聘任制、工人合同制的全员聘任制度。在分配制度的改革上，要求体现社会主义的分配原则，以按劳分配为主体，其他分配方式作为补充，兼顾效率与公平。为了突出企业特色，创造良好的企业效益，外研社实行基本工资、职务工资和业绩工资相结合的薪酬制度。其中业绩工资部分实行"任务承包、责任到岗、利润到人"的原则，并对编辑、校对、美编、质检、发行、行政等人员都依据职称划定了具体的定额考核指标。

在方案最后，李朋义重申了外研社与北京外国语学院的关系。他写道："出版社要自觉地摆正自己的位置，处理好与学院的关系，明确自己是学院的组成部分，是党委和院长领导的下属单位。即使将来经济实力再强大，也要谦虚谨慎，要艰苦奋斗，发奋进取，为学院教学和科研服务，为改善办学条件和教职工福利尽到义务。学院是出版社生存的基地，也是出版社发展的靠山。因而，出版社的腾飞必将依赖学院的支持。我们深信，学院一定会对出版社放宽政策，放水养鱼，让出版社解放思想，放开手脚，成为自主经营、自负盈亏、自我发展、自我约束的法人实体和市场竞争的主体。"

在这一方案的结束语中，李朋义写道："出版社天地广阔，大有可为。我们蕴藏了千载的力量，我们抓住了难逢的机遇，我们充满了前所未有的信心。"的确，这一系列的改革措施使外研社焕发了前所未有的生机和活力，给外研社插上了腾飞的翅膀。1992年成为外研社发展史上一个至关重要的转折点。

《外研社改革与发展综合方案》手稿

## 第二节
## 建章立制：新制度、新机构、新面貌

"工欲善其事，必先利其器。"对于一家出版社来说，规范而高效的经营管理制度便是"器"。"八五"及"九五"期间，外研社按照现代企业制度的要求，建章立制，积极转型，为创造良好的社会效益与经济效益打下了坚实的基础。

### 1．强化内部经营管理，既有民主又有集中

20世纪80年代后期，图书市场严重混乱，坏书屡禁不止，泛滥成灾。新闻出版署和国家教委先后下发了《关于检查整顿图书市场的通知》等几个文件，要求各出版社开展自查、整顿工作，并在整顿的基础上对出版社进行重新登记。外研社领导班子组织全社认真学习文件，严格进行自查，并于1989年3月和9月两次向新闻出版署和国家教委提交自查报告。1990年1月，同全国各出版单位一样，外研社提交了整顿报告和申请重新登记报告，完成了整顿和重新注册工作。之后依照国家相关制度，每两年登记一次。

1988年5月6日，中宣部、新闻出版署发布《关于当前出版社改革的若干意见》，提出："要逐步落实社长负责制。社长是法人代表，党组织起监督保证作用。社长全面领导出版社的编辑工作和经营管理工作。国家规定的出版社应有的人权、财权和选题审批权，由社长行使。编辑部门和经营管理部门都对社长负责。""出版社是否设总编辑，是单独设置还是由社长兼任，可以因社而异，不做统一规定。"

根据上级文件指示和自身发展需要，外研社强化内部经营管理，建立了社长负责制与三个委员会的管理制度。社长是出版社的法人代表，主持、领导出版社的全面工作。三个委员会即社务委员会、编辑委员会和经营管理委员会。社务委员会由正副社长、正副总编辑、社长助理及党组织负责人组成，主要讨论全社的大政方针、发展规划、机构调整、人事变动、分配方案等方面的问题。编辑委员会由正副总编辑和各编辑室主任组成，负责对选题的立项进行论证与批准，对社外作者的投稿和社内编辑的选题报告进行审定，对图书质量进行检查，以及对编辑的继续教育与进修培训作出计划等工作。经营管理委员会由正副社长、正副总编辑和各部门主任组成，负责监督全社的经营管理，监控生产流程，协调各生产部门与各生产环节的关系，以及市场分析与预测、财务预算与结算等工作。三个委员会中，以社长为首的社委会是一个团结坚强的领导核心。社务委员会、编辑委员会和经营管理委员会发挥了集体智慧，充分调动了大家的积极性，使外研社形成了一个既有民主又有集中的经营管理体制。这一体制在摸索中建立，并在《外研社改革与发展综合方案》出台后得以常态化、制度化。

出版社最核心、最宝贵的人力资源是编辑。外研社建立了一套适应市场经济的编辑管理体制，将编辑力量作为出版社的创新基础加以建设。建社以来，外研社为摸索编辑工作的内在规律，以实事求是的工作作风，根据市场环境的变化，不断调整变革，先后实施过编辑部改制，划分专业编辑室，后又打破编辑室的行政分工，组合不同功能的策划室和审稿室。再之后，外研社开始实行编辑晋级制度，实施以发稿编辑为主、以社外编辑为辅的编辑项目组制，以此配合同样以编辑人员为主干组成的兼具策划、编辑和推广功能的工作室制。20世纪90年代末，这一制度逐渐稳定下来，使外研社的编辑力量能在实际工作中经受考验，不断提高素质能力，随时迎接新的挑战。

## 2. 建立健全人事管理制度，完善分配制度

为了保证出版事业的蓬勃发展，外研社既要依靠增强企业的凝聚力和向心力来留住人才、拴住人心，又要采取各种方式和途径来培养人才、建设队伍，使全社人员的素质达到他们所从事工作要求的标准。在由粗放型发展向集约型发展转变的关键时期，外研社建立了系统的人事管理制度和人才培养计划。

外研社实行了干部聘任制、工人合同制的全员聘任制，以劳动合同的形式确定岗位、责任和待遇。早在1992年，时任常务副社长的李朋义就提出了"干部能上能下，职工能进能出，收入能高能低，机构能设能撤"的原则，并得到了社委会的一致通过。人才培养和使用的唯一原则是革命化、年轻化、知识化、专业化。符合这个原则的，该重用的重用，该培养的培养，这就使人才培养工作进入了良性运转轨道。

20世纪90年代中期，外研社只有200多人。那时，考勤之类的工作由社办负责，工资相关事宜由财务部负责，招聘等工作由副社长任满申直接负责，而人员调整、干部任免、工资待遇、职称评审等重要的事情就由社委会负责。每一位进社员工都要由李朋义社长亲自面试。

此时的管理虽然分工简单，但其实非常严格。比如，1996年9

月，李朋义在社内发了一份通报，批评两名财务人员上班迟到半小时，扣发了二人奖金各50元，同时也扣发了财务部主任和他自己各50元，原因是管理不严，管理者要负相关责任。但是，随着外研社规模不断扩大，这种模式显然不能持续，干部、职工从上到下的行为举止还是需要行之有效的制度来进行规范。

1997年12月中旬，社委会集中讨论了机构和人员调整问题，并决定成立人力资源部。1998年年初的全社工作总结大会上，正式宣布了人力资源部的成立。人力资源部从无到有，边干边学，完成了许多过去没有做过的工作。人力资源部的工作可以概括为"发现人才，培训职工，全社考核"。部门成立伊始，他们从最基础的工作做起，建立了职工档案，对全社职工构成情况进行了统计和分析，为社领导掌握全社人员情况提供了依据。他们还组织了一系列职工培训活动，开阔了大家的眼界，提高了大家的业务能力。1998年，外研社开始实行全社员工年终考核制度，所有人员都要述职、自评打分，部门主任再给员工打分。社内还成立了专门的考核工作领导小组，实行末位淘汰，奖优罚劣。从此，考核制度和绩效意识深入人心，为出版现代化管理打下了基础。

这段时期，在副社长任满申的主持下，出台了《外语教学与研究出版社、北京外语音像出版社管理实务》。《管理实务》收录了两社的各项管理制度，写明了各级管理人员和职工的岗位职责，以及各类工种的操作程序和工作方法，还附有各类劳动合同及各部门日常使用的报表和表格，使全社日常管理工作和各项生产操作规程更趋规范化、标准化、科学化。

在人才队伍建设方面，外研社实行了对编辑人员的高学历培养制度，鼓励已经取得大专学历的编辑人员继续深造以取得大学本科或硕士研究生学历；30岁以下的具有大学本科学历的编辑人员只要条件具备，都要取得硕士研究生学历。为此，外研社每年都选派编辑人员到国外进修或攻读学位；不能到国外进修的员工，则鼓励他们在不影响正常工作的情况下，合理安排好在职研究生的学习。此外，社内还组织了各类专业知识和技能的培训。

1990年，在克服重重困难之后，第一批三名年轻编辑在李朋义的坚持下，被选送到北京外国语学院英语系攻读在职研究生。而选送编辑出国留学的过程更复杂，风险也更高。1994年，因为一位编辑留学英国未归，引发了很多人对这一制度的质疑，但社长李朋义顶住压力，坚持这一培养制度，并亲自到北京外国语学院和教育部国际合作司争取留学名额，坚持继续选派编辑出国留学。

相关制度的实施为外研社培养了大批人才，他们中的一些人还成为出色的领导干部。工作期间，姚虹、韩闽红、黎云等人在北外攻读了硕士学位。徐建中、蔡剑峰、于春迟、王勇、田寒等人，到英国斯特林大学、牛津布鲁克斯大学攻读了出版学硕士学位。因为到这两所大学留学的人比较多，它们还被称为外研社的"黄埔军校"。后来，外研社又支持于春迟、蔡剑峰、王芳等人攻读高级工商管理学硕士（EMBA）学位。这些举措在出版界轰动一时，行业内外都对外研社重视人才的做法称赞不已。

在分配制度方面，外研社坚持"按劳分配，多劳多得，兼顾效率与公平"的原则，在全社多种分配方式并存的基础上不断调整与探索，探求企业合理化分配的新形式，合理拉开员工收入的差距，为统一年薪制打下了基础。在这一点上，编辑部门和发行部门体现

外研社自己选送培养的在职研究生。左起：任小玫、韩闽红、
孙蓓、社长李朋义、洪志娟、杨学义

得最为明显，干得多和干得少的员工之间有很大差距，员工的工作
热情因而得到极大提升。同时，为了充分兼顾个人利益和提高积极
性，员工的平均收入每年都会有一定幅度的增长。职工劳动保护用
品在数量和质量上也都逐年得到提高。

### 3．严格经济核算制度，创建现代化出版企业

在生产管理上，外研社按照现代企业制度严格要求自己，加强
经营管理，严格经济核算，加大监管力度，力争实现成本最小化与
收益最大化，以确保强劲的市场竞争力。

财务部注重加强内部管理，财务人员的整体素质和业务水平得
到了极大提高。重要的是，财务部充分发挥了监督核查职能，准确
及时地编报各种财务报表，对外研社的生产经营情况作出准确的预

1995年全社工作总结大会

1997年全社工作总结大会

测和分析，为社领导的决策提供了有效的依据。在日常工作中，财务部还注意加强企业财税管理的基础工作，依法按期纳税，因此外研社曾多次被评为北京市"个人所得税代扣代缴先进单位"。

1999年全社工作总结大会

　　图书的印制和材料的选用分别由出版部和材料部负责，他们切实做到了"降低成本，缩短周期，提高质量"。图书音像产品在制作过程中，各环节都有专人负责、严格把关，以"不该省的决不吝惜花钱，该节省的决不浪费一分"的原则，尽量降低成本，加强市场竞争力，提高资金的流动速度，创造最大的经济效益。

　　出版社生产成本的两个主要组成部分是原材料成本和加工成本。出版部门的同事们在保证图书印装质量的基础上，尽力降低印装工艺中一些加工环节的价格，使外研社的图书印装价格在北京市制定的工价标准上形成了自己的一套工价体系。外研社是教育出版社，国家对义务教育教材的价格有限制政策，这就使得出版部对中小学教材的印装成本控制得尤为严格。从原材料的采购、使用，到印装工艺的采用、工价，无一不需要精打细算。随着技术的进步，图书印装工艺也趋于多样化。对每一项新的加工工艺，出版部的同事们都必定要反复试验并在有了较大的把握后才加以采用。

从20世纪90年代起，外研社每年都要依据《外研社图书印刷质量标准》和《外研社图书装订质量标准》，对所出版的图书进行印装质量分级鉴定，做到奖优惩劣。为了发现图书印装工作中存在的问题，出版部每年都要从库房中随机抽取样书，并外聘质量检查专家小组对这些图书的印装质量进行评定。随后，出版部会专门召开会议，向有关厂家通报质量检查情况，表彰生产质量优异的厂家，同时也请大家就图书印装质量上存在的问题进行交流，互相取经。这种质量检查方式延续至今，提高了外研社图书的印装总体水平。

面向21世纪的现代化企业必须具有先进的电脑软硬件环境。1995年，外研社招聘了第一位计算机专业技术人员，开始试验开发本社财务管理软件，并很快取得成功。外研社在此基础上成立了计算机中心。1998年，外研社为每位员工配备了电脑，计算机中心组织了Windows操作系统的学习培训。有的编辑已经头发花白，仍然积极参加

外研社实现经营业务全面计算机管理

培训，想尽快学会摆弄"新玩意儿"。同一年，外研社注册了自己的域名，搭建了官方网站平台。1999年，外研社购进了多台调制解调器，让社内有业务需要的员工可以通过拨号方式接入互联网。不久之后，外研社有了自己的财务电算化系统和图书销售系统，结束了财务人员手工记账的历史，实现了图书进出库数据的电子化管理。短短几年时间，外研社的经营业务实现了全面计算机管理。

在实现跨越式发展的关键十年，外研社"一手抓发展，一手抓管理"，治社如治军，始终保持了正确的前进方向。先进的管理理念与外研社的工作实践相结合，畅行于全社的工作流程中，使外研社实现了从小作坊式生产到现代化经营管理的质的飞跃。

## 第三节
## 精品战略：心中想着读者，眼睛盯着市场

20世纪80年代是外研社的初创时期，虽然面临着人员少、资金匮乏和市场狭小等困难，但在计划经济环境下，图书市场相对稳定，缺乏竞争。再加上十年"文革"造成的"书荒"，使得出版市场一度成为卖方市场——出版社有什么就出什么，出什么就能卖什么，图书品种、总印数和总印张数迅猛增长。外语图书，尤其是外研社的外语工具书、外语读物和外语教材，更是倍受读者的欢迎。然而，随着出版生产力的不断壮大，产品日益堆积，图书市场出现了供给相对过剩的局面。

## 1. 图书市场竞争激烈，战略管理迫在眉睫

随着图书市场由卖方市场变为买方市场，图书品种的增加渐渐地不能立即带来图书印数的增加，单种图书的印数和征订数不断下降。比如，1983年，外研社出版了《小小英汉词典》，第一版京所（新华书店总店北京发行所）征订数是280万册；《英语学习》杂志每期订数是100万份。到了20世纪80年代中后期，英语图书的征订数一般是三五千册，其他语种图书订数在几百册，《英语学习》杂志单期订数下降到10万份左右。订数的急剧下降，导致库存大量积压，外研社面临的形势十分严峻。

造成这种变化的原因，客观来看具体有以下几个方面。第一，1978年到1989年，出版社如雨后春笋一般纷纷成立，由104家增加到462家，增加了3.4倍。第二，出版生产力发展，图书出版品种由1978年的1.5万种增长到1989年的7.5万种，增长了4倍。第三，图书品种和定价的增长远远高于读者的收入增长水平，读者对图书的选择性大大提高，质量平平、没有特色的图书当然不会受到欢迎。第四，受出版范围限制，外研社只能出版为外语教学和外语科研服务的图书，而全国几乎任何一家出版社都可以出版外语书，这就使得外研社在图书出版市场的竞争中处于十分不利的地位。

主观来看，整个20世纪80年代是一个粗放型的发展阶段，外研社"广种薄收"的经营方式也潜伏着危机。当时选题策划环节比较薄弱，作者任意投稿，编辑被动审稿，稿件数量不充足。由于编辑们的工作量多少不一，工资奖金"一刀切"自然就不合理，因此外研社当时有一个"待稿日"规定。待稿日期间编辑能拿100%的工

资，但年终奖金只可以拿60%。这一时期外研社出书种类芜杂，选题特色不明显，经济效益较差。

以上种种原因使得外研社原有的图书品种、结构不能满足市场需要，全社上下都笼罩着一种危机感。正视问题之后，就要主动谋求转型发展。

## 2. "心中想着读者，眼睛盯着市场"

面对市场的挑战，时任编辑部主任和总编室主任的李朋义在1990年3月召开的编辑部全体会议上，提出"在夹缝中求生存，以质量求发展，向特色要效益"的方针，号召全体员工"心中想着读者，眼睛盯着市场"，作出了由数量增长型向优质高效型转变的战略部署。他力陈图书品种芜杂、选题平庸的积弊，要求全体编辑人员进一步树立市场观念，集中精力抓拳头产品。这就是以"压缩品种、优化选题、提高质量"为主要内容的"精品战略"的出台。

外研社发展战略研讨会

"精品战略"下的外研社精品图书研讨会

  "精品战略"从尊重市场、尊重读者、服务读者出发，从市场挖掘精品，以精品营造市场。李朋义要求编辑们必须在市场调查和选题开发上下功夫。他明确要求，每个编辑每年必须提交三份图书市场调查报告或选题报告，完成任务的编辑在待稿日期间才可以拿到足额的工资和奖金。此外，还要对市场报告和选题报告进行评比，对写得出色的编辑予以奖励。

  在一次研讨会上，李朋义强调，选题是出版社的生命线，选题的好坏直接影响到出版社的兴衰。外研社在选题策划上要强化精品意识，靠精品群体去赢得市场。在选题开发上，讲究超前而不滞后，创新而不守旧，开拓而不仿效；在选题特色上，严格在自己的出版范围内运作，充分发挥资源优势；在品牌规模上，力求系列成套，尤其是要发掘适合广大读者的系列品种。

李朋义社长在订货会上展示
外研社精品图书

### 3．多出一些"精品"，少留一些平庸

改革开放取得的成就使"出书难""印书难""买书难"的局面得到根本性扭转，人民群众对图书的基本需要得到了满足，但是图书市场还是存在一些问题。比如，同一领域的图书质量良莠不齐，读者在甄别时需要耗费大量时间；一些出版社为了逐利，不惜出版一些低俗、色情、暴力的书籍；为了占有市场，一些图书被迅速、大量地生产出来，但在编校质量、装帧设计等方面存在不少问题。李朋义形象地打比方说："农民种地，亩产一万斤，那是大话；可在出版业，'亩产万斤'绝非空话，就看你出的是精品之作还是平庸之作，就看你是广种薄收还是精耕细作。"外研社的"精品战略"就是要多出一些精品，少留一些平庸。与其编辑出版一大堆质量平平、毫无出彩之处的书籍，不如精心推出一批更优良、更有知名度的图书，满足读者的需求。

在"精品战略"的指导下，外研社推出了一个又一个精品，形成了繁茂的精品群。年轻编辑蔡剑峰敢想敢做，积极进行市场调查，他身背外研社出版的几十种读物，走访大学、图书馆，调查书店、书摊，登门访问专家学者，最终策划出了"九十年代英语系列丛书"。集北外英语系全系之力编成、耗费十年时间修订的《汉英词典》，在编写、宣传和著作权方面都具有开创性价值和标杆意义，成为外研社精品辞书中的精品。以全新面貌出版的《许国璋〈英语〉》先后印刷34次，出版10年累计印量700万册，好懂、好学、好用，造福了千千万万的英语学习者。英国语言教育名家亚历山大和北外著名教授何其莘重新修订的《新概念英语》，既有新鲜活力，又有"合法身份"，陆续覆盖了大江南北的图书市场，

1991年广州书市，外研社展台前人头攒动

1997年外研社新书音像制品订货会

长风破浪

1997年，外研社在天津市举办市场营销大会

成为英语学习者的首选书籍。通过产品的精品化和系列化，外研社逐步形成了品牌规模与专业特色，彻底改变了"广种薄收"的出版方式，取得了惊人的销售业绩。

### 4．"人无我有，人有我新，人新我优"

"精品战略"使外研社由追求数量扩张的原始粗放型发展阶段进入到追求满足市场需求、提高图书质量的集约型发展阶段。外研社得以快速发展，逐渐从一家小社、弱社成长为大社、强社。1990年外研社销售码洋1000万元，到1995年时实现销售码洋1.8亿元，5年时间增长了十几倍。1997年，外研社实现销售码洋2.6亿元，年利润达到4000万元。这一时期，随着经济效益的提升，外研社的品牌建立起来，外研大厦也落成竣工。这都成为外研社下一步发展的坚实基础。

2005年，社长李朋义在全社工作总结大会上再一次强调了精品意识。他说，图书出版的精品意识，是指在图书的选题、编辑、制作过程中做到精心策划、精心组织、精心编校、精心设计、精心制作，努力做到"人无我有，人有我新，人新我优"。外研社要在充分市场调研的基础上，选择出版知识含量多、思想含量深、信息含量高、原创性强的精品图书，满足读者多样化的需求，构成精品集聚优势。

以质量为核心、以市场为导向的"精品战略"，是外研社持续快速发展的关键。这一战略首倡于危机之中，为外研社带来了社会效益和经济效益的双丰收，并贯穿于外研社发展的全过程中。只有靠精品生存，靠精品发展，靠精品打造出品牌效应，才能在激烈竞争中立于不败之地，为国家的出版事业乃至整个文化事业做出贡献。

## 第四节
## 《许国璋〈英语〉》及其背后的故事

许国璋是我国著名的语言学家、英语教育家。他积极倡导外语教学改革，发表、出版了一系列影响深远的论文、专著，有着非凡的学术地位和成就。而对于普通读者来说，更为重要的是他编写了一系列好懂、易学、实用的优秀英语教材，使广大的英语学习者受益匪浅。

### 1. 新中国第一套成熟的英语教材

从20世纪60年代许国璋主编的《英语》问世，到90年代在外研社以全新面貌出版的《许国璋〈英语〉》《新编许国璋英语》《许国璋电视英语》，许国璋编写的英语教材人尽皆知，在最风靡时几乎人手一册，具有经久不衰的魅力。

这一切要从《英语》诞生的特殊历史时期说起。1961年4月，全国高等学校文科和艺术院校教材编选计划会议（以下简称"文科教材会议"）在北京召开。会议围绕"调整、巩固、充实、提高"的八字方针，总结了新中国成立以来高校文科教育的经验教训，着手纠正过去工作中"左"的偏向，系统规定了文科的培养目标、课程设置、教学方针和教学计划。

针对外语教育，文科教材会议达成了几点共识：不能把外语课变成政治课，应多选政治思想好、语言地道的课文，以及语言好、思想一般的课文，重要的是要使学生掌握地道的外语；外语教学中不可完全不联系实际；原文与译文的关系上，译文比例要适当，应多选一些原文。

会后不久，外国语言文学专业组成立，众多专家各司其职，李棣华任组长，季羡林、严宝瑜任副组长，小组成员包括王佐良、李霁野、李赋宁、冯至、曹靖华等。各门外语教材的编写工作开始步入正轨，英语教材的编写也提上日程。《英语》就是这个历史阶段的产物。参加《英语》编写的，除主编许国璋外，还有北京外国语学院英语系的张道真、马元曦、祝珏和张冠林等，担任审阅工作的则有北京外国语学院英语系王佐良、北京大学西方语言文学系李赋宁和外交学院吴景荣等。

1962年，新中国历史上第一套重要的英语教材——《英语》由商务印书馆出版，随后通行全国数十年，成为我国英语教学方面同类教材的典范。这套书共有八册，许国璋任主编并编写第一至四册，俞大絪编写第五、六册，徐燕谋编写第七、八册。甫一出版，《英语》即作为高校英语专业的基本教材，被全国各院校广泛采用。

## 2. 许国璋《英语》的独特魅力

针对没有接触过英语的学习者，许国璋《英语》设计了一套行之有效的学习计划，课文、例句、词语、语法的出现及搭配都非常系统科学。一本教材能够在几十年的时间里一直受到世人认可，最根本的原因肯定是它的适用性。正如语言学家、编辑出版家陈原教授所分析的，许国璋《英语》是按照中国人的语言习惯或是学习外语的思维方式编写，对中国读者比较有效。从社会语言学的角度来说，东西方人的思维方式不同，语言习惯不同，西方某些直接或间接的外语教学法，对中国学生尤其是以自修为主的学生并不百分之百地有效。

许国璋《英语》依据了结构主义语言学的相关观点，为当时较为封闭的中国提供了一套最为合适的教学法。在编写理念上，许国璋《英语》遵循了文科教材会议的相关决议。在方法上则有以下几个特征：阅读文章并对其进行讲解是教学的核心步骤，翻译是教学的基本手段，语法是理解语言的重点。因此，教授单词语音和词汇变化、分析句子成分、讲解语法规则是主要的教学内容。事实上，这些教学方法现在也并未过时。《英语》的课文所占比重并不大，各种讲解、练习占了较大篇幅。在当时，类似的教材并不多见。那时我国与西方世界处于隔绝状态，高校的外籍教员有限，因此，通过翻译与练习的途径让学生消化吸收课文中学到的词汇和表达方式，是有效可行的。这种编写方式很有创造性，在日后也被多种教材遵循模仿。在这个意义上，《英语》是开风气之先的。

在课文选择上，许国璋《英语》偏重文学性，中西结合，详略得当。其中有不少原汁原味的英文经典作品，对于相应阶段的学习者来说难度适中，体现了编者在文本选择上的功力。不可避免地，这套教材中也有一些符合当时政治氛围的文章，但这些文章也做到了生动活泼、通俗明畅。在选择相关词汇时，也以语言教学的目的为主，在兼顾政治性的同时也有较强的可学习性。

许国璋《英语》的语法讲解重点突出，教学意图清晰明确。比如，第二册第一课讲到了亚洲的幅员、地形、人种、开发，在各类描述中大量使用了比较级和最高级，因此语法部分就对形容词和副词的比较级和最高级作了细致讲解，并对二者的使用方法作了说明，有利于学生全面掌握这一知识点。

## 3．旧教材焕发新活力

"文革"结束后，国内形势发生重大变化，人们迫切需要了解外面的世界。教育领域的各项工作逐步走向正轨，停滞多年的英语教育重新启动，一般知识分子都迫切要求提高自身英语水平。

当时，大、中、小学，尤其是高校英语教育开始更有组织性。1978年，全国外语教育座谈会召开，提出加强高校外语教育。当时，英语专业面临"三无"的局面——一无大纲、二无计划、三无教材。"文革"中使用的教材已经无法继续使用，而新的教材还没有编写出来，用教师们的话来说就是"无米下锅"或者是"等米下锅"。

1980年，国家通过了《高校英语专业基础阶段英语教学大纲》，修订后在全国试行。同年，全国高等学校外语专业教材编审委员会成立，各类外语专业教材编写计划提上日程。1981年，编审委员会英语组召开全国性的英语教材会议，许国璋先生时任编审委员会副主任、英语组组长。新教材的问世需要时间，幸好，在过渡期还有许国璋《英语》。在20世纪80年代乃至90年代初，许国璋《英语》尽管有一些60年代的政治印记，但由于其强大的实用性和科学性依然在全国各地院校中被广泛使用。

值得一提的是，与高校英语教育的进步同步，普通大众在新的时代环境中也需要提升自身英语水平。随着改革开放的深入，20世纪90年代国内掀起了"英语热"的浪潮，新的英语教材也不断出版。只不过，经典仍然是经典。在当时的教材市场上，对于起点较低的英语学习者而言，没有一本教材能比许国璋《英语》编排更成熟，更适合自学了。渐渐地，这套教材流行到英语学习者"人手一册"的程度，人们一进书店就问"有许国璋吗？"，更有人戏称"谁人不识许国璋"。

许国璋《英语》是面向初学者的教材。改革开放后最为经典的高级英语教材则是由北京外国语学院张汉熙教授主编的《高级英语》。《高级英语》课文选材广泛，内容思想性强，习题配置科学，问世之后一直备受广大师生喜爱，对我国英语教学事业产生了重要影响，甚至至今仍在使用。1995年，《高级英语（修订本）》（第一、二册）由外研社出版，成为当时具备较高英语水平的学习者的首选教材。

## 4．许国璋与李朋义

外研社是北京外国语大学的校办出版社，许国璋作为北外的资深教授，一直非常支持外研社的发展。他曾说："我所在学校的出版社如果落后于人，我是不甘心的。"朗朗上口的"外研社"这一简称，许老也十分认可。他说："外语教学与研究出版社的全称叫起来太长了，叫外研社更响亮一些。"

《外语教学与研究》杂志原由林学洪任主编，但他担任外研社总编辑后工作日益繁忙，所以杂志的主编由许国璋接任。许老对《外语教学与研究》倾注了自己的热情与心血。在他主持下，杂志除了讨论外语教学的问题之外，还涉及文化、教育、思想等领域；又因许老在学界素有名望，与海内外学者都有联系，所以稿源特别丰富。许老主编的《外语教学与研究》延续了之前的高水准，不仅是全国最有影响力的外语类学术期刊，而且在国际上也享有盛名。

许国璋与外研社的缘分不止于此，他还是后来的外研社社长李朋义的恩师。在北外学习期间，但凡有许老的讲座，李朋义都积极前去听讲，还多次向许老请教英语学习方面的问题。李朋义毕业后进入外研社工作，1980年开始兼职做全国高等学校外语专业教材编审委员会秘书，而许老正是该委员会副主任兼英语组组长。在许老的帮助下，李朋义进步很快。1988年，北外派李朋义赴英国利兹大学留学，许老对他殷殷勉励："求学上进，为第一要事。"在李朋义攻读硕士学位期间，许老还曾写信鼓励他："多人来英，无功而返。唯有足下将得学位而归，可喜可贺。"许老在牛津大学布莱克韦尔（Blackwell）

李朋义社长与恩师许国璋教授

书店存有一笔钱，他请书店工作人员转赠给李朋义300英镑，以备其买书之需。在那个年代，这可不是一个小数目。身在异国他乡的李朋义深受感动，决心学有所成，不负恩师的关心与期望。

20世纪90年代初，外研社急需能够真正打开局面的重磅图书。时任常务副社长的李朋义三番五次恳求许老，希望他能将《英语》放在外研社出版。许老很是犹豫，他表示愿意将正在编写的《新编许国璋英语》交由外研社出版。但新编教材的周期太长了，于是李朋义向他建议，可以在《英语》每一章节的前面加上"导读"，后面再附上"自学辅导"，这样就与原版有了区别。最终，许老同意了李朋义的提议，并亲自去找商务印书馆协商。他说："外研社是我任教大学的出版社，现在需要我的支持。再说，别人是养儿防老，我是要出书防老。"这番话最终打动了商务印书馆的相关领导。

在承担着繁重教学和科研任务的情况下，许老硬是挤出时间重新修订了《英语》。那段时间，加班晚归的李朋义经常会在北外校园外的马路上遇见正在散步的许老夫妇。他们看到李朋义就会热情招呼他停下来，到路边小摊上买三个烤红薯，坐在马路牙子上边吃边聊。《许国璋〈英语〉》的出版事宜就在烤红薯的香气与热气中敲定了。

## 5．成为品牌的"许国璋"

1992年外研社出版的《许国璋〈英语〉》改正了旧版中的一些不足之处，内容更加丰富。许老在新版教材的正课文和副课文之前增加了由他亲自执笔的"导学"内容，指出学习的门径及文章的妙处；书中的一些课文和段落也作了调整。重印本的"编辑说明"

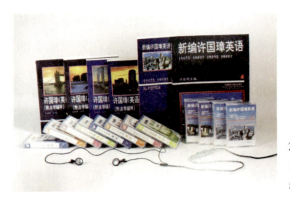

20世纪90年代的《许国璋〈英语〉》和《新编许国璋英语》

指出，此书是"针对全国范围内持续增长的自学'英语热'的需要，尤其是针对中级水平的职称考试的需要"而印行的。因此，教材最后还附上了自学辅导材料，更利于使用者自学。《许国璋〈英语〉》的出版发行，使外研社迅速提高了社会知名度和品牌影响力，也使外研社当年的利润就增长了几百万元。《许国璋〈英语〉》在出版后的10年里发行量达700万册，是外研社社会效益和经济效益俱佳的图书之一。

此后，许老花费六年时间前后几易其稿编写出的《新编许国璋英语》也在1993年由外研社出版。在这套书的自序中，许老申明了自己对于英语教育的看法："以近代为重，以世界为重，以文化信息为重；不取句型与交际"，"自造新句是学英语的真正考验"。《新编许国璋英语》中的语言确实比《许国璋〈英语〉》更贴近时代，内容也更为新鲜有趣，并且附上了精美的插图，对语法现象的讲解也更为生动活泼，更适合英语自学者使用，上下册发行量达百万册。

许国璋教授就《许国璋电视英语》接受央视科教部主任冯存礼采访

1994年10月，由李朋义与中央电视台科教部主任冯存礼共同策划的《许国璋电视英语》问世。这套教材在许老逝世一个月后出版，但他精心指导了整个成书过程。外研社聘请了几位英语专家对《许国璋〈英语〉》进行改编修订，使之更适合电视教学这一现代化的教育手段，以满足英语学习者的需要。徐建中负责教材的编辑和视频的拍摄录制工作。在当时，"许国璋"几乎就是"英语"的代名词，因此《许国璋电视英语》在央视一经播出，就获得了很高的收视率。无数英语学习者手捧教材守在电视机前，希望尽快提升自己的英语水平，在改革开放的新时期有所作为。

## 6. 必欲达至天下，岂能独善其身

提到许老对外研社的精神鼓舞与实际支持，李朋义往往眼含热泪。他无数次地说："没有许老，就没有外研社的今天。"1993年5月下旬，许老从欧洲讲学回京后，因多年超负荷工作而病倒。李朋义心急如焚。许老身边无子女，李朋义于是请外研社的一位踏实可靠、勤奋善良的年轻编辑王海龙前去照顾。这个小伙子是英语专业的毕业生，能跟许老有精神上的交流；许老平易近人，乐于提携后进，与学术大家朝夕相处，年轻编辑也可有所进益。

1994年是外研社建社15周年。病榻之上的许老为外研社题词："必欲达至天下，岂能独善其身？"十二字言简意赅，阐释了外研社的发展基调。达至天下者，需放眼于全球，立足于世界，这是许老对外研社的期许；不独善其身，即为置身其内，这是许老的自我说明，也是他对每一个外研人的期待。

纵观20世纪90年代，《许国璋〈英语〉》《新编许国璋英语》和《许国璋电视英语》从不同角度满足了不同时期英语学习者的需要，受到读者的广泛欢迎，成为外研社在前期发展阶段打开局面的重量级产品，为外研社下一步的发展奠定了雄厚的基础。

2003年11月25日，李朋义社长在许国璋先生铜像揭幕仪式上讲话

许国璋先生铜像落成。左起：
徐秀芝、刘润清、陈乃芳、
杨学义、李朋义、陈国华

2003年11月，在外研社院内，许国璋先生铜像揭幕仪式隆重举行。铜像的基座上铭刻着由许老弟子王克非教授和李朋义社长共同拟定的文字："许国璋（1915.11.25—1994.9.11）""为中国外语教育事业作出卓越贡献的语言学家和教育家"。这是一家出版社对优秀作者的最高尊重和最好纪念。外研社将永远铭记许老的精神，继续在中国外语教育出版的道路上砥砺前行。

## 第五节
## 20世纪90年代家喻户晓的电视外语教学节目

在当今的互联网时代，外语教学资源不断得到丰富，新颖的教学模式层出不穷，人们学习外语的手段和途径也越来越多元化。然而在三四十年前却并非如此。当时外语教学师资力量非常薄弱，人们学习外语、认识世界的愿望非常迫切，于是电视教学这一现代化教育手段应运而生。它降低了学习英语的门槛，成为学校英语教育的有益补充。随着电视机的普及，20世纪90年代以后电视教学更为流行，其中外研社出品的外语教学节目精品迭出，尤受欢迎。外研社成为全国出版界制作和播出电视外语教学节目最多的出版社。

### 1. 抓住电视教学良机，推出《初级电视英语》

　　1977年，为了让科学知识辐射更多的人群，提高学习效率，中央电视台开始播放《电视英语讲座》《初等数学》《电工原理》等教学节目。其中，《电视英语讲座》由陈琳和吴青两位教授主讲，开启了大众化英语教学时代。1981年，外研社出版了该课程的配套教辅《〈广播电视英语讲座〉辅导材料》，首次征订量便突破百万册。1982年年初，由英国广播公司编制的*Follow Me*被引进中国，北京外国语学院胡文仲教授和英国教师凯特·弗劳尔（Kate Flower）对其进行了改编，将这部片子译为《跟我学》，开始在中央电视台播出。同年，中央电视台还播出了教学片《走向生活》（*On We Go*），作为《跟我学》的练习补充。外研社则出版了该教学片的同名教材资料。1986年到1988年，北京外国语学院、中央人民广播电台联合推出由陈琳教授主讲的《广播函授英语课程》，外研社出版了相关配套教材，取得了社会效益与经济效益的双丰收。

　　20世纪90年代以后，电视教学更为风靡。外研社也与时俱进，实现了从配合出版相关教材到主动策划电视节目的转变。1991年，外研社抓住了全民学习英语和电视教学普及的时机，与北京电视台合作，推出由著名英语教学专家、英语语法学家张道真教授主讲的《初级电视英语》。此前，张道真在中央电视台主讲的《电视英语》由社会科学文献出版社出版，反响热烈。张道真教授是李朋义在北外读书时的启蒙老师。经过反复商谈，张道真和李朋义达成一致意见并签署协议，决定由外研社出版《初级电视英语》。师生二人又同北京电视台领导协商，达成了三方合作协议。《初级电视英语》经过张道真与外研社的精心设计，更能满足英语初学者的需要。当时，于春迟、徐建中负责这个项目。为了让这档在北京地区播出的电视教学节目的教材能够销售良好，他们反复游说北京电视台的工作人员，希望能在节目开播前一个月就在电视上播放预告短片。短片提到，由著名英语教学专家张道真教授编写、主讲的《初级电视英语》将在北京电视台播出，并说明了节目播出的具体时间。最后有一行小字：配套图书由外语教学与研究出版社出版。这种营销宣传手段应用在图书上，在当时还是比较先进的。最后，仅仅在北京地区播放的《初级电视英语》的配套教材第一年就销售了16万套。《初级电视英语》获得成功后，李朋义向自己的老师张道真教授提出了全方位合作的设想，特别是希望由外研社出版当时最畅销的由商务印书馆出版的《实用英语语法》。张道真教授同意了全方位出版合作的提议，还提出了合办"中美友谊大学"的建议。总之，师生相谈甚欢，不谋而合。为了支持外研社发展，张道真教授陆续将原来由其他出版社出版的《实用英语语法》《现代英语用法词典》《英语常用动词用法词典》等书全部交由外研社出版发行，为外研社带来了可观的社会效益与经济效益。

## 2．引进优秀教学片，加大投入、重点宣传

1992年，由中央电视台科教部主任冯存礼引荐，外研社与瑞士希莫兹咨询公司接洽，引进英语教学节目《维克多英语》，并在中央电视台播放。《维克多英语》曾获1986年戛纳电影节奖、1989年全球

"日内瓦语言文化国际展"杰出（贡献）奖。当时，这一节目在欧美20个国家电视台播放或重播，法国政府还专门指定以《维克多英语》中的英语教学法对本国成人进行终身培训。《维克多英语》采用"浸透式"的视听教学法，以活泼风趣的动画人物维克多（Victor）代替了刻板严肃的讲授教师，以各种不同的有效方式重复调动学生的记忆力、理解力和表达力，将学生引入真实的生活场景，视、听、说并举，使之接受活生生的语言熏陶，并于轻松的娱乐中获益。

希莫兹公司是瑞士一批银行家创建的公司，董事长是日内瓦文化委员会主席，管理层既懂法律又通金融和经济，与其谈判和合作难度极大。当时外研社还在简陋的筒子楼里办公，"锣齐鼓不齐"。为了不让合作方看到出版社困窘的工作环境而产生不必要的误解，常务副社长李朋义将洽谈地点定在了北京香格里拉饭店或颐和园听鹂馆。对方也曾经要求到出版社参观，李朋义都是满口答应，但相谈甚欢之后，往往为时已晚，只好"明日复明日"，对方直到离开中国都没能到访外研社。但是，外研社最终凭借不卑不亢的态度和讲求实效、诚实守信的作风拿到了版权，合作得以顺利进行。

《维克多英语》刚播出时，通过新华书店系统征订上来的数量

1993年，社长李朋义与瑞士希莫兹公司董事长商谈《维克多英语》出版事宜

才2000多套，于是外研社就沿用《初级电视英语》的宣传方法，在电视上播放宣传片。李朋义还请恩师许国璋教授在宣传片里讲一段话。许老看过样书和样片之后在电视宣传片里说："这是我所见过的最好的一套初学者的电视英语教材，还不是之一。"许老以著名英语教育家的身份给予了这套教材极高的评价。接下来，外研社还在《中国青年报》和《光明日报》上刊登广告和书评进行宣传。因为新颖有趣的教学形式和家喻户晓的广告宣传，《维克多英语》很受市场欢迎。据李朋义回忆，在南京新华书店，这套书供不应求，书店只好提前收款，交给顾客一张盖章的纸条，上面写着："欠《维克多英语》一套，请到货后领书。"当年，《维克多英语》就发行了25万套、75万册。这一项目采取的是利润分成的办法，按照协议，外研社应在收回全部书款后向对方支付100多万元人民币的利润。但是在1993年9月底，外研社在没有完全收回书款的情况下向对方付清了他们应得的全部利润，赢得了对方的尊敬与信任。《维克多英语》在策划、宣传上的一系列成功，让外研社名声大振。

　　品牌形象可以带来合作机会。1993年，台湾阶梯公司主动找外研社合作，签订合作出版协议，引进了美国麦克米伦公司制作的 *Family Album U.S.A.*，也就是后来家喻户晓的《走遍美国》。*Family Album U.S.A.* 是麦克米伦公司和美国新闻署历时8年、耗资700万美元拍摄的一部美国英语教学片。这部电视片由美国新闻署赞助，在数十位英语专家和作者的通力合作之下拍摄而成。片子的核心部分是一部26集的电视连续剧，围绕纽约斯图尔特一家人祖孙三代的生活展开故事，涉及了普通美国人的生活习惯、思维方式和情感表达，演员语速自然、发音清晰、表演真实。而且，每一集都

1993年，许国璋教授（左二）、陈琳教授（右一）等商谈《走遍美国》电视英语教学片改编问题

有预览、剧情、练习及重点聚焦，能够为学习提供完整的素材和资料。

见到样片之后，社长李朋义等人认定，这是一部值得推广的精品教学片。外研社从专业角度出发，认为该教学片采用的是"交际教学法"，较强的文化背景更有利于观众开拓视野，全面、系统、深入地感受英语、学习英语。于是，外研社积极联系国内各家地方电视台，将样片拿给对方看，商谈播出时间。

*Family Album U.S.A.*被译为《走遍美国》，背后还有一段有趣的小故事。这部电视片的片名直译应为"美国家庭相册"，听上去平淡无奇。为了能取一个令人耳目一新的译名，外研社采取了一个土办法——有奖征名。李朋义让人印了几百张小广告贴到附近几公里的电线杆上，广告上介绍了电视片的拍摄背景和主要内容，还重点写明：译名如被采纳，奖励1000元。在20世纪90年代，1000元可不算是一个小数目。事实证明这个办法效果不错，外研社收到了半麻袋的书名提议，并从中挑选出了"走遍美国"这个译名，读起来朗朗上口，既指出了电视片包罗美国社会之万象，又寓意观众学完这部教学片之后，就能具备走遍美国的语言水平。

当时北京刚刚开完亚运会，亚运村附近的会议设施比较高级，为了打响《走遍美国》的名气，外研社在那里召开了一个四百人左右的新书发布会暨研讨会，与会者多是专家、学者及新闻出版界、教育界人士。酒香也怕巷子深，重点项目就应该加大投入、重点宣传。《走遍美国》后来在全国二十多个电视台播出，收视率一直居高不下，教材

《走遍美国》

发行120万套，为外研社贡献了巨额码洋和利润。

1995年11月，外研社出版了和中央广播电视大学联合引进的《走向未来》（*Look Ahead*），并于年底在全国各电视台播出。《走向未来》是由英国广播公司英语教学部、英国文化委员会、剑桥大学考试委员会、朗文出版公司四家世界知名的英语教学权威机构合作编制而成的大型多媒体英语教学系列课程。课程适合学生、青少年及成年人学习，从初级英语开始，在课程结束时达到中级水平。该课程特别考虑到自学者的需求，在总体设计和编排上为自学者提供了极大的方便与帮助。三位英美主持人以其纯正清晰的英国英语和美国英语以及自然风趣的主持风格为整个节目穿针引线、画龙点睛，使这套节目独具特色。情景对话、卡通动画、采访、系列剧等等，彼此相辅相成，最充分地发挥了电视媒体的优势，既体现了活生生的语言交际功能，又突出了英语学习的重难点。这一项目前期投资较大，版权费、拍摄费、印刷装订费等共耗资600万元人民

1995年,《走向未来》首发研讨会在北京举行，英国驻华大使艾博雅爵士（Sir
Leonard Appleyard）（中）出席研讨会并讲话

《走向未来》首发研讨会上。左起：中央电视台主持人党兵和韩乔生、李朋义社
长、鄂鹤年教授、李赋宁教授

币。然而，图书出版五个月后，只销售了几千套。于是，外研社再次投入80万元进行广告宣传，打开了销路，四个月内即销售图书13万套、52万册，录音带50多万盒，不但收回了投资，而且盈利几百万元。这也是一个高投入、高产出的成功案例。

《走向未来》

### 3．细分市场需求，自主策划电视节目选题

除了原版引进国外优秀的教学片外，外研社还积极利用现有资源，细分市场需求，改编原有教材或策划新的选题，为读者持续提供出色的教学资源。

在推出《维克多英语》的过程中，外研社坦诚、大气的合作态度给中央电视台的工作人员留下了良好的印象。1994年，中央电视台与外研社再次合作，策划了《许国璋电视英语》。许国璋教授主编的《英语》自问世以来一直被广泛采用，外研社新版《许国璋〈英语〉》又使旧教材焕发新活力，"许国璋"这三个字具有巨大的号召力。《许国璋电视英语》的拍摄及成书经过了病榻之上的许国璋先生的精心指导。1994年10月，在先生逝世一个月后，《许国璋电视英语》问世，全二册，总共发行了43万套。这是先生的谢世之作，是留给广大英语学习者的精神食粮。

1997年，外研社还与中央电视台、加拿大Vickers & Benson公司

拍摄《许国璋电视英语》工
作照。左起：副社长赵文
炎、社长李朋义、央视工作
人员、央视主持人陈铎、央
视科教部主任冯存礼

合作推出了由加拿大政府投资拍摄的《随大山商访加拿大》。外研
社与央视对于这一项目的构想又相当一致，双方一拍即合。这部教
学片有两大特色，第一是选择加拿大籍主持人、著名演员大山为主
角。作为中外文化交流的使者，大山在中国已是家喻户晓，能够让
观众迅速进入不同文化的语境之中，激发他们的学习兴趣。大山精
通汉语，他把自己学习汉语的成功经验运用到中国人学英语之中，
也能使观众受到一些启发。该片的第二个重要特色是，以加拿大社
会、文化为背景实地拍摄，在语言素材上加大了社会、文化背景的
成分，有很强的知识性。教学片播出之后，收视情况很好，配套图
书及录音带也非常畅销。1997年，江泽民主席访问加拿大时，还
把《随大山商访加拿大》作为礼物赠送给加拿大政府，把它作为中
加文化交流的象征。1998年，外研社新成立的电子出版部生产的第
一套光盘产品就是根据《随大山商访加拿大》改编的《随大山访问
加拿大》。2000年，这套光盘荣获由新闻出版署颁发的首届"国家
电子出版物奖"。同年，《随大山商访加拿大》的续篇《随大山万里
行》也由外研社出版。

中央电视台加拿大籍主持人
大山和李朋义社长洽谈《随
大山商访加拿大》事宜

### 4．策划电视外语教学节目最多的出版社

谈到当年与外研社的合作，中央电视台原科教部主任冯存礼说道："我和李朋义社长都经历了'文革'，都有着强烈的责任感与使命感，要为观众或读者制作更好的学习节目，为改革开放事业做出自己的贡献。从这一点上看，我们志同道合，所以合作很顺利。"

外研社在中央电视台和全国几十家地方电视台共播出十余套电视外语教学节目，是我国制作与改编电视外语教学节目最多的出版社。除上文提到的产品外，外研社还在1993年策划了《电视俄语》，1995年推出《国际商贸英语——玛莉莲中国行》《贝立兹生活美语》，1996年推出《日语，你好》，1997年拍摄《进步美语》，1998年在全国十几家电视台播放《戈戈学英语》，1999年发行《TPR儿童英语》，等等。这些精品教学节目为外研社赢得了相当高的社会声誉与显著的经济效益。有的教学节目已经成为金字招牌，有着强大的号召力，比如《走遍美国》。2000年以后，电视教学这一教

部分外研社电视外语教学产品

学手段在完成使命后逐渐退出历史舞台，但外研社在策划其他语种的视听教材时，仍以"走遍"冠名，如《走遍德国》《走遍法国》等。这些教材也都有很强的实用性与权威性，使学习者在收获语言知识的同时，足不出户即可体验异域风貌和异国文化，因此被多家高校、语言培训机构等作为教学用书。

## 第六节
## 《新概念英语》，一个延续至今的传奇

　　提起学习英语的教材，很多中国学习者必然会想到《新概念英语》。无数人从《新概念英语》妙趣横生的课文中受益，在耳熟能详的故事中学到地地道道的英语。但是，很多年轻的读者并不知道，这套教材最初并不是特意为中国的英语学习者编写的。

## 1. 《新概念英语》的"前世"

《新概念英语》的作者路易·乔治·亚历山大（Louis George Alexander）是世界著名的英语教材作家和英语教学权威，曾任欧洲现代语言教学委员会理事。自1962年出版第一本著作*Sixty Steps to Précis*以来，他一直孜孜不倦地致力于研究、写作和出版，畅游各地为英语学习者写作合适的教材。他写作的《跟我学》（*Follow Me*）、《看·听·学》（*Look, Listen, Learn*）、《朗文英语语法》（*Longman English Grammar*）等大量教材和教学参考书为交际教学法奠定了基础，都已经成为全球经典英语教材。早在20世纪70年代，亚历山大编写的教材每年销量就已经突破400万册。

在中国读者认识《新概念英语》及其作者之前，这套教材已经造福了世界多个国家的英语学习者。这原本是路易·亚历山大在20世纪60年代专为德国成人学习者写作的教材。大学毕业后，亚历山大开始服兵役，被派到驻守在德国的英国军队高等教育中心，负责给即将复员的军人上课。这些军人只有6周的学习时间来准备公共考试，因此教师的教学方法尤为重要。亚历山大精心备课，准备了相应的教学材料，教学效果非常好。他还请了一位当地人教他德语，通过将德语与英语进行比较，开始深入研究英语，并自己设计了教材——这是他写作的第一套教材。

1967年，专为德国学习者设计的《新概念英语》出版。这套书很好地满足了成人学习第二语言的需求。一篇篇妙趣横生、短小精悍的小故事，读起来轻松愉快，学起来经典实用。亚历山大在编写这些课文时，大概已经凭借自己的专业素养和教学经历预料到它们将大受欢迎。然而，历史与时代往往会带给我们更多惊喜，《新概

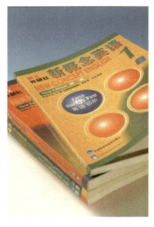

《新概念英语》

李朋义社长与亚历山大先生商讨《新概念英语》修订一事

念英语》与中国的缘分，亚历山大可能并没有预料到。

## 2. 李朋义与《新概念英语》的三次结缘

1981年，亚历山大曾经访问中国。当时他和朱莉娅（Julia Alexander）新婚不久，受邀来中国为人民教育出版社和朗文出版集团有限公司共同出版的初级中学教科书《英语》编写大纲，并提供参考意见。朱莉娅后来回忆说："我们在中国度过了一段难忘的美好时光，结识了很多朋友。"不过，真正使亚历山大夫妇与中国建立起深厚感情的，还是《新概念英语》的出版和普及。

党的十一届三中全会召开之后，中国重新以开放的心态面对西方与世界，英语在国际交流中的重要性渐渐开始凸显。在这种背景下，亚历山大的《新概念英语》渐渐流传开来。

《新概念英语》在中国家喻户晓、风靡至今，与外研社的大力推广有着分不开的关系。而外研社与《新概念英语》的缘分，要从李朋义社长与《新概念英语》的渊源说起。

1977年，李朋义在北外读书期间就与《新概念英语》结缘。不过，当时中国出版界还没有国际合作的版权意识。对于国外的优秀作品，一般都是直接翻印或者翻译之后出版。因此这时他见到的，并不是成本的完整教材，而是复印的几张单页。在课堂上，老师播放录音磁带，搭配单页进行教学。作为成人学习者，李朋义在初学英语时遇到许多困难，是《新概念英语》激发了他学习英语的兴趣，让他树立了学习英语的信心。那些趣味横生的小故事，读起来朗朗上口，给李朋义留下了深刻的印象，时至今日他仍然能背诵出其中的部分内容。

1980年，毕业后进入外研社工作的李朋义，编辑的第一套教材也是《新概念英语》。当然，鉴于当时中国还没有加入《伯尔尼公约》和《世界版权公约》，"翻译出版"在中国还处于灰色地带。这套由李朋义编辑、外研社出版的《新概念英语》，以未经授权的"正式版"形式向公众发行，李朋义也因此获得了人生中的第一个出版奖项——"全国图书金钥匙奖"。

1993年，李朋义担任外研社社长后，向朗文出版亚洲有限公司提出了引进《新概念英语》的申请。李朋义的申请并没有得到对方的肯定答复。但是，他坚持认为自己的判断是正确的。李朋义通过仔细分析市场状况和《新概念英语》的使用情况，意识到这套20多年前给德国学习者编写的教材，已经不符合中国学习者的现时需要。

1995年，外研社用了3年时间使码洋翻了6倍，这样的发展速度给了李朋义充分的勇气与信心，以及更加开阔的思路与视野。因此，他多次拜会朗文出版亚洲有限公司董事长沈维贤先生，大胆

外研社与朗文出版亚洲有限公司签订《新概念英语》引进协议。左起：沈维贤、朱莉娅、亚历山大、何其莘、李朋义

提出了修订《新概念英语》的设想，并反复申明一个理由："每年一百万的中国读者没有道理再继续使用三十年前为德国人编的老教材。"随后，沈维贤先生和李朋义力邀亚历山大来华考察，进行学术访问。

## 3．宾至如归的亚历山大

1995年11月，亚历山大由沈维贤先生和高孝湛先生陪同，时隔十多年后再次踏上这片古老又现代的东方土地。在中国访学期间，他所到之处，都受到了中国英语学习者的热烈欢迎。

从北京到上海，从西安到武汉，亚历山大举行讲座的地方都是座无虚席、水泄不通，热情的读者簇拥着亚历山大，希望能够得到他的亲笔签名。对于自己的受欢迎程度，亚历山大没有心理准备："朋义，我感觉自己像个明星似的。"李朋义笑着回答受宠若惊的亚

亚历山大学术报告会

历山大："在中国，你比你们英国梅杰首相都要有名。"

　　每次讲座结束后，都有很多老师和学生拿出《新概念英语》来请亚历山大签名。这些教材出版机构不一，装帧设计不同，还有一些是影印本和翻译本。对于这种状况，亚历山大有些不高兴："这本是出自安徽某出版社，那本是出自天津某出版社，还有这个是你们外研社出的……这也太混乱了。"李朋义向他解释，出现这种局面有两个原因：一是中国此前没有加入《世界版权公约》和《伯尔尼公约》，国人的版权意识尚待提升，因此对于外文书籍不打招呼就"引进"的情况可以理解；二是中国人太喜欢《新概念英语》了，市场需求量太大，这就导致很多出版社"不约而同"地选择了这种出版形式。

　　事实上，直到1992年10月，中国才成为《世界版权公约》和《伯尔尼公约》的缔约国。此前，对于国外的优秀出版物，国内出版商大都采取不打招呼就"为我所用"的策略。《新概念英语》是如此地受欢迎，以至于在20世纪80年代多家出版社纷纷出版这套教材及相关辅导书籍，比如：1985年，安徽某出版社出版了《新概念英语》；同年，世界图书出版公司某分公司出版了《新概念英语：英汉对照》；1986年，天津某出版社出版了《"新概念英语"单词速记法：兼作英汉双解词典》；此外，上海某出版社、福建某出版社、吉林某出版社等也出版了一些解读、翻译《新概念英语》的书籍。直到1993年，世界图书出版公司上海分公司与朗文出版亚洲有限公司签订了《新概念英语》的出版协议，也没能改变其他版本层出不穷的局面。了解了这些情况后，亚历山大渐渐释怀。

20世纪90年代初期，中西交流还没有很频繁，双方在交流中表现的差异很有趣。当时亚历山大到西安外国语学院做讲座，现场气氛热烈，师生获益良多。为表感谢，第二天孙天义院长安排宴请亚历山大。亚历山大很重视这次邀请，回到住处沐浴更衣，西装革履地前去赴宴。结果，这次晚饭吃的是中国最传统的木炭火锅，煮着羊肉的铜锅咕嘟咕嘟冒着热气，锅底的木炭噼里啪啦冒着火星。看着同席的人一起用筷子在同一个火锅里捞肉，亚历山大有些傻眼，李朋义笑着对他说："路易，你要入乡随俗。"于是亚历山大笑着摇了摇头，也把自己的筷子伸进了锅里。这次晚饭使亚历山大切身体会到中英饮食习惯和社交礼仪的不同，与这片土地建立了更深的情感联系。

每时每刻，亚历山大都被中国英语学习者的热情、外研社社长李朋义的盛情和外研社创业者的激情深深打动，临别前他告诉李朋义："我期待再次来中国参加新版《新概念英语》的首发式。"

### 4. 三十年来的第一次修订

亚历山大作为著作权人，慨然应允为中国读者修订《新概念英语》，并从李朋义推荐的诸多中方学者中，选择了曾给他留下良好印象的何其莘教授作为合作者。

当时，何其莘是北京外国语大学副校长，也是中国外语界年轻的博士生导师。他在美国攻读了博士学位，具有丰富的国内外英语教学经验。他主编的"英语听力教程"风靡全国高校。他还同王佐良先生共同编写了《英国文艺复兴时期文学史》，在英美文学研究方面颇有建树。亚历山大选择和他一起修订《新概念英语》，能实现在保留经典语言和故事的同时更适合中国国情的目的。外研社与朗文出版亚洲有限公司分别指定先后两批编辑出任该书责任编辑，从一开始便参与了修订工作。在不到两年的时间里，外研社与朗文出版亚洲有限公司顺利地联合出版了一套八册的《新概念英语》及其教师用书。

1997年11月，新版《新概念英语》问世，李朋义终于圆了"新概念之梦"。这也是这套教材30年来全球唯一的一次修订。从此，《新概念英语》既有了"纯正血统"，又有了新鲜活力，还有着"合法身份"，很快覆盖了大江南北，成为中国英语学习者的首选教材。

全套教材本着"听到的再说，说过的再读，读过的再写"的教学原则，重在培养学生的语言使用能力。具体而言，亚历山大和何其莘主要做了以下工作：更新了所有课文和练习中有关时事的内容；更换了所有过时的课文，由新课文和配套的新练习、新插图代替；调整了原有的教学法，从第一课开始就安排了有效的听力训练，以有利于提高学习者的交际能力；取消了原来作为补充材料单

1997年，《新概念英语》首发研讨会（北京站）

独出版的句型训练和笔头训练，将其精华纳入主干教学，使教材更加简洁精炼。此外，为了帮助中国的英语学习者，新版还增加了英汉对照词汇表、课文注释、简短的练习讲解和课文的参考译文。新版中每一课都相对独立，以方便课堂教学。

新书出版后，外研社和朗文出版亚洲有限公司邀请亚历山大和朱莉娅再次访华。为了使这套教材得到更多读者认可，外研社和朗文出版亚洲有限公司专门举行了新书发布会及其他系列推广活动，亚历山大夫妇全程参与。值得一提的是，亚历山大的夫人朱莉娅也是著名的语言教学专家，她精通法语、拉丁语、西班牙语等六种外语，堪称一位语言天才。从1973年开始，朱莉娅就一直是朗文出版公司的全球教师培训师，她在世界各地都做过教师培训讲座。

亚历山大为读者签名留念

社长助理于春迟与亚历山大

在李朋义、沈维贤、高孝湛、于春迟等人的陪同下，亚历山大夫妇不辞辛苦，往返于北京、上海、武汉等各大城市，着力于这套新教材的推广和英语教师的培训，并举行了多场面向读者的巡回演讲。这是外研社第一次正式进入各高等院校宣传推广教材。那时候，高校里只有老师的讲座，还没有出版社进驻学校的宣传活动。因为教材声誉好、演讲内容充实，活动正式开始前一个小时，礼堂里的座位就被抢占一空，甚至出现学生挤破门才能进去的情况。一时之间，新版《新概念英语》供不应求。至今，这个版本已经出版22年，仍然畅销不衰。

1997年，《新概念英语》首发研讨会（上海站）

1997年，上海市原市长汪道涵先生（左三）、《新概念英语》作者亚历山大夫妇（左四、左五）、何其莘教授（左六）、李朋义社长（左二）、朗文出版公司高孝湛先生（左一）出席研讨会

上海市原市长汪道涵先生在
《新概念英语》研讨会上讲话

### 5.《新概念英语青少版》的问世

在访华期间，亚历山大发现有很多中小学生将《新概念英语》作为教材使用，但其中的主题、语言及语料并不能完全满足青少年的需求。于是，他萌发了一个想法，一定要为中国的青少年编写一套更科学、更适用的英语教材。

然而，1998年1月，亚历山大不幸被诊断出罹患白血病。虽然重病在身，但他依然豁达乐观，热爱生活，坚持工作。他除了编写出《直捷英语》（*Direct English*）之外，还撰写了《新概念英语青少版》的语言大纲，并积累了大量资料。在设计上，《新概念英语青少版》参考了他此前编写的 *Target* 一书，以其为蓝本进行了改编。这项工作随着2002年亚历山大的辞世而搁浅，《新概念英语青少版》成为一代语言教学大师未完成的遗愿。因此，朱莉娅决定自己重新开始，不仅重修了两个学位，而且决心完成《新概念英语青少版》的编写工作。

朱莉娅根据亚历山大编写的《新概念英语青少版》大纲设计了

详细内容，在框架上填充了丰富的内容，让这部书稿生动了起来。然后，这份蓝本于2005年交到了外研社。当然，编辑们拿到的是一个比较简单的文字稿，只有写好的主课文。

当时，随着"英语热"的升温，各类出版社和教育辅导机构推出的面向青少年英语学习者的教材多种多样，《新概念英语青少版》能否畅销是个未知数。而且，当时只有基本的主课文，要据此设计出一套完整的教材还需要时间。因此，《新概念英语青少版》暂时搁置了。

2007年，宋微微担任了外研社综合英语出版分社的社长，朱莉娅女士的这部书稿也交接到了她手上。在仔细阅读并审慎评判后，宋微微很有魄力地作出决定，要全力推出这部作品，将之设计成一套多媒体教材，并为此成立了项目组。

宋微微认为，《新概念英语》的品牌信赖度是这套书关注度的保障，因此要做好与《新概念英语》四册的衔接。为此，宋微微组织安允涛、姬华颖等同事展开了市场的前期调研活动。在原来的设想中，要将《新概念英语青少版》设计为三个级别，每个级别一册。但调研之后，项目组决定设计成六个分册，分别以A、B册的形式编排，更适合分阶段进行学习。在整套教材的设计上，外研社精益求精，根据8到14岁青少年的心理需求，选用国外原版插画，精心设计课外活动，并搭配地道纯正的录音光盘，每一个环节都做到无可挑剔。结果，这套教材上市后当年发行码洋就超过了千万元。

《新概念英语青少版》推出后，很多教师反映，家长和学生在幼小衔接阶段的学习热情非常高，但适合这一阶段的产品相对匮乏。外研社认真考虑了这一需求，决定出版一套零起点的入门级英语教材。为此，外研社第一时间联系了朱莉娅，希望这套教材还是由她执笔。但是，鉴于自身工作比较繁忙，朱莉娅推荐了朗文出版公司的著名作者卡萝尔·斯金纳（Carol Skinner），请她为中国儿童写作入门级教材。经过一年半的精心编写，《新概念英语青少版（入门级）》A、B两册出版。入门级除课文形式、课堂活动和歌曲歌谣特别丰富灵活之外，还邀请了德国插画家设计了文章插图，多层次地满足了儿童的视听学习需求。入门级一经推出就受到了家长、老师和小读者们的热烈欢迎，成为外研社的畅销书。

与此同时，在《新概念英语青少版》学到3A和3B之后，又出现了使用者怎样向上衔接的问题。项目组经过仔细论证后发现，从语言技能大纲的角度来看，《新概念英语青少版》正好可以衔接《新概念英语》的第2册。因此，将《新概念英语》第2册进行改编，可以更适合青少年的接受程度。于是，外研社的编辑们做了以下工作：由原来每一篇课文配一幅图改成配四幅图，使教材更形象生动；由原来黑白单色印刷改成铜版彩色印刷，以贴近青少年阅读兴趣；课后有些练习形式并不适合十几岁年龄的学生，因此加以改变

于春迟社长（左五）同宋微微（左一）、朱莉娅女士（左二）在《新概念英语青少版》新书发布会上

和调整，增加了听说环节，并在同一个主题下增加了阅读文章。此外，为了更好地适应教学进度，《新概念英语》第2册还被拆分成四册，即《新概念英语青少版》4A、4B和5A、5B。

这样，从小学低年级阶段的零起点入门级到高中阶段的第5级，《新概念英语青少版》形成了一个完整的知识和技能体系。《新概念英语》体系也更加完备、实用、独立，实现了亚历山大夫妇的夙愿。培生教育集团国际总裁威尔·埃思里奇（Will Ethridge）曾提及一封读者来函，里面说道："路易·亚历山大准确地理解了中国学习者在各个学习阶段的不同需求。他完全了解英语学习的喜与忧。在中国很少有英语学习者从没用过路易·亚历山大的书。"

## 6. 新概念英语产业

合作才能共赢，互敬才能互信。在十余年的相互了解中，亚历山大与李朋义惺惺相惜。朱莉娅曾说："路易非常善于交朋友。对待朋友，他非常忠诚，非常真挚。李朋义也是这样一个人。他们多次在中国和伦敦会晤，双方建立起了相互尊敬、相互信任的牢固友谊。他们信任对方有能力把事情做好。"

2002年，亚历山大病重，李朋义专程从北京飞去英国看望。病榻之前，两位至交好友的谈话亲切而感人。亚历山大首先感谢了外研社上下对《新概念英语》倾注的热情与心血，询问了教材的推广情况及接受程度。李朋义一一答复，他倍感欣慰。亚历山大又向李朋义提出了两个要求，算是他的临终嘱托。首先，他希望"新概念"系列可以被打造成产业，提供更完善的服务链条，以实现更大的价值。其次，鉴于版税是他们夫妇主要的经济来源，他叮嘱李朋义，在自己去世后要帮助朱莉娅，不要忘了向她按时支付版税。李朋义含泪应允。

其实，关于"新概念英语产业"（New Concept English Industry）的设想，亚历山大与李朋义不谋而合。如果说新版《新概念英语》是李朋义在脑子里一贯的"选题观"指导下的一次成功运作，那么又一种新的"实力观"正在他心中逐渐酝酿成熟。"新概念英语产业"，就是这种实力的重要组成部分。

1997年以后，李朋义一直在思考与朗文出版公司的"实力联姻"，以对双方的实力优势进行重组；以优秀选题为母体原型，针对特定的市场进一步开发新生代的产品；形成从少儿到青少年学生，从图书到音像、电子、数字化产品的产品链，从而衍生出一个产业。这一新型操作无疑将极大拓宽出版空间，更易于占据目标市场的制高点，从而得以从容地进一步充实与引导这一市场。也就是说，以《新概念英语》的品牌号召力为基础，外研社正在重组调配出版资源，组织开发副产品，建立教育、培训、赛事、服务等机制，以使《新概念英语》产生最大的社会效益与经济效益。

"新概念英语技能大赛"就是新概念英语产业的重要组成部分。自2003年起，外研社开始策划举行新概念英语技能大赛。刚开始的两年，每年参赛人数约有一两千人，后来参赛人数逐年增多，发展到全国十几个省（区、市）都有分赛区，现在每年的参赛人数甚至达到了两三百万。

新概念英语技能大赛吸收《新概念英语》的精华理念，同时又跳出教材本身，通过对听、说、读、写以及创新力的综合考查，推动中小学生对语言技能的全方位掌握。十余年不停坚守，这项赛事已经成为全国的英语小达人们一年一度的盛大展示舞台；十余年不断创新，新概念英语技能大赛被英语教育界专家高度评价和认可；十余年不懈奋斗，大赛培养了一批又一批的优秀选手，他们带着荣誉出发，活跃于世界各地的各行各业。

20世纪90年代以来，《新概念英语》的培训班在全国各地遍地开花，其中鱼龙混杂，良莠不齐。2006年前后，外研社对此进行了深入的市场调研与需求分析，决定举全社之力建立高质量的实体培训体系。从外研壹佳到北外青少，外研社不断在教师培训与学生培养方面进行探索，师资培训模式逐渐完善，教材定位与生源质量之间形成了良性循环。而且，通过新概念英语技能大赛的开展，外研社与全国各地培训机构也建立了良好的合作关系，实现了共赢。

以诚待人，人必以诚待之。李朋义和外研社没有辜负亚历山大这位朋友、师长的殷殷期望。由《新概念英语》延伸出来的赛事、培训、教辅、电子音像、多媒体等系列产品最终打造出了一个新的产业。当然，外研社还一直延续了与朱莉娅的合作关系，她是《新

2019年，徐建中总编辑（后排左二）、朱莉娅女士（后排左五）、王芳书记（后排左七）、刘捷副社长（后排左八）参加外研社新概念英语体系教学研讨会

2019年，《新概念英语》"一书一码"版发布会。左起：赵晨、林国璋、王芳、王勇

概念英语青少版》等书籍的作者，也是新概念英语技能大赛的坚定支持者。连续20年来，朱莉娅每年都来中国与外研社共同打造新概念英语产业，共同开发选题，共同编写教材，共同指导并参与培训，共同组织并指导大赛。她走遍了中国的大江南北，踏遍了中国的山山水水。她说："中国是我的第二故乡。"

## 7．著作长存，斯人不朽

外研社与亚历山大的合作不止于《新概念英语》《新概念英语青少版》这一系列图书。为了使中国的英语学习者更多地得益于亚历山大先生的教学理念与教学经验，在阅读、听说、写作和语法方面取得长足进步，2000年前后，外研社与朗文出版公司精诚合作，再次携手推出"亚历山大英语学习丛书"。《英语辩论手册》( *For and Against* )引导读者使用英语表达自己的论点，针锋相对地驳斥对手的看法，帮助英语学习者提高口头表达能力。《朗文英语词汇用法手册》（*Right Word Wrong Word*）可以指导读者辨析和正确使用近义词、同义词和其他难词。《请教亚历山大》（*Ask Alexander*）则可以解答读者在教学和学习中遇到的疑惑，并且启发他们教学和学习的思路。针对迫切希望提高对英语语法认识的初学者，亚历山大专门设计了一套《循序渐进学英语语法》（*Step by Step*），可使读者一步一个脚印地掌握英语语法。《朗文高级英语语法》（*Longman Advanced Grammar*），则会使读者如虎添翼，在语法方面有更大的提高。这些极为实用的参考书及工具书，为中国的英语学习者提供了很大帮助。

2002年6月17日，与病魔斗争了数年的亚历山大逝世。李朋义为挚友的离去悲痛不已。那年，当朱莉娅再度访华时，他吩咐给同事一个重要任务：准备一份贴心的礼物。临别时，朱莉娅收到了一个精美的水晶相框。看着相框中丈夫的熟悉笑容，再看看身边环绕着的朋友们，朱莉娅的心被不断温暖着。从那以后的十几年中，每次朱莉娅来中国，李朋义都要亲自安排行程，亲自陪同，亲自选定礼物。他们的关系远非一个出版者和一个作者的关系，而是朋友、亲人般的关系。

2003年11月，外研社大厦前，北京外国语大学党委书记杨学义和副校长何其莘、英国驻华大使韩魁发爵士（Sir Christopher Hum）、培生教育集团国际总裁威尔·埃思里奇、外研社社长李朋义、朱莉娅女士等人，满怀敬意地举行了路易·亚历山大铜像揭幕仪式。铜像的大理石基座上铭刻着这样一段话："The man who cracked the linguistic code of the English language and made it learnable for millions of students worldwide through *New Concept English* and many other coursebooks. "（他破解了英语语言的密码，写作了《新概念英语》及其他系列教材，让英语更容易学习，造福了全世界数以亿计的读者。）

　　揭幕仪式上，朱莉娅动容地说："作为他的家人，知道远在北京有人如此理解他，如此关爱他，如此真诚地对他的逝世表示哀悼，也是一种莫大的安慰。"

2003年11月，亚历山大铜像揭幕仪式。下图左起：何其莘、陈琳、朱莉娅、杨学义、韩魁发爵士、威尔·埃思里奇、吴天祝、李朋义

2019年5月朱莉娅再次来中国访问

## 第七节
## 展望新世纪，开发多系列高品质读物丛书

　　20世纪90年代，外研社除了在英语及多语种教材领域深耕细作、力推精品之外，在英语读物及中英文对照读物的策划及普及方面也投入了大量的人力物力，将一批批高质量精品丛书带到读者面前。其中，有小编辑策划出的大选题——"九十年代英语系列丛书"，有漂洋过海深受欢迎的"书虫"分级读物，还有帮助大学生用英文讲好中国故事的"中国文学宝库"，等等。

### 1. "九十年代英语系列丛书"，新世纪的信使

　　1989年年末，李朋义从英国留学回国后担任了外研社编辑部主任兼总编室主任。他走马上任后的第一件事，便是率领全体编辑走

出办公室，大搞市场调查。也许是受国外市场经济的浸染，他号召编辑们进行一次思想和观念上的变革，要求编辑"心中想着读者，眼睛盯着市场"，把"市场竞争"观念植入编辑们的头脑中。

### 1.1　响应号召，深入调研，小编辑策划大选题

1990年3月，李朋义在编辑部全体会议上，提出"在夹缝中求生存，以质量求发展，向特色要效益"的方针，以及"压缩品种、优化选题、提高质量"的要求。他希望外研社的编辑们能够去了解市场，自己策划选题，并为此出台了相关举措。社内一些老编辑虽然理解，但并不适应新的观念和制度。最积极响应这个号召的，是年轻编辑蔡剑峰。

蔡剑峰当时二十出头，1989年刚从北京外国语学院的对外汉语专业毕业。原来的毕业分配计划由于某些原因被取消，他因为在校期间做过校刊的学生版责编和"诗书画社"的社长，也喜欢写写画画，所以就选择了留校到出版社做编辑。外研社要求新毕业的大学

"九十年代英语系列丛书"论证会

生先做两年校对，严谨的工作内容和氛围让天性喜欢艺术和自由的蔡剑峰倍感压抑。现在，编辑室主任要求编辑们走出办公室，走向市场，蔡剑峰感觉终于"解放"了，终于不用每天八小时伏案校对了。当时，李朋义认为蔡剑峰所做的一个有关国外考试的市场调查报告很出色，于是在1989年年底将他从校对岗位临时抽调出来，两人一起去广东、广西、贵州、四川四省（区），做有关大学英语教材的调研。调研历时一个多月，走遍了几十所高校。为了节省经费，两人吃住都是尽量从简。有几个场景让他们记忆深刻。比如，他们各扛着一大包沉甸甸的工具书买站票从广州乘火车前往桂林，在火车上一站就是十来个小时。吃饭更是能省则省，两碗四毛钱的面条加一块桂林豆腐乳，吃得既香又满足。回到北京那天已是深夜，他们第一次舍得叫一辆出租车。

南方调研除了考察外研社出版大学英语教材的可行性之外，更重要的还是"摸一摸"市场，看看哪些选题是读者心中的"香饽饽"，为未来发展趟一趟路。

回到北京后，蔡剑峰对市场调查上了瘾，"走店串校"的热情不减。他开发了多种了解市场的途径。他骑着自行车，带着外研社出版的英语注释读物，到各大书店和大中小学门口摆摊，跟读者和学生沟通，发放了几千张调查问卷。他走进校园，把问题抄到黑板上，积极与学生互动。他到图书馆查看借阅卡登记记录，以此为依据判断图书的受欢迎程度。他还请教了很多专家，比如北外图书馆老馆长杨树勋、外交学院吴景荣教授、北外钱青教授和许国璋教授等。最后，蔡剑峰撰写了上万字的市场调查报告，提出了"九十年代英语系列丛书"的选题建议。

这一选题以外研社提出的"精品战略"为指导，聚焦于外语学习中高质量读物缺乏的市场需求，计划推出一系列英语读物。然而，当时外研社的销售码洋一年只有大约1000多万元，一些同事担心这个选题所需投入的人力和资金成本过高。李朋义组织召开了选题论证会，对蔡剑峰来说，这是一次"大考"。面对一些老资格编辑的质疑与领导们的担忧，他认真阐述了市场调查情况、选题原因及策划思路。

社领导和与会人员最终在这套书的出版价值上达成了共识：第一，针对高校英语专业的泛读课，图书馆里相应藏书不足，而原版图书价格较高，如果这套书做得好，各图书馆是会采购的；第二，外语学习热潮持续升温，外语读者普遍水平日益提高，纯粹教材或教学参考书已不能满足他们的需要，外语读物的前景肯定是乐观的；第三，采用精良的装帧设计，这套书还具有收藏价值。考虑到以上种种因素，李朋义决定先出一个系列的十本书，打开市场，并让蔡剑峰带领几位社内精选出来的骨干编辑完成选题。

## 1.2 供不应求的"新世纪的信使"

1992年，"九十年代英语系列丛书"开始出版，第一辑是"世界文学名著系列"，先出了十种。入选的都是世界上享有盛誉的欧美文学名著，如《苔丝》《红字》《飘》《永别了武器》《双城记》等。在广州全国书市的外文图书销售馆，李朋义见到了读者排队购买这套图书的盛况。当时出版社工作人员要给售出的书加盖印章，据他观察，百分之六七十的读者都购买了这套书，然后拿来盖章，甚至出现了供不应求的现象。最初，"世界文学名著系列"每种印刷

"九十年代英语系列丛书"的
"世界文学名著系列"

一万册，总共十万册，三个月的时间销售一空。售完后，外研社马上每种加印三万册。

"九十年代英语系列丛书"的标志为风车，这是李朋义的"浪漫"想法。蔡剑峰所写的前言也延续了这种浪漫的风格："九十年代，跨入下世纪的最后一级台阶，新世纪的风迎面吹来。这轮风车——新世纪的信使，将在您手中变幻成一轮轮多彩的旋律，为您的征程增添情趣；它乘风飞旋——热烈，执着，顽强，或许能为您的跋涉增添鼓舞和力量。是故，我们这套系列丛书以风车为标记。"

风车的标志是浪漫的，然而提高读者英语阅读水平和应用水平的理想是务实的。第一辑"世界文学名著系列"之后，外研社又陆续推出了其他五辑图书。整体上，这套书在形式结构上体现了规模化与系列化，在内容上则以知识性和实用性为目标。规模化是指在两年之内出齐了近百种图书，极大地充实了国内外语读物市场，满足了不同读者的需要。系列化是指大规模的丛书本身就应该有一个系列化的规划，丛书所包括的图书应按内容、性质、对象、语言层次、编排体例等要素各成系列。同一系列的图书可以相互推荐，相得益彰。这套丛书毋庸置疑是具备知识性的，外研社大批引进原版世界文学名著为主导读物，又积极策划非文学类的世界经典社会科学名著，借以形成严肃的读者群。最后，新时期的外语读物还必须要兼顾甚至突出实用性价值。因此，外研社采用中英文结合、对照并附注释的方式，编写了以《书信英语》《报刊英语》《公关秘书英语》《广告英语》为代表的指导性、介绍性实用读物——"实用英语系列"。此外，在快节奏的现代生活中，读书也是一种调剂，因此娱乐消遣性也是必不可少的实用价值。为此，外研社组织了以小说《教父》《荆棘鸟》《尼罗河上的惨案》为代表的"世界畅销书系列"和以《英语名歌金曲》《英语奇闻趣事》《英语幽默集萃》为代表的"娱乐英语系列"读物。

"九十年代英语系列丛书"共出版了六个系列近百种图书，曾经占领英语读物市场80%的份额，销量达1000万册，每种书平均印量都在10万册以上。可以说，外研社20世纪90年代初的发展资金中相当大的一部分来源于这套书的利润。这是尊重市场、尊重读者、实施"精品战略"所带来的成果。

1994年，外研社还与牛津大学出版社合作，联合推出了"经典世界文学名著丛书"。该丛书是直接引进的牛津大学出版社的英文原版读物，共出版了36种，都是《理智与情感》《呼啸山庄》《名利场》《艰难时世》《茶花女》《基度山伯爵》这类享誉世界的文学名著。读者对象为中级以上水平的英语学习者及英语文学爱好者。每本书的封面都是一幅非常经典的油画，书脊上印有封面油画的缩略图，整套书并排摆在一起时，既漂亮又壮观。"经典世界文学名著丛书"共发行两三百万册，与"九十年代英语系列丛书"一起占领

"经典世界文学名著丛书"

了当时的英语读物市场。

### 1.3 "九十年代英语系列丛书"的启示

"精品战略"的核心是"人无我有，人有我新，人新我优"。"九十年代英语系列丛书"在国内读物市场相对匮乏的时候抢先推出，以多品种、多层次的格局打破读者对读物原有的陈旧单一的概念，很好地体现了这个原则。"世界文学名著系列"尤为"人无我有"的典型。这是一套面向高层次读者的原版读物，几乎独步于国内外语市场，引导大批读者迈上了外语阅读的新台阶，建立了相当规模的读者群。另外，20世纪八九十年代出版外语读物的出版社也有不少，但这些读物并未形成特色，也未形成体系，所以未能引领市场。相比之下，外研社通过使外语读物规模化、系列化，扩大了读物的"阵营"；通过高品质、高质量的定位，提升了读物的形象，从而做到了"人有我新，人新我优"。"九十年代英语系列丛书"为外研社在英语读物领域确立了一定的权威地位，在竞争中赢得了声誉。

"九十年代英语系列丛书"的成功策划，也为外研社的人才选

"九十年代英语系列丛书"的"实用英语系列"和"娱乐英语系列"

拔和培养提供了成功的范例。二十岁出头的年轻人可以"无知者无畏",然而策划并不难,难的是决策。当年,外研社连印书的钱都拿不出来,却敢于投入大笔资金,授权给一个新人负责重要项目,而且志在必得。这体现了领导层的魄力和眼光,以及用人不疑的胸襟。"不拘一格降人才",不论资排辈,年轻编辑才能获得崭露头角的机会,才能发扬善于学习和勇于创新的精神。这是外研社始终保持年轻与活力的秘诀。

"九十年代英语系列丛书"之后,外研社的市场调查蔚然成风。不能搞广种薄收,不能搞粗制滥造,不能搞闭门造车,成为全社上下的共识。凡是重大选题,没有经过切实的市场调研活动,没有写出完备的选题报告和成本分析,没有经过编委会论证,都是不能通过的。这一惯例沿袭至今。

## 2.漂洋过海的小小"书虫"

"书虫·牛津英汉双语读物"系列是外研社和牛津大学出版社

共同奉献给广大英语学习者的一大精品。自1997年在中国出版以来，"书虫"一直畅销不衰，长期位居"老师、家长、孩子都愿意买"的课外图书排行榜前列。

### 2.1 "书虫"分级读物在英国的诞生

"书虫"最早诞生在1988年的英国。这是当时牛津大学出版社出版的一套全新的读物，其出版初衷就是希望这套书无论是设计还是内容，看上去都是"真正的"图书，是按照精心设计的分级方案编写出来的读起来非常自然的文本，而非学校用书。丛书的定名也颇费心思，bookworm（书虫）的本意是蠹鱼、书蛀虫，非正式意义或更常见的意义为"喜爱读书的人"。这个名字一经选定，便因其有趣、新颖而深入人心。

最初，"书虫"的所有题材都出自世界优秀文学名著。把大作家的名著变成只有几百词汇量的孩子就能阅读的文本，并不是一件容易的事。"书虫"的作者，或者说改写者，都是杰出的故事大王。即使在入门级，他们都能用朴实的英语单词和精炼的语法，表达出丰富的故事情节。改写原著成功的前提是遵照作者原意，所以，改写者必须详细分析原著，包括其叙事结构、人物描写、修辞格等，之后再建立一套全新的叙事结构，遵守"书虫"系列各个级别的用词原则，根据原著的核心精神，创建全新的文本。

"书虫·牛津英汉双语读物"系列

## 2.2　远渡重洋，销量累计超一亿册

20世纪八九十年代，中国英语学习热潮兴起，然而适合我国读者的英语读物极为短缺，英语分级读物更是空白，"书虫"的出现恰逢其时。当时外研社已与牛津大学出版社合作十年，有了很好的合作基础。林学洪总编辑率先从牛津大学出版社引进了系列英语读物——"世界经典文学名著"。1995年，社长李朋义率团访问英国时，"书虫"是他和同事们十分看重的合作项目。当时，也有国内的其他出版社成为争夺这套读物的竞争者。但是，外研社凭借同牛津大学出版社长期的良好合作关系及自身过硬的市场推广能力最终赢得了这套读物的出版权。1996年，外研社引进"书虫"系列读物。1997年，第一批50本"书虫·牛津英汉双语读物"正式出版。第一批"书虫"共6个级别，大多是西方经典作品的简写本，包括

李朋义社长同牛津大学出版社社长亨利·里斯（Henry Reece）在里斯社长的办公室洽谈"书虫"等系列图书协议

《简·爱》《双城记》《傲慢与偏见》等文学名著，《弗兰肯斯坦》等科幻名著，还有《威廉·莎士比亚》等名人传记。

外研社综合出版事业部总经理姚虹回忆，为了保证系列读物同时推出，当时外研社一共邀请了48位译者。"书虫"是以语言和文化学习为目的的双语读物，所以翻译自由度有一定限制，不能根据译者个人的语言风格随意调整，译者只能"戴着镣铐跳舞"。而且在页面设计上，外研社特别选择了左右页中英文对照的形式，这给编辑增加了编校难度，但从后期读者反馈来看，这一努力非常有价值。有不少性急的读者表示，当时着急知道结尾，忍不住就先翻中文，再慢慢看英文。了解了故事情节后，读者更能细细地去品味英文表达。

目前，"书虫"系列读物分为入门级和第1—6级，共7个级别，一百多种书。"书虫"的所有题材或出自世界优秀文学名著，或为原创佳品，主题多样，按词汇难度和篇幅长度由浅至深。最浅的一级，即使读者只有几百的词汇量，也可以不大费劲地阅览世界名作。每本书都是英汉左右对照，当页提供语言点、重点生词注释，书后还配有阅读理解和语法练习，为中国学生提供了从小学高年级至大学的全套阅读方案。

"书虫"引进后经历了不断丰富、创新的过程。2010年至2012年，外研社推出了"书虫"升级版——42册美绘光盘版。这一版采用四色铜版纸印刷，包含经典著作以及原创故事。每本书里面均含有阅读准备、故事改编、优美译文、拓展训练、语法充电等内容，使学生在阅读的同时，可以进行相关语法知识的练习，并能根据文章内容拓展视角，了解更多的背景知识。每本书还配有英美专业朗读者演绎的多角色剧场式录音光盘。也就是说，升级版"书虫"除了可以读之外，还可以听，可以练。

至今，"书虫"来到中国已经20多年，依然畅销不衰。成千上万的中国孩子手捧"书虫"，一步一步地踏入英语原版世界名著的殿堂。迄今为止，外研社累计出版了近两百种"书虫"，销量已超一亿册。

### 3．禾林爱情小说，值得总结经验教训的引进项目

外研社出版了多种类型的外语读物，绝大多数都获得了成功，取得了良好的社会效益和经济效益。但是，其中也有例外，禾林系列小说便是一个不怎么成功的典型。

禾林（Harlequin）出版公司是世界知名的浪漫小说出版商。禾林小说以爱情、亲情、激情、奇情为题材，杂糅欧陆风情、惊险刺激、悬疑冒险等元素，赚取了全球无数女性的微笑和眼泪，俘获了她们的芳心。在欧美国家，禾林小说一直很畅销；在亚洲国家，禾林小说进入日本后，也受到了读者的欢迎。

20世纪90年代中期，外研社与禾林出版公司合作，引进了他们的爱情小说。1997年，外研社出版了"诗露·英汉对照读物"系列，包括《丽人多磨难》《鸳径无尘》《老屋华尔兹》《爱情合约》等，装帧为口袋书的形式。在李朋义的设想中，这些小说主打轻松、浪漫的英文爱情喜剧，可以在火车站、机场的书店售卖，读者能够在等车、候机的间隙，读完一个个动人的爱情传奇，还能提升自身的英语阅读水平。但是，25本小说出版后，虽然也有一些读者喜欢这些浪漫故事，但市场反馈并不尽如人意，整体销量平平。

李朋义后来总结这次"失败"可能出于三个原因：第一，西方

![长风破浪]

浪漫小说不符合中国读者口味，文化上存在较大差异；第二，希望提升英语阅读能力的读者，多半会选择更经典的著作，而不是通俗爱情读物；第三，禾林小说在日本的成功，也许与日本社会接触西方文化更早、更全面有关系。这个不怎么成功的项目提醒外研社，面对读者，面对市场，永远不可掉以轻心，考虑问题必须要更加审慎、周全。

### 4. 多语言、多面向、多种类的其他系列读物

在英语读物之外，外研社还出版了其他语种的系列读物。1997年，外研社策划出版了一套"德国文学名著丛书"，共十种，收录的全部都是德国经典文学名著，如《少年维特之烦恼》《一个无用人的生涯》《阴谋与爱情》《轮下》《四川好人》等，为广大德语学习者提供了一手的经典阅读材料。2000年，"俄语文学名著丛书"出版，包括《安娜·卡列尼娜（上、下）》《当代英雄》《上尉的女儿》等俄语经典文学名著，受到俄语学习者的关注与喜爱。

世纪之交，外研社与中国文学出版社合作，策划实施了"大学生读书计划"，出版了一套"中国文学宝库"丛书。出版这套丛书的原因有二：第一，希望丛书的出版能够让中国大学生更加重视对中国文学的阅读，能够用英文讲好中国文学作品；第二，可以扩大外研社的出版领域，挖掘国内文学资源，为外研社和中国文学出版社带来一定的社会效益。

李朋义、蔡剑峰、凌原等丛书策划者认为，中国大学生不应仅注重外语学习而偏废了母语的提高，放弃了人文知识的训练。

中国大学生不但要能读懂英语的莎士比亚，而且要能让世界感动于中国文学的伟大。因此，丛书涵盖了中国文学史上最重要的作家及作品，包括当代文学、现代文学、古代文学三大系列，共48册。当代文学系列有《阿城小说选》《王安忆小说选》《张承志小说选》《贾平凹小说选》等，现代文学系列有《鲁迅小说选》《冰心小说散文选》《萧红小说选》《郁达夫小说选》《闻一多诗文

"中国文学宝库"丛书

选》等，收录的都是现当代著名作家的代表作。古代文学系列则包括《史记选》《唐诗选》《宋词选》《唐宋散文选》《古代笑话选》等，选入的都是脍炙人口、流芳百世的经典之作。

该丛书原文及译文采取左右对照的形式，并经过了精心编排。丛书总编辑为杨宪益与戴乃迭，他们伉俪二人都是著名翻译家，曾合作翻译了《红楼梦》《离骚》《儒林外史》等经典著作，在国际上享有崇高声誉。经过他们的审定，经典的选文与精妙的译文相得益彰，使读者用精准、优美的英文讲述中国故事成为可能。

同样在世纪之交出版的系列读物还有"世界人物画传"丛书与"奥秘丛书"。20世纪是人类文明空前进步的一个世纪，一位位卓尔不群的伟大思想家、科学家和艺术家取得了令人惊叹的成就。"世界人物画传"丛书精挑细选了十位近现代很有代表性的伟大人物。

他们当中有生物进化论的创立者达尔文、相对论之父爱因斯坦、宇宙和时空理论的代表者霍金、存在主义哲学的集大成者萨特、精神分析学科最新权威拉康、宏观经济学之父凯恩斯、立体主义绘画大师毕加索和意识流文学巨匠乔伊斯，堪称群星璀璨。出版这套丛书可以说是外研社对新世纪的一份献礼。丛书最大的特色与优点在于深入浅出、图文并茂，生动有趣、活泼幽默的插图配上浅显易懂的地道英文、忠实的中文对译以及简明扼要的注释，大大提高了读者学习英语与增长知识的兴趣。就当时而言，该丛书无疑是一套难得的读物。

"奥秘丛书"则关注了那些与人类生存息息相关，却又因太过熟悉而常常被人们忽视的科学与自然方面的主题。这是一套从国外引进的科普丛书，彩色印刷，英汉双语对照，共有八种，包括《岩石的奥秘》《气泡的奥秘》《泥浆的奥秘》《能量的奥秘》《雨的奥秘》《阳光的奥秘》《色彩的奥秘》《叶子的奥秘》。每本书都围绕特定主题精心编排，配上清晰精美的图片，将自然界的奥秘娓娓道来。通过阅读这套书，读者在增长见识的同时，还可以感受书中流畅的英语行文，学到多彩的百科词汇。"奥秘丛书"出版之后，受到家长、老师和小读者的欢迎。

## 第八节
## 精品荟萃、种类繁多的英语工具书

外研社是中国最重要的外语辞书出版机构之一，在辞书策划、引进及编纂方面，始终秉承为教学与科研服务的宗旨。建社第三年，外研社第一部词典《小小英汉词典》出版，第一版的销量就高达280万册。1986年，外研社第一部国际合作词典《英汉双解牛津初级英语学习词典》出版。进入20世纪90年代以后，外研社继续与国际知名英语工具书品牌开展合作，引进出版了一批优质词典。在原创工具书市场上，外研社同样独树一帜，不断涌现精品佳作。这一时期，外研社首开先河的营销推广方式与高瞻远瞩的著作权经营方式更是领风气之先。

## 1.《汉英词典》——精品中之精品

在外研社种类众多、功能多样、精品荟萃的辞书方阵中，有一部词典非常特别，那就是荣获第十届中国图书奖和第二届国家辞书奖一等奖，被称为"精品中之精品"的《汉英词典》（修订版）。

### 1.1 《汉英词典》及其修订版的问世

20世纪70年代初，有一次毛泽东主席问外交部工作人员王海容："知识分子英文怎么说？"她回答说："不知道。"毛主席说："你查一下词典。"她查了手头的词典，发现只有"知识"没有"知识分子"。于是毛主席指示，应该编一部更全、更好的汉英词典。接着，周恩来总理指示外交部，由北京外国语学院英语系组成专家教授团队，编一部汉英词典。在较为艰苦的条件下，词典编纂者凭借着超强的责任心和敬业精神，完成了这

《汉英词典》（修订版）

一庞大的工程。选词释义主要参考了《现代汉语词典》（试用本），以及《辞海》《新华字典》《同音字典》等。1978年，《汉英词典》编纂完成。那时，外研社还没有成立，因此该词典由商务印书馆出版。这部词典是新中国汉英类词典的开山之作、奠基之作、经典之作，具有重大的里程碑意义。

一经问世，《汉英词典》就受到了国内外广大读者的欢迎和学术界的好评。同时，改革开放后的中国社会迅猛发展，汉语词汇快速更新，读者也提出了一些意见，修订及再版因此提上日程。1983年，北京外国语学院又组织英语系几位原来参与编纂《汉英词典》的编者和中文系的几位教师，着手修订《汉英词典》。这项工作得到国家教委的重视，被定为高等学校哲学社会科学博士学科点科研项目。修订者得到了王佐良、吴景荣、胡文仲、吕叔湘、大卫·柯鲁克等诸位先生的关心与热情帮助。修订工作历时12年，1995年8

1995年，《汉英词典》（修订版）研讨会部分专家合影

月，《汉英词典》（修订版）由外语教学与研究出版社正式出版。

修订后的《汉英词典》篇幅由976页增至1435页，具有六大特点：一是收词范围广，全书共收条目8万多条，包含了大量的新词语，单字条目增添了800多条，多字条目增添了18 000多条；二是例证丰富，词典除收录大量生活、学习、工作用语例证外，还增加了文学用语、名人语录、名人诗词等；三是反映中国传统文化，对中国特有事物的释义特别详细；四是汉语拼音规范；五是英语正确可靠，词典所有条目和例证均经中外英语和汉语专家逐条审定；六是编排合理，便于查阅，使用方便。总之，这是一部适合翻译工作者、英语教师和英语学习者使用的辞书，同时对于对外汉语学习与教学也有重要的参考价值。后来，该词典先后荣获第十届中国图书奖、第二届国家辞书奖一等奖、全国优秀畅销书奖等国家级大奖，确乎实至名归。

### 1.2　首开先河的全方位推广

《汉英词典》（修订版）出版前后，外研社在营销推广上下了很大功夫。1995年8月30日，外研社在北京香格里拉饭店隆重举行了《汉英词典》（修订版）研讨会。出席研讨会的中国学术界专家学者有季羡林、浦寿昌、李赋宁、叶水夫、程镇球等，还有时任中宣部出版局局长邬书林、教育部条件装备司司长李英惠、修订版主编危东亚教授、北京外国语大学校长王福祥以及陈琳教授、胡文仲教授、胡壮麟教授等。研讨会由外研社社长李朋义主持。

会上，李朋义请季羡林等多位专家给这本辞书提出宝贵意见。季羡林先生先是讲了一个故事。有一次，周恩来总理招待外宾。宴会结束之后把翻译们留下来，大家一起总结一下宴会上的翻译有无

1995年8月，《汉英词典》（修订版）研讨会在北京香格里拉饭店举行，前排左起：李朋义社长、主编危东亚教授、中宣部出版局局长邬书林同志

问题。周总理就提到了成语"倚老卖老"的翻译不妥。季老接着说："刚才我拿到书后查了这个成语的翻译，发现译得很恰当，就是'利用自己年老的条件来取得利益'。这从侧面证明了这本词典不错，尤其适合涉外的同事使用，我会大力推荐的。"果真，后来凡是有朋友或同事去欧美国家，季老都要提醒他们带一本《汉英词典》（修订版）。

为了扩大影响，外研社先后投入100万元，在中央电视台和各大电台、报纸上广泛宣传《汉英词典》（修订版），这在当时的国内出版界是相当罕见的。李朋义选择的广告播放时段很关键，一个是在《新闻联播》节目结束之后，保证了广告的覆盖广度；另一个是在晚上11点左右转播世界杯足球比赛期间，因为熬夜看球赛的几乎都是年轻人，也就是这本词典的目标读者。李朋义拟定的广告语很简单："《汉英词典》修订版，外研社的新贡献。"却简明扼要，朗朗上口，便于记忆和传播。此外，登载《汉英词典》（修订版）广告的报纸有《人民日报》《光明日报》《文汇报》《解放日报》《参考消息》等，不论是不是与出版相关的报纸，只要有较大影响力就都

1995年8月,《汉英词典》（修订版）研讨会在北京香格里拉饭店举行，前排左三起：危东亚教授、中宣部出版局局长邬书林、北外校长王福祥、季羡林教授、蒲寿昌教授

1995年8月,《汉英词典》（修订版）研讨会

登载广告，且都占到半个版面。可想而知，这些宣传耗资不菲，堪称一场"豪赌"。但外研社最终"赌"赢了，这部定价128元的外语词典10个月销售了10万册，可以说是非常罕见的。

### 1.3 买断著作权，比出版大楼更珍贵的财富

《汉英词典》1978年的第一版和1995年的修订版都由北外英语系集体编写，英语系也理所当然享有著作权。社长李朋义想到，《牛津英语词典》的版权一开始就归牛津大学出版社所有，自1884年开始编纂以来，一百多年都保持着优秀的出版品质。李朋义考虑

1995年,《汉英词典》(修订
版)主编危东亚教授签名
赠书

到，第一，随着时代进步和语言发展，词典是需要不断进行修订
的，而只有掌握了著作权，出版社才能有永续编写的主动权；第
二，内容为王，只有拥有了著作权，内容才能相对固定化。于是，
李朋义与北外英语系商谈买断《汉英词典》的著作权，最终花费
100万元，将《汉英词典》的版权收归外研社。

后来，外研社还买下了一批重要词典的著作权，包括汉法词
典、汉德词典等。在这些词典版权合同的首页上，李朋义写道：
"请总编室、财务部妥善保存，这些合同是比外研社出版大楼都珍
贵的财富。"此后，《汉英词典》的第三版在2009年修订完成并出
版，这也是建立在外研社拥有这本词典的著作权的基础之上的。

时至今日，《汉英词典》已走过40个春秋。它得到了市场的认可，
不仅在翻译、英语教学和对外汉语教学中广泛使用，更是被联合国秘
书处会议事务部负责中文翻译的部门认定为中英文翻译的指定工具书。

## 2.《美国口语词典》和《大英汉词典》

1990年，在外研社时任总编辑靳平妥的组织下，外研社出版了

《美国口语词典》。该词典编译者张文华多年从事翻译工作，见到过多种多样的词典，却对这部《美国口语词典》"情有独钟"。这部词典的独特之处在于，它收录的是鲜活的、美国社会高频率使用的口语表达。词典对这些口语表达的来龙去脉、字面意义、比喻意义、使用方法、注意事项、同义语、反义语等，做了极为确切的解释和说明。每一条都有足够的例句，这些例句并不是一般英语教科书和辞书中的语法模式，也不是会话课本里的简单杂谈，而是从美国的小说、报刊、广播、电视，甚至连环画的文字部分摘录出来的。而且，这些例句不是单调的、死板的，而是自然的、灵活的。也就是说，这部词典不仅告诉你怎样正确地运用美国口语，而且向你讲述美国人在想些什么、干些什么，反映了当时美国社会的真实动态。这部词典由于其鲜明特色与强大功能，上市后很受读者欢迎。

1992年，著名辞书编撰专家、商务印书馆资深编辑李华驹先生主编的《大英汉词典》由外研社出版。20世纪80年代后期，外研社的词典种类还不够多，社会影响力也不足。总编辑林学洪找到了李华驹先生，希望能拿到他正在编写的《大英汉词典》的出版权。李华驹先了解了外研社的发展现状及未来规划，又询问了之前图书的市场推广方式，最终决定将词典放在外研社出版。林学洪在原有内容和体例的基础上做了大量的编加、修改工作。

顾名思义，《大英汉词典》的鲜明特色便是"大"，全书收词18万条，在当时是首屈一指的。词典在收词、拼写、注音、释义、举例、习语、方言、复合词、用法等方面均采用以美式英语为主，兼顾英式英语的编纂方针，也注意收录了新词新义、新习语、新俚语、新用法。这部词典收录的词语及义项丰富齐全，词条释义详

外研社精品英语词典

尽，译名准确。当然，《大英汉词典》着力解决的是读者在阅读、理解上的问题，并不偏重于解决运用及表达上的问题。也就是说，这是一部语文兼百科性质的综合性、理解型词典。《大英汉词典》问世后，因其"大"而"全"，在英汉辞书界占据了重要地位，畅销许久。

### 3.《外研社·建宏英汉多功能词典》

20世纪90年代出版的英汉词典中，《外研社·建宏英汉多功能词典》（以下简称《英汉多功能词典》）首创的"词语搭配"和"句型变换"等方法，在英语教学界得到广泛认可。

#### 3.1 学习英语，见树更要见林

1997年，外研社同台湾建宏出版社联合出版的《英汉多功能词典》面世。这是一部非常优秀的适合学生使用的多功能词典。词典总审定杨景迈先生说："许多学生查词典把全部注意力放在'单词'

上面，结果'见树不见林'，所学亦往往支离破碎。"这部词典的编排设计就着重为英语学习者解决这个问题。

《英汉多功能词典》有以下几个特点：第一，收词9万，大量收录了近年来产生的新词新义，反映了当时世界贸易、科技、文化的新变化；第二，注重词语搭配和句型变换，帮助学生学习遣词造句；第三，短语动词解释详尽，标明可拆分和不可拆分；第四，首创"联想法"扩大词汇量，帮助学生在记忆单词时取得事半功倍的效果；第五，提供了相当数量的词源背景，解说词语的由来及其语义演变过程；第六，例句丰富，帮助学生更好地学习英语表达。

其中，最重要的是"词语搭配"这一功能。"词语搭配"是指单词间的连用关系，英语的一大特色就是由许多"固定用法"，即"词语搭配"组成，这又包括"语法词语搭配"和"词汇词语搭配"。由于中英文之间的语言差异，中国学生往往会因为对这些用法了解不够而犯一些让人啼笑皆非的语法错误。所以，这一功能可以使使用者在查阅这部词典时，在遣词造句和翻译写作方面得到系统性的帮助。此外，这部词典还强调了语体差异，注重语言的实用性。在词条上标明口语、书面语，还有古语、俚语、鄙语等标签，帮助词典使用者解决大量的实际语言问题。并且，为谨慎起见，《英汉多功能词典》在含有贬义的词后会注上"含轻蔑之意"，以提醒读者在实际应用中加以注意。

值得一提的是，在教育部和大学外语教学指导委员会指导下重新修订的《大学英语教学大纲词汇表》，在定量分析选词方面的重要依据之一就是《英汉多功能词典》，可见这部词典在国内英语教学界已得到广泛认可。

### 3.2 深入到用户中进行推广营销的典范

在策划《英汉多功能词典》的过程中，外研社对其抱有很大的期望。但刚出版时，这部词典并未引起读者太多关注，发行三个月在全国只售出几百册。外研社营销人员认真研究了这部词典的特色和读者对象，深入到全国多所中学进行推广，并通过教育管理机构向广大中学生进行推荐。同时，还邀请了几十位知名外语教授撰写书评，发表在全国15家影响力最大的报纸上。社长李朋义、副社长赵文炎，以及发行部领导郑鸿毅、白蕴伟、赵小刚亲自带队，在北京、天津、上海、成都、南京、昆明等各大城市举办宣传推广和赠书活动。在充分了解了《英汉多功能词典》的优点后，大学和中学英语老师都对收到的这部词典感到满意。外研社为这部词典投入的推广费用高达150万元，这当然是一笔巨额投入，如果不是对词典质量有足够的信心，是很难做出这样的决策的。外研社的倾力付出也得到了回报，上市半年后，《英汉多功能词典》销售近20万册，并逐渐成为广大中学生喜爱的必备英语工具书，迄今已销售逾200万册。

20世纪90年代的外研社工具书

## 4．牛津系列精品工具书

牛津大学出版社是全球最重要的英语工具书出版商，其编纂的各类工具书素以态度严谨、释义准确而著称。该社出版的辞书大都既博又精，言简意赅，享有良好的国际声誉。牛津大学出版社是外研社重要的合作伙伴。自20世纪80年代开展合作以来，外研社持续引进了多种牛津经典工具书，将这些精品带到中国读者面前。

1991年，外研社引进的《牛津英语用法指南》出版。这部工具书是当时牛津大学出版社最新出版的英语用法专著，着重于解决英语学习者在英语习惯用法、词义辨析、语音、语法、文体修辞、英式英语和美式英语的重大区别、某些基本常识（如称呼、书信、报纸标题）等方面遇到的实际问题。翻译者是北京外国语大学著名教授庄绎传、解放军外国语学院知名教授严维明等学者。由于该书在编排体例上按条目字母顺序排列，书后附有条目索引，因此更像是一部词典。顾名思义，《牛津英语用法指南》是一本关于"用法"而不是"语法"的书。语法更有条理与体系，而用法则是以英语为母语的人群多年积聚下来的、不成文的、较为零散的规矩，很难像语法一样形成一个清晰的体系，但了解这些"规矩"又比较重要，因为这直接影响到学习者学到的英语地道与否。该书作者迈克尔·斯旺（Michael Swan）是英国语法专家。他在编写此书时力求实用，每个条目都配有解释、正确例证，有些还举出典型的错误例证，语言难点由浅到深，适合各种水平的学习者使用。清晰易懂的英语用法说明，让读者常有恍然大悟之感。《牛津英语用法指南》出版后反响很好，销量超过100万册，对英语学习者裨益良多。

同年，《牛津实用英语语法》出版，翻译者是后来的外研社社

《牛津英语用法指南》《牛津实用英语语法》等工具书

长李朋义。这是一本专门为非英语国家的英语学习者编写的学习用书，自1960年第一次出版以来受到各国英语学习者和教师的普遍欢迎，屡次修订再版。外研社引进的是牛津大学出版社推出的最新版本，内容更加完善，可供中高级英语学习者使用，也可用作英语教师的教学参考书。全书以词类为纲，用浅易的现代英语对英语语法结构及其习惯用法进行了全面系统的论述，还特别对外国学习者容易感到困难的项目作了细致透彻的讲解；对于许多意义相近的语法形式和词语在用法上的差别都作了扼要说明，每一条说明下面都配有大量典型例证。另外，该书还在必要的地方指出了严格的语法惯用法与日常会话形式之间的区别，并把侧重点放在日常会话形式上，使学习者不仅可以从书中学到基本的语法规则，还可以学到英语国家的人在日常生活中怎样讲话。《牛津实用英语语法》作为一本非常实用的优秀语法书，曾荣获第三届全国图书金钥匙奖。

1993年，《牛津英国文学词典》由外研社出版。这部词典收录的词条种类众多，有作家、作品、作品中人物、文学术语、文学流派，乃至在文学史上有重要影响的地点或建筑物、重要文学刊物

《牛津美国文学词典》和《牛
津英国文学词典》

等。同年，《牛津美国文学词典》也由外研社出版。在20世纪，美
国经济、社会、政治迅速发展，文化上亦摆脱了附庸于欧洲的地
位。在这种新形势的推动下，美国文学也蓬勃发展起来。研究者亟
需一部优秀的辞书，借以索隐察微，溯源探脉。这部词典所收录
的人名、书名、事件较多，但其繁简有较严格的准绳，并不芜杂。
除将直接与狭义的"美国文学"有关联的词目包括无余外，举凡反
映美国人的意识及世风的文字，以及人物、事件之大有影响于美国
文学者，都有选择地收录。对美国作家，除叙其简要生平及重要著
作外，还附有重要的传记及评论书目。编者自己所作的有关题材及
风格的评述均较客观而不偏颇。这两本词典对英美文学专业的研究
者，以及那些对英美文学有浓厚兴趣的学生及教师来说，都是不可
多得的必备参考书。自出版以来，两部词典经历了多次修订、再
版，始终畅销不衰。

1993年，外研社还出版了《牛津简明引用语词典》。英语文坛
素有引用古代贤哲隽言妙语的习惯，后推而及于近代及当代贤士的
名言。许多常见的引语已经进入英语的习用语汇，如果不认识或不
理解其背后含义，就会造成阅读障碍与理解隔阂。如果着眼于主动

使用，则更需要准确可靠。《牛津英语引用语词典》于1941年出版时，第二次世界大战已经全面爆发，战争阴霾笼罩着欧洲。但即使在这种风云惨淡的时期，这一首创的重要参考书仍然风行一时，为英国乃至整个英语世界的广大读者所钟爱。几十年后，该书1979年第三版中广为人知的部分被选编成了《牛津简明引用语词典》。简明版涵盖了选自1100位作者的5800条著名引语。从时间上看，上起公元前8世纪，下至20世纪70年代；从地域上看，世界各国几乎都有入选者，其中也包括中国的名家名言，如选录了毛泽东主席的"百花齐放，百家争鸣""枪杆子里面出政权"等语句。因此，"简明"却并不简略。这部摘收谨严、翔实可靠、博约适度、检索便捷的引语辞书引入中国后，受到了读者的广泛欢迎。

外研社引进的多部牛津系列精品工具书几十年来畅销不衰，为中国的英语研究者和学习者提供了优秀的工具书和参考书。这是外研社第一任总编辑林学洪慧眼识珠，为中国的英语图书市场留下的宝贵文化遗产。

外研社各类英语词典

## 5．朗文系列精品工具书

20世纪90年代，在朗文出版亚洲有限公司董事长沈维贤先生的支持下，在培生教育集团版权董事莱内特·欧文（Lynette Owen）女士的推动下，外研社与培生集团陆续开展了多项合作，李朋义社长同沈维贤先生、高孝湛先生、欧文女士也结下了深厚的友谊。双方签订了《朗文英语语法》《新概念英语》及《朗文当代英语辞典》等大量出版合同，搭建起了外研社与培生集团合作的基本框架。

外研社1991年出版的《朗文英语语法》，是世界著名的语言教学权威、《新概念英语》的作者亚历山大为欧洲国家的英语学习者写作的语法书。这本书引入中国经历了一些曲折。李朋义等人第一次与朗文出版亚洲有限公司董事长沈维贤商谈《朗文英语语法》的版税事宜时，双方就版税率问题僵持不下，都不肯让步。最终晚饭也没有吃成，双方不欢而散。后来，李朋义通过经常往返于内地和香港之间的广东省外文书店副总经理牵线，重新与沈维贤董事长建立了联系，并最终拿到了《朗文英语语法》的引进版权。

《朗文英语语法》通过详尽的讲解和大量例证解释各种语法现象，对不少语法现象的处理细致精到，既采用了传统的、读者熟悉的说法，又吸收了当代英语语法研究的最新成果，富有创见。书后附录详尽，既可供系统学习和复习使用，又可供遇到问题时即时查考。外研社拿到该书版权后，由本社编辑雷航、王春丽等进行翻译，国内著名英语语法专家薄冰教授担任审校并撰写序言。《朗文英语语法》自问世之日起就是语法书中的翘楚，自引入中国以来，该书和《牛津实用英语语法》一起为千万英语学习者解惑答疑，也都因备受欢迎而屡次再版。

1992年，郑荣成、王瑞、段世镇等翻译的《英汉双解朗文美语词典》由外研社出版。这部词典英文原名为 *Longman Dictionary of American English*，是为把英语作为第二语言或外语来学习的人编写的词典。中文版除了保留英文原版的特色之外，又增加了汉语译文的助益，是一部非常实用的英语学习工具书。然而，词典上市之后年销量仅1万册。在20世纪八九十年代相同重量级的辞书中，这个销量很一般。为此，社长李朋义请来发行部副主任赵小刚研究原因及对策。赵小刚表示，这部词典书名是直译，虽然贴切，但会让读者误以为是专门关于美式英语的词典，而一般读者需要的是"大全式"的词典。李朋义指出，这就是一部综合性辞书，书名的"美式英语"只是其"附赠"的特色。于是，再版时，词典名称被改为《朗文英汉双解词典》，一年的销量就增加了两三万册。这个故事李朋义多次在培训中提及，以提醒编辑必须对书名、定价、封面、版式设计、成本核算负责。书名要考虑到市场和读者心理，但也不能哗众取宠。

《朗文当代英语辞典》自1978年问世以来，即以其学习型辞书的显著特色享誉世界。1995年，该辞典第三版出版。当时，外研社已经与朗文建立了深厚的合作关系，李朋义就同沈维贤董事长积极争取这部词典的引进版权。鉴于《牛津高阶英语词典》的引进版权在商务印书馆且该词典十分畅销，同为大型学习型辞书，朗文公司不希望《朗文当代英语辞典》"屈居第二"，于是这部词典的引进版权最终花落外研社。拿到版权后，李朋义安排了十余位编辑，每人负责100页，查找词典中是否存在较为敏感的政治问题。经过从头至尾的仔细检查后，发现确有一些释义和举例不符合我国的出版规范。与朗文公司反复沟通之后，对方也同意对这些内容进行删改。1997年，《朗文当代英语辞典》（英语版）在外研社出版。中国外语教学研究会副会长李赋宁对这部辞书赞不绝口，称其"信息量非常大，全面反映了当代西方社会生活新面貌，是一部有助于培养英语口头与书面准确表达和恰当运用语言技能的实用并引人入胜的工具书"。由于双方良好的合作关系，该词典的双解版《朗文当代高级英语辞典》（英英·英汉双解）后来也由外研社推出，成为外研社辞书方阵中的"看家书"之一。到2019年为止，该词典已经出版了第6版。外研社的第6版《朗文当代高级英语辞典》（英英·英汉双解）上市一月内累计印量就达到30万册，仍供不应求。该词典已经成为外研社此类词典中的"当家花旦"。

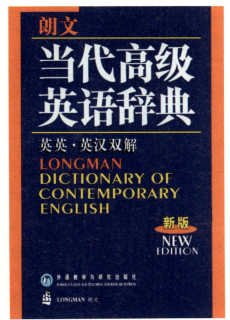

《朗文当代高级英语辞典》（英英·英汉双解）

## 第九节
## 不忘初心，坚持为教学和科研服务

　　自20世纪80年代英语教材的编写工作再次启动以来，外研社陆续出版了《大学英语教程》《英国文学史及选读》《美国文学史及选读》等教材，极大地促进了教学，推动了学科发展。然而直到90年代，听、说、读、写各类英语专业教材才逐渐丰富齐备。在这一过程中，外研社做出了应有的贡献。与此同时，改革开放十余年后，很多潜心治学的专家、学者有了一批新的研究成果和教学成果。外研社从社会效益第一的原则出发，服务于学术出版事业，出版了一批足以传世立业的专业著作，让外研社的品牌更为厚重而经典。

### 1．从教学需求出发，丰富英语教材矩阵

　　20世纪90年代，外研社策划了"英语听力教程"和"英语口语教程"两套系列教材。这两套教材自问世以来，以其科学、有效的教学设计，为国内主要高等学校英语专业所广泛采用，也为数不胜数的英语自学者架起了沟通的桥梁。

　　1990年，年轻有为的学者何其莘从西安外国语学院调入北京外国语学院英语系，并担任系主任。得知这一消息后，时任外研社副社长的李朋义立刻登门拜访，向其约稿。交谈之中，何其莘表示他在美国读博期间搜集了不少听力材料，希望在此基础上出版一本高级听力教材。李朋义对这一想法表示赞同，并从出版人的专业角度出发，建议何其莘带领英语系教师编写一整套由易到难、循序渐进

的听力系列教程，更能帮助学习者解决听力"老大难"的问题。何其莘欣然同意，并很快着手教程的编写工作。

1992年6月，何其莘、王敏、金利民等人编写的"英语听力教程"出版。听力是英语教学的四项基本技能之一，和口语一样，也是中国学生的学习难点。"英语听力教程"分为《英语初级听力》《英语中级听力》《英语高级听力》三级，每级均含有《学生用书》和《教师用书》，两者功用不同，相辅相成。《学生用书》以录音材料中的生词表、文化背景注释和配套的练习为主，《教师用书》则包含录音的书面材料、练习答案和相关文化背景知识的补充读物，读物均摘自英美报刊和书籍。听力材料均选自20世纪80年代后期国外的有声资料，在当时是比较新颖的。"英语听力教程"不仅适合英语专业的课堂教学，同时也为社会各层次的英语学习者提供了自学的优秀教材。自出版以来，这套教程受到英语专业师生的追捧，成为畅销书，长销至今。

在"英语听力教程"编写过程中，李朋义想到，对中国的英语

"英语听力教程"和"英语口语教程"

何其莘教授

学习者来说，掌握口语也比较困难。传统的学习方法包括数量有限的口语问答以及对短文、对话的记忆背诵，难以提高学习者在日常生活中用英语进行口头交际的能力。因此，很有必要编写一套全新的"英语口语教程"，与"英语听力教程"相配套。这时，他想到了自己的老师吴祯福教授。吴教授长年在北京外国语学院英语系教授口语、泛读等实践课，讲起课来总是有声有色，深受学生喜爱，正是编写口语教材的不二人选。于是，李朋义登门向吴教授约稿。出于对自己学生的信任和对自家出版社的支持，吴教授爽快地接受了约稿请求。

"英语口语教程"同样分为三级，包括《英语初级口语》《英语中级口语》和《英语高级口语》。吴祯福等专家学者研究了国内外的口语教材及中国学生学习口语的特定环境，从中外60多种书刊中选取素材，完成了这套教材。初级、中级、高级三册的训练重点不同，内容各异，但遵循了由易到难、循序渐进的原则。课文主题与年轻人生活、思想密切相关，题材广泛。每册教材皆配有英语录音，录音朗读者都是英语国家的学者和专家，配音清晰、流

"英语口语教程"

吴祯福教授

畅、优美，语音、语调标准纯正。该教材自1992年出版以来，20多年来一直是英语专业学生的必读书，也是英语专业口语训练的经典教材。

1992年，王佐良、祝珏、李品伟、高厚堃等学者编写的《欧洲文化入门》由外研社出版。这是一本大学英语专业的教科书，出于实际的教学需要而编写。"文革"结束后，中国打开国门。然而，学习英语的大学生在阅读英文书刊和同英语国家的人士交往时，往往会因为文化的隔阂而面临很多困难。英语中有数不清的典故、名言、惯用语、人名、地名等来自古希腊罗马的哲学、文学、历史著作，《圣经》，文艺复兴时期的艺术创作，或者牵涉到各时期各方面的重要事件和人物。如果学生们对这些所知不多，则读书未必全懂，对谈也很难顺利。为了解决这一问题，一些外语院系不时举行相关的背景报告会，介绍欧洲国家的社会历史文化情况，以作为语言课的补充。后来渐渐发展为一门课程，有计划、有系统地讲授有关欧洲文化的基本知识。课程所用的教学资料由简单的几张提纲渐渐丰富成一本教科书，便是这本《欧洲文化入门》。该书出版后，进入大学英语专业课堂，经历几次修订，至今仍在广泛使用。

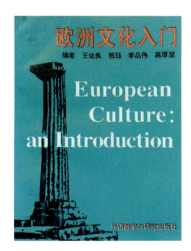

《欧洲文化入门》

吴青、杨立民主编的《英语视听说教程》于1993年由外研社出版。该书的英文名为*English Through Films*，是一套新型的视听说综合教程，旨在通过观看、学习原版电影，对学生进行以听说为重点的语言技能训练。该书分为上、下两册，共收入电影21部，影片均有较高的艺术水平，许多是荣获奥斯卡奖的名片。为了便于学习理解，每部电影包括六部分：人物介绍、故事梗概、主要对白、词汇表、

吴青教授

注释及口语练习，并配以相应的录像带。这套教材通过观摩影片，充分调动了学生学习的积极性和主动性，提高他们自由连贯地表达思想和进行讨论的能力，还加深了他们对相应国家文化及社会的理解，将掌握一门语言的枯燥艰难过程变成了生动愉快的经历。

《英语修辞大全》出版于1995年，作者为冯翠华教授。冯翠华为归国华侨，曾任中国人民解放军外国语学院博士生导师、教授，在外语教育界很有声望。她长期在大学教授英语，发现学生们能够明白和运用好语法知识，却很难领会修辞好的句子，也写不出修辞和文体好的句子或段落。她认识到，这是由于学生们不了解英语中有大量的修辞手段，能在书面语和口语中起到传情达意的作用。于是，她写作了该书，以简单易懂的方式讲解英语中经常出现、经常使用的修辞手段。例句丰富充实，或出自经典作品，或出自英美杂志，富有时代气息。通过学习该书，读者既可以学会运用修辞手段提高写作能力，又能欣赏到很多经典名句，进一步提高自身的文化修养和文学功底。《英语修辞大全》是国内出版的第一部中国学者写作的英语修辞方面的书，实用而畅销。

　　胡文仲教授编写的《大众英语》出版于1996年，是一套普及型的英语教材。1994年10月，李岚清副总理视察北外，在与学校领导及部分教授会谈时说，改革开放的一大障碍是语言，尽管这些年不少人在学英语，但真正过关的却不多，北外应承担起大力普及英语的任务。于是，胡文仲教授等人着手编写了一套以较快地掌握英语为目的的课本——《大众英语》。《大众英语》出版后，很快成为广大英语自学者的必读书。

　　此前的十几年间，国内出版了多种英语教材，但多以特定学习者为对象，如大、中、小学生，英语专业学生，或外贸、旅游等行业工作者。《大众英语》是第一套以业余学习者为对象，真正为普及英语而编写的教材。考虑到业余学习者的需要和特点，使用《大众英语》进行学习必须费时少而收效快。基于多年教学经验，编写者们精心编排，实现了这一目标。

　　《大众英语》具有以下几个特点。第一，精选语音、语法项目，改变以往系统教语音、语法的办法，突出难点，将一些次要的项目予以省略或作简单的处理。第二，严格控制词汇量，注意选取基本词汇。同时邀请计算机软件专家温庆云先生专门设计了处理词汇的Wordlister软件，将《基础英语教学大纲》中的3000个基本词汇作为选词依据。在编写英语课本时，使用计算机软件作为重要的辅助手段，在我国尚属首次。第三，课文简短而实用，以介绍英语国家的现状为主，其中介绍英国和美国情况的课文占大多数。第四，重视和加强口语。第五，设计课本时处处考虑到自学的需要，为了帮助学习者确切理解课文，每册书的后面都提供了参考译文；附有"自学指导"，帮助学习者少走弯路。另外，还专门编写了自学辅导手册两本，提供详细讲解、练习答案和补充材料。这套教材问世后受到业余学习者的广泛欢迎，为普及英语做出了很大贡献。

## 2．社会效益优先，支持学术与科研出版

自建社以来，北京外国语大学就是外研社的重要依托，在这其中最为重要的即是北外强大的作者和学术资源。与此同时，外研社也成为支持北外学术、科研出版的重要基地。

### 2.1　依靠强大作者资源，出版多种学术专著

1990年，水天同等译的《英语简史》由外研社出版。水天同曾获哈佛大学硕士学位，新中国成立后历任兰州大学教授、西北大学教授、北京外国语学院教授，精通英语、法语、德语、日语等多门语言，是国内知名的莎士比亚研究专家和翻译学家，也是著名的教育家。《英语简史》是关于英语的演变和发展的详史。在语言学家眼中，英语是一个典型的不断发展的语言范例，具有非常吸引人的历史。该书原作者费尔南德·莫塞（Fernand Mossé）是法国人，因此对于法语对英语的影响，作者也着墨甚多。这本著作翻译出版后，深受英语学习者及研究者欢迎，数次再版。

1991年，我国第一部从整体上论述斯拉夫语的专著——《斯拉夫语通论》出版。该书由俄语专家、曾任外研社副总编辑的信德麟编著，从历史背景、文字、语音、语法及方言等多个角度分析了斯拉夫语诸语言的发展脉络。

1994年，王佐良、周珏良编写的《英国二十世纪文学史》出版。两年后，王佐良、何其莘编写的《英国文艺复兴时期文学史》出版。这两本书都属于国家社会科学基金资助的"五卷本英国文学

史"项目。该项目拟编写出中国第一部比较完备的英国文学史，以大学生和文学爱好者为读者对象，分为五卷，每卷独立成书，各有重点，但又互相连贯，合起来组成整个英国文学从古至今的发展全景图。至2006年，全套五卷由外研社出齐。《英国二十世纪文学史》获得国家教委颁发的第二届全国高等学校出版社优秀学术著作特等奖。

1995年，由北京外国语大学语言研究所所长刘润清教授编著的《西方语言学流派》出版。该书是作者在讲课笔记的基础上整理而成的，对西方语言学各个流派的基本观点及来龙去脉进行了梳理，既是一本很好的教材，也是一本总结性的学术著作。

同年，《洪堡特——人文研究和语言研究》出版。该书的评介对象为德国哲学家、政治家和语言学家威廉·冯·洪堡特（Wilhelm von Humboldt）。作者姚小平教授论述了洪堡特如何从诸多人文学科中研究探索，最终转向语言学研究并取得了成就，同时阐述了洪堡特语言学研究的各个领域的方法和理论，及其在西方近代语言学史上的地位。对相关领域的专业学习者及研究者来说，这是一本不可多得的学术专著。

1999年，白春仁等编著的《俄语语体研究》出版。白春仁曾任北京外国语大学俄语系主任，长期从事俄语专业的教学与研究工作。该书是对俄语功能修辞学方面重要问题的专题研究，是对相关学科当时发展建设情况的总结。

## 2.2 专家学者论文结集，系统总结研究成果

20世纪90年代，外研社为王佐良、许国璋、周珏良、胡文仲等多位学界大家出版了为数不少的高质量论文集，涉及文学、文学

史、语言学、英语教学等多个研究领域，其中不少专著都具有开创性或总结性的意义。

1991年，王佐良的《论新开端：文学与翻译研究集》出版。这是一部用英文写作的文集，探讨了中国古代文学史、中国现代派诗歌、莎士比亚与笛福等作家作品，在翻译方法和翻译标准等方面提出了创见。该书集中展示了王佐良先生的翻译理论与经验，勾连历史与现在、东方与西方，英语学习者和研究者可以从中获益良多。该书后被收入《王佐良全集》。

同年，《许国璋论语言》出版。该书所收的25篇论文，写于1978年至1990年。有的文章论析语言的性质，有的评述语言研究的诸方面。当时学界尚未有用现代语言学观点探索中国固有语言哲学的研究，许国璋先生的这些文章是有开创之功的。该书于1999年再版，后被收入《许国璋文集》。

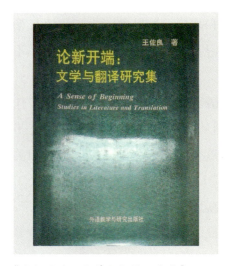

《论新开端：文学与翻译研究集》

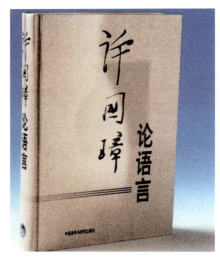

《许国璋论语言》

1994年，《周珏良文集》出版。周珏良教授于1992年去世，这本文集可以说是他的谢世之作。文集的论文部分都是他生前就已亲自编好的。所收文章分为两大类：第一类大部分是外国文学评论文章，小部分谈译诗和中英文化交流；第二类则是有关其父周叔弢老先生藏书和他本人藏墨的笔记，其中最后一篇是对当时《红楼梦》研究的学术述评。该书是周珏良先生留给世界的不绝回响，曾于1998年再版。

同年，胡文仲教授主编的《文化与交际》论文集出版。该书着重于讨论文化与交际的关系以及文化对于交际过程的影响，首次将国内社会语言学、文化语言学、语用学、翻译学、对外汉语教学，以及外语教学在文化与交际方面的研究成果集中介绍给读者。对于外语教师、外语学习者、从事翻译和外事工作的人来说，该书都是一本很有学习价值与参考价值的书。

胡文仲写作的《澳大利亚文学论集》也于1994年由外研社出版。作者基于自己从1979年至1981年在悉尼大学的访学经历写出该书，内容包括对澳大利亚文学的评论、对作家的访问记、具体书评，以及对澳大利亚文学教学和翻译情况的探讨与调查等。当时澳大利亚文学研究进展很快，论集的出版恰逢其时，推进了澳大利亚文学的相关研究。

同年，王福祥、吴汉樱编写的《文化与语言（论文集）》出版。这是一本语言学方面的论文集，收录的论文覆盖了语言国情学、跨文化交际学、文化语言学三个新兴交叉学科，不仅有重要的理论意义，也有极大的应用价值。该书后于2000年再版。

1996年，张中载所著的《当代英国文学论文集》出版。张中载

261

是北京外国语大学英语系著名教授、英语文学及西方文论研究专家。该论文集收录的27篇文章涉及小说、戏剧、诗歌和文学理论，评介了第二次世界大战之后50年来当代英国著名作家的佳作，其中的四篇综述文章揭示了当代英国文学发展的轨迹。对于当时的英国文学研究者来说，该书是不可不读的最新研究力作。

同年，许嘉璐、王福祥、刘润清等知名学者主编的《中国语言学现状与展望》论文集出版。该书是对中国语言学发展现状和今后发展趋势的系统总结和前瞻，包括两大部分内容：一为"汉语篇"，涉及汉语的语言理论、汉语史、文字学、方言学、现代汉语等；二为"外语篇"，是我国外语界对语言学诸学科的探讨，诸如语音学、句法学、语义学、语用学、文体学、心理语言学等。这些论文多为老一代专家亲笔撰写，也有部分后起之秀的杰作。该书的出版标志着汉语语言学界与外语语言学界的携手共进，两种研究力量的融合互通。因其强大的资料性、专业性和学术性，该书出版后引发语言学界的很大关注，后多次再版。

1997年，李赋宁所著的《英国文学论述文集》出版。这本书收录了作者自20世纪40年代开始到90年代初期在书刊上发表过和未发表过的论述英国文学的文章和为百科全书撰写的条目等45篇文章，记录了作者学习及研究英国文学的心得、体会、经验及方法。该书有较强的可读性及可借鉴性，很受广大文学研究者和文学爱好者欢迎。

1999年，一本分析大学英语教学现状并推动大学英语教学改革的学术论文集出版，这就是由南京理工大学外语系教授、江苏省高校外语教学研究会常务理事井升华教授主编的《面向21世纪深化大学外语教学改革》。当时，中国大学外语教学普遍存在"费时低效""聋子英语""哑巴英语"的现象。江苏省高校外语教学研究会就此组织了一次征稿，收到120篇论文，筛选后将其中68篇文章结集出版。大多数论文是与大学英语教学有关的，还有一些涉及了语言与文化、文学研究以及翻译研究等。该书出版后，引起学界震动，大学英语教育开始转型与改革。从这个意义上讲，《面向21世纪深化大学外语教学改革》是"警醒之作"与"先声之作"。

### 3．策划大型学术丛书，助推语言学与外国文学研究

除此之外，外研社还从教学与研究的实际需求出发，联合北京外国语大学的专家教授团队，策划出版了一批高水准的系列学术丛书。

这一时期，外研社出版的最重要的学术丛书之一是"北京外国语大学语言学研究丛书"。1991年，刘润清教授编著的《语言测试和它的方法》出版。作者以国内外已出版的有关语言测试的专著和论文、大量已使用的英语试卷和试题为依据，从自己的教学经验和

刘润清教授　　　　　　　　　胡壮麟教授

测试经验出发，写作了这本普及语言测试知识的著作。随着测试观念及方法的更新与变革，该书经过刘润清、韩宝成修订后再版，被收入"北京外国语大学语言学研究丛书"。1999年，该丛书出版了同样由刘润清编写的《外语教学中的科研方法》。这本书讲述了外语教学科研的含义、模式、类型及方法，介绍不同研究方法时既有分解步骤，又有实例介绍，可借鉴性很强。

该丛书的策划是在20世纪90年代，主编为刘润清、胡壮麟。至2001年，全套九部出齐。另外七部为：韩宝成的《外语教学科研中的统计方法》，刘润清、吴一安的《中国英语教育研究》，高一虹的《语言文化差异的认识与超越》，丁尔苏的《语言的符号性》，胡壮麟的《理论文体学》，程琪龙的《认知语言学概论——语言的神经认知基础》，钱敏汝的《篇章语用学概论》。这套丛书以其权威性和实用性成为中国语言学研究者的必备丛书之一。

1997年，"北京外国语大学外国文学选集丛书"开始出版。1993年，受国家教委高校外语专业教学指导委员会的委托，王佐良先生领导的北外外国文学研究所和英语系连续举办了两届英美文学教学系列讲座，吸引了数十所高校、近百名讲授英美文学的教师，共同研讨如何对我国高校外语专业的学生讲授有关国家的文学作品。随着讨论的深入，一个问题突出地摆到了教师们的面前：中国这样一个文化大国竟然没有适合高校学生使用的外文原文文学选读教材。于是，王佐良先生提出了编写一套通用语种国家或地区的原文文学选集的设想。

经过几年的准备，由北京外国语大学和外研社共同组织编写的这套原文选集丛书问世。丛书的论述对象包括英国、美国、俄罗斯、法国、德国、西班牙、意大利、日本、韩国、阿拉伯、拉美等11个国家和地区。各本选集又涵盖了每一个国家或地区文学的全过程，即从文学发展的初期至20世纪80年代。虽然根据各国文学发展的不同特点，各本选集均有不同的侧重点，但是每本选集都包含了文学史上各个重要阶段的代表作家，同时涵盖了诗歌、散文、小说和戏剧等主要文学形式。这套选集所列的作家作品目录较为传统，收入的都是经过数代读者反复衡量而认定的经典作家作品。丛书的出版满足了高校外语专业对外国文学选读教材的需求。

1999年，"北京外国语大学外国文学史丛书"开始出版。这套丛书共有22册，论述了多个国家和地区的文学发展史，从多个角度反映了世界文学发展的概貌。除英国、美国、日本、俄罗斯、法国等更为读者所熟悉的国家的文学史外，该丛书还有专册论及秘鲁文学、保加利亚文学、魁北克文学、斯里兰卡文学等的历史。该丛书的编著者都具备深厚的学识，收录了第一手资料，用生动的语言呈现了相关国家或地区各个阶段的代表作家及作品。该丛书在外国文学研究领域有着重要地位，具有很高的学术价值、资料价值和收藏价值。

外研社出版的中外名家学者的部分学术著作

上述系列学术著作的出版，充分体现了外研社"为教学和科研服务"的办社宗旨和社会责任感。社长李朋义经常说："这些学术著作的出版在经济效益上是亏损的，但社会效益是巨大的。没有社会效益，仅追求经济效益不是社会主义的出版事业。"在那一时期，李朋义反复强调"外研社是一个学术性、教育性出版机构"。

## 第十节
## 百花齐放才是春，外研社20世纪90年代的多语种出版

随着改革开放的深入，中国与世界各国的交流日益扩大，国内的外语教育也呈现出多语种、多元化趋势。除了英语之外，日语、韩语、俄语、德语、法语、西班牙语等语种也随着国际之间频繁的经贸合作而更广泛地走进课堂。进入20世纪90年代之后，北京外国语大学作为国内最重要的外语类高校之一，相关专业的课程越来越全面、完善，语种扩大到了30个以上。到目前为止，随着"一带一路"倡议的推广和"人类命运共同体"伟大战略构想的提出，北京外国语大学获批开设的外语语种已增加到101种。外语教学与研究出版社作为全国最专业的外语出版机构，背靠北外优秀的语种优势和师资力量，秉承服务于教学与科研的宗旨，在多语种出版上也做出了应有的贡献。

### 1. 加强中日交流合作，丰富日语图书出版

自建社以来，外研社就拥有较强的日语出版实力。1997年，外研社日语工作室成立，集中力量增强日语出版能力，成为当时的四

大专业出版工作室之一。日语编辑人员在立足于组织国内作者队伍的同时，还较早地走出国门，将国外先进的教材引进中国，取得了骄人的业绩。

## 1.1 口语入门与日语辞书

1990年，北京外国语学院日语系教授陶振孝与外研社总编辑靳平妥编译的《无师自通日本语口语》出版。该书原著作者为水谷修、水谷信子。该书是专门为希望学习现代日语的人而编写的一本入门级日语学习教材，所教授的语言是现代的标准日语。各课对话是编者根据在东京的各个办公场所、家庭、街道上听到的真实会话材料编写而成的。所附磁带发音纯正，语速轻快适当。这是一本好学易懂、非常实用的口语教材，出版后屡次再版，受到广大读者的欢迎，是全国日语出版界的畅销书。

1991年，王萍等编纂的《现代日汉汉日词典》出版。该词典属于"外研社外汉汉外系列词典"，集日汉、汉日两部分为一册，使用颇为方便。两部分各收录一万八千余词条，包括常用词汇、科技

部分日语教材

《现代日汉汉日词典》

词汇、社会科学词汇和外来语，也有一定数量的成语、谚语及常用句型。编写人员非常认真负责地参考了《例解新国语辞典》《新明解国语辞典》《岩波国语辞典》《新日汉辞典》《汉日词典》《中日大辞典》等辞书，汉日部分的汉语词条选编参考了《小小汉英词典》。整体来说，这是一部内容简明扼要、编排紧凑醒目的辞书，也得到了读者及市场的认可，入选了"第十三批全国优秀畅销书"。

1992年，陶振孝、于日平翻译的《日本语基本动词词典》出版。这部词典原作者为小泉保、船城道雄等，是根据当时最新的日语研究成果编写而成的，采取了当时较新的编排形式，收录了最常用的728个基本动词，非常适合非母语学习者使用。

1992年，徐昌华翻译的《基础日本语学习辞典》出版。这部辞书由外研社与日本国际交流基金合作出版，是日本学者专为外国人学习日语而编写的。顾名思义，这部辞书主要是帮助初学者解决基本词汇的学习问题。编者从日常使用的词语中选定基础词汇，对每一词所具有的意义进行分类，按每个义项，通过词例、例句表明词的用法。该词典为日汉对照版，每个例句的后面都加上了汉语译文作为对照，以方便中国学习者理解。对日语初学者来说，这是一部非常适用、便于查考的日语辞书。

## 1.2 电视日语与新干线丛书

在20世纪90年代外研社出版的日语教材中，最负盛名的是于1996年推出的《日语，你好》（包括图书、录音带及录像带）。《日语，你好》是由日本放送协会（NHK）国际部和教育部精心制作，由外研社与中国教育电视台精心加工改编后推出的一部大型日语教学节目。节目配套教材的改编者为蔡毅、薛豹，共分25课内容，每课包括句型、对话、语法、注释、短剧、练习六个部分。每课突出一个主题。通过学习该书，读者可以在短时间内达到提高日语实际应用水平，特别是口语表达的目的。由于课程设计出色，《日语，你好》获得了第二届全国优秀教育音像制品三等奖。

《日语，你好》播出后，收视率居高不下，配套图书及音像制品也受到读者热烈追捧。外研社"趁热打铁"，与原合作机构共同策划推出了《日语，你好》（中级）。中级的25课依次分为生活篇、工作篇、家庭篇，广泛而生动地展示了日本人的生活舞台，构筑起了纯正的日语世界。这一节目及其配套教材的实用性和口语性超过了已往的日语电视教学节目，读者深入学习之后，日语水平可以有突飞猛进的提升。

1999年，许春建等人翻译的"日语新干线丛书"出版。这一丛书是根据国外原版教材翻译而来的，每两个月出一本，一年共出6本，内容主要分为日语课程和信息单元两部分。不同的课程深浅程度不同，读者可以根据自己的水平进行学习。信息单元中介绍的则是日本最新的信息及对外国人实用的信息。这套书的日文汉字下面均有注音，为读者提供了极大便利。同时，还配有录音带，帮助读者提高听力水平。这不仅是一套学习日语的绝佳教材，还是了解日本的百科全书。丛书陆续出版后，日语工作室做了大量的推广工作。他们向全国370所高校、90所中学赠送丛书及书目，并寄发"全国日语教学信息调查表"，师生们都给予了非常正面的市场反馈，外研社日语出版的品牌形象得以进一步确立。

## 2．中韩建交，促进韩语出版发展

1992年8月24日，中国与韩国正式建立了大使级外交关系，结束了两国长期以来互不承认和相互隔绝的历史。随着两国在贸易、文化等方面的交流日益频繁，国内希望学习韩国语、了解韩国文化的人也随之增多。在这种趋势下，外研社抓住机遇，推出了一系列学习韩国语的书籍。

1995年，北京外国语大学亚非语系教授苗春梅等编写的《韩国语入门》由外研社出版。该书是以初学者为对象编写的韩国语初级教材。它以语音和日常的实用会话为主要内容，并附有介绍韩国语和韩国文化的基础知识，能使初学者初步掌握韩国语的基本知识。读者在提高听、说能力的同时，还能对韩国语和韩国文化有基本了解。这是一套视听说立体化教材，配有录音磁带。该书问世后迅速成为韩国语自学者和初学者的首选教材，累计销量超60万册。

同年，北京大学外国语学院教授韦旭升等编写的《韩国语实用语法》出版。该书是在20世纪70年代出版的《朝鲜语实用语法》的基础上修订而成的。韩国语和朝鲜语是同一个半岛上的同一个民族的同一种语言，两种叫法主要是为了尊重朝鲜半岛南北两部分的现实状况。当然，由于长达半个多世纪的相互隔绝状态和彼此现实条件的差异，南北双方的语言在具体使用上产生了一些差别。所以，《韩国语实用语法》所论述的语法是朝鲜半岛共同遵守的语言规律，但采用的是朝鲜半岛南半部分通行的拼写法、隔写法。该书分为"词类概论""词法""句法"三大部分，目标读者是具有一定韩国语基础而亟待加深与提高语法的理解与应用能力的读者。自出版以来，这本语法书就成为韩国语教学界的权威教材，经历了多次修订，并始终畅销。

### 3．为俄语学习者构建完备的学习宝库

20世纪60年代，因为中苏关系的迅速走低乃至恶化，大学俄语教学受到严重冲击。1979年3月，教育部印发的《加强外语教育的几点意见》中提出：俄语在外语教育中应保持必要的比例；俄语人才的培养不能断线，要采取少而精的原则；中小学可在少数学校开设俄语课，与苏联接壤的各省、自治区可适当扩大开设范围。根据该《意见》，俄语教育有所复苏。1980年，外研社建社后出版的第一本教材便是《俄语》（第1册）。

20世纪八九十年代，两国关系日趋正常化，外交关系也得到了实质性改善。两国在政治、经济、文化和教育等各个领域的交往日趋频繁，俄语教学迎来了难得的发展机遇，但同时又面临学习材料或陈旧或短缺的窘境。于是，外研社积极调动专家学者及编辑力量，从教材、教辅到辞书、读物，搭建起一整座完备的俄语学习宝库。

#### 3.1　根据时代要求和读者需求策划教材

根据时代要求和目标读者需求，外研社出版了一批难度不等、重点各异的俄语教材。比如，1990年至1991年出版的《科技俄语听力》是为了帮助理工科师生和广大科技工作者提高专业俄语听力、增强俄语交际能力而编写的听力训练材料；1992年，《俄语入门》（上、下册）问世，这套教材根据成年人学习俄语的特点，深入浅出，突出重点、难点，帮助读者获得俄语语音语调、基础语法、常

用词汇和句型等语言知识，是针对自学俄语的读者和正在学习俄语的中学生的入门课本；1997年出版的《经贸俄语视听说教程》，适合俄语专业高年级学生及具有同等俄语水平者学习使用，以提高听、说能力和扩大经贸方面词汇量，也可供具有一定俄语基础者作为阅读材料使用。

这段时期，外研社出版的最重要的俄语教材是"东方"《大学俄语》。这是由北京外国语大学与莫斯科普希金俄语学院合作编写，供高等院校俄语专业本科生使用的系列教科书。教材的第一至四册为基础阶段，充分贯彻交际原则，帮助学生掌握听、说、读、写、译的基本技能；第五至八册为提高阶段，文章超越生活题材，涉及社会、文化、政治、经济、科普等各个层面。教材深度及广度的区分有利于学生在俄语学习中循序渐进，渐入佳境。

这套教材的亮点之一是充分考虑到了中国学生在学习俄语时面

部分俄语教材

"东方"《大学俄语》

临的难点，比如，中国学生容易混淆俄语的清、浊辅音，编者就改变了过去清、浊辅音成对教授的惯例，而是先教清辅音、后教浊辅音，使难点分散、训练集中。此外，还严格遵守了先教单音、后出单词的原则，贯彻了语音、语调、语法、词汇、言语训练密切结合的原则，等等。这些新的教学方法得到了师生的广泛认可，取得了良好成效。

### 3.2　种类齐全、地位权威的俄语工具书

外研社出版的俄语工具书种类齐全，地位权威。1990年，由外研社副总编辑信德麟等人编辑的《俄语语法》出版。该书是由苏联科学院俄语研究所编写的《俄语语法》原版精选压缩而成，旨在向

国内读者介绍苏联俄语研究的新动向及新成果。同年，周春祥译编的《简明俄语修辞》出版。这是一本专为中国学生译编的俄语修辞书，供有一定俄语基础的学生学习，也可供中学俄语教师教学参考之用。

除此之外，外研社还出版了一些具有时代性的实用工具书。比如，1990年出版的《汉俄外贸口语词典》是为了适应我国对外贸易事业发展的形势，满足广大外贸工作者的迫切需求而编译的。1995年出版的《俄罗斯文化国情辞典》，由北京外国语大学俄语系和莫斯科普希金俄语学院合作编写，作者之一的普罗霍罗夫曾任普希金俄语学院院长。这部辞书的内容涉及俄罗斯文化和国情的诸多方面，选材偏重于传统文化、民俗和历史，同时也照顾到苏联时期的国情问题，并提供了某些有关苏联解体后的俄罗斯社会的信息。对俄语教师、俄语学习者、俄语翻译及对俄罗斯文化和国情感兴趣的广大读者来说，这本工具书是很有帮助的。

在众多俄语辞书中，《现代俄汉双解词典》的地位是毋庸置疑的。这部词典问世于1992年，编者以俄汉双解作为词典释义的基本构架，意在避免由于两种语言词义差异而造成的单一中文释义的模糊和含混，提高读者理解、使用词语的正确性和准确性。这是一项不小的语言工程，收录基本词条七万余条，加上未列入正式词条的派生词约一万九千余条，共收录九万多词条，其中包括出版前十年间在社会政治、经济贸易、法律、科技、文学、艺术等领域出现的新词和新用的旧词、古词约一万三千余条。《现代俄汉双解词典》是由北京外国语大学俄语系教授张建华和外研社副社长赵文炎共同策划完成的，是应日渐发展的中俄合作交流的需要和广大俄语工作者、学习者对使用有中文注释的俄语原文词典的需求而编纂的。至今，这部词典依然是高校俄语专业学生几乎人手一册的重要工具书。多年后，张建华教授回忆起这段合作经历时，依然赞叹外研人的职业素养："合作留下的不仅是国内最为畅销的俄语词典销售佳绩，而且还给我留下了十分美好的记忆。这一美好来源于我们无间的友谊，有我对赵文炎作为出版者敏锐眼光的倾慕，对他严格要求质量、踏实严谨工作作风的敬佩，还有对他那成功的宣传、营销策略的赞赏。……在新一代的俄文编辑中又有像周小成、周朝虹这样的令人愉快的合作者，他们都对俄罗斯语言图书的出版事业有着真诚的热爱。"

1998年，张建华等人编纂的《现代俄汉词典》出版。这是一部中型词典，编者全部是北京外国语大学的教授、专家。《现代俄汉词典》不以学术性和详尽性为编写原则，而旨在对学习者和使用者有实际帮助。因此，其收录的词条虽然不如大型辞书丰富，但也完全能够满足掌握和使用俄语的实际需要，有利于使用者对俄语基本语汇的把握。《现代俄汉词典》与《现代俄汉双解词典》各有千秋，都是畅销至今的重要工具书，也在不断修订与完善中。

## 4. 德语出版：从"目标教程"到"走出困境"

德语是重要的通用语种，德国文学、文化在中国读者中也有着不小的关注度。外研社的德语出版起步较早，在20世纪90年代就出版了一批高质量图书。

1991年，北京语言学院教授肖佩玲等编写的"目标·强化德语教程"系列教材开始出版。这一教材力求体现国家教育委员会批准试行的《出国留学人员德语强化教学大纲》所规定的教学原则及教学内容，注意全面培养学生的听、说、读、写能力，突出听、说训练，遵循交际法原则，重视中国学生的学习特点和习惯。这是一套非常系统的基础教材，包括综合课本四册及教师手册两册，还配有听力技能训练课本两册、阅读技能训练课本两册及录音磁带。学生通过一段时间的学习之后，可以达到《教学大纲》提出的各项教学要求。因其强大的实用性，这套教材很受欢迎，成为当时德语学习者的首选。

1996年，汪溥、邵康文编纂的《现代汉德词典》出版。这部词典在有限的篇幅之中尽可能多地包含了准确、实用的内容，共收汉语单字、多字条目及合成词、习语等近四万条。条目的选择主要根据对外交往及在德生活、学习和工作的实际需要而定，尽可能收录了反映当时社会政治、经济、商贸、法律、科技及文化生活各方面的新词汇和术语。词典的收词范围广泛，释义的标注方式

部分德语教材

较新，便于读者使用。至今，该词典仍是德语学习者的常用辞书之一。

教材及辞书之外，外研社还于1995年出版了《行动起来，为了德国——走出困境》。该书作者为"中国人民的老朋友"、曾任德意志联邦共和国总理的赫尔穆特·施密特（Helmut Schmidt），译者为北京外国语大学教授刘芳本等。施密特是战后最受欢迎的联邦德国总理之一，是联邦德国和世界政坛上备受尊重的政治家。他积极促成了德国与中国建交，曾于1975年应周恩来总理之邀来到中国，是第一位访问中国的联邦德国总理。该书分析了两德统一带来的巨大挑战，论述了德国人应如何面对当时低迷的经济形势、如何重新看待德意志民族的自我认同、如何共同构建一个稳定安全的政治经济环境等重大问题，并号召德国人互相理解、团结，以求共同走出危机。因为作者声名远扬，内容严肃深刻，且译文流畅精准，该书出版后引起不少读者关注，取得了良好的社会效益与经济效益。

## 5. 自力更生，完善法语图书出版

新中国成立以来，法语教学发展迅速，教材建设在自力更生的基础上日积月累，无论质量还是数量均取得了令人瞩目的成绩。20世纪90年代是法语教材编写硕果累累的时期，北京外国语大学及外研社在这其中做出了突出的贡献。

### 5.1 畅销十余年的"马晓宏《法语》"

目前，国内有数套系统的法语教材，但影响最广的是由著名法语教学专家、北京外国语大学教授马晓宏主编的《法语》，大家习惯于将这套教材及其修订本称为"马晓宏《法语》"。

　　这套教材于1992年至1993年由外研社出版。北京外国语大学历来重视基础阶段的教材建设，为高校法语教材的编写投入了巨大的人力、物力。《法语》是在第二届法语教材编审组领导下，由以马晓宏教授为代表的编者们参照1987年国家教委发布的《高等学校法语基础阶段教学大纲》规定的原则，并结合多年的教学经验编写而成的。

　　《法语》最大的特色是语法体系严谨，练习编排丰富多样。无论是在课文选择、练习编排，还是在注释等方面，《法语》的编者们都力求摆脱传统的窠臼，创造新的风格和体例。而且，教材在付梓前还经过编审组成员和有关专家、学者的讨论和审定。马晓宏回忆起这段编写经历时曾经说："我为《法语》这套教材，放弃了很多。"他其实是一个兴趣非常广泛的人，热爱旅游、钓鱼、读书，但这些兴趣在《法语》教材的编写任务面前都只能退居次席。为了把这套教材打造成适合中国人自己的法语书，马晓宏兢兢业业、倾尽心血，全身心地投入到编排与修改中去。

　　功夫不负有心人，《法语》出版后赢得了广大法语师生深深的喜爱，为全国开设法语课程的大多数院校所采用。印有外研社社标的马晓宏《法语》成为国家教委审定的大学法语专用教材，畅销十余年。1996年，该教材荣获国家教委颁发的"第三届高教优秀教材奖中青年奖"。绝大多数法语专业的学生都是

马晓宏教授

从入学后手捧外研社出品的《法语》（第1册）那一刻与法语结缘，又凭借《法语》里的词汇、表达和语法纵横驰骋在中法交往的各个舞台上。

马晓宏《法语》

### 5.2 《新编法语语法》及其他教材、工具书

1992年，著名法语语言文化专家、法语教学界权威陈振尧教授编写的《新编法语语法》由外研社出版。众所周知，法语是一门比较难学的外语，其语法体系极其复杂，许多初学者视为畏途。陈振尧教授根据自己数十年的教学经验，并参照国内外法语语法专著编撰成此书，就法语口语、书面语中常见的语法现象作了说明及讲解，兼顾了传统语法体系及其他各派语法体系。例句则力求结合现实生活，简明、易懂、实用，不局限于某一体裁。该书是法语初学者系统学习、查阅法语语法的重要参考书。

陈振尧教授

除出版为法语专业的学生编写的教材之外，外研社还策划了一些面向其他读者群体的教材。比如，1995年外研社出版的《大学法语简明教程》是为以法语为第二外语的本科生和研究生设计的法语课本；1998年出版的《实用经贸法语》是为了满足我国同法国及其他法语国家和地区经贸交流扩大的需要，向读者介绍经贸领域最常用的法语表达方式以及有关经贸业务的基本知识的业务参考书。

2000年，"外研社外汉汉外系列词典"之一的《现代法汉汉法词典》终于问世，编者为外研社党总支书记徐秀芝等。这部词典分为法汉、汉法两部分，共收录约四万个词条，以普通词汇为主，酌收少量专业词汇和常用短语，特别收入新词汇和新释义，选词精当，释义准确，具有多功能、易携带的特点，满足了广大法语工作者、学习者日常查阅的需求。

## 6. "独占"西班牙语课堂的董燕生教材及其著作

西班牙语是世界上最通用的六种语言之一，随着对外经济与文化交流的扩大，需要使用西班牙语进行交际的国人越来越多。1991年，外研社组织编写的《现代西汉汉西词典》出版，编者为毛金里、梁德润、李多等。该词典属于"外研社外汉汉外系列词典"，是一部非常实用的中型词典。该词典分西汉和汉西两个部分，各收词目两万余条，包括了最基本的词汇和短语，并尽可能收录反映当时社会政治、经济、外贸、法律、科学技术、文化生活各方面的新词汇和术语，足够一般学习者使用。

不同于其他语种的是，西班牙语教材二十多年来都是"一枝独秀"。这套独占鳌头的教材的编者就是著名西班牙语语言文学专家董燕生教授。董教授自1960年毕业于北京外国语学院西班牙语系后,留校任教至今,将一生献给了西班牙语的教学及研究事业。

"文革"结束后,国家教委成立了全国外语专业教材编审委员会,西班牙语教材编审小组是其下设机构之一,北京对外贸易学院的张雄武先生任组长,董燕生为副组长兼教材编者。鉴于社会文化和语言上的巨大差别,在中国很难直接使用为母语学习者编写的西班牙语教材,以及为欧美学习者编写的西班牙语教材,因此编写人员不得不另起炉灶,从头编起。最后的成果便是1985年至1991年由商务印书馆出版的《西班牙语》(共六册)。这也是董燕生教材"独占"西班牙语课堂的开始。虽然编者耗费了巨大的心血,克服了难以想象的困难,完成了这套编排基本科学、语法体系完备的教材,但《西班牙语》从动手搜集材料的那一刻起,就不可避免地深深打上了时代烙印,呈现出或多或少的生硬的政治说教色彩。

随着时代的进步,《西班牙语》的修订被提上日程。经过艰苦繁复的努力,1999年至2002年,外研社出版了董燕生与刘建合作修订的《现代西班牙语》(共五册)。这一版教材全面更新了课文内容,反映了当代校园生活、社会生活、西班牙语国家的历史文化等;在语音、词汇、语法项目的安排方面,尽量兼顾科学性和实用性,从易到难、由简入繁地展开;为了便于学生理解和掌握,语法术语的译名也参照国内汉语和英语教学的常用表述方式作了适当调整。教材出版后深受广大师生的欢迎。2002年,《现代西班牙语》荣获教育部颁发的"全国普通高等学校优秀教材二等奖"。

左起：李朋义社长、陈乃芳校长、西班牙王储（现为国王）费利佩、董燕生教授、西班牙语系主任刘建教授

　　作为西班牙语教学界执牛耳的人物，董燕生教授还在外研社出版了其他重要著作，比如1998年出版的《西班牙文学》与1999年出版的《西班牙语句法》，至今仍是相关领域的权威之作。为了表彰董燕生教授为西班牙语教学事业做出的重大贡献，2000年，西班牙国王胡安·卡洛斯特派王储费利佩为代表，授予董燕生"伊莎贝尔女王勋章"。隆重而热烈的授勋仪式在外研社大厦内举行，西班牙王储费利佩、北京外国语大学校长陈乃芳、外研社社长李朋义、北外西班牙语系主任刘建及全国多位西语界知名人士参加了仪式。2009年，董燕生教授又获得西班牙政府颁发的"艺术文学勋章"，成为获此殊荣的第一位中国人。

## 7. 站得住、有价值的非通用语种出版

从前文可以看出，20世纪90年代，外研社多语种出版的贡献主要体现在以下几个方面：第一，从中外扩大交流合作的需要出发，为满足国人学习多语种的需求，建立或完善各语种教材、教辅、工具书教学资源体系；第二，紧跟时代步伐与语言本身的发展，不断修订原有教材及工具书，呈现更好的精品之作；第三，加强与国际出版机构的交流与合作，共同策划或翻译引进外语教学方面的权威书籍；第四，维护作者队伍，做好读者服务工作，创新推广及营销手段，树立外研社多语种出版的品牌形象。

20世纪90年代，北京外国语大学开设有30多个语种的课程，除英语、俄语、德语、法语、日语等通用语种外，还有越南语、老挝语、缅甸语、印尼语、阿尔巴尼亚语、罗马尼亚语、匈牙利语、波兰语、保加利亚语、僧伽罗语、斯瓦希里语、豪萨语等非通用语种。其中，四分之三以上的语种在全国范围内使用者寥寥无几，而外研社要为每个语种出版基础教材及配套教材，有的还需配备工具书和参考书。

部分非通用语种教材

可想而知，这些图书印数少，亏损严重。但到1999年，这个出版计划基本完成，外研社共出版200多种非通用语种教材，其中50多种获国家级和部委级优秀教材奖。这一时期，外研社出版的非通用语种教材及工具书主要有《泰语》（卢居正、邢慧如、岑容林、邱苏伦等编）、《柬埔寨语》（尹淑华、彭辉、邓淑碧、徐惠明等编）、《缅甸语》（周思贤、许清章等

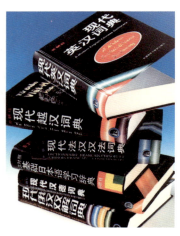

外研社出版的多种外语词典

编）、《缅甸语语法》（许清章编著）、《现代印尼语语法》（张琼郁编著）、《现代越汉词典》（雷航主编）、《匈牙利语入门》（李洪臣编）、《瑞典语》（杨迟编）、《瑞典语语法》（王晓琳编）、《波兰语》（李金涛编）、《波兰语语法》（李金涛编）、《塞尔维亚语-克罗地亚语》（王春元、王秀明、黄雨辰、李士敏等编）、《塞尔维亚语简明实用手册》（王春元等编）、《阿尔巴尼亚语》（张林辉、肖桂芬、夏镇、李兵等编）、《简明豪萨语语法》（程汝祥编）、《罗汉会话手册》（丁超等编），等等。

李朋义社长挂在嘴边上的话是："我们是外语教学与研究出版社，而非英语教学与研究出版社。出版非通用语种的教材和图书是我们的重要职责。"外研社一直坚信，所出版的这些非通用语种教材，虽然在经济上是亏损的，但却能在书架上站得住，有价值，有生命力，经得起时间的考验。这不仅是对中国外语教育事业的支持，也是一种文化积累。

## 第十一节
## "一社两制"，兼得地利与人和的信息中心制度

20世纪90年代，交通和通信都不像今天这样便利。外研社新书的宣传、推广都要靠工作人员从北京奔波到全国各地，发扬不怕苦、不怕累的精神，靠着两条腿和一张嘴，向书店和学校介绍自家出版的图书。为了改变这种局面，在借鉴国外同行经验的基础上，勇于探索的外研社建立了全国各地信息中心制度。

### 1．解放思想，第一个分支机构的成立

1993年，教育部组织了十几位大学出版社的社长和印刷厂厂长访问德国出版界，外研社社长李朋义担任访问团的秘书长及翻译。两个星期里，他们走访了11个城市，参观了十多家出版社。当翻译虽然很辛苦，在整个过程中不能走神，但也能学到更多的东西。李朋义要先弄懂外国同行表达的意思，再翻译给访问团的十几个人听，因此必须全神贯注地记忆甚至记录，有疑问的地方还要打破砂锅问到底。德国出版社的经营理念、先进设备和宣传推广方式都给李朋义很大启发，尤其是德国出版社的推广费用可达实洋的6%，给他留下了深刻的印象。

德国的面积相当于中国的一个省，被划分为16个州。中国是由教育部统一制定教学大纲，适用于全国。德国则是每个州都有自己的教育部，制定本州的教学大纲，不同出版社根据大纲编写多套教材。

柯莱特（KLETT）出版社是德国一家大型的教材出版社。为了

推广教材，他们在德国十几个州建立了分支机构，承担搜集教育及出版相关信息、寄发书目和宣传单及实地推广等工作，还可以直接与学校校长和教师沟通。该出版社每月就可以发出80万份目录，全是流水线作业。空信封装入教材教辅目录后，机器自动把名签打在信封上，封好口，寄送出去，这在当时是很先进的技术。李朋义思考着，德国全国只相当于中国一个省的大小，各州也不过相当于中国的地级市，教材出版社尚要在推广上花费这么多的心思。相比之下，中国幅员辽阔，地区之间差异较大，如果要把市场做大，是否可以借鉴德国经验呢？

当时，教育部在上海浦东新区塘严路90号龙阳高科楼设立了全国高校技术中心，吸纳各个高校加入。1993年12月23日，李朋义等人前往上海考察，决定租用该楼306室，成立外研社在外地的第一

1993年，李朋义社长（右二）访问德国柯莱特出版社，学习了建立信息中心的经验

个公司——北京外国语大学思博达信息工程公司。该公司以展示外研社图书为主，同时在上海各学校、书店推广图书，搜集市场信息。1994年4月14日，外研社派遣当时的公关部副主任李明明和员工刘玉秀常驻上海，开展相应工作。后半年，高校技术中心撤销，加上从北京派人常驻上海开展工作有诸多不便，思博达信息工程公司亦随之停办。这次尝试让李朋义认识到，不熟悉当地文化，不拥有当地人脉，不掌握当地资源，就没办法打开当地市场。

1994年年底，社长李朋义和党总支书记范明贤考察了吉林、辽宁、山东等地的市场，决定在长春正式成立一家分支机构。经北京外国语大学党委同意、吉林省新闻出版局批准，外研社在吉林省长春市工商局注册成立了北京外国语大学长春图书音像制品经销部，聘任陈凤琴为经理。此前，出版社在外地建立分支机构并没有先例，具体业务如何开展，工作人员还需要摸索。长春经销部租下了一个不大的店面，主要售卖一些图书，兼管搜集和反馈外研社图书及音像制品在吉林市场的信息。卖书利润微薄，联系书店及学校虽有一定作用，但也有限。虽然新机构的经营方向还在探索中，但这一经销部的成立本身就是关键的一步。

## 2．辐射全国，本土化策略的推广

当时，经过多年的努力，在一般图书市场上外研社已经占有了20%以上的份额，市场趋向于饱和。由于经济全球化、信息化的到来，以及我国教育体制，特别是外语教育的改革和发展，外语教育出版市场变得更加广阔。于是，外研社在1998年提出了"以教育出版为中心"的出版战略，大学出版社要充分地为学校教育服务。当时，外研社组织编写的《新编大学英语》和《当代大学英语》等大学英语教材亟须在全国各类院校中推广。除了发行部的努力外，在各地成立分支机构就成为当务之急。

1998年11月，外研社将北京外国语大学长春图书音像制品经销部改为外研社东北信息中心，要求信息中心只开展信息服务和推广业务，不再从事经销活动，同时业务范围扩大到东北三省。

随后，自1998年年末至1999年，先后有华中、华东、西北、上海、河南、山东、四川、广西等地的信息中心如雨后春笋般纷纷成立。之后的2000年至2008年，湖南、华南、辽宁、福建、黑龙江、江西、新疆等信息中心也相继成立。其中，2002年，辽宁和黑龙江信息中心从东北信息中心独立出来，东北信息中心改为吉林信息中心；2002年和2007年，江西、福建信息中心分别从华东信息中心独立出来。

2000年，在信息中心的一次研讨会上，李朋义为信息中心的地位和职责作了说明。他说，信息中心是外研社在全国各地的常驻机

外研社华东信息中心

构，要贯彻外研社的各项决策和营销方略，结合各地实际使外研社的方针政策本地化。信息中心主要有三大功能：第一是信息的收集和反馈，第二是外研社出版内容的宣传和推广，第三是实现外研社"以教育出版为中心"的战略转移。

各地信息中心陆续成立后，利用本土文化占领本地市场，为大学英语教材的推广做出了重大贡献。在外研社指导下，他们主要在以下几个方面开展业务。

首先，建立完善的教学服务和信息搜集网络。《新编大学英语》贯彻了"以学生为中心"的教学理念，希望颠覆传统的以语言知识传授为核心、以教师为中心的教学模式，转向以交际为核心、以学生为中心的教学模式。为了推广这一先进的教学理念，信息中心主任们主动去各个高校进行拜访，积极向院系领导、一线教师推介教材，并建立起双向畅通的信息交流机制。同时，还搜集整理了正在使用教材的教师提出的问题及建议，以及大学教改动向、教材使用情况及考试态势等信息，向相关领域专家学者、外研社领导及编辑团队反馈。

其次，协助外研社在所在地区开展一系列教学研讨活动。为了推广《新编大学英语》《当代大学英语》《新视野大学英语》等大学英语教材，外研社在全国各地举行了多场教学研讨会，邀请教材主编邵永真、应惠兰、顾曰国、内维尔·格兰特（Neville Grant）和著名学者胡文仲、刘润清等人做学术讲座。各地信息中心为此做了大量的筹备工作。他们邀请了各省市大学外语教学研究会的会长和秘书长，以及相关院系领导和大学英语骨干教师，把"台子"搭了起来。当时，大学英语教学界很少有这样直接与专家进行交流的机会，专家的讲座提纲往往被一抢而空，教师们的参与热情很高，甚至连吃饭时都还在讨论问题。现在，信息中心组织大学英语、基础英语和其他语种教学及图书的研讨会、座谈会、学术报告会、教学观摩会和学术交流会已经成为常态，这些会议成为广大教师了解学界动态、提高教学水平和增进学术交流的重要途径之一。

在各地信息中心的协助下，外研社开展的教师暑期培训也成为一大特色。在培训过程中，参班教师可以了解最新教学理念，提高教学研究能力，开拓教学设计思路。在外研社"教学之星"大赛、"外研社杯"全国英语辩论大赛和全国英语演讲大赛等丰富多彩的赛事活动中，以及外研在线和国际人才英语考试这类新业务的推广中，也活跃着信息中心工作人员的身影。

最后，各地信息中心扎根当地，更了解本地的教学需求，能从这个角度进行一些非主干教材的选题策划工作。比如，福建进行教学改革，需要与中等职业学校学业水平考试相配套的教材，福建信息中心就第一时间联系了一线教学团队的骨干力量，组织他们设计了一批辅导类图书，由外研社职业教育出版分社出版。

在这些工作中，信息中心成了外研社和全国外语教育工作者的联系纽带，提升了外研社在全国的知名度，增强了外研社的亲和力与凝聚力，有效地占领了大学英语和基础英语市场。

### 3．"一社两制"，国有与民营资本实现双赢

社会主义市场经济体制的建立，促进了中国经济蓬勃发展，造就了一个英雄辈出、英才遍地的风起云涌的时代，使得蕴藏于人民

群众中的巨大能量与聪明才智迸发出来。中国企业的所有制格局发生了重大变化和调整，一大批民营企业成立。民营资本的活跃，为信息中心制度得以实施提供了基础。比如，好几位信息中心主任都曾是国有单位年轻有为的中层干部，却应时代潮流而动，"下海"做起了信息中心。

李朋义将信息中心制度的关键总结为"一社两制"，是国有经济和民营经济的结合。外研社本身当然是国有企业，但为了便于信息中心在外地开展活动，信息中心主任既为外研社在当地市场的营销服务，又在体制、机制上有一定的灵活性。这样，就既能调动起他们的工作积极性，又能使他们拥有较强的归属感。

这一制度是外研社的一大创新。就像邓小平同志在南方谈话中所说的："改革开放胆子要大一些……抓住时机，发展自己，关键是发展经济……发展才是硬道理。"所以，外研社力排众议，坚持了"不争论，埋头搞发展"。时不我待，如果纠结于国有还是民营的问题，就会白白错过发展机遇，要敢于"摸着石头过河"，"大胆地试，大胆地闯"。

当然，在选择信息中心的负责人时，外研社非常慎重，要从思想品质、奋斗精神、工作能力和工作热情等方面进行全面考察。各位信息中心主任都是当地英才，他们或是大学教授，或是国企中层，或是知名高校毕业生，如此等等。在管理中，外研社以宽广的胸怀、宏大的格局，给予信息中心主任们绝对的信任和充分的自主权，日常管理也比较人性化。但是，外研社对信息中心实行严格的目标考核制，对于每年下达的任务，各地信息中心必须不遗余力地去完成。

2014年，外研社建社35
周年晚会，信息中心主
任集体朗诵诗歌

　　成立最早的信息中心至今已有25年，最晚的也成立了十余年。
这期间，外研社大学英语教材在各地的销售额都翻了十倍乃至数十
倍，几乎都在所在省份排名第一，在这一领域外研社在全国范围内
成为绝对的行业领导者；外研社在基础英语教材领域的市场占有率
也达20%以上，且规模越来越大；外研社职业教育教材也有不俗的
表现。

　　市场占有率只是显性意义上的成功，信息中心制度的重要成果
还体现在以下三个层面。

第一，在全国范围内建立了完善的教学交流与服务体系。西北信息中心主任荆运闯说，外研社开创了一种模式，原来院校都是被动接受教材，但出版社主动推荐、定向宣传使他们改变了思路，开始自主选择。华中信息中心主任卢汉生提到，当地一位外语教学研究会的负责人对他说，外研社每年开展的研讨会和培训是一件功德无量的事，一方面促进了学科发展，另一方面则是实实在在帮助了教师进步。华东信息中心主任王建平提到，华东信息中心在这方面所做的工作卓有成效，他们积极帮助当地高校创新课堂教学模式，打造出多所全国英语教学改革示范学校，还有多所大学的英语课程被评为全国精品课程，多所院校的课程入选全省精品课程。

第二，建立了一支服务好、反应快、忠诚度高的销售队伍。辽宁信息中心主任寇晓东说，教材推广最重要的前提是教材本身质量好，但在别的出版社还没有服务意识的时候，外研社的信息中心负责人就能面对面地解决教师提出的需求和问题，很快地把教学需求反映到社内，这就占据了优势地位。华南信息中心主任刘秋香、福建信息中心主任黄晓玲始终把服务大学英语教学放在她们工作的首位。正是由于信息中心主任们的服务意识，才使他们赢得了大学英语的市场份额。

第三，掌握了大量一手信息，建立了一个"大数据信息库"，为外研社从服务需求向定制需求、创造需求转型打下了基础。西南信息中心主任戴本文在近20年的时间里，为西南地区50后、70后和80后三代外语教师服务，对区域内学界变动了如指掌。湖南信息中心主任陈亮把为教学和科研服务放在首要位置来抓，与此相关的事情再小，他也会放在心上。黑龙江信息中心主任王伟则提到，20年来，外研社在英语教材和其他图书编写及教学改革方面，市场反应和理念更新都很迅速，这就得益于长期打造的信息库。

华东信息中心主任王建平说："感谢改革开放这个人才辈出的伟大时代，思想得到极大解放之后，人们对幸福生活的追求从未如此迫切。有胸怀、有责任、有担当的外研人建立了信息中心制度，为当时年轻的我们带来了机遇。"吉林信息中心主任李凤波则对员工这样说："信息中心不只是在推广教材，而是当地外语教学平台的参与者和贡献者。我们要把国内最优质的教材推荐给学校，给学生提供更好的平台、更多的资源。这是一份具有荣誉感和参与感的工作。"山东信息中心主任付明、上海信息中心主任颜涌波、江西信息中心主任邵井庐也都表达了自己对外研社的深厚感情，将外研社视为力量源泉和精神支撑，感谢外研社为他们的事业发展提供的助力与支持。

社长李朋义在多种场合下给予了信息中心这样的定位："你们是实施外研社营销战略和产品推广的'桥头堡''地头蛇'和'坐地炮'，为外研社市场稳固和码洋攀升做出了巨大的贡献。"其实，信息中心制度是一种双赢。对信息中心来说，外研社的文化基因让他们为之骄傲，外研人的奉献精神和工作风格让他们备受感染。他们也在工作中实现了个人价值，始终骄傲于能够成为外研社的一分子。双赢之下，外研社也要感谢信息中心主任及员工们的诚信服务，他们是各地用户和读者可以依赖的桥梁与纽带，为外研社社会影响力和市场份额的扩大发挥了巨大作用。

## 第十二节
## 外研红：红楼拔地起，已跃数重天

1992年，外研社共有120多人，发行码洋2600多万元，但只有30余间筒子楼办公室和简易书库棚房，共300多平方米，分散在北京外国语学院东西两院的五六个地方，一些员工甚至需要在家中办公。当时还有大批的图书堆放在出版社周围的马路上，既不安全，也不方便。因此，建造一座现代化的出版大楼以改善办公环境，成为北京外国语学院和外研社领导的共识。

### 1．筹建"现代化、21世纪"的大楼

在1992年9月的一次研讨会上，北外副院长余章荣表态，学校将全力支持外研社自筹资金修建一座外语图书音像出版综合大楼，外研社要尽快提交正式立项报告。

10月28日，外研社向学院领导呈报了第一个建楼请示报告。报告分为"我社的现状与发展前景""我社目前的办公条件和库房情况""新大楼的规划和设想"，以及"资金来源"四项内容。

首先，报告回顾了外研社成立13年来的发展成就，指出目前的经营规模和方式，特别是办公条件与设备，与党的十四大提出的"加快改革开放与现代化建设步伐"的新形势和外研社当时新近提出过的《外研社改革与发展综合方案》中"五化"的标准之一"设备现代化"有一定的差距。在外研社的规划中，未来几年出书品种将大幅增长，销售额和纯利润也将以每年递增20%的幅度上升。到1995年时，外研社销售总额将达到4300万元，纯利润600万元。根

据当前实力和发展前景，外研社有能力在今后几年靠自筹资金实现建造大楼的计划。

其次，报告还说明，虽然从东院6号楼搬到西院1号楼后，外研社的办公条件有了明显的改善，但仍不能满足全部职工的办公需求，且西院1号楼已在规划拆除之列。因为没有专用书库，外研社不得不长期借用学院教学楼的地下室，或搭建临时活动房和明棚做库房，非常不利于图书储运工作。

再次，报告详细写明了关于新大楼的规划和设想。新大楼将包括图书编辑、出版、发行办公室，录音、录像编辑办公室，摄影棚，录音带、录像带制作室，会议室，学术报告厅，业务洽谈室，合资公司办公室，培训中心，书库，车库等。预计建筑面积为9000到10 000平方米。

最后，在资金来源方面，报告指出，建造大楼总投资约1500万元，外研社已筹齐800万元，接下来两年会排除困难，每年筹集500万元。

学院主要领导对该项报告基本表示认可。11月17日，学院党委书记曹小先来外研社调研时表示，学校将采取各种措施支持外研社的经营发展，筹建大楼的1500万元，可在每年上缴学院100万元的基础上自行筹款。

但是，学校最初拟定的选址是在北外西院院内，建筑面积不足10 000平方米，实际使用面积7000平方米。出于对出版社发展远景的考虑，社长李朋义希望能在更醒目的位置建造大楼，建筑面积也相应扩大。他提出，能否将选址变更到西院面临三环路的位置，且将使用面积扩大一倍左右。北外领导表示，如果要建造这个规模的建筑，需要更多资金，目前外研社账上的钱远远不够用。临近西三环的位置，学校另有安排，将引进外资建造一座用以国际合作交流的建筑。而且，外研社员工也就两三百人，7000平方米的大楼已经足够用了。在李朋义的极力争取之下，校领导同意他列席学校党委常委会。他在常委会上表态会着力解决资金的问题，绝不给学校增加任何经济负担，并反复陈述外研社发展壮大之后的愿景。最终，他以立军令状的形式，把外研社大厦的建设地址争取到了现在的位置。

1993年10月20日，在外研社呈报建楼请示报告一年后，学校首次以北京外国语学院的名义向国家教委呈递出版社建楼报告，同时决定由学校基建处负责人和外研社副社长任满申积极协作，抓紧办理建楼手续。同年12月29日，学校又一次向国家教委呈递补充报告。报告中提出原建楼规划有两处改动：第一，原计划在学校里面修建的办公楼移到北外西院面临三环路的位置，以使出版社醒目于世，提高知名度；第二，为了更有效合理地利用建楼所占的土地，拟将该楼的建筑面积由10 000平方米扩展到14 000平方米。同时，将原有投资金额1500万元增至2500万元，资金全部由出版社自筹。

补充报告的两大改动，意义重大，影响深远，为日后外研社的发展起到了极大的推动作用，充分证明了学院党委和学院领导对外研社的大力扶持与高瞻远瞩的眼光。

1994年4月11日，国家教委给更名后的北京外国语大学发文《关于同意北京外国语大学新建出版大楼的批复》。我们将这一具有历史性意义的文件全文抄录如下：

长风破浪

## 国家教育委员会文件

教计〔1994〕102号

关于同意北京外国语大学新建出版大楼的批复

北京外国语大学：

你校（93）北外基建字第330号及（94）北外基建字349号文收悉。为解决你校外语教学与研究出版社和外语音像出版社的业务用房问题，同意新建出版大楼建筑面积14 000平方米，其中编辑、出版、发行及科研用房6000平方米，行政管理及会议用房1700平方米，音像资料制作用房1800平方米，接待洽谈用房1000平方米，书库及音像资料库2700平方米，车库及附属用房800平方米。总投资2500万元，全部由你校自筹解决。

请据此安排工作。

国家教育委员会

一九九四年四月十一日

中华人民共和国国家教育委员会（印）

主题词：校舍　设计　北京外国语大学　批复

抄　送：北京市计委、建委、高教局、建行海淀支行

## 2．"给出版社建楼要比给自家盖房还精心"

从1993年2月大楼立项，到1995年10月大楼破土动工，前后经历了两年零八个月的时间。这么长的时间里，外研社主要在做两项工作，一是相关手续的审批与办理，二是开展设计与招标工作。前

期这些繁琐的筹备工作由外研社副社长任满申和北外基建处副处长周易中负责。

据不完全统计，与建楼有关的行政管理和业务审批部门多达三十余个，如国家教委基建司的规划处、计划处、技术处、审计室、建筑档案馆、办公室，又如北京市规划局的海淀处、路口处、总工室、办公室，其他如市建委、市消防局、市供电局、市园林局、市电话局、市卫生局、市人防办、市绿化办、市勘测院、市勘探院、建设银行、市政公司、煤气公司、自来水公司、质检站、海淀区卫生防疫站、紫竹院街道办，等等。去这些部门申办各类手续，累计跑了不下百次。此外，还要不断地接待与建楼相关的政府部门、业务公司和厂商院所，粗算起来也有二十多家，仅建筑工程公司和装饰公司就有十多家，通过对其考察、了解及公开、公正、公平的招标来加以取舍。外出考察了解实情然后再签订合同协议，

1995年10月，外研社大厦开工典礼

这种活动也不下30次，除北京地区外，远赴上海、江苏、东北、河北等地也有八九次。考察的单位也是五花八门，为了了解门禁和监控系统，还特意参观了鲜为人知的生产人民币的制币厂。尽管流程繁琐，但这是合法、合规、有保障地建造大楼必不可少的步骤。

在设计理念上，社领导之间达成了共识，希望新建的办公楼既要现代化，又要美观大方，兼容东西方文化和建筑艺术的特点，充分展示外语出版大楼的特色，成为外研社的标志和象征。为此，社长李朋义等人多次去当时的建设部建筑设计院与不同的设计师沟通。1993年5月，他们见到了设计师崔恺。崔恺于1984年毕业于天津大学建筑系，之后进入建设部建筑设计院工作，当时已成为高级建筑师、副总建筑师。外研社的同志详细、恳切地介绍了出版社的文化背景、新大楼的设计要求，崔恺很受感动，虽然还不确定自己能为这个项目做些什么，但已隐约感觉到这是一个重要的机遇。1994年5月，外研社与建设部建筑设计院、中旭建筑设计事务所签订了工程委托设计合同。年轻有为的崔恺主持设计工作。

1994年9月，外研社与设计院、校基建处三家商议设计问题。其主导思想是要有超前意识，要适应21世纪外研社的发展需要，把这座大楼建成智能化、现代化、多功能的综合大厦。其设计理念要和外研社"记载人类文明，沟通世界文化"的出版使命相一致。所以，设计方案在几个问题上都有所突破，比如要使用中央空调、使用双路电源、配置综合布线及直线电话、安装消防监控设备、安置大型摄影棚及录音室等，水、电、燃气等能源供给也要从长计议。这些现在看来比较常规的思路在当时都是超前的。

相关手续全部办理完毕，设计方案也已经出台之后，外研社大厦的实际建造工作提上日程。作为一个国有企业的法人代表，社长李朋义为外研社大厦的建造费尽了心思，耗尽了精力。当然，他也为此项工程而自豪。出版大楼从1995年10月动工到1997年年底完工，仅用两年零两个月。他全方位关注的是工程的质量、进度和资金问题。质量意识在他的头脑中根深蒂固，他有句话常常挂在嘴边："给出版社建楼要比给自家盖房还精心，要对子孙后代负责。"

大厦建造期间，李朋义有一天夜里12点从深圳出差回京，还没来得及回家，就先到工地上查看。当时正在浇筑第三层楼的混凝土。可能是由于下半夜施工，工人比较懈怠疲惫的原因，施工出现了问题。一个地方钢筋的"上筋"和"下筋"的弯钩没有勾连在一起，工人直接叠在一起铺设，这样就会导致建筑在遇到地震灾害时安全系数大大降低。看到这一现象，李朋义怒不可遏，勒令工人停止浇筑混凝土。但是工人并不认识他，因此置之不理，仍然继续施工。没办法，李朋义只好站在料斗下面"威胁"说："那么你们把我浇筑在水泥里吧。"说着就给项目经理打电话。由于气愤，他爆了粗口。对方不明所以："李社长，有什么事情不能好好说话？"李朋义大喊："工地上死人了！"对方吓得半夜急忙坐车赶来。接着，李朋义又打给学校基建处副处长周易中，对他说："工地出大事了，赶紧过来！"项目经理和周易中赶到后，知道并没有人员伤亡，先是松了一口气。然后，项目经理对李朋义说："确实是我们不对。但这块地方也就几平方米，之后我们施工中一定注意。"想就这么把事情轻轻带过。但李朋义不同意，要求把混凝土凿开重铺。对方觉得这样成本太高，说："可是水泥都已经凝固了。"李朋义

这是当晚发生质量问题争论时李朋义拍摄的照片，从中可以看到裸露的钢筋已被施工工人踩踏得不合格

生气地说："外研社有三百人，如果你们不肯凿，明天我们一人拿一把镐头，给你把屋面敲开。"这场争论从半夜12点一直持续到快天亮，最终对方只好返工重做。类似的故事还有很多，在外研人中间口口相传。

建筑的设计图、施工图、装修图和效果图，无论是黑白的还是彩色的，少说也有上百本、几千张。李朋义不是学建筑的，但他总是放下架子，虚心求教。他总是不停地翻看，红笔、蓝笔划出一道又一道，问号打了一个又一个，无数次地与设计师、建筑师们磋商，结合外研社的实际，提出中肯的意见和建议，以求最佳的效果。这点连设计师、建筑师以至工地的项目经理们都十分感动，而他自己也逐渐由外行变成了内行。

1997年下半年，为了保证大楼年底竣工，工地进入抢工阶段，校党委常委在工地召开了两次常委会，专门研究大楼的进度问题。工地打破惯例，每天召开监理例会，现场办公，检查每天的质量与进度。此时，十多家公司、数百名工人连续作业，交叉施工，从外装修到内装修，从室内综合布线到外管线施工，从配电室安装到厨具的到位以及家具定做、地板铺设等，千头万绪。好在大家都同心同德，团结协作，互谅互让，克服种种困难，赶在1997年年底胜利完工。1998年2月，外研社整体搬入新办公大楼。

最终建成的外研社大厦东西、南北皆长48.50米，占地面积为4318平方米。首层建筑面积为2119.1平方米。大楼为全现浇钢筋混凝土框架剪力墙结构体系，地上11层，地下1层，总建筑面积为15 287.69平方米，后来又增至17 200平方米。1999年3月至8月，为了扩充大楼的功能，又将西侧的北京外国语大学印刷厂搬迁到校外，将只有3层、2000多平方米的印刷厂房改造为5层、4000多平方米的高科技办公楼，即外研社大厦的配楼。外研社整体建筑面积达到21 000多平方米，空中架一人行天桥将两座建筑连接起来，一大一小，一高一矮，珠联璧合，浑然一体。外研社主楼的建筑投资为8000多万元，配楼的改造投资近3000万元，共投资约1.2亿元，全部由外研社自筹资金。

外研社大厦落成典礼

外研社院内的东南角，有一座威严的旗台。高高立起的三根旗杆上，始终飘扬着五星红旗与印有外研社社标的蓝白两色的社旗。旗台上还端放着一本打开的厚重的铜书，位于旗杆之下。铜书上镌刻着由李朋义社长拟定中文并由北外著名教授熊德倪译成英文的如下文字，铭记着历史，展望着未来：

外语教学与研究出版社和北京外语音像出版社分别创立于公元一九七九年和一九八三年，于一九九五年合并。本社以"记载人类文明，沟通世界文化"为宗旨，以振兴民族外语教育、推动社会文明进步为己任，代代相传，奋斗不息。

本社立志在二十一世纪建成大型出版集团，以跻身于世界先进出版之林。愿出版大厦的落成是建设出版集团的发轫。本大厦于一九九五年十月动工，一九九七年十二月竣工。

建设单位：北京外国语大学
　　　　　外语教学与研究出版社
设计单位和设计人：建设部建筑设计院崔恺建筑师
施工单位：河北第四建筑公司第四分公司
　　　　　筑邦建筑装饰工程有限公司
　　　　　曙光建筑工程公司
监理单位：北京首建工程咨询监理公司

## 3. "一百年也不落后"的一流建筑

20世纪90年代的北京，处处都有拔地而起的摩天大楼。但一些建筑虽然造价不菲，造型却中规中矩，鲜有新意，颜色也是千篇一律的灰白色。外研社大厦建成后，荣获了"北京市九十年代十大建

筑"这一殊荣，以独特的造型和
夺目的"外研红"成为当代建筑
史上的经典之作。

在外研社大厦附近，有北
京外国语大学校园中绿树掩映
着的20世纪50年代的仿古式校
舍，有从苏州桥延伸过来的凌
驾于大厦正门之前的高架桥，
旁边还有一栋高大的久凌大
厦。外研社大厦虽然本身楼体

红楼拔地起（外研社大厦）

不大，但被别出心裁地设计成了45度斜向相对的两栋大楼，正面的
悬空走廊使整个建筑形成了三面围合的正方体院落，显得楼体饱
满、高大的同时，还构成了一个相对独立的空间。挺拔雄健的南楼
如同一柄直刺青天的利剑，叠落式的北楼如同一本本自然立起的书
和书架，南北两座楼以叠落的平台和方格桥廊相连，并且形成一个
面对高架桥的三层楼高的主入口，将外部视线吸引到门洞内的纵深
空间之中，提高了观察视点，避免了从高架桥观察所容易产生的下
沉感。这样，外研社大厦在保持自身特色的同时，又与城市空间达
成了和谐一致的兼容。这一建筑完备地诠释了"记载人类文明，沟
通世界文化"的出版使命。

大厦外墙所用的赭红色墙砖，是李朋义和崔恺带领基建部门负
责人和施工部门负责人亲自去江苏宜兴敲定下来的。当时，这种墙
砖手工制作的方法、材料的肌理、对光线的反射及达成的视觉效
果，都让他们眼前一亮。但选用这样"重笔"的颜色是一个非常大

胆的设想，也引发了一些质疑。然而，大楼建成后，和颜色灰白、线条单调的立交桥以及其他建筑相比，赭红色外墙让大厦别具一格的框架结构更显美观、醒目。这种颜色后来被建材业命名为"外研红"，深受市场欢迎，宜兴生产这种紫砂墙砖的厂家也因此生意兴隆。后来，北京外国语大学西院新建的校门和北外国际大厦也都沿用了这个颜色。"外研红"也开始在北京的建筑行业流行开来。

外研社大厦出彩的不只是结构和颜色，室内设计也匠心独运。大厦外部富有层次与动感的设计产生了丰富的室内空间骨架，为室内环境提供了一个高质量的粗胚。室内设计师张晔等人尝试把建筑设计的个性引入室内，把室内设计定位在"空间造型"的层面上，以最简洁朴实的表现方式，努力营造一种既从属于建筑整体风格，又在此基础上有所突破的室内空间氛围。比如，主楼大厅沿用了外墙的钻拱，将大厦东南和西北入口的对位关系加以强调，有明显的空间导向性；大厦外墙的红砖、石材也沿用于室内，继承了自然、深沉的文化气质；穿插勾勒于其中的旧米黄大理石梁柱和大理石、花岗石的地砖，烘托了典雅庄重而又坚实的文化背景。大厅西侧墙壁上端的紫砂同色砖墙上，镌刻着由30多个国家的文字写成的外研社的出版使命——记载人类文明，沟通世界文化。内庭院和大厅的中心竖立着一根直径约一米的白色石柱，石柱底部有一块用十几

记载人类文明，沟通世界文化

外研社多功能厅

外研社第四会议室

外研社图书阅览室

外研社主楼大厅

吨重的青石铺成的巨大石砚，两条石雕巨龙盘踞其间，龙砚池横跨内庭院与大厅，灵动的流水将室内外有机、自然地联系了起来。

外研社大厦还是一座多功能、现代化的生产大楼，规划与设计在当时都具有先进性与创造性。比如，大厦使用中央空调，避免因空调外机过多而影响建筑外立面的美观性；采用综合布线的方式，以照顾到计算机化和全社直线电话的办公需求；采用双路电源，因为大厦每栋楼都有电梯，不能断电。还有，南楼一层西侧设有200平方米的摄影棚，二层西侧设有与摄影棚配套的录音棚，其设备的先进与齐全程度可以与先进的省、市电视台相媲美。九层多功能厅则设计巧妙，装潢考究，可举行200人参加的国际、国内会议及文艺活动。整座大楼的安全防护设备也是一流的，自动报警系统、自动喷洒灭火装置、电视监控网络，这些系统的配置大大加强了大楼的安全系数。

1999年8月底改造完成的配楼，与主楼保持同样高标准的设计与施工。它矗立在绿草茵茵的草坪上，掩映在苍翠欲滴的松柏间。一层大办公室的一侧设计了室内花园，为员工提供了清新宽敞的活动场所。电梯厅别具一格，自下而上，乘客可以透过透明的玻璃观赏精心设计的电梯通道，电梯通道的青铜拼图艺术阐释了外研人投身于文化交流的理想与更上一层楼的不懈追求。

外研社院内，还有几座寓意深远的雕像，无惧寒暑，笑迎风雨，与大楼相映成趣。南门左手边，是造纸鼻祖蔡伦的雕像。他头戴冠帽，神情严肃。雕像底座上镌刻的文字言简意赅：中国"蔡侯纸"的发明者。进门直行数步，右手边即是东西方文化交流的使者马可·波罗的全身塑像。他手持书卷靠墙而立，俯视着来往行人。左边草坪上是唐朝大诗人李白弈棋的塑像。他一手持卷，一手执子，正在全神贯注地思考。而与李白塑像相对的主楼西墙上，铭刻着那句传诵千年的著名诗句：长风破浪会有时，直挂云帆济沧海。这三座塑像，蕴藏了深沉厚重的历史文化，也成为外研社建筑的重要组成部分。数年后，外研社还在大厦主楼南侧为许国璋和路易·乔治·亚历山大两位先生塑造了铜像。他们都是享誉世界的学者和英语教育专家，也是外研社的知名作者，为中国的英语教育事业做出了巨大贡献。外研社为他们塑像，既是缅怀，也是铭记。

凭借外研社大厦中西风格交融的成功设计，年轻的崔恺在建筑设计界形成了一定的影响，进一步确立了自己青年建筑设计大师的地位。后来，他深情地回忆道："外研社办公楼现在已经成为北京'九十年代十大建筑'。它也是我本人在建筑设计历程上的一个标志性的里程碑。很多人提起我的名字，都会想到外研社。外研社为我们的设计团队提供了一个非常好的舞台。在这个舞台上，我们尽情发挥，精心合作，精心设计，成就了一个又一个的好作品。作为一个建筑师，我为碰到外研社这么好的业主而高兴、而自豪。"

外研社大厦建成后，各大媒体争相报道，上级领导、兄弟出版社也纷纷前来视察、参观或"取经"。时任教育部部长的陈至立同志前来视察时对大楼给予了这样的评价："外研社大厦现代化程度代表着中国出版业的明天，它在建筑上体现出的魅力能够保持50年甚至100年不落后。"

对大楼建造居功至伟的李朋义并没有躺在功劳簿上沾沾自喜，他想到的是外研人有了更好的办公场所，可以做出更大的事业。在接受采访时，他颇为感慨地说："这幢大厦是外研人18年的心血之作。18年来，外研社出了数以亿计的图书，读者满天下，但我们这几百号人不论寒冬酷暑都蜗居在这简陋陈旧的楼房里埋头编书。如果过去的条件更好一些，外研社这架战车会走得更快，冲得更猛。今天盖的这幢大楼不是追求表面的气派与豪华，而是为了跟上日趋激烈的国内外出版业竞争的需要，外研社急需更完善的软、硬件设施建设，外研社需要更高目标、更高效率、更高素质的整体要求来推动。另外，出版社品牌形象的树立也是很重要的，形象与品牌也是生产力。"

### 4．外研社大厦凝为新社标

1998年，外研社启用了新社标。此前沿用了十几年的外研社社标是一个"W"的形状，由几根相互交叉的粗线条组成。"W"代表"外"，即"外语"之意。社内外对使用这一社标一直有一

外研社原社标

些不赞成的看法。许国璋教授曾经评论道："'W'代表'外'，这是中文表达，国际通用的语言是英语，'外语'（foreign language）的首字母是'F'。这个社标中国人了解其含义，但对于国际出版商来说，就不明所以了。"

20世纪90年代中后期，外研社已经成为全国著名的品牌出版社，即将走向更大的舞台。社标的重新设计被提上日程。社长李朋义向全社会广泛征集新社标的设计，一旦中标即奖励三万元。但送上来的设计稿他都不是很满意。后来他想到，兰登书屋的社标就是一所小房子，那是兰登书屋起家时的办公场所。这个标志问世70多年来，在读者心中具有很高的辨识度和知名度。而新建成的外研社

外研社新社标

大厦设计理念先进，工程质量优良，还被评为"北京市九十年代十大建筑"，必将在建筑史上留名。于是，他明确提出将外研社大厦的外观和结构抽象化、线条化，设计成新社标的核心图案。他还要求，新社标呈椭圆形，由三部分组成：正中是外研社大厦的图案，图案的左、上、右三个方向环绕着外研社的英文全

名Foreign Language Teaching and Research Press的字样，图案下方是黑体字"外研社"的字样。这一社标信息传达明确，在出版行业独树一帜，增强了外研社品牌形象的辨识度。外研社大厦的形象就这样承载着"记载人类文明，沟通世界文化"的使命，印在一本本图书上，走进每一个读者心中，成为外研社的显著标志。

## 中国出版界的一颗新星
### ——外研社建社15周年庆祝活动纪实

　　1994年的金秋，外研社迎来了15岁的华诞。15年来，外研社不断改革，锐意进取，共出版图书2500余种，发行图书超过1.2亿册，其中有近100种获国际、国内优秀图书奖。15年来，外研社始终坚持党的出版方针，严格遵守出版法规，没卖过一个书号，没出过一本格调低下的图书。15年来，外研社始终坚持为教学和科研服务的办社宗旨，坚持社会效益第一的原则，为当时拥有30个语种的北京外国语大学出版了近百种非通用语种的教材，还设立了出版基金专门用于资助学术科研著作的出版。1994年，外研社被国家教委授予"全国教材管理工作先进集体"的称号。

　　建社15周年的外研社，经历了一个从无到有、从小到大、由弱变强的发展过程。创业的艰辛依稀还是昨日，辉煌的未来仿佛就在眼前。成绩的取得离不开上级领导的亲切关怀、海内外合作伙伴的鼎力支持、著作者的大力帮助和广大读者的信任厚爱，更离不开外研社全体人员的辛勤汗水与无私奉献。为了总结过去的发展经验，

庆祝外研社15周年招待会

表达对社会各界的感谢，提高外研社的知名度，振奋全社上下的精神，外研社举办了一系列的宣传庆祝活动。

15周年社庆前夕，中国人民政治协商会议全国委员会副主席赛福鼎·艾则孜写作的《论维吾尔木卡姆》由外研社出版。外研社在国家图书馆为该书举行了首发式。这是作者从自身经历出发，研究木卡姆艺术的专著，其中有回忆、有论述、有诗作，是维吾尔族高级领导干部研究木卡姆艺术的开山之作。

外研社还联合北京外国语大学，在北京电视台演播大厅举办了"首届'外研社杯'首都高校外语歌曲邀请赛"。来自多所高校的大学生倾情歌唱，展现了积极向上的青春风采。此次比赛的圆满成功扩大了外研社在社会大众和高校师生中的影响力。

社庆期间最重要的活动是在友谊宾馆友谊宫举行的大型庆祝会，与会者达数百人。国家领导人赛福鼎·艾则孜、王光英、卢嘉锡、阿沛·阿旺晋美、程思远、司马义·艾买提等出席了庆祝大会，国务院副秘书长徐志坚及新闻出版署署长于友先、中宣部出版局局长高明光、教育部条件装备司司长李英惠等也出席了庆祝会。北京外国语大学党委书记曹小先、校长王福祥，北外多位著名学者、教授，外研社的多位重要作者，出版发行界的同仁也应邀出席。

会上，中宣部出版局局长高明光、教育部条件装备司司长李英惠、北京外国语大学校长王福祥、外研社社长李朋义先后讲话。然后，精彩的文艺演出上演，由著名主持人许戈辉主持。整场庆祝活动喜庆热烈，宾主尽欢，外研人向外界展示了别具一格的风采与魅力。

外研社还诚挚邀请到李岚清、田纪云等党和国家领导人，冰心、艾青、季羡林、王佐良、许国璋等著名作家、学者，多国驻华使节以及国内外出版界同行为建社15周年题写贺词。这些题词既是对外研社已取得成绩的祝贺，也对外研社未来的发展寄予了厚望。

中共中央政治局委员、国务院副总理李岚清题词：希望出版更多优秀教材和科研著作，为培养外语人才作贡献。

中共中央政治局委员、全国人民代表大会常务委员会副委员长田纪云题词：祝贺外语教学与研究出版社建社十五周年。

中共中央政治局委员、国务委员李铁映题词：了解世界，增进友谊。

中共中央政治局委员、中国人民政治协商会议全国委员会副主席吴学谦题词：培养更多更好的外语人材。

中共中央政治局委员、全国人民代表大会常务委员会副委员长倪志福题词：为改革开放服务。

中共中央政治局候补委员、中国人民政治协商会议全国委员会副主席赛福鼎·艾则孜题词：传播知识的使者，友好交流的纽带。

全国人民代表大会常务委员会副委员长卢嘉锡题词：喜看耕耘者，收获在金秋。

全国人民代表大会常务委员会副委员长程思远题词：再接再厉更上一层楼。

中国人民政治协商会议全国委员会副主席阿沛·阿旺晋美题词：传播知识，联络友谊。

中共中央宣传部常务副部长、文化部部长刘忠德，文化部副部长刘德有，新闻出版署署长于友先，中国对外文化交流协会会长朱穆之等领导同志，文化、教育、出版界著名人士和专家学者冰心、艾青、王蒙、吕叔湘、季羡林、启功、任继愈、李铎、刘炳森、王佐良、许国璋、吴祖光、新凤霞等人也应邀题词作画，表示祝贺。

著名作家冰心老人题词：您们的努力使地球变小，您们的工作让世界更大。

著名诗人艾青题词：中外文化的桥梁。

著名书法家启功题词：文明与辉煌。

此外，北京外国语大学党委书记曹小先、北京外国语大学校长王福祥、上海外国语大学校长戴炜栋、大连外国语学院院长汪榕培、西安外国语学院院长孙天义、四川外语学院院长蓝仁哲、广州

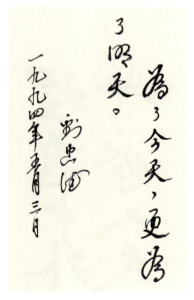

中共中央宣传部常务副部长、文化部部长刘忠德题词：为了今天，更为了明天。

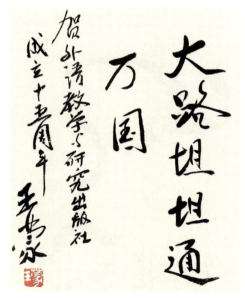

中国人民政治协商会议全国委员会常务委员、著名作家王蒙题词：大路坦坦通万国

外国语学院院长黄建华等也题词祝贺。俄、法等国驻华大使，美、英等国驻华使馆文化参赞也来电祝贺。

当年，多家媒体报道了外研社建社15周年取得的成绩。1994年10月24日的《人民日报》刊发了《不为利诱、不逐波流，外研社赢得读者信任》的文章，盛赞外研社"常在河边走"，从不曾"湿鞋"，没有出版过一本内容失当、格调低下的图书。11月5日，《北京日报》刊文《中国出版界的一颗新星》，记述了外研社从艰苦创业到蓬勃发展走过的路程，高度赞扬了外研社发挥自身优势，为外语教育事业做出的巨大贡献。

著名画家罗工柳题词：天下白

著名剧作家吴祖光题词：理通中外　学际人天

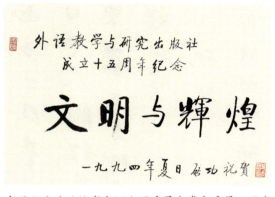

中国人民政治协商会议全国委员会常务委员、国家文物鉴定委员会主任委员启功题词：文明与辉煌

中国人民政治协商会议全国委员会常务委员、中国书法家协会副主席刘炳森题词：辉煌

中国书法家协会副主席李铎题词：跃跃诗文在眼前　聚如烟雨散如烟　敢为常语谈何易　百炼功纯始自然

中国社会科学院语言研究所名誉所长、语言学家吕叔湘题词：通过不同的语言　达到相互的理解

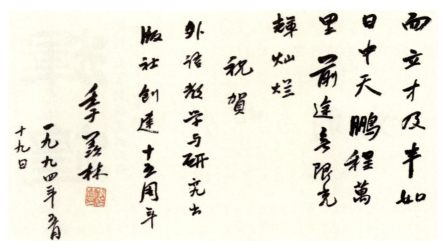

中国外语教学研究会会长、国务院学位委员会委员季美林题词：而立才及半　如日中天　鹏程万里　前途无限　光辉灿烂

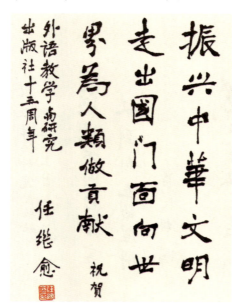

北京图书馆（今中国国家图书馆）馆长、中国社会科学院世界宗教研究所名誉所长任继愈题词：振兴中华文明　走出国门　面向世界　为人类做贡献

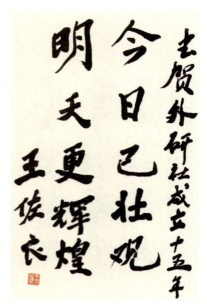

教育家、英语语言文学专家、北京外国语大学教授王佐良题词：今日已壮观　明天更辉煌

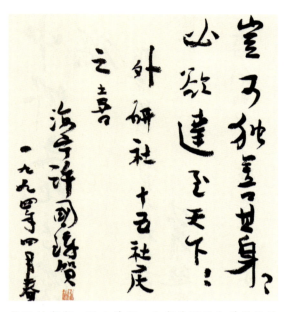

英语教育家、语言学家、北京外国语大学教授许
国璋题词：岂可独善其身？必欲达至天下！

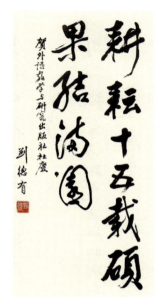

文化部副部长刘德有题
词：耕耘十五载　硕果结
满园

中国对外文化交流协会会长朱穆之
题词：为扩大开放发展对外友好关
系而建船架桥

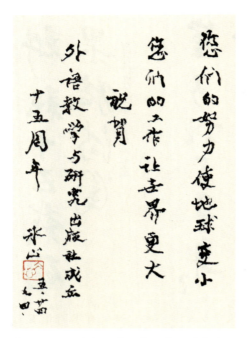

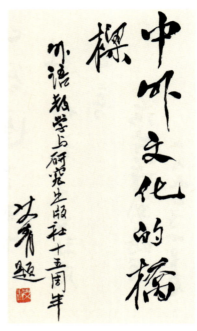

中国民主促进会名誉主席、著名作家冰心
题词：您们的努力使地球变小　您们的工
作让世界更大

中国作家协会副主席、著名诗人艾
青题词：中外文化的桥梁

新闻出版署署长于友先题词：达至天下

HELMUT SCHMIDT

53113 BONN
Deutscher Bundestag
Görresstraße 15

20. Juni 1994

herzlichen Glückwunsch dem Verlag für Lehre und Forschung
der Fremdsprachen zum 15. Geburtstag. Meine besten Wünsche
für die Zukunft.

Mit freundlichen Grüßen

前联邦德国总理施密特先生的贺词

阿拉伯国家联盟驻华代表处主任易卜拉
欣·哈萨宁先生的贺词

澳大利亚驻华大使雷涛乐先生的贺词

Our ref
Your ref
Tel ext

Cultural and
Education Section
British Embassy

Promoting cultural, educational
and technical co-operation between
Britain and China

4th Floor Landmark Building
8 North Dongsanhuan Road
Chaoyang District
Peking 100026
People's Republic of China
Telephone 5011903
Telex 212136 BCOUN CN
Fax 5011977

I have great pleasure in offering my sincere congratulations to the Foreign Language Teaching and Research Press on achieving its Fifteenth Anniversary. Long may its important and valuable work enjoy rich success.

*Don Craig leveron.*

英国驻华大使馆文化参赞柯慕伦先生的贺词

GRUPO LATINO-AMERICANO
Y DEL CARIBE

EL DECANO

Beijing, 24 de mayo de 1994

En nombre de las 11 Misiones Diplomaticas Latinoamericanas acreditadas en la Republica Popular China le extiendo la mas calurosa felicitacion por el 15 Aniversario de la Fundacion de la Editorial del Insituto Pedagogico de Lenguas extranjeras.

古巴驻华大使荷赛·阿·格拉先生的贺词

Embassy of the
Arab Republic of Egypt
The Ambassador

السيد رئيس دار النشر للبحوث وتعليم اللغات الأجنبية تحية طيبة

مناسبة مرور خمسة عشر عاما على دار النشر للبحوث وتعليم اللغات الأجنبية يطيب لنا أن نهدي أحر التهاني آملين أن تبذل دار النشر في تعليم وفي نشر اللغة العربية وترجمتها إلى اللغة الصينية

埃及驻华大使赛米儿·布尔罕先生的贺词

RÉPUBLIQUE FRANÇAISE

AMBASSADE DE FRANCE
EN
CHINE

PEKIN, LE 3 juin 1994

L'Ambassadeur

Quinze ans d'activité déjà, c'est la preuve du succès de la Maison d'édition de pédagogie et recherche des langues étrangères à Pékin qui a publié tant de manuels d'apprentissage du français, de dictionnaires, d'études sur l'enseignement du français. Je leur souhaite un heureux anniversaire et un avenir fécond.

法国驻华大使普莱桑先生的贺词

Поздравляю коллектив издательства „Иностранные языки" с 15-летним юбилеем. Нам хорошо известно, что за эти годы вы выпустили немало литературы в помощь всем тем китайским друзьям, кто любит и ценит русский язык, литературу и культуру нашей страны. Желаю вашему издательству на этом поприще новых успехов.

И Рогачев

Посол Российской
Федерации в КНР

30 мая 1994 г.

俄罗斯驻华大使罗高寿先生的贺词

**U.S. Information Service**
Embassy of the United States of America
Beijing, People's Republic of China
Telephone: 532-1161

**USIS**

美国驻华大使馆新闻文化处

To: Foreign Language Teaching and Research Press

University presses provide a unique service by publishing materials that satisfy the unique needs of students, teachers, researchers and intellectuals. They must often sacrifice profit for the sake of making knowledge available. The Foreign Langauge Teaching and Research Press honors this tradition by fulfilling the special needs of the serious students and scholars of foreign languages in China and abroad. On the Fifteenth Anniversary of the Foreign Language Teaching and Research Press, we wish it success in fulfilling its mission in the future and hope that its accomplishments in coming years will match those of the past.

Eugene A. Nojek
Counselor for Cultural Affairs
American Embassy

美国驻华大使馆文化参赞罗杰先生的贺词

## 这十年我们的发展成就 _____

　　1992年年初，邓小平同志发表了南方谈话，作出了"计划和市场都是经济手段"的重要指示，回答了中国向何处去的问题。同年，党的十四大召开，确立了社会主义市场经济体制的改革目标。中国的改革开放进入了新的历史时期。外研社敏锐地抓住发展机遇，在李朋义社长撰写的《外研社改革与发展综合方案》的指导下，强化经营管理，提出"精品战略"，实现了跨越式发展，崛起于中国出版界。

1998年，外研社被中宣部和新闻出版署授予"全国优秀出版社"称号

建社的第二个十年，通过产品的系列化、精品化，外研社逐步形成了品牌规模与专业特色，改变了"广种薄收"的出版方式，实现了从小作坊式生产到现代化企业的跨越式发展。从1990年到1999年，外研社的发行码洋由1000万元增长到近4亿元，利润由100万元增长到5000万元，均增长了几十倍。

这一时期，外研社实现了社会效益与经济效益的最佳结合，多次受到中宣部、新闻出版署、教育部等上级有关部门的表彰。其间所获主要荣誉如下：1994年，被国家教委授予"全国教材管理工作先进集体"称号；1995年，被国家教委评为"先进高校出版社"；1995年和1997年，被中宣部和新闻出版署评为"良好出版社"；1998年，被中宣部和新闻出版署授予"全国优秀出版社"称号。

获得"全国优秀出版社"荣誉称号后，外研社领导班子合影

"全国优秀出版社"牌匾 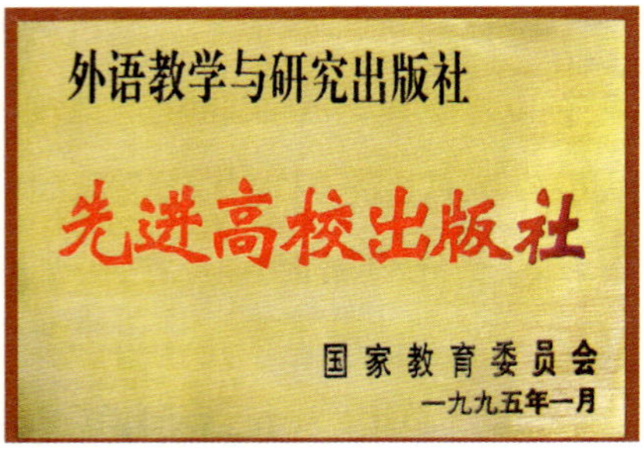            "先进高校出版社"牌匾

在国际合作方面，外研社凭借良好的口碑与形象，继续保持或发展了同牛津大学出版社、剑桥大学出版社、培生教育集团、英国广播公司、美国西蒙与舒斯特出版公司，以及法国、德国、日本、加拿大、澳大利亚等十几个国家和地区的几十家出版社的友好合作关系，引进了一大批高质量图书。

在硬件设施和队伍建设上，外研社此时拥有总面积超过2万平方米的两幢现代化出版大楼，500余名员工分布在外研社本部20多个部门及外研社、音像社旗下的印刷厂、书店、期刊编辑部、读者俱乐部和驻长春、西安、武汉信息中心等机构中。

1998年，美国《出版商周刊》杂志记者采访外研社时得出这样一个结论："这里是中国出版改革发展的缩影。"世纪之交的外研社，已经成为占有全国英语图书零售市场22%以上份额的"中国外语图书市场上真正意义的产业领导者"。外研社的巨变被新闻界称作"奇迹"，并被总结为"外研现象"和"外研模式"，得到了中央电视台、《人民日报》、《光明日报》等新闻机构的广泛报道。

# 第三章

## 深化改革，砥砺奋进

### （2000 — 2010）

## 第一节
## 新局面，深化改革发展之路

21世纪，我国进入全面建设小康社会、加快推进社会主义现代化的新的发展阶段。在文化、教育体制改革的大背景下，外研社紧跟时代步伐，做出战略调整，深化改革，继续发展。

### 1. 深化文化体制改革，入选首批试点单位

2002年，党的十六大胜利召开，标志着改革开放进入了全面深化与完善的阶段。党的十六大报告提出，要全面建设小康社会，必须大力发展社会主义文化，建设社会主义精神文明。要大力发展教育和科学事业，积极发展文化事业和文化产业。报告首次提出"根据社会主义精神文明建设的特点和规律，适应社会主义市场经济发展的要求，推进文化体制改革"，这为出版业赋予了新的历史使命。

文化产业是公认的朝阳产业，而出版产业是文化产业的重要方面。文化与产业的结合是21世纪经济发展的新特点。2003年6月27日至28日，中央召开了全国文化体制改革试点工作会议，明确了社会主义市场经济条件下文化发展的基本思路，即一手抓公益性文化事业，一手抓经营性文化产业。会议确定了

1999年社领导班子合影

9个地区和35个文化单位成为文化体制改革试点，其中新闻出版发行单位就占了21家。首批列为改革试点单位的外研社抓住机遇，努力做大做强，积极培育市场主体，深化内部改革。

2005年12月23日，中共中央、国务院颁布了文化体制改革的纲领性文件《关于深化文化体制改革的若干意见》，进一步推进文化事业单位改革，明确一般出版单位按照创新体制、转换机制、面向市场、壮大实力的要求，逐步转制为企业。外研社于2009年6月启动改制工作，2010年改制工作全部完成，正式更名为"外语教学与研究出版社有限责任公司"。

## 2．推进教育体制改革，坚定教育出版步伐

党的十六大报告中明确提出"教育是发展科学技术和培养人才的基础，在现代化建设中具有先导性全局性作用，必须摆在优先发展的战略地位"。党和国家把教育摆在优先发展的战略地位，这正是外研社作为以教育出版为中心的专业外语出版社所面临的重大机遇。

改革开放后，中国教育事业的发展取得了举世瞩目的成就，这在很大程度上得益于教育体制改革的不断推进。1999年1月13日，国务院批转教育部《面向21世纪教育振兴行动计划》，明确提出了2000—2010年我国教育改革和发展的目标。《计划》提出实施"跨世纪素质教育工程"，形成现代化基础教育课程框架和课程标准，改革教育内容和教学方法，推行新的评价制度，开展教师培训，启动新课程实验。同年6月13日，中共中央、国务院印发《关于深化教育改革全面推进素质教育的决定》，提出建立新的基础教育课程体系，大力提高教育技术手段的现代化水平和教育信息化程度，充

分利用现有资源和各种音像手段，继续搞好多样化的电化教育和计算机辅助教学。

在教育体制改革的背景下，20世纪90年代后期外研社就逐步走向"以教育出版为中心"的战略发展道路，先后进军大学英语教材市场、中小学英语教材市场，出版了《新编大学英语》《新视野大学英语》和《新标准英语》等精品教材。社长李朋义这样阐释"以教育出版为中心"的内涵："大学出版社要充分利用大学的资源优势和人才优势，不仅要为我国高等教育服务，而且要为基础教育服务；不仅要为校园教育服务，而且要为社会教育服务；不仅要为学龄教育服务，而且要为终生教育服务。"这是对国家科教兴国战略和教材改革精神的深刻理解，也是外研社扩大市场份额、做"我国外语图书市场上真正意义的产业领导者"的必由之路。

2007年社领导班子合影

在文化、教育体制改革的大背景下，"十五"期间，外研社步入规模效益的发展阶段，大力推进教材建设、学术建设。在"十一五"规划中，外研社又提出了"以出版为中心，以教育培训和信息服务为两翼，数字化出版、产学研结合，成为综合发展的教育服务提供商"的总体指导思想。

## 第二节
## 新理念，全面服务大学外语

1999年，在外研社建社20周年之际，李朋义社长提出了"以教育出版为中心"的发展战略，首先进军大学英语教材市场，通过"以学生为中心"的英语教学理念，结合现代信息技术，全方位服务大学外语教育。

### 1．"以教育出版为中心"战略的提出

自1979年建社以来，外研社始终坚持正确的政治方向，坚持为教学和科研服务的办社宗旨，把大专院校外语教材的建设放在工作的首位，长期承担着国家教委高等学校外语专业教学指导委员会和北京外国语大学下达的各项教材出版任务。

以北京外国语大学为例，在开设的近百个语种专业中，除了英语、俄语、德语、法语等通用语种外，还有越南语、老挝语、缅甸语、印尼语、阿尔巴尼亚语、罗马尼亚语、匈牙利语、波兰语、保加利亚语、僧伽罗语、斯瓦希里语、豪萨语等非通用语种。其中大部分语种在全国范围内的使用者寥寥无几，而外研社要为每个语种

出版一套基础教材及配套教材。尽管这些教材印数少、亏损严重，但它们能在书架上站得住、有价值、有生命力，经得起时间的考验，不仅是对中国外语教育的支持，也是一种文化积累。外研社对中国外语教材的建设，尤其是对非通用语种教材的建设做出了巨大的贡献，这是有目共睹的。

北京开卷图书市场研究所对1999—2000年全国400家出版英语图书的出版社进行的调查显示，外研社占全国英语图书市场份额的21.43%；全年动销品种1000种以上，居同类出版社第一位；在全年英语图书销售总排行榜上，前100种英语图书中外研社的图书就占63种。报告具体列出了外研社图书的市场占有率：外语教材占全国教材市场的31.77%，读物占39.36%，工具书占22.22%。调查报告由此得出结论：外研社是中国外语图书市场上真正意义的产业领导者。

尽管外研社在全国英语图书市场占有将近22%的份额，但决策者们清醒地认识到，这主要是在一般图书市场上占有的位置。在英语教材方面，外研社虽然有《许国璋〈英语〉》《新概念英语》等名牌产品，但它们主要用于成人教育领域，供社会英语学习者使用。而在大学和中小学英语教学领域，除有少量的专业英语教材外，外研社并没有任何涉足。毫无疑问，这是一个更加广阔而稳定的市场。

世纪之交，在中国加入世界贸易组织、申办奥运会的大背景下，全民英语学习再次掀起高潮。面对全国数以亿计的中小学生、大学生和社会英语自学者这一庞大的读者群体，外研社提出了"面向全民外语教育，提供全面解决方案"的经营策略。这一解决方案主要包括：其一，出版物应该满足不同读者的不同需求，并涵盖各个年龄层次和学段，从幼儿园到小学、中学、大学、研究生、成人教育、终生教育等；其二，出版物应包含图书、音像、光盘电子、网络等多种媒介形式；其三，做好售后服务，包括大学英语培训、中小学英语培训及各类英语活动；其四，提供部分学历教育。

"以教育出版为中心"的发展战略，就是从原来以一般图书出版为重点转移到以教育图书出版为重点，加大各类课堂教育、技能教育教材的出版力度。为此，外研社推出了一系列改革举措。首先是改组编辑室结构。在1999年之前，外研社一直实行编辑室制度，设置了一、二、三、四编辑室。为落实新战略，外研社将原有的编辑室改组，分别成立大学英语工作室、中小学英语工作室、综合英语工作室和日语工作室。2001年，在大中小学英语教材推广迎来热潮后，为了增强工作室的选题策划和市场开拓能力，外研社在原有工作室的基础上成立了大学英语部、中小学英语部、综合英语部和语言学与辞书编辑部等八大事业部。2002年年初，大学英语部和中小学英语部分别改为高等英语教育事业部和基础英语教育事业部。从工作室到事业部，是对制度的根本性变革。在财务部集中管理的基础上，事业部分别设立独立账户，进行独立核算，可灵活地根据市场需求迅速做出反应、规划未来发展。2007年，事业部又过渡发展成为出版分社。分社实行模拟法人制，拥有相对独立的人、财、物支配权，单独核算，自负盈亏。

有了机构的保障和人员的支持，外研社开始大力策划系列教材，全力以赴宣传推广，并开启了免费教材培训的先河。

## 2. 关于大学英语教材的市场调研

早在1989年年底，还是编辑部主任的李朋义在一次编委会上提出了要编写大学英语教材的想法。随后，他和编辑蔡剑峰奔赴广东、广西、贵州、四川四省（区），进行了整整一个月的大学英语教材使用情况的市场调研。

1990年的元旦，李朋义和蔡剑峰是在外地度过的。二十几个小时的硬座，七八个小时的站票，没有暖气的小旅馆，阴冷潮湿的被窝，街边小摊满是肥肉的饺子……再艰苦的条件也没有阻断二人奔赴各地的调研进程。他们带着盖有高等学校外语专业教材编审委员会公章的信函，走访了南方三十余所院校，其中既有中山大学这类知名高等学府，也有普通或专科等各级各类的院校。调查发现，由上海某出版社出版的《大学英语》是当时唯一的一套大学英语教材。显然，一种教材不能满足全国不同地区、不同水平的英语教学需求。

市场上只有一套大学英语教材，是早年对大学英语教学重视程度不够造成的。新中国成立初期，国家大力发展俄语教学。1953年，全国的综合类院校中，只有为数不多的几所院校设有英语专业，更谈不上公共英语教学（公共英语教学即大学英语教学的前身，1985年"大学英语"正式取代"公共英语"）。那时高等院校的公共外语课统称为"高等俄文课"。到1956年，由于政治形势发生改变，各高校才逐渐开设公共英语课程。20世纪60年代后，选修公共英语课程的学生人数大量增加。

1964年11月14日，中共中央、国务院签署下发了由国务院外事办公室、国务院文教办公室、国家计划委员会、高等教育部、教育部五个部门联合上报的《关于外语教育七年规划问题的报告》和《外语教育七年规划纲要》（以下简称《纲要》），反省中国外语教育问题。《纲要》指出："目前高等外语院系培养出来的学生，在数量和质量上都远不能满足国家社会主义建设和外事工作的需要，整个外语教育的基础，同国家需要很不适应，呈现出尖锐的矛盾。"《纲要》据此确定了我国外语教育七年（1964—1970年）的方针和具体规划。这是我国第一次制定严格意义上的外语教育规划，但执行不到两年，便在"文革"期间夭折了。1966年至1977年，我国外语教学处于停滞状态。

"文革"结束后，1978年8月28日至9月10日，中共中央召开了全国外语教育座谈会。全国人大常委会副委员长廖承志作了《为实现四个现代化，加紧培养外语人才》的讲话，指出"要赶上飞跃发展的形势，我们必须搞好外语教学，加紧培养外语人才"。1979年3月29日，中央印发了座谈会纪要《加强外语教育的几点意见》，提出"中学外语课和语文、数学等课程一样，是一门重要的基础课"，"三五年内城市中学要普遍开设"，"小学外语课程要在保证质量的前提下，在重点小学和有条件的大中城市小学逐步开设"，同时提出"高校公共外语课应增加学时"。

对中小学英语教学的重视和加强，使得高中毕业生的外语水平迅速提高。为了适应新的情况，当时的国家教育委员会决定修订大学英语教学大纲。1985年《大学英语教学大纲（高等学校理工科本科用）》和1986年《大学英语教学大纲（文理科本科用）》两个文件的出台，标志着中国大学英语教学改革迈出了重要的一步。根据大纲要求，国家教委于1985年年底成立了"大学英语四、六级标准考试设计组"，并于1987年9月20日进行了首次全国大学英语四级考试。在四、六级考试的指挥棒下，一轮全国规模的大学英语教学开展起来。

尽管到20世纪90年代中期，英语学习达到高潮，一些院校四、六级考试的通过率较高，但由于教学理念与教学方法等问题，考生的实际语言应用能力与分数存在较大差距，"聋子英语""哑巴英语"的教学局面没有明显好转，教学收益不高。有些院校甚至将四、六级考试的通过率与教师工资、职称、分房等待遇挂起钩来，偏离了大学英语教学的健康发展轨道。这种现象不仅在社会上引发强烈不满，也引起了中央的注意。主管教育工作的李岚清副总理曾多次发表讲话，指出中国的外语教学中存在的问题。1996年6月28日，在中南海召开的外语教学座谈会上，李岚清同志指出："我国目前外语教学水平、教学方法普遍存在'费时较多、收效较低'的问题，亟须研究改进。我国在各阶段的教育（基础、高教）对外语教学一直是重视的，开课很早，课时不少从中学（有的从小学三年级）到大学二年级，很多学生经过八年或十二年的外语学习，然而大多数学生却不能较熟练地阅读外文原版书籍，尤其是听不懂、讲不出，难以与外国人直接交流，这说明我国的外语教学效果不理想，还不能适应国家经济和社会的发展，特别是改革开放和扩大对外交往的需要。"

英语教学水平的不足以及市场上英语教材的稀缺，都迫切要求高校在英语教学资源建设上，采用世界上最先进的教学理念，投入极大的精力，编写出适合中国国情的英语教材。这对于长年承担外语教材建设任务的外研社来说，既是机遇，也是使命。1990年年初，李朋义和蔡剑峰关于大学英语教材市场的调研报告获得了时任教育部高教司外语处处长杨勋的支持。从那时起，外研社便开始启动大学英语教材的编写计划。

## 3．经典大学英语教材的诞生

编写一套新的大学英语教材的任务漫长而艰巨。1990年3月，李朋义被任命为副社长，并兼任编辑部主任、总编室主任。从组织第一批作者开始，外研社开启了长达十年的大学英语教材出版探索。

### 3.1　百折不挠，终成经典的《当代大学英语》

经历了在各地的广泛调研，外研社确立了进军大学公共英语领域的战略。李朋义也开始将注意力转移至国内众多的英语教材编写者身上，希望能寻觅良机，聘请优秀的教材作者编写或合作出版一套全新的大学英语教材。

要在当时的国内高校英语教学领域寻找一位令人满意的编写者并非易事。因担心高校教材编写者会受限于旧的模式，李朋义最初曾一度希望由自己的恩师、著名英语教育家许国璋先生担任教材主编；之后也曾尝试搭班子，邀请北外英语系教授担任主编、北航英语系教授担任副主编并启动编写，可惜均未成功。

虽然遭遇了种种波折，但李朋义坚定地认为高校英语教材的改革必将是历史的潮流。凭借积攒了数年的调研成果和努力经验，外研社坚信一定能够突破重围、取得成功。

1998年，李朋义社长与时任朗文出版亚洲有限公司董事长的沈维贤先生签署协议，共同组织中英两国专家团队，依据即将于1999年实施的《大学英语教学大纲》（修订本）开启新一轮的大学英语教材编写工作。

这一次，李朋义社长选择了北外顾曰国教授担任中方主编。选择顾教授的原因有二：一是顾曰国教授毕业于英国兰开斯特大学，师从国际著名语言学家杰弗里·利奇（Geoffrey Leech），回国后正在做关于英语网络课件的研究课题，具有先进的教学理念；二是顾曰国教授任北京外国语大学校长助理并主管北外网络教育学院的教学工作，这套教材出版后可先从北外网院开始试用。同时，为了进一步确保

《当代大学英语》中方主编顾曰国教授

新教材的高质量、高水准，外研社又接连邀请了北京外国语大学、北京师范大学、北京航空航天大学、北京理工大学、武汉大学、中山大学、西南交通大学等七所院校的专家教授加入编写团队。朗文出版公司特别聘请了英国著名教材编写专家内维尔·格兰特担任英方主编。为了加强对编辑出版工作的领导，总编辑助理王勇直接抓教材的编辑和出版，并组建了由刘相东、田洪成等经验丰富的编辑组成的团队，保证了教材的质量。

《当代大学英语》英方主编内维尔·格兰特与李朋义社长、朗文出版亚洲有限公司沈维贤董事长

2001年，在整个团队的共同努力下，这套教材的1—4级顺利出版。在随后的两年内，教材的5、6级以及教师用书陆续出齐。李朋义将这套教材命名为《当代大学英语》。《当代大学英语》是一套新型大学英语系列教材，分为两个模块、6个级别，以阅读真实英语文本为基础，突出培养学生交际互动的能力，同时配有听、说、读、写技能之间的循环操练，注重培养学生的素质与自主学习能力。这套教材因充分重视学生的交际互动能力而备受好评，被全国众多高校作为大学英语教材，还被很多院校选为英语专业本科教材。又因其有利于培养学习者的自学能力和突出的网络教育特点，《当代大学英语》被列为北外网络教育学院指定教材，至今仍在发挥作用。

### 3.2 "以学生为中心"的《新编大学英语》

在相当长的一段时期里，大学英语教学是以教师为中心的，教师认真备课、讲课内容丰富有条理成为教学评价的重要标准。其结果是教师讲解占去了课堂的主要时间，无法给学生的实践提供足够的机会，学生成为语言知识的消极接受者。但外语是一门实践性很强的课程，需要学生充分地参与和训练。

此时，外研社了解到浙江大学教授邵永真、应惠兰等一批专家教师组织编写了一套大学英语教材。在当时外语教育改革的大背景下，浙大外语系围绕"如何将学生吸引到课堂"，进行了一系列的课堂教学探讨和试验。他们发现旧有教材在教学理念和层次衔接等方面都存在不少问题，已经不能满足新环境下英语教学的需求。邵永真教授时任教育部高等学校大学外语教学指导委员会主任，应惠兰教授则对大学英语教材的编写十分感兴趣，于是二人决定尝试组

邵永真教授                   应惠兰教授

织编写一套新的大学英语教材。新教材的编写理念是"以学生为中心"，在素材选择方面贴近大学生的日常学习生活和感兴趣的话题，语言地道，内容有趣味性。在课堂教学方面，他们强调外语是一门实践课，而非理论课，应该将三分之二的课堂时间交给学生去阅读、去听说，形成"以学生为中心的主题教学模式"。

从1996年开始，邵永真夫妇带领浙大外语系二十余位教师共同研发教材与课程，最开始在八个试点班进行教材试用，取得了非常好的效果。在总结经验和精修内容的基础上，从1997年开始，新教材的试用范围扩大至浙大所有本科生。在浙大试用两年后，邵永真夫妇才考虑找出版社正式出版这套教材。

当时出版大学英语教材的出版社只有高等教育出版社和上海外语教育出版社，外研社在该领域尚未涉足。但邵永真夫妇十分看重并认可外研社的外语编辑实力，而目光高远的李朋义社长早就有出版大学英语教材的想法，双方接触后一拍即合。外研社当时的党总支书记徐秀芝、副总编蔡剑峰亲赴浙大，最终成功争取到由外研社

340

出版这套教材。教材正式编写期间，外研社和浙大邵永真团队都投入了大量人力和财力，外研社还派出编辑叶向阳紧紧跟随教材编写团队，保证这套教材的顺利出版。

1999年，教材第1、2级正式出版，李朋义将教材命名为《新编大学英语》，并于接下来几年出版了全套1—6级和基础教程（包括教师用书和学生用书）。这套《新编大学英语》具有七大特色：一是根据新大纲编写，符合新大纲的各项规定及量化指标；二是以学生为中心，理解和体现学生的知识、智力、情感和个性需求；三是每单元围绕一个主题，语汇复现率高，便于联想和记忆；四是围绕大学生共同关心的话题，展开听、说、读、写、译活动，培养综合应用能力；五是语言规范，具有时代性、知识性、趣味性、可思性；六是课堂活动形式多样，能激发兴趣，促使学生积极思考、自觉参与、获得知识、了解风情、学会语言，提高能力；七是课内课外相结合，注重学生自学能力的培养。

《新编大学英语》的出版，标志着外研社践行"以教育出版为中心"的发展战略，正式进入大学英语教材市场。

然而，固有的市场格局并不容易被打破，当时的《大学英语》依旧占据大学英语教材市场的三分之二以上。高校对于使用新教材也颇为抵触，毕竟老师们教熟了旧教材，换新教材就意味着要重新备课，何况当时

《新编大学英语》

各高校十分担心换教材会影响四、六级考试的通过率。因此，如何推广这套教材，成了摆在外研社面前的一大难题。

李朋义首先提出的是"要推广一套教材，首先要推广一种理念"。《新编大学英语》的核心理念是"以学生为中心的主题教学模式"。这是早就在西方流行且应该在中国推广的教学理念，教材推广也要以此为切入点。教材刚刚出版，李朋义便将全国一百多所高校的英语系主任、教授请至外研社，邀请著名语言学和英语教学专家刘润清教授做了一场关于"以学生为中心"的教育理念的报告。刘润清师从许国璋先生，本身也是一位十分优秀的学者，他的外语教育理念刚好与《新编大学英语》这套教材不谋而合。当时，外研社大厦刚建成不久，在九层的多功能厅，全国上百位高校英语教育专家和教师认真聆听了刘润清教授的报告，反响十分热烈。这个新的教学模式得到了全场听众的广泛认可，以北京工业大学为代表的很多高校的英语系主任都表示会改用这套《新编大学英语》。

刘润清教授的报告起到了很强的示范推广作用。之后，外研社又与各省（区、市）的大学外语教学指导委员会接触，在省一级召开大学英语教学研讨会，邀请各高校英语系主任参加，继续在全国范围内推广"以学生为中心"的教育理念。研讨会一切交通、食宿费用都由外研社承担，并且都安排在周末。那段时间，李朋义的双休日是这样度过的：他邀请刘润清、邵永真、应惠兰等教授，飞奔于全国26个省（区、市）的大学英语教学研讨会会场，做了一场又一场关于"以学生为中心"的教育理念的报告，解答了老师们一个又一个关于英语教学的实际问题，让新理念与新教材深入全国各地高校英语教育者的内心。

教材推广第一年，外研社通过召开研讨会的方式，让很多高校英语系主任接受了"以学生为中心"的教育理念，最终改用《新编大学英语》这套教材。下一步面临的问题，就是转变"老师们不愿意换教材"的情况。为此，外研社又出台了一项新措施，即利用暑假对所有使用外研社教材的大学英语教师进行免费培训。第一年，培训设在北京、北戴河和杭州三地。主要培训内容有两方面：一是请刘润清等著名语言学和英语教育专家以及语言测试专家，就语言学、教学法以及外语教学的科研趋势做系列学术报告；二是请邵永真、应惠

刘润清教授做学术报告

2000年，李朋义社长与刘润清教授在全国大学英语教学研讨会上

兰等浙大外语教学改革课题组的一线教师，就浙大教改模式以及《新编大学英语》这套教材如何在课堂上进行运用，与各校教师进行研讨并备课。研修时间为每期7天，共举办7期，课程安排非常严谨。从1999年的夏天开始，外研社每年都斥资上千万在暑期进行大规模的全国大学英语教师培训。这不仅仅是外研社为推广教材而制定的营销策略，也是外研社通过踏踏实实地指导大学英语课堂教学，推动大学英语改革与发展的实际行动。

　　《新编大学英语》出版后，在全国范围内受到普遍好评。"以学生为中心"的教学理念，以及由此引发的有关教学主体、教师角色、学习策略等方面的讨论，也在外语界产生了广泛影响。广州师范大学的周力教授是广东省大学英语教学委员会的常务理事，他不遗余力地支持了大学英语教学的改革和新教材的使用。《新编大学英语》一出版，他便立即撤掉了学校里所有的旧教材。他说："像disco、e-mail这样的新词在旧教材中根本找不到，新书一改原教学方法的呆板模式，在这方面占很大优势。"江西师范大学大学英语部的主任廖晓冲老师也认为，新教材内容多、课时紧，它的使用有望加速江西师大的英语教学改革。几年间，"以学生为中心"的教学理念，经过了从理论研究到教学实践的历程，得到了广大师生的认可。

　　2007年，教育部颁布了《大学英语课程教学要求》，明确指出"教学模式的改变……是实现从以教师为中心、单纯传授语言知识和技能的教学思想和实践，向以学生为中心、既传授语言知识与技能，更注重培养语言实际运用能力和自主学习能力的教学思想和实践的转变"。那时，《新编大学英语》已经出版了将近十年，这套教材在教学理念与教学方法上的前瞻性眼光也已领先了十年。此后，外研社根据新的教学要求，对《新编大学英语》教材进行了全面修订，在保持"以学生为中心"这一教学理念的基础上，优化了教材结构，增加了新的内容，完善了多媒体资源，以满足新形势下大学英语的教学需求。

　　邵永真、应惠兰教授和他们的团队以及《新编大学英语》"以学生为中心"的理念，在我国大学英语教学改革发展历程中，书写了浓墨重彩的一笔。在与邵永真、应惠兰教授长达十几年的合作中，

《新编大学英语》(第二版)

两位教授认真严谨和一丝不苟的工作态度,给外研社的编辑们留下了深刻的印象。二位虽是大家,却十分平易近人。工作再繁忙,也会在第一时间与编辑就编校中的疑问仔细探讨,直到确认无误。日程再紧张,也会远道而来,为教材及网站的设计与开发而努力。这十多年中,两位教授对于教材创新的热忱和忘我投入,深深感染并激励着每一个参与《新编大学英语》工作的外研人为之精耕细作。

2008年,《新编大学英语》被评为教育部普通高等教育精品教材，同时入选了普通高等教育"十一五"国家级规划教材。应惠兰教授与《新编大学英语》的众位编者，特意为外研社参与过教材相关工作的同事寄来礼物和一封洋溢着深切情谊的感谢信。应教授在信中写道："在你们的努力和支持下，可以说是一路风雨、一路精彩。在任何情况下，我们都会牢记你们的付出和艰辛，更重要的是，与你们风雨同舟所感受到的激情和奋斗。"

### 3.3　结合现代信息技术的《新视野大学英语》

实施"以教育出版为中心"战略，仅有一套教材是远远不够的。《新编大学英语》出版之后，外研社又相继推出了《当代大学英语》《新视野大学英语》等一系列大学英语教材。这其中，最值得一提的便是第一套结合现代信息技术的大学英语教材《新视野大学英语》。

20世纪90年代末期，随着信息技术，特别是网络技术、通信技术和多媒体技术的高速发展，以互联网为代表的计算机信息网络开始成为现代社会的重要基础设施之一。加快教育信息化的发展，已经成为推动我国教育现代化的战略选择。1999年1月13日，国务院批转教育部《面向21世纪教育振兴行动计划》，提出实施"跨世纪素质教育工程"和"现代远程教育工程"。为落实该计划，2000年5月，教育部高教司向全国各高等学校下发了《关于实施新世纪网络课程建设工程的通知》（教高〔2000〕29号），目标是"用大约2年的时间，建设200门左右的基础性网络课程、案例库和试题库"。

将现代信息技术应用于大学课堂教学，是教育现代化发展的必然方向，英语学科自然也不例外。《通知》下发后，各高校都开始着手进行网络课程建设。外研社也看准趋势，积极响应教育部提出的"改革大学英语教学、加快英语教学软件开发"要求，不畏"触网就是烧钱"，迅速切入。这一次，为了保证新探索的成功，外研社选择了上海交通大学的郑树棠教授。郑树棠1967年毕业于上海复旦大学，1990年赴英国伯明翰大学留学，获语言学、应用语言学硕士学位。回国后，他先后担任上海交通大学科技外语系主任、外国语学院院长，担任两届教育部高等学校大学外语教学指导委员会副主任，负责过很多国家级项目，2003年荣获教育部首届"高等学校教学名师奖"。郑教授著有《大学核心英语》《英语动词时与体》《现代英语形近词语辨析》等专著与教材，在英语教学与教材编写方面经验丰富，成绩斐然。

早在20世纪90年代中期，郑教授就开始研究基于互联网和校园网的多媒体教学模式，并筹划编写将现代科技与大学英语教学结合的教材，将计算机网络技术引入大学英语教学。为了实现教材的高起点和高质量，郑教授一度带领团队赴美取经，在国外教学专家的引导下完成了网络课程设计。回国后他申报了教育部"新世纪网络课程建设工程"项目，名称是*New Century College English Online*（新世纪网络大学英语），这便是《新视野大学英语》教材的雏形。

根据《通知》要求，通过的项目成果应正式出版，作者可自行选择合适的出版单位。就在郑教授寻找合作出版社时，意外地迎来了李朋义社长的登门拜访。原来李朋义得知郑树棠教授的这个项目后，遂秘密赶赴上海，希望能够在激烈的竞争中"拿下"这套教材。尽管郑教授此前从未和外研社打过交道，但他被李朋义的热情和真诚所打动。在李朋义的邀请下他先后两次来到外研社，几经商谈，双方达成意向，决定由外研社出版这套教材。李朋义为其冠以《新视野大学英语》之名，外研社"新"品牌再添一员战将。

就在《新编大学英语》出版三年后，外研社又以《新视野大学英语》吹响了"立体化"教学的号角。2001年教材正式出版，实践证明，这是一套极具预见性和前瞻性的大学英语教材，在某种程度上引领了我国大学英语教学改革的趋势和方向。首先，它是国内第一套与现代信息技术结合的立体化大学英语教程，包含从预备一、二级到大学英语六级共八个级别的课本、光盘、网络课程、试题库与语料库，为大学英语教学提供了多渠道、全方位的资源。其次，在内容设计上，教材力求主题广泛，涉及社会、科学、教育和文化等领域，选材注重信息性、趣味性、时代感和文化内涵，以利于学生开拓视野、培养人文素养和文化意识，同时也更加注重对学生语言交际能力的培养。

在教材推出之时，网络教学平台也同期上线，倡导课堂教学与自主学习相结合。借助网络教学平台（即《新视野大学英语》网站），老师们可以对学生的学习记录、上网记录进行管理，师生之间、学生之间实现互动、讨论问题。教师不仅可以把学生的作业放到网上，向学生提供额外的学习资源，还可对学生做出形成性评估

郑树棠教授与李朋义社长

和终结性评估。而学生也可以借助网站提高语言能力，同时培养自主学习的能力。

这些特点和功能使《新视野大学英语》很好地满足了21世纪大学英语教学的迫切需求，一经上市就备受关注。与此同时，外研社在全国范围内大力开展了教材推广活动，举办了多期高校教师研修班，为加强研讨和交流、提高英语教学能力提供帮助。一时间，《新视野大学英语》迅速占领了大学英语教材市场。

2003年12月，《新视野大学英语》被教育部作为"大学英语教

《新视野大学英语》

学改革"教材向教改试点院校推荐，使用该教材的高校数量又进一步增加。2004年，教育部印发《大学英语课程教学要求（试行）》，明确强调"大学英语课程的设计应充分考虑听说能力的要求"，"应大量使用先进的信息技术，推进基于计算机和网络的英语教学"。毫无疑问，在新一轮大学英语教学改革中，外研社已抢占了先机。那时，国内与外研社同时启动新教材及教学软件开发的其他几家出版社，才开始将产品投入市场。

2005年，外研社又开始着手对《新视野大学英语》进行修订，经过三年的调研与策划，对第一版教材进行了丰富与完善。针对大学英语教学的最新变革，第二版教材对其中的《读写教程》和《快速阅读》做了全方位修订，重新编写了《听说教程》与《综合训练》，增编了《泛读教程》。《新视野大学英语》（第二版）被列为普通高等教育"十一五"国家级规划教材及"大学英语教学改革"推荐教材，并被评为2008年度普通高等教育精品教材。

为了编写《新视野大学英语》这样一套规模宏大又引领教学理念的大学英语教材，郑树棠教授花费了无数的心血，挥洒了无尽的汗水。从教材的编写、出版到推介，郑教授无时无刻不在辛勤耕耘。为了介绍教材的特色，使更多教师理解并更好地把握这套教材，进而从中受益、促进教学，郑教授总是认真细致地为教师们讲解理念、传授教法。在教材修订过程中，郑教授更是在身负病痛的情况下，坚持一丝不苟地工作，经常往返于京沪之间，为优化教材结构、提高教材质量殚精竭虑。在一些研讨会上，很多教师都希望能与郑教授有更多的交流，编辑们为了让郑教授有足够的休息时间，经常悄悄地谢绝，但郑教授总是会充满热情地与老师们坦诚交流。

出版十几年间，《新视野大学英语》为外研社打下了全国大学英语教材市场的半壁江山，为成功实施"以教育出版为中心"的战略立下了汗马功劳。而《新视野大学英语》作为外研社推出的第一套立体化教材，也为外研社进军网络出版奠定了坚实的基础。

## 4. 雄踞大学英语教材市场的秘诀

自1998年进军大学英语教材市场，经历十余年的发展，外研社牢牢把握市场的主动权，占据了高等英语教材出版市场的优势地位。至2010年，外研社在大学英语市场的占有率超过了50%，高等英语教育出版分社创造码洋高达6.8亿元。

外研社何以能够雄踞大学英语教材市场？

### 4.1 紧跟改革步伐，逐步完善教材体系

从20世纪90年代到21世纪初，高校英语教学受到多方关注，外研社一直在反思与讨论中探索发展，在教学目标、教学内容、教学模式、测试手段等方面不断完善。

外研社紧紧把握英语教学的脉络与趋势，清晰地意识到大学英语的教学理念逐步从"以教师为中心"转向"以学生为中心"；教学目标从教学生"应试"到教学生"应用"，提高学生的语言综合运用能力；教学内容从围绕语法、词汇的语言知识转变为融合不同技能、形式多样的语言活动；在教学模式上越来越多地利用信息技术手段，丰富教学资源，延展教学空间。与此同时，随着社会环境的变化，人们开始重新审视英语课程在人才培养体系中的功能，关注语言工具性与人文性的统一，将语言教学看作素质培养与职业教育中的一个重要环节。

伴随以上发展趋势，外研社应势而谋、顺势而为、因势而动，在新世纪的第一个十年，分三个阶段在高等英语教材市场上不断发展壮大。第一阶段，从1998年开始，外研社迎着创新教学理念、改革教学模式的"新世纪曙光"，推出了《新编大学英语》《当代大学英语》《新视野大学英语》等系列教材，推广理念，开辟市场，树立品牌。第二阶段，从2004年开始，外研社借势全国范围的大学英语教学改革，完善教材体系，加强网络研发，提高教学服务，以完备的产品体系和良好的口碑逐步扩大市场，增强实力。第三阶段，从2007年开始，随着高校学科建设与课程改革的开展，外研社加大了对新专业、新课程、新业务的调研与投入，与高校、研究机构开

精品大学英语教材

展深入合作，使出版与教学、科研、教师发展紧密相连，既有助于稳固市场，也为进一步拓展业务奠定了基础。

除了《新编大学英语》《当代大学英语》《新视野大学英语》，十几年来外研社还先后组织编写、出版了一大批不同难度、不同类别的大学英语教材，同时不断对经典教材进行改版修订。

在理念创新上，外研社陆续出版了强调国际视野、引导多元文化的《新标准大学英语》，以及以产出为导向、注重学以致用的《新一代大学英语》。在体系建设上，力图覆盖需求层次多样的各类高校，比如开发了针对低起点院校的《新视界大学英语》和面向艺体生的《E英语教程》。由低到高、循序渐进的教材链条，构成了非常完善的教材体系。这一批品种繁多、特色各异的精品英语教材，奠定了外研社在大学英语教材领域的开拓、引领地位。

《新标准大学英语》

《新一代大学英语》

总编辑徐建中（左四）、高英分社社长常小玲（左三）、高英分社副社长李会钦（左二）与《新标准大学英语》中方总主编文秋芳教授（左五）及外方总主编葛一诺（Simon Greenall）教授（左六）出席外研社大学英语教学与发展研讨会

　　除了公共英语教材，外研社在英语专业教材建设方面也加大投入力度。1999年，根据高校英语专业教学的发展，外研社邀请北京

外国语大学杨立民教授牵头编写了一套体系统一、涵盖全面的大型英语专业系列教材《现代大学英语》。教材吸收了杨立民、梅仁毅、徐克容等教授在课堂教学及教材编写中积累的经验，注重语言与文化的结合，在教学法上博采众长，在教学原则上发挥学生的主动性和积极性，在编写手法上注重纵向连贯和横向配合，充分体现了英语专业教材的特色。从2001年到2005年，《现代大学英语》的体系逐步完备，获得了良好的市场反响，并入选了普通高等教育"十五"国家级规划教材。

杨立民教授作为教材总主编，从编写理念的确定、系列框架的设计，到文章的选定、练习的设置，乃至字句的推敲，承担了极其繁重的工作。教材陆续出版后，杨教授也与梅教授、徐教授一起，走出书斋，与全国英语专业的广大一线教师进行直接交流。在外研社举办的历次高校英语专业教师培训会上，杨教授严谨的治学态度与诙谐的语言相映成趣，收获了一批又一批的"粉丝"。很多参会教师告诉杨立民教授："我做学生的时候就用您的教材，现在当了老师，还是用您的教材。今天终于见到您，太高兴了，想说一声谢

《现代大学英语》第一版和第二版

谢!"而杨教授也在与教师的接触中深有感悟:"在和一线教师的不断接触中,我越来越感到编教材是非常重大的事情。老师们对《现代大学英语》的关注、肯定,对我们的期望,我都装在了心里。这些教材的使用者,这非常鲜活的一大批人,给我们动力,也是鞭策我们认真工作的力量。"

杨立民教授

除基础教程之外,外研社还出版了一大批知名专家学者编著的英语专项学习用书。比如,北京外国语大学庄绎传教授长期从事翻译实践和教学工作,曾参加过毛泽东、周恩来、刘少奇著作英译本的翻译和修订工作,以及国内重要文件的英译工作,并在国内外参加联合国文件的汉译及审定工作。早在建社初期的1980年,外研社就出版过庄教授的《汉英翻译500例》,之后的数十年中又出版了《实用汉英翻译教程》《英汉翻译简明教程》《译海一粟:汉英翻译九百例》等多部翻译教程,以及《英语用法指南》等语法教程。北外教授薄冰也是外研社的重要作者之一,他长期从事英语语法的教学与研究,对于英汉翻译有很深的造诣,20世纪80年代末曾在外研社出版过《英语语法札记》。2006年出版的《薄冰英语语法指南》是作者数十年来研究英语语法的集大成之作,他以厚重的功底,深入浅出、旁征博引,将英语学习者在语法学习中遇到的各类疑难杂症一一剖析解答,并将这些问题按照语法要点分门别类,汇集成书,在全国形成广泛影响。

### 4.2 团队精神和永恒的怀念

在新的战略思想指导下，1998年外研社组建了大学英语工作室，副社长赵文炎兼任工作室主任，为教材的推广提供了组织保证。

在进军大学英语教材市场初期，李朋义社长亲自挂帅，马不停蹄地走遍全国，参加在各地举办的宣传推广会、学术研讨会、英语教学研究会年会及暑期培训会等，利用一切机会宣讲新教材、新理念，树立外研品牌。整个教材推广团队更是呕心沥血、殚精竭虑。他们付出了心血和汗水，甚至有人献出了宝贵的生命。1999年12月，赵文炎副社长和发行二部主任李明明为了推广《新编大学英语》，赴山东济南参加大学英语研究会年会，在返京途中不幸发生车祸，以身殉职。他们的名字，带给外研人永恒的怀念和深刻的感动。

赵文炎原是北京外国语学院出色的俄语教师，当时北京外国语学院院长兼外研社社长王福祥教授正是他的老师。在王院长

外研社组织的第一次全国大学英语教学研讨会

的影响下，赵文炎对外研社的
工作燃起了热情和向往。入社
后，赵文炎担任出版部主任，
很快成了出版印制专家。能干
肯干的他没过多久便走上了管
理岗位，先后任外研社的副总

赵文炎同志　　　　李明明同志

编辑、副社长。他一方面埋头苦学，编辑出版了大量俄语图书，
成为外研社俄语图书出版的奠基者之一；另一方面，他全面主持
全社的营销工作，表现出了充分把握市场经济改革脉搏的头脑、
眼光、魄力和极强的开拓精神。为了外研社的销售工作，他不辞
辛劳、跋山涉水，跑遍了大江南北，同书界的朋友们建立了稳定
和谐的友谊，巩固了外研社强大的销售网络，带出了一支富有战
斗力的销售队伍。

　　20世纪90年代末，外研社大学英语教材的推广工作刚刚起步，
步履维艰，赵文炎和他的同事们为了做好《新编大学英语》的营销
工作，几乎牺牲了每一个周末和节假日。谁都想不到，一次推广活
动竟成了赵文炎与李明明同志生命的终点。

　　兢兢业业、锲而不舍，赵文炎身上闪现的老一代外研人的优秀
品质和精神魅力，对待工作如火一般的热情和投入，被一代代外研
人所继承。后来，这支队伍在徐建中、常小玲的带领下，不断创新
思维、开拓市场，牢牢把握主动权，占据了大学英语出版市场的绝
对优势地位。他们与编辑和市场人员一起，一年到头在外劳碌奔
忙，南征北战：组织召开宣传推广会，参加各省（区、市）英语教
学研究会年会，到几百所学校拜访负责人，进行教材、教学课件、

网络课件演示，为学校安装网络平台，搜集学校对教材和培训的反馈信息……

从大学英语工作室到大学英语事业部，再到高等英语教育事业部，最后发展成为高等英语教育出版分社，外研社大学英语教材出版团队在发展，在成长。随着时间的推移，部门领导有变动，人员在增多，工作任务在加重，但不变的是他们坚韧不拔、吃苦耐劳的奋斗精神，他们对外研社的赤胆忠心和对外研社广大读者的诚信热情。在社领导的亲自指挥下，他们以高瞻远瞩的气魄、寸土不让的精神、热忱诚信的态度、细致周到的服务，有重点、有计划地一步步扩大了领地，造就了市场人员与当地信息中心相结合、一线推广与后方服务相结合、推广活动与多种形式合作相结合的坚实力量。

### 4.3 首开免费培训先河

从1999年开始，为传递新教材的编写理念，支持教师实现教学效果最优化，外研社对使用本社教材的大学英语教师开展免费的暑期培训，至今已经有20个年头。在第一次暑期培训的开幕式上，社长李朋义说："推动我国大学英语教学和科研的发展是外研社义不容辞的责任。在国家教育经费不足、各校办学经费有限的情况下，我们理应尽绵薄之力。"同时他也呼吁兄弟出版社都应该做一些"取之于民，用之于民"的事情，为国家分忧，为学校解难，为科教兴国出力。

怀着这样的理想和抱负，外研社每年斥资上千万在暑期进行大规模的全国大学英语教师培训。当年，《中华读书报》给这一盛会起了一个名字，叫作"夏日培训"风暴。该报1999年7月14日的一篇名为《外研社掀起"夏日培训"风暴》的文章写道："近来几个周末，北京至北戴河的火车上，满眼皆是全国各地来参加培训的英语教师。无疑，此举当属今年出版业中动作最大且最具风险性的一笔。"从1999年的2000人，到2000年的4000人、2001年的6000人，再到2002年的8000人……这场"风暴"越来越大，越来越强。在外研社的带动下，兄弟出版社也纷纷投身教学培训，于是暑期培训就成了中国大学英语教师的学习盛宴。在众多暑期培训中，外研社的暑期培训以规模大、水平高、效果显著等优势，深受大学英语教师的推崇。

针对不同教材，外研社组织培训的风格也大不一样。比如《新编大学英语》提出"以学生为中心的主题教学模式"，培训以编者介绍和示范课为主，并邀请刘润清、吴一安、王克非等知名专家教授做学术报告。培训不仅消除了老师们对教材和理念的陌生感，还让他们在生动的示范课中对如何组织课堂有了感性的认识。而针对《新视野大学英语》，培训加入了更多的技术含量。在多媒体教室中，有些从未接触过网络的老师基本上熟悉了新视野网站的管理操

外研社掀起"夏日培训"风暴

作流程。上海交通大学郑树棠教授、上海师范大学顾大喜教授、新视野网站开发者笪骏教授等专家学者，给老师们带来了关于大学英语教学改革、科研论文写作、现代信息技术，特别是网络技术应用等方面精彩的学术报告。

曾有老师这样评价："外研社带头做暑期培训，利国利民，功德无量，是企业和教育、文化事业的结合，是功用主义和人文主义的结合，这种做法应该写进英语教学史。"北京外国语大学英语系张中载教授更是用"壮举"和"善举"四个字，由衷表达了对外研社躬耕大学英语教师免费培训的赞赏。他说："外研社为我国的外语教育事业做出了巨大的贡献。"

这一活动也得到了教育界高层人士的高度关注和充分肯定。

## 附： 全国大学英语教学理论与实践研修班

日　程　安　排

第七期　北京　（研修周期为七天）

| 日期 | 时间 | 地点 | 内容 |
|---|---|---|---|
| 8月18日（三） | 7:00—24:00 | 皇苑大酒店 | 皇苑大酒店大厅报到、领资料、分配房间、订回程票 |
| 8月19日（四） | 8:30—9:30<br>10:00—12:00 | 皇苑一层多功能厅 | 开学典礼：研修班计划（李朋义社长）<br>外语教学中的科研趋势（刘润清教授） |
| | 14:00—16:00<br>16:00—18:00 | 皇苑一层多功能厅 | 《新编大学英语》教材编写原则（应惠兰教授）<br>熟悉教材（Unit 1—12） |

| 日期 | 时间 | 地点 | 内容 |
|------|------|------|------|
| 8月20日（五） | 8:00—10:00<br>10:00—12:00 | 皇苑一层多功能厅 | Introduction to Language（语言导论）（中文报告）（刘润清教授）<br>熟悉教材（Unit 1） |
| | 14:00—15:45<br>16:00—18:00 | 皇苑一层多功能厅 | 教材示范课（Unit 1）<br>（于飞教授）<br>教材示范课<br>（中心组班） |
| | 19:30 | | 备课（Unit 2） |
| 8月21日（六） | | | 全天休息 |
| 8月22日（日） | 8:00—10:00<br>10:15—12:00 | 皇苑一层多功能厅各分会场 | Pragmatics（语用学）（英文报告）（刘润清教授）<br>分小班上课（Unit 2）（浙大课题组八位老师） |
| | 14:00—15:45<br>16:00—18:00 | 各分会场 | 分小班上课及研讨（Unit 2）（浙大课题组八位老师）<br>分小班上课（presentation）（Unit 2）（浙大课题组八位老师） |
| | 19:30 | | 备课（Unit 3） |
| 8月23日（一） | 8:00—10:00<br>10:15—12:00 | 皇苑一层多功能厅 | Research Methods（科研方法）（刘润清教授）<br>我国外语界研究现状与研究方法（王克非博士） |
| | 14:00—15:45<br>16:00—18:00 | 各分会场 | 分小班上课（teamwork）（Unit 3）<br>分小班上课（presentation）（Unit 3） |
| 8月24日（二） | 8:00—10:00 | 皇苑一层多功能厅 | 语言测试（韩宝成博士）<br>谈体会、交流心得 |
| | 14:00 | 皇苑一层多功能厅 | 结业典礼、总结 |
| 8月25日（三） | 中午12:00之前 | 皇苑一层大厅 | 退房、送客人 |

·用餐时间：早餐：7:00—7:30　午餐：12:00—13:00　晚餐：18:15—19:15
·主讲人小档案

刘润清教授　我国著名语言学和英语教学专家，北京外国语大学英语系教授，博士生导师。20世纪60年代毕业于北京外国语学院英语系，20世纪80年代获语言学硕士学位。1986年在英国兰开斯特大学获副博士学位。现任北京外国语大学语言研究所所长，全国自学考试英语专业委员会秘书长，中国英语教学研究会秘书长，我国著名一级刊物《外语教学与研究》杂志副主编。

应惠兰教授　20世纪60年代毕业于浙江大学外语系，20世纪80年代初获美国犹他大学语言学与应用语言学硕士学位，现任浙江大学外语系教授、浙江大学英语教学改革课题组组长。

于　飞教授　20世纪60年代毕业于西安外国语学院英语系，20世纪80年代获美国杨伯翰大学语言学博士，现任浙江大学外语系教授。

王克非博士　20世纪80年代考入北京外国语学院语言研究所，在许国璋教授的指导下从事语言学和翻译文化的研究并获得博士学位，现任《外语教学与研究》杂志副主编，北京外国语大学语言研究所教授。

韩宝成博士　1990—1993年就读于北京外国语学院英语系，获得硕士学位。1993年考入北外语言研究所，师从许国璋教授，并获得博士学位。现任《外语教学与研究》杂志编辑，在刘润清教授的指导下从事语言测试及语料库研究。

外语教学与研究出版社
浙江大学外语系
北京外国语大学语言研究所研修班组委会
1999年6月15日

外研社举办的暑期培训活动在教育界和出版界无疑是一项创新。首先，它完全免费。从每位教师的路费、食宿费、书费、资料费到个别突发事件的费用，全部由外研社承担。这对于偏远地区和经费十分短缺的高校来说无疑是雪中送炭。其次，培训推广了新的教育、教学理念。比如，"以学生为中心"的教学理念转变了教师旧有的思维定式和传统的教学模式，切实推动了大学英语教学的改革与发展。再次，理论与实践密切结合。每次培训都会根据教学实际和科研需要，确定授课重点，请不同专业的授课老师做好充分准备，有的放矢；注重教学互动，理论联系实际，内容新鲜，生动活泼。最后，注重专题研修。2006年，外研社举办了第一期"全国高等学校英语教师教育与发展系列研修班"，拉开了强化专题研修的序幕。2009年又推出"高等学校外语学科中青年骨干教师高级研修班"系列课程，标志着外研社在高校师资培养方面迈上了新台阶。

培训的结果是校社双赢。正如李朋义社长所说："像德国的贝塔斯曼集团，它不仅参与德国的文化教育事业，而且还积极参与环保事业等，是站在全人类的立场上思维。这是值得我们效仿的，何况我们还是全国最大的外语出版基地之一。如果说我期望有什么回报的话，我要的是全国英语教师的人心所向。赢得了人心，也就赢得了市场，企业的立意高了，经济效益也就随之而来。"

20年来，外研社持之以恒，以饱满的热情、认真负责的态度、充实的内容和周到的服务，为全国大学英语教师提供义务培训，使他们开阔了眼界，增长了见识，个人素质和教学水平都有了极大的提升。老师们牺牲了宝贵的休假时间，以极大的热情投入到培训和学习中。他们承担着高等教育的重任，关系到我国英语教育事业的成败，其责任感、使命感和敬业精神应受到尊重。而外研社投入巨大的人力、财力组织培训，既是履行社会责任，也是推动创新发展。社校之间的亲密交流和感情投入，也使外研社获得了广泛的社会认可和更大的发展空间。

外研社组织的暑期教师研修班

外研社在为全国高校提供优质英语教学资源和全方位教学支持的同时，始终密切关注大学英语教学改革的动向和各高校英语教学的实际需要，不断完善教师培训模式，持续培养优秀师资，为我国高校英语教育的发展贡献力量。时任国家新闻出版总署署长柳斌杰对此表示："外研社以外语为优势，以教育为特色，在教育方面，通过教材培训来服务，以产业的延伸促进本身的发展，形成自身的特色。"他认为这是个"很好的想法、很好的思路"。

### 4.4　一个营销总监的市场整合策略

外研社党总支书记王芳曾把产品形容为"水"，"水"需要引流、需要渠道。外研社的大学英语教材自1999年进入市场，销售渠道一直采用密集型分销模式，即通过较多的经销商经销教材，对经销商的数量基本不加限制。采取这种模式的出发点是为了迅速进入市场、快速提高市场占有率。事实证明，这种模式在初期是非常实用和有效的。

　　随着外研社大学英语教材市场占有率的不断提高，外研社逐渐从一个市场新进者发展成为行业领导者，而大学英语产品也经过导入期、成长期，发展到成熟期。然而，原有的销售渠道却逐渐呈现出经销商竞争加剧、忠诚度降低、渠道冲突严重等问题。比如有些经销商只着眼于眼前利益，为了拿到订单，狂打折扣战，你报76折，我报75折。更有甚者，报价比外研社的发行折扣还低。这种恶性竞争最终导致利润减少、经销商拖延回款、市场推广难度增加、盗版滋生等严重后果。为了稳固大学英语市场，彻底的渠道整合刻不容缓、势在必行。

　　2003年，王芳担任外研社营销总监后，便开始着手渠道改革。她首创客户分级管理制度，通过加强客户折扣管理，建立起了一套高效、合理的销售渠道体系。2006年，王芳组织了业界首创的大学英语经销商招标，还一度引发了争议。

　　2006年2月，销售中心在王芳的指挥下，开始为招标会做准备。拟定招标书后，王芳召集大家论证标书的可行性、合理性。不断完善招标书后，开始对经销商进行初筛：第一轮将经销商减少至

营销总监王芳主持经销商研讨会

130家左右；又经过一轮筛选，最终敲定74家经销商为合格的竞标单位。邮寄标书、确认标书、解释标书、回寄标书……经过一个月的筹备，3月2日，首届外研社大学英语经销商招标会正式召开。本着公平、公正、公开的原则，新华渠道和民营渠道在同一个平台竞争，当场揭标、打分。不到一天的时间，来自全国27个省（区、市）的71家经销商全部完成招标流程。最终，中标单位53家，合同当场签订完成。

王芳对第一次招标印象十分深刻，她回忆说："经销商们相当重视，山东的一个经销商甚至用了一个星期的时间去研究只有两页的招标书。"有些经销商为了能中标，甚至去银行贷款来交高额的保证金，"这体现了经销商对外研社产品和品牌的高度认可"。

第一次招标可以用"相当成功"来形容。经销商削减了三分之二，不仅留存了一些优质、老牌的经销商，还注入了新鲜的血液，经销商结构渐趋理想。不过少数优质的经销商，甚至外研社自己的信息中心，由于对竞标的本质理解不透，或者对竞标的残酷性准备不足，最终落标，失去了当年经销外研社教材的机会。

经过连续几年的招投标实践，外研社大学英语教材市场的销售渠道得到了有效整合。销售渠道最终彻底转变为选择性分销（出版社在某一地区仅通过几个精心挑选的、最合适的经销商发行大学英语教材）和独家经销（出版社在某一地区仅通过一家经销商发行大学英语教材），降低了渠道宽度，减少了竞争，保证了经销商的利润，提高了经销商忠诚度、信任度和积极性，使渠道更加顺畅。同时，通过履约保证金制度，降低了回款风险，有效地遏制窜货，达到了通过管理、资金、品牌来提高渠道控制能力的目的。

如今，在国内的出版社里，外研社的回款率是比较高的。在数字面前，曾经的质疑烟消云散，取而代之的是钦佩和羡慕。稳定的销售渠道和有效的管理制度有力地保障了外研社在高校英语教材市场的优势地位。

外研社业务洽谈会

外研社优秀经销商表彰大会

外文书店与新华书店负责人齐聚外研社，围绕"教材微利时代的社店合作与发展"这一主题进行研讨

### 5．品牌赛事，打造英语界"中国梦想秀"

本着"以学生为中心"的教育理念，外研社积极为英语学习者搭建交流、展示的舞台。自1997年以来，外研社举办了一系列具有品牌影响力的赛事活动。这些比赛涉及范围广泛、参与人数众多，促进了国内外英语学习者的交流，极大推动了中国英语教学和英语出版事业的发展。

#### 5.1 "外研社杯"全国英语辩论赛

1996年，时任英国驻华大使艾博雅爵士的夫人（Lady Joan Appleyard）提议在中国举办英语演讲赛和英语辩论赛。当时国内英语学习迎来高潮，在英国文化委员会的支持下，中国日报社于1996年发起并举办了"21世纪杯"全国英语演讲比赛，而外研社于1997年举办了"外研社杯"全国英语辩论赛。这场代表全国英语辩论最高水准的公益赛事，一办就是22年。

李朋义社长、英国驻华大使
艾博雅爵士和夫人以及参赛
选手

### 5.1.1  改变"中国式英语"的比赛

每年5月，在初夏的和煦日光中，坐在宽敞明亮的外研社国际会议中心，耳闻目睹来自全国各地高等学府的大学生语言流畅、意气风发的辩论，无疑是一种对英语的享受。然而在20多年前，中国大学英语教学还处于"聋子英语""哑巴英语"的窘境。

20世纪80年代，中国人逐渐意识到学习英语的重要性和紧迫性，然而学习效果却令人尴尬：大多是语法精通、笔试优秀，却口齿结巴、难以交流。一方面，当时的英语教学重语法、轻实践，重书面、轻口语，没有为英语学习者提供一个良好的语言学习环境；另一方面，中国学生不愿意主动公开地表达自己的思想，用英语交流更是奢谈。

为改变"中国式英语"的窘境，1997年4月，"中国高校英语口语协会"成立，胡文仲教授任会长，李朋义任秘书长，秘书处设在外研社。为了帮助中国学生培养在全球化时代用英语传达情感、交流观点、参与竞争的能力，在时任英国驻华大使艾博雅爵士的支持

1997年4月，中国高校英语口
语协会成立，英国驻华大使艾
博雅爵士、李朋义社长与胡文
仲教授出席成立大会

中国高校英语口语协会成立
大会上，胡文仲教授同英联
邦英语演讲协会主席签署
协议

左起：胡文仲教授、英国驻
华大使艾博雅爵士的夫人、
陈乃芳校长

下，艾博雅爵士夫人、外交学院副院长任小平、中国日报社副总编辑黄庆、中央广播电视大学教师刘黛琳和外研社社长李朋义等人联合发起了一场英语辩论赛，即"外研社杯"全国英语辩论赛。赛事由外研社主办，国际英语口语联盟（UK）和中国高校英语口语协会协办，外研社每年投入100万元。

英语辩论赛起初无疑是"曲高和寡"。1997年，只有清华大学、北京大学、复旦大学等国内顶级的八所高校参加第一届大赛。但即便如此，首届大赛也如火如荼地开展起来，让中国学生迎来自己的"英语盛宴"。大赛有幸邀请到优雅的艾博雅爵士夫人作为主持人，来自上海交通大学的选手最终获得首届辩论赛的冠军。星星之火可以燎原，第二、第三届大赛参赛范围逐渐扩展至16所学校、20多所学校。

首届"外研杯"英语辩论赛颁奖仪式

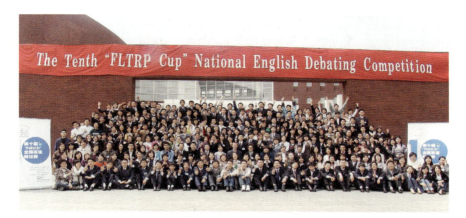

第十届"外研社杯"全国英语辩论赛合影

　　随着比赛名声的迅速扩大，越来越多的学校参加到"外研社杯"辩论赛中来。从2003年第七届比赛开始，全国分七个赛区，共有70余所高校参加预赛，最终决出16所高校到北京参加决赛。预赛区的比赛得到了各承办学校的全力支持，很多学校都派一名副校长亲自主抓，负责协调校内各部门在场地、人员、餐饮及用车方面的工作。有些学校在赛事筹备上别出心裁，比如第八届比赛东北赛区承办学校大连大学的巨型背景板达到了100平方米，还在校内悬挂了2个高空热气球、18个标语横幅和100多面彩旗，场面空前盛大。

　　随着比赛规模的不断扩大，外交部、教育部有关领导和很多文化名人也开始关注并出现在总决赛上。时任教育部副部长章新胜先生和吴启迪女士，以及英国驻华大使韩魁发爵士先后出席决赛并致辞。2003年，外交部翻译室主任张健敏先生和阳光传媒集团总裁杨澜女士参与了大赛的评判并为获奖队颁奖。

英国驻华大使韩魁发爵士（左）出席"外研社杯"全国英语辩论赛

到2005年第九届比赛时，全国各高校均可报名参加。随着辩论赛影响的逐年扩大，不少学校都将参加辩论赛和教育部的本科教学评估工作联系在一起。第十届时，报名参赛的学校更是突破了150所。由于报名数量超出了大赛的接待能力，组委会只好婉拒了多所学校。从最开始做大量工作邀请学校参赛，到后来不得不婉拒参赛队伍，辩论赛的成长可见一斑。

在比赛形式上，起初采取的是中国学生易于接受的传统比赛方式。从2003年第七届比赛开始，北京总决赛预赛阶段采用了全美大学生辩论赛的通用模式——美国议会制（American Parliamentary Style）。较之传统的中文辩论赛，"议会制"更强调辩手使用英文连续陈述的能力和对场上节奏的控制能力。

"议会制"对选手的语言能力、知识储备、思维敏锐度等综合素质有了更全面和真实的考核，也使辩论过程更富挑战性、评判更具科学性，给辩论赛带来全新的气象。2010年后，赛事采用英国议会制（British Parliamentary Style），真正实现了比赛的国际化。前外交部部长李肇星先生亲临决赛现场并致辞，充分肯定了英语辩论在口语学习和思辨能力培养方面的重要性和实用性。

由于规模盛大、参赛选手优秀、赛程及评分标准与国际接轨、评委组成权威，历经20余年的发展，"外研社杯"全国英语辩论赛毫无争议地成为国内水平最高、影响最大的英语辩论赛，代表了中国英语口语教学的最高水平。

### 5.1.2　一项赛事，惠及广远

对于这场坚持了20多年，惠及全国大学英语课堂，影响深远的大赛好评如潮：

"辩论赛已超出了比赛本身，成为促进全国青年学子学习英语的一项运动。"

"辩论的练习让中国学生跳脱书本英语的藩篱，打破了'哑巴英语'的局面——而除了口语，他们更收获跨文化交流的能力，是中国向外国传递中国信息的桥梁。"

"每次与志同道合的英语辩论爱好者讨论辩题、争论时事，就会感觉自己每一个脑细胞都在兴奋地跳动。这种真实的思想碰撞，比'虚拟对话'过瘾一百倍！"

赛场内外，无论是专家学者，还是青年学子，都不吝给予"外研社杯"全国英语辩论赛至高的褒奖。作为一项举办了20余年的公益赛事，它的意义可谓深远。每届大赛，全国各地上万名大学生直接参与，间接受众超过百万。各高校为选拔辩手，在校内举行各种英语竞赛活动，极大地调动了学生练习英语口语的积极性。可以说，辩论赛对于英语学习从"纸上"回归到"嘴上"功不可没。正如北京大学王式仁教授所言："辩论赛已成为高校学子学习生活中的重要内容，堪称英语学习的'风向标'，让他们看到了英语学习不应该只停留在考级拿证，更是要实践运用。"可以说，辩论赛推动了中国英语素质教育的深刻变化。

辩论赛给予了参赛选手优良的心理品质、昂扬的团队精神、广阔的成长平台等宝贵财富，更给予了他们科学的思维和思辨的能力。在全球化时代，学校要造就的是具有强烈求知欲、高度创造性思维并勇于展现自己的人才，而辩论赛正是培养了青年学生不迷信权威、善于独立思考和缜密分析问题的意识与本领。很多与时代发展相适应的辩题，比如"是否应该限制大城市中私家车的数量""转基因食品的得失""安乐死的是非"等，使学生们更加关注中国和世界的发展热点，在辩论过程中增长知识，提高思辨能力和关切社会的意识，树立科学的世界观、人生观和价值观。各参赛高校普遍认为，辩论赛为推动中国高校的素质教育起到了积极作用。

社长李朋义曾说："青年学子能用英语来思考，用英语来表达，不但对于大学英语教育而且对于我们的社会意义非凡。"他的话得到了印证。

除了组织比赛，外研社还多次邀请国际辩论教育协会和新加坡大学辩论协会的专家为参赛选手培训，使参赛选手和带队老师都有了开阔视野、提升自我的宝贵机会。他们将培训录像赠送给众多高校，让更多人从中受益。外研社每年还会资助获奖选手到国外参加世界性辩论大赛或论坛，与全球青年才俊同台竞技。2007年1月，在加拿大举办的第27届世界大学英语辩论赛上，第十届"外研社杯"全国英语辩论赛的亚军清华大学队夺取了EFL（English as a Foreign Language）组的冠军。

第九届"外研社杯"
全国英语辩论赛

第十届"外研社杯"全
国英语辩论赛比赛现场

　　辩论赛不仅为中国大学生提供展示风采、提高能力的舞台，也为很多优秀辩手提供了发展空间，成为打通职场之路的"金钥匙"。不少优秀辩手进入了外交部工作，或是在国内外知名企业任职。外交部翻译张京2006年曾代表外交学院参加第十届"外研社杯"全国英语辩论赛，最终获得冠军。如今她主要从事党和国家领导人、外交部领导等出席外事活动的翻译工作。她说："全国大学生英语辩论赛让我学会逻辑和应变、对语言的运用和锤炼、对社会的观察和思考，在参加工作后一直受益于它。"

第十三届"外研社杯"
全国英语辩论赛颁奖仪式

"外研社杯"全国英语辩
论赛颁奖仪式

## 5.2 "CCTV杯"全国英语演讲大赛

随着中国加入世界贸易组织和北京申奥的成功，英语在中国人民生活中占据了越来越重要的地位。为了进一步满足我国日益扩大的国际交往需求，为举办2008年奥运会营造相应的语言环境，同时响应教育部提出的"提高学生的英语综合应用能力，特别是听说能力"的教学要求，2002年，外研社和中央电视台强强联合，举办了"CCTV杯"全国英语演讲大赛，为高校选拔精英学子开辟免费公益赛事。

徐建中副社长主持"CCTV杯"全　　徐建中副社长主持演讲大赛筹备会
国英语演讲大赛抽签仪式

### 5.2.1　央视演播大厅——梦想的舞台

"站在中央电视台的演播厅里接受冠军奖杯的时候，我觉得在做梦。"第五届大赛的总冠军陈东在获奖后这样说。诚然，"CCTV杯"全国英语演讲大赛就是这样一个用汗水换来梦想成真的舞台。

演讲大赛面向全国高等院校35周岁以下中国籍在校专科、本科学生和研究生。主办单位联合全国各省（区、市）大学外语教学研究会等机构，组成"CCTV杯"全国英语演讲大赛组委会，央视国际频道主任盛亦来担任第一届大赛组委会主任，李朋义社长担任组委会副主任和历届评委，秘书处设在外研社。评审团由各高校和国内外文化、外交、新闻等机构的一流专家组成。整个赛程为期半年，分为初赛、复赛、半决赛与决赛四个阶段。初赛在外研社和各省（区、市）大学外语教学研究会领导和协调下，由参赛学校负责组织实施。复赛由各省（区、市）大学外语教学研究会承办。半决赛由中央电视台和外研社主办，在各省（区、市）复赛中获得前3名的选手齐聚北京参赛。进入决赛阶段，排在前20名的选手来到中央电视台一千平方米的演播大厅一展风采，最终决出冠军1名、亚军2名、季军3名、优胜奖若干名。中央电视台全程播放决赛实况。决赛获奖选手被选送到国际上参加各种国际英语大赛活动，都取得了优异的比赛成绩。上百名获优胜奖的选手和指导老师被选送到各种国际赛事或夏令营，极大地开拓了他们的眼界，提升了他们的英语能力。每年几百万元的费用都由外研社承担。

2002年11月15日至30日，第一届"CCTV杯"全国英语演讲大赛的初赛和复赛分别举行，共有31个省（区、市）500多所高校的数十万名大学生参与比赛，最终96名选手杀入半决赛。12月5日，近百名选手齐聚北京外国语大学。半决赛设立了阵容强大的评审团，由院校、文化、外交、新闻机构派出的一流专家组成。为保证规范性与公正性，比赛完全按照英语国家演讲比赛的办法设置，包括定题演讲、回答问题、即兴演讲和情景面试四个部分。经过激烈的角逐，12月7日半决赛落下帷幕，20名选手进入决赛。

2002年12月11日至12日，总决赛在央视演播厅正式举行。一千平方米的演播厅，耀眼的聚光灯，拭目以待的观众……代表当代大学生英语最高水平的20名选手分别来自北京大学、复旦大学、中国人民大学、中山大学等国内知名高校。决赛的四个部分中，即兴演讲最能考察选手的思维应变能力。导演组精心策划了许多与当代社会息息相关的焦点问题，以及一些发人深省的有关社会现象的题目，供选手自由发挥，畅所欲言。情景面试部分，英美驻华使馆的高级官员、联合国计划开发署的首席代表，以及外交部、中央电视台、中国国际广播电台的官员和专家，为选手设计面试情景，测试他们的英语水平、知识能力及应试技巧。

　　赛场上，我们可以看到这样一组组镜头：选手和外籍专家精彩对抗，几个回合下来，选手们舌灿莲花、愈战愈勇，而有时专家组的外籍评委竟一时语塞，摊开双手，善意地微笑起来，台下立时掌声雷动。最终，来自北京广播学院（今中国传媒大学）的卜洋以100.4的高分力拔头筹，夺得了大赛的总冠军。她流利、清晰的发音，敏捷的思维，落落大方又极具说服力的表现，给裁判、现场观众和电视观众都留下了深刻的印象。

演讲大赛组委会主任、央视英教频道主任盛亦来（右一）与组委会副主任、外研社社长李朋义（右二）出席"CCTV杯"全国英语演讲大赛并担任评委

"CCTV杯"全国英语演讲大赛颁奖仪式

　　大赛举办之初便受到了全国各地热爱英语的莘莘学子的积极响应，参赛规模覆盖了全国30多个省（区、市）。第二、第三届比赛时，还邀请了港澳台地区的选手参赛，其影响力覆盖近千万大学生。

　　值得一提的是，每年进入半决赛和决赛的选手，超过半数是来自非英语专业的学生。这意味着中国高校学生英语水平的整体提升，正在使英语从"特有工具"转化为"大众工具"，从而促使英语演讲大赛从单纯比语言流畅性，转向更加注重表达的内容和思想。而大赛每年都有"老面孔"，有些选手多次参加比赛，因为他们的不懈努力而最终圆了自己的梦想。比如2004年的冠军艾黎莎参

"CCTV杯"全国英语演讲大赛颁奖仪式电视直播现场

加过三年的比赛，第一年甚至没有拿到入围北京半决赛的入场券，第二年又非常遗憾地止步于半决赛第24名，与决赛失之交臂。但她没有气馁，在第三年的比赛中发挥出色，顺利进入决赛并一举夺得冠军。

由于规模盛大、选手优秀、评委权威，"CCTV杯"全国英语演讲大赛很快成为一项代表中国青年英语水平、具有国际影响力的重要赛事，也成为中国英语口语教学的大检阅。到2008年，中央电视台实现了面向全球观众直播大赛现场，将选手们的声音传播到了世界的每一个角落。历经8年，投资几千万元，累计几千万大学生参加的"CCTV杯"全国英语演讲大赛到2010年由于中央电视台的频道调整而画上了圆满的句号。此后，大赛转换了其他形式继续举办，至今已连续举办了近20年。

5.2.2　价值，超越舞台

社长李朋义如此阐释演讲的真谛："演讲不是简单的语音标准和理论阐述，而是要通过语言表达内心的想法，以思想打动评委，赢得听众的认可。"

演讲大赛从比赛内容到形式，都注重考查学生的英语综合应用能力，特别是在各种情境下的实际交流能力和应变能力。由于对英语教学和学生能力培养有着很强的促进作用，大赛得到了很多高校领导的高度重视，一些领导甚至亲自负责校内选手的辅导与选拔。部分省（区、市）教育厅的领导也对本省复赛进程和选手在总决赛中的名次非常关注，有的省的教育主管部门将学校在比赛中的名次作为评估学校外语教学的标准之一，辅导选手比赛的成绩也被作为教师职称评定的一项条件。

为了帮助高校师生通过多种渠道了解英语演讲，掌握演讲技能，外研社还制作了演讲大赛实况录像光盘，策划出版了一系列有助于提升英语演讲水平的图书，如《演讲的艺术》《实用演讲技巧》《英语演讲选评100篇》等。

除了比赛本身，外研社每年还会为优秀获奖师生提供资金赴英国、韩国等国参加国际英语外语教师协会（IATEFL）大会、亚洲英语教师协会大会（Asia TEFL International Conference）、亚洲辩论协会夏季锦标赛（Asian Debate Institute Summer Tournament），或前往美国乔治梅森大学、新加坡南洋理工大学、澳门理工学院等高校进行游学交流，感知学术前沿，汲取思想精华。

李朋义社长在第一届大赛的总结会上说："我们不但要办，还要年年都办，同时还继续举办'外研社杯'英语辩论赛，这样的投资是对国家教育事业的支持，是对中国英语教学改革的支持，是值得投资、长期坚持下去的一项事业。"

外研社每年投入数百万元的演讲大赛得到了积极的回馈。参赛选手的听说能力在大赛中得到了极大的提升，不少选手也通过比赛走上了令人羡慕的职业舞台。而每年的大赛也都在进行着蜕变：参赛选手的知识内涵、表现方式、反应能力、心理素质等方面都比往年更胜一筹；指导教师的培训方法、准备方向、知识储备、耐心程度等执教经验都更为丰富；评委专家时常更换，避免思维定式和不公正的现象发生；工作人员则用他们的专业和敬业完善着大赛的每个细节。

一位获奖选手这样感慨道："'CCTV杯'给了我们青年施展才华的舞台。我一直深信，演讲是沟通的重要一环，而沟通使人与人的距离愈加贴近，沟通使整个世界愈加和谐。喜欢演讲、能用英语

2007"CCTV杯"全国英语演讲大赛比赛现场

2008"CCTV杯"全国英语演讲大赛颁奖仪式

演讲，应该是我们每个青年人所追求的目标！"许多未能获得名次的选手同样感到收获良多："演讲的过程足以使我们享受，足以帮我们成长。"

5.2.3　从演讲大赛到演讲教学——《演讲的艺术》与卢卡斯教授

演讲大赛的举办极大地带动了全国大学生和教师对英语演讲的热情，在全国高校引发广泛关注和参与。外研社敏锐地意识到，英语演讲是当代大学生人文素养、语言表达、跨文化思辨、国际视野等综合素质的体现，对于高校培养具有国际视野和国际竞争力的国际化人才意义深远。而若要进一步提升大学生的英语演讲能力，必须推动高校更新教学理念，开设英语演讲课程，开展英语演讲教学。

外研社于2004年引进了在国际上被誉为"演讲圣经"的教材——《演讲的艺术》，并邀请该书作者、国际演讲修辞学领域权威学者、美国威斯康星大学麦迪逊分校交流艺术系教授史蒂芬·E.卢卡斯（Stephen E. Lucas）来到中国，担任大赛的评论员，对参赛选手的表现进行精彩点评。2005年，外研社再次邀请卢卡斯教授来到中国，举办了国内第一期英语演讲教学师资培训班。培训课程由卢卡斯教授亲自设计并主讲，四川大学的任文老师和对外经济贸易大学的宿玉荣老师担任助教。

考虑到原版引进教材在国内教学使用时会出现文化差异等"水土不服"的问题，在时任副社长徐建中等人的积极倡议下，卢卡斯教授于2009年花费一年时间专门为中国学习者"量身定制"了《演讲的艺术》（第十版/中国版）。中国版于2010年4月出版，卢卡斯教授幽默地称之为"一本具有中国特色的国际演讲教材"。之后，外研社又陆续出版了一本中文翻译版、一本配套教师用书、一本配套课堂活动手册，并研发了10门演讲系列在线课程。《演讲的艺术》在中国高校的影响越来越大，使用者也越来越多。

2004—2019年，外研社发起并分别同对外经济贸易大学、四川大学、南京师范大学、复旦大学、中国人民大学、山东大学、北京外国语大学等院校联合主办了7届"全国英语演讲与写作教学学术研讨会"；举办了10期全国英语演讲师资培训班，其中7期课程由卢卡斯教授亲自设计并主讲；培训了数千名英语演讲教师，访问了近50所高校并做讲座。

卢卡斯教授为中国英语演讲教学事业的发展倾注了大量心血。在他的引领与指导下，中国英语演讲教学的基本教学原则与方法得以奠定，英语演讲教学与研究的基本格局和发展方向得以确立，立体化的英语演讲教学资源体系得以完善，一批又一批中青年英语演讲教师成长起来。卢卡斯教授始终对中国的青年一代寄予厚望，在专门为中国学习者改编的《演讲的艺术》（第十版/中国版）中，他写道："在全球化高度发展的今天，21世纪的中国不断与世界上其他国家进行竞争，英语演讲能力不仅将对你的个人成功至关重要，也将极大影响中国的成功。"

在外研社与卢卡斯教授的倡议与推动下，在国内演讲教师共同体以及广大演讲学子的共同努力下，中国英语演讲教学得到了长足发展。2001年，中国开设英语演讲课程的高校尚不足10所；2018年，教育部发布的《普通高等学校本科专业类教学质量国家标准》已明确将英语演讲课程列入英语类专业核心课程；2019年，英语演讲课程在高校中已非常普及。

在长达15年的合作中，从编辑到市场人员，从分社管理者到总社领导层，外研社团队与卢卡斯教授建立了深厚而真挚的友谊。2019年5月3日，威斯康星大学麦迪逊分校人文艺术学院为卢卡斯教

授举行了隆重的退休仪式，外研社副总编辑常小玲与《演讲的艺术》一书的责任编辑陈静代表外研社出席仪式并致辞，向卢卡斯教授为中国英语演讲教育事业所做的卓越贡献表达真诚的感谢，向卢卡斯教授的退休生活致以美好的祝愿。

外研社还将继续与卢卡斯教授携手合作，改编更新《演讲的艺术》教材体系，将中国英语演讲教学与研究推向崭新的发展阶段。

5.2.4 从"CCTV杯"到"外研社杯"

历经八年发展，2010年大赛更名为"外研社杯"全国英语演讲大赛，由外研社与教育部高等学校大学外语教学指导委员会、教育部高等学校英语专业教学指导分委员会联合举办。

自从2007年李朋义社长调任中国出版集团党组书记之后，外研社的这项重大赛事活动就由时任副社长（后任总编辑）的徐建中抓了起来。为了进一步扩大"外研社杯"在高校的影响力，为全国大学生构筑一个展示外语能力、沟通能力与思辨能力的综合平台，2013年首届"外研社杯"全国英语写作大赛开启，首批参赛选手超过了30万人。比赛得到了教育部领导，全国大学英语四、六级考试委员会和国内外语教育专家的多方肯定与支持。根据新的形势和需要，徐建中与组委会共同讨论，对大赛的主题、赛制等不断进行创新，使之更加符合当代需要。2014年，演讲大赛开辟网络赛场，大学生可上传个人参赛视频。2015年，首

徐建中总编辑在"外研社杯"全国英语演讲大赛上致辞

届"外研社杯"全国英语阅读大赛开启，同时在线举办全国大学生阅读能力测试。同年，"外研社杯"全国英语演讲/写作/阅读大赛首次创新性地"合三为一"——"Uchallenge大学生英语挑战赛"应运而生。2017年，演讲大赛网络赛场打破国籍限制，正式邀请世界各国演讲人才同台竞技。

2018年2月2日，中国高等教育学会《高校竞赛评估与管理体系研究》专家工作组在北京召开"中国高校创新人才培养暨学科竞赛评估结果"新闻发布会，正式发布2013—2017年中国高校创新人才培养暨学科竞赛评估结果和《中国高校创新人才培养暨学科竞赛白皮书（2012—2017）》。"外研社杯"全国英语演讲大赛通过严格遴选，从众多学科竞赛中脱颖而出，成为国内最具广泛影响力的竞赛项目之一，也是唯一被纳入的英语类竞赛。在广泛征询意见的基础上，大赛组委会决定，自2018年赛季起，将大赛名称扩展为"外研社·国才杯"全国英语演讲、写作、阅读大赛，英文名称为"FLTRP·ETIC Cup" English Public Speaking/Writing/Reading Contest，比赛视野更加宏大，内涵更加丰富。

"阅读使人充实，演说使人机敏，写作使人严谨。"培根充满智慧的话语是对外研社倾心举办Uchallenge系列赛事的最好诠释。在各行业迫切需要大批栋梁之材的今天，大赛为广大学生提供了砥砺奋斗、锤炼过硬本领的平台，为外语教师提供了创新教学、提升育人能力的平台，为全国高校提供了服务国家、提高国际竞争力的平台。大赛将牢记时代使命，坚守社会责任，秉持育人初心，与全国高校外语教育专家、教师与学生一道，为推动中国外语教育事业长足发展与国际化人才创新培养不懈努力！

### 5.3 "外研社/朗文杯"新概念英语大赛

为了让更多的英语学习者充分领略《新概念英语》这套经典教材的魅力，2004年，外研社和培生教育出版集团亚洲有限公司联合举办了"外研社/朗文杯"新概念英语大赛。这是"新概念"产业的重要组成部分，也是外研社实施"面向全民外语教育"战略的一项重要公益活动。

#### 5.3.1 一场全民英语赛事

大赛最初名为"新概念英语背诵大赛"。英语学习是一个循序渐进的过程，需要不断积累、操练和自我纠正。背诵是提升英语学习能力的一个重要步骤，也是最古老、最有效的学习方法。背诵经典课文对英语语素的积累和语感的形成非常有益，对于英语初学者而言更是如此。李朋义社长在23岁开始学习英语时，背诵《新概念英语》就是他学习的法宝。因此，他对这项赛事表现出了极大的兴趣并给予了大力支持。基于这种学习方法，外研社以经典教材《新概念英语》为基础，举办英语背诵比赛，鼓励更多学习者提高英语学习热情，领略《新概念英语》的魅力，打好扎实的英语基本功。实践证明，《新概念英语》中短小精悍、生动有趣的课文正是背诵的最佳素材，很多英语学习者都通过背诵《新概念英语》课文提高了自己的英语水平。

根据《新概念英语》的难易程度，大赛设置了A、B、C、D四个组别，背诵范围分别为《新概念英语》第一册至第四册。每个组别都会产生冠、亚、季军和一、二、三等奖各若干名。2004年，第一届大赛在北京举行，来自北京和周边地区的20多所院校的近3000名学生和许多成年英语学习者报名参加。经过历时两个月的选拔赛，共有600多人进入最后的决赛阶段。令人印象深刻的是，来自北京市第八十中学的杨正同学成功地完成了背诵全四册的挑战比赛。

在所有参赛选手中，年龄最小的不到8岁。不少选手都提到，以前也曾经尝试过背诵《新概念英语》，但都半途而废。而大赛给了他们极大的鼓舞，增强了他们继续背诵的信心。很多选手表示，能否在比赛中获奖是次要的，重要的是从中体会背诵英语的快乐，并通过背诵迅速提高英语水平。当然，比赛不仅仅考察背诵能力，也是对学生英语实际应用水平和综合能力的全面检阅。

2005年第二届大赛时，赛区扩大到江西、珠海，报名人数增至2万人。2006年赛区扩展至8个，全国报名参赛的人数近10万人，而最终入围全国总决赛的只有100余人，淘汰比例约为1000:1，赛事影响之广泛、竞争之激烈可见一斑。比赛形式也更为丰富生动，除了"自我介绍""背诵课文"等固定环节，还加入了才艺展示，选手通过演唱英语歌曲、讲述英语故事、表演英语情景剧、说英语绕口令、演奏乐器、表演舞蹈等丰富多彩的形式，展现出更多的个性特色和生活情趣。

《新概念英语》作者亚历山大的夫人朱莉娅时刻关注着大赛的进程，并被选手们精彩的表演深深打动。她几乎每年都专程到中国帮助并指导大赛。一位来自江西的9岁女孩何汝旸，声情并茂地背诵了徐志摩的名作《再别康桥》的英文版，朱莉娅凝视着小选手，微笑落泪。令她欣慰的是，不仅参赛人数逐年增加，参赛选手的水平也逐年提高——他们的篇章背诵准确熟练，发音地道考究，语调流畅自然；他们的诗歌朗诵激情动人；他们的舞蹈表演活力四射；他们的电影配音惟妙惟肖；他们在即席问答中略带"洋味"的机

于春迟社长（左一）、朱莉娅女士（左二）和陈琳教授（右一）参加2008年"外研社/朗文杯"新概念英语大赛全国总决赛颁奖典礼

智回答让评委也忍俊不禁。朱莉娅认为这是中国重视英语教育的结果，她相信这些孩子的前途会很美好，中国的前途也会很美好。

2010年，大赛更名为"外研通杯"新概念英语大赛。伴随《新概念英语青少版》的出版，比赛组别扩展至A、B、C、D、E、F六个组，分别对应《新概念英语青少版》第1—3册（前两个级别对应《新概念英语》第1册）和《新概念英语》第2—4册。此次大赛在全国共设立24个分赛区，参赛人数超过25万人。选手年龄跨度极大，最小的5岁，最大的年过半百，成为名副其实的"全民英语赛事"。比赛分为课文背诵、才艺展示、现场问答等环节。选手们流畅地道的口语表达令在场评委老师和家长们颔首赞许，丰富多彩的才艺表演也让观众们啧啧称赞。

曾多次担任总决赛评委主席的陈琳教授也对新概念英语大赛给予了很高的评价。他认为，通过准备和参加比赛，选手们不仅仅提高了英语能力，也提高了其他方面的能力，外研社举办这样的比赛对于提高中国孩子整体的英语水平有很大的帮助。一位参赛选手的母亲说："我不在乎孩子取得第几名，这个准备的过程就是可贵的，他一遍遍地背诵，不用我们催，这就是进步。"

### 5.3.2　不断自我颠覆

"新的时代背景下，外研社不仅仅为学习者提供教材和读物，也正在为学习者提供培训、赛事、网络等全套的教育服务解决方案——外研社一直在探索，如何才能让比赛变得更好，如何让教育变得更好。"蔡剑峰社长的这番话，很好地诠释了大赛不断地自我创新和自我颠覆的努力。

2014年，大赛更名为"外研社杯"全国中小学生英语技能大赛，由北京外国语大学和外研社共同举办。面向全国中小学在校学生，大赛在指导理念、比赛内容和赛程赛制方面都进行了大胆创新，旨在向广大中小学生传递英语学习新理念、新概念、新思路。这一年，大赛首度与中国宋庆龄基金会外研文化教育基金合作，以国际化的视野推广公益和环保理念，开展了一系列以"创造·分享·传递"为主题的活动，让每一位选手在比赛的同时积极参与社会公益。

2015年，大赛首次增设团体组比赛，特别设计了"团体赛"与"个人赛"两种赛制，形成了一条以外语竞赛为特色，涵盖英语技能、数字化学习、科技英语教育等内容的综合性、全方位赛事链条体系。这个链条体系涵盖

徐建中总编辑在大赛上讲话

了第十二届"外研社杯"全国中小学生英语技能大赛、全国中学生多语种（日语、法语、德语）技能大赛、外研通杯"我是剧星"全国中小学课本剧大赛、全国小学生科技英语技能大赛等赛事。

2016年，为全面践行青少年核心素养培育理念，大赛再次更名为"外研社杯"全国中小学生英语大赛，打破了传统英语竞赛仅针对选手语言技能选拔的局限，将赛事体系进行了一系列创新性的自我颠覆。至2018年，大赛全面升级为"外研社杯"青少年外语素养文化节，设置"个人技能赛""团体挑战赛""阅读大赛""学前组大赛"四个核心项目，为各年龄段的学生提供主题丰富的赛事教育与资源服务。

从最初关注语言知识与技能操练，到如今走向关注语言素养、人文素养和思维素养的融合发展，大赛已成长为集语言教育、阅读素养、风采展示、文化交流等丰富内涵于一体的教育服务品牌。在2018年的颁奖典礼上，外研社名誉社长李朋义作为大赛的最初创办者和见证者，为在场观众动情讲述了大赛十五年的心路历程。他表示大赛一路走来，有历练、有成长，而国际化人才培养是"外研社杯"英语大赛始终坚持的目标。大赛将承载更大的使命感，坚持不变的初心与教育理念，为青少年教育创造更大更多的价值，为学生核心素养的提升与国际化人才的培养贡献力量。

从1997年开始每年投入100万元举办"外研社杯"全国英语辩论赛，到2002年开始每年投资300万元举办"CCTV杯"全国英语演讲大赛，再到2004年开始每年再投入100万元举办"外研社/朗文杯"新概念英语大赛，外研社几十年如一日倾心投入各种公益活动与赛事，让外研品牌的无形资产不断升级。

曾有人不断追问，为何外研社如此倾心倾力投入公益？李朋义坦言他的"义利"观："企业家应该意识到，为社会福利贡献爱心，是企业家的使命与荣耀。作为国内最大的外语教育图书出版基地和外语图书市场的领跑者，外研社对全民外语教育负有不可推卸的责任，外研社也有实力推动中国外语教育发展，有能力更好地回报社会。提高我国外语教学水平，提升全民外语素质，正是我们一贯秉承的办社宗旨，也是外研社作为'企业公民'应有的责任和义务。"

## 6．不计回报，服务多语种教学

外研社自建社以来，根据为全国外语教学与科研服务的办社宗旨，出版了大量多语种教材和学术专著。"九五"期间，仅多语种教材就出版了22个语种134部。当年，出版这些多语种的图书在经济上是亏损的。仅1999年，外研社为出版多语种教材和学术专著的亏损就在几百万元以上。随着语种的增多，特别是更多非通用语种教材和学术专著的出版，亏损额也随之增大。

对此，李朋义社长坚定地说道："我们没有动摇过，因为大学出版社的办社宗旨就是为高校的教学和科研服务。坚持这个宗旨是我们义不容辞的责任。"

在"十五""十一五"期间，外研社多语种出版迎来了突飞猛进发展的十年——从早年语种分散的项目组发展成为综合语种出版分社，出版领域不断拓展，出版品类齐全，涵盖教材、教辅、工具书、测试、读物、学术等各个领域，形成了系列化、体系化的出版格局。推出了一大批服务于新世纪外语教学的高质量教材，出版了多种权威的词典和高品质的学术专著，全面展开了与各语种国家的版权合作。

## 6.1 从项目组到出版分社

2000年年初，外研社除英语外只设有日语工作室和德语项目组。随着多语种编辑的增加，到2002年发展成为日语部、德语部和综合部。所谓"综合部"，即出版除英、日、德以外语种教学图书的编辑部。在综合部，时常可以看见学法语的老师捧着西班牙语、俄语、韩语的稿子看排版格式，操着英语与人交谈。当时在外研社流行着这样一句话——到了外研社才知道自己英语有多不好，到了综合部才知道自己懂的语种太少了。

2002年年底，法语部成立。随后的2003年，日语部、德语部、法语部和综合部合并，成立综合语种事业部，下设日、德、法等语种编辑室。经过一年的努力，外研社的综合语种出版渐成规模，队伍日渐成熟壮大，2004年年底整个部门的总码洋达到了4686万元，相比之前各语种部门的总和实现了大幅增长，并在"十五"期间连续三年以17%以上的速度快速增长。到2005年，总码洋已达7183万元。

随着全社组织机构的再次调整，2007年，综合语种事业部发展为综合语种出版分社，下设东语、西语两个出版中心，之后又改组为日、德、法、韩、俄、西葡意语部。2008年，在北京奥运会的带动下，综合语种出版分社发行码洋首次突破亿元大关。到2010年，外研社在多语种图书市场上的份额继续增加，以26.95%的市场占有率遥遥领先，韩语、德语、法语、俄语和西班牙语更是稳居全国市场份额第一名。

## 6.2 开发优质教材抢占市场份额

在20世纪90年代出版的经典教材的基础上，外研社聘请国内外著名专家、学者，开发了一大批高质量的精品教材和教辅产品，全方位服务高校多语种专业、公共外语、第二外语、高职高专以及出国培训等各层次的外语学习者，在多语种教材市场上持续扩张。

6.2.1 实力雄厚的日语教材出版

外研社日语出版历史悠久、实力雄厚，20世纪90年代出版了《日语会话》、《基础日语教程》系列、《新日语基础教程》系列等一批日语教材。在1999年外研社机构改革中，日语工作室和大学英语工作室、中小学英语工作室、综合英语工作室并列为四大工作室。

外研社在日语专业教材出版领域有着深厚的基础，进入21世纪后出版了一系列经典专业教材，其中《新编日语泛读》（第一至四册）被评为普通高等教育"十五"国家级规划教材，《日语精读》（第一至四册）被评为普通高等教育"十五""十二五"国家级规划教材。而在公外、二外及自学教材领域，外研社日语更是大放异彩。1998年，外研社与日本3A出版社签署合同，引进其远销世界各国的经典日语学习教材《大家的日语》。此前外研社便从3A出版社引进过一套面向海外研修人员的《新日语基础教程》，而其姊妹篇《大家的日语》则是一套以普通日语初学者为对象的日语教材，自面世以来，凭借其"易教易学"的独特设计和先进的教学理念，迅速风靡全球，被翻译成多种文字。2002年，面向中国读者的《大家的日语》正式出版。教材立足语言学习的听说训练，注重实践，通过完整的教材体系帮助学生全面掌握日语听说读写能力，高效提高日语交际能力。自出版以来，《大家的日语》畅销不衰，国内累计销量已逾百万册。

除了引进原版教材，外研社还同时启动了《新世纪日本语教程》的编写。这是一套专门为二外为日语的学生编写的日语教材，主编是清华大学的冯峰教授，他常年从事中日语言比较以及日语教学法的研究。外研社与冯教授的合作可以用"轻松愉悦"来形容。编辑拿到冯教授的稿子时，一下子就被吸引了——精炼扎实的课文展开方式、清新亲切的话题、明了大方的版式、清秀可爱的插图，还有为方便读者阅读而在单词表里加上的英文参考译词。从内容到形式，都和印象中枯燥干巴的教材大相径庭。但严肃而直率的冯教授不断给自己的稿子"挑刺"。由于稿件成熟度很高，所以出版过程较短，但在短短的几个月时间里，冯教授调整书稿意见的电话和邮件几乎每天不断。用他的话说，他只对"真理"和"完美"负责。甚至在教材出版后的一两年里，他都会给编辑一份收集下来的勘误和改进意见。冯教授"讷于言，敏于行"，颇有清华学者"行胜于言"的风范。而他的研究和教学成果《新世纪日本语教程》则享誉大学日语界，被评为教育部大学外语类推荐教材、普通高等教育"十一五"国家级规划教材、北京市精品教材。

另外一本很有影响力的公外日语教材是2002年出版的《新世纪大学日语》，由外研社和日本ALC出版社合作编写。中方编者集结了天津大学郑玉和教授、复旦大学徐祖琼教授、中国人民解放军外国语学院王铁桥教授等一批国内日语教育界的知名专家，日方主编是知名日语教育家水谷信子。全套教材共4册，在整体策划、内容选择和编排等各个方面都突出了"以学生为中心"的教学思想，是我国的日语教学实践与日本专家的语言优势紧密结合的结晶。教材出版后率先在东北三省使用，继而在全国各地高校推广开来，由于质量过硬，很多高校的日语专业教学将其作为听说教材使用。

在众多与外研社合作过的日本专家中，不得不提在外研社出版了二十多种图书的日本作者目黑真实。从2003年出版《日语表达方式学习词典》起，目黑真实与外研社展开了十余年的合作，出版图书内容涉及日语语法、会话、听力以及日本政治、经济、文化等多个方面，比如《日语会话》系列教材、《日本留学面试全攻略》、《日本留学写作全攻略》、《功能日语句型精解》等，堪称"高产作家"，为外研社日语出版提供了重要的支持。目黑真实和一般的日本人不太一样，他性格爽朗，与编辑们谈笑风生，好似一家人。他的写作风格简洁易懂、清晰明了，用自己从事日语教育，特别是教授中国赴日留学者20余年的教学经验，从日语学习者的角度出发，总结出最实用的日语知识。

谈及从事日语教育的契机，目黑真实讲了这样一个故事。在上海留学即将毕业时，朋友为他庆祝生日，喝得酩酊大醉的他在回宿舍的路上不小心掉进了施工的深沟里，一辆公共汽车的司机和两名乘客把他送到了医院。当他问起那位司机的姓名准备报答时，司机却说："姓名就别问了。遇到这样的事，只要是中国人，谁都会这么做的。"心怀感激的他一直想回报中国人民。做了老师后，他便以为中国的日语学习者编写更多好书、帮助他们掌握日语为己任，为中国的日语教育以及中日两国人民的交流做出了贡献。

### 6.2.2 基于市场调研的德语教材建设

为了出版符合教学需要、与时俱进的多语种教材，外研社在确定多语种教材建设前非常重视市场调研。尤其是德语部，早年在王芳主任的带领下，市场调研已深入每个同事的内心。他们通过各种途径开展调查研究，通过各种渠道掌握信息。跟书店直接接触是调研工作最重要的一环。除了到北京的书店进行调研之外，他们还充分利用出差的机会到当地有影响的书店走访，一方面了解外研社德语图书在当地的上架和销售情况，另一方面了解其他出版社最新的出版动向。同事们的另一项重要工作就是到高校发放调查表格，直接听取学生读者的意见。在北京，他们通过和老师们已经建立起来的关系，直接到北京外国语大学、北京第二外国语学院、首都师范大学、清华大学、北京理工大学等院校和学生见面；他们还利用出差的机会，走访西安外国语学院、大连外国语学院、同济大学、浙江大学、上海外国语大学等高校，在进行德语图书宣传的同时听取读者的意见反馈。

进入21世纪之后，基于市场调研进行选题策划，让外研社在德语教材建设方面成果颇丰。2002年，德语部依照《高等学校德语专业德语本科教学大纲》，在原《德语教程》的基础上，融合我国德语教学数十年经验与国内外先进教学理论，重新编写了一套高等学校大学德语专业教材《当代大学德语》。与此同时，德语部还启动了"新世纪高等学校教育教学改革工程"大学外语类重点项目《新编大学德语》。该教材根据最新修订的《大学德语教学大纲》（第二版）编写而成，面向非德语专业的学生。这两套教材自出版以来，在全国数十所高校的德语专业及非专业教学中广泛使用，并同时入选了普通高等教育"十五""十一五""十二五"国家级规划教材。2007年，《新编大学德语》（1—4）荣获"上海普通高校优秀教材一等奖"；2011年，《新编大学德语》（学生用书）（1）荣获第二届"中国大学出版社优秀教材二等奖"；2011年，《当代大学德语》（学生用书）（3、4）被评为"普通高等教育精品教材"，《当代大学德语》（1—4）被评为"北京市高等教育精品教材"。

《当代大学德语》

《新编大学德语》

　　两套教材的主要编者都是国内外相关领域的知名专家学者。《当代大学德语》的中方主编是北京外国语大学的梁敏教授。她从20世纪80年代便开始研究德语教学法，制定教学大纲和编写教材的理论，多年从事德语教学工作。德方主编聂黎曦（Michael Nerlich）是德国学术交流中心的知名专家和中国通，于20世纪80年代来到北京，在中国高校德语教学界有很高的知名度。

　　《新编大学德语》的主编是同济大学的朱建华教授，也是外研社的老朋友。教材从策划、出版到修订，历时九年，朱教授严谨的治学态度贯穿始终，牺牲了许多节假日的休息时间。朱建华教授以及各册主要编者陆伸、王依、尚祥华、郭屹炜等老师跟编辑们一起

《新编大学德语》编者和外研社党总支书记王芳（中）及编辑合影

反复推敲、不断修改教材内容，只希望能编写出一套内容和形式新颖、富有时代气息、有利于提高学生素质和培养实际语言应用能力的新型德语教材。2010年，朱教授当选为国际日耳曼学会主席，成为首位担任这一在国际上规模和影响最大的日耳曼学术组织最高领导的中国学者。他们编写的教材使用人数多、影响力大，为外研社德语教材建设和中国德语教学做出了重要贡献。

这一时期，北京外国语大学殷桐生教授主编的《德国外交通论》对德国外交进行了全景式的解读，具有很高的学术价值，受到外交部欧洲司的高度评价。

殷桐生教授

### 6.2.3 俄语经典——"东方"教材换新颜

外研社在20世纪90年代初出版的"东方"《大学俄语》一直以来都是高校俄语专业的经典教材。自出版以来，这套教材在高校俄语教学中一用就是十余年。

到2008年，"东方"《大学俄语》教材已被连续使用超过15年，其间未曾修订或改编。面对当时国内俄语本科教材老旧、缺少符合时代要求的优秀教材的状况，时任北京外国语大学俄语学院院长的史铁强教授毅然挑起了组织编写"东方"《大学俄语》（新版）教材的重担。史教授是中国俄语教学研究会副会长，也是外研社的资深作者，出版过一系列学术著作和经典教材，如《俄语口语形态学》《经贸俄语》等。他组织了北外俄语学院的一批优秀教师，投入到对经典教材的修订工作中。

旧版的光辉给史教授以及整个编写团队带来了巨大压力。他带着编辑们多次拜访旧版的老主编丁树杞教授，虚心听取丁教授的意见和建议。紧接着，在时任外研社党总支书记徐秀芝和综合语种出版分社副社长崔岚的积极推动下，外研社召开了改版编委会。从编

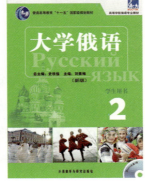

"东方"《大学俄语》（新版）

写理念到主题设置，从选材要求到语法分布，史教授都提出了细致而全面的规划。

那时正值北京奥运会，史教授是个超级体育迷，但他为了专心编写教材，把家里的电视搬到另一个房间，排除一切干扰专心编写教材。当时其他出版社也在同步编写俄语专业教材，竞争十分激烈。史教授每编写完一个单元，便交给责任编辑进行编辑加工，最终赶在9月份开学之前编写完成第1册的试用本。试用本迅速在全国20多个高校进行了第一轮试用，得到了各高校的好评以及特别宝贵的修改意见，为第1册正式版的发行奠定了良好的基础。这就是外研作者、外研人的效率和速度，令人赞叹。

教材第4册的主编张朝意教授刚做完手术不久，但是为了保证教材如期出版，她顾不得安心静养，一边打着点滴，一边单手完成了教材的编写，并坚持在语言材料中加入中国文化的相关内容，让学生在跨文化视野中进行文化对比与反思，彰显中国情怀。黄玫教授、李向东教授、刘素梅教授、王凤英教授……每一位主编都倾注全力，辛勤耕耘，反复推敲每一个单词、每一篇课文、每一道习题，几易其稿。史教授常常和大家说："既然做了，咱们就尽量做好，出版时不留任何遗憾。"

兢兢业业赢硕果，呕心沥血筑新篇。在史教授的带领下，北外俄语学院的编者团队先后完成了40本图书的编写工作，配套出版了教师用书、学生用书、练习册、口语教程、听力教程和泛读教程，最终打造出高校俄语专业立体化、专业化最强的一套教材，先后被列为普通高等教育"十一五""十二五"国家级规划教材，并在全国超过90%以上的院校使用，得到了广大师生的好评，影响广泛而深远。

2009年4月，史铁强教授因此被国际俄语教师联合会授予"普希金奖章"。该奖章由已故俄罗斯前总统叶利钦于1999年设立，用以表彰在推广俄语教学和俄罗斯文化、继承俄罗斯历史精神遗产、促进各国人民之间的科学与教育联系等方面做出杰出贡献的人士。

### 6.2.4　最专注的韩语教材出版

自1992年中韩建交后，外研社成为国内最早出版韩语教材的出版社。1995年出版的《韩国语入门》一问世便成为最受欢迎的韩语教材，累计销量超过60万册。进入21世纪，外研社持续专注韩语教材出版，在自主编纂教材的基础上探索与韩国出版机构的版权合作，引进了《新标准韩国语》、"韩国首尔大学韩国语系列教材"等广受欢迎的韩语教材。

外研社与韩国出版社的合作并非一帆风顺，而是从无到有的一个曲折过程。新世纪初，中韩建交刚满十年，相互缺乏了解与信任。尤其是在"韩流"最为盛行的那些年，不少中国出版社都寻求与韩国出版机构的合作，但经常在支付完第一笔版税后再无后续动作。外研社也曾尝试与韩国出版社接触，但鲜有回应。

直到2005年，在北外韩语系金京善教授的牵线帮助下，外研社从韩国庆熙大学引进了知名韩语教育专家金重燮教授主编的《新标准韩国语》。这是外研社引进的第一套韩语教材，主编金重燮是韩国庆熙大学国语国文系教授、国际教育院院长，任韩国多文化交流网理事长、第十三届国际韩国语教育学会会长。《新标准韩国语》是专门为学习韩语的外国学生编写的，相比以往的教材，其在教学理念、内容素材等方面都非常先进。它以学习者为中心，以提高学习者的语言沟通能力、交际能力为主要目标，注重培养学生听说读写等各方面的综合能力。庆熙大学是韩国最著名的高等学府之一，同时也是韩国指定的韩语教师培训机构，中国几乎所有的韩语老师都曾到庆熙大学接受过暑期短期培训。因此，《新标准韩国语》在韩语圈可谓家喻户晓，一经出版，便在高校和培训机构广泛使用。

敲开与韩国出版机构版权合作的第一扇门后，外研社又陆续与韩国时事出版社、多乐园出版社、成均馆大学、高丽大学等教育出版机构和高校合作，引进了一系列优秀的培训、自学类韩语教材。其中，时事出版社是外研社最重要的合作伙伴之一。在老社长严镐烈先生的大力支持下，外研社与其建立了十分稳固的合作关系，引进出版了《快乐韩国语》《韩国语初级语法100》等教材，还在严社长的支持下与更多韩国出版机构结缘。随着中韩在各领域的合作不断深入，越来越多国内出版社开始寻求与时事出版社的合作。但严社长坚持将外研社作为第一位的合作伙伴，优先考虑外研社的图书引进需求。

2006年，薛豹主任带领综合语种事业部一行人到首尔出差，严社长亲自派车到机场迎接，并带众人观赏他最爱的白松，赞许其压不弯的精神。2009年，韩国遭受金融危机打击，很多韩企纷纷撤出中国，韩语出版也下滑至谷底。严社长得知情况后，对韩语部主任孙艳杰说"不怕慢，就怕站"，激励外研社韩语出版继续奋进前行。2013年9月，严社长最后一次访问外研社，徐秀芝书记亲自开车送严社长一行人回酒店，严社长深受感动，对此念念不忘。他常对周围的人提起此事，并转送纪念品给徐书记以表达谢意。不久，严社长不幸辞世，外研社送上了缅怀的花圈以表敬意和哀悼。

2008年，外研社从韩国首尔大学引进了权威经典教材"韩国首尔大学韩国语系列教材"。这是首尔大学语言教育院专为外国学习者编写的韩语系列教材，自1993年问世以来，作为韩国最有代表性的韩语教材受到各界广泛的好评和读者的喜爱。首尔大学语言教育院是首尔大学从事对外韩语教育的机构，拥有众多从事一线韩语教育的优秀教师。合作过程中，编辑们感受到了他们对待工作的严谨与认真。大到全篇定稿，小到一个标点符号的改动，编辑们都需要与对方确认。这份一丝不苟的治学精神令人敬佩、感动。

除了引进教材，外研社还出版了由北外外教郑政德老师专门为中国学生编写的《无师自通韩国语》，并获评为"2004年度全国优秀畅销书"。2008年出版的韩语专业教材"综合韩国语教程"被列为"十一五"国家级规划教材。2009年出版的由山东大学和韩国延世大学合作编写的"新世纪韩国语系列教程"是国家级特色韩国语专业建设点系列教材，也是第一套由中韩两国长期从事韩语教育的教师共同编写的教材。延世大学提供语料，山大韩语系朴银淑教授组织团队负责翻译课文、练习和语法解说。该系列教材涵盖精读、口语、写作、文学、社会与文化等各方面，是目前高校韩语教学中最受欢迎的专业教材之一。

外研社的韩语教材建设，没有因为"韩流"的火爆而盲目跟风，也没有因为世界经济、政治变动带来的低谷而放缓停滞。外研社二十余年如一日，追求最专业、最专注的韩语教材出版，成为我国最大、最权威的韩语教材出版基地之一。

除了日语、德语、俄语、韩语教材，外研社其他语种教材建设也全面开花。董燕生教授主编的《现代西班牙语》获教育部2002年全国普通高等学校优秀教材二等奖，王军教授主编的《大学意大利语教程》、叶志良教授主编的《大学葡萄牙语》被评为"北京市高等教育精品教材"，还有国少华教授主编的《新编阿拉伯语》、秦赛南教授主编的《越南语》等各语种教材，都是广大高等院校外语系的首选专业教材。

**6.3　继续实施"外研社外汉汉外系列词典"出版规划**

在李朋义社长主持的"外研社外汉汉外系列词典"出版规划下，外研社从各国著名出版公司原版引进了一大批外语词典，并邀请知名学者主持词典编译，为各个语种的学习者提供最全面、最权威的外语学习词典。

6.3.1　叶本度、刘芳本夫妇的"双剑合璧"

1993年，德国著名的朗氏出版公司推出了一部《朗氏对外德语大词典》，在德国国内外的读者和学者中引起极大的反响。这是德国乃至世界上第一本突出教学法功能、专为外国人学习德语设计的大型工具书，具有简明、实用的突出特点。2000年，外研社以德语原版词典为蓝本，邀请著名德语教学专家叶本度教授作为主编译为词典加注中文释义，向中国读者推出了《朗氏德汉双解大词典》。该词典作为中国首部德汉双解大词典，出版10年中印刷15次，销量超过10万册，深受广大读者的欢迎，曾入选全国优秀畅销书。2010年，外研社在最新版《朗氏对外德语大词典》的基础上，推出了《朗氏德汉双解大词典（修订版）》。社长李朋义和朗氏出版公司的掌门人朗根舍先生同为德国法兰克福书展组委会委员近10年。他们每次参加会议时都会谈到这部词典在中国的成功。

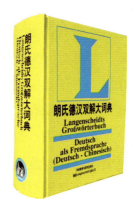

《朗氏德汉双解大词典》

朗根舍先生说："这部词典在中国大获成功，一是靠选择了外研社这个合适的合作伙伴；二是选择了叶教授和刘教授这两位'德国通'作为词典的主译。"

叶本度、刘芳本教授夫妇

词典主编译叶本度教授是一位颇具传奇色彩的学者。他原本是俄语专业的学生，1956年毕业于哈尔滨外国语学院俄语系，之后来到北京外国语学院作为插班生学习德语，并于1961年以优异的成绩再次取得学士学位。在北外，叶教授结识了他一生的伴侣刘芳本教授。

刘芳本教授从北外德语系毕业后，曾于20世纪70年代担任周恩来、邓小平等国家领导人的口译员，80年代初她与外研社结缘。在外研社建社头两年所出版的不到10本的出版物中，便有她的一本《德汉口语手册》。该书成为当时赴德留学青年的必备书目，10年间再版6次。1989年，外研社又出版了刘教授的《德语情态小品词》，这是第一部由中国人用德语写的德语语言学研究专著，其独到之处连德国人也为之惊叹，还专门为此组织了几次学术报告会。

提起与叶教授的婚姻，刘教授自豪地说："我们既是相依为命的恩爱夫妻，又是志同道合的学友。"叶教授转到北外学德语时，他的发音被俄语严重干扰，上课朗读课文时招来班上女生善意的笑声。刘教授作为专业课的课代表，课下帮助他纠正发音。两人一个性格沉稳、一个豪爽灼热，在这段时间互生好感，毕业后于1962年步入婚姻殿堂，从此"双剑合璧"。这对伉俪同为外研社的资深作者，在

409

随后的数十年中，合作编写了介绍德国概况的读本《莱茵浪花——德国社会面面观》以及德语学习图书《德语介词ABC》《德语语法ABC》等，为中国德语教学孜孜不倦地努力至今。

除了《朗氏德汉双解大词典》，外研社还陆续出版了从国外公司原版引进的《德英汉图解词典》《德汉双解·德语学习词典》《杜登·牛津·外研社德英汉·英德汉词典》，以及《新编德汉词典》《外研社·现代德汉汉德词典》《精编德汉汉德词典》等十余本德语学习工具书。

6.3.2　提供最权威的法语词典

"让中国的法语学习者都用上最权威的法语词典"，这是外研社党总支书记徐秀芝和知名法语学者薛建成教授的共同认识和心愿。二人一拍即合，选词典、定版本、寻译者，由此开始了满满五载艰辛而富有成效的合作。

薛建成教授1964年毕业于北京外国语学院法语系，后留校任教，从事法语教学工作的同时曾先后担任法语系副主任、国际问题研究所所长，90年代与外研社合作出版过《大学法语简明教程》等法语学习用书。2001年，外研社出版了由薛教授主持编译的国内第一部法汉双解词典《拉鲁斯法汉双解词典》。该词典以法国拉鲁斯出版社1995年出版的《法语词典》为蓝本，集结了国内10位法语教学专家学者，历经五年翻译完成。

薛建成教授

编译过程中，"如何保证双解词典中文译文的准确、权威？""如何解决两种语言之间的不对等性？"这些问题一直困扰着薛教授。此时国内并无已出版的法语双解辞书可以作为参照，薛教授完全凭着强烈的社会责任感以及严谨的治学态度，克服重重困难，不畏辛劳，笔耕不辍。历经五载，词典终于面世，弥补了国内法汉双解辞书的空白，成为广大法语学习者手中权威准确的工具书。

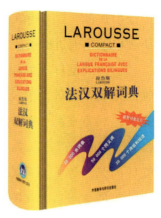

《拉鲁斯法汉双解词典》

具有强烈责任感的薛教授一直追求完美。《拉鲁斯法汉双解词典》出版6年后，考虑到广大师生的实际学习需要，薛教授主动提出要对词典进行修订，添加新词新义。他参考了国内外大量的文献和资料，几易其稿，最后为修订本新增近百个词条。在他的努力下，《拉鲁斯法汉双解词典》成为古朴而年轻、权威而实用的精品词典。

除了引进原版词典，外研社还邀请国内知名法语专家自主编纂双语词典。这其中包括由陈振尧教授等法语界数十位专家学者担纲、历时十余载编纂而成的"十五"国家重点图书《新世纪法汉大词典》，以及1998年启动的由著名词典学家黄建华教授主持编写的《汉法大词典》。

6.3.3 为编词典不敢坐飞机，却敢卖房子

新世纪，外研社从日本知名出版社引进了数本家喻户晓的日汉词典，比如，从旺文社引进的《外研社日汉双解学习词典》，从三

省堂引进的《新明解日汉词典》和《新世纪日汉双解大辞典》，以及从小学馆引进的《现代日汉例解词典》等等。

三省堂是日本最权威的工具书出版社，主要从事日语和外文字典、辞典、百科全书及教科书的出版。外研社与三省堂的合作由来已久，双方在新世纪初便合作出版了《外研社-三省堂日汉汉日词典》《外研社·三省堂皇冠汉日词典》《外研社-三省堂日汉英·汉英日词典》等一系列双语或多语词典。《新明解日汉词典》是三省堂最知名的产品《新明解国语辞典》的日汉版。原版词典的编者是日本著名语言学家金田一京助，他对日语音韵、语法、语史等方面都有独到的研究，主编过一些很有影响的词典和教科书，在理论上和实践上为现代日语做出了重要贡献。《新明解国语辞典》被誉为日本现代中型语文词典的奠基之作，自出版以来再版重印数十次，累计销售近2000万册，几乎每个日本家庭必备一部，堪称日本的"国民辞典"。在中国，"新明解"也早就家喻户晓、备受推崇，影响了几代日语学习者。外研社出版的日汉版于2012年面世，这是一部全能型的日语学习词典，收录词条73 000条以上。为了帮助初学者更好地掌握词语，所有词条都标注了音调，这在日本原版词典中是极为罕见的。

《新世纪日汉双解大辞典》是国内第一部大型日汉双解辞典，其原版是三省堂在该社最负盛誉的大型日语辞典《大辞林》基础上改编出品的《辞林21》，同时根据其最新修订版《新辞林》增加新词条近2万条，总收词近17万条，全书厚达3000多页。除了一般语词，词典还收录了一般日汉词典中甚少见的百科词条，涉及自然科学、社会科学的各个领域。编译如此大型的工具书，耗费的人力、

412

物力和时间难以估量。从项目启动到2009年4月正式出版，《新世纪日汉双解大辞典》的孕育过程历时16年。

中方主编邵延丰当时是中华版权代理总公司的干部，他怀着一颗激情而赤诚的心，为这部辞典的出版呕心沥血。由于译者众多，邵主编专门买了辆车，以便往返于各译者之间送稿子。他甚至还卖了北京的一套房，自己建了一个排版厂。十几年间，他不敢坐飞机，生怕出了什么意外，会害得一大批译者跟着他白忙乎一场。为了翻译好这本百科性质的辞书，邵延丰除了组织一大批水平高而又有责任心的译者进行翻译外，还分学科邀请了中科院、社科院和佛学院等学术机构的20多位专家进行审定，同时邀请到了语言学界、文物鉴定界大家杨成凯、耿宝昌、董忠恂等先生担任定词指导。为了确定一个量子力学专业词汇的翻译，他甚至打电话到西昌卫星中心请教相关领域的专家。得知专家人在美国后，又把电话打到了美国。定词指导的各项费用都是邵延丰自掏腰包，在辞典出版的最后阶段，他还在家中招聘了三名编辑校对稿件以配合外研社的出版工作。邵主编希望这部凝聚了众多专家学者的心血之作，能够在读者学习、翻译时真正有所助益。

随着智能手机和平板电脑的普及，大型工具书面临着电子书的严峻挑战。作为中国最大规模辞书之一的《新世纪日汉双解大辞典》，第一年只卖出2000多册。尽管如此，外研社依然坚守"外

《新世纪日汉双解大辞典》

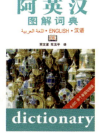

《现代汉俄词典》　　《韩汉双解基础韩　　《现代意汉汉意　　《阿英汉图解词典》
　　　　　　　　　　国语学习词典》　　词典》

汉汉外词典"的出版阵地，持续引进出版高质量的多语种辞书，除了上文提到的几部"大部头"，还出版了《现代汉俄词典》《韩汉双解基础韩国语学习词典》《现代西班牙语大词典》《现代意汉汉意词典》《阿英汉图解词典》等各语种工具书，在院校和外语界产生了广泛的影响。

### 6.4　全面开展国际版权合作

早在20世纪90年代，外研社在多语种出版方面便有了国际版权意识，陆续开展了一系列版权合作。进入新世纪，更是从各语种国家原版引进了一大批国际畅销的经典教材和辞书。这其中，最知名的要数从各国权威出版社原版引进的"走遍"系列教材。

综合语种出版分社出版的"走遍"系列教材，最早可以追溯至2002年外研社出版的德语教材《走遍德国》。这是德国柯莱特教育出版公司专门为德语非母语的初级学习者编写的教材，内容丰富多彩，教学体系完整。学习者不仅可以轻松习得德语，还能了解最新的德国国情，包括德国各联邦州的名胜古迹、风土人情，名副其实地"走遍德国"。"简单易学，将国情知识融入语言教学"的优势成

"走遍"系列教材

　　多语种图书的出版体现了外研社外语出版的优势。除了图书出版，综语分社还不断加强市场营销能力，策划、组织了多个语种的教师培训和研讨会，巩固了与终端客户的关系，积累了大量优秀的作者资源和渠道资源，稳步向多语种教育服务解决方案转型。外研社在教材、辞书、学术专著以及教育服务方面为多语种建设做出了贡献，为国家培养多语种人才提供了教学资源，同时自身也成为国内首屈一指的出版语种最多、最专业的外语出版机构。

## 第三节
## 新标准，进军基础教育市场

在大学英语教材市场初步告捷之后，外研社继续对"以教育出版为中心"这一战略进行纵向突破，大举进军基础英语教材市场。

### 1.《英语课程标准》制定——基础教育教材发展新机遇

改革开放以来，我国的基础教育取得了辉煌成就。进入新世纪，基础教育面临着新的挑战。就外语教育而言，教育的改革与创新尤为重要，从理念到设计、从内容到方法、从手段到评价方式，都需要与时俱进，改变原来稍显刻板的教育方式。2001年，《国务院关于基础教育改革与发展的决定》颁布，旨在大力推进基础教育的改革和健康发展。与此同时，教育部也拟定了基础教育阶段的各科课程标准，涵盖17个学科，其中包括英语、俄语、日语三门外语的课标。

在所有课程中，属英语学科的改革力度最大。2001年，《全日制义务教育普通高级中学英语课程标准（实验稿）》（简称《英语课程标准（实验稿）》）制定完毕并在全国试行，当年还颁布了《关于积极推进小学开设英语课程的指导意见》，规定全国县级以上城市自小学三年级起逐步开设英语课程。在这一政策的指导下，全国县级以上城市小学及部分城乡接合部的小学先后开设了英语课；而全国各大城市小学则先后自一年级起开课。这些文件对自小学三年级起至高中三年级止的10年英语课程做了总体安排，将其分为9个级别，建立了基础教育阶段连贯的、系统的课程框架。其后，教育部又于2003年制定《普通高中英语课程标准（实验）》，于2004年颁布《大学英语课程教学要求（试行）》。至此，从小学直至大学的国家普通英语教育真正、完全地实现了"一条龙"的格局。

事实上，基础教育阶段外语教育的"一条龙"理念由来已久。20世纪60年代初，中苏两党关系公开破裂，随之改变的是十几年来在学校中主要学习俄语的状况。为此，周恩来总理主持召开了一个小范围的外语教育工作研讨会，提出了我国外语教育改革的指导方针，即"多语种、高质量、一条龙"。周总理说外语学习要从小抓起，他用"一条龙"三个字通俗、生动而形象地概括了他所希望看到的从小学到大学连贯的系列英语课程安排。

"多语种"意味着在外语教育上，要从以俄语为重心转变为以英语为主要语种，同时推进其他语种的教学，并在东北等地区保留俄语和日语。为此，北京外国语学院开设了除汉语外的联合国另外5种官方语言的课程，即英语、法语、俄语、西班牙语、阿拉伯语课程，以及德语课程。为了更进一步落实外语教学"高质量"的要求，北外在当时教育部普教司的领导下，建立了上述6个语种的教学研究和教材编写组。然而，1965年开始的政治运动使全国教育陷入停滞状态。

在历史的迷雾中，航船渐渐驶向正轨。1978年，中国外语教育再次打开了封闭的窗户。之后的20年间，尽管因为受限于应试教育的导向和较低的师资水平，英语学习仍保持在以语法为纲、以机械做题为方法的状态，但教学中"哑巴英语"和"聋子英语"的状况已经有所改善。

21世纪初，《英语课程标准（实验稿）》的制定为英语教育的发展带来了新契机。对于教材出版工作者来说，教育改革有着不言而喻的风向标意义。国务院《关于基础教育改革与发展的决定》明确"实行国家基本要求指导下的教材多样化"，时任国务院副总理的李岚清也指出"要建立编写教材的竞争机制，关键是在课程标准的统一要求下，允许多家参与编写各有特色的教材，保证教材的高质量"①。

新政策允许并鼓励有能力、有资质、合格的出版单位按照统一的课程标准要求编写不同的教材，百花齐放、百家争鸣，让更多的专家学者能够贡献自己的力量。于是，多家出版社纷纷集中外语学者们的智慧，策划出版符合大纲要求的中小学教材。教材编写多样化开始起步，原来"一纲一本"的局面结束，开始往"一纲多本"的方向发展。

春江水暖鸭先知。在基础英语教育改革的信号下，李朋义在社委会做出决定后，开始亲自着手策划中小学英语教材的出版。然而，对于投入大量人力、物力和财力出版中小学教材，李朋义内心也不无担忧。一方面，鉴于外研社此前主要出版面向大众市场的英语图书和大学外语教材，外研社出好中小学英语教材尚是问题；另一方面，教材出版后有没有学校会选用，也是未知数。

尽管胜算只有百分之四十，但李朋义坚信"穷则变，变则通，通则久"。如果失败了，最多是浪费一两百万的前期开发费；但如果有可能成功而没做，失去的就是整个出版社的发展机遇。他大胆做出判断，中国即将真正开放基础教育阶段的教材编写市场，高品质教材编出来，一定会有人用。于是，外研人开始认认真真着手前

---

① 《李岚清教育访谈录》，人民教育出版社，343页。

期准备工作。早在1999年年初，外研社便依据"以教育出版为中心"的发展战略，成立了"中小学英语工作室"。

## 2. 强强联手，打造原汁原味的中小学英语教材

　　在教材的编写理念上，外研社认为学生们在基础学习阶段就应该接触原汁原味的外语。因此，外研社打算采取中外合作的方式来编写这套教材，选择一家合适的国外出版公司成为当务之急。社长李朋义最初的合作目标是培生教育出版集团，一是因为培生教育出版集团是全球名列前茅的出版机构，二是因为外研社已同培生教育出版集团合作出版了大量的教材、工具书和学术专著，如《新概念英语》《朗文当代英语辞典》《朗文英语语法》等。但是碍于培生教育出版集团的投资决策机制，在党总支书记徐秀芝和中小学英语工作室主任申蓇的建议下，李朋义将目光投向了麦克米伦公司。但外研社后来也仍然同培生教育出版集团合作出版了大量的地方版英语教材，如安徽版和深圳版的教材，占领了不小的市场份额。

　　麦克米伦公司是国际知名的跨国出版集团，也是世界上最大的教材出版机构之一，以其高质量的教育、学术、研究和文学类图书产品蜚声于世。早在1979年，麦克米伦公司就与中国结下了不解之缘。1979年，曾担任英国首相的麦克米伦出版有限公司董事长哈罗德·麦克米伦（Harold Macmillan）访问了中国，并与中国领导人邓小平会面。之后，麦克米伦出版有限公司立即为中国大专院校编写了一套英文教材《现代英语》，由高等教育出版社出版。这套教材具有非常重要的历史意义，它是外国人专门针对中国国情和课程纲要编撰的第一套教材，在众多大专院校广泛使用。

　　1998年，外研社开始与麦克米伦公司在一些小型项目上展开合作。在这些合作中，双方充分交流了出版理念，建立了融洽的伙伴关系。在英文教材出版上，麦克米伦公司并不注重出版可以在世界各地通行的教材，因为它深信教材一定要有明确的针对性。因此，一直以来它着力于根据各个国家和地区颁布的课程纲要，结合当地学生独有的学习难点和老师的教学习惯，组织英美和当地作者共同开发富有针对性的本土教材。这种合作方式积累的成功经验正是外研社所看重的。最终，麦克米伦教育出版集团总裁白德信（Christopher Paterson）和外研社社长李朋义达成一致，双方决定将不计成本地组成中英双方最优秀的专家队伍，以期开创一种出版模式，为中国的中小学生编写出一套高质量的英语教材。双方很快签

麦克米伦教育出版集团总裁白德信与李朋义社长确定了《新标准英语》的出版项目

署了合作备忘录，这便引出了后来被全国中小学生广泛使用的《英语》（新标准）①教材。

2000年1月，在外研社配楼三层会议室，徐秀芝书记、申蓄与麦克米伦出版（中国）有限公司董事总经理姚希勤正式启动"21世纪小学英语"项目。

当时，麦克米伦出版有限公司有十几套小学英文教材，找一套与中国课程纲要最接近的教材加以增删改编是最省时、省力、省钱的方式。但这种方式会有很多弊端，无法真正做到为中国学生"量身定制"，合作也不会长久。可贵的是，李朋义社长的精品出版理念恰好也是麦克米伦教育出版集团总裁白德信的意愿。因此，双方都组织了优秀的作者团队和编辑团队，投入了大量资源和资金，融合双方所长，设计出各个系列和年级的教材。

教材的中方主编是德高望重的陈琳教授。他是北京外国语大学教授，后担任全国基础外语教育研究培训中心理事长，同时也是教育部"国家英语课程标准"研制专家组组长。中方专家团队在他的领导下设计了整套教材的编写大纲，有力地体现了中国学生英语学习的难点和应该具备的中西方文化素养，从而在题材、功能、结构、任务多元大纲的要求下达到多维度、多方面的全面学习目的。教材中方编写团队实力非常强大，几位主要负责人都是资深的英语教学专家，其中张连仲教授和鲁子问教授都是"国家英语课程标

---

① 此项目2001—2003年产品名称为"《新标准英语》"，2004年后根据教育部关于基础教育阶段的教材以科目名称命名的规定更名为"《英语》"，并在封面上标注"新标准"。本书基本依据时间来称呼这套教材，难以辨别准确时间时一般统称为"《新标准英语》"。

准"研制组的成员。张连仲教授是高中组的主要负责人，鲁子问教授是小学初中组的主要负责人，他们与陈琳教授联手为教材的高标准、高质量严格把关。在教材编写工作中，凭借精湛学养和丰富经验，陈琳等专家在对各阶段教学要求的把脉和对价值观体现与指导的引领上都能最大限度地实现课程标准的要求，让教材编写的整个过程都得到严格审核与把关。可以说，外研社对教材主编的选择就使《新标准英语》赢在了起跑线上。

麦克米伦公司选择了葛一诺（Simon Greenall）教授作为教材的英方主编。葛一诺教授是国际著名的英语教学（ELT）和教材编写专家，曾任国际英语外语教师协会主席，是英国外语教学界的领军人物。英语教育专家肯·威尔逊（Ken Wilson）是高中教材的核心作者。他名下有20多部为多个国家编写的英语教材，曾多年担任英语教学剧场的戏剧导演。此外，多

次为欧洲国家编写英语教育教材的玛丽·托马林（Mary Tomalin）也是教材的核心作者。这些英方资深学者根据中方提供的大纲，在充分讨论与论证的基础上，运用全球广泛使用、最新且最成功的教学法编写教材。他们初步草拟了文稿，交给中方专家团队审阅，然后英方团队再依照中方的修改意见修改文稿。双方专家队伍精益求精，直到每个细节都达到完美。

《新标准英语》中方主编陈琳教授（右）和英方主编葛一诺教授（左）

这种编写方式和流程融合了各方所长，既有源自中方专家、教师和编辑"以我为主"的构思，又凝结了国际知名专家、作者团队的国际教学经验和智慧，还借鉴了当代英语教学发展的新理念，最终成就了一套完全切合中国英语教学实际的全新的、完整的基础教育英语教材。

### 3. 量身定做，"新标准"的高标准

《新标准英语》项目起步之初，陈琳教授曾满怀信心地对外研社中小学英语工作室的同事们说："让我们创造历史！"二十年过去了，这个团队已经可以自豪地说：我们"不忘初心，牢记使命"的愿望实现了。

首先，《新标准英语》是一套不折不扣的以教育部颁布的《英语课程标准（实验稿）》教育理念为指导的教材。《英语课程标准（实验稿）》的基本理念包括"面向全体学生，注重素质教育；整体设计目标，体现灵活开放；突出学生主体，尊重个体差异；采用活动途径，倡导体验参与；注重过程评价，促进学生发展；开发课程资源，拓展学用渠道"。《新标准英语》教材以《英语课程标准（实验稿）》为依据，以培养学生的综合语言运用能力为目标，以任务型教学法为模式，融话题、交际功能和语言结构为一体。这套教材以其小幅度的知识跨度、大幅度的能力提高，彰显了一套有价值的教材所应具备的有效性、可靠性和可行性，给学生和教师带来了一种全新的学习感受：教师愿意教了，学生们有兴趣学了，家长们更关注孩子的英语学习了。

其次，《新标准英语》是一套符合国内外最先进的外语教育思

想和编写理念的教材。在教材编写过程中，编者们坚持贯彻"趣味性、生活性、多元智能性""先输入后输出""语流为主，整句训练"等国际教育新理念，在以任务型教学为纲的同时，还运用了"全身反应法""浸沉法""情景法""句型法"和"交际教学法"等诸多教学方法。教材以"素质-题材-功能-结构-任务-可行"为编写原则，为学习者努力营造语境、精心设计内容，学练结合，符合语言教学规律。比如，《新标准英语》小学教材一般会将一个模块划分为两个单元。第一单元会呈现本模块所要学习的语言内容，第二单元提供若干任务型练习，达到培养学生的语感和节奏感、提高发音准确性并介绍一定西方文化的目的。这一阶段并不要求教师讲解语法理论，而是要求学生在理解的基础上初步学会运用这些语句。这样的设计能够激发学生学习英语的兴趣，启发他们的想象力和创造性思维，使他们养成自主学习的习惯。

再次，教材的编写较为集中地体现了"中外合作，以我为主"的原则。尽管国外出版集团能够为教材编写提供先进的理念与精湛的经验，但由于各国文化背景不同，出版机构"联姻"时，经常会出现不适应国内市场需要的情况。从这个角度出发，麦克米伦出版有限公司之所以是一个理想的合作伙伴，很重要的一个原因是它有依据中国合作方的要求、按照中国的课程标准编写全新教材的意愿，实现了"本土化与国际化相得益彰"的期待。

最后，《新标准英语》是我国第一套"一条龙"式的从小学至高中毕业完整的系列教材。2001年7月，《新标准英语》小学两个起点（供一年级起始用和供三年级起始用）第一册教材出版。2002年7月，《新标准英语》高中项目正式启动。2003年5月，《新标准英语》初中教材（衔接小学）教育部立项通过。2003年7月，《新标准英语》高中教材教育部首批立项通过。2005年4月，更名后的《英语》（新标准）初中教材（衔接小学）全部通过教育部审批。2006年4月，《英语》（新标准）高中教材全部通过教育部审批。历时七年，我国第一套完全按照教育部颁布的新课程标准编写的小、初、高"一条龙"英语教材基本成形。

《新标准英语》系列教材在小学、初中、高中三个阶段的教学目标可以概括为：小学打基础，初中扩大面，高中重实用，创造性地解决了教材的衔接问题，也为教育部《大学英语课程教学要求》的制订提供了科学的衔接点。在随后的2008年和2011年，《新标准大学英语》和《新标准幼儿英语》先后加入这一体系中，"一条龙"就此实现了在全学段意义上的真正完整化。

## 4．价值，超越教材本身

《新标准英语》的价值并不仅仅在教材本身。外研社竭尽所能，不断优化出版服务结构，加强教育服务力度，逐步构建起一个多元化、系统化、立体化的教材服务平台，为《新标准英语》系列教材使用区的广大教师和教研员、所有英语教育者和学习者提供了优质的、持续的教育服务。

### 4.1　丰富的教学配套资源

围绕《新标准英语》系列教材，外研社设计了一批丰富多样的教学配套资源。在教材实验使用期间，教材开发团队深入教学一线，多方收集广大师生和社会各界对于教材及配套资源的意见和建议，认真进行整理、研究和分析，不断丰富教学配套资源的品种和

《英语》（新标准）系列教材

内容。配套产品由最初的几个品种扩充到几十个品种，包括教师用书、录音带、教学挂图、教学卡片、贴纸、头饰，以及多媒体产品（CD-ROM、VCD、智能英语语音玩具）等，学习与评价资源包括课堂活动用书、同级课外读物、同步课外阅读材料、同步课外听力材料、词典以及评价手册等。

为了顺应教育信息化、网络化的潮流，满足各类网络用户的需求，构建个性化的互动学习环境，外研社还陆续打造出《新标准英语》的专门网站、题库系统以及配套网络教材等，实现了优质教学资源的共建共享。

2002年，外研社开通了全国首个专注于基础英语教师和教学服务的网站。该网站是配套新课标英语教材使用的教学资源和培训平台，在减轻教师备课负担、激发学生学习兴趣、提高课堂教学效率、实现个性化学习、增强师生互动等方面起到了积极的促进作用。

　　为了解决全国使用《新标准英语》系列教材的中小学教师在教学评价测试中遇到的实际困难，减轻教师的工作负担，外研社还研制开发了专门的题库系统。系统可以实现出题、审核、管理、组卷、打印、在线测试和报告生成等主要功能。同时，学生用户也可以利用该平台进行水平自测，以便查漏补缺。

　　配套网络教材与《新标准英语》系列纸质教材"无缝衔接"，整合了大量与课文相关的音视频、动画、图片等多媒体素材，能帮助教师更快捷地备课。另外，网络教材内嵌家庭作业系统，大大简化了教师布置、收集和批改作业的流程，同时提供线上交流互动服务，支持教师在线答疑。

### 4.2　全方位的培训体系

　　为了帮助英语教师提高教学和研究水平，外研社建立了强大的、多元化的培训资源平台以及全方位多角度的培训体系。外研社每年斥资数百万元，邀请国内外基础英语教育领域的各级专家奔赴全国各地，向教师传递最新教育理念，拓宽教师的教学思路，了解教师的实际需求，解答教师的各种疑惑。通过面授、网络、光盘、资料等全方位与多维度的培训方式，切实帮助各地教育部门解决一线教师受训难、教育教学理念落后、知识体系陈旧等问题。十八年来，针对《新标准英语》系列教材，外研社每年培训一线教师和教研员6万余人次，累计培训超过百万人次。培训现场有专家报告、专题研讨、名师示范、经验交流，每一场都激情荡漾、好评如潮。

　　值得一提的是，外研社教材培训全面启用了包括教材外方主编在内的外国专家，其中不乏国际一流教学专家，他们亲自参与和主持的培训达100多场。在外国专家的安排上，特别向偏远的使用地

全国中小学英语教育与新标准研讨会

在全国"新标准"小学英语培训者培训会上陈琳教授做报告

区倾斜，以便让教育欠发达地区有机会了解和学习国际化的教学思想和方法，打开教学思路和眼界。很多接受培训的区县教师都说，这是第一次有世界一流的外国专家亲自到当地培训。

贵州省毕节地区（今毕节市）曾经是一个老、少、边、穷地区，位置偏远，经济落后，教学质量低下。尤其是外语教学，可谓望"洋"兴叹。2002年3月30日，中共中央政治局常委、国务院副总理李岚清到毕节织金县少普乡视察指导工作，并亲自深入英语课堂听了一节英语课。课后他对毕节的外语教育深感忧虑，因为英语老师们说的英语他不太懂，他说的英语老师们也不太懂，当地英语老师的语音语调比较成问题。李岚清同志语重心长地说："21世纪是科技飞速发展的时代，科技决定经济发展，但是科技它无论如何，它是要靠人才，人才靠什么呢？靠教育，这是根本的根本。把教育抓好了，我们就有希望了。"

此后，毕节开设了小学英语课，并联系到了外研社。2002年7月，外研社副总编辑解景芳与北京外国语大学语音专家朱鑫茂教授以及贵阳市的两名优秀教师一起，带着对边远贫困地区的支持来到了大山深处。毕节一中的阶梯教室座无虚席，150多双闪烁着求知光芒的眼睛都聚焦在三尺讲台上。整整两天时间，言者如洒甘霖，听者如沐春风。培训结束后，朱鑫茂教授被老师们团团围住，请他签名留念。他顾不得赶飞机的时间，耐心地为老师们签字、签名，并鼓励老师们好好学习，不断进步，切实提高英语教学水平。

当时，毕节地区教育局的教育简报和《贵州教育》杂志上这样写道："乌蒙山区的教育史上将永远留下他们的名字，大山深处的百万桃李将永远记住他们的一片深情。"

### 4.3　全面的学术活动支持

培训之外，外研社还通过出版师训图书、提供教学科研课题、举办各类赛事等方式，为中小学教师提供学术支持和展示舞台。

为了更好地服务广大中小学教师，外研社汇集国内外优质出版资源，出版了学术期刊和"剑桥英语教师丛书""圣智英语教师丛书""英语课程标准与教学实践丛书""外研社基础外语教学与研究丛书"等八大系列、五十余种外语教育学术研究、实践指导类图书，用于中小学教师师资培训和教师自学知识扩展。其中，"外研

王勇副总编辑主持全国高中英语教学研讨会

《新标准英语》高中教材中方编委和培训部成员在山东全省教材培训会上合影

社基础外语教学与研究丛书"是邀请国内英语教学专家自主编写的原创学术系列，包括英语教师发展系列、英语教师教育系列、英语教师实践系列，很好地满足了广大教师职业发展的需要。

教学科研课题研究是将教学理论与实践有机结合的一个极为有效的途径。外研社依托全国基础外语教育研究中心，通过组织高校科研力量指导和支持一线教学、科研，使教师在教学理念、方法、技巧以及资源选择、评价探索等方面实现全面提升。课题研究不仅与教材服务培训相得益彰，使各地使用《新标准英语》的师生的教与学更高效，也为教材的编写与持续修订提供了源泉和灵感。

面向广大中小学英语教师，外研社每年都举办教案、课件、论文大赛以及研讨课展评等赛事。自2008年起，外研社与中央电视台社教节目中心合作，承办CCTV"希望之星"英语风采大赛教师组比赛，通过赛事在全国范围内选拔高素质的优秀英语教师。在这一系列的科研、研讨和赛事活动中，许多优秀的一线教师和教研员脱颖而出，他们在加速个人事业发展的同时，也传播了成功的教学经验和成果，激励更多的教师和教研员满腔热忱地投入到教学和科研工作中。

此外，外研社每年还组织教师赴英美参加专业英语教学培训，参加世界英语教师协会（TESOL International Association）、国际英语外语教师协会等组织举办的国际会议，参与国际英语教育学术交流，并帮助教材使用区的学校与国外学校建立国际姊妹校关系。这一切，都为提高广大中小学教师的教学理论和技能水平，为推动我国基础英语教育课程改革贡献了坚实的力量。

外研社在建设教材体系的同时，搭建起了以教材出版为核心，集教辅、读物、教师资源、网络与多媒体为一体的"基础教育出版

全国基础外语教育研究培训中心成立大会

体系"。在以满足教材售后培训为核心的基础上，又初步建立起了涵盖小学、初中、高中英语教师的"一条龙"式的"教师培训体系"，在全国基础外语教育研究中心的平台上推出了"科研体系"，从而为运用北京外国语大学和社内的多种教学、专家资源，满足不同层面的教师的发展需求，探索出一条行之有效的新型的业务增长之路。这几大体系的建立，为外研社面向集群化发展奠定了坚实的基础。

## 5．团队的力量

谈起"新标准英语"团队，陈琳教授说道："十几年来，我们看到，基础分社的编辑、市场营销、培训和行政人员从一支年轻的队伍，成长为一个精干、团结、有高度奉献精神的团队。这才是保证我们外研社和她的基础分社今后能够持续创造更辉煌历史的根本力量。"

### 5.1 平地起高楼

《新标准英语》系列教材的编写，可谓"平地起高楼"。编辑们的工作繁琐而复杂：要帮助英方作者熟悉我国的课程标准以方便其写作；初稿完成后，编辑们要同主编一起认真审稿，提出意见，讨论修改方案；还要逐条译出语法大纲，按照课表确定其顺序和应当讲授的量。责任编辑的任务更加繁重，上到编写大纲的制订，下到教材使用意见的收集，都要全程参与。在繁琐的文字编辑、项目管理工作之外，责任编辑还要学习教学理论和教材编写理论。

为了能在第一时间与英方作者取得联系，编辑们心中已经形成了各个作者所处的方位和工作习惯的列表。教师用书的作者身处英国，工作习惯正常，时差8小时，下午四点后联系为宜；主编定居在英国，但近期在美国探亲，通常是晚间收发邮件，时差16个小时；活动用书作者长期定居在泰国，时差不多，但习惯昼伏夜出，下午联系比较方便……

教材初稿完成后，需要多次征询来自全国各地的一线教师和教研员的意见进行修订。征集意见的方式多种多样，有时召开专门的咨询员会议，有时召开编委会，有时是单独会谈，有时是电话采访。咨询的内容涵盖了大纲、语法、文章体裁、练习设计和体例的方方面面，甚至细化到了每一个句子、每一个标点符号。为了使英方的作者队伍能对修改有更清楚的了解，编辑们还要对几百页的电子文本进行详细的标注，有时仅一个批注的内容就比整页书稿上的文字还要多。要高质量完成这些工作，加班在所难免。

在2000年的总结大会上，李朋义社长满怀深情地褒扬了《新标准英语》团队的奉献精神。他说："总编辑助理王勇自任职以来，

陈琳教授（第一排左六）、白德信总裁（第一排左四）和王勇副总编辑（第一排左二）出席《英语》（新标准）教材出版十周年大会

为了搞好教材的出版和推广工作，每天晚上在办公室加班，工作到深夜11点甚至12点，这已经成为他的工作习惯。有时他没来，别人反而不习惯了。遇上他晚上没在办公室时，我总要问'王勇去哪里了？'别人告诉我他出差了。我知道，只有当他出差时，晚上才不在办公室。在王勇同志的带领下，中小学英语工作室的全体同志都是这样忘我工作的。12月的一天晚上10点半，我和陈琳教授、徐秀芝、王勇、申蕾等同志同麦克米伦公司讨论完《新标准英语》问题后，一起去了我社编辑部所在的五楼。那里依然有四个办公室灯火通明，中小学英语工作室仍有3位同志在工作，大学英语工作室有3位同志在整理信息库的资料，德语工作室有一位同志在编稿子，辞书部有4位同志在电脑前编词典。当时，陈琳老师夸奖说'外研社同志的奋斗精神了不起！'"

## 5.2  大年初二就在加班

说起《新标准英语》的历史，"大年初二就在加班"的感人事例常常被提起。2003年12月到2004年2月，《新标准英语》编辑们的工作重心是初高中教材的送审。送审书稿包括初中3册、高中6册，都是在多次征询来自全国一线教师和教研员意见的基础上修订而成的。编辑们接到第一本稿子时，已经是2003年12月12日了，但送审已迫在眉睫：只有两个多月的时间！

教材送审是一个庞大的工程，是一项团队的工作，需要部门领导、文字编辑、美术编辑甚至其他部门的同事们密切协作。每一个编辑都像大链条上的一环，任何一环的缺失都会使整个过程出现不畅，甚至崩溃。两个多月的时间里，工作安排是用小时来推进的。编辑们为了完成高强度的紧张工作，发扬了奉献精神，接受了能力、体力、毅力的巨大考验，全身心地投入到工作中——没有白天黑夜，没有周六周日，甚至没有家的概念。大年三十的晚上，项目主管孙平华还坚守在他的岗位上。大年初一，编辑李纳新竟接到了申蔷从办公室座机打来的电话。而大部分编辑们新年只休息了一天，初二就都上班了。在一段相当长的时间里，在夜晚一片漆黑的配楼大办公室中，只有中间的一排灯光在彻夜明亮，编辑们在电脑前度过了一个个不眠之夜。

在送审的关键时刻，不少负责其他工作的编辑主动向部门领导申请加入教材送审的团队，整个部门几乎没有一个人没接触过这项工作。2月15日，数码打印的样书陆续到齐，编辑们却无心欣赏漂亮的样书，而是紧张地搜索错误。几乎整个编辑部的编辑们都被动员起来，一本书一本书地"揭嗮"，直至2月17日的深夜。2月18日下午，教材送审后，申蔷对编辑们说："可以回家了。"在迈出外研社大门的那一刻，编辑们才意识到，这是近三个月来第一次在外面有光线的时间下班回家。申蕾在总结这段日子的工作时动情地说："我们的编辑真能干，说什么时候完成就什么时候完成！"

从2001年7月31日《新标准英语》小学一年级和三年级起点全套书的正式出版，到初高中教材送审，这其中的故事说不尽、道不完。5个系列，139本教材，6次立项，10次送审，11次修订……与这些数字形成鲜明对比的是，教材的责任编辑只有6人。2004年，外研社建社25周年时，麦克米伦出版（中国）有限公司董事总经理姚希勤撰文写道："这段日子里，她们在发挥和提升专长的同时，也充分地吸收了外国出版社和专家们的技术和经验，从而快速地成长，在不到八年的时间便能制作出品质卓越的教科书和教材。我为能与这样一支富有朝气的团队合作而骄傲，并衷心祝愿她们不断努力、不断进步，为中国的出版事业和教育事业做出更多、更大的贡献。"

### 5.3  社领导带头冲锋

教材出版前夕，李朋义社长便意识到这样一个艰巨的任务：中小学教材的推广面非常大，每个地方都有行政管理班子决定教材的使用，光靠几个工作室自下而上地宣传推广远远不够。2000年10月，李朋义主持召开社委会，决定把推广中小学英语教材的任务落实到每个社领导头上，每个社领导要分头负责3到5个省份的推介任务，他自己居中协调。当时的分工如下，后又经过多次调整。

徐冀侠：福建、江西、安徽、陕西、黑龙江

徐秀芝：内蒙古、天津、江苏、上海

任满申：山西、河南、新疆、北京

解景芳：四川、重庆、山东、云南、贵州

　范明贤：辽宁、吉林

　王　勇：浙江、青海、甘肃、湖北、河北

　沈立军：湖南、广东、海南、广西、宁夏

　社领导与负责各个省份的市场业务员一道，终年累月不避艰辛，千里迢迢走遍中国，为《新标准英语》在全国中小学中扎根、开花、结果而努力。

　为了尽早让教材与全国广大的中小学师生见面，市场部的年轻小伙子们和培训部的老师们离开家庭，常年奔波在中国英语教育事业的第一线。连续十天半月地出长差、一连几十天在几个省份往返穿梭，成了他们的工作日常。他们耐心服务、热诚周到，打动了无数教育行政官员、校长和老师，赢得了庞大的读者群体。很快，《新标准英语》系列教材便在全国二十几个省份推广开来。

基础英语教辅品牌发布会

　　说起教材推广，就不得不提基础分社市场部的小伙子们，他们用智慧和汗水为中小学英语教材市场的开拓立下了汗马功劳。2007年，外研社的教材被某省教育厅撤下。为了夺回这块市场，市场部的王正在省教育厅门口的宾馆住了半个多月，与厅领导积极沟通，反复说明外研社教材的优势和特点，最终把这块市场夺了回来。西北五省（区）地广人稀、条件艰苦，紫外线特别厉害，负责该片区的陈军因常年奔波脸上都有了高原红。

　　做市场离不开和经销商打交道，喝酒也就在所难免，尤其是在酒文化盛行的地区更是如此。为此，周益患了酒精过敏，要天天吃中药，可他仍然坚持工作。类似的情形也发生在别的小伙子身上。长期舟车劳顿、晨昏颠倒，许多区域经理都是揣着药瓶奔波在市场

外研红遍中国

第一线。也正是由于他们敢打攻坚战，才通过一点点地争抢阵地，换来了外研社如今的中小学教材市场。

铸就《新标准英语》是一段燃情岁月。加班加点的美术编辑，"爬格子"的案头编辑，与中外编者"斗智斗勇"的项目主管，奋战在市场一线的社领导、市场主管和培训主管，他们众志成城、不懈拼搏，让《新标准英语》从一颗理念的种子长成了参天大树。外研人从不惧怕"零起点"，这是因为他们相信，只要有眼光、有勇气、有恒心，就能"平地起高楼"。如今虽已根深叶茂，但这棵大树还在更努力地向更高的天空伸展枝丫。在陈琳教授的带领下，随着课标的调整，编辑们又开始了一轮又一轮的教材修订工作。

## 6．珍贵的友谊

外研社与麦克米伦公司的合作始于一个小项目，那时双方都没有想到之后会一起干一番大事业。

### 6.1　白德信：与他的友谊是我一生中的重要组成部分

1998年2月，外研社社长李朋义与麦克米伦教育出版集团总裁白德信在外研社电梯间的第一次见面，为彼此在随后20年的合作奠定了最关键的基础——信任。那时白德信随英国出版商协会来北京访问，拜访了外研社刚刚建起的红色大楼。白德信在国际出版界有着丰富的经验，在麦克米伦公司身居要职，但他依然保持谦逊的风格，让李朋义深感敬佩。

在与麦克米伦公司商谈项目前后，李朋义与白德信以诚相待，建立了亲密的友谊。了解到白德信有跑步和骑行的爱好，李朋义邀请他一同住进外研社大兴国际会议中心。周围广袤的农田和纵横的

441

乡间小路让白德信宾至如归，在运动中感受东方的村庄与田野。李朋义与白德信一起泡温泉，共同晨练，从国际合作聊到私人经历，在深入了解的基础上惺惺相惜。

白德信说，出版界的关系本质上是建立在信任之上的。信任，一直以来在外研社和麦克米伦公司的关系中都是最关键的。《新标准英语》的协定撰写过程相当复杂，但它最初只是写在两个信封后面的几个句子，后来改为用汉语写成的只包括七个简短段落的协议书。就是这样一份看起来不那么正规的协议，却让麦克米伦公司对这个项目初期投资近100万英镑。项目开始三年后的某一天，李朋义对白德信说："我们是不是该签个合同了？"就在没有正式签署合同的那些年，面对降价、租型和各种市场变化带来的威胁，双方都共同做出了无可挑剔的安排，而这一切并没有参照什么合同。

2006年5月15日，在外研社国际会议中心灯火辉煌的多功能厅里，外研人迎来了《英语》（新标准）教材销售超过1亿册及《新标准大学英语》项目启动的"新标准之夜"庆典。白德信和葛一诺、戴维·威廉森（David Williamson）一行三人应邀从英国赶来北京出席了酒会。与李朋义一番相互感谢后，白德信迫不及待地走到台上，兴奋地表达了他的激动之情。他带来了英国《泰晤士报》关于《英语》（新标准）教材的报道，报纸称其为"可以与《达·芬奇密码》并列的出版奇迹"，"印量已超过《达·芬奇密码》，并向《哈利·波特》靠拢"。

为表达谢意，白德信分别向李朋义、陈琳教授赠送礼物，感谢他们多年来对该项目从策划启动到如今取得重大成果的整个过程中所付出的心血。中方主编陈琳教授和英方主编葛一诺教授分别回顾了与《新标准英语》团队共同成长的快乐时光，为共同取得的成绩和在此过程中双方缔结的深厚友谊而骄傲。

2008年3月25日，"白德信与外研社十年友谊"晚会在外研社国际会议中心盛大举行，白德信携夫人一起出席了晚会。李朋义在致辞中回忆了与白德信的情谊和双方充满理解与信任的合作，他说："在外研社，有机会跟白德信一起工作的人全都当他是个亲爱的朋友，这其中不仅有编辑，还有服务员和司机。我们有一位新来的英国作者，在外研社听到白德信的名字被反反复复地提及，便反问道：'还能有谁不是白德信的朋友呢？'"说到动情时，李朋义更是泪洒当场。

白德信深情感谢了与李朋义社长的这段友谊。他说："我在其他任何地方都不能找到这么要好的朋友。与他的友谊是我一生中重要的组成部分，在我从麦克米伦公司退休后，这份友谊仍将继续。"

在《新标准英语》这一成功合作的激励下，麦克米伦教育出版集团与外研社的合作关系持续发展，并通过一些新项目使这一关系得到了巩固。这些项目包括《新标准大学英语》、十卷本的《〈自然〉百年科学经典》、英文本和英汉双语本的《莎士比亚全集》、麦

李朋义社长与好友白德信总裁在"白德信与外研社十年友谊"晚会上

《新标准大学英语》

克米伦系列词典，以及为海外汉语学习者编撰的系列教材《走遍中国》。正如白德信所说，这些重要作品在中国的出版见证了他和李朋义近二十年的合作和友谊。虽然他离开了麦克米伦公司，但由他们促成的两家公司的合作仍在继续。

### 6.2 姚希勤：见证了双方合作出版教材的全过程

姚希勤是麦克米伦出版（中国）有限公司原董事总经理，他不仅作为当事人签署了《新标准英语》的合作协议，更见证了外研社与麦克米伦公司合作出版教材的全过程。

洽谈之初，姚希勤便意识到这个项目的合作意义非常重大，所以他以总公司的名义来签订这份重之又重的合约，因为只有这样他才能更灵活地运用总公司乃至世界各地分公司的专家和资源。在编写过程中，每套教材都经过了主编、作者、编辑等不断沟通与协作的漫长过程，尤其是在起步时还经历了一段磨合期。双方相隔遥远，但要频繁地互动，而且要应对文化差异所引起的误会和不便。在这期间，姚希勤不辞辛劳地奔走协调，协助双方调整看法、抚平情绪，并积极调动外方作者和其他一切可能用到的资源，为双方合作的顺利进行提供了可靠的支持。

姚希勤在麦克米伦公司的第一份工作是推销员，每当别人跟他买东西或者接纳他的意见时，他都会特别开心，所以当他和市场部的同事们相处时感到非常自在。他在参与教材推广和教师培训的众多活动中，见证了市场部的同事们努力坚韧、披荆斩棘地将《新标准英语》推广到全国的每一个角落，并深深敬佩他们那种不拿下市场誓不罢休的气概。

姚希勤职业生涯的最后8年主要是和外研社基础分社的同事一起度过的。他说，《新标准英语》是他38年出版职业生涯中最成功的项目。"在我心目中，它的成功不在于项目的规模，不在于教材的销售数量，而在于它对国家的英语教育能做出一点点贡献。每当我想到全国有两千多万学生正在使用这套教材学习英语——地球村的通用语言时，我就感到无比快慰。"

### 6.3 葛一诺：我在恰当的时机来到了中国

2013年4月10日，葛一诺教授因"为英语教学所做的杰出贡献"而荣获2013年度大英帝国勋章，在温莎城堡接受了英国女王颁奖。担任"新标准英语"小学到大学阶段教材的英方主编，无疑是他英语语言教学事业生涯中浓墨重彩的一笔。

"说起葛一诺，我们相交已经有十几年了。"听闻葛一诺教授获奖，陈琳教授这样回忆。从两人被聘请担任《新标准英语》教材中英双方的主编时，就开始了他们十余年的交往，而这种交往的更深层意义则体现在两种高端英语教学理念的互补与共融。"Simon Greenall的中文名字是葛一诺。这个名字很适合他的品格。中国古语说'一诺千金'。他在工作中向来是A promise is a promise。应允的工作永远是按时（有时是超前）完成。……不仅从他的严谨治学和勤奋工作中学到了一个学者的优秀品质，也在外语教学理论和教材编写的经验中得到很多教益。他使我亲身体会到了英国绅士对专业和生活的诠释，更让我了解了职业精神是一种多么平常而至关重要的品质。我以能有这样一位外国同事和朋友为荣。"

在与外研社合作之前，葛一诺教授已经从事英语教育图书编写近20年，和50多个国家的教师们进行过合作。对此，他深情地说道："在我职业生涯最具经验和创造性的阶段，能有机会和外研社合作，对我来说是一笔莫大的财富，就好像我之前所做的一切都是为与外研社合作、为中国教师和学生服务而准备的。"他视外研社和中国为他"职业生涯的归宿"。与外研社的工作人员打交道，他感到十分亲切。

外研社与麦克米伦教育出版集团的合作在英语教育领域，乃至其他任何领域都可称为国际合作的典范。双方携手合作，遇到问题总能迎刃而解。葛一诺教授对此给予了至高的赞颂，他说："我们应该铭记这些人，因为他们是推动中国英语教育发展的英雄。……我很高兴，也很庆幸，自己在恰当的时机来到了中国。"

吉尔·弗洛伦（Jill Floren）、葛一诺教授与外研社编辑

## 第四节
## 新战略，扩大规模提升效益

20世纪90年代的"精品战略"为外研社赢得了很好的社会效益和经济效益，但打天下不能单靠一两个精品，更需要"精品群"。要做大，就要有规模；要做强，就要有效益。进入21世纪，外研社步入规模效益发展阶段。

### 1．新战略的提出

经过实施"以教育出版为中心"的战略转移，外研社已经逐步成为中国最大的外语教材出版基地之一，图书出版已经形成一个多元化、系列化、立体化的出版构架。到2003年，外研社面向高等英语教育市场的各类教材年销售码洋已达3.17亿元，面向基础英语教育市场的中小学英语教材年销售码洋已达2.61亿元，在全部11亿元的发行码洋中教材的发行码洋占一半以上。

教材出版用了短短五年的时间就走过了一般图书二十多年的发展历程，这一成绩源于李朋义社长提出的"以教育出版为中心"的战略规划；同时也是因为外研社摆脱了过去"就书论书"的发展模式，有效地整合了出版资源，综合利用出版、教育和培训资源进行了立体化出版。至此，外研社的综合竞争力大幅提升，赢得了中国外语教育服务"第一品牌"的优势地位。

但是，外研人并没有被暂时的成绩蒙蔽双眼。进入新的发展阶段，李朋义社长果断地提出了新的发展战略——规模效益战略。

## 1.1 李朋义四谈规模效益

2002年夏天，在一次外研社内部工作协调会上，李朋义社长在总结外研社发展的核心竞争力时提出了"规模效益"问题。他说，规模效益是指"规模＋效益"。高质量产品可以争取高额利润，但一两个精品不能打天下，打天下需要"精品群"。这就要求产品结构要合理，既要有普及型产品，又要有具备学术品位的研究型产品。出版社要做大做强——做大，就是要有规模；做强，就是要有效益。没有规模和实力将难以应对未来的成本竞争。

2002年年底，在全社总结工作大会上，李朋义把"规模效益"作为外研社独具特色的发展经验加以阐释。他说，在一个出版单位发展的初级阶段，规模和效益是对立的两个概念。规模大了，效益就不会好；要想效益好，就要压缩规模，出精品。从建社一直到20世纪90年代中期，外研社一直致力于实现出版模式由数量增长型到质量高效型的转变。在这一过程中，精品战略取得了优异的成绩，使外研社的经济效益得到大幅度提升。但到了90年代中期以后，外研社的发展速度进一步加快，精品出版模式已经不能满足发展的需要，选题规模狭小逐渐成为制约发展的桎梏。在这种形势下，外研社提出了"规模效益"的概念——既要扩大规模，又要提高效益。这既指图书出版的品种和数量的增长，又指单个大项目的大投入、大产出；既要有出版重点，又要有品种规模。当出版企业发展到一定阶段时，规模和效益这两个概念便不再矛盾，而是相辅相成。

2003年4月，在新员工培训大会上，李朋义第三次提到"规模效益"问题。他说，进入21世纪，外研社提出规模效益战略——出版社机构要有规模，人员或者人才要有规模，出版物的数量、品种要有规模，市场占有率要有规模，销售空间、利润空间都要有规模。没有大的规模怎么会有大的效益？20世纪80年代艰苦创业，90年代打基础，21世纪头十年要大展宏图，进入一个大的战略机遇期。外研社的图书品种由过去的每年七八十种增加到现在的每年七八百种，人员由过去的七八十人增加到现在的七八百人，每年的销售码洋净增一到两个亿。这就是外研社现阶段的规模。当然，讲规模，也要讲效益。要坚持精品，坚持质量。不仅仅是产品质量，还有人员质量、人员素质。要建立一支高素质的人才队伍，这样的人才队伍要求具有"两化"的品质，一个叫职业化，一个叫国际化。只有高素质的人才才能策划出高质量的产品，而只有高质量的产品才能给企业带来高效益的发展。

2003年年底，在全社总结工作大会上，李朋义又把"规模效益"作为外研社发展的一条基本经验加以总结。他说，规模和效益是做大和做强的关系，两者是对立统一的。没有规模的扩大，没有实力的壮大，效益再好也不是真正的强；而没有效益，没有做强，规模同样会成为无源之水，不可能长久保持。外研社正是要寻求在规模和效益两者之间实现综合平衡，既要做大，又要做强。做大是手段，做强是目的。多年来，外研社始终坚持规模效益理念，把追求规模发展放在工作首位，通过大力地抓选题、抓编校、抓出版、抓发行、抓速度，大胆地进行多种经营。外研社的人员规模、组织规模、出版规模、发行规模和利润规模都得到迅速扩大。外研社还进行了有效的多元化战略，向汉语出版、科学出版、少儿出版、电子词典出版等多领域发展。

外研社实施规模效益战略时期，新闻出版署署长于友先（前排中）视察外研社，同社领导班子合影

### 1.2　实施规模效益战略的原因

　　进入21世纪，实施规模效益发展战略，既是由于外部客观环境的驱使，也是出于外研社自身发展的主观需求。

　　回顾外研社的发展历程，20世纪80年代是一个粗放型发展阶段，在计划经济和半计划经济的政策影响下，实施"广种薄收"的经营方式。虽然老一代外研人以极强的敬业精神奋发图强、艰苦奋斗，为后续的发展打下了一定基础，但是直到1990年，外研社发行码洋才突破1000万元，开始逐步摆脱困境。进入90年代，在邓小平理论的指引下，中国进入市场经济快速发展时期。外研社做出重大改革，实施集约化经营和精品战略，从而迅速崛起，社会效益和经济效益都取得了可喜的成果。到2000年，外研社发行码洋达到4.5亿元，是1990年的45倍，荣获"全国优秀出版社"的称号，并占据全国英语图书市场21.43%的份额，成为"中国外语图书市场上真正意义的产业领导者"。这些都为外研社步入规模效益发展阶段创造了条件。

与此同时，外研社也面临着来自国外的挑战。2001年，中国正式加入世界贸易组织以后，出版物市场进入全方位、多层次、宽领域的对外开放阶段。国外出版资本从多个方面、通过多种手段渗入国内市场，给国内出版业带来前所未有的冲击。以外语出版为特色的外研社身处迎击外来出版竞争的前沿阵地，如果不具备相当强的抗风险能力，要如何应对来自外界的巨大威胁？如果国外出版资本凭借雄厚的资金控制了图书销售渠道，国内出版机构就会受制于人。在经济全球化和信息网络化的大背景下，中国出版业亟须改变经营规模小、集约化程度低、资源分散浪费、配置不合理等现状，尽快改善经营机制，扩大经营规模，形成规模效益，提高国际竞争力。

来自社会资本和国内同行的竞争也为传统出版机构带来巨大压力。随着国家发展民营经济政策的出台，民营书业作为国有出版业体制外的力量，成为中国图书市场的重要组成部分。上千家民营工作室以打造品牌教学辅导书为突破口，向出版社核心业务渗透。相比于传统出版机构，民营工作室有三个特点：一是机制十分灵活，在用人制度和分配制度方面都实行市场化的运作模式；二是招聘了很多一流人才从事图书编辑和营销工作；三是对市场反应十分敏锐，运作速度快。因此，传统出版机构应直面现实，正视挑战，及时调整竞争策略，制定应对措施，与民营工作室开展多种形式的合作，共谋发展。另一方面，来自出版业同行的威胁和挑战更是无处不在。全国500多家出版社，或多或少都把出版外语图书作为致富的门路，市场竞争趋于白热化。因此，只有自身做大做强，主动迎接挑战、把握机遇，外研社才能立于不败之地。

　　迅猛发展的高新技术和信息化进程也给出版业带来了机遇和挑战。加快观念更新，摆脱传统出版在思想上的束缚和技术上的掣肘，积极研究网络化条件下出版业的发展路径已变得日益迫切。随着技术的进步，国际出版业已经向现代出版方向发展。现代出版主要包含电子书籍、网络出版、网络销售、即时印刷。网络不仅带来了出版技术的新突破，也引发了出版观念的变革和出版科技的创新，成为出版竞争的主要阵地，对传统的纸质图书出版和市场构成威胁。而传统出版业也通过网络技术和数字技术，在载体形式、传播方式、管理手段、营销服务等方面发生了翻天覆地的变化，降低了成本，扩大了规模，提高了效益，提升了经营水平，并拓展了市场空间。外研社必须面对新的挑战，拥抱信息技术、网络技术和数字技术，顺应科技发展的潮流，推动传统

外研社步入规模效益发展阶段

出版和网络互动融合，扩大生存空间，投身多媒体时代，争取更好的规模效益。

除了上述客观因素，实施规模效益战略也是源于外研社自身发展和建设的内在需求。上个世纪末，外研社就提出了走"集约化经营、内涵式发展"道路的理念。在"十一五"规划中，外研社确定了以下发展目标："加大体制创新和机制转变，以内部整合为主，以外部联合为辅，针对日益细化的外语市场，调整外语出版新的布局，促进外语出版资源的综合开发利用，建立和完善符合我国经济体制和精神文明建设发展需要的、有利于自身经济实力和市场竞争能力不断增强的比较合理的管理体制和运行机制。经过五年的努力，实现年销售码洋十亿元以上，并覆盖我国三分之一以上外语图书市场；同时，凭借外语出版优势积极进军外语教育市场，力求为满足人民群众不断增长的日益多样化的外语学习和外语工作需求发挥骨干作用，有力抗衡国外教育出版产业在中国市场的竞争。"

## 2. 外研社所实现的规模效益

新世纪的第一个十年，外研社实现了规模化发展，在人员规模、组织规模、生产规模、市场规模、资产规模、基建规模以及盈利能力等方面均取得了长足的发展。

### 2.1 人员的增加和人才的引进培养

早在1992年制定的《外研社改革与发展综合方案》中，外研社就对用人制度进行了革命性变革，如"两种体制并存，一视同仁，人员能进能出，干部能上能下"等。由于发展需要，外研社人员几乎每年都在增加，从2001年的不到800人增长到2010年的1900多人。

## 2001—2010年外研社人员总量变化情况

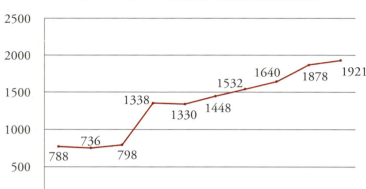

外研社取得的所有成绩，首先都应该归结为人的因素。全面的人才队伍建设是不断取得胜利的重要保证。出版业的竞争，其实质是人力资源的竞争。而人力资源中，人才资源是第一资源。一直以来，外研社始终坚持"以人为本"的理念，以识才的慧眼、用才的气魄、爱才的感情、聚才的方法，知才善任，唯才是举，广纳贤才。

进入外研社工作向来不是一件容易的事情。外研社对于人才的选拔向来都是百里挑一，需要遵循一套严格的程序，应聘者必须经过笔试、面试和几个月的试用考察。外研社引进人才比较关注两个方面：一是要有高学历，有专业知识；二是由于外研社要向产业化的现代出版企业发展，只有外语专业人才，只有专家、学者型的编辑队伍是远远不够的，还需要一大批高级经济师、会计师、律师、工程师等其他专业人才和技术人才来完成对出版社的经营管理。

在人员培训上，外研社有一套完整的计划。每一名员工都要参加入社教育、业务培训和专业技能培训，培训内容根据所从事的不同工作而有所侧重。每年的培训，社长都要做动员报告，总编辑要讲课，同时安排资深专业人员、专家学者来传授经验、交流心得，也会邀请社外专家、领导来做高水平的讲座。培训的目的是培养全社员工的事业心、责任感、忠诚度和职业化精神，打造一支专业化、职业化的出版队伍。新入职的员工要参加培训，老员工也要不断接受继续教育培训。

在人员的培养上，外研社十分重视个人素质的全面建设，关注员工的终身发展，努力把全社员工培养成"全人"，使他们在个性特质、情感品质、文化素质等方面全面发展，在专业上有所长、在事业上有所为、在生活上有所养。

在人才的培养上，外研社摒弃传统的"师父带徒弟"的方式，建立起科学合理的人才培养机制和管理机制，遵循公开、公平、竞争、择优、德才兼备及培养与使用相结合等原则，采用内部培养与外部引进相结合、学历教育与业务培训相结合、国内学习与国外进修相结合、人才使用与人才选拔相结合等方式进行人才培养。重视人才的潜能开发，为他们提供各种培训和再教育机会，以全面提升专业知识水平和工作技能。外研社每年还会选派骨干人才到国外进修或工作。

在人员使用和干部选拔上，外研社始终坚持不拘一格用人才的原则，不唯学历、不唯职称、不唯资历、不唯出身，把真正有才能的人推举到合适的领导岗位和管理岗位上。建社几十年来，外研社涌现出一大批优秀的管理干部、骨干员工和业务团队，形成了一支不可战胜的强大队伍。

## 2.2 组织规模不断完善

外研社在人员不断增加的同时，组织规模也在不断扩大和完善。按照"集约化经营、内涵式发展"的原则，外研社在21世纪初就已经跻身全国大社、名社的前列。到2009年建社30周年时，外研社更是成为一个拥有6个职能中心、2个事业部、9个出版分社、12个独立法人单位、16个地方信息中心的大型出版企业。

6个职能中心包括：出版中心、信息技术中心、财务中心、营销中心、编务中心、行政中心。

2个事业部包括：国际部、事业发展部。

9个出版分社包括：少儿出版分社、基础英语教育出版分社、高等英语教育出版分社、综合英语出版分社、学术与辞书出版分社、综合语种出版分社、职业教育出版分社、汉语出版分社、电子音像网络出版分社。

12个独立法人单位包括：外语教学与研究出版社、北京外语音像出版社、北京乐奇乐思教育科技有限公司、北京壹加佳教育咨询发展有限公司、北京青苹果文化发展有限公司、北京外言翻译有限公司、北京世纪盈华信息技术有限公司、北京外国语大学外研培训中心、外研书店、北京外国语大学印刷厂、外研社国际会议中心、外研社物业管理公司。

16个地方信息中心包括：华东信息中心、西北信息中心、山东信息中心、江西信息中心、湖南信息中心、西南信息中心、广东信息中心、辽宁信息中心、吉林信息中心、黑龙江信息中心、上海信息中心、河南信息中心、华中信息中心、广西信息中心、福建信息中心、新疆信息中心。

### 2.3 出版规模不断增大

新世纪的第一个十年，外研社进入了一个多媒体、立体化出版空前繁荣的时期，纸质图书、音像、电子、网络出版齐头并进。

**2001—2010年外研社图书出版品种数变化情况**

| 年份 | 2001 | 2002 | 2003 | 2004 | 2005 | 2006 | 2007 | 2008 | 2009 | 2010 |
|------|------|------|------|------|------|------|------|------|------|------|
| 新书 | 417 | 570 | 670 | 678 | 718 | 716 | 972 | 1274 | 1657 | 1945 |
| 重印书 | 1012 | 1233 | 1445 | 1581 | 1823 | 2741 | 3371 | 3713 | 2912 | 3495 |
| 总计 | 1429 | 1803 | 2115 | 2259 | 2541 | 3457 | 4343 | 4987 | 4569 | 5440 |

十年间，外研社很好地完成了"十五""十一五"国家重点出版规划：出版了《现代汉语规范词典》《新世纪法汉大词典》《奥运英语》《新世纪汉英大词典》《汉语世界》《汉语900句》等国家重点图书，出版了《剑桥国际英语教程》《大学日语听说教程》《汉语世界》等国家重点音像制品，出版了《新标准英语》《大众英语》《新概念英语》等国家重点电子产品，出版了《新编大学英语》《现代英语教程》《新视野大学英语》《英汉翻译入门》等国家级规划教材。

十年间，外研社出版了《为了13亿人的教育》、《突围——国门初开的岁月》(英文版)、《汉英词典》(第三版)、《季羡林全集》、《莎士比亚全集》等大量高层次、高质量、有特色，深受广大读者欢迎和好评的优秀图书；《现代汉语词典》(汉英双语)、《现代汉语规范词典》、"五卷本英国文学史"、《朗文中阶英语词典》等近百部图书荣获"国家辞书奖""全国优秀畅销书奖""中华优秀出版物奖""全国高校出版社优秀畅销书奖""输出版优秀图书奖"等重要奖项。此外，《学英语300句》、《英语》(新标准)(3A)电视教学片、《新视野大学英语读写教程》、《汉语900句》、《汉语800字》(手机版系列)等电子音像制品获得了"国家音像制品奖""全国优秀教育音像制品奖""中国出版政府奖电子出版物奖""中国出版政府奖音像电子网络奖提名奖"等重量级奖项。

### 2.4 经济规模不断提升

外研社发行规模不断扩大，发行码洋逐年增加，市场占有率逐年扩大；资产日益雄厚，从1979年借款30万元作为启动资金，到2010年总资产已达到16亿元；盈利能力不断增强，强有力地支持了北外的教学与科研，是北外发展的坚强后盾。

**2001—2010年外研社发行码洋变化情况 （单位：亿元）**

| 年份 | 2001 | 2002 | 2003 | 2004 | 2005 | 2006 | 2007 | 2008 | 2009 | 2010 |
|------|------|------|------|------|------|------|------|------|------|------|
| 发行码洋 | 6 | 8 | 10 | 11.5 | 13 | 14 | 16.1 | 18.5 | 19.2 | 21 |

2008年6月2日，世界品牌实验室在北京发布"2008年中国500最具价值品牌"。在这份基于财务分析、消费者行为分析和品牌强度分析得出的中国品牌"国家队"名单中，外研社以品牌价值22.29亿元入选，名列第315位。首次纳入评选范围的出版企业只有5家，外研社是其中唯一的大学出版社和外语出版社。

同样是2008年，外研社被国家新闻出版总署评为国家一级出版社，并被授予"全国百佳图书出版单位"的荣誉称号。

外研社入选"中国500最具价值品牌"

## 3．国际会议中心建成

1997年，位于北京市西三环北路的外研社大厦落成，它被评为"北京市九十年代十大建筑"之一，更被誉为"中国出版第一楼"。但这并不是外研社唯一的标志性建筑。社长李朋义放眼向南，要在大兴建一座集生产、物流、培训、休闲为一体的外研社国际会议中心。

### 3.1 南城破土动工

李朋义的"建筑梦"并不是一时的心血来潮。2000年，外研社发行码洋达到4.5亿元，建在朝阳区吕家营的3000平方米的书库已经爆满，库存书堆积如山。当时北京正在修建四环路，该书库面临被拆除的命运，择址修建新库迫在眉睫。而从1999年开始，外研社每年投入上千万巨资开展教师培训，不得不在北京、杭州、西安、北戴河、长沙、昆明等全国多个城市租用宾馆场地，给培训工作的开展带来诸多问题，因此建造自己的宾馆和培训中心也成为当务之急。于是，社委会研究后当即决定：找地！

20亩、30亩、50亩……被委派打前站的社长助理刘甲英开启了他的"圈地之旅"。他看了一处又一处，最后将目光锁定在了大兴县（今大兴区）黄村镇芦城工业开发区中心的一块地。这里地势平坦，紧邻京开高速和五环路，东面是大兴黄村卫星城，南面是规划中的高校园区和筹划中的2008年奥运会三个重点建设项目之一的所在地，西面是规划中的永定河水库，北面是世纪森林公园，未来拥有良好的发展潜质。当然，这里的土地价格也相对便宜。其实1997年年底造价8000多万元的外研社大厦落成时，留给外研社的资金便不多了，甚至可以用"捉襟见肘"来形容。而这块要价每亩15万元的土地，经过最终的谈判，被李朋义以每亩14万元的价格买下。

1999年11月10日，李朋义和任满申、赵文炎、刘甲英等人一起前往大兴县芦城乡人民政府，与芦城乡党委书记和乡长就外研社在芦城工业开发区征地一事进行了商谈，并达成了初步协议。2000年1月20日，征地方案尘埃落定，外研社与大兴县芦城乡政府签订了76.99亩土地的《土地征用协议书》。之后又陆续签订了补充协议，征用土地面积追加到近100亩。

社长李朋义请来老朋友崔恺担任基地的总设计师。由于最初的想法是建一个大型的物流中心，李朋义半开玩笑地说："崔院长喜欢设计高档办公楼，这仓库愿不愿意做？"崔恺笑答："外研社的事儿，就是设计个厕所也没问题。"

在崔恺的设计中，基地由一个个盒子构成。一期工程是建设物流中心，采取并联单元组合的方式，将4个书库和1个大型纸库用卸

合作征地协议签字仪式

货台连接起来，突出效率和秩序。二期工程建设培训中心和印刷厂，采取围合式内向布局，印刷厂和客房楼一字形排开，将培训居住组团与物流组团隔开，180米长的学生公寓沿北侧工业园区道路布置；培训楼在东，迎着园区干道，西面敞开与三期空间衔接；一组餐饮、多功能、接待等用房散落在狭长的中部庭院中，强调交流与密度。三期工程的会议、娱乐、健身中心处于园区西端，主体的L形板楼呈南北走向，东侧连接泳池、门厅和会堂三个建筑，迎向培训区，讲求呼应和变化。崔恺的灵感来源于中国传统园林和民居村落，他希望能够在高密度的空间中，通过自由的格局带给人有趣的、亲切丰富的、有期待感的场景。

2001年5月1日，随着晨雾朦胧中一声声推土机的轰鸣，外研社大兴基地工程拉开了序幕。经过招投标，工程分别由南通四建、河北四建和大兴建总三家建筑公司承揽。破土动工、打地基、盖楼房、刷墙贴砖、铺地拉线、安装玻璃门窗……一片荒芜的田野上陆续有外研社的建筑拔地而起。

百忙之中，社长李朋义日夜牵挂着大兴基地的建设工作，经常带着一身疲惫马不停蹄地奔赴大兴，到了之后便立刻精神焕发、神清气爽。在施工现场，他亲自检查外墙砖的粘贴、地板的铺设、照明灯的安装等工程情况并指出问题，提出建议和意见。虽任社长一职，但他说起建筑工程来头头是道，俨然一位"建筑专家"。

负责整个大兴基地建设的刘甲英每天奔波于外研社大厦和大兴基地，有时一天两三次，亲临现场检查、协调、督导工作，到后来就常驻工地了。他往返于车水马龙，奔走于黄土泥沙，即便狂风暴雨也义无反顾。用他的话说："为了我们外研社，再苦再累也值得！"一份份合同、一张张文件，跑政府与机关，奔施工现场和车间，刘甲英看着日益变化的大兴基地，成就感和自豪感油然而生。"看一百遍一千遍也看不够！"这是刘甲英当时最大的感受。

大兴工地

2001年9月，基地4座书库全部竣工，总面积2万平方米。第二年，大纸库也顺利建成。2002年到2003年，印刷厂、学生公寓和四星级宾馆也先后封顶。

### 3.2 "我们是开国际会议，不能开国际玩笑"

然而，接下来却进入了最紧张的施工阶段。由于又要建物流中心，又要建培训中心，资金缺口非常大。2003年年底，学术报告厅、千人大礼堂、接待大厅、餐厅和康乐中心还全都停留在图纸上，工地上还是一片荒芜。但此时，外研社在银行的贷款就要到期了，如果不能按时建成基地，出现资金链断裂的问题，外研社将会陷入绝境。火烧眉毛之际，李朋义迫不得已想出了"从农行贷款还建行、从建行贷款还工行"这个可谓"拆了东墙补西墙"的"没有办法的办法"。

为了确保工程按期完工，李朋义还主动压了一座"大山"下来——给世界各地的学者专家发出通知，将于2004年5月21日在外研社国际会议中心召开第四届中国英语教学国际研讨会，届时将会有1000多位国内外专家学者参会。当时只剩100余天的时间，建筑工地上到处矗立的还是钢筋水泥和毛坯建筑。总设计师崔恺说"不可能"，三大建筑公司的老总也都说"完不成"，监理单位也信心不足，设计单位和施工单位都纷纷打起了退堂鼓。尽管所有人都认为这是一项不可能完成的任务，但富于挑战精神的李朋义决心如铁，他说："我们是开国际会议，不能开国际玩笑。"

在资金短缺和国际会议会期临近的双重压力下，被逼无奈的李朋义在2004年春节刚过之后，丢下一句"我住工地了"，便向校长陈乃芳请假，卷起铺盖，戴着安全帽，穿着大头鞋进驻了工

地。为了缓解资金压力，除了在各个银行之间"拆了东墙补西墙"之外，李朋义甚至还让三大建筑公司垫付了一部分资金。为了获取他们的信任并增强他们的信心，李朋义向他们描绘了建设一个占地千亩的"英语城"的梦想，以期之后合作更大的工程。

住在工地监工的李朋义社长

资金问题可以拆东墙补西墙，但时间却是有限的，容不得半点怠慢。整整三个月，李朋义指挥着三大建筑公司、2000多个工人同时作业，夜以继日地监督工程进度、检查施工质量，在各个工种之间调配协调。李朋义的监工生活从早晨6点开始，至次日凌晨3点结束，有时每天要干20个小时。有一天凌晨3点钟，李朋义带着刘甲英在工地上转最后一圈。正当李朋义检查工程质量时，一回头，发现刘甲英已经坐在一个土堆上睡着了。李朋义赶紧叫醒了他，二人继续在那片黑黢黢的工地上深一脚浅一脚地巡查。到了早上6点钟，李朋义又按时召集三大施工承包方的老总，听取他们对当天的工作进度、质量和问题的汇报。除了监督工程进度，李朋义还要操心装修、采购等事宜，床单、被罩、窗帘、马桶、家具、锅碗瓢盆等一件件用品，全都要通过招标的方式进行采购。由于这是个大工程，供应商们蜂拥而至。白天忙于开会、监工，李朋义只能在晚上12点以后接待他们。

几乎一天24小时都安排了工作，李朋义顾不得睡觉，甚至顾不得洗脸、刷牙、洗澡。在工地上，大家看到的李社长不再西装笔挺，而是戴着一顶红色安全帽，穿着一件有四个鼓鼓囊囊的大兜的棉袄、一条溅满泥点的卡其布长裤和一双沾满泥浆的大头鞋。让人难忘的，还有他那被阳光晒得黝黑的脸庞和充满焦灼期盼的犀利眼神。没有办公室，也没有秘书，他全靠棉袄上的四个大兜坐镇工地：第一个兜里装着笔记本，密密麻麻地记录着工程细节；第二个兜里装着石头、木头、砖头等的样品，方便随时比对；第三个兜里装着数不清的供应商名片；第四个兜里则装着治疗糖尿病的药。李朋义的这段日子，用"几乎搭进去半条命"来形容也不为过。

干了十几年建筑工程的工地工人说，他们从来没见过有甲方领导，而且还是法人代表天天在工地上监工。自从李朋义进驻工地以后，每个施工承包方的老总和工头都老老实实地住在了工地上。无论是发现大纰漏还是小瑕疵，李朋义都会在第一时间将他们"请"过来：改好了，笑脸相对；改不好，迎头痛骂。可以说，整个基地建设的工期进度和技术质量都是被李朋义"逼"出来的。承包方的老总们永远都忘不了李朋义手拿锤子、铁锹、斧头、铁棒等"凶器"，将一处处质量不合格的门框、地砖敲碎砸烂的情景。比如，中心大堂的地面上铺好了洁白的水晶石，李朋义发现铺得不平整，便一锤子砸下去。水晶石价格不菲，承包方负责人在一旁看得心痛不已，疾呼："李社长，求您别砸了！我们赔不起！我们改，叫工人注意！"事实证明，这种"破坏性"的警示效果非常明显，工程质量和工人素质都有了根本好转。

李朋义尽管对工程要求苛刻，但对工人却充满温情。夜里听到工人们说饿了，他便把宿舍里的牛奶、馒头、饼干搜罗一空，全部送给工人。平时他和工人们吃一样的白菜粉条炖豆腐，偶尔来几块红烧肉和肘子。一天，南通四建特意为李朋义社长改善伙食，让一位老大爷烧了一锅香喷喷的鲫鱼，还准备了花生米和炒油菜。李朋义先是给各位敬酒，然后大口吃饭。但不到一刻钟，大伙说着说着忽然静了下来，原来李朋义含着一口饭就睡着了。刚刚进门的老伙夫想问问需要再添点儿什么，才刚开口，李朋义身子一晃就惊醒了，几乎本能地抓起酒杯向老人敬酒以表谢意。

陪李朋义常驻工地的还有"基地二号人物"刘甲英，他是整个基地建设项目的主管。没日没夜拼命的那几个月中，在外地上学的儿子回家探望，只能去工地寻他；妻子摔伤了腿，他也顾不得回家照看。当他被李朋义"撵"回家休息时，望着灰头土脸的丈夫，妻子笑称："咱们家的'野人'回来了。"在李朋义和刘甲英"透支生命"的付出下，大兴基地工程终于见到了曙光。然而大堂东边还有一大块空地没有着落，如果铺草坪的话，要花30万元。对于资金紧缺且又马上就要举办国际会议的外研社来说，这是一笔不小的开支。出身农村的李朋义想到了一个妙招：他花了1万元钱买来小麦种子，让工人们在空地上种起小麦来。时值初夏，一个星期后麦芽便长出来了，绿油油的一片，好似草坪一般，煞是好看。

此后，为了顺利召开国际会议，在接待来宾之前，李朋义还进行了两轮"试住试吃"。第一轮邀请参与施工的所有工人，也算是对他们的答谢。第二轮邀请了北外校领导班子全体成员和外研社全体员工体验会议中心。两轮的检验结果是：基本过关。

### 3.3　不止是"奇迹"

2004年5月15日上午10时，外研社国际会议中心、北京外国语大学外研培训中心、外研社物流中心、北京外国语大学印刷厂新厂的竣工典礼在大兴外研社国际会议中心千人大礼堂隆重举行。李朋义在北外校领导、建筑合作方代表及外研社800多位员工的面前发表了热情洋溢的讲话，并深深地鞠了三个躬：第一个躬表感谢，向参加施工建设的管理人员和工人师傅们深深致谢；第二个躬表歉意，为自己的火暴脾气向工人师傅们诚挚道歉；第三个躬表达继续合作的意愿，他

陈乃芳校长的大力支持是重要保障

描绘了在北京建一个占地千亩的"英语城"的梦想。

　　一千多个日日夜夜，从一砖一瓦到建筑成群，这里倾注了无数心血，受到了无尽关注。陈乃芳校长代表北京外国语大学对外研社国际会议中心的竣工表示了热烈祝贺，她说："国际会议中心的顺利建成，不仅仅意味着外研社有了一块新的发展天地，更意味着北京外国语大学有了新的经济增长点和为社会做贡献的一块新天地。"讲话中，陈校长对李朋义有很多评价，包含着一个领导对下属的理解，更饱含着一个长者对晚辈的关爱。她说："李朋义同志是北外的学生，是我们培养起来的，眼看着他的成长和发展。我知道他吃住在工地，夜以继日地赶工期，我也亲眼看到他灰头土脸、一身尘土地回来开会。他和老副社长任满申、社长助理刘甲英等同志为工地的建设做了大量艰苦的工作。可以说，李朋义为外研社的发展付出了所有的心血，甚至牺牲了自己的健康。"北外年逾八旬的陈琳教授也参加了大会，他和李朋义紧紧拥抱，相拥而泣。

北京外国语大学校领导视察刚建成的外研社国际会议中心

外研社国际会议中心竣工典礼

外研社国际会议中心外景

外研社国际会议中心夜景

　　总设计师崔恺用"天方夜谭"四个字来形容这个工程项目。他说："在春节后我来到工地，工人回家过春节走了，工地上空荡荡的，很多混凝土的框架还立在这里。当时，没有一个人相信李社长今年五一要竣工的承诺是可以实现的，觉得这是天方夜谭，工期可能要到明年的五一，甚至更长。但是当我春节后上班，第一个电话是李社长打来的，不是从外研社办公室打来的，而是从工地打来的。李社长住在工地上，我吓了一跳……我觉得外研社国际会议中心的建设，真正是创造了一个奇迹，这是我们大家共同创造的奇迹。"

　　这个占地面积近100亩、造价达3亿元、固定资产达8亿元的综合性现代化建筑群——外研社国际会议中心，包括了四个中心：生产中心、物流中心、培训中心和国际会议中心。生产中心通过扩大生产（如音带的制作等）增加产量；物流中心提供现代化配送，将出版的图书及时运往全国各地；培训中心提供各类教师培训，做好教材服务，推广先进理念，以便更大范围地占领教材市场；国际会议中心围绕外研社的出版范围召开各种会议，形成国际影响，让更多人了解外研社。

远望这个建筑群，除了外研社大厦那抹标志性的赭红，还有少许深灰和白色。总体并不高的十几幢建筑从高度、色彩到设计风格都错落有致，别有韵味。它们具有极强的现代感，又糅合着些许古典建筑的精致。

外研社国际会议中心包括培训大楼、办公大楼、18 000平方米的学生公寓楼、10 000平方米的教师公寓楼、学术报告厅、千人大礼堂、多功能学生餐厅、接待大厅及娱乐中心等场馆和设施。培训大楼内配有中央空调、多媒体教室、语音实验室、计算机软件应用教室、图书阅览室。其中，有标准客房及豪华套房共169套，各种类型公寓332套，能接待1500人同时住宿；配有中餐厅、西餐厅、宴会厅及各种风格的包间，能容纳近1000人同时就餐；设有温泉水疗室、保龄球室、台球室、乒乓球室、游泳馆、桑拿房、健身房、棋牌室、KTV包间、美容美发室等娱乐服务设施；拥有千人大礼

游泳馆外景

餐厅外景

堂、可各自容纳500人的多功能厅和学术报告厅，以及各种规格的会议室60多间，可容纳2000人同时开会；各种会议设施齐备，功能先进，是北京周边地区首屈一指的大型国际会议中心。

千人大礼堂

培训楼大堂

培训楼外庭院

471

四个中心环环相扣，形成围绕出版主业的完整产业链，是外研社"规模发展、内涵发展"理念的集中体现。这毫无疑问是一次大手笔的投资，而此后15年的发展，也证明了这是一项极具战略眼光的投资。

一方面，国际会议中心极大地增强了外研社品牌的社会影响力。教育部、北京市委教育工委等各类机构主办的大大小小的国内、国际会议都在外研社国际会议中心召开过，甚至连在李岚清同志倡导下，由北京外国语大学和国家行政学院联合主办的部级领导干部英语培训班都在这里举办过活动，其品牌影响力不言而喻。

2001年中国加入世界贸易组织后，中央高层领导意识到，随着改革开放的深入，我国的对外交流明显增多。为了培养政府官员的国际视野和国际胸怀，提高他们的跨文化交流能力，时任中共中央政治局常委、国务院副总理李岚清同志受中央委托，发起举办了部级领导干部英语培训班，参加者为国家各部委的部级官员。从2001年起，各部委的部级领导干部开始在国家行政学院接受为期15周的英语培训，北外负责提供教师与教法，外研社负责提供教材。北外校长陈乃芳委托北外成人教育学院主持教学工作，组建专家组和强大的教师队伍。陈琳教授和胡文仲教授担任专家组组长，教师队伍由包括楼光庆、屠蓓夫妇在内的国内顶级英语教学专家组成。

李岚清同志强调，在培训期间学员要坚守"三不"原则——不办公、不请假、不见秘书。时任中央纪委常委、中央组织部常务副部长的赵洪祝作为第一届培训班班长，代表全体学员表示要发扬"一不怕苦、二不要脸"（即开口讲英语不怕丢面子）的精神来学习英语。三个多月的封闭培训效果十分显著，原本是零基础水平的赵洪祝后来率

472

部级领导干部英语培训班联谊会在外研社国际会议中心举办

领中国共产党代表团赴印度参加印度共产党全国代表大会时，已经可以在会上使用英语发表致辞了。培训班连续举办多年，到了2008年，该项目的培训范围从部长扩大到省长，从部委扩大到央企。外研社国际会议中心建成后，接待过数届部级领导干部英语培训班。无论是提供教材，还是提供食宿等服务，外研社能够参与这种国家级的大型英语培训活动，为提升国家高级领导干部的外语交流能力尽绵薄之力，自身的专业实力和品牌影响力可见一斑。

另一方面，国际会议中心强有力地支持了外研社的出版主业和教材推广工作。每年，外研社都会在此举办大中小学英语教师培训，召开一系列英语教学研讨会，组织各类公益赛事。在这里，不仅可以让来自全国各外语院校的校长、系主任、教师、地方教研员等通过专业培训和学术会议接触到最新的语言教学理念，提升自身的英语教学和科研水平，还能让他们切身感受到外研社的实力，更加放心地使用外研社的教材。

建设国际会议中心，是外研社在出版业体制改革的大趋势下一次真正意义上的资本运作，标志着外研社正朝着多元化和规模化的方向大步前进。

## 4．承办大型国际英语教研盛会

外研社国际会议中心刚刚落成便迎来了一场国际英语教研盛会——第四届中国英语教学国际研讨会。2004年5月21—25日，在大兴芦城，外研人度过了数个不眠之夜。这是外研社承办过的多项国际会议当中分量最重的一个。

中国英语教学研究会成立于1981年6月，是教育部高教司直接领导的全国性学术团体，第一届会长是王佐良教授。研究会的主要任务是组织并支持会员从事应用语言学研究，尤其是研究英语教学的理论和实践，促进国内外的讲学活动以及教学人员、应用语言学和英语教学研究组织的学术和资料交流，并开展与此有关的各类活动，如学术研讨会、座谈会、专题报告会和各种讲习班。

1985年，中国英语教学研究会在广州举行了第一届中国英语教学国际研讨会，会议由王佐良教授主持。他说，这是一场"专业人士之间的对话"（professionals talk to professionals）。参会者近200人，包括当时还是编辑的李朋义。1990年，外研社出版了这次研讨会的论文集《中国英语教学》。

1992年，第二届中国英语教学国际研讨会在天津举行，由中国英语教学研究会第二届会长许国璋教授主持，参会人员近300人。从第二届开始，外研社一直担任该研讨会的协办方或承办方。

2000年4月，在教育部高教司的安排下，中国英语教学研究会召开了第二届常务理事会，选举了第三届常务理事会成员。2001年5月，常务理事会正式选举胡文仲教授为会长，并任命李朋义为秘书长，秘书处设在外研社。同年，以"21世纪的中国英语教学：理论与实践"为主题的第三届中国英语教学国际研讨会在北京华润大厦召开。会议由外研社承办，参会代表近千人，并确定了每三年举行一届研讨会的制度。

2003年3月8日，中国英语教学研究会会长、副会长、秘书长会议在外研社召开。李朋义代表全社员工提出了由外研社继续承办2004年第四届中国英语教学国际研讨会的申请，获得了与会代表的一致同意。会上还确定了该届研讨会的主题是"中国英语教学的新方向"（New Directions in ELT in China）。

从那时起，全体外研人投入了一场没有硝烟的战斗。李朋义组织召开多次筹备会，事无巨细，面面俱到，甚至为了确保国际会议中心早日竣工而住在工地监工，三个多月没有回家。于春迟、徐建中、徐冀侠等领导也亲自上阵督战，有条不紊地操持一切。会务组提前一年开始邀请大会主旨发言专家、征集论文提要；为做好会务组织工作，进行了细致的分工，分别成立了机场接待组、国外专家接待组、国内嘉宾接待组、论文作者报到组、宣传组、商务组等。

2004年5月22日，第四届中国英语教学国际研讨会在外研社国际会议中心正式拉开帷幕。教育部副部长赵沁平、教育部高教司副司长田勇泉、北京外国语大学校长陈乃芳等嘉宾出席了开幕式。会议期间恰逢社长李朋义出国考察，由常务副社长于春迟主持开幕式。

此次研讨会规模空前，有来自英国、美国、澳大利亚、日本、阿尔及利亚、毛里求斯、新加坡等20多个国家和地区的1500余名专

第四届中国英语教学国际研讨会

家学者和教师参会。专家名单极具分量：国际应用语言学协会主席苏珊·加斯（Susan Gass）教授、美国应用语言学学会和国际语言测试学会前主席莱尔·巴克曼（Lyle Bachman）教授、国际英语外语教师协会前主席葛一诺教授、北京大学胡壮麟教授、广东外语外贸大学副校长陈建平教授、上海交通大学郑树棠教授、北京外国语大学吴一安教授、南京大学文秋芳教授、世界英语教师协会执行董事和美国亚利桑那州立大学刘骏教授，以及肯·贝蒂（Ken Beatty）、陈琳、程晓堂、韩宝成、何安平、李力、安德鲁·利特尔约翰（Andrew Littlejohn）、刘道义、鲁子问、玛丽·托马林、戴维·纽博尔德（David Newbold）、普林沙·埃利斯（Printha Ellis）、德德·威尔逊（Dede Wilson）、肯·威尔逊、张连仲等上百位知名专家学者。研讨会分为27个分会场，围绕当时中国英语教学的现状和前景进行专题研讨，共宣读论文800篇，对中国英语教学产生了巨大的影响。

476

　　除了规模宏大，这届研讨会还实现了很多创举。首先是实现了各级英语教师欢聚一堂。参会代表来自大学（包括公共外语和专业外语）、成人教育、中小学、幼儿园等各个方面，彻底打破了各个层次英语教师之间老死不相往来的尴尬局面；研讨会首次增设了"基础教育论坛"，对会议组织提出了更高的要求。其次，往届的研讨会都在宾馆租用场地，而这届是在刚刚落成的外研社国际会议中心举办的。会议中心壮观气派，设施完备，给与会代表留下了深刻的印象。与会的老师们都说，只有外研社才能承办这么大规模的会议，其肯定与赞赏之情溢于言表。最后，这届研讨会在宣传报道上更是创下了几项第一：第一次进行网络现场直播，先后直播10个会场；第一次进行开幕式的全程摄、编、播；第一次由4个网站协同报道。

　　为了成功举办这届研讨会，外研社投资了100多万元，倾尽全社之力。从研讨会前夕开始，全社上下几乎每个部门都动员起来，纷纷投入到准备工作中去：高等英语教育事业部作为主要承办部门全员上阵，很多人每天只睡两三个小时；基础英语教育事业部承担了基础英语论坛的接待和会务组织工作；数字管理部提供技术支持；网站管理部负责网络直播；音像制作中心安排拍摄；财务部负责收取参会费；社办公室调度用车；外研书店特设书展；物业中心在大后方提供餐饮接待服务……各部门的会务工作人员都身穿红马甲，会场内外总能看到他们忙碌的身影，"有事就找红马甲"更是成为参会代表们的共识。而社长李朋义出访回国后就住进了医院，用了两个星期的时间调整他在过去几个月因住在工地未按时服药而引发的更严重的糖尿病。

第四届中国英语教学国际研讨会的成功举办，展示了外研社在外语学术方面的权威性与雄厚实力，更展示了外研人高度的敬业精神、集体荣誉感和责任心。这次会议不仅提升了外研社的知名度，同时还见证和推动了中国外语教育和科研事业的发展。在外研社的精心筹备和打造下，"中国英语教学国际研讨会"已经成为国内外语教学界学术水平最高、规模最大、综合性最强的国际性学术研讨会。

2007年5月16—21日，第五届中国英语教学国际研讨会暨第一届中国应用语言学大会再次在外研社国际会议中心举行。这届研讨会的主题是"信息时代的语言、教育与社会"（Language, Education and Society in the Digital Age）。来自30多个国家的2500余名中外专家学者共襄盛会。外研人一如既往的热情接待、亲切关怀和周到服务，以及会议中心优美的环境，都给中外嘉宾留下了美好和难忘的回忆。此后，外研社一直参与协办中国英语教学国际研讨会，以学术引领英语教学，以学术带动英语教育出版。

第五届中国英语教学国际研讨会

## 5．介入汉语出版

为了持续扩大出版规模，外研社大力拓展经营范围、开拓出版领域，先后介入汉语出版、科学出版、少儿出版、职业教育出版等新领域。

### 5.1　实施"走出去"出版工程

随着经济全球化的发展和中国经济的快速增长，中国与世界各国在经济、政治、文化等领域的融合进一步加深，世界各国了解中国、与中国加强往来的愿望日益增强。汉语作为外国人接触中国、了解中国的交际工具和文化载体，日渐受到世界上越来越多的国家政府、教育机构、企业以及传媒机构的重视，世界各国对汉语学习的需求迅速增长，形成了汉语学习热潮。2005年，世界上通过各种方式学习汉语的人数已超过3000万人，100个国家的2500余所大学在教授中文，越来越多的中小学开始开设汉语课程，各种社会培训机构也在不断增加。

2004年，国务院批准了教育部制定的全面推广对外汉语教学的系统工程"汉语桥工程"，加快在海外建设孔子学院，大力发展多媒体汉语音像教材，推广汉语水平考试，加大汉语教师的培养和派遣力度。国家新闻出版总署也按照中央的部署和要求，把实施汉语"走出去"战略作为事关全局的大事来抓。无疑，"走出去"工程将成为出版业的一个新的增长点。因此，介入汉语出版，实施"走出去"工程，是外研社进入21世纪后的一项重要战略决策。正如李朋义社长所言："在过去的20年里，我们为中国人学外语、看世界打开了一扇窗户。今后，我们要为外国人学汉语、看中国打开一扇窗户。"

　　早在1998年，外研社就以外国人为学习主体编制电视教材《汉语世界》，并筹备出版汉语辞书。2003年4月，汉语出版事业部正式成立，专事汉语与中华文化内容的出版与传播，主要负责汉语辞书、对外汉语和国际文化三个出版方向。但在汉语出版领域，外研社是一个后来者，面对激烈的市场竞争，只能通过不断研究市场来寻找机会。从2003年起，汉语出版事业部先后针对国内外多个汉语学习细分市场进行了调研，比如和北京外国语大学国际汉语教学信息中心联合进行国别汉语教学状况的调查。依托《国际汉语教学动态与研究》，外研社组织力量针对北美洲、东北亚、欧洲、东南亚等重点区域，特别是美国、加拿大、法国、德国、日本、韩国、澳大利亚等重点国家，聘请当地教师就所在国语言教育政策及汉语教学状况进行了持续、深入的调查研究。

　　这些调研活动的结果均显示了不断增长的汉语学习需求和现有产品难以适应需求的矛盾：一方面，海外汉语学习者市场是一个广阔的市场，人数众多，但比较分散；另一方面，对外汉语教学和出版的重心似乎还在国内来华留学生市场。基于这样的分析，外研社把目光首先放到海外汉语学习者市场，特别是那些初学者，要为他们提供全面的解决方案。经过一年多的调研、座谈和论证，2004年年底外研社制定了"外研社对外汉语与中国文化出版战略规划"，即"走出去"出版工程。作为社委会的正式决定，社长李朋义在全社大会上正式宣布：今后10年内，每年投资1000万元，10年投入1亿元，出版十五大系列近2000种产品，形成可提供出版、培训、网络服务的综合性平台，为外国人学习汉语、了解中国文化提供解决方案。这一战略规划得到了中宣部、新闻出版总署、国家汉办等部门的高度评价。

2005年7月23日，第八届国际汉语教学讨论会暨海外汉学学术研讨会在外研社国际会议中心隆重开幕。全国人大常委会副委员长许嘉璐、国家汉办主任许琳、世界汉语教学学会会长陆俭明教授，以及来自世界对外汉语教学与研究界、海外汉学研究界的500多位专家学者与会。外研社作为这两个重要会议的协办单位，积极利用该平台宣传外研社的国际形象。在主题为"汉语走向世界"的欢迎晚会上，李朋义社长在致辞中再次宣布了外研社进军对外汉语出版领域的决定，介绍了外研社对外汉语与中国文化"走出去"十年出版规划，并向全体与会者发出相互合作的诚挚邀请。会议的成功举办和李朋义社长的精彩致辞获得了专家学者的认同与关注，为外研社面向国际市场落实"走出去"出版规划，最终实现母语文化产业的腾飞奠定了良好的基础。

第八届国际汉语教学讨论会

2005年10月，在法兰克福国际书展上，中国出版参展团以全新的阵容登场。外研社与七家出版集团成为中国展团的主力军，在书展隆重亮相。外研社展示了精品图书近百种，并举办了"对外汉语出版工程"海外合资公司备忘录签署仪式、《汉语世界》新书首发式、牛津大学出版社—外研社"辞书编纂战略合作"签约仪式、"全球化背景下的中国文化传播"中外专家研讨会等活动，极大提升了外研社在汉语出版乃至国际出版领域的地位。媒体报道称"中国（出版）登上世界舞台""外研社风骚独领"。

牛津大学出版社—外研社"辞书编纂战略合作"签约仪式

外研社和牛津大学出版社在法兰克福书展上举办合作签约仪式

英国《书商》杂志以《中国登上世界舞台》为题报道外研社

于春迟常务副社长和麦克米伦公司的合作伙伴在法兰克福书展上

2006年，时任国家新闻出版总署署长龙新民视察外研社时，对外研社未来发展作出指示："希望外研社继续发挥优势，抓住两大资源：一个是中国人学外语的资源，一个是外国人学汉语的资源。在新的起点上加快发展，把外研社办成一个国内一流、国际知名的大社。"

在践行"走出去"出版工程之路上，外研社通过"三级跳"的跨越式发展途径，组织了第一场战役。

第一跳，本着"让中国人通过外语的表达介绍中国"的愿望，抓住"有关中国"的外语出版主线，先后出版了辜鸿铭的《中国人的精神》、林语堂的《生活的艺术》和《吾国与吾民》、胡适的《中国的文艺复兴》等国内学界大家的高水平英语创作，以及"朝花惜拾"丛书、"英汉对照·中国文学宝库·当代（现代、古代）文学系列"等以文学为窗口全面介绍中国社会和文化的丛书，其中不少图书成为欧美大学亚洲学专业学生的选读书目。还有英文版《围城》、英汉双语版《西行漫记》等有国际影响的中国主题系列作品，诠释了"双语出版"的最新含义。

第二跳，本着"让外国人通过汉语学习了解中国"的愿望，抓住"对外汉语"出版这条线，出版了《汉语世界》、《经理人汉语》、《新启蒙汉语》、"新世纪经贸汉语系列教程"、《今日汉语》、《我和中国》、《国际标准汉字词典》、"中国100话题丛书"等图书，并承担了国家重点项目《汉语900句》的研发，进一步将外语教学出版的优势转化为将汉语作为外语进行教研和出版的优势，从而进一步增强外研社的品牌和专业影响力。

第三跳，立足于"向世界宣扬民族文化"的出发点，由"双语"

出版转向市场更广阔的母语出版。通过发展汉语出版，逐步强化外研社自身的民族出版者形象，为有中国特色的、有母语文化底蕴的外语专业出版社铺设一条走向国际的道路。几年里，外研社承担了《现代汉语规范词典》《新编大学语文》等重大项目，出版了《实用中医汉语》、《中国文化要略》、《中国文化读本》、"外研社汉语分级读物——中文天天读"等畅销的汉语教材和读物，最大程度上积累和整合了汉语出版资源。

## 5.2　走进人民大会堂的"规范"词典

2002年，外研社出版了《现代汉语词典》（汉英双语），在社会上产生了不小的影响，也引起了很多辞书作者的关注。2003年1月，时任《语文世界》杂志社总编辑王晨致电外研社社长办公室，表示语文出版社原社长、总编辑，中国辞书学会副会长李行健先生编写了一系列汉语字词典，询问外研社是否有兴趣出版汉英双语版。

李行健先生是著名语言学家、教育部语言文字应用研究所研究员，曾任语文出版社社长兼总编辑、国家语委委员。编纂词典是李行健先生投身语言学事业十分重要的一部分。1986年，周祖谟等十多位专家学者给胡乔木同志写信，提出语言文字的规范工作主要应寄托在规范的辞书上，应组织力量为语文规范化编辑出版不同层次和类型的规范性的字典、词典。从那时起，编纂一部《现代汉语规范词典》的想法便在当时主持语文出版社工作的李行健心里牢牢地扎下根来。1992年，在吕叔湘先生的支持下，李行健最终决定编纂《现代汉语规范词典》。从召开编写论证会开始，这部由上百名专家学者参与编纂的词典一编就是十年。

李朋义社长与《现代汉语规范词典》主编李行健先生

外研社与李行健先生取得联系后，李朋义社长表示希望由外研社出版这部词典。李行健先生与李朋义早就是好友，又同时在中国辞书学会担任副会长。李朋义向他表明了外研社希望出版这部词典的决心："凡是知名的国外教育性质的出版社，都要抓外语和本民族语言的词典出版。根据不久前中央领导的指示，外研社要两条腿走路，决心以出版《现代汉语规范词典》为起点，成立汉语出版分社。"

由于李行健先生此前编纂的多部辞书都产生了良好的社会效益，因此全国有十余家出版单位希望出版这部词典。经过几轮商谈，外研社诚恳地表示愿意支付500万元前期开发费用，以支持经费不足的词典编写组，同时也承诺了丰厚的版税。李行健先生最终同意由外研社出版这部词典。用他自己的话说："朋义同志早已拟定了出版《现代汉语规范词典》的条件和计划，对作者的厚待远远超出了其他同我谈判的出版社，我为他的魄力和雄心壮志所折服，为他对作者的尊重和关照所感动。"最终，《现代汉语规范词典》这个大项目落户外研社。

虽然签下了词典的出版协议，但外研社却面临着两大难题：一是刚成立的汉语出版事业部只有4人，人员匮乏；二是外研社没有出版纯汉语辞书的经验，编辑这样一部300多万字的词典可谓困难重重。再加上当时"非典"肆虐，工作条件异常艰辛。在迅速通过社外招聘和社内调配后，汉语出版事业部组建了一支12人的编辑队伍，但从始至终从事词典编校工作的只有5人。年轻的编辑们在主任彭冬林的带领下，甘于吃苦，乐于奉献，放弃了几乎所有周末和假期的休息时间，自觉加班加点，甚至吃住在工厂，亲自上机核改。他们在8个月的时间里完成了整部词典不少于5个校次的编校工作，最终高质量地完成了《现代汉语规范词典》的出版任务。

《现代汉语规范词典》收单字13 000个，收词近68 000条，基本反映了当时中国社会语言生活的全貌。它是国家语委"八五"规划重点项目、新闻出版总署"八五"规划重点图书，也是国家社科基金资助项目。除了主编是国家语委委员、中国辞书学会副会长李行健先生之外，著名语言学家吕叔湘、李荣、许嘉璐、曹先擢、柳斌等担任顾问，更有上百位专家花费十年心血倾力编纂。《现代汉语规范词典》的最大特点就是"规范"。曹先擢先生说，《现代汉语规范词典》"不仅说明什么是规范的，还有针对性地说明了哪些是不规范的，用一种人文关怀的精神，一种方便读者的精神，去贯彻规范标准"。

2004年2月15日，由外研社和语文出版社联合主办的"《现代汉语规范词典》首发式"在人民大会堂隆重举行。全国人大常委会副委员长许嘉璐，新闻出版总署署长石宗源，教育部副部长、国家语委主任袁贵仁，中宣部出版局局长张小影，北京外国语大学校长陈乃芳，中国辞书学会名誉会长曹先擢，中国社会科学院语言研究所所长沈家煊出席了会议并讲话。出席首发式的还有中国出版工作者协会主席于友先，教育部社政司、语用司、语信司的领导，新闻出版总署图书司、发行司的领导，以及教育界、语言学界和辞书界的知名专家学者共700余人。李朋义主持了首发式。

出席会议的领导和专家对《现代汉语规范词典》给予了极高的评价。许嘉璐副委员长说："如果从全面体现国家现有规范标准这个角度看，至今很少有按照《中华人民共和国国家通用语言文字法》的要求，严格按照国家颁布的所有规范编写的词典。《现代汉语规范词典》填补了这一空白。"石宗源署长表示："《现代汉语规范词典》的编纂者不但注意吸收前人的经验和成果，而且在编纂

《现代汉语规范词典》首发式在人民大会堂举行

理论和编写体例上都另辟蹊径，独树一帜，提出了不少新的思路和方法，体现了鲜明的时代精神和社会责任感。……外研社多年来不断地探索创新、开拓进取，为出版界提供了不少好的经验。去年外研社出版了《现代汉语词典》(汉英双语)，这次他们又联合语文出版社出版了《现代汉语规范词典》，我觉得这些都是很有意义的尝试。"

《现代汉语规范词典》的出版得到了新华社、中央电视台、《人民日报》、《光明日报》、《中国教育报》、《云南日报》、《广州日报》等中央和地方各大媒体的关注和报道，一时间《现代汉语规范词典》出版的消息传遍了全国各地，上架10天销售10万册。2月28日，外研社在北京图书大厦举行了《现代汉语规范词典》签售活动，主编李行健、副主编季恒铨亲临现场，向读者讲述词典出版背后的故事，当日创下了987册的销售纪录。在社领导的高度重视下，外研社组织开展了大规模的市场营销活动，其中包括从8月15日到9月15日向全国将近30个省级书店派遣驻店编辑。通过教师节献礼、答题赠词典、向学校上门赠书、问卷调查等一系列活动，老师们了解了《现代汉语规范词典》的优越之处，然后自愿向学生推荐。

《现代汉语规范词典》收获如潮的好评，却也意想不到地遭遇了"炮轰"。在召开全国政协会议和全国人民代表大会期间，有政协委员针对《现代汉语规范词典》提交了一份名为《辞书应慎用"规范"冠名》的议案，要求禁止这部词典发行。3月10日，《新京报》公开发表了这位政协委员的议案，同时刊登了《现代汉语规范词典》编写组的回应文章。接下来几天，学界争论硝烟四起，《新京

读者认真翻看《现代汉语规范词典》
的宣传册

《现代汉语规范词典》答题赠书活动

报》又刊登数篇文章持续跟踪报道。虽然编写组内一片愤怒，但李行健先生心平气和地表示："我们对于来自各方面的意见，不管他们出于何种目的，只要有益于词典的修订，一律持欢迎态度，择其善者而从之。"

吕叔湘先生生前就力挺《现代汉语规范词典》。他说："如果非要说'规范'犯了规的话，我认为，它是犯了'垄断者'的规，我们应该为这样的犯规鼓掌叫好！"《中国教育报》评论文章说："教育界需要基础扎实、紧跟时代的好词典。但哪一部词典是这样的最好词典？恐怕谁都不能下这样的结论，即使有人下了，估计也是'伪结论'，因为每一部精心制作的词典都有自己的优点和瑕疵。我们应该鼓励竞争，因为竞争的最后总是消费者获益。所以从这个角度上说，一些媒体所说的'《现代汉语规范词典》挑战《现代汉语词典》'，我们作为读者应该高兴。"

在这场"炮轰"风波中，外研社挺身而出，积极维护编写组的正常审订、修改工作。李行健的好友冉淮舟先生在纪实作品《词典的故事》中回顾这段经历时写道："当编写组受到很大干扰和压力时，李朋义真是敢作敢当，他不仅跟各种邪气进行斗争，还多次了解编写组情况，对大家表示关心和慰问。由于他与各方面都有很好的人脉关系，说服了不少不明真相的人，化解了不少人为挑动的矛盾……在经费上保证了编写组正常的开支，使其没有后顾之忧。后来李朋义工作几经变动，但他同《现代汉语规范词典》的关系始终未变。他非常看重的是，与目前动辄耗资数百万元甚至千万元的一些文化工程相比，同样作为国家重点项目的《现代汉语规范词典》，却走出一条社会主义市场化运作的道路，而不是通过国家拨款和调配人力完成辞书的编写工作。由此，也可以得到一个重要的启示，我国正在进行的文化体制改革，完全可以引入民间力量，在国家有关部门的指导下，用自力更生的精神和市场运作的机制去进行。"①

从出版《现代汉语规范词典》开始，外研社和李行健先生迈上了长期合作的新台阶，之后的几年里又出版了《小学生规范字典》《小学生汉语词典》等多部辞书，并向海外输出了版权，取得了良好的社会效益和经济效益。2004年，外研社授权马来西亚出版《现代汉语规范词典》，年销量达到15 000册，成为马来西亚最受欢迎的汉语工具书。

《现代汉语规范词典》

---

① 《词典的故事》，冉淮舟著，新华出版社，2017年，151页。

李行健先生说，和外研社合作，感慨最深的就是外研社对作者的尊重和信任。"凡是书稿中的问题，他们总是耐心细致地同作者商量；有不同意见时，首先认真听取作者意见，在仔细查实后尽可能采纳。在生活和工作上也很关心，除逢年过节我们要聚会交流外，还在人力物力上给以帮助支持……外研社是全国屈指可数的大社，他们的门好进，脸好看，饭也好吃。所以我同他们从编辑到发行人员都建立了很深厚的友谊。"

### 5.3 抢滩大学语文教材市场

1978年，南京大学校长匡亚明联合其他高校发出倡议，呼吁全国高校恢复大学语文课程，并得到了许多教育家的支持和响应。"大学语文"作为在新时期初恢复设置的高等教育课程，经过数十年的教学实践，已发展为一门成熟的课程，为提高大学生，尤其是非中文学科的大学一年级本科生的人文素养和语文知识做出了很大的贡献。

在各高校众多专家学者的努力下，到2004年，全国各地的大学语文教材已有几十种之多，打破了教材编写中长期存在的单一状况，形成了多元互补、相互竞争的局面。但是，大学语文教材在编写中也存在着问题。既往的许多大学语文教材在内容的选择上往往局限于本国，而且偏重于中国古代文类。这种选择对于加强学生对中国古代文化的理解是有意义的，而且比较适合此前一段历史时期内执教者的知识结构。然而，随着新纪元的到来，高校教师的年龄结构和知识结构开始发生变化，原先执教大学语文的一批老教师陆续退出讲坛，取而代之的是一批有着高学历与新知识结构的年轻教师；而随着改革开放的不断深入，国家对大学生人文素养的要求也在提升。这种学习者的新的知识需求和执教者的新的施教能力，就对大学语文的教材编写提出了新的要求。

正是因为在与高校师生接触时听到了这样的呼声，并且自身一直具备教材出版和发行的优势，已经涉足汉语出版领域的外研社开始考虑把策划出版大学语文教材作为发展的新领域。在项目启动之前，汉语出版事业部在主任彭冬林的带领下，对高校大学语文教材出版市场做了一次全面的调查。结果发现存在这样两个矛盾：一是高校毕业生急剧下滑的语文素养与用人单位对大学生素养高期望值之间的矛盾，二是大学生对提高语文素养的迫切要求与学校师资、教材以及学科建设低水平之间的矛盾。

由此，外研社决心进行大学语文教材的开发工作，并拜访了国内有过编写大学语文教材经验以及研究过大学语文教材的多位专家学者，最终确定与南京大学文学院丁帆教授、徐兴无教授以及南京师范大学朱晓进教授合作。他们提出了大学语文教材编写"古、今、外三位一体，按人文专题组元"的原则，以及"人文性、审美性、趣味性、工具性和新经典"的编写新理念，打破了现有大学语文的选文思路与框架，将教材的选文范围拓宽为三大领域，使中国古代文类、中国现代文类和外国文类的选文构成三足鼎立的态势，全书12个单元的组合充分体现出现代感和现代人文意识。可以说，外研社和几位主编重新编写一套大学语文教材并非想凑个热闹，而是基于新的历史条件下对"大学语文"的一些新的理解和想法。

编写理念确定后，主编们经过一年多笔耕不辍的编写，于2005年1月底交稿。当时，外研社已经树立了"市场为王"的观念，所以把教材的出版时间定在了教材征订期，即当年5月。留给编辑的时间只有不足3个月，其中2月又有两周是排版厂春节放假的时间。在这样紧张的情况下，编辑团队制订了详细的出版计划表，放弃了节假日休息，分工协作，各自发挥在古代文学、现当代文学和外国文学领域的专长，最终保证了《新编大学语文》于2005年5月正式出版。

"五一"长假后，淡绿色的《新编大学语文》终于与世人见面，但形势更为严峻的市场争夺战才刚刚打响。比起已经出版了20多年且配套完善的其他大学语文教材，《新编大学语文》还有一段相当艰难的路要走。就在教材刚出版的5月，汉语出版事业部仅有的两名市场人员利用周末时间，在南京、广州、北京、大连、武汉连续举办了5场"大学语文教材建设与教学研讨会"。于春迟副社长、蔡剑峰总编辑和章思英副总编辑也亲自上阵，奔赴大江南北的会场并发表致辞。

2005年7月，外研社推出了与《新编大学语文》配套的教学光盘，里面存有400万字的文字资料、大量的录音及图片资料。光盘中还有针对教材"研习与思考"板块的答题要点，在给任课教师提供方便的同时，也给教师们留有自由发挥的余地。此外，光盘中的作家资料、文本资料和延展资料可以使教学者以

《新编大学语文》

最快捷简便的方式，在较短的时间里获取与课程教学相关的有效信息。在当时的大学语文教材市场上，为单本图书配备这样详尽的教学光盘还尚属首例，因此教学光盘一经推出即引起读者的强烈关注。

经过一年多不遗余力的推广，到2006年秋，全国已有130余所高校约7万名学生使用了《新编大学语文》教材。2007年3月，外研社继续举办第三届大学语文教材建设与教学研讨会，并邀请教材主编朱晓进教授、北京外国语大学中国语言文学学院院长魏崇新教授、清华大学中文系王中忱教授等专家学者，为来自全国各地高校的大学语文教研负责人和骨干教师做主题发言。外研社希望通过教学研讨会，将教材编写理念传达给广大教师，同时加强和一线教师的交流，听取他们的意见，及时修订，使教材日臻完善。研讨会上，各高校教师都对外研社版《新编大学语文》给予了很高的评价。这本教材也在2006年被教育部评为普通高等教育"十一五"国家级规划教材。

更为可喜的是，2006年9月颁布的《国家"十一五"时期文化发展规划纲要》指出："高等学校要创造条件，面向全体大学生开设中国语文课。"2006年年底，教育部高教司召开会议，一些专家

大学语文教材建设与教学研讨会

提出了高校面向全体大学生开设语文课的建议。2007年，教育部更是进一步要求高校面向全体大学生开设中国语文课。在这样的政策背景下，全国把"大学语文"作为必修课的高校已有40余所。

教育政策的调整带来了教材市场的进一步扩大。在全国上百种大学语文教材中，外研社出版的《新编大学语文》曾一度位列前三，年销量超过8万册，仅次于徐中玉教授主编的《大学语文》和王步高教授主编的《大学语文》。除了通过研讨会促进大学语文教材建设，外研社还继续推进教材开发，先后出版了《应用语文》、《大学语文：作品选读》（全军院校统编教材）、《大学语文：写作与演讲》（全军院校统编教材）、《新编高职高专语文》等一系列与高校语文有关的教材，并持续对《新编大学语文》进行修订，至今已经出至第五版。

### 5.4 "借船出海"走出去

面对不断升温的汉语学习热，2004年外研社组织了对世界主要国家和地区汉语学习市场的调研，发现汉语教材编写严重滞后，大多数教材只针对来华留学生，课程、课时设置不合理，内容陈旧，学习手段和方法单一，缺少针对海外学习者的权威教材。根据以上情况，国家汉办主任许琳同外研社社长李朋义一起亲自策划并在外研社实施了《汉语900句》项目。令李朋义十分感动的是，为讨论《汉语900句》的出版问题，许琳主任在李朋义出访前特意赶到机场同他讨论并敲定很多出版的细节。李朋义说："没有许琳主任的支持，就没有《汉语900句》的成功。"

《汉语900句》项目的启动，让外研人看到了新的机遇，提出了以市场需求为导向、以学习者为中心的教材编写理念，决心打破传统教材模式，在教材内容和形式上大胆创新。比如，针对不同国家和地区，采取本土化的教材编写策略，制订国别汉语教材出版计划；针对第二语言学习特点和非母语学习环境，注重教材内容新颖活泼；等等。而在经营策略上，外研社则选择"借船出海"，同国际知名出版机构合作，进入国外主流销售渠道。

2006年2月，外研社和美国汤姆森学习出版集团联合竞标国家汉办重点招标项目《汉语900句》，并在激烈的竞争中成功中标。这是一套为海外汉语初学者编写的多媒体口语教材，目标是帮助学习者在较短时间内，以轻松、有趣的学习方式，掌握基本的汉语交际能力。《汉语900句》是国家级重点推广项目，也是一部应时而生的新型汉语教材。在短短半年时间内，汉语出版事业部的同事们就完成了从方案设计到组织编写、从视频拍摄到正式出版的全过程。《汉语900句》的编写出版得到了国家的高度重视，国务委员陈至立非常关心该书的编写和出版工作，她在繁忙的国务工作中抽出时间审读了书稿并题写了书名。国家汉办自始至终对该书的出版工作给予了大力支持和帮助。

《汉语900句》从编写理念到出版形式都是一次创造性的尝试。内容上，包括了中国人日常生活中最典型、使用频率最高的900个句子，分为见面、就餐、购物、出行、住宿、理财、看病、学习、娱乐、运动等10个主题、72个小话题，几乎把外国人到中国之后可能遇到的方方面面都考虑了进去。形式上，除了纸质图书以外，还包括CD、MP3、DVD-ROM、点读笔、网络等多种介质，其中点读笔的应用在国外的语言类教材中都未曾出现过。可以说，《汉语900句》的出版贯彻了社长李朋义为外研社抢滩海外汉语市场提出的五"要"：要跳出传统出版，树立文化贸易观念；要在充分认识市场细分的基础上制定出版战略；要善于搭国际品牌集团的"顺风车"；要顺着需求方的思维方式和行为习惯编制教材；要利用多媒体和网络的辐射能力。

2006年8月30日，在第13届北京国际图书博览会上，外研社和汤姆森学习出版集团联合举办了"《汉语900句》新书发布会"，新闻出版总署副署长邬书林、国家汉办主任许琳、北京外国语大学副校长兼外研社社长李朋义、汤姆森学习出版集团亚洲区总裁陈达枢出席发布会并讲话。许琳主任在发布会上说："在汉语国际推广的新形势下，组织编写内容鲜活、生动有趣、简明易学、符合海外学习者需求的新型汉语教材，是一件迫在眉睫的工作。"《汉语900句》的出版在某种程度上弥补了这一缺憾。

《汉语900句》

法兰克福书展新书发布会，左起：汤姆森学习出版集团亚洲区总裁陈达枢、新闻出版总署副署长邬书林、国家汉办主任许琳、北外副校长兼外研社社长李朋义

　　美国汤姆森学习出版集团是全球最大的学习和教育出版集团之一，外研社与其合作出版《汉语900句》，并在全世界50个国家和地区进行推广、销售，是我国出版界"走出去"的成功案例。正如邬书林副署长在发布会上所言："长期以来，中国出版业的贸易逆差十分严重，输出版权与引进之间的比例接近1：10，文化交流严重不对等。本书的合作出版为中国出版业实施'走出去'的战略提供了一个很好的借鉴。中国出版物应更多、更快地走向世界。为外国人学汉语提供更多的优秀出版物，让世界更多地了解中国。"该项目的成功不仅是因为符合市场需求，更重要的是探索了国际合作出版的新模式，是"借船出海"走出去商业模式的一次成功运作，既为外研社面向国际市场的汉语出版创造了范例，也为国家实施"走出去"战略尝试了新模式，走出了新路子。

2006年8月30日，中共中央政治局常委李长春同志视察了北京国际图书博览会，并到外研社展台亲切指导。李朋义社长向李长春同志等领导汇报了《汉语900句》的出版情况，当介绍到《汉语900句》包括图书、CD、DVD-ROM、点读笔等多种产品形式时，李长春同志饶有兴致地试用了点读笔这种新型产品，并连声称赞其使用方便、发音准确，建议推荐到世界各地的孔子学院使用。最后，他还对在场的同志们说："外研社市场意识很强，在出版界很有影响，要利用自身优势带头走出去。"

书展期间，很多海外与会嘉宾和汉语学习者手捧着《汉语900句》，如获至宝，在展场中便操练起来。《新概念英语》作者亚历山大的夫人朱莉娅女士高兴地对汉语出版事业部主任彭冬林说："以后我要用它来帮助我学汉语，下次来北京我要和你们讲汉语。"法国百科全书出版社的编审德梅先生说："我要把这本书介绍给我所有的法国朋友。"一位奥地利的女大学生在接受采访时告诉记者："我刚到北京才一星期，这将成为我学汉语最好的朋友。"听到外国朋友们发自肺腑的赞叹，外研人的内心荡漾着难以抑制的喜悦。

《汉语900句》在北京国际图书博览会上首发后，各国媒体、出版社、经销商都对这个产品产生了浓厚的兴趣，来自多个国家和地区的出版人纷纷与外研社联系授权或代理销售事宜。在短短一个月的时间内，外研社国际部的同事就联系了不下50家公司，德国、法国、俄罗斯、意大利等国家都有公司表示了强烈的合作意愿，还有一些诸如阿菲利卡语这样的非通用语种也达成了合作意向。2006年10月4日，在第58届法兰克福国际书展上，外研社与汤姆森学习出版集团联合举办了"《汉语900句》全球合作出版签约仪式",以14种语言在全球50个国家和地区同步发行该书。

《汉语900句》是外研社实施"对外汉语出版工程"战略的关键一步,是"立足中国、走向世界"进行全球拓展的里程碑。出版一年内,全球销量就达到4万套。蔡剑峰总编辑说:"我们把《汉语900句》当作满天放飞的鸽子,让它们飞向全世界每一个汉语学习者,相信鸽子带回的一定是与中国的不解之缘。那么,外研社就是他们结缘的纽带。"

2007年3月27日,国家主席胡锦涛在对俄罗斯进行国事访问期间,参观了莫斯科1948中学,将外研社出版的100套《汉语900句》(俄文版)作为国礼赠送给了该校师生,并对他们说:"我这次给贵校带来100套中文教材,希望能对同学们学习中文有所帮助。"中国国际广播电台在亚非欧美各国相继开设的"广播孔子课堂",首先把《汉语900句》列入教学当中。2008年北京奥运会期间,《新周刊》杂志做了一期面向外国人的"'混在中国'最字榜"专题调查。结果显示,在外国人"最常用的学汉语教材"里,《汉语900句》榜上有名。

如今,《汉语900句》已出版了英、意、法、西、德、日、泰、阿等29个语种,并开发了涵盖19个语种的在线学习平台。该书先后荣获了"首届中国出版政府奖音像电子网络奖""2006年度最受欢迎的国际汉语教材""2010年优秀国际汉语教材奖"等诸多殊荣。2007年,外研社又推出了针对海外零起点汉语学习者及汉语初学者的基础汉语学习工具书——《汉语800字》,目前已涵盖80个语种。

　　除了《汉语900句》，2006年外研社还与麦克米伦出版有限公司
联手开发了大型多媒体汉语教材《走遍中国》，并与麦格劳-希尔教
育出版公司合作，在美国推出华裔大学生汉语教程《我和中国》。
2007年，在第59届法兰克福国际书展上，外研社又与麦格劳-希尔

《我和中国》在法兰克福书展上举办首发式

外研社与麦克米伦公司在伦敦书展上举办《走遍中国》发布会

于春迟社长与麦格劳-希尔
教育出版公司国际副总裁
西蒙·艾伦（Simon Allen）
签署《大学汉语》合作协议

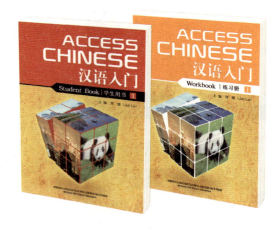

《汉语入门》

教育出版公司签署了《大学汉语》（后更名为《汉语入门》）合作出
版协议。与国外知名出版机构的合作，对实现对外汉语教材本土化
和探索进入对象国主渠道发行具有十分重要的意义。而外研社"借
船出海"的合作模式，没有局限于版权输出、合作出版，而是为未
来建立合资公司等深层次合作奠定了基础。

## 6. 探索科学出版

2004年，在外研社国际会议中心刚刚竣工之际，社长李朋义陪同时任中宣部副部长李从军考察英国出版业。同行的还有中宣部副秘书长邬书林和中宣部出版局局长张小影。一行人在麦克米伦教育出版集团总裁白德信先生的陪同下，访问了英国自然出版集团（Nature Publishing Group）。该集团旗下的《自然》（*Nature*）杂志创刊于1869年，是世界上历史最为悠久、最具影响力的国际性科技期刊。

当时，李朋义已有将外研社打造成为一个综合性教育服务平台并扩大出版领域的战略想法。所谓"综合性"，除了涵盖全语种、全层级，还要涉足综合学科，而科学出版便是其中的方向之一。借此次访问机会，双方就如何尽快提升中国科技期刊的水平这一问题进行了真诚的交流。与外研社有多年合作关系的白德信总裁和李朋义社长一拍即合，希望在中国出版《自然》杂志的精选论文集，以期中国的科研人员和出版人员按照国际规范来做出版工作。

2005年，李朋义社长访问英国期间，经白德信总裁安排，同世界著名物理学家、《自然》杂志前任主编约翰·马多克斯爵士（Sir John Maddox）当面商谈，并诚挚地邀请他出任《〈自然〉百年科学经典》的英方主编。马多克斯爵士愉快地接受了李朋义社长的邀请。然而，接下来说服自然出版集团负责人的过程却是着实不易，毕竟外研社此前从未涉足过自然科学领域的出版。李朋义用"熬"字概括了这次长达五六个小时的谈判过程。他和副总编辑章思英、国际合作部主任侯慧陪同自然出版集团战略管理部的负责人就餐时，畅谈了外研社的发展理念、市场规模和所创造的机会，还把与自然出版集团的兄弟集团——麦克米伦教育出版集团合作出版的《英语》（新标准）系列教材讲给对方听。那时，《英语》（新标准）系列教材的销量已达1亿册。李朋义说："我们是一个大学出版社，但是在基础教育领域，我们依然可以做得很大！同样在科学出版方面我们也可以做大做强。"他的雄心、决心和耐心深深地打动了自然出版集团的相关负责人，这顿吃到将近凌晨的晚餐的结果，便是自然出版集团同意与外研社签署合作协议。

科学出版领域是外研社此前从未涉足的，更何况是这样一个大项目。于是，2005年外研社开始招聘科学编辑，着手启动《〈自然〉百年科学经典》（*Nature: The Living Record of Science*）项目，并同时启动了科学教材的出版计划。经过一年多的策划筹备，2006年10月4日，在第58届法兰克福国际书展期间，外研社和麦克米伦教育出版集团联合举办了《〈自然〉百年科学经典》项目合作签约仪式。

马多克斯爵士亲自参与丛书文献的精选，他曾两度担任《自然》杂志主编，达23年之久。在他的带领下，《自然》杂志各个领域的资深编辑合力完成了选篇工作。同时担任英方主编的还有《自然》杂志时任主编、英国皇家天文学会会员菲利普·坎贝尔（Philip Campbell）。

外研社组建了一支强有力的编委团队：由诺贝尔物理学奖获得者李政道先生担任总顾问，中国科学院院长路甬祥先生担任中方主编，超导物理学家赵忠贤院士、地球物理学家滕吉文院士、生物学家许智宏院士等专家担任丛书编委。经过十几年的积累，由自然科学各个领域资深专家组成的编委及审稿专家队伍已经壮大到上百人。

李朋义社长与英国著名科学家、《自然》杂志前主编约翰·马多克斯爵士商谈《〈自然〉百年科学经典》编辑出版事宜

外研社与麦克米伦教育出版集团联合举办《〈自然〉百年科学经典》项目合作签约仪式，后排左起：中宣部出版局副局长郭义强和局长张小影、新闻出版总署署长龙新民和副署长孙寿山

　　在项目开展的同时，2007年外研社正式成立了研究发展部科学出版组，由副总编辑章思英领导。科学出版组从一开始仅有2人，到后来逐渐扩充至7人，经历了艰苦卓绝的选篇、审稿和编辑加工历程。与编辑出版一般图书不同，《〈自然〉百年科学经典》项目的编委都是自然科学各领域的资深专家。编辑们在伏案工作的同时，还需要做大量的沟通工作。每一篇文章都要找对口专业的专家翻译、审稿，和每一位专家沟通时既要十分严谨、恭敬，又要解决实际问题。人手少，任务重，加班加点在所难免。尤其是在2009年图书发布前夕，科学出版组的编辑们连续加班3个月，终于在发布会前将"热气腾腾"的前两卷成书赶制出来，陈列在会场。编辑们抚摸着图书封面上"科技之树"凹凸不平的纹理，就仿佛触摸到了科技发展的脉络。

　　2009年12月3日，外研社联合麦克米伦教育出版集团、自然出版集团共同策划编辑的《〈自然〉百年科学经典》丛书第一、二卷的首发式在中国科学院国家科学图书馆隆重举行。丛书中方主编、中国科学院院长路甬祥，国家新闻出版总署副署长邬书林，英方主编、《自然》杂志主编菲利普·坎贝尔，中方编委、中国科学院院士许智宏、赵忠贤、滕吉文，英方编委、自然出版集团出版总监、自然出版集

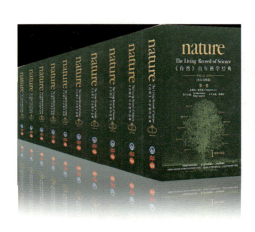

《〈自然〉百年科学经典》

团亚太区首席执行官戴维·斯温班克斯（David Swinbanks），外研社社长于春迟，以及丛书审稿专家、译者团队、自然科学各领域的科研专家共200余人参加了首发式。

这套英汉双语对照版《〈自然〉百年科学经典》共十卷，收录并翻译了《自然》杂志自1869年创刊以来150年间发表过的840余篇经典文献，涵盖物理、化学、天文、地理、生物等基础学科及众多交叉学科，再现了一个多世纪以来人类在自然科学领域艰辛跋涉、不断探索的历史足迹，堪称一部鲜活的近代科学史诗。

曾担任《自然》杂志编辑20余年的英国著名科学家和科普作家菲利普·鲍尔（Philip Ball）评价说："迄今为止还没有出版过如此大部头的《自然》杂志的科学论文精选集，这套选集将很有可能成为相关的科学研究以及科学史研究，甚而近现代社会发展研究的第一手资料。"

《〈自然〉百年科学经典》首发式

徐建中总编辑、章思英副总编辑、王勇副总编辑会见施普林格·自然集团首席执行官丹尼尔·罗佩尔（Daniel Ropers）一行

于春迟社长在首发式上说："外研社翻译出版《〈自然〉百年科学经典》，希望通过展现百余年来科学史上的重要发现，传递世界范围内有关各个科学领域研究进展的重要信息，以期推动我国科研能力的提升、拓展科研人员的思路、增加科学史工作者获取资料的渠道；通过这一涵盖众多专业领域的经典论文集，力图促进各个学科间交流，推动中国科学研究事业的发展。"《〈自然〉百年科学经典》丛书的出版既是为外研社成立30周年献礼，也标志着外研社开始正式向科学出版领域进军。

在接下来的十年里，《〈自然〉百年科学经典》以平均一年一卷的速度陆续出版，于2019年年底出齐全部十卷。由于市场反响良好，一些专家和图书馆采购人员建议出版分学科版本的《自然》杂志经典文集，以满足不同学科背景科研人员的需求。经过多方论证，外研社又制订了分学科"《自然》学科经典系列"的出版计划，分别收录化学、物理、生物、天文、地理五个学科近百篇《自然》杂志的经典论文，展示一个多世纪以来自然科学各学科领域的发展脉络和重要的科研成果。

2011年是"国际化学年"，外研社以此为契机，首先推出了"《自然》学科经典系列"的化学卷——《化学的进程》。书中收录了《自然》杂志自1869

"《自然》学科经典系列"之《化学的进程》

年创刊以来化学及相关交叉科学领域的97篇重要文章，以中英双语形式呈现，见证了化学自19世纪末到21世纪初的发展历程。2014年年初，《化学的进程》以其非凡的出版意义荣获了中国出版业的最高奖——第三届中国出版政府奖图书奖提名奖。而《〈自然〉百年科学经典》系列丛书也荣获了2009年度引进版科技类优秀图书奖、2011年度中国大学出版社图书奖优秀学术著作奖一等奖等诸多殊荣。

## 7．开拓少儿出版

2002年，外研社设立了一个新部门——儿童英语部，以开拓少儿出版市场。说起为何会进军这一领域，李朋义社长表示，进军少儿出版领域是由外研社的发展战略和出版责任所决定的。对民族文化产业的责任与对少儿出版事业的责任是促使外研社向童书市场发力的主要原因，也是外研社设立儿童英语部，进而在未来成立少儿出版事业部的目的。

## 7.1 童书市场小试牛刀

儿童英语部成立之初，主推儿童英语图书，策划了《趣趣英语》《外研社儿童英语》等面向儿童的英语学习用书。但当时儿童英语图书在少儿类图书中的市场份额极小，只占整个童书市场的百分之一二。其中，最主要的产品是西安交通大学出版社出版的《剑桥少儿英语》，占据了这个板块市场份额的一半以上。

外研社的第一个儿童英语重点项目便是投资1000万元从英国引进的Noddy英语系列图书。Noddy在英国有50多年历史，是知名度很高的老品牌，畅销全球20多个国家，并耗资2000万美元打造了百集动画*Make Way for Noddy*，在英国电视五台播出后蝉联该电视台收视冠军。外研社引进的产品包括《Noddy学英语》、《Noddy来啦!》双语故事书、《Noddy学前认读贴贴乐》等系列。在非互联网时代，这类产品主要依靠电视播放进行传播营销。但当时国家广电总局扶持国产动画的政策致使引进动画在电视台的播出无法实现，营销受到制约，因此Noddy系列并没有像想象中那样红遍大江南北。

2004年，儿童英语部独立出来，成为儿童出版事业部。由于Noddy项目营销受阻，急需找到新的突破口，儿童出版事业部的主任徐海生便将目光瞄向了儿童英语之外的出版领域。抱着试试看的心态，2004年8月，徐海生在一个电视节目交易会上发现了河南超凡影视集团发行的52集少儿科幻电视系列剧《快乐星球》。尽管少儿电视剧在当时的市场上并不十分吸引人，但对国家相关政策十分敏感的外研人从中嗅到了合作商机。就在当年2月26日，中共中央、国务院下发了《关于进一步加强和改进未成年人思想道德建设的若干意见》，提出"各级电台、电视台都要开设和办好少儿专栏

或专题节目"，"省（区、市）和副省级城市电视台要创造条件逐步开设少儿频道"。在政策的指引下，全国50多家电视台都相继开设了少儿频道。然而，当时很少有人愿意拍摄少儿电视剧，少儿类电视节目供需极不平衡。徐海生当即判断《快乐星球》的播映空间非常大，于是签下了该剧的图书版权，尝试儿童文学出版。

2004年10月，《快乐星球》第一部在中央电视台电视剧频道《青春剧苑》栏目首播，平均收视率达到1.9%，创下

《快乐星球》系列图书获得第九届共青团精神文明建设"五个一工程"优秀文化作品奖

了央视该时段收视新高。中国文联副主席、著名影视评论家仲呈祥评价该剧"用快乐来表现快乐，帮助别人快乐才是真正的快乐，体现了一种全新的少儿电视剧创作理念"。而外研社出版的《快乐星球》科幻小说，更是以卡通加真人的形式向少儿读者展现了一个光怪陆离的幻想世界，从而深受广大少年儿童的喜爱。

随着《快乐星球》的热播，儿童出版事业部的同事们也加紧了对这套影视同期书的营销推广。毫无疑问，《快乐星球》系列图书为外研社少儿出版的规模化发展创造了良好的口碑和品牌影响力，具有十分重要的战略意义。在那些年的工作总结中，徐海生感慨地写道："这些成绩或许会湮没在儿童部未来发展的历史长河中，但我和我的战友会铭记，因为它是外研社儿童出版的第一次'亮剑'，一次还算漂亮的'亮剑'。"

### 7.2 从"畅销"到"长销"

2007年，徐秀芝书记主管少儿出版分社的工作，把分社的业绩推向了一个高峰。有了《快乐星球》系列图书奠定的品牌地位，外研社从众多知名少儿出版社中脱颖而出，拿下了央视动画《小鲤鱼历险记》的图书版权。从策划出版到市场运作，历时3个多月，耗资上千万元。暑假期间，外研社与合作伙伴央视动画有限公司开展了以"智勇双全，我心飞翔——与小鲤鱼一起成长"为主题的推广活动，历时1个多月，走遍全国29个城市，延续着《快乐星球》推广活动的火热程度。7月，《小鲤鱼历险记1》在全国少儿图书零售市场排名第1位，前10位中《小鲤鱼历险记》系列图书占据7席，而外研社这个以外语图书出版闻名的出版社也首次赫然出现在全国少儿出版社市场份额排名第5的位置，彻底奠定了外研社在少儿出版领域的"江湖地位"。

打通畅销书通道的徐海生发现，只做畅销书有个问题，那就是业绩波动非常大，仅仅《快乐星球》和《小鲤鱼历险记》两大畅销系列便占到分社码洋的70%。在经历了这两个系列的热销、下挫后，少儿出版分社开始转变思路，重新确定了强化选题能力、优化产品结构、转移市场重点的工作方针，重整旗鼓，开始积累长销书资源，陆续策划出版了"小书房·世界经典文库"，从美国迪士尼公司引进了"迪士尼双语小影院"等一系列中英文童书。

其实，在迎合市场、运作畅销书的同时，少儿出版分社也在引领市场方面进行了大胆尝试。2005年，他们开始涉足绘本出版，从麦克米伦教育出版集团引进了一系列儿童绘本图书，独创性地推出了平装本绘本"聪明豆绘本系列"。然而，当年绘本图书在国内市场的认可度比较低，一年销量仅3000套。直至几年后当当、卓越等网上书店兴起，"聪明豆绘本系列"才实现了销售的飞跃。2007年，在上海美术电影制片厂成立50周年之际，外研社与其合作精选了一批有代表性的优秀作品，如《天书奇谭》《大闹天宫》《黑猫警长》《葫芦兄弟》等，集结成"中国动画经典"系列出版，献给全国的小朋友和家长。

通过2008年一整年对儿童文学作者的挖掘和拜访，在2009年新中国成立60周年之际，外研社与中国作家协会儿童文学委员会、北京师范大学中国儿童文学研究中心合作推出了一套儿童文学原创作品精选"中国儿童文学60周年典藏"。全套书共6册，荟萃了60年间五代儿童文学作家共260人的280篇优秀作品，由中国作家协会儿童文学委员会组编，作协副主席、儿委会主任高洪波任编委会主任，儿委会副主任、中国儿童文学研究中心主任、北京师范大学教授王泉根任主编，著名作家束沛德、金波、樊发稼、张之路、曹文轩等担任编委。

2009年3月初提出选题，4月立项，5月、6月高效运作，7月正式出版，主编王泉根教授的辛苦可想而知。图书出版后，他为外研社挥笔写就的一副对联更是感人至深：六十春秋岁月如歌，儿童文学走过光荣荆棘路，育人与醒世并举；甲子行年繁花似锦，少儿出版迎来世纪满园春，担当与梦想同行。

在图书发布会上，高洪波副主席对"中国儿童文学60周年典藏"系列图书给予了高度赞扬。他说："'中国儿童文学60周年典藏'既是回顾、检阅中华人民共和国成立60年来原创儿童文学成就的集大成出版工程，也是具有重要现实意义与历史价值的文化积累

"中国儿童文学60周年典藏"系列

与传承工程，又是将优秀精品佳作直接服务于中小学语文教学与校园文化建设、惠及广大少年儿童的阅读推广工程。"这是新中国成立60周年中国儿童文学界向祖国母亲的献礼，也是外研社建社30年来探索发展经验、坚持走教育出版道路的成果展示。

经历了2006年到2007年的突飞猛进，也经历了2008年到2009年的市场考验，到2010年，少儿出版分社码洋达到6761万元，产品结构趋向合理，市场活动组织得力，品牌影响力不断加强。

## 8．词典的故事

"没有奖励的劳役，即使成功也无掌声"，这是英国18世纪的大文豪塞缪尔·约翰逊（Samuel Johnson）对词典编纂者工作的描述。一部辞书，动辄"十年磨一剑"，编纂者更是"呕心沥血""殚精竭虑"。在外研社，关于词典的故事可以讲上几天几夜。

## 8.1 社长亲自主讲的"外研宝贝"

2003年1月，一本词典的出版如平地惊雷在燕京大地上响起。1月7日，李朋义社长在岭南饭店的外研社订货会上亲自主讲《现代汉语词典》（汉英双语），言语幽默风趣且不乏磅礴之气。他说："《现代汉语词典》是我国汉语词典的扛鼎之作，也是我国家喻户晓、人人皆知、学生必用的词典。外研社能够得到中国社会科学院语言研究所的支持，合作出版这部汉英双语版是完成了我国几代专家学者的一个心愿。它的出版不但满足了国人学习汉语和英语的需要，也满足了外国人学习汉语的需要。"1月9日，在国际展览中心，中国社会科学院语言研究所所长沈家煊亲临发布会，称赞"外研社创造了一个奇迹"。短短几日，首印的20万册便被订购一空。1月18日，在中国图书大厦外语驿站，央视著名主持人大山亲临现场签售，该词典当天便销售了140册，创下了图书大厦往年同期词典日销售之最。这本在辞书界掀起一场风暴的《现代汉语词典》（汉英双语），被评价为"一本权威的汉语词典的权威的英译本"。

在过去的20多年里，外研社出版过很多专业、经典的汉外/外汉词典，为何这本《现代汉语词典》（汉英双语）如此与众不同呢？

《现代汉语词典》（汉英双语）以中国第一部规范性的语文词典《现代汉语词典》为母本，而《现代汉语词典》的地位不言而喻。1956年2月6日，国务院在《关于推广普通话的指示》中，责成中国科学院语言研究所（今中国社会科学院语言研究所）以推广普通话、促进汉语规范化为宗旨编写一部中型的现代汉语词典。1958年6月词典正式开编，著名语言学家吕叔湘、丁声树先生亲自主持编纂工作，众多专家辛勤耕耘十六载，终于完成了这部不朽之作。词

515

李朋义社长主讲《现代汉语词典》(汉英双语)

典由商务印书馆出版,由郭沫若先生题签。自1978年第一版正式发行,《现代汉语词典》以其体例严密、收词精当等特点深入人心,数十年盛销不衰。

季羡林先生和多位老教授曾有将《现代汉语词典》翻译成英文的想法。看到外研社出版了《现代汉语词典》(汉英双语),季老说:"外研社把我们想做而又未做成的事完成了,出版了它的双语版,这是我国汉外词典出版的一件大事,完成了我们多年的夙愿。"

2003年年初,《现代汉语词典》(汉英双语)揭去面纱,款款走到读者面前,但它从策划到出版绝不是那悠然自得、闲庭信步的模样。早在三年前,一场没有硝烟的战争就已经开始。外研社与社科院语言研究所几经磋商才达成共识,由李朋义社长和沈家煊所长签署出版协议,由外研社来出版《现代汉语词典》的汉英双语版本。

　　《现代汉语词典》（汉英双语）的合同签署之后，外研社邀请了中国外文局的资深翻译专家凌原和英美等国的英语专家担任英文编审，组织了一支由中央编译局、中国外文局、新华社等机构的众多翻译专家组成的权威编译队伍，以确保译文准确规范、地道自然。将这本家喻户晓的经典词典译成英文，不仅是开天辟地的一件大事情，更是一项艰巨的任务。《现代汉语词典》的体例、格式极其精确缜密，而中文和英文又各有其表达方式。双语版既要详尽准确地体现《现代汉语词典》的风采，又要突出双语辞书的特色，其编译难度可想而知，但外研社辞书部全体同志不畏艰辛，迎难而上。经过多次开会商讨研究甚至激烈争论，编译团队最终决定将方便读者阅读使用的原则放在第一位，中文完全同《现代汉语词典》一致，同时体例符合英文辞书的表达要求。

　　出版过程中，编辑们反复校对中文，一遍又一遍地编加、通读中英文内容，逐字逐句认真推敲，遇到问题及时向专家咨询，甚至登门向社科院语言研究所及中科院地质所的同志请教。自2002年6月起，参加编校的多位编辑便没有了业余时间。而临近出版的一周里，从主任到编辑每天工作到凌晨，有的同事眼睛熬红充血，有的同事两天只睡四五个小时，但他们仍然坚持战斗。这是一幅壮丽的场面：寒意正浓的冬夜，排版车间取暖设备发生故障，所有工作人员身

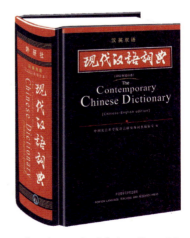

《现代汉语词典》（汉英双语）

着大衣忙碌着。有的人已经受凉发烧，有的人胃寒呕吐，但都坚持工作到凌晨才离开。每个人都毫无保留地将自己充饥的食物拿出来和大家分享，每个人也都将分外的工作主动承担起来。天气虽冷，但大家像一家人一样团结在一起，沐浴着集体的温暖。他们的愿望只有一个：将一部优质规范的《现代汉语词典》（汉英双语）奉献给社会。

《现代汉语词典》（汉英双语）不仅完整收录、完全翻译了《现代汉语词典》（2002年增补本），还修订了中文文本中的个别问题，并收录了一些新鲜词句。这本词典不仅收词全面、译文准确、实用性强，更为学习者提供了一个精良的英语学习工具。在新世纪初，在中国加入世界贸易组织、申奥成功、与世界的交流更加深入的大背景下，全国上下都掀起了学习英语的热潮，《现代汉语词典》（汉英双语）无疑是应运而生。

2003年1月9日，《现代汉语词典》（汉英双语）的新闻发布会特邀著名文化使者大山主持。沈家煊教授在讲话中说："《现代汉语词典》（汉英双语）的出版，绝不仅仅是外国人学习汉语的福音，而且学习英语的成千上万的中国人、从事英语教学和对外汉语教学的老师、广大的翻译工作者、国际文化交流的工作者，以及从事中英文信息处理和语言工程的人，都能从这个双语版上受益。"李朋义社长在讲话中表示："《现代汉语词典》（汉英双语）不仅为中国和世界提供了一本最具典型性、普及性和权威性的双语工具书，还为英语学习者提供了一个双语环境，使学习者在查阅汉语词典的时候，时刻受到英语的熏陶，达到事半功倍的效果！"发布会现场座无虚席，数百名书店代表、记者和听众，被李朋义介绍的全民英语学习背景和《现代汉语词典》（汉英双语）的前景所吸引。大山说相声般幽默风趣的主持使得会场笑声不断，掌声阵阵。

《现代汉语词典》（汉英双语）出版后，如襁褓中的婴儿一样备受呵护与重视。订货会期间，于春迟副社长下了"丢了一本，提头来见"的指示，李朋义社长更是亲自给市场部和辞书部负责推广的人员做培训。社长单独就一本书给几个人做培训，这在外研社的历史上并不多见，《现代汉语词典》（汉英双语）的地位可见一斑。春节过后，盛况空前、席卷全国的《现代汉语词典》（汉英双语）风暴如期来临：杭州、广州、武汉、上海、沈阳、西安、成都……全国各地的现场发布、专家讲解、店员培训、咨询服务红红火火地展开，驱走了冬日的寒冷。

《现代汉语词典》（汉英双语）发布会

《现代汉语词典》（汉英双语）出版研讨会

## 8.2 第四代汉英词典的里程碑

2006年，时任国家主席胡锦涛访问肯尼亚时，曾将一本词典作为国礼赠予肯尼亚内罗毕大学孔子学院。这本走出国门、见证中外文化交流的词典，便是由外研社出版、西安外国语大学惠宇教授倾尽十余年心血主编的《新世纪汉英大词典》。2004年正式出版后，专家学者评价"这部词典规模宏大、收词齐全，兼顾百科、即查即用，是汉英词典与时俱进的集大成之鸿著，是第四代汉英词典的代表作"。

用"十年磨一剑"来形容这部词典毫不夸张，因为惠宇教授编纂词典的想法从1994年便开始酝酿了。他在《新世纪汉英大词典》的前言中写道："由于时代的变迁和语言的发展，工作中碰到一些需要翻译的词语，便去翻阅当时的一些词典，却往往查找不到所要的东西。于是自己开始注意收集一些实用而急需的新词语及其英语对应词，以备工作之需，逐渐有了一些积累。渐渐地脑子里形成一个想法：为何不把它们整理成册，以备不时之需？那已经是大约十年以前的事情了……因为此事起于上个世纪之末，计划于新世纪之初出版，故定名为《新世纪汉英大词典》……经过一段时间的努力，完成了部分初稿，寄出以后受到几家出版社的肯定和支持。最后经过协商，由久负盛名的外语教学与研究出版社出版该部词典。"

编纂一部规模宏大、设计复杂的词典，是一项巨大的系统工程，没有长期艰苦奋斗的思想准备，没有坚忍不拔的毅力，没有无私奉献的精神，没有良好的组织协调能力，是无法完成的。惠宇教授常常一天工作十几个小时，把一切可以利用的时间都用在了词典编纂上。家里人都叫他"工作狂"，他自己也说："人生在世，就是为了做事；做事，生活才会充实，生命才有意义。" 2000年，瘫卧在床两年多的母亲去世了，他匆匆赶回去处理后事之后，一天也没有多待，就返校回到电脑桌前编词典了。

连续多年的紧张工作让惠宇教授的身体严重透支。2000年11月底，学校为全院教职工组织体检，惠宇教授起初不愿意去，嫌排队太费时间。在老伴的坚持和督促下，他勉强去了医院，结果查出肝部长了巨型肿瘤。从此，惠宇教授开始在两条战线上作战：一方面同病魔进行殊死搏斗，一方面继续为词典编纂尽心尽力。社长李朋义几次带领外研社的员工到西外探望老友和合作伙伴惠宇教授，畅谈如何把惠宇教授开创的西外汉英词典事业传承下去。惠宇教授面对绝症淡定自信，一心要把词典事业做好，使李朋义深受感动，决定和西安外国语大学共同建立西外-外研社双语词典研究中心。遗憾的是，2006年，惠宇教授终因癌症医治无效，在西安逝世。

这部《新世纪汉英大词典》既是惠宇教授用心血浇灌出的一朵盛开在辞书园地里的奇葩，也是集体智慧的结晶。惠宇教授带领数十名工作人员呕心沥血，特邀美国知名学者查尔斯·克罗（Charles Crow）教授担任顾问并审订词典的英文部分，请中国社会科学院语言

惠宇教授

研究所的单耀海先生负责审订中文。外研社对该词典的编辑出版更是极为重视，专门就词典初稿召开研讨会，向辞书界的前辈和有关专家危东亚、胡壮麟、朱原、董琨、程荣等征询意见。

著名词典学家曾东京教授曾将中国汉英辞书的编纂历程分为三个阶段：前两个阶段为我国汉英词典编纂的"前科学期"，到了第三阶段（1977—2000年），中国人自己编纂的汉英词典才"渐趋成熟"。而《新世纪汉英大词典》则是中国汉英词典编纂第四阶段的一个里程碑，解决了此前汉英词典中存在的一个根本性的瓶颈问题——实用性不足。在编写过程中，惠宇教授为了保证词典的实用性和可读性，在收词方面坚持"宁肯宽一点而勿过严的原则"，充分顾及不同方面、不同层次读者的需要，增强了汉英词典的百科性质。《新世纪汉英大词典》近2300页，共收词目14万余条，在收词、释义、配例、词类标注等方面多有创新，体现了"读者第一，注重实用，与时俱进，贵在创新"的编写思想和特色。

自出版以来，《新世纪汉英大词典》广受好评，在我国众多的

汉英词典品牌中脱颖而出，荣获了第七届全国高校出版社优秀畅销书一等奖（2006年），并获得第四届中国高校人文社会科学研究优秀成果二等奖（2006年）、陕西省哲学社会科学优秀成果一等奖（2007年）等奖项。《新世纪汉英大词典》不仅作为国礼被赠送给国外孔子学院，还成为全国翻译专业资格（水平）考试（CATTI）的推荐用书。

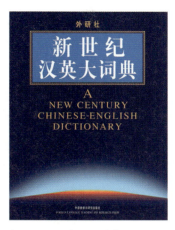

《新世纪汉英大词典》

　　时代性是词典的灵魂。随着互联网的飞速发展，大量网络用语、新词新义纷纷出现。为了跟踪最新语言动态，筛选、收录有代表性的新词新义，为广大词典使用者奉献一部时代性、科学性和实用性更强的汉英大词典，2010年，外研社

徐建中总编辑和杜瑞清教授出席《新世纪汉英大词典》（第二版）
发布会

启动了《新世纪汉英大词典》的修订工作，邀请第一版的副主编、西安外国语大学原校长杜瑞清教授担任新版主编。编创团队汇集了参与过第一版词典编写的专家学者，历时5年多终于推出了《新世纪汉英大词典》（第二版）。

在杜瑞清教授的带领下，编者们以第一版的优势内容为基础，以"读者第一、注重实用"和"语文为主、兼顾百科"两大原则为指导，筛选收录了新条目近万条，如"大众创业、万众创新"（mass entrepreneurship and innovation）、"文化创意产业"（cultural and creative industry）、"翻转课堂"（flipped classroom）、"拼车"（car-pool）、"碰瓷"（crash for cash scam）等具有浓厚时代气息的新词新义；修订条目7万余条，总条目达15万余条。

2016年6月17日，在第八届亚太翻译论坛上，外研社和西安外

《新世纪汉英大词典》（第二版）亮相亚太翻译论坛，章思英副总编辑讲话

国语大学联合举办了《新世纪汉英大词典》（第二版）的发布仪式。杜瑞清教授在致辞中回顾了《新世纪汉英大词典》从立项到成书再到修订的艰辛过程，并对第一版主编惠宇教授以及全体参与主创和修订工作的人员表示最崇高的敬意。

杜瑞清教授

2018年9月28日，中国辞书学会第十二届年会在"字圣"许慎故里河南漯河召开。开幕式上举行了第四届"辞书事业终身成就奖"颁奖仪式，杜瑞清教授获得了该项殊荣。"辞书事业终身成就奖"是中国辞书人的最高荣誉，旨在表彰70岁以上，甘于寂寞、甘于奉献，在辞书事业上卓有建树的辞书界前辈。正如颁奖词所说，杜教授作为《新世纪汉英大词典》第一版副主编、第二版主编，"自始至终无私奉献，最终带领团队成就了一部独具匠心的辞书精品"。

辞书付梓之日，便是修订启动之时。杜瑞清教授耄耋之年犹伏枥撷英，带领团队孜孜不倦地进一步修缮《新世纪汉英大词典》。可惜天不遂人愿，壮志满怀的先生于2019年初冬突遭病魔打击，猝然辞世。

惠宇、杜瑞清二位先生诠释了生命不息、笔耕不止的辞书精神，为后学留下了宝贵的精神财富。西外-外研社双语词典研究中心将继承二位先生的遗志，把他们开创的《新世纪汉英大词典》编纂事业推向新的高度。

### 8.3 引进畅销全球的英语学习型词典

提起享誉全球的权威英语词典，"朗文"的大名无人不知。1978年，朗文公司出版了一部开创先河的词典《朗文当代英语辞典》（*Longman Dictionary of Contemporary English*，简称LDOCE），它以2000个浅显易懂的核心单词诠释所有的词条，在语义方面的分析有独到的创见；首次发明并采用了语法代号，受到词典界、语言界、教育界和翻译界人士的推崇。英国著名语言学家伦道夫·夸克（Randolph Quirk）称这本词典"既讲究简明，又体现了综合，堪称词典编纂的一大贡献"。

《朗文当代英语辞典》的问世，标志着"英语学习型词典"作为新型词典确立了地位。其英汉双解本于1988年在香港出版，后以简化字本的形式被引进内地，即《朗文当代英语辞典》（英英·英汉双解）。自那时起，朗文辞典在国内逐渐深入人心、畅销不衰。

早在20世纪90年代初，外研社便与朗文公司的母公司培生教育集团展开了版权合作，十多年间签订合同200多份，涉及图书品种上千种，其中最负盛名的当属《新概念英语》系列教材。1995年，朗文公司推出了《朗文当代英语辞典（第3版）》（LDOCE 3）。经过艰苦的谈判，在李朋义社长的力争之下，该词典的英文版引进版权最终落户外研社。这是外研社第一次原版引进畅销全球的英语学习型词典，重中之重便是把好政治关。李朋义组织了10余位资深编辑，每人分100页通读词典，对词典内容进行审核，以确保词典没有政治问题。1997年，《朗文当代英语辞典》（英语版）顺利出版。

2002年，外研社推出了《朗文当代英语辞典》（第三版增补本），并在该版的基础上，于2004年正式出版了《朗文当代高级英语辞典》（英英·英汉双解）。这部国际一流的英语学习型词典的最新双解版，经程镇球、沈家煊、危东亚、余光中等数位名家推荐，一经面世便受到中国读者的追捧，创下了年销量近20万册的佳绩。此后，外研社在培生亚洲公司的通力合作下，分别于2009年、2014年、2019年推出了这部词典的第4版、第5版、第6版的双解本。

在英语辞书出版领域，外研社拥有一支实力雄厚的编辑队伍和数十年的出版经验，这为词典的出版和更新换代提供了坚实的保障。在原版优良品质的基础上，外研社举全社之力，对原书进行了细致的打磨。为了确保词典的质量，辞书部专门制定了一系列严格的工作规程，比如在编校过程中实施交叉编校制度，有效避免了编校过程中编辑可能出现知识盲点的局限性。在外研社，同事们亲切地称呼它为"朗当"。"朗当"作为一部"百科全书式"的辞书，涉及许多专业领域。为确保向广大读者提供准确无误的知识，编辑们多次就一些专业术语向北京外国语大学、中国科学院等权威机构的专家学者求教，以保证词典的权威性。除了调动编辑部全部资源外，外研社还综合运用了一些技术手段，有效避免错误的出现，比如文献知识点统搜技术、文字校对软件等。为了精益求精，一代代辞书编辑们常年加班。

2014年，外研社重磅推出了修订一新的《朗文当代高级英语辞典》

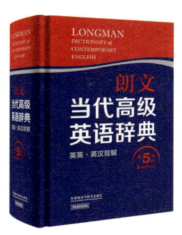

《朗文当代高级英语辞典》
（英英·英汉双解）（第5版）

（英英·英汉双解）（第5版），在市场上引起巨大反响。新版词典收录词条、短语和释义达230 000条，包含大量新词新义，但依然保留了所有词条用2000个基本单词解释、浅显易懂的特色。随后推出的全文光盘版还提供了查询、发音、笔记、书签、超链接等五大功能，"朗当"成为当时中国市场上唯一配备全文光盘的英汉双解词典。时任社长蔡剑峰在首发仪式上热情洋溢地说道："《朗文当代高级英语辞典》诞生于中国打开国门、开始进行改革开放的关键时期。36年间，国人的英语水平突飞猛进，其中'朗当'作为语言学习工具发挥了重要作用。每次内容修订，都承载着促进语言学习发展、反映时代变迁的责任。"

悠久的历史、过硬的质量、精美的装帧设计，都让焕然一新的经典品牌在英语辞书出版领域独领风骚。外研社还打出了"为英语学习者提供全面解决方案"的宣传语，即《朗当5》为英语学习者在口语、翻译、听力、阅读、写作五个方面提供全面的解决方案，将学习型词典的多种功能发挥得淋漓尽致，一改词典仅被作为查词工具的单一与乏味。国家《英语课程标准》研制专家组核心组成员、全国基础外语教育研究培训中心常务副理事长张连仲教授认为，"朗当"不是一部传统意义上的词典，而是集各种语言学习功能的信息源，是一部值得"人人在手，时时可用"的好词典。

为配合词典上市，外研社更是不遗余力地宣传营销，先后举办了两场新书发布会，针对教师群体举办了多场以"学习型词典在英语教学中的应用"为主题的培训会，组织专家在北京、天津、南宁等地为广大师生举办多场专题讲座。为了扩大影响力，外研社还引进了风靡北美的Spelling Bee赛事，启动了"全国英文拼写大赛"。

这些宣传活动都产生了巨大的社会影响力，推出不到半年时间，《朗当5》的销量便超过了15万册。

2019年，第6版《朗文当代高级英语辞典》（英英·英汉双解）如期而至。编纂者们坚守着精于分析、巧妙释义的悠久传统，始终对变动的语言和学习者变动的需求保持着清醒认识。最新版词典在230 000条单词、短语、释义的基础上，独创了交际9000词进阶体系，清晰勾勒出中国学生词汇学习的路

《朗文当代高级英语辞典》
（英英·英汉双解）（第6版）

线图，开同类词典之先河，使之成为更适合中国英语学习者的双解词典。第6版出版不到一个月便已提印4次，销量超过20万册。

除了《朗文当代高级英语辞典》，20多年来，外研社还和培生教育出版集团合作出版了《朗文常用英文词根词典》《朗文十万词词典》《朗文语言教学及应用语言学辞典》《朗文初阶英汉双解词典》《朗文多功能英汉双解大词典》《朗文多功能英汉双解词典》等一系列"朗文"品牌的优质英语词典和学习用书。

从"新概念"到"朗当"，外研社与培生教育出版集团的合作已跨过近30个年头。在中国图书市场上畅销的培生教育出版集团出版的工具书、读物等大量出版物几乎都是由两家出版机构合作的。在外研社担任社长15年、名誉社长12年的李朋义深情地回忆说："两家出版机构合作得如此成功，我们要感谢沈维贤先生、

李朋义社长与培生教育出版集团总裁马乔里·斯卡迪诺女士

高孝湛先生、欧文女士，也要感谢培生教育出版集团的两任总裁马乔里·斯卡迪诺（Marjorie Scardino）女士、约翰·法伦（John Fallon）先生。是他们的坚决支持才有了我们今天的硕果。"2018年8月22日，外研社和培生教育出版集团在第25届北京国际图书博览会现场的外研社主展台举办了战略合作签约仪式。这是外研社和培生教育出版集团友好合作的一次全面升级，双方确立为长期战略合作伙伴关系，将共同构建《新概念英语》等经典品牌的学习生态系统，巩固明星产品的市场地位，为中国学习者提供优质的英语学习资源以及数字化、个性化的学习体验。30年的合作才只是开始，相信外研社与培生教育出版集团在未来还能开拓出更宽更广的新天地。

## 9．坚守学术与读物出版阵地

在外研社出版了大量外语教材、辞书、工具书、读物的同时，社会上对外研社的学术出版提出了一些质疑。李朋义社长及社委会成员们进行了认真的讨论，认为学术出版是一个大学出版社的办社宗旨和社会责任。为了强化学术出版，李朋义曾一度在外研社所有出版物的社标旁把"记载人类文明，沟通世界文化"改为"一个学术性、教育性出版机构"。新世纪的第一个十年，外研社继续坚守学术与读物出版阵地，策划出版了一大批语言学、翻译学、外语教学、外国文学、比较文学等领域的大型文库与学术专著；秉承读物起家、深耕精品的传统，推出了大量提高中国学生英语阅读能力的英语分级读物、英汉对照读物，提高综合人文素养的通识读物以及让中外读者更加深入了解中国的文化读物。

### 9.1　学术出版规模化，助力中国外语教学改革

世纪之交，随着国际交往日益频繁，学外语、教外语、用外语的人多了，开设这方面专业的高校以及研究语言学和应用语言学的人也逐渐增多。为了给从事该专业的师生提供便利，同时帮助一般外语教师、涉外工作者开阔思路、扩大视野，外研社于2000年联合牛津大学出版社等多家国际知名出版社，推出了首批英文版"当代国外语言学与应用语言学文库"（以下简称"语言学文库"），共54种，覆盖了语言学与应用语言学26个分支学科。"语言学文库"邀请了著名语言学家韩礼德教授和王宗炎教授作序；为了便于教师理解，每本书都附上了由我国语言学界和外语教学界知名专家胡壮麟、刘润清、何自然、宁春岩等撰写的中文导读。出版这样大规模的语言学与应用语言学丛书，在我国语言

长风破浪

"当代国外语言学与应用语言学文库"

学界和外语教学界是第一次。丛书首印5000套供不应求，短短一个月重印6000套。许多单位和个人争相订购，研究生和大学生把"语言学文库"视为良师益友，教师无论老中青都把"语言学文库"视为知识更新的源泉。

在成功出版"语言学文库"首批54种图书的基础上，2001年外研社又推出了第二批58种图书。覆盖的分支学科从26个增加到33

个，能更广泛地满足读者的需求。第二批增加了哈佛大学出版社等世界知名出版社出版的语言学经典著作，还邀请了世界著名语言学家乔姆斯基教授和我国著名语言学家沈家煊教授作序。从2008年起，"语言学文库"第三批陆续与读者见面。十年间，"语言学文库"先后出版上百本，成为我国引进出版规模最大、学科最全、权威性最高的一套语言学和应用语言学文库，对我国语言教学与研究起到了积极的推动作用。2006年，外研社再次以"原版引进+国内专家导读"的形式，出版了翻译研究学术专著"外研社翻译研究文库"，共28种。

在指导英语教师课堂教学方面，外研社先后从剑桥大学出版社引进了"剑桥英语教师丛书"，从圣智学习出版公司引进了"圣智英语教师丛书"。两套丛书精选了两家出版机构出版的英语教师教育领域和当代语言教育领域的力作，并由国内英语教育界专家学者撰写导读。两套丛书既为英语教师的教学实践提供理论指导，在一定程度上改变了中国英语教师的教学现状；同时也是相关领域教育研究者的必备参考书，对于中国英语教学理论与实践都具有积极的指导意义。

除了原版引进国外学术力作，2006年10月至2008年1月，外研社陆续出版了自主策划的第一批"中国英语教育名家自选集"，共10册，收录了王宗炎、桂诗春、胡文仲、胡壮麟、戴炜栋、秦秀白、刘润清、张正东、文秋芳、刘道义这10位国内英语教育名家有关英语教育和教学的学术论文。2008年起，外研社又陆续推出了8册"世界应用语言学名家自选集"，收录了世界知名应用语言学家盖苏姗、韩茹凯、利奇、纽南、理查兹、魏多逊、韩礼德等人的学术论文，这是国内首套以国际著名应用语言学家为主线的自选集。两套丛书面向英语教师、英语专业研究生、师范院校英语本科生等，可作为他们从事科研、撰写论文的参考文献。入选的文章多散见于国内外学术期刊，且时间跨度很大，读者不易觅得，是中国英语教育史上不可多得的史料。两套丛书出版后，在中国英语教育界获得了广泛的好评。

在文学研究方面，外研社出版的"五卷本英国文学史"奠定了外研社在英国文学研究领域的重要学术地位。这套书是王佐良、周珏良、何其莘等教授主持编撰的国家社会科学基金重点研究项目，分为《英国中古时期文学史》《英国文艺复兴时期文学史》《英国18世纪文学史》《英国19世纪文学史》《英国20世纪文学史》五卷。早在2000年，外研社就出版了由吴景荣和刘意青教授编著的《英国十八世纪文学史》。作者之一的吴景荣教授长期从事英国文学研究，和许国璋、王佐良一道被誉为新中国"三大英语权威"。在此基础上推出的"五卷本英国文学史"，是国内第一部比较完备的英国文学史。每卷独立成书，各有重点，但又互相连贯，合起来组成整个英国文学从古到今的发展全景图。各卷的编撰人都是长期从事英国文学研究的知名学者，如周珏良教授、何其莘教授、李赋宁教授、钱青教授、刘意青教授等，由王佐良教授总其成。编撰者资料掌握详尽，研究透彻、到

"五卷本英国文学史"

位，使本丛书成为大学生和文学爱好者扩展文学视野、加深文学理解的良师益友。

外研社还原版引进了"英美文学文库"30本，书目由国内17所著名高校或研究院的44名英美文学领域的专家学者仔细斟酌选定，皆为具有学术价值、被国际认同、在国外教学中常用且又适应国内教学需要的书目。之后推出了升级版的"外国文学研究文库"，为我国外国文学学者、学生及爱好者介绍外国文学研究领域在世界范围内的发展趋势与前沿探索。此外，还出版了5部包含王佐良、周珏良、胡文仲等专家学者比较文学论集的"北京外国语大学比较文学研究丛书"、汉外对照版本的"大中华文库"等一系列国内外文学研究领域的学术文库或丛书。

吴景荣教授

王佐良教授

周珏良教授

### 9.2 继续深耕精品读物，全面提升读者素养

在外语读物出版方面，外研社是较早将分级读物引进国内的出版社之一。2002年，外研社从剑桥大学出版社引进出版了"外研社·剑桥英语分级读物"，这是国内引进的第一套专为非英语国家读者撰写的英语故事性读物，依据难易程度共分六级，题材、内容涉及广泛，能让读者在提高自身英语水平的同时，享受到阅读带来的巨大乐趣。同年，外研社还出版了与英国Dorling Kindersley（DK）公司合作的"外研社·DK英汉对照百科读物"，之后陆续推出了"外研社·企鹅英语分级有声读物""轻松英语名作欣赏"等英语、双语读物，丰富了经典的"书虫·牛津英汉双语读物"系列。

2003年，外研社与美国国家地理学会合作出版了"国家地理科学探索丛书"。这套书分为9个系列，内容涉及自然科学和社会研究，秉承《国家地理》杂志图文并茂的特色，堪称一套精致的小百科。丛书在提高青少年读者英语阅读能力的同时，还注重培养他们的科学探索精神、动手能力、逻辑思维能力和沟通能力，深受业内人士好评。外研社随后又出版了"国家地理儿童百科"系列图书，并于2008年推出点读书。

为配合教育部"积极开展大学通识教育"的号召，2007年外研社与牛津大学出版社合作，出版了一套英汉双语通识教育系列

"斑斓阅读·外研社英汉双语百科书系"

读物——"斑斓阅读·外研社英汉双语百科书系"。该系列读物共49本，包括《存在主义简论》《众说苏格拉底》《当代艺术》《恐龙探秘》等，内容涵盖历史、哲学、宗教、政治、自然、艺术等各个方面。每本书的作者都是英国相关领域的专家学者，译者也是国内相关领域的权威专家。书籍质量上乘，文字晓畅；紧扣专题，结合现实热点；使用的研究资料有独创性，而且讲解透彻，不落俗套，能够帮助大学生提高综合素质、能力，平衡人文素养和科学素质。

随着中国经济高速发展和中国国力的增强，国际社会比任何时候都更加关注中国。但很多西方国家对中国文化的了解陈旧肤浅，很多人还停留在17、18世纪传教士介绍中国文化的水平上。为了让国外读者对中国文化有更全面的认知，同时提高中国人的文化自觉性和文化自信心，外研社先后出版了多本介绍中国文化的读本。1998年出版的《中国文化要略》是一本介绍中国文化的简明读物。作者程裕祯教授以简洁的笔触，深入浅出地勾画出中国文化的历史渊源和发展脉络，内容涉及中国的地理概况、历史发展、姓氏与名、字、号、汉字、学术思想等。2003年推出修订后的第2版，2011年推出第3版，累计发行超过50万册，一直高居同类图书畅销榜或热销榜前列，深受广大读者好评。该书被国内50多所高等院校指定为大学公共课教材、通识阅读教材、国家对外汉语教师资格考试用书、对外汉语本科及汉语国际教育硕士专业考研参考书，获评国家新闻出版广电总局"首届向全国推荐中华优秀传统文化普及图书"。

在北京奥运会开幕前夕，为了向中外读者介绍博大精深的中国文化，外研社出版了由北京大学叶朗和朱良志两位教授撰写的《中

《中国文化读本》

国文化读本》。叶朗教授曾经兼任北京大学哲学系、宗教学系、艺术学系三个系的系主任，是当代有影响力的哲学家、美学家。朱良志教授对中国哲学、艺术有长期的研究，特别是在绘画、书法、园林等中国传统艺术和禅宗哲学上用功很深。李岚清同志在为该书作的《序》中写道："《中国文化读本》向国际社会展示了中国古代灿烂的文化和古代中国人的精神世界，展示了当代中国人广阔、平和、开放、包容的内在心境和纯净、优雅的情趣。"

《中国文化读本》出版后，作为中宣部、国家新闻出版总署"向全国青少年推荐百种优秀图书"之一，被国内多所大学作为中国文化教材使用。随后历经9年的努力，该书的英文、德文、俄文、日文、韩文、阿拉伯文、西班牙文、法文等8种译本相继出版，通过孔子学院等平台推荐给海外多个国家的汉语学习者和渴望了解中国的读者，成为他们了解中国文化的优秀读本。

## 10．承担出版国家领导人著作英文版的重任

2004年10月7日，在第56届法兰克福书展上，外研社联合培生教育出版集团组织了《为了13亿人的教育》(《李岚清教育访谈录》英文版)图书首发式。中宣部出版局局长张小影、中国驻德国大使马灿荣、德国黑森州教育部高教司司长，以及中央电视台、新华社和国外知名媒体记者等100余人出席了首发式。这是培生教育出版集团成立多年来，也是中国出版界自参加法兰克福国际书展以来，第一次在书展期间举行图书首发式，在海外引起了巨大反响。

为何这本讲述中国教育改革发展历程的书会走出国门？外研社又何以有幸与李岚清同志结缘？

### 10.1 为了13亿人的教育

早在1994年10月26日，时任中共中央政治局委员、国务院副总理李岚清到北京外国语大学视察。此前，李岚清同志还曾应李朋义的请求，为外研社建社15周年题词："希望出版更多优秀教材和科研著作，为培养外语人才作贡献。"

2002年2月21日，中共中央政治局常委、国务院副总理李岚清同志再次来到北外视察，在外研社大厦举行的座谈会上，对北外和外研社的发展做了重要的指示。他说："外语是时代赋予我们的特殊任务。你不是叫外研社吗？人家都叫出版社，你们加研究，要研究啊！"李岚清同志对中国外语教育十分重视，曾在不同的场合说过，中国的英语教学

《为了13亿人的教育》

"耗时甚多，收效甚少"，"大学毕业听不懂、说不出、看不懂原文"，"学外语要从娃娃抓起"。

李岚清同志从1993年至2003年主管教育工作。2003年1月，人民教育出版社出版了《李岚清教育访谈录》。该书从国内和国际、教育与经济、社会、科技和文化的多重视野，真实生动地反映了这十年间中国教育的改革与发展，并对中国政府有关教育工作的重大方针、政策和重大教育决策的形成过程给予了详尽的阐述。为了让更多的国际友人、关心中国教育改革和发展的人士了解中国教育改革发展的历程及所取得的成就，教育部决定，并征得李岚清同志的同意，由外研社和培生教育出版集团联合出版该书的英文版。

从2004年2月开始，外研社和培生教育出版集团联合组织了由国家外文局专家凌原等人组成的翻译班子。在李岚清同志的亲切关怀和教育部、北外领导的直接指导下，经过7个月的紧张翻译工作，《李岚清教育访谈录》（英文版）在9月28日正式出版。

与中文版略有不同，英文版从书名、序言、版式设计到叙述方式都更加国际化，书名被贴切地译为 *Education For 1.3 Billion*

《为了13亿人的教育》新书发布会

外研社与培生教育出版集团合作出版
《为了13亿人的教育》

《李岚清教育访谈录》（英文版）出版座谈会

（《为了13亿人的教育》）。正如陈琳教授所评价的："*Education For 1.3 Billion*区区几个字，点出了'大教育'的气势和规模。下面一行中文副标题，本可以直译为'13亿人的教育'，但'为了'两个字，生动而亲切地勾画出岚清同志10年来'为了'民族后代幸福的呕心沥血。"

2004年11月15日下午，《李岚清教育访谈录》（英文版）出版座谈会在外研社大厦举行。教育部副部长章新胜、新闻出版总署副署长邬书林、全国人大常委会副秘书长李连宁、李岚清同志的秘书郭向远和赵晓江、北京师范大学校长钟秉林、北京大学副校长郝平、清华大学副校长岑章志、中国人民大学副校长冯俊等教育界、出版界、翻译界人士出席了座谈会。北外校长陈乃芳主持了会议。会上，教育部、新闻出版总署的领导对该书的英文版给予了高度评价，章新胜副部长认为此书为世界了解中国教育政策打开了一个很好的窗口，使我们的教育能够更好地面向未来、面向世界，获得更多、更广泛的支持。

邬书林副署长说："《李岚清教育访谈录》中、英文版的出版是中国出版界的一件大事，具有重要意义。从出版工作角度来看，本书出版者充分考虑到了外国读者的习惯，无论是插图、注释、文献索引、装帧设计，都代表了我们英文出版的较高水平。"对于该书的合作出版模式，邬书林同样给予了很高的评价，他说："本书由外研社和英国培生教育出版集团联合出版。外研社是我国有影响的大学出版社，培生教育出版集团是国际上最大的教育出版集团，双方强强联合为我国出版业提供了可借助外国主流渠道，让我国图书进入西方主流社会的经验，为我们出版界提供了一个中外合作出版的成功范例。"

《为了13亿人的教育》出版后，市场反响很好。培生教育出版集团组织了该书在美国、澳大利亚、新西兰、加拿大、新加坡、韩国等国家以及中国的港台地区的发行。此次合作出版，既让世界上更多的人了解了中国改革开放和经济建设，特别是教育改革与发展的大好形势，又使外研社在开拓海外市场、扩大国际合作方面积累了丰富的经验。

## 10.2　人格的魅力与音乐的力量

2004年12月18日至19日，李岚清同志在北外校长陈乃芳、党委书记杨学义、副校长白刚、外研社社长李朋义、党总支书记徐秀芝的陪同下，莅临外研社国际会议中心考察，并在18日晚上出席了外研社和高教社的编辑联欢会。来自外研社各部门的编辑，用自编自演的节目，向这位在过去十多年中推动中国教育事业改革与发展的领导人表达了由衷的敬爱之情。

在欣赏了大家的演出后，李岚清同志也走上舞台，首先向为《李岚清教育访谈录》英文版和《李岚清音乐笔谈》做了卓有成效的大量工作的同志们表达了衷心的谢意。同时他还感谢外研社提供了这样一个机会，让他在新年到来之前，完成2004年的这一愿望。讲话中，他用八个字概括了离开工作岗位后的生活——健身、健脑、看书、写书，并强调将通过做两件事，即音乐普及与科学知识普及，继续为祖国建设做出自己的贡献。李岚清同志在演讲中流露出的无私奉献精神令在场同志无不动容，他的平易近人和真切坦率也让大家深受感染。

即兴演讲后，李岚清同志为大家用英语演唱了电影《翠堤春晓》的主题曲，又用俄语演唱了《莫斯科郊外的晚上》。他的精彩演唱博得了大家阵阵掌声，他的儒雅、博学以及深厚的艺术涵养也给所有人留下了深刻印象。联欢会上高潮迭起，演出的节目还有李岚清同志孙女李媛的意大利语、英语独唱，有中央音乐学院副院长黄晓曼教授精彩的钢琴演奏，以及北外陈琳教授颇有味道的扬州道情。晚会最终在由李岚清同志钢琴伴奏、全体联欢人员合唱的《友谊地久天长》中落幕。

有幸参加晚会的同事们难掩激动的心情，他们用动情的文字回顾了那一晚的感受：

"音乐的力量，教育的力量，沟通的力量，友谊的力量，充盈流荡着。这是首长一直倡导的，也是我们外研社一直恪守的——教人智慧，给人启迪的基本原则。"（财务部李玲玲）

"晚会结束时，首长和我们一一握手道别，从他温暖、厚实的一握中，我感受到了首长的那份从容淡定，那份坚毅执着。"（综合英语部狄梅）

"他精神饱满，面带微笑地坐在那里，每个节目结束后他都会带头鼓掌，并且每次都把双手举过了头顶……他看过无数高规格的演出，本人又有很高的音乐造诣，他如此认真地观看我们的演出，应该不仅仅是出于礼貌，更是带着某种欣慰——欣慰地看到我们这些十年教育改革中的第一批种子终于开花结果，欣慰他呕心沥血投身教育改革的十年有了实质性的成果，欣慰自己从工作岗位上退下来以后，中国还有无数老师和学生在享受着他领导建设的新时代教育环境。"（电子音像部陈曦）

### 10.3　与牛津大学出版社携手"突围"

外研社与李岚清同志的结缘并未就此终止。2009年10月14日，又一次在法兰克福书展上，外研社和牛津大学出版社联合出版的李岚清著作《突围——国门初开的岁月》（英文版）（*BREAKING THROUGH — The Birth of China's Opening-Up Policy*）首发式隆重举行。

《突围》中文版2008年由中央文献出版社出版，是为纪念邓小平同志和改革开放30周年而对李岚清同志所作访谈的内容。江泽民同志为该书题词："改革开放是我国发展史上的重大转折，我们要沿着邓小平同志为中华民族开创的这条道路坚持不懈地奋勇前进。"书中，李岚清以亲身经历和所见、所闻，回顾了对外开放初期的重大事件，对创办经济特区、引进先进技术、兴办合资企业、利用国外贷款、改革外贸体制、引进国外智力资源等重大决策产生的背景和过程，作了详细的叙述；

《突围——国门初开的岁月》
（英文版）

在揭示重要史实的同时，梳理和总结了对外开放初期一些重要的实践和理论问题，生动地反映了20世纪70年代末到80年代中期，以邓小平同志为核心的党的第二代中央领导集体如何带领全党全国人民解放思想，冲破重重阻力，进行对外开放的伟大探索和实践。

2008年年底，在时任外研社社长于春迟的大力推动下，经过牛津大学出版社中国区总经理孙依依女士的积极协调，外研社和牛津大学出版社决定联合出版《突围》的英文版，由外研社负责翻译，双方共同进行编校。

合作出版英文版《突围》，对于两家出版社都是富有挑战性的，仅是确定翻译标准就颇费心思。《突围》一书内容丰富，涉及政治、经济、科技、教育、外交、商务、金融、化工、汽车、机械等多个领域，堪称一部改革开放的百科全书。面向海外市场，如何在忠实原著和帮助外国读者理解众多具有中国特色的表达之间保持平衡，是一个巨大的难题。整个项目历时八个月，光是翻译便用去了五个月之久。经过作者、译者与编者的多次沟通讨论，英文版增加了相应的背景内容，增设了人名及资料索引部分，删减和改写了可能影响国外读者理解的内容，有效保证了《突围》一书能够尽可能完美地呈现给外国读者。

外研社与牛津大学出版社的这次合作是紧张而愉快的。外研社的编辑们充分感受到了有着500多年历史的牛津大学出版社浓厚的学术氛围和严谨作风。《突围》（英文版）出版后，双方团队又开始全力筹备在法兰克福书展上举办的首发式。为了保证一切环节准确无误地落实，牛津大学出版社国际部董事总经理尼尔·汤姆金斯（Neil Tomkins）先生与中国区董事总经理李庆生先生专程赴京，同外研社社长于春迟和同事们讨论具体细节。双方团队更是舍弃了十一假期，紧锣密鼓地进行筹备。

2009年10月14日下午，在法兰克福书展中国馆活动区，首发式正式拉开帷幕。《突围》（英文版）成为全场的焦点，现场气氛十分热烈。李岚清同志通过视频，用英语向海内外读者致意。新闻出版总署署长柳斌杰在致辞中称赞该书"既是中国出版人对新中国六十周年大庆的献礼，同时也是中国出版走向世界的历史见证"。于春迟社长在讲话中说，外研社向海外推出这部描述中国改革开放艰辛历程与光辉成就的力作，进一步拉近了中国和世界的距离，向国际社会展示了一个繁荣、进取、和谐的中国形象。

作为一家外语类出版社，外研社承担起为国家领导人出版著作的任务，可谓一项创举。李岚清同志两本著作英文版的成功出版，见证了外研社在把握重大机遇、拓展海外市场、扩大国际合作方面的决心和魄力。2009年，外研社迎来建社30周年的庆典，李岚清同志再次为外研社题词："中国情怀全球视野，文化交流薪火相传。"

（左起）总编辑蔡剑峰、中宣部出版局局长张小影、新闻出版总署副署长邬书林、牛津大学出版社总裁奈杰尔·波特伍德（Nigel Portwood）、社长于春迟出席《突围》（英文版）发布会

**图书在版编目（CIP）数据**

长风破浪 ：外研社 40 年改革发展史 ：1979—2019．上卷 ／ 外研社社史编写组编著．-- 北京 ：外语教学与研究出版社，2019.9
ISBN 978-7-5213-1178-5

Ⅰ．①长… Ⅱ．①外… Ⅲ．①外语教学与研究出版社－新闻事业史－1979-2019 Ⅳ．①G239.22

中国版本图书馆 CIP 数据核字 (2019) 第 198111 号

出 版 人　徐建忠
责任编辑　李　扬
责任校对　陈　宇
装帧设计　孙莉明
出版发行　外语教学与研究出版社
社　　址　北京市西三环北路 19 号（100089）
网　　址　http://www.fltrp.com
印　　刷　北京盛通印刷股份有限公司
开　　本　710×1000　1/16
印　　张　69
版　　次　2020 年 1 月第 1 版 2020 年 1 月第 1 次印刷
书　　号　ISBN 978-7-5213-1178-5
定　　价　196.00 元（全二册）

购书咨询：（010）88819926　电子邮箱：club@fltrp.com
外研书店：https://waiyants.tmall.com
凡印刷、装订质量问题，请联系我社印制部
联系电话：（010）61207896　电子邮箱：zhijian@fltrp.com
凡侵权、盗版书籍线索，请联系我社法律事务部
举报电话：（010）88817519　电子邮箱：banquan@fltrp.com
物料号：311780001

记载人类文明
沟通世界文化
www.fltrp.com

外研社社史编写组 编著

长风破浪

# 外研社40年改革发展史
# 1979—2019

下卷

外语教学与研究出版社
北京

# 目录

## 第五节
## 新业务，探索培训数字蓝海

在全社共同努力下，"以出版为中心，以教育培训和信息服务为两翼，数字化出版，产学研结合，把外研社打造成综合教育服务平台"的战略规划取得了巨大的成功。2007年于春迟继任社长后，外研社又开启了"四轮驱动"战略转型，在挺拔主业的同时，全力开拓新业务市场，在教育培训、网络出版和信息技术服务领域全面起航。

### 1. 传统出版面临挑战，新业务必须起步

进入"十一五"阶段，新的产业环境和竞争形势，都使传统出版业面临着多方面的变化和挑战。2005年9月5日，社长李朋义在外研社协调会上发表了《认清形势，未雨绸缪，寻找机遇，制定战略》的讲话，并反复强调："我们面临着新的机遇和挑战，外研社再次到了发展的十字路口。"

新的发展阶段，外研社面临着怎样的环境变化和挑战？

一是出版产业进入深度调整期，产业转型升级压力巨大。所谓深度调整期是指：一方面，图书品种急剧上升，平均印数下降，纸价上涨，退货率攀升，库存不断膨胀，折扣日益混乱，出版业的利润空间正被摊薄；另一方面，随着全国中小学教材出版发行改革的全面推开，教材出版的竞争程度大为增加。农村中小学教材全部实行政府采购，免费供给，同时现行中小学教材定价下调10%，这些都使得教材在出版物销售总码洋中的比重进一步下降，教育出版利润大幅下滑。"教材抓牢、全社吃饱"的时代一去不复返。2005

年，外研社教材发行码洋近8亿元，占全社总码洋的60%以上。对于以英语教育出版为核心业务的出版社而言，教材市场的变局给外研社提出了新的挑战。

二是多方资本力量进一步搅动出版市场，竞争更加激烈。2003年12月，国务院办公厅发布《关于印发文化体制改革试点中支持文化产业发展和经营性文化事业单位转制为企业的两个规定的通知》，提出出版集团可以进行企业化转制，在原国有投资主体控股的前提下，允许吸收国内其他社会资本投资，符合条件的可申请上市。2007年12月，辽宁出版传媒股份有限公司在上海证券交易所挂牌，成为国内首家上市出版企业。之后的一年里，数家改制后的出版单位先后在资本市场上市。有了资金的出版集团，开始从内容生产上强化出版主业，进一步改变现有出版格局。而出版下游的发行企业，在有了充足的资本后，也逐步向上游内容生产环节渗透、延伸。出版业迎来了一个重新洗牌的时期，旧的格局被打破，新的格局正逐步建立。

三是国际出版巨头逐步进军中国出版市场。"十一五"期间，境外资本对国内出版业的渗透已经进入实质性阶段，几乎所有世界大型出版集团都以不同方式在中国设立了办事机构，拟订了"中国攻略"。培生教育出版集团除了向中国进行原版教材版权输出外，还积极向专业培训领域延伸，以教育带动出版；麦格劳-希尔公司希望在中国"搭建一个版权资源和教育资源的平台"，以实现"全球智慧中文化"的战略目标；兰登书屋更是试图控制中国优秀的作者群，使之成为其全球出版资源的一个重要组成部分。还有一些国外出版机构，开始在中国拓展电子图书市场，涉足远程教育、电子期刊、数据库等新兴出版业务。这些国外出版巨头的许多业务与外研社存在很大的相似性，挑战的严峻性不言而喻。

四是教育与出版相互渗透、融合的趋势更加明显。教育培训与出版业有着天然的联系——教育培训需要教材，而教材的创作者又多为优秀的教育者。相较于有较强政策保护的出版业，教育培训业在萌芽时就是民营企业、外资企业先行，市场化程度远高于出版业，而且备受资本市场的青睐。国内传统英语培训巨头新东方将"把语言教材出版业务作为主要的发展方向之一"写进招股书中，并将出版作为该集团的支撑业务之一。易百亿、英孚教育等实力不俗的网络英语教育企业，不仅分食着英语培训教育市场，也正分流着传统英语读物的读者群体。国外出版机构也十分看重中国的教育培训市场，如知名出版机构瑞沃迪集团于2007年大举进入中国市场，以青少年、幼儿英语培训为主打业务，同时与国内出版社合作出版配套教材。培生教育出版集团、圣智学习集团等也都在合作出版教材的同时，进行教育相关业务的拓展。

面对新一轮的产业升级和业务转型，外研社将何去何从？

结论只有一个，那就是在巩固和发展传统出版业务的同时，全力开拓新业务市场，寻找新的经济增长点。为此，在"十一五"期间，外研社提出了"以出版为中心，以教育培训和信息服务为两翼，数字化出版，产学研结合，把外研社打造成综合教育服务平台"的新战略。

以出版为中心，即强调目前的优势不能丢，要做精品，要求效益。保持外语出版优势，同时继续扩大在汉语、儿童、中小学教材和科学领域的出版，不断强化外研社在传统出版领域的领先地位。

提出信息服务战略

以教育培训和信息服务为两翼，即结合外研社作为大学出版社的优势，依托外研社强大的外语出版资源，抓住中央提出"建设学习型社会"的机遇，以出版带动培训，以培训促进出版；通过信息化手段、数字化出版，进一步整合外语资源，打造新的媒体、新的商业模式、新的出版手段。通过产学研结合，外研社将不仅仅是出版物的出版和发行中心，也会成为学习培训中心和外语教育研究中心。

2007年，于春迟接过帅印，开始大力实施新的战略转型。他说："新业务的发展，不仅能在品牌和资源上与出版主业产生良性互动，还能在传统出版竞争日益激烈的情况下，为我们的发展开辟新大陆，创造新机遇。"

纵然出版与教育有着天然的交集，外研社又有着教材和教师资源的双重优势，但从教育出版到教育服务的跃迁，仍然会存在很多困难。教育服务业的需求规模、消费者特性等都是全新的课题。与出版业带有较强的体制保护相比，培训市场的竞争更为自由，也更加激烈。而英语教育培训市场需求的国际化，不仅使外研社面临与国内教育培训机构的竞争，还要与众多实力雄厚的国外企业在同一竞技场上角逐。2007年，外研社聘请IBM公司进行了业务转型的战略咨询，从企业能力和市场潜力两个维度进行评估。评估结论认为相对于成人和学校教育的激烈竞争与市场饱和度，少儿英语培训仍有很大的增长潜力。外研社据此确定了幼儿教育、中小学课外教育等几个新业务方向。

## 2．大力进军教育培训市场

新世纪伊始，外研社便积极在教育服务大市场中寻找"蓝海"，延伸外语资源产业链，重点开拓培训市场。

### 2.1　在线教育的起步

在出版界，外研社是第一个涉足网络教育的出版社。2000年年末，外研社受北京外国语大学委托，与香港电讯盈科有限公司合资成立了北京世纪盈华信息技术有限公司，为北京外国语大学网络教育学院提供资金、技术支持，开启国内外语教育的网络市场。

2.1.1　涉足网络教育，建立北外网院

现代远程教育是随着现代信息技术的发展而产生的一种新型教育方式，是构筑知识经济时代人们终身学习体系的主要手段。1999年1月13日，国务院批转教育部《面向21世纪教育振兴行动计划》的通知提出，实施"现代远程教育工程"，形成开放式教育网络，构建终身学习体系。

2000年1月，教育部部长陈至立主持召开了教育部直属高校工作咨询委员会第十次全体会议。会议围绕《面向21世纪教育振兴行动计划》，就直属高校的改革与发展问题进行了探讨。中共中央政治局常委、国务院副总理李岚清和教育部部长陈至立分别对出席会议的北外校长陈乃芳做了指示。李岚清同志指示，北京外国语大学不仅要为大学的外语教育事业做工作，还要为在全社会普及外语教育、提高我国外语教学水平做出自己的贡献。陈至立部长在听取陈乃芳校长汇报时强调，北外要利用最新的科技手段，特别是网络技术，办好远程教育和网上教育，尽快提高全民的外语水平。

2000年7月14日，教育部发布《关于对中国人民大学等十五所高校开展现代远程教育试点工作的批复》（教高厅〔2000〕8号）文件，正式确认北京外国语大学为现代远程教育试点院校。根据文件，北外可以在已设置的本、专科专业和有硕士学位授予权的学科专业范围内，利用网络等现代化手段开展本、专科学历教育和学士学位教育。经批准，可以开展研究生专业学位的非学历教育，也可经过认真论证，开设本科专业目录外的新专业。此外，学校可以自行确定入学条件和考试、录取方式，自行颁发国家承认学历的毕业证书。

2.1.2  校企合作的典范

网络教育学院的建设离不开资金和现代网络技术的支持，尤其在课程建设方面，一个课件的制作一般需要数个月的时间，费用动辄数十万元，这对于资金普遍不充裕的高校来说是个大问题。因此，与专业的互联网企业合作，成为解决这一问题的首选道路。

在寻找合作方的过程中，在香港工作十年、对远程教育很感兴趣的北外校友鲁长胜先生先后介绍了两批投资商与北外洽谈。最终，北外决定由外研社出面，与香港最大的电信公司电讯盈科有限公司合资成立北京世纪盈华信息技术有限公司（简称世纪盈华），为网院建设提供资金、技术上的支持和服务。世纪盈华公司由北京外国语大学和电讯盈科各占50%的股份，李朋义社长任总裁，外方代表鲁长胜任副总裁。

经过半年多的筹备以及与合作伙伴的洽谈，2000年12月，北京外国语大学网络教育学院（简称北外网院）正式成立。北外校长陈乃芳兼任院长，亲自主抓北外网院工作。顾曰国教授担任常务副院长，负责网院设计、教材编写、课程开发及教学组织工作。李朋义任副院长，负责与合作公司谈判和合资公司的经营管理。北外网院和世纪盈华公司分工明确：网院负责招生、教学和考试；世纪盈华公司在两年内投资一亿元，提供技术、市场和管理等方面的支持，不干预网院职责范畴内的事务和决策。

2001年6月，北外网院正式开展年度招生工作，面向全国20个省（区、市）招收英语专业大专、英语专业专升本学生。对于招收第一批学员，学院和投资方都对报名人数有很高的期望。然而，想象中的报名第一天学生排长龙的情景并没有出现，零星的几个报名者让学院和公司同时意识到，网络教育做起来并不像想象中那么容易。经过两个多月的报名、资格审查和入学考试，最后共有1200名申请人获得第一批入学资格。9月1日，北外网院北京地区开学典礼在北外隆重举行。

北外网院的创办是校企合作开展网络教育的成功典范。网络教育机构必须具备财务、人力、教学与技术、品牌资源优势，同时要在产品开发、市场开拓、提升客户价值等方面具有核心能力，形成适合网络教育发展的行为模式。但无论是学校还是企业，各自都不具备全部的资源和能力，于是，校企合作、融合双方的资源和能力便成了最佳的解决方案。

尽管两个独立实体的融合是一个艰巨而漫长的过程，但为了共同的目标，外研社协同北外、世纪盈华公司凝聚了一切可以凝聚的力量。为了避免将网络教育作为纯粹追求经济利益的商业项目，抑或是办成一项单纯的教学或教育技术科研项目，北外网院与世纪盈华公司达成共识，将社会效益与教学质量放在第一位，经济效益放在第二位。

值得骄傲的是，双方都是一群非常有事业心的合作伙伴，而学校领导层对网院的发展也从政策和体制上给予了大力支持。校长陈乃芳亲自兼任网院院长，促进了网院对北外各类软硬件资源的整合和利用。同时，北外成立了由主要领导组成的网络教育工作领导小组，就教学相关的重大问题进行讨论和决策，保证了网络教育的健康有序发展。作为合作企业，世纪盈华大力支持网院的体制建设，包括协助北外网院建立财务方面的预算管理制度、人力资源方面的绩效考核制度等，并支持网院建设"以学生为中心""学习型、沟通型"的文化。

### 2.1.3 推进中国网络教育事业发展

"选择北外网院让我后悔了好几个星期，但若是没有选择北外网院的话，也许我会后悔一辈子。"这是北外网院首届毕业生张昆仑在其文章《北外网院和我心中的梦》中所写的题记。另外一名毕业生邓艳玲在文章《2008我去北京当翻译》中是这样描述的："一流的师资力量，丰富的英语学习资源，多姿多彩的英语活动。在学习、交友、娱乐中提升英语应用能力，感受英语文化的无穷魅力。
这，就是我对北外网院的感受。"从上述两段话可以看出，北外网
院的毕业生对他们的母校充满了感激之情。

北外网院自成立之初便秉承北外严谨治学的一贯作风，积极
利用北外丰富的学习资源和教学优势，结合现代网络的技术优
势，全面开展专业学历学位教育和各类培训项目，成功构建了集
学历和非学历教育为一体的多层次、多模式、全方位的网络教育
体系。

在教学管理方面，为解决远程教育中施教与受教双方所处的时
空分离状态，以及外语教学过程中的语言交际环境问题，严格保证
网络教育的教学质量，北外网院决定采取与各地院校合作办学的模
式，为分布于全国各地的学生提供强有力的教学服务和助学支持。
经过友好的洽谈和实地考察后，北外网院从全国近80所有合作意向
的高校中选择了37所高校作为合作伙伴，其中包括西安电子科技大
学、西南政法大学、中国矿业大学、上海财经大学等9所全国重点
大学，20所省级重点大学和8所地区级重点大学。合作院校层次之
高、数量之多、分布之广，与其他开展远程教育的高等院校比较，
可谓出类拔萃。合作模式包括开办学习中心、联合办学中心、硕士
学位学习点、硕士学位学习中心等，为学员提供丰富多样的辅导教
学和助学支持，以及从事外语学习的各种设施。

除了开展学历教育，从2002年开始，外研社积极推动北外网院
发展非学历教育，世纪盈华公司从人力、物力、技术上给予大量投
入。2002年，北外网院推出"北外成功英语"企业内训项目，面向
社会、企业和政府部门提供专业优质的培训服务；2004年推出在线

学习教育项目"北外在线学习超市";2005年推出网上虚拟英语社区eBeiwai英语俱乐部项目,面向北外网院各项目的学员和社会公众提供动感、时尚的英语学习资源和丰富互动的英语交流活动;同年还推出了北外高等英语证书教育项目。随着这些项目的推出,北外网院成功构建了集学历和非学历教育为一体、融和学习与交流、重视技能和职业发展的多层次、全方位网络英语教育体系,满足了在职人士接受英语素质教育、继续教育和终身教育的需求。

历经数年发展,北外网院得到了国家教育主管部门和社会各界的广泛认同,先后荣获"最具品牌影响力英语教育行业机构""中国十佳网络教育学院""网络教育教材建设奖""品牌教育最具影响力奖""最受社会认可远程教育学院""北京十强外语教育机构"等荣誉称号,并确立了"中国外语网络教育专家"的品牌。

2008年,外研社对世纪盈华公司实施全资回购,更名为北外在线(北京)教育科技有限公司(简称北外在线),由外研社党总支

北京外国语大学领导、合作院校负责人代表与北外网院2005届毕业生代表合影

北外网院领导与2006届毕业生代表合影

副书记范晓虹兼任总裁。作为北外网院的独家技术服务提供商，北外在线依托北外及外研社的强大教育专家团队力量和远程教育技术开发力量，同时也为其他高校和众多企事业单位提供全方位的技术研发、资源研发、教学内容支持和服务，与各大院校一起推进中国网络教育事业的快速发展。

## 2.2 韩国取经，开拓少儿英语培训市场

2001年教育部颁布了《关于积极推进小学开设英语课程的指导意见》，规定全国县级以上城市自小学三年级起逐步开设英语课程，全国各大城市小学则先后自一年级起开课，英语在教育体系中所占的比重越来越大。与此同时，随着中国经济的高速发展，居民的收入水平逐渐提高，对于历来重视教育的中国家庭来说，教育支出占家庭消费支出的比重也在逐渐增加。随之而来的是极具潜力的庞大的教育培训市场，特别是尚未完全开发的少儿英语培训市场。

　　2002年年底全国人大常委会通过的《中华人民共和国民办教育促进法》和2004年颁布的《中华人民共和国民办教育促进法实施条例》，开始允许培训学校的投资获得适当回报。政策开放后，一夜之间，先前无人问津的教育培训机构变成了资本新宠。新东方、环球雅思、安博教育等教育培训企业，在资本的助力下一路高歌猛进，获得了极大的发展空间。面对庞大的教育培训市场，面临转型的外研社自然不会放过这一发展先机。

　　2005年8月，应韩国最大的出版培训集团YBM/Si-sa出版社之邀，总编辑蔡剑峰和汉语出版事业部总经理彭冬林等到韩国访问，商谈双方在少儿英语培训方面合作的可行性。

　　YBM/Si-sa是韩国的一个家族企业，成立于1961年。"si-sa"在韩语里是"现代"的意思。经过四十多年的发展，YBM/Si-sa逐渐成为韩国最大的外语出版机构，还拥有培训学院、网络公司、音乐公司等，这些公司和学院都在韩国取得了巨大的成功。比如YBM Education即经营各类培训学校，包括成人学院、儿童学院和幼儿学院。早在20世纪90年代初，由于韩国经济快速发展，社会对英语的需求越来越高，YBM/Si-sa意识到这是一个很好的机会，便着手创办培训学校。由于起步早，YBM/Si-sa的培训业务经过十几年的发展，现在已经非常成熟。

　　外研社提出"面向全民外语教育，提供全面解决方案"的理念，正在从原来单一的图书出版者转变为一个具备研发、出版和培训等多项功能的综合教育服务提供者。2005年年初，外研社成立了第二课堂工作室，目标是在全国范围内建立起学生英语教学系统，直接面向学生提供英语教材产品、教学方案，为学生的终身英语学习提供个性化的解决方案，打造中国少儿英语课外培训的知名品牌。在这一点上，外研社和YBM／Si-sa不谋而合。YBM/Si-sa是一个成功的先行者，有很多值得学习的经验，他们正在准备开拓中国市场，双方强强联手，无疑可以有效地整合市场资源和运作经验，从而实现各自的预期目标。

2005年年底，外研社与YBM/Si-sa签署了成立教育咨询合资公司的意向书。2006年5月，外研社又派出团队一行8人前往韩国，考察首尔知名出版社和培训学校。

经过一年多的筹备，2006年，外研社和YBM/Si-sa合资成立了北京壹加佳教育咨询有限公司（简称壹加佳）。外研社以无形资产入股，YBM/Si-sa投资1000万元人民币，双方各占50%的股份，希望在培训市场有所作为。

壹加佳以北京为试验田，以少儿英语培训为切入点，主推"壹佳英语"教育品牌。经过一年多的教学点选址和装修、搭建教学体系、组建教师和市场队伍，2008年年初壹加佳在北京万柳开设了第一家高端培训学校。之后又在中关村等地开设分校，不断完善教学与管理，逐步推广壹佳课程，树立壹佳培训品牌。

### 2.3 携手剑桥大学出版社，全方位服务英语培训市场

尽管外研社建立了自己的英语培训机构，但培训市场依然是外研社服务的众多市场之一。在培训市场上，外研社希望能够为培训机构提供更好的教材、更好的学习服务平台和更好的教师培训。

2008年，外研社推出了面向青少年的英语学习教材《新概念英语青少版》。2009年，外研社从剑桥大学出版社引进了针对5—12岁儿童的零起点课外培训英语教材《剑桥国际少儿英语》(*Kid's Box*,

简称KB）。这两套面向青少年的经典英语教材，为外研社在英语培训市场拓宽了道路。

### 2.3.1　强强联合，引进《剑桥国际英语教程》

外研社与剑桥大学出版社的合作可以追溯到20世纪90年代。起初两社合作项目并不算太多，也没有出彩的产品，合作模式主要是引进出版，重点产品包括英语技能培训教材与语言学教材。但两社之间彼此欣赏，彼此信任，在相识阶段就结下了深厚的友谊，奠定了良好的合作基础。外研社给对方留下了"合作伙伴很优秀，且值得信赖"的深刻印象。1995年，双方合作将畅销全球的"英语在用"丛书引入中国。

外研社与剑桥大学出版社有着诸多不解之缘。剑桥大学出版社隶属剑桥大学，是全世界最重要的学术和英语教学出版社之一。而外研社隶属北京外国语大学，是中国一流的英语教学出版社及教育服务机构。两社自身的定位和英语教学出版的方向及内容都十分相近。更有趣的是，两社的办公大楼的基础色调也极其相似。

在这份缘分的基础上，两社在接下来的合作中风雨同舟，逐渐达成默契。合作模式从单纯的引进出版逐渐发展为真正共担风险的合作出版；合作项目逐步扩展，从英语技能培训教材和语言学教材延伸到大套培训课程及词典；合作力度更是日渐加强，除了共同打造英语教学品牌之外，还共同投入到重头产品的市场开发及维护中，并共享客户数据。2000年，两社合作出版了面向高中生和成人的经典英语教材《剑桥国际英语教程》（第2版）（*New Interchange*）。

《剑桥国际英语教程》（第2版）是一套规模大、结构完整的教材，是剑桥大学出版社的拳头产品，也是全球英语培训市场最畅销

1998年，李朋义社长与剑桥大学出版社社长玛挪特（Jeremy Mynott）会面，开启了双方合作之路

李朋义社长、剑桥大学出版社社长潘仕勋（Stephen Bourne）、外研社常务副社长于春迟合影

蔡剑峰社长与剑桥大学出版社首席执行官彼得·菲利普斯（Peter Phillips）

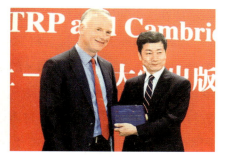

剑桥大学出版社首席执行官彼得·菲利普斯与外研社总编辑徐建中

的教材。该教材的主编是英语教学专家、著名教授杰克·C. 理查兹（Jack C. Richards），他在英语语言习得、教师培训、教材设计领域享有极高的声望。当时，国内的英语培训市场正处于发展初期，类似的高质量国际化产品几乎没有，特别是在单品组成方面更没有如此全面配套的产品。外研社凭借对中国外语培训市场的前瞻性和敏锐度，决定引进出版该项目。

　　在合作过程中，最令剑桥大学出版社感动的便是外研社的真诚。教材主编理查兹教授来中国做巡回讲座时，尽管双方的合约尚未签订，但外研社配合组织安排了教学研讨会，在北京、上海、广州三大城市举办了5场讲座，场场爆满。李朋义社长更是亲自指挥，请来中国外语界的权威专家到场支持。教材出版后，外研社的领导，以及国际部、市场部和销售部的同事们与剑桥团队全面配合，积极投入到所有的市场营销活动中：品牌打造、媒体宣传、持续不断地开展教师培训，迅速建立该教程的分销体系。在这个过程中，双方坦诚以待，相互尊重，相互学习，相互鼓励，不仅为项目的成功付出了辛劳和汗水，还在这个充满泪水和喜悦的过程中建立了深厚的友情。

　　《剑桥国际英语教程》将交际教学法贯穿于语言技能训练的整个过程之中，强调在"有意义的交流"中培养语言的准确度和流利度，将英语学习变成了一种融视、听、说于一体的愉悦体验。这套教材的出现正逢国内英语教材匮乏、英语教学亟待改革的时期。与同类教材相比，《剑桥国际英语教程》以其先进的教学理念、有趣而时尚的语言材料、地道的美式英语语音，让国内的教育者和学校师生耳目一新，从而掀起了实践外国先进英语教学法的教学改革热

《剑桥国际英语教程》（第5版）

潮。出版后的5年里，有近5000家外语培训机构采用了这套教材。在李岚清同志倡导下举办的历届部级领导干部英语培训班上，《剑桥国际英语教程》也被作为英语教材常年使用。

教材主编理查兹教授从此也与外研社建立了深厚的友谊与稳定的合作关系。在之后的几年里，外研社陆续引进了理查兹教授编写的《朗文语言教学及应用语言学辞典》《语言教学的流派》《语言教学中的课程设计》《超越专业技术训练》等学术著作。

2007年，根据世界各地师生的反馈，《剑桥国际英语教程》改版，外研社再次邀请理查兹教授来到中国，先后在北京、沈阳、上海和广州举行"变革时代的语言教学"主题讲学。来自全国100多所大学、200多个外语培训机构的1000多名负责人或教师聆听了理查兹教授的专题报告。报告的广度与深度，以及对于几十年英语教学变革的系统论述，给老师们很大的启发。理查兹教授独特的个人魅力也博得听讲者的认可。他双眼闪烁着智慧的光芒，语速飞快，头脑敏捷；他的微笑非常灿烂，平易近人。理查兹教授还喜欢拿自己稀薄的头发开玩笑，说他在主编《剑桥国际英语教程》时头发还很多，新版问世之后他只能把它们放在宾馆了。理查兹教授讲话时表情变化不多，但很善于模仿不同的英语口音，常常在不经意间穿插笑话，让人猝不及防而后捧腹。

2019年，《剑桥国际英语教程》迎来了第5版的出版。3月19日，外研社和剑桥大学出版社在京联合主办了"《剑桥国际英语教程》（第5版）新书发布会暨2019外研社·剑桥外语特色课程教学研讨会"。新版教程结合时代变化，全面更新了语篇素材和版面设计，完善了测评体系，增加了真实有趣、贴近生活的视频等丰

理查兹教授做主题讲座

富的数字化教学资源，为学习者带来了全方位的学习体验。剑桥大学出版社大中华区教师发展经理尼古拉斯·梅菲尔德（Nicolas Mayfield）表示："我们同外研社合作出版了教材的第2版、第3版和第5版，建立了深厚而长远的合作和友谊。剑桥大学出版社非常珍惜与外研社的伙伴关系，并且期待在未来与外研社进行长期的合作，出版更多如《剑桥国际英语教程》一样的优秀作品。"

2.3.2　不怕将鸡蛋全放在一个篮子里

剑桥大学出版社社长潘仕勋（Stephen Bourne）曾谦虚地说："我们不认为剑桥大学出版社在中国可以独自发展得很好，一定要有像外研社这样的合作伙伴的扶持，我们才能够持续健康地发展。外研社本身也是一家大学出版社，是一所优良大学的成员之一。在质量和学术的严谨性方面，我们有着相同的理念。外研社了解我们，还跟我们一起为双方的利益造就了极大的成功。"

在双方合作《剑桥国际英语教程》后的十年里，剑桥大学出版社并没有顾忌"把鸡蛋全放在一个篮子里",而是和外研社签订了一系列教材独家出版协议。剑桥品牌产品覆盖了幼儿园、小学、中学和成人的"一条龙"系列教程,这其中包括广受老师和学生欢迎的《剑桥国际少儿英语》,这是外研社出版的第一套针对培训市场的英语教材。

《剑桥国际少儿英语》由具有20多年EFL理论研究和教学实践经验的国际英语教学专家

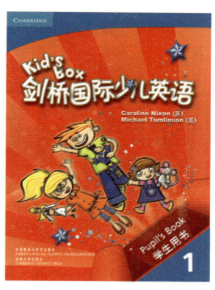

《剑桥国际少儿英语》

卡罗琳·尼克松(Caroline Nixon)与迈克尔·汤姆林森(Michael Tomlinson)合作编写。教材倡导为儿童的英语启蒙营造一个自信的起点,让他们在享受语言学习乐趣的同时,持续提高自己的英语水平,并真实地感受到自己的进步。这套书也是剑桥大学考试委员会ESOL考试部的推荐教材,全面培养少年儿童的听、说、读、写四大基本技能,知识点、词汇量以及能力培养目标等,完全覆盖剑桥少儿英语考试大纲的要求。在《剑桥国际少儿英语》之下,还有一套为5岁以下儿童设计的英语教材《剑桥国际儿童英语》(*Playway to English*),也由外研社引入中国。

在合作中,外研社和剑桥大学出版社将"特事特办、合作共赢"的风格发挥得淋漓尽致。为了让中国的孩子能够及时使用到国外最新的一流教材,《剑桥国际少儿英语》尝试在中国和全球其他

《剑桥国际儿童英语》

国家同步发行。潘仕勋社长和于春迟社长不谋而合地想到要为教材打造一个全方位的学习系统，这一系统包括网络学习平台、学生测评以及持续深入的教师培训。在还没有签协议的情况下，剑桥大学出版社给予了外研社充分的信任和支持：暂缓协议，先行开发网站；派出培训师，全力支持精品课程师训；免费提供飞往剑桥大学培训两周的教师名额。

2009年，教材正式出版后，为了在推广初期打开局面，取得良好的市场份额，主管市场营销的副社长王芳专门召开了教材推广动员会，并带领销售团队开拓市场，首创外研社封闭销售渠道的先例。有了新的销售渠道和发行方式，市场部的"伙计们"玩命似的组织了一系列推广活动。仅一位市场人员，便在短短半个月的时间里组织了8场活动，跑遍广州、沈阳、哈尔滨、南昌、长沙、柳州、海口、鹤山。针对英语培训市场的教材开发和推广是一件很具挑战性的工作，但外研社有着优秀的产品、专业的培训师、高效的团队、良好的渠道，以及敢于实践创新的推广思路，因此在英语培训教材市场占据了先机和优势。

剑桥大学出版社为教师培训贡献出了最好的资源，专家阵容异常强大：《剑桥国际英语教程》的作者杰克·C. 理查兹是国际知名教授，在英语语言习得、教师培训、教材设计领域享有盛誉；《剑桥国际儿童英语》的作者之一赫伯特·普赫塔（Herbert Puchta）是英语教育专业博士、国际英语外语教师协会主席；《剑桥国际少儿英语》的作者之一迈克尔·汤姆林森是国际英语外语教师协会和英国文化教育协会的英语教学培训专家。在中国，这些业界知名专家所到之处无不受到老师们热烈的追捧。迈克尔·汤姆林森更是曾一年两次来华，讲座场数达14场之多。强大的专家阵容保证了老师们对于教材的深入理解，也为中国教师整体水平的提高做出了很大的贡献。

在外研社的不懈努力和剑桥大学出版社的全力支持下，出版后短短半年时间里，《剑桥国际少儿英语》迅速覆盖全国，以其科学

2006年11月，《剑桥国际英语教程》教学研讨会

先进的教学理念、系统完善的教学体系、趣味丰富的学习内容、全面完备的配套资源，得到了老师和学生的推崇。2016年，外研社出版了《剑桥国际少儿英语》（第二版）。新版教材紧随英语教育的发展趋势，吸收了对第一版教材的反馈意见，更新了大量的素材内容，从而保证了更好的学习效果。

《剑桥国际少儿英语》出版后，外研社又与剑桥大学出版社探索了更为多样的合作模式。在王芳的推动下，双方开启了引进原版图书的独家合作，针对外国语学校等高端市场引进更多新品图书，扩大了剑桥产品的用户覆盖面和市场占有率，提高了外研社和剑桥的品牌影响力，实现了双赢。近些年，随着国家针对基础教育阶段教材新政策的出台，为了更好地维护市场、服务英语学习者，在徐建中总编辑和王芳书记的大力促成下，外研社与剑桥大学出版社又开启了原版书改编落地项目合作，为双方日后的长远发展奠定了坚实的基础。

### 2.4  陈琳教授担纲，探索基础教育培训

为进一步推动中国基础外语教育的发展，2006年10月16日，由教育部指导、北京外国语大学主管、外研社支持的全国基础外语教育研究培训中心（China Basic Foreign Language Education Research & Training Center）在外研社国际会议中心举行了成立大会。

教育部基础教育司副司长朱慕菊、教育部基础教育课程教材发展中心副主任曹志祥、北京外国语大学党委书记杨学义，以及陈琳教授等专家学者应邀出席了成立大会，同时参会的还有来自全国的100多位教研人员和一线教师。李岚清同志为研究中心亲笔题写了铭牌，以示对中国外语教育事业的一贯支持。朱慕菊副司长在讲话中说，中国英语教师师资数量严重不足，师资质量迫切需要提高，

期望研究中心工作的开展，不仅能为基础英语教育领域的研究做出努力，而且真正服务于广大教师，为外语师资培训工作尽一份力量。

研究中心是教育部直属、专注于基础外语教育研究的学术机构，汇集了国内基础外语教育界最权威的专家，集合了国内一流的基础英语教师培训课程资源、网络教学资源、教学专家资源、科研课题资源、师训出版资源、国际合作资源、教学研讨与品牌赛事资源以及培训硬件资源，建立了国内最为完备和全面的基础英语教师教育和培训资源。研究中心从师资队伍建设这一关键切入，全力推进基础英语教育的均衡和持续发展。

在研究中心的指导下，2006年，外研社启动了中小学英语教师职业发展培训项目，开始探索基础教育阶段的有偿培训。针对中小学教师在教学理论与技能提高、语言素质提高，以及文化交流的需求，外研社每年暑假集中举办"全国中小学英语教师高级研修班"，不定期举办中小学教师赴英、美、澳、加短期留学项目及国内外名校互访项目。在新的培训业务领域，外研社又递出了一张闪亮的名片——"歆语工程"。

针对中国现代化进程中出现的基础教育发展不平衡的现状，北京外国语大学主动承担高校服务社会的责任，依托自身最优质的外语教学科研力量，于2006年启动了"歆语工程"，在基础教育相对薄弱的地区推出以中小学英语师资培训、支教帮扶和志愿服务为主要内容，以推动基础教育均衡发展为目标的教育支持系列计划。作为承办单位，外研社承担了"歆语工程"课程、教材、教学的设计及实施工作。

  "歆语"，即美妙的语言。"歆语工程"旨在传播美妙语言，架设沟通桥梁，共享和谐信息。该项目以与地方合作的形式，整合国内外一流课程、师资、教材、管理资源，结合不同地区的基础英语师资和教学实际情况，提供以教师培训为主体，辅以远程教育、教学指导、教学科研、出版、学术研讨和交流、赛事活动等支持体系在内的定制化、个性化、全方位的一站式师资共建和基础教学指导服务解决方案。

  "歆语工程"专家团队阵容强大，有来自国家《英语课程标准》研制组、北京外国语大学、北京师范大学、首都师范大学、北京教育学院、剑桥大学考试委员会、英国大使馆文化教育处等高校和外语教育专业机构的著名英语教育研究专家、教师培训专家，如国内英语教育界的知名学者陈琳、梅仁毅、屠蓓、张耘、张连仲、程晓堂等；也有来自教学一线，屡获殊荣、成绩斐然的教坛常青树和新秀，以及长期从事基层教学研究和教师培训的全国优秀教研员。

北京外国语大学校领导与"歆语工程"学员代表合影留念

不少参训教师表示，长期工作在教学一线的他们亟须充电，而"歆语工程"刚好为他们提供了这样一次机会：

"培训内容充实，理论和实践相结合，案例讲评也生动有趣、时效性强。这次培训让我的教育理念得到了一次洗礼和升华。"（河北省平山两河中学冀文会）

"陈琳老教授尤其令人感动，在近两个小时的报告中，他始终挺拔地站在讲台上，抑扬顿挫且不失幽默地为大家带来了一场生动的演讲，他用自己的行动为大家诠释了教师这一职业的神圣与光荣。"（北京市门头沟区峪中分校魏立华）

"每一位专家的讲座都那么精彩，我觉得自己比平时更加充满对知识的渴求。当我听完张连仲教授'英语学科教育的人文性目的与工具性目的'的讲座后，我感到既惭愧又欣慰。惭愧的是，在平时的教学中，我处理教材的方式不太恰当；欣慰的是，我的错误做法及时得到了纠正。"（陕西省延安市黄陵县中学张敏侠）

凭着良好的培训效果和口碑，"歆语工程"受到了各省（区、市）政府和教育部门的热烈欢迎。截至2010年，外研社已与湖南、陕西、海南、广西等8个省（区、市）建立了长期的中小学英语师资共建项目合作关系，累计完成各级各类中小学英语教师培训4000余人次，产生了良好的社会效益及示范带动效应。在2010年由联合国教科文组织亚太地区教育局、中国联合国教科文组织全国委员会主办的首届亚太地区教育创新"文晖奖"评选中，"歆语工程"从来自中国、马来西亚、印度、菲律宾等亚太地区国家的34个教育机构和个人候选项目中脱颖而出，获得首届亚太地区教育创新"文晖奖"。

### 3. 加快数字化融合发展步伐

从传统出版走向数字教育服务，实现传统出版和数字出版的融合发展是教育出版机构转型的必由之路。在"十一五"规划中，外研社将"网络出版规划"列入八大出版规划之中，以积极的姿态迎接数字化浪潮。

#### 3.1 将"网络出版"写入"十一五"规划

进入21世纪，网络出版逐渐形成强大的发展势头，影响和改变了人们的阅读习惯、消费结构和认知倾向，给传统出版业造成巨大冲击。根据中国互联网络信息中心（CNNIC）的统计报告，截至2005年6月30日，中国上网用户总数为1.03亿人，中国网民人数和宽带上网人数均仅次于美国，位居世界第二。

网络出版是继图书、报纸、期刊、音像制品和电子出版物之后的又一种出版形态，是一种崭新的文化生产与传播方式，它以数字化技术为支撑，以计算机网络为载体，是对传统出版形态和样式的全方位变革。网络技术和数字技术不仅可以改造传统出版业的各个环节，而且可以简化作者→出版者→发行者→读者这个出版流程，变为作者与读者直接交流。与传统出版相比，网络出版具有价位低、出版周期短、时效性强、内容广泛、无须印刷、表现形式多媒体化、检索快速方便、可与读者互动等特点。网络出版带来的全新技术、生产方式以及相应的理念，既为传统出版业提供了难得的发展机遇，又成为传统出版业必须应对的挑战。

发达国家的网络出版发展速度相当惊人。在网络出版开展最早的美国，2005年已有82%以上的出版社拥有自己的网络品牌和网络出版系统；德国网络出版的营业额以年均15%的速度增长；日本也有三分之一以上的出版社在从事网络出版业务。对于中国出版业而言，紧跟世界出版业的发展趋势，围绕网络出版，对现有的出版资源进行优化重组，构建有中国特色的、符合时代潮流的网络出版模式，是加快出版业发展、开拓新的经济增长点的重要举措。

在国内，到2004年年底，网络出版已成为产值25亿元、占国内信息产业产值10%的行业。传统出版单位从事网络出版的虽然数量不少，但规模效益好的不多。究其原因，一是传统项目效益依然较好，缺乏开拓新媒体出版业务的压力和动力；二是网络出版要求出版资源相对集中，传统出版单位自身拥有的资源分割严重，不足以独立开展网络出版业务；三是网络出版投入大、周期长、风险大，难以驾驭。因此，大多数出版社对此只是观望和尝试。

外研社由于自身的传统出版业务就是教育出版，因此比其他出版社更早地有了网络出版的机会。外研社为传统外语教材出版物配套开发了不同层次和形式的网络教育出版物，如基础教育网站"新标准英语教学资源库"、高等外语教材《新视野大学英语》网络教学网站等。

外研社将网络出版写入"十一五"规划

在外研社的"十一五"发展规划中，"网络出版规划"被列为八大出版规划之一。"我们既要看到网络出版对传统出版的异化、变革和冲击，增强紧迫感，积极探索发展网络出版与电子商务出版的新路子，同时我们又要看到现阶段网络还不能动摇传统出版业的主导地位，稳住阵脚，积极发展传统出版事业，这也是我们开展网络出版的基石。"

"规划"提出要从七个方面取得突破：一是坚定发展网络出版的信心，更新出版理念，完善组织机构。二是继续强化传统出版业，占领内容产业的制高点，将传统出版业资源优势转化为网络出版优势，寻找传统出版与网络出版的最佳结合点。三是建立适应网络出版要求的基础设施，重点建设好出版管理系统，建立数字化工作流程，加快信息化建设步伐。四是充分重视传统出版资料的电子版权，做好数字版权的保护工作，重视数字出版资源的积累和开发，加大传统出版资源整合的力度。五是全力打造中国外语资源门户网站，加快网络平台的建设，积极开展数字出版实践。六是紧跟有利于网络出版的新技术发展，坚持自主创新为主、吸收外力为辅的发展道路。七是培养适应网络出版需要的人才，加强人员培训。为此，外研社准备初步投资3000万元，力求在网络出版上有所突破。

### 3.2  拥抱信息技术，为数字化建设做好准备

早在20世纪90年代，外研社就开始拥抱信息技术，为数字化建设和网络出版做好了准备。

3.2.1  收购银盘公司，涉足电子出版

1997年年底，外研社全资收购了北京银盘电子技术有限公司，开始涉足电子出版，并规划网络出版。

北京银盘电子技术有限公司的创办者陈宇在大学读书期间便接触过计算机技术，毕业后被分配到外交部主管的世界知识出版社做

编辑。从20世纪80年代中后期开始，他便关注计算机技术在出版领域的应用。1992年，陈宇通过清华大学的陆达教授接触到CD-ROM后，开始思考出版业的发展方向。那一年，陆达受清华大学委派，组建了中国的第一家多媒体软件和电子出版公司——北京金盘电子有限公司。应陆达教授之邀，陈宇从世知社辞职，下海到金盘公司成为第一任主编，参与制作出了中国第一批多媒体电子出版物。1996年，陈宇和几个朋友一起合办了北京银盘电子技术有限公司，并开始和出版社接触，探寻项目或资本合作。

1996年3月14日，新闻出版署发布了《电子出版物管理暂行规定》，对电子出版物的行业管理、电子出版单位的设立等进行了规范。同年，新闻出版署批准了首批37家电子出版物出版单位。有雄心壮志的李朋义社长自然希望外研社也能够获得电子出版权，开展电子出版业务。

就这样，在双方都有需求的情况下，外研社和北京银盘电子技术有限公司进行了接触，双方一拍即合。经北京外国语大学批准，1997年12月，外研社全资收购了北京银盘电子技术有限公司，李朋义兼任公司董事长，副社长徐冀侠任总经理，陈宇任外研社电子出版部主任。

电子出版部在成立之初，便拥有全面的开发、销售能力，从选题策划到编辑加工，从美术设计到配音配乐，从软件开发到市场销售，都自成一体。电子出版部开发的第一个产品是根据《随大山商访加拿大》改编的《随大山访问加拿大》多媒体教学光盘。1999年，新闻出版署决定对1992年以来国内开发的全部电子出版产品进行评选，并设立"国家电子出版物奖"。《随大山访问加拿大》一路过关斩将，夺得新闻出版署颁发的首届"国家电子出版物奖"。从此，电子出版部开始了"两条腿走路"：一条是配合外研社的重点项目，如《新编大学英语》等，制作配套课件；另一条是相对独立的产品开发，比如为老牌英语教材《许国璋〈英语〉》制作多媒体出版物，还自主开发了书配盘产品《图解儿童英汉词典》（张道真著）以及3D动画版的《火柴头儿英语》等。

在21世纪初，外研社做好了有关电子出版的三个发展规划：一是制作以光盘为介质的多媒体产品，二是研发掌上型电子设备，三是探索网络出版。

### 3.2.2　拥抱信息技术，为出版开拓边疆

在1993年，外研社只有2台电脑，仅限打字之用，财务人员需要手工记账，销售人员也要手工填写图书进出库单据，整个出版社就像是一个巨大而忙碌的手工作坊。

1998年年初，外研社搬进新落成的大楼时，为楼内员工每人配备了一台电脑。计算机中心除了安装电脑、开发系统外，还抽出时间向全社员工普及Windows操作系统。同年，外研社注册了自己的域名。作为网站唯一的管理员，刚入社的杨小虎包揽了网站架构、系统开发、中英文页面设计、内容采编、交互社区、新书发布等方方面面的工作——用他的话说，"简直不可思议"。

1999年，外研社购进了两台调制解调器，两只神通广大的"猫"让社内有业务需要的员工通过拨号方式接入了互联网。不久以后，外研社有了自己的财务电算化系统和图书销售系统，结束了财务人员手工记账的历史，实现了图书进出库数据的电子化管理。

在数字化管理方面，从2000年开始，计算机中心的同事们全身心投入到了云因出版业务系统的建设之中。在摸爬滚打中，外研社有了自己的编务系统、办公系统，财务系统和销售系统也得到了进一步的强化。2005年，外研社又引进了金蝶国际软件集团有限公司的预算管理系统，对预算和各项花费的控制得到了极大的强化。2007年，外研社调集精兵强将，全面发起了一次"登峰行动"，剑指ERP系统。当时还只有极少数的出版社拥有自己的ERP系统，这项行动可谓外研社管理史上具有里程碑意义的变革。2008年，ERP系统成功上线。

在机构支持方面，2002年，外研社将原来的计算机中心改组，成立数字化管理部，为数字化出版工作做了大量前期准备工作，比如将较早年份出版的图书进行了扫描和数字化保存。2003年成立了网站管理部，负责企业网和各部门网站的建设和维护，以及网络出版的开拓工作。为了实现对内容资源的规范化、科学化、数字化管理，2008年10月，外研社又组建了数字资源中心。这个被誉为"数字出版总装备部"的新部门，承担了外研社所有数字出版的基础数据工作，并开始搭建内容资源管理系统、在线协同翻译平台、语料库，为"线上外研社"的宏伟蓝图夯实基础。

在数字化氛围的烘托下，各项新业务层出不穷，业务汇报中的新名词也多了起来：按需印刷、电子书、手机词典、学习平台、数码点读笔……

### 3.3 建设数字化平台，探索最前沿的数字产品

2009年，在第16届北京国际图书博览会上，由外研社基础教育出版分社推出的基础英语自主学习平台广受关注。由于平台内容以

基础英语自主学习平台　　　　　"希望之星"英语风采大赛在线培训平台

外研社30年来的高质量出版物为主要资源，因此被用户誉为"值得信赖的网络学习平台""英语自学者的天堂"。该平台只是外研社在这届博览会上亮相的五大数字化平台之一，它与基础英语教育试题库系统（初中版）、"希望之星"英语风采大赛在线培训平台、定制测试与学习报告项目、外研社外语数字学习平台FLTRP-Learning四大平台一起，覆盖了中国英语教育者和学习者的各个层面。

自2005年开始筹划网络出版，几年间，外研社逐步建立起各种与教材配套的教育资源数字平台，以满足大学、高职高专、中小学各个层次师生的网络教学与学习消费需求。2006年，外研社成立事业发展部，开始探索无线增值、互联网、手机业务，先后与诺基亚公司合作为"行学一族"提供课程、与腾讯无线合作建立外研社读者圈、与技术公司及运营商合作参与语音玩具项目，以及策划中国移动手机报等。

2008年，外研社将电子音像出版社和事业发展部合并，成立了电子音像网络出版分社。作为外研社产品数字化的先锋队，分社先后推出了外语数字学习平台、悠游网、手机词典等最前沿的数字产品。这些平台提供了多模态的学习方式，以个性化学习方案为线

外研社外语数字学习平台FLTRP-Learning

索，为学生提供学习诊断测试、考试题库、多媒体课件、互动电子书刊、音视频等多种学习资源。

　　"一次性获得海量外语图书及教学资源、一次性备齐所有外语在线学习工具、一个平台解决教学与科研需求"，这不是夸张的广告语，而是外研社打造的国内首个融合互动教学系统与专业化海量资源的全方位、个性化外语学习平台FLTRP-Learning的功能介绍。该项目2008年9月立项，目标是把优质资源和数字学习平台结合，让使用者最快地找到资源，最快地提高外语水平。经过将近一年的努力，FLTRP-Learning实现了从蓝图到"毛坯"再到"精装房"的演化。2009年5月，第一个试用平台（www.flearning.cn）投入使用。不到一年的时间里，十几所大学安装了FLTRP-Learning，并实现了销售。

悠游网

　　为面向广大读者提供增值服务，2009年6月，外研社上线了悠游网（2u4u.com.cn）。作为外研社面向网络出版领域的一项重要尝试，悠游网的初期目标是建设成为一个资源比较丰富、用户互动性比较好的外语学习资源网站，配合外研社的图书销售，实现"增值"。读者可以累积购买外研社图书的积分，用以兑换电子图书、学习课件、视频资料等各种学习资源。通过悠游网，"直达您所需的外语资源"将变得很容易。从长期考虑，则希望将其打造成为外语教育的B2C门户。就在投入运营的短短4个月时间里，悠游网注册用户已达65 000余人。

　　也是从2005年开始，外研社着手研发手机词典。长期以来，市面上很多手机词典的内容都是外研社授权提供的。2009年9月，外研社发布了自己的手机词典。一时间，手机词典市场一片哗然。

很多人都觉得，外研社一旦做手机词典，其他人就没有戏了，这是因为外研社拥有不可替代的极其丰富的外语资源。在分社社长何皓瑜的带领下，2008年年初电子音像网络出版分社决定研发市场上没有的TF卡版手机词典，仅用一年多的时间，便推出了包括英语、日语、德语、法语、意大利语、西班牙语、俄语、韩语8个语种并完整收录10余本专业词典的手机词典。

外研社手机辞典

蔡剑峰总编辑说："要从事新业务的开发工作，就要面对再三的打击，无数的挫败，而且还有可能最终一事无成。"五年间，外研社在拓展数字产品新业务过程中的确遭遇过失败，但外研人"从这些睁眼跌的跤里学到东西"，在实施教育服务和信息服务战略方面迈出了坚实的步伐。在传统业务与新业务的竞合中，外研社选择了做自己的终结者。

### 3.4 让图书"开口说话"的点读笔

2006年，在外研社和汤姆森学习出版集团联合举办的"《汉语900句》新书发布会"上，最受人关注的不仅仅是《汉语900句》这套为海外汉语初学者编写的多媒体口语教材，更让人眼前一亮的是它的一款配套电子学习产品——点读笔。李长春同志亲临外研社展台指导时，对这款点读笔饶有兴致，称其"使用方便、发音准确"。

《汉语900句》在书展上备受青睐，那支一点就发声的"神笔"功不可没。这是外研社迎接数字化出版浪潮、探索高科技教学方式过程中进行的一次大胆尝试。

### 3.4.1  打造"外研通"品牌

点读笔的核心技术之一是OID隐形码技术（Optical Identification Digital），它搭建起了印刷书本与数字系统之间的桥梁。台湾松翰科技股份有限公司在2003年开始推广OID技术产品，率先推出第一代OID晶片组和集成化的光学识别笔头。在中国大陆，2004年深圳市九铭科技有限公司用OID技术开发生产出一种单体学习点读笔，它将所有的器件全部集中在一支笔内，成为一个小巧玲珑、随身携带的学习工具。这是第一支真正意义上的点读笔，但那时并没有引起市场的广泛关注。

由于点读笔必须点触出版物才能发出声音，与图书关系非常密切，特别适合语言教育，因此外研社在开发这类产品方面有很明显的优势。

2003年，外研社电子出版部开始涉足电子词典项目，经过一年多的精心酝酿和近半年的用心打造，2004年年初推出了"外研通"电子词典。虽然产量不多，且多以礼品的形式赠人，但作为数字化产品的早期探索，外研社以创立"外研通"品牌为开端，全面进军教育类电子产品市场。

2006年8月，为配合《汉语900句》的推广，外研社与"爱国者"品牌合作，社长助理杨小虎带领技术研发团队仅用了一周的时间便做出了配套点读笔。由于那时点读笔在市面上十分新颖，且与《汉语900句》这套汉语学习教材的契合度非常高，因此在各类书展上大获好评。2007年，《汉语900句》凭

社长助理杨小虎带领研发团队开发数字化项目

借这支技术含量较高的点读笔获得了"首届中国出版政府奖电子出版物奖"。那时，刚升任副社长的王芳和熟悉技术的社长助理杨小虎开始关注点读笔，希望通过狠抓创新，为外研社寻找新的经济增长点。

因为外研社以出版为主业，所以最初只打算做点读图书，并选择与诺亚舟教育控股有限公司合作，由他们来制作点读笔，最后以双品牌的形式进军点读市场。经过一年多的尝试，由于市场销售并不理想，王芳最终决定靠外研社自己的力量来制作硬件产品。2009年，外研社将北京银盘电子技术有限公司的部分编辑调出，重组了市场人员后成立了数码产品发展事业部；同时着手注册公司，于11月正式成立了北京外研通教育科技有限公司，大力开展数码产品业务。

在技术方面，外研社与最早研发OID技术且在该领域硬件市场

"外研通"点读笔及配套点读书

占有率高达90%以上的台湾松翰公司合作，采用国际最新的光学识别技术和数码语音技术，围绕《英语》（新标准）、《新概念英语》等外研社的"拳头产品"，将点读技术与中小学教学结合，于2009年年底正式向市场推出了"外研通"数码点读笔和将近一百种点读书。由于点读笔发音准确、使用方便，适合不同年龄阶段的人学习外语之用，推出首年便实现销量3万支，转年达到了8万支，第三年攀升至12万支。

2009年，"外研通"点读笔通过教育部中央电化教育馆权威鉴定。经过两年多的发展，点读书已经成为外研社一个新的出版领域，由最初的近百本点读图书品种很快发展为上千本的规模。除了《新概念英语》、《英语》（新标准）等教材，还有《小鲤鱼历险记》、"书虫"等经典读物。对于饱受数字化时代冲击的传统出版业来说，点读笔突破了传统图书形态、容量的限制，打开了一片新天地。那时，中国点读笔的市场才刚刚起步，而外研社已经开拓出了一片蓝海。

### 3.4.2　开拓之路

"外研通"点读笔的发展历程并非一帆风顺，无论是在技术革新还是市场开拓方面，都经历了很多艰辛曲折。

起初，点读图书的制作并不顺利，因为当时全国没有一家印厂有大批量印制点读书的经验。点读印刷和普通印刷有很大的区别。普通印刷即红、黄、蓝、黑四色印刷，黑色是碳黑。而点读印刷的码点是碳点，点读笔要通过红外感光元件识别碳元素才能转换发音，所以要将点读书上的碳黑一层去掉，换成由红、黄、蓝三色调出来的黑色。

由于印厂面临新技术上的困难，再加上印刷存在不稳定性，比如碳点拖尾或重影，机器抖动或纸屑过多等，都会使点读印刷的质量大幅下降，导致点读笔无法识别。为此，外研社专门派人去全国各地的印厂，培训工人点读印刷技术，常常一待就是半个多月，整个过程异常艰辛。外研通的总经理杨岚当时是编辑部的主任，为了印制点读版《新概念英语》，三伏天里，她和另外两位同事守在印厂盯着教材印刷，一刻都不敢离开。印厂不能开窗，没有空调，车间嗡嗡作响，燥热难耐。由于要24小时守在印厂，睡觉成了最大的问题。没有窗户和空调，在闷热的小房间里只能睡三四个小时，起来时汗流浃背。三个人就这样一人守8小时，轮班作业，终于熬到所有教材全都无质量问题地印出。

在市场渠道拓展方面，最初点读笔的推广走的是图书推广的传统路子，寄希望于书店销售渠道。但事实证明，电子教育类产品在传统图书渠道的销售情况并不乐观。经历挫折后，一向重视销售渠道建设与管理的王芳决定重新搭建销售队伍。她凭借敏锐的市场嗅觉、果断的做事风格和丰富的营销经验，将山东和四川这两个《英语》（新标准）教材使用大省作为突破口，在当地寻找做电教产品推广的民营代理商。这些代理商一方面对于推广电教产品比较有经验，另一方面他们拥有自己的销售渠道资源。于是，外研社与各地代理商逐渐建立了合作关系。经过几年的渠道建设，"外研通"点读笔的独家代理商覆盖了全国五六十座城市，走出了一条相对成熟的销售之路。而这个渠道资源也是一笔宝贵的财富，如今外研社的很多读物和智能产品，都依靠点读笔的销售渠道来做推广。

自2010年春季起，外研社新发行的《英语》（新标准）小学教材全部采用了点读版，学生用点读笔轻轻点击教材上印有隐形底码的文字或图片，就能让图书"开口说话"。新教材囊括了课文朗读、教师讲解、中文翻译及练习提示等语音资料。陈琳教授表示，点读教材很好地解决了学生一旦离开课堂就失去语言环境的问题，其即点即读的方便性和声音素材的丰富性，让小学生的英语学习有了一个很好的开端。他还说："'外研通'点读笔的出现是文化传播和语言学习的革命性发展，前途无量。"

2011年，"外研通"点读笔入选了教育部"全国教育科学规划外语教育研究专项课题"，作为课题研究专用笔。同时，全国覆盖率达到30%以上的外研社"新标准"一条龙小学、初中、高中教材也全部印刷为点读版，配合"外研通"点读笔使用。

2013年，为优化分工并进一步提高点读笔质量、保障供货，点读笔生产调整至出版中心材料部。在出版中心总监郑玉杰的带领下，材料部组织了包括马建利、张京华在内的工作小组专门负责点读笔生产。材料部与外研通密切配合，建立了质量标准，健全了生产供应商队伍，优化了生产流程，在包装端增设了全检环节，并根据市场需要完善了认证体系。经过多方努力，点读笔故障率降到新低，稳定性进一步提升，交货周期更加可控，有力地支持了市场销售，品牌效应愈加显著。

### 3.4.3 打击盗版，推出首款智能点读笔

相比于其他早已抢占幼儿教育市场的点读产品，"外研通"点读笔从一开始的定位就非常明确，即面向中小学生，通过提供教学服务来带动点读笔的销售。经过三年多的发展，"外研通"点读笔

逐渐在行业内处于领先的位置。

然而，树大招风。点读笔的利润又带来了新的问题，那就是盗版。近些年，不少商家破译了点读书的码点，通过仿造点读笔对外研社的点读产品进行侵权。最严重的时候，全国有数十家点读笔生产厂商涉嫌侵权，他们打着"外研社""外研通"的旗号蒙骗消费者，但实际上这些盗版笔甚至有不少是三无产品。在王芳的领导下，"外研通"团队在第一时间作出反应，联合技术合作方和社内法务部门，通过技术改进、法律申诉等各种手段方法与盗版笔做斗争。尽管各方的努力打击了一部分盗版商家的气焰，但还是治标不治本。

与此同时，点读技术也随着科技的进步而不断发展。十多年来，"外研通"点读笔始终走在点读技术领域的最前沿，经历了数次更新换代。2010年后，学校网络教学环境大幅改善，目前全国中小学校互联网接入率已达87%，多媒体教室普及率达80%。在教学条件不断升级的大环境下，一手打造出"外研通"点读笔的王芳再次把握市场大势，积极响应国家"十三五"规划中关于推进教育信息化改革的号召。2017年，外研社与麦片科技（深圳）有限公司合作，研发出了全球第一款智能点读教学工具——智能点读笔VT-9。

新一代点读笔是全球第一款基于安卓开放式平台而开发的智能点读学习工具，与只具备点读、录音、查词等功能的传统点读笔相比，在功能上具有很大的延展性，可以实现云点读、云点视、智能语音对话、口语考试、口语评测等功能。由于该智能点读笔采用了新合作公司的码点，目前还没有被大规模破译，十分有效地打击了盗版笔的嚣张气焰。

配合智能点读笔，外研社还开发了"外研通"互动教学系统2.0，为中小学提供教学服务。这是一款全方位、软硬件一体化的教学工具，可以帮助老师完成课前备课、导学，课中授课、互动答题，课后收发作业、动态反馈等教学流程。该系统配有外研社海量、权威的数字化教学资源，并且能通过智能笔与电脑、平板、手机等多种终端来构建丰富多样的师生互动学习方式，从而实现教师、学生、家长之间数据互通、信息共享的教学模式。可以说，经过十多年的发展，"外研通"已经从一款简单的点读笔发展为一个教与学一体化的智能平台。

如今，外研社已出版点读图书4000多种，范围涵盖了中小学教材教辅、培训教程、绘本读物、词典、幼教等各个类别，并取得了其他出版社点读授权。2018年，"外研通"点读笔销量超过22万支，营业收入将近1亿元，累计用户覆盖上千万人。"外研通"已经成为电教产品市场的顶尖品牌，市场占有率稳居榜首。

## 第六节
## 新机制，建立现代企业制度

为适应外部形势和自身发展需要，外研社对出版体制、机制和机构不断深化改革创新。于春迟社长提出，"四轮驱动"战略转型要求外研社"内外兼修"，其中"内修"便是修炼管理内功，强化出版社的核心竞争力。

## 1．建立现代企业制度，蓄势出版体制改革

2003年，李朋义社长在全社工作总结大会上做了"以发展为主题，以体制和机制创新为重点，建立现代企业制度，完善企业治理结构，为把我社建成一个现代化的出版企业集团而奋斗"的主题报告。报告明确指出"外研社建立现代企业制度的时机已经完全成熟"，并将建立现代企业制度列为2004年外研社十大任务之首。

建立现代企业制度是外研社发展壮大的必由之路。进入21世纪，外研社已经具备了建立现代企业制度的内外条件。

一方面，党和政府积极推动新闻出版业管理体制改革，为建立现代企业制度营造了良好的体制氛围和环境。党的十六大明确提出，要深化文化体制改革，加快文化产业发展。中共中央政治局常委李长春同志多次强调，文化体制改革的重点是解决体制和机制创新问题，"一切妨碍文化发展的思想观念都要坚决冲破，一切束缚文化发展的做法与规定都要改变，一切影响文化发展的体制弊端都要坚决革除"。2003年7月，国家新闻出版总署副署长柳斌杰在接受采访时表示："新闻出版业改革重点是改革体制，转换机制，创新管理。我们准备按照企业化管理的原则，让新闻出版行业中经营性的单位都走市场的路子，按现代企业制度建立管理体系，运用市场法则来调节其内部活动，在整个市场上确立能进能出、优胜劣汰的竞争机制，不再依靠行政手段来配置新闻出版资源。"

2003年年底召开的新闻出版局长会议也指出，所有的报社、杂志社、出版社、音像出版社、网络出版社、电子出版单位以及广播、电视等机构，都要按照两种性质来划分，一类是公益出版单位，属于公共服务事业性质，是事业单位；另一类是经营性出版单

位，面向市场，以产业化的形式发展，是企业单位。经营性的出版单位要进行企业转制，就是由事业单位转变为企业，要进行产权制度的改革、公司化的改造，有条件的还要实行股份制，还要上市融资，通过市场渠道吸收资金，做大做强。外研社作为高度市场化的高校外语出版社，已由事业单位转变成为企业经营性出版单位，面向市场，逐步建立现代企业制度。

另一方面，自建社以来，外研社面向市场，积极探索，创新改革，多年来按照现代企业制度的要求，对经营机制、管理体制、业务流程、组织结构、绩效考核和人事分配制度等各方面进行了全面的改革，取得了良好的成效，已经具备现代企业的特征。

一是转变了思想观念。解放思想、转变观念对于建立现代企业制度至关重要。外研社很早就破除了将出版社当作事业单位来看待的陈旧观念，深刻认识到出版社已经变成一个必须面对市场的企业，必须成为市场经营实体和竞争主体之一。作为企业单位，必须强化市场意识、竞争意识、发展意识、机遇意识、成本意识和效益意识，按市场规律办事。

二是完善了组织结构。2003年，外研社已经形成了八大事业部和全国十五大信息中心并行发展的良好态势。

三是创新了管理模式。科学管理是现代企业制度的重要内涵之一。多年来，外研社以成本核算、利润考核为管理核心，逐步完善各项基础管理工作。2005年，大力推行模拟法人制，推进全面预算管理，进一步优化了内部管理，全面促进现代企业制度的建立。

四是深化了用人制度改革。外研社在20世纪90年代便实行了

"干部能上能下，职工能进能出，收入能高能低，机构能设能撤"的制度；2004年制定了《外研社绩效考评体系》，以全员绩效考核为切入点，推动末位淘汰制度、竞争上岗制度、劳动合同管理制度等用人制度的建立和完善，形成充满生机活力的干部任用和劳动用工机制，同时做好人才规划，强化员工培训。

五是大力改革了分配制度。外研社以调动员工积极性和内在的创造力为基点，以岗定职、以职定薪，建立形式多样、自主灵活的分配激励机制，在全员聘任的基础上实行年薪制，在年薪制之外辅以效益奖励；通过分配制度合理拉开职工收入的差距，充分照顾到职工个人利益，提高职工的积极性，兼顾效率与公平。

在从计划经济向市场经济的转变过程中，外研社始终坚持"发展才是硬道理"的思想，按照规模化、集约化、现代化的战略发展方针，按照"内部膨胀、纵向发展"的方向，对内部机制和管理体制进行彻底改革，加强内部扩张和自我更新，在激烈的市场竞争中抓发展战略、抓选题策划、抓出版流程、抓市场营销、抓成本核算、抓销售回款、抓利润指标。到"十五"末期，基本上实现了集约化经营，无论是规模上还是实力上均取得了可喜成果。

"十一五"期间，面对新一轮的产业升级和业务转型，于春迟社长提出："变革与发展将是中国书业的永恒主题，我们需要求新、求变、求发展，谁把握了先机，就将赢得未来。而实现这一转型，需要'内外兼修'。"由此，外研社以实施ERP项目和优化人力资源体系为两大系统工程，修炼管理内功，强化出版社的核心竞争力；以强化出版主业和拓展新业务为两大战略重点，继续打造以教育出版为主线、以数字出版和教育培训为支持的业务体系，通过

"四轮驱动"向教育服务提供商战略转型。

## 2."内功"之一:"登峰行动"撬动信息化变革

2007年,外研社聘请IBM公司进行战略咨询,对全社的业务流程、内部管理和转型方向进行了梳理和反思。经过多轮会谈后,8月份,外研社与IBM公司正式签署合约,启动ERP项目,实施"登峰行动"。

### 2.1　ERP是什么?

ERP（Enterprise Resource Planning）,即企业资源计划,是建立在信息技术基础上,以系统化的管理思想,为企业决策层及员工提供决策运行手段的管理平台,是现代企业提高管理水平的必要手段

于春迟社长与IBM公司代表就ERP项目合作签约

之一。"我们的每个采购和生产计划人员每天清早打开计算机，就可以得到一个今天他要做事情的提示。这实际上就是企业资源计划系统，也就是ERP的原始构想。这就是决策的信息化。"这是联想集团总裁杨元庆对ERP的理解。

ERP首先是一种理念，是一种基于企业全面协作的整体规划理念。有了这种理念，做任何一件事或是任何一个决定，都会基于整体的考虑来设定方案，最终形成企业整体运营的协调和高效。ERP还是一个系统软件，通过软件的功能和权限设置告诉你如何去工作，并且通过这样一种强制性方式达到企业整体资源规划的目的。很多美国出版社都不惜重金引进ERP，这些系统可以将企业的众多关键功能，如客户服务、人力资源、存储和供应链管理等实现自动化。例如，兰登书屋使用的ERP系统是1995年从德国SAP公司引进的，兰登书屋运用这种软件程序来运作资金、生产计划、采购、库存管理、客户服务以及财务业务，还在此基础上开发了版权和版税管理模块。

由于ERP和公司业务密切相连，所以在安装和使用上非常复杂。读者文摘公司（Reader's Digest）副总裁兼首席执行官杰弗在谈及第一年使用ERP时仍心有余悸地说："到处都是死亡和陷阱。"哈珀·柯林斯（Harper Collins）出版集团执行总裁兼首席运营官格林达·格尼斯也说："这些系统不仅昂贵，而且安装起来最难了，对公司来说的确是个挑战。"

其实无论是在国内，还是在行业内，外研社都不是第一个吃螃蟹的人。青岛出版社早在2002年就顶着巨大的压力上线了ERP系统。2003年，高等教育出版社社长刘志鹏访问新加坡，对美国汤姆森学习出版集团以及麦格劳－希尔教育出版公司亚洲总部进行了考察。这些跨国经营的出版集团依靠ERP系统的强力支撑，在集团的任何一个全球分支机构都可以准确地得到集团的业务数据，了解到任何一种图书在全球的销售情况以及库存情况。通过这些数据的支撑，总部可以随时调整销售策略以满足读者的需求，并根据读者反馈调整生产和销售。高教社深刻体会到国际传媒巨头进军中国出版市场的决心已如箭在弦，如何尽快吸取国际先进经验、增强自身实力，已经不仅仅是居安思危的问题，更是关系民族出版业生死存亡的大事。另一方面，实施ERP也是出版社自身改革和发展的内在要求。没有国际化的管理手段，又如何实现建立国际教育出版传媒集团的最终目标呢？

此前十几年中，外研社赖以生存并且高速发展的图书和多媒体出版业务正受到前所未有的冲击，与国际传媒巨头面对面过招的时间越来越短，不找到新出路就面临着被边缘化的危险。于春迟社长清醒地判断了外研社面临的"时"与"势"，认定新出路的"入口"就在于ERP。他说："我们只能通过ERP的实施来提升我们的管理，提高我们的效率，以保持我们在国内出版领域的领先地位，增强与国际出版同行正面交手时的竞争力。"

但是，必须清醒地意识到，ERP对于出版企业来说意味着高效、精准，也意味着巨大的风险和压力。一方面是出版业是否适用ERP系统的问题。ERP是一个通用系统，尤其是针对制造业的，而出版业的很多特点和制造业截然不同，需要很多调整和定制。另一方面是管理基础的压力。由于ERP是一个信息化的管理系统，一般来讲，在一个管理基础较好、组织结构和业务流程相对稳定的企业实施成功率会比较高。而在文化体制改革的背景下，无论是整个中国出版业还是外研社自身都在经历快速的变革，出版政策在发展，外研社的业务也在迅速拓展，业务流程也经常发生变化，在这种情况下实施ERP项目需要做大量的基础管理优化工作。

### 2.2　ERP必须上线！

2007年，外研社聘请IBM公司对外研社进行业务转型及信息技术应用工程的战略咨询。在业务转型方面，双方认真讨论了外研社新业务发展方向的各种可能路径，最后确定了幼儿教育、中小学课外教育等几个新的业务方向。在信息技术应用方面，确定要实施ERP项目。李朋义将这个项目取名为"登峰行动"，寓意是"无限风光在险峰"，即要经过艰苦卓绝的努力之后才能登上山顶。可以说，ERP项目见证了外研社两任社长的交接。在确定上马ERP项目

外研社新领导班子任命大会

不久后，李朋义调任中国出版集团党组书记，于春迟继任外研社社长，开启了外研社的"后李朋义时代"。

在10月27日的项目启动大会上，于春迟把ERP项目定位为2008年外研社必须完成的一件最重要的工作。年底总结大会上，于春迟再次强调，"ERP必须上线""任何人都不能阻碍这个项目推进"。

IBM公司派出了13人组成的顾问团进驻外研社。外研社专门组成了ERP项目决策委员会，于春迟亲自挂帅，这也成了这位年轻有为的外研社掌舵者上任之后花费精力最多的一件事。决策委员会下设项目推进组和ERP实施办公室项目经理，外研社派出了党总支副书记范晓虹担任项目经理一职。为了具体实施项目，从社里各个部门抽调出20多位精英，组成项目编务组、财务组、技术组、物流组、销售组、生产计划组、数据组和项目变革组8个小组。每个小组都由一名顾问、若干关键用户和一名内部技术人员组成。在范晓虹的带领下，ERP项目组开始了艰难的"登峰行动"。

整个项目分为项目准备、蓝图设计、系统实现、上线准备、上线支持五个阶段推进。项目准备阶段主要是进行前期调研，确定ERP系统的实施范围。项目组对所有涉及的部门，如财务、编务、采购、生产、库存、销售等业务部门，从领导到业务人员都做了访谈，了解各部门的现状。之后进入蓝图设计阶段，结合准备阶段掌握的情况，把ERP系统实现后企业的变化状态描述清楚。在经历了数轮紧张激烈、旷日持久的讨论后，最终完成了37份未来流程的绘制。蓝图确定后进行系统实现，在基于标准模块的基础上，按照外研社的个性化需求做定制化开放。之后是上线准备，首先做测试，对已经配置、开发完的模块进行测试，对相关人员进行使用系统的培训，一切测试按业务链条全部进行模拟上线测试。最终进入上线支持阶段，采取老系统云因系统和ERP两套系统并行的方法，所有涉及实施ERP的部门，当天的业务在云因系统上处理后，必须在ERP上试运行。

"暮色苍茫看劲松，乱云飞渡仍从容。天生一个仙人洞，无限风光在险峰。"毛泽东这首七绝字里行间流露着超然的气魄和智慧，外研人以同样的气魄和智慧完成了这次历史意义的变革。执行"登峰行动"的七个月中，ERP项目组成员除了春节休息三天外，放弃了所有的节假日，在"崩溃的边缘无限接近幸福"。

"累！"这是项目组所有成员最直接的感受。工作量大，每天加班，一直紧绷的神经让所有人都在精神上倍感煎熬。面对千头万绪、错综复杂的流程，不仅自己要理清思路，还要在"争吵"的过程中调整自己的想法或尽力说服别人。高教社的同行曾"吹过风"，说做一次ERP就得脱一次皮。所有的关键用户都做好了过"暗无天日"的日子的准备。"鼠标黏在手上，电话贴在脸上"是他们的工作写真，"开会基本靠吼，通讯基本靠喊"是他们"最发达"的沟通方式。财务组马宁回忆那段日子，感受最深的是进入2008年4月以后，小组几乎没有在晚上十点以前下过班，加班到凌晨更是常事。有一天刚过十点到家，还没睡的小女儿见到她的第一句话竟然是"妈妈，你今天怎么这么早就回来了？"

不管多苦再累，也无论有多大困难，大家心里都清楚，"开弓没有回头箭"。不仅项目组成员全力以赴，全体社领导也都对项目的推进给予了大力支持。工作中遇到什么问题需要请示汇报，无论多晚都能在办公室里找到项目经理范晓虹。大大小小的讨论会有很多，社领导们总会克服年底总结事项繁多的困难准时与会，尽力抽时间讨论，有的问题过几遍都不厌其烦，有时候一讨论就是一整天。他们认真倾听意见，从不主观武断。当然，最关注项目进度的自然是社长于春迟了，他被项目组成员戏称为"周扒皮"，因为他每天都会监督大家干活。

### 2.3 于春迟的"周扒皮"狠劲和ERP正式上线！

2008年5月2日，ERP正式上线，外研社出版业务全面在ERP系统上运行。于春迟在ERP上线动员会上说："我们不能够说是成功上线，我们得说正式上线。"系统是否成功要过些时日才能下定论，但于春迟说："想告诉大家，没退路了，不要指望着说上线三个月，或者半年，一看不行，再回去用老套的系统。这个上不成，我们最后一条道走到黑都走不通的时候，也决不回去。到那个时候，宁可重新换人，重新来，也不走回头路！"

历经半年的"煎熬"，ERP上线第一天，整个项目组的人都很兴奋。经历了上午的漫长等待，范晓虹一行六人赶往大兴库房迎接第一张交货单的诞生，她为此还专门带了相机来记录这一历史性的时刻。第一张交货单的打印通过"竞拍"的方式产生，最终以一万元的价格被销售部主任拍走。而打印人员的竞争也很激烈，最后技术组的陈友和顾问王磊"密谋"捷足先登。然而就在准备打印时，第一张交货单却被系统牢牢"锁住"。时间一分一秒流逝，开始的兴奋逐渐被焦灼所取代。几个小时后，系统才向技术顾问"投降"，"吐出"了第一张交货单。时间定格在晚上9点。这一晚，很多人都以为会是一个不眠夜，但第二天醒来才发现，这一夜是半年以来睡得最踏实的一夜。

系统上线后，预料到问题会接踵而至，所以项目组成员并没有如释重负之感，反而多了份紧张和担心。他们回到各自的分社和部门跟踪使用情况，每天下午4点再回到项目组反馈，讨论解决办法。由于涉及问题范围广，很多时候无法只待在自己的部门，必须四处走动。编务组的姚军给这种工作方式起了个名字——"流窜作案"。他常常在一个地方还没回去，另一个部门的电话又找上来了，又或者是在回部门的路上被"劫走"，真是手忙脚乱，晕头转向！一周下来，身心俱疲的不仅他一个人，他常听到周围有人大喊"我要崩溃啦！"毕竟，发现的问题解决了，但还会发现新问题；提出的关键需求满足了，但还会有新的需求产生；现有的流程被系统固化了，但流程总是需要根据业务发展不断得到优化……

经历了最初的困惑、失望甚至质疑，两个月过后，范晓虹肯定地说："外研社的ERP系统实施是成功的！"成功的主要标志有两个，一是所有出版业务都在ERP系统中进行处理，二是已经完成了两次财务月结。但ERP是"没完没了"的，有了一期，就会有二期甚至三期。2010年，ERP二期项目顺利实施，成功上线。

上线ERP，终究是要向ERP要效益、要质量、要市场。于春迟社长提出要做好以下三个方面的事情。一是管理扁平化。要减少组织层级，加大组织管理跨度，整合各分社、各部门资源和能力，改变各自为战的现象，形成更统一的核心竞争力，以变化的组织结构更好地应对变化的市场。二是业务精细化。要深化对市场需求和读者购买习惯的理解，用数据分析支持图书从生产到销售的整个流程，减少主观臆断。这意味着无论策划选题、编辑稿件还是客户服务都要更精细，更科学。三是增强执行力。在战略目标明确的情况下，关键问题是高效地执行，不仅"说到"，更要"做到"。只有把方针政策、目标措施不折不扣地落实到具体工作之中，战略目标才能顺利实现，正所谓重在执行、赢在执行。他要求全体员工进一步强化责任心，提高责任感，以主人翁的态度对待工作，从尺度、力度和速度等各方面做好工作。同时，每一项工作都要做到从"靠领导推动"转向为"靠流程推动"，在目标上设定标准，在落实上有效监督。

　　进一步完善和持续推进ERP，从而优化流程，是外研社为修炼管理内功迈出的第一步，也是极为重要的一步。这套系统不仅仅是一套信息管理系统，更是外研社的人员规模、产值规模、资产规模发展到一定程度时，管理方式和管理理念都需要发生变化的必然出路。以实施ERP为契机，外研社重塑业务流程，降低库存，加快资

ERP项目启动仪式后项目组全体成员合影，前排左五为社长于春迟、左六为党总支书记徐秀芝

金周转，提高运营效率，全面提高管理水平，增强抗风险能力，继续保持在国内出版领域的领先地位，并更快更好地向新业务转型。

### 3."内功"之二：基于绩效的人本管理

到2006年年底，外研社的人员规模已经超过1400人，个别部门人员良莠不齐、不讲预算、不计成本、管理不力等"大企业病"的隐患开始出现。而随着员工数量增多，外研社的组织变得更加庞大、结构更加复杂，管理层级也随之增多。如何在复杂的组织机构和运营系统中保持和鼓励员工的创造性，如何通过有效的机制发掘人才、培养人才，帮助员工为职业生涯发展作出规划，都是外研社发展转型过程中迫在眉睫的问题。

在2006年的工作总结大会上，李朋义作了《正确处理事关我社和谐稳定发展的十大关系》的讲话，"正确处理国家利益、企业利益和员工利益的关系"是其中重要的一项。李朋义说："我们要认识到，员工既是企业发展的直接推动者，也是企业发展的最终受益者。因此，必须牢固树立发展为了员工、发展依靠员工、员工享受发展成果的思想，坚持以人为本，真正做到尊重员工、依靠员工、相信员工、善待员工，实现员工与企业的和谐发展。必须找准效益与公平的结合点，完善绩效考核，建立现代化人力资源管理体系。"

人力资源是企业经营的核心资源，人力资源管理是外研社发展的重中之重。建立和完善科学的人力资源管理体系，让管理更加规范化、系统化，是外研社建立现代企业制度、支撑业务创新和战略转型整体运作的关键一环。

考核制度是现代企业的核心制度之一。早在出版社"事业单位"特性还非常明显的1998年，外研社就开始实行全社员工年终考核制度和末位淘汰政策。在外研社内部刊物《新视野》的一篇题为"我们为何要绩效考核？"的文章中，社长李朋义从"以人为本"的角度对在外研社推行绩效考核作出了很好的解释："在全社干部和员工中推行绩效考核应该是治理'大企业病'的一剂良药。本质上讲绩效管理是一种文化，一种基于绩效而公平分配、促进员工全面发展的企业文化，是人本管理最好的实践和证明。毕竟，如果员工的绩效水平得不到公平、公正的衡量和反映，能力强的和能力弱的，业绩大的和业绩小的一样对待，大家一起吃'大锅饭'，'以人为本'也就成了一句空话。"

最初，考核指标除了一部分"量化"外，更多的是"质化"，包括工作业绩和工作能力、态度两部分。考核基本上由直接上级评价，信息来源主要为可统计的工作量，以及上级对下级的工作观察。但随着外研社经营规模不断扩大，组织机构与岗位职能调整日益频繁，原有的"质化"考核已经难以适应发展的需要。为了创造更加公正、公平的用人环境，自2004年开始，外研社考核工作全面调整为以目标管理为导向的绩效管理体系，绩效管理已成为外研社重点工作之一。通过落实工作目标考核制度，做到奖优罚劣，形成了工作讲实效、考核讲业绩、分配讲贡献的激励和分配制度。

为了进一步提高绩效管理水平，就在ERP项目紧锣密鼓地开展的同时，2008年3月，外研社携手北京正略钧策咨询股份有限公司，合作开展以"绩效管理提升、编辑职业发展"为主题的人力资源管理咨询项目。如果说ERP项目重点关注的是信息流、物流和资金流的开发管理，那么人力资源项目真正面对的是"人"的问题。

"绩效管理提升"着眼于对外研社整体战略的定位分析和战略地图的分解，力求业务的均衡发展和人员长期能力的培养，为此在部门、干部、员工三个层面上建立全面的绩效管理体系。"编辑职业发展"则专门为编辑人员搭建职业发展通道，形成不同层级专业岗位的任职标准，并与对应层级人才的培养模式相配套，使专业岗位与管理岗位的发展并重，为专业人才的发展提供了多重跑道。

项目分"管理诊断、方案设计、制度完善和实施推进"四个阶段展开。在管理诊断阶段，人力资源部配合咨询顾问进行了大量的访谈和广泛的问卷调查。结果显示，外研社整体的文化和组织运行都是健康积极的，绩效管理的理念也深入人心，员工稳定性高，组织归属感较强，但是在"奖勤罚懒"方面的力度不够。

4月中旬，项目组进入方案设计阶段，通过系统性的分析方法来搭建绩效管理和编辑职业发展通道的框架。项目组首先对年度战略目标进行分解，为各分社绘制战略地图，梳理职能部门的工作重点和考核要点。在员工和干部考评方面，以"筛选优秀人才，鼓励大多数人员"为目标，给予各部门负责人更多的自主权，强调绩效改善和持续沟通，增强激励力度和范围，实现员工考核成绩的连续分布，使每位员工的绩效差异都能得到体现。在编辑职业发展通道的设计上，项目组通过对编辑出版价值链的系统分析，对编辑岗位进行了层级划分，确定了任职资格的主要维度，并对管理体系实施的主要原则、支持系统及应用进行了论证。

在制度完善阶段，项目组与社委会陷入了广泛的争议和讨论之中。比如在分社的考评体系中，为培养部分分社的发展能力，是否大幅度降低财务指标的比重成为争论的焦点，最终"发展才是硬道理，外研社必须在发展中提高管理水平，而不能把发展停滞下来抓管理"的观点占据了上风。在职能部门的考评体系中，如何增强与业务部门的协同性，如何设计针对性更强的"满意度调查表"；在员工考评中，如何设置科学的分布标准才能在有效激励大多数员工的同时，又能够达到"奖勤罚懒"的目的；这一系列的问题都在一轮又一轮的研讨和论证过程中，逐步找到了解决方案。

经过半年多的咨询、方案设计与完善，该项目在2009年初步进入了实施推进阶段。事实证明，绩效管理提供的不仅仅是一种奖罚手段，它将员工个人利益与部门利益及全社整体利益紧密结合起来，为员工创造更多的价值和发展空间，使员工的工作技能不断得到发展和完善。绩效管理以绩效作为工作行为的标尺，最终建立了一个科学、量化的考核体系，设计出一套挖掘人才、培养人才的机制和方法，营造了一个鼓励人才干事业、支持人才干成事业、帮助人才干好事业的良好环境，充分发挥人才资源在外研社发展中的基础性、战略性作用。重视"人"的因素，一支职业化、专业化、有战斗力的队伍，是外研社未来竞争力的核心。

在绩效咨询项目稳定实施推进的同时，2010年人力资源部又围绕"以人为本"的核心理念，进一步加强人力资源管理工作，与美世咨询公司合作启动了"健全职位平台，构建薪酬体系"咨询项目，以构建清晰合理的职位体系、职级体系和薪酬体系为目标，消灭平均化、"大锅饭"的做法，实现对人员的合理区分，从而更有针对性地激励优秀员工。

　　构建职位平台和薪酬体系是企业不断发展壮大后对于制度化管理的必然要求，也是外研社在挺拔主业、探索新业务的过程中吸引创新人才的有效激励机制。该项目强化内部竞争意识，对各个岗位人员的能力提出更高的要求；健全职位平台，促进人员的流动性，保持组织的生机和活力。而这种从感性化的管理向制度化管理的转变，更是管理模式的变革和管理思维的提升。

　　出版业是典型的知识密集型行业，"人"是出版社经营目标实现的基础，是长治久安的根本保障。外研社实施"绩效管理提升、编辑职业发展"和"健全职位平台，构建薪酬体系"两大项目，围绕"以人为本"的核心理念，通过提升内部管理水平，"以业绩论英雄、按贡献取报酬"，充分发掘员工潜力，实现人力资源的最优配置。

　　无论是ERP项目的实施，还是人力资源体系的优化，都是为了修炼"管理内功"，强化出版社的核心竞争力。这是外部市场竞争形势对外研社形成的压力，更是外研社做大做强，实现快速、持续、健康发展的内在需要。

## 4. 强化出版主业

　　在修炼内功之外，外研社从三个方面对出版主业进行强化。

　　一是高度重视教材体系和教育服务体系建设，提升高等教育、基础教育和职业教育等各级各类教材的市场占有率和质量。外研社从传统业务中寻找新的市场需求和利润增长点，组织了更有效的市场活动和教学培训，并整合了现有的教学资源。在基础教育教材出版方面，加大了教辅品种的开发力度，精心培育有偿培训，继续进行基础教育资源数字平台的开发。

二是积极推进选题精品化战略，对产品进行合理布局、深度开发。2009年，由外研社联合麦克米伦出版集团和自然出版集团共同策划编辑的十卷本科学主题丛书——英汉双语对照版《〈自然〉百年科学经典》与读者见面。丛书收录并翻译了《自然》杂志自1869年创刊以来150年间发表过的840余篇经典文献。

三是优化产品结构，控制出版节奏，正确把握畅销书与长销书的辩证关系。

## 5. 开拓新业务

这一阶段，外研社出版主业的强化和新业务的起步相互交融、碰撞，共同构成了外研社多元化发展战略。新业务的发展为外研社创造了新机遇。

在数字出版方面，外研社尝试将现有的内容进行结构化和数字化呈现，在较短的时间内以较小的成本打造出一个教育资源数据库平台，为科学研究、高等教育和社会终身教育提供专业细分的学术教学资源信息服务，同时也与外研社当前的出版、教育、培训等业务产生互动效应。

在教育培训方面，首先以市场为导向，提供差异化的培训产品。外研社选择了少儿英语作为突破口，针对6到12岁的儿童进行立体化的英语培训。收购世纪盈华信息技术有限公司全部外资股份，改建为北外在线（北京）教育科技有限公司，标志着外研社成为国内唯一涉足网络教育的出版社。最后，完善产品布局，发挥各分社的资源优势，打造综合性的教育培训产品线，在集中优势兵力开展少儿英语培训的同时，激励各分社继续推动师资培训向深层次发展，构成一条涵盖早教、中小学、大学、成人的教育培训产品线。

外研社开拓新业务的核心之三是信息技术服务，包括点读书、手机词典等。其中点读书已经从一个项目扩展到一个出版领域，涵盖外研版的数千种图书。

## "携手·感恩·共进"
### ——外研社建社30周年庆祝活动纪实

2009年，外研社成立30周年。

11月28日，一场主题为"携手·感恩·共进"的庆典大会在外研社国际会议中心隆重举行。教育部副部长郝平，新闻出版总署副署长邬书林，中宣部新闻局局长张小影，中国出版工作者协会主席于友先，中国编辑学会会长桂晓风，中国书刊发行业协会会长杨牧之，国家汉办主任、孔子学院总部总干事许琳，北京外国语大学党委书记杨学义，中国出版集团公司党组书记李朋义，以及国际出版公司的代表，外研社的专家、作者、读者、合作伙伴等近千人出席了大会，共同庆祝外研社成立30周年。

原中共中央政治局常委、国务院副总理李岚清为外研社30周年题词：中国情怀全球视野，文化交流薪火相传。

大会上，教育部副部长郝平用三句话归纳了外研社30年来的成绩和贡献，他说："外研社是北外乃至中国出版界的一面旗帜；外研社是高校产业的一个样板，有着很好的企业文化，是北外的骄傲；外研社是北外发展的坚强后盾。"郝平将外研社的成功归功于坚持正确的政治方向，坚持服务国家外语教育事业的出版宗旨，坚持对外开放、引进国外优质智力资源、推动国际交流合作的出版方针，树立和高举"求真务实、开拓进取、团结协作、无私奉献"的企业文化，希望外研社在下一个三十年为推动中国文化大发展、大繁荣做出新的贡献。

于春迟社长代表外研社表达了对各界最真挚的感谢，他说："外研社30年的发展历程饱含着各级领导、一代代学者、专家、读者和国内外合作伙伴的支持与关注，这是外研社与各界同仁共同创造的奇迹。是你们的关心与支持，造就了外研社过去的辉煌；而在现在和未来，也正是你们的关心与支持，给了外研社在这激越年代里大步前行的勇气。辉煌业绩的背后是各界合作伙伴与我们并肩作战、同舟共济的合作友情，各界合作伙伴的鼎力支持与合作共同奠定了外研社在外语图书市场的领先地位。"

外研社成立30周年庆典大会

608

　　在外研社工作27年、任社长15年的李朋义饱含深情地说："我视外研社如父母、如家庭、如子女，不敢有一丝懈怠，不敢有半点疏忽，殚精竭虑，兢兢业业，用自己人生中最为宝贵的年华，守护和换取着外研社的茁壮成长。2007年，组织安排我到中国出版集团任职，离开时，那份深深的依恋难以言表。今天，我来参加外研社30年庆典，心中又多了份欣慰。以于春迟、徐秀芝、蔡剑峰为首的外研社领导班子，富有激情、勇于创新、开拓进取，正带领外研社在激烈的市场竞争中阔步前进。"

　　外研社在改革开放中诞生，在市场经济中壮大，在文化改革中腾飞。三十而立，风华正茂，外研社立于新的历史起点。

　　根据中共中央、国务院《关于深化文化体制改革的若干意见》中有关推进文化事业单位改革，以及一般出版单位逐步转制为企业的要求，2009年6月，外研社全面启动了改制工作。2010年，改制工作全部完成，外研社正式更名为"外语教学与研究出版社有限责任公司"。

教育部副部长郝平致辞

新闻出版总署副署长邬书林
致辞

北京外国语大学党委书记杨
学义致辞

## 这十年我们的发展成就

　　走过30个年头的外研社，在新世纪第一个十年经历过突飞猛进，也接受过市场考验。出版社社会效益显著，很好地完成了"十五""十一五"国家重点出版规划，出版了《新标准英语》《新编大学英语》《新视野大学英语》《现代汉语规范词典》《汉语900句》等国家级重点图书、教材，上百种图书获得了"中华优秀出版物奖""国家辞书奖""全国高校出版社优秀畅销书奖""输出版优秀图书奖"等重要奖项。从经济效益的角度看，外研社已经成长为发行码洋21亿元、每年经营利润超过3亿元、总资产16亿元的大社。出版主业全面发展，已形成11个分社的出版规模。新业务增长势头喜人，教育培训和数字出版业务纷纷上马。市场规模继续扩大，在全国580多家出版社中综合排名第三位。经营管理不断完善，ERP成功上线，人力资源职位体系初步建立，转企改制工作顺利完成。

2006年，国家新闻出版总署署长龙新民视察外研社

2007年，外研社获评2006—2007"诚信经营、优质服务"出版单位

2007年，外研社获评"全国语言文字工作先进集体"

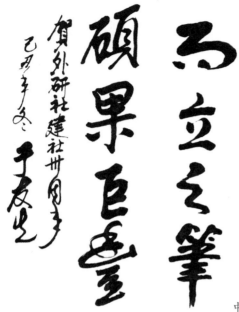

为立之笔
硕果巨垒

贺外研社建社卅周年

己丑年冬 于友先

中国出版工作者协会主席于友先题词

# 第四章

# 挺拔主业，多元探索

# （2011 — 2019）

2010年，外研社根据中共中央、国务院《关于深化文化体制改革的若干意见》的要求，完成了转企改制，获得新的发展机遇。建社以来，外研社始终坚持正确的政治方向，贯彻党的文化教育出版方针，按照"坚持导向，挺拔主业，守正出新，多元发展"的发展途径，严把出版质量，大力开拓创新，探索线上线下教育相结合的发展模式。尤其是在党的十九大召开后，外研社牢记"记载人类文明，沟通世界文化"的发展使命，制定实施以"稳固出版、发展教育、面向文化"为发展战略的"十三五"规划，坚持把社会效益放在首位，致力于成为国内领先、国际知名的文化教育企业。

## 第一节
## 坚守出版，稳固主业

2011年，迈入"十二五"规划的外研社继续保持领先优势，全年共出版图书6096种，其中新书2179种，重印书3917种。在教材市场，外研社的大学外语专业教材的市场占有率达到50%，大学公共外语教材的市场占有率达到近60%，使用外研社中小学教材的人数已经突破2500万。在一般英语图书市场，外研社的市场占有率达到25.51%。在其他语种图书市场，外研社的市场占有率达到27.49%，德语、法语、西班牙语、俄语、韩语的市场占有率均排名全国第一。

外研社主业"挺拔"，已成为中国出版业一道亮丽的风景。有关"外研速度""外研奇迹"的报道频频见诸报端，且名扬海外。傲人成绩的背后是外研社对政治导向的长期坚持，对出版主业的不懈坚守，对出版高质量图书的孜孜追求。

## 1.《英语》(新标准)—— 一套超越本身价值的教材

2010年，中共中央、国务院印发了《国家中长期教育改革和发展规划纲要（2010—2020年）》，明确提出与时俱进，推进课程改革的任务要求。根据这一指示，教育部组织开展了义务教育课程标准的修订与审议工作，并于2011年12月，印发了义务教育阶段19个学科的课程标准（2011年版）。

按照教育部的要求，体现《义务教育英语课程标准（2011年版）》（简称"新课标"）精神的修订版教材在当年秋季新学期走进全国中小学的课堂。外研社当即全面启动了《英语》(新标准)"一条龙"系列教材的修订工作。

### 1.1  新课标的"变"与"不变"

新课标与2001年发布的《英语课程标准（实验稿）》有何异同？教材修订中该如何正确把握这些变化？针对这些问题，外研社邀请陈琳教授、葛一诺教授、中外双方的教材编写团队和相关专家，一起对新课标的精神和修改内容进行细致的研讨。陈琳教授是《英语》(新标准)系列教材中方主编，还是《英语课程标准》研制专家组组长。葛一诺教授是国际著名的英语教学专家，国际英语外语教师协会前任主席，《英语》(新标准)系列教材英方主编。这两位专家对新课标的详尽分析为教材修订工作指引了方向。

陈琳教授向编写团队逐一剖析新课标与实验稿的异同。他认为，新课标坚持"素质教育，以人为本"的教育理念和培养学生"用英语做事情（Can Do）"的能力这两点没有变。新课标对这些理念和能力进行了更为详细的阐述和提升。

义务教育阶段的英语课程具有工具性和人文性双重性质，这是

《英语》（新标准）系列教材中
英双方编委第一次联席会议，
中方主编陈琳教授和英方主编
葛一诺教授亲切握手

新课标中最大的变化。陈琳教授着重强调："'工具性和人文性高度统一的英语课程有利于为学生的终生发展奠定基础'，这些文字在课标（实验稿）里没有出现，而是我们这次课标修订重点强调和明确提出的，是一个大的突破和亮点。"就人文性而言，英语课程承担着提高学生综合人文素养的任务——开阔视野，丰富生活经历，形成跨文化意识，增强爱国主义精神，促进创新能力，形成良好的品格和正确的人生观与价值观。因此，陈琳教授多次强调，在教材编写上一定要体现出德智体美全面发展的理念，帮助学生树立符合社会主义初级阶段的世界观，并且在指导教师教学时也要贯彻这一原则。

新课标重新修订了义务教育阶段的总词汇表，对义务教育阶段的总词汇量要求增加了弹性（1500—1600个），提供了1500个词汇的词汇表。对小学阶段的词汇（二级）也提出了弹性的要求，总量要求为600—700个，词表列出423个核心词汇，其余由教材编者和教师按话题需要选定。这充分体现了为学生"减负"的精神。

总体而言，新课标更加强调素质教育的理念，强调以人为本、教育公平，以及英语课程工具性和人文性的高度统一；要求合理设计教学内容，科学控制课程容量，减轻学生课业负担。为此，教材修订团队根据文件要求，进一步强化了素质教育理念和"减负"要求的落实。

### 1.2　修订是一项旷日持久的工作

自2001年出版以来，《英语》（新标准）教材已经在全国26个省（区、市）大量使用，受到广大师生的一致好评。对外研社而言，教材通过审批顺利出版，只是万里长征的"第一步"。为了更好地服务广大师生，让教材更符合中国学生的能力水平，《英语》（新标准）教材的修订完善工作从未停止。

教材使用期间，外研社共组织了220余次教材使用地区回访会，受访地市达73个，受访学校达146所，受访教师达4300多人；组织了220多次问卷调研，其中有效问卷8万多份。外研社还安排中外编写团队多次深入实验班听课，听课次数达2200多次；此外还组织了100多场教师和学生专门座谈会。

经过七八次的教材修订编委会讨论，教材修订团队以《国家中

王勇副总编辑在《英语》（新标准）教材出版15周年及义务教育修订版出版庆典上讲话

长期教育改革和发展规划纲要（2010—2020年）》为工作指南，以《义务教育英语课程标准（2011年版）》和一线师生的使用反馈为重要依据，开启了长达数月的修订工作。

回想当年的修订工作，葛萌最大的印象就是开会和加班。修订的工作时间非常紧迫，会议基本上都是从白天开到晚上。鲁子问教授是副主编，他每次一到外研社就直接被拽到会议室开会。葛萌说："鲁老师有一个带按摩功能的手套，遇到拿不准的地方，他就会用按摩手套在头上来回摩挲。"有些问题需要和葛一诺教授进行邮件沟通。邢印姝回忆说："为了节省时间，我会把需要沟通的问题记下来，算好时差，这样，他可以尽快回复。"很多时候，邢印姝的邮件刚发出，葛一诺教授就回复了。为了确保修订后的教材更有利于教师的教学和学生的学习，外研社专门邀请了一批中小学优秀英语教师，其中还包括特级教师，参与教材修订编写。他们平时有教学任务，只能周五晚上到达外研社，周六、周日和编辑们一起开会讨论。这些老师根据自身的教学经验，提供了非常多的帮助和支持。教材修订完成后，负责修订送审的陈海燕由衷地感慨道："教材修订和教材编写最大的不同就是，我们的编辑和教师参与程度比以往更深。"2013年4月8日，《英语》（新标准）小学和初中5套共计32册教材顺利送交教育部复核。陈海燕在外研社内部的OA系统上发布了《难忘的三月，感谢一路有你》一文，对所有参与教材复审的同事表示感谢。她在文中写道："这次复核工作的完成是全社上下共同努力的结果，凝聚了全社许多领导和员工的汗水和心血。"

### 1.3 有备而来的高中教材修订

2017年12月，教育部正式颁布了《普通高中英语课程标准

（2017年版）》（简称"课标2017"），开启了高中英语课程改革的新阶段，指明了新一轮高中英语课程改革的走向和目标。

　　课标2017以党的十九大提出的"要全面贯彻党的教育方针，落实立德树人根本任务，发展素质教育，推进教育公平，培养德智体美全面发展的社会主义建设者和接班人"为主导思想，明确指出普通高中英语课程具有重要的育人功能，要发展学生的英语学科核心素养，落实立德树人的根本任务。根据这一要求，外研社随即启动了高中教材的修订工作，在教材修订的选材、内容、语言等各个层次上严格把关，突出英语学科的育人本质，确保立德树人教育细致化、过程化；让立德树人教育走进课堂，走进学生的心灵；让学生在发展英语语言运用能力的过程中，更好地培育中国情怀、拓展国际视野，增进国际理解，逐步提升跨文化沟通能力、思辨能力、学习能力和创新能力。

　　经历过义务教育阶段教材送审波折后，外研社积极总结经验，着力培养教材编辑队伍。在教材使用期间，外研社组织教材编辑深入课堂，对广大师生进行调研。同时，外研社还邀请教材编写专家前往偏远的教材使用地区，对教师进行一线指导，并听取不同地区的反馈意见。

　　修订工作启动前，基础教育出版分社社长张黎新带领编写团队对党的十九大报告精神及其对基础教育的新要求，课标2017的根本宗旨、核心要求和关键要素作了反复、系统、细致的学习与研究，确保教材完全符合新精神与新要求，并切实做到"好用""管用"——教师在课内外容易操作与落实，学生在学习过程中有实效、有可持续进步。修订工作正式开始后，经过8轮编委会讨论，编写团队确定了符合课标2017精神的修订方案，并制定了编写大纲。

### 1.4 送审顺利通过

2018年11月13日，96岁高龄的陈琳教授和夫人王家湘教授在维兰西餐厅宴请教材修订团队及李朋义、徐建中、王芳等外研社相关领导，庆祝本次教材初审通过。陈琳教授表示，能够取得这样的成绩离不开整个修订团队的辛勤付出。同时，他鼓励大家再接再厉，保证教材通过复审。

为了让教材符合实际教学情况，教材修订团队在2018年11月至12月期间，在成都市、烟台市、太原市、长治市、天津市等11个地市的23所普通高中深入开展了审读试教工作。审读试教学校覆盖了全国中东西部各层次教学水平的普通高中，包括国家级示范校、省级示范校、艺体类学校以及农村学校。同时，审读试教工作还充分考虑到各地区的不同师资及不同学情，依托23名5年教龄以上的一线教师及23个自然班进行了试教。根据23所学校反馈的审读试教报告，修订团队又对教材进行了多轮的打磨。

2019年年初，教材审定委员会对外研社提交的高中修订教材复审稿予以通过，并给出了审查意见：

陈琳教授和葛一诺教授主持
《英语》（新标准）高中教材
修订编委会工作会议

本套教材政治方向整体正确，社会主义核心价值观得到较好体现，教学内容的选择和教学活动的设计等环节努力落实"立德树人"的根本任务。教材特别关注主题和语篇的思想性和价值取向，重视学生正确价值观的形成，内容有机融入中华优秀传统文化、革命文化和社会主义先进文化；通过中外文化对比，促进学生正确理解外来文化，树立文化自信，用英语讲好中国故事，认识构建人类命运共同体的重要意义。整套教材比较好地考虑了必修和选择性必修课程的体系性、延伸性和连续性，既有共同设计框架，也有随着学习进程在语言能力要求和主题内容深度上的提高和拓展。必修和选择性必修课程的教材难易度基本控制在课标所设定的学业质量标准水平一和水平二的范围，难易程度适中。

### 1.5　惜别老朋友葛一诺

2018年9月10日，外研社的亲密合作伙伴、《英语》(新标准)的老朋友葛一诺教授在英国因病离世。

在高中教材修订期间，葛一诺教授作为外方顾问，用他严谨、专业的精神给予了修订团队细心的指导。张涛是高中英语教材修订工作的参与者之一。他说："我们开编委会时，Simon的身体状况已经不太好了，他有时需要回酒店注射药物，以保持体力，不耽误工作进度。身为新标准英语的老朋友，Simon给了我们非常多的支持和帮助，却未能看到本次高中教材的最终出版，这是一个极大的遗憾。"

王勇副总编辑对葛一诺教授的敬业精神印象深刻："为了保证教材出版进度，他不顾长途旅行的辛苦，多次往返于英国和北京，和中方的编写团队密切合作，为教材的编写理念及整体框架的搭建起到了不可或缺的关键作用！每次开编委会，他总是把吃饭的时间

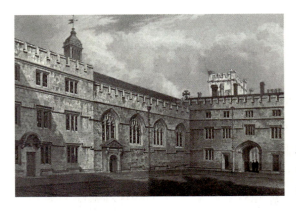

按照英国习俗，葛一诺教授的家人把他母校的老照片送给李朋义，以志纪念

压缩到最短，为了尽快整理思路，以便后续的会议更有效率。"

因为新标准项目，葛一诺教授和外研社开启了长达10余年的合作，一共来了北京50余次。虽然他来北京这么多次，却只认识北京的两个地方：外研社和香格里拉酒店。开会开到筋疲力尽时，大家偶尔会带着葛一诺教授去KTV唱歌。"他特别喜欢唱歌，尤其是英文老歌。他会把想唱的歌名记在手机里，如果KTV找不到，删掉。下次来北京会补充上新的待唱歌曲。"陪同葛一诺唱过歌的李朋义社长说，"他只有在唱歌时才是一个和蔼可亲的人。"或许这是严谨的葛一诺难得的轻松时刻。葛一诺教授逝世后，根据他的遗愿和英国习俗，家人要把逝者生前的心爱之物送给他的好友们。李朋义收到了葛一诺生前珍爱的自己母校剑桥大学耶稣学院的老照片。李朋义深情地说："Simon不仅是国际著名的英语教育家和英语教材专家，还是一位富有爱心和人情味的老友，我深切地怀念他。"

### 1.6　中外合作，以我为主，为我所用

《英语》(新标准)是外研社和麦克米伦出版公司共同编写的教材。中外合作保证了教材可以充分借助外方编者的语言与文化背景

优势，汲取他们在英语教学与教材编写方面的经验和全新的教育理念。以我为主，为我所用，这主要是充分发挥中国编者了解中国国情、中国外语教学实际和师生要求的优势。

整个教材编写和修订过程中，外研社始终坚持"中外合作，以我为主，为我所用"的原则。在修订过程中陈琳教授多次对编辑们指出："'为我所用'是要编写出一套适合中国社会主义初级阶段使用的学生教材，要体现社会主义的、唯物主义的价值观。中国实际国情与中国学生所要学习的价值观念，教材中都应该具备。"总之，"为我所用"成了每一位中方编辑时刻牢记的信条。

回顾教材修订过程，"中外合作，以我为主，为我所用"的原则具体体现在以下几个方面：

（1）以国家课程标准的要求为编写准绳；

（2）修订的指导思想、基本原则、内容目次大纲完全由中方提供，经中外方讨论确定；

（3）外方编写修订样课，经中外双方编者讨论后定稿，作为修订样本；

（4）整个修订过程中通过各种形式征询各级教研员及教师的意见和建议，保证了教材修订工作的顺利进行。

英语教学的基本目的是培养学生运用英语进行交际的能力，而英语教学的基本内容是英语语言结构。如何通过有限的语言结构的学习培养学生尽可能丰富的交际能力，这是教材设计的关键，也是教材设计的难点。

为实现功能与结构的有机结合，在教材修订过程中，外研社继续坚持原教材"素质-题材-功能-结构-任务-可行"的编写原则，

长风破浪

将功能与结构融汇于话题和任务之中，通过循环话题和运用任务呈现相应的结构与功能。在教学内容和语言材料的取舍与安排上，尽可能选择贴近学生生活的材料，以学生的日常生活（包括个人生活、学校生活、家庭生活、一般社会生活，以及与国际友人相处等）为主要内容，兼顾学生的知识学习和素质培养。各册内容以题材为纲，同一题材可以在全套教材中反复出现，逐步扩展加深。词汇、语法项目和功能用语的选择与安排均以题材为出发点，以完成运用任务的需求为基础，以此实现在用中学、学中用、为用而学、学用结合、学而能用的原则。修订后的教材仍以模块为单位，每个模块围绕同一个话题组织素材，并以话题为切入点对学生进行语言知识的讲授、语言技能和学习策略的培养，以及情感态度和文化意识的渗透。

对新课标有深入理解的葛一诺教授在教材修订完成后接受媒体采访时表示："我们会巧妙地使教材同时具备外国和中国最新、最好的外语教学元素。尽管我们在教材修订中采用了许多国际上先进

《英语》（新标准）系列教材

的教学理念和方法，但是这些都没有超出新课标的范畴，我们力图通过教材来体现新课标的理念和精神。"

截至2019年，《英语》（新标准）教材已经问世20年，这套惠及了几千万青少年的经典教材共计出版8亿册，成为出版界当之无愧的经典教材。

## 2．新时期高校英语教材的探索之道

自20世纪90年代以来，外研社以先进的教材编写理念、系统的高校教师培训、专业的教学支持服务推动了高等英语教育的改革与发展，赢得了广大师生的认可与信赖。近年来，随着国家发展、教育改革与技术进步对高等英语教育的理念与方法提出新挑战，外研社通过建设教材体系、布局多元业务、优化教师培训、完善教学服务等举措，继续领跑高校英语教材市场。

### 2.1　把握时代脉搏，引领教学改革

21世纪伊始，教育部开始积极推动新一轮的大学英语教学改革，大学英语教学向着力培养学生语言综合运用能力的方向发展。关于大学英语课程"工具性"与"人文性"的争论之声也此起彼伏，不绝于耳。2004年年初，教育部发布的《大学英语课程教学要求（试行）》中提出："大学英语课程不仅是一门语言基础知识课程，也是拓宽知识、了解世界文化的素质教育课程。因此，设计大学英语课程时也应充分考虑对学生的文化素质培养和国际文化知识的传授。"2007年教育部发布的《大学英语课程教学要求》则明确了大学英语课程应兼具工具性与人文性。

在这一背景下，同时也为了响应和落实"一条龙"外语教育，

外研社与麦克米伦公司启动了《新标准大学英语》的策划与编写工作。这套教材力求充分衔接高中英语教学，在夯实语言的基础上，着重加强在多元文化背景下的综合语言运用能力，并重点突出跨文化交际能力、创新能力与思辨能力，提升学生的国际视野。为更好地实现这一目标，外研社邀请国际英语外语教师协会前任主席、英语教育与教材编写专家、《英语》（新标准）高中教材英方主编葛一诺教授与北京外国语大学文秋芳教授共同担任总主编，并邀请北京大学等多所高校教师与多位英方作者组成合作编写团队。

2006年，葛一诺教授与文秋芳教授共同设计教材编写理念与编写大纲。虽然葛一诺教授是国际知名的教材编写者，又是高中教材主编，且当时已在中国工作7年，但对中国高校的校情、教情、学情还是不甚了解，在与中方编者沟通的过程中，双方产生过许多误解。在这种情况下，葛一诺教授与编辑团队一起走进北京、济南、武汉等地多所高校，进课堂听课，与师生座谈。在比较全面地了解了我国大学英语课堂教学的实际情况与学生水平后，重新调整编写大纲并编写了第一版样课。在此基础上，文秋芳教授带领中方团队对样课进行反馈、调整和打磨，并请中方编委在自己的课堂上进行一轮轮试用。这个过程循环往复，经过11轮修订与试用后，最终确定了教师、学生都较为满意的样课版本。

选材工作是教材编写过程中最费时费力也最艰难的一步。由于中英团队对英语教学目标及选篇作用的理解和认识不同，英方团队初选的300多篇文章无一被中方编者接受。为了更高效地选到最新、最地道、最能满足中国教师与学生需求的阅读素材，中英团队一起讨论制定了包含15个维度的选材标准。2007年9月，常小玲与李会钦赴英国牛津一个月，进行集中选材。两人白天泡在图书馆与书店，翻阅各类新出版的书刊，晚上对白天的阅读与收获进行讨论与整理，并与中英编写团队保持沟通。中英编者依据选材标准对所选素材进行分析与判断，初步选定了第一批选篇。2008年4月，李会钦与张易再赴牛津一个月，选定了第二批选篇。在第一批选篇确定并联系版权后，编写团队根据样课要求开始了《新标准大学英语综合教程》的编写工作。

由于《大学英语课程教学要求》特别强调培养学生的英语听说能力，中英编写团队对《新标准大学英语视听说教程》进行了精心设计。为体现多元文化，教材既选取了原汁原味的真实音视频素材，又针对提升中国学生的英语交际能力专门编写与拍摄了视频素材。视频的三位主人公是牛津大学的大一新生，分别来自中国、美国和英国。教材第1—4册的视频随三位主人公的学习、生活、实习、工作等经历逐渐展开，形成连续而引人入胜的真实故事。这些故事分别取景于牛津城与伦敦各处，使学生能够浸入英伦文化之中，充分体验文化差异，深入思考自身文化，拓展知识与视野，形成理解与包容。

2008年夏，《综合教程》与《视听说教程》第1册编校完毕并付印的第二天，外研社就在外研社国际会议中心进行了为期4天的试用教师培训。共有来自全国11所院校的30多位教师参加了此次培训，并于秋季学期开始全书试用。编辑与中英编写团队在试用过程中紧密跟踪教材使用情况，根据试用反馈再次调整教材内容。2009年，《新标准大学英语》正式出版，其全新的理念、鲜活的内容与新颖的形式受到学校与教师的认可，成为推动学生英语水平较高的院校开展大学英语教学改革的有力抓手，在中国大学英语教学发展进程中发挥了重要作用。

## 2.2 修订经典教材，永葆基业长青

进入21世纪以来，教育部开始积极推动新一轮的大学英语教学改革，大学英语教学向着力培养学生语言综合运用能力的方向发展。2010年，中共中央、国务院印发了《国家中长期教育改革和发展规划纲要（2010—2020年）》（以下简称《纲要》），明确提出"要以学生为主体，以教师为主导，充分发挥学生的主动性"。在此背景下，外研社对《新编大学英语》《新视野大学英语》《现代大学英语》等经典教材进行修订，在教材编写理念、教学内容和教学方法上都进行了全新的探索和尝试。

2001年，《新视野大学英语》作为国内首套尝试与现代信息技术结合的立体化高校英语教材，配合课本同步提供光盘、数字课程、试题库和语料库等教学资源和支持。这种同时基于课堂和计算机的多媒体教学模式，既继承了传统课堂教学的优良传统又兼具网络教学的长处，既为教师拓宽了教学内容又为学生提供了个性化学习空间。2008年，《新视野大学英语》（第二版）在传承第一版特色的基础上，又根据我国高等教育发展形势与改革趋势，进行了全方位提升和完善。

2007年，于春迟接任社长。凭借此前多年陪同李朋义社长调研大学英语市场的经验，他敏锐地意识到以后的大学英语教育将更加注重培养学生的英语应用能力和综合文化素养。于春迟随即多次前往上海，邀请郑树棠教授继续担任教材的总主编，主持修订"新视野"系列教材。出版《新视野大学英语》（第三版）是于春迟上任后做的第

一件大事，也进一步巩固了外研社在大学英语市场的主导地位。

同年7月，郑树棠教授带着外研社的编辑对全国29所高校进行深入调研，并撰写了《大学英语教学改革和大学英语教学实践调研报告》。为保证调研的广泛性和普适性，郑树棠教授特意选择了山东、江苏、河南、福建、陕西、四川等省份，范围覆盖了东部沿海、中部、西北部、西南部和东南部；在学校层次的选取上既有综合性大学，也有专业特色明显的高校。郑树棠教授的调研对象不仅包括学校的外语系主任或外国语学院院长，也包括一线骨干教师和学生，以保证既能了解到大学英语教学的整体情况，也能了解到具体的教学操作情况。

在郑树棠教授的带领下，《新视野大学英语》（第三版）启用了全新的编写团队，本着严谨、务实的态度，深入调研高校大学英语课堂教学现状，全面摸底大学新生入学英语水平，全面设计、重新编写了系列教材。第三版系列教材保持一、二版的优势与特色，进一步落实教学分类指导、因材施教的原则，支持高校根据入校生英语水平以及所选择专业的英语要求，适当调整通用英语阶段的教学要求。其中，《听说教程》配合《读写教程》的中心话题展开多种形式的听说训练，《泛读教程》《长篇阅读》和《综合训练》三个分册也与《读写教程》的单元主题呼应。《视听说教程》则基于英国培生教育出版集团的经典教材Speakout进行全面改编，既保留了视听资源地道鲜活的优势，又符合国内高校教学的需求与特点。

2015年6月，经过6年多的筹划、设计和编写，《新视野大学英语》（第三版）正式出版。这一版教材充分考虑时代发展和新一代大学生的特性，选材富有时代气息，主题涵盖社会、历史、经济、

《新视野大学英语》（第三版）　　　　　　　郑树棠教授

哲学、科技、文化等不同领域。读写选篇体裁多样，注重思想性和趣味性的结合；视听内容包含丰富的BBC原版音视频，帮助学生开拓视野，增强文化感知力和理解力。与前两版相比，第三版保持了练习的丰富性和系统性，并进一步加强了练习的思辨性、应用性和文化对比性。此外，第三版倡导课堂教学与自主学习相结合的混合式教学模式，教材同时配备PC端和移动端数字课程以提升教学效果。《新视野大学英语》的丰富性逐渐改变了传统的教学思维与教学手段，为中国大学英语教育开辟了新视野，开创了新模式。

　　随着国家的发展与教育的变革，以及《大学英语教学指南》的制定与《中国英语能力等级量表》的颁布，《新视野大学英语》系列教材还将结合新的发展变化不断完善与创新，为新形势下高校大学英语教学改革与国际化人才培养贡献新的力量。

　**2.3　引领教学理念，完善教材体系**

　　从《新编大学英语》提出"以学生为中心的主题教学模式"到《新视野大学英语》首次将信息技术引入高校英语教材，再到《新标准大学英语》融入多元文化与思辨能力，外研社一直在紧密跟随英语教学的变革趋势，不断推出新理念、新模式的教材，保持领先地位。

　　大学生语言技能的普遍提升，促使大学英语教育强调培养学生的沟通能力和跨文化意识。外研社与麦克米伦教育集团共同开发的《新标准大学英语》教材，邀请了北京外国语大学文秋芳教授和国际英语外语教师协会前任主席、英语教学与教材编写专家葛一诺教授担任中外方总主编。这套教材的内容展现了多元文化，并重点突出跨文化交际能力与创新思维能力的提升。教材以对"学生英语应用能力、跨文化交际能力、自主学习策略及综合文化素养进行整体培养"为理念，充分切合《纲要》的指导思想，切实推进了中国大学英语教育的深入改革。

　　大学英语教育承担着全人教育的使命，亟待培养能够用语言解决实际问题的高素质国际化人才，课堂教学应"以学习为中心"充分发挥学生能动性，不断提升教学实效。根据这一变化，外研社邀请了北京外国语大学文秋芳教授和南京大学王守仁教授编写《新一代大学英语》。这套教材以新一代人才培养所需的能力为纲，以文秋芳教授的"产出导向法"理论为线，与《大学英语教学指南》精

《新标准大学英语》（第二版）

神紧密结合。

2013年，文秋芳教授在全国高校大学英语教学发展学术研讨会上提出了"大学英语课程体系建设，应以输出为驱动，以输入为基础假设"这一教学理念。2014年，在教材编写过程中，文秋芳教授在"输出驱动"的基础上增加了"听"和"读"的分量，将其更新为"输入促成，输出驱动"。2015年，文秋芳教授进一步总结和发展了这一理论，构建了"产出导向法"理论体系。2017年10月，第二届"创新外语教育在中国"国际研讨会（The Second International Conference On Innovative Foreign Language Education In China, POA in Different Cultural Contexts）在维也纳大学举办。文秋芳教授在主题报告中全面讲解了"产出导向法"产生的背景、动因和发展历程，详细阐述了"产出导向法"的理论体系和特色。可以说，《新一代大学英语》的出版过程与文秋芳教授的教学理论相伴而行，共同发展。

教材策划出版期间，教育部高等学校大学外语教学指导委员会负责制定的《大学英语教学指南》也在调研撰写阶段。与《大学英语课程教学要求》相比，《指南》体现了多样化、个性化的特点，充分考虑了教学层次、区域不平衡的情况；强调培养学生的英语应

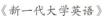

《新一代大学英语》

文秋芳教授　　　　　　　　王守仁教授

用能力，将工具性和人文性结合。王守仁教授在设计与编写教材时，也认真思考了我国高校英语教学的发展变化，充分参考了《指南》的精神，体现了大学英语教学改革的新趋势与新理念。

这样一套融合了文秋芳和王守仁两位教授先进教学理念的教材在编写时也颇费周折。项目负责人任倩回顾教材编写过程时说："这套教材在内容选篇和练习设计方面，下了非常大的功夫。"为了让学生体会到原汁原味的英语，教材的选篇必须要摘选原版文章。"我们在寻找选篇方面，花了好几个月，一直没有太好的解决办法。直到徐建中总编辑去英国参加书展回来，带了满满一箱子原版书。我们从徐总带回来的原版书中择取了部分篇章。"教材的练习设计要体现"产出导向法"的理念，因此每个单元必须有真实的产出任务。文秋芳教授曾举例说，你和家人分享你在学校的学习内容，这并不是真实的产出任务，因为现实生活中你不会用英语和家人沟通。"产出导向法"所指的真实任务必须是学生用英语解决实际问题。《新一代大学英语》从策划到第一册出版只用了一年多的时间，可谓时间紧任务重。两位教材总主编带领的编者团队以及徐建中、李会钦及外研社编辑团队都付出了大量努力。由于教材选篇需要不断调整，任倩常常在凌晨收到王守仁教授对选篇意见的反馈邮件。

随着多套教材的陆续出版，外研社的高校英语教材不仅能覆盖多个难度层次，而且能满足各院校对大学英语基础课程与后续课程的需求，形成了一套完整的教材体系。就难度层次而言，既有适用于艺体生的《E英语教程》，也有面向一般院校的《新视野大学英语》等教材、针对重点院校的《新一代大学英语（发展篇）》等教材。就课程体系而言，外研社积极开拓大学英语后续课程教学资源，陆续推出高等英语拓展系列教程，包括文化类、口语类、写作类、演讲辩论类、翻译类、语法类、阅读类、听力类、词汇类、学术英语类、国际交流类、学科英语类、专业英语类等各个类别的教材，以满足不同院校的后续课程或特色课程教学要求。

## 2.4 传承优良传统，创新专业教材

外研社在英语专业教材领域可谓一直引领趋势，推动变革。

20世纪90年代初，外研社推出的由许国璋先生亲自修订的《许国璋〈英语〉》，以其科学性、实用性、知识性在当时独特的时代背景中独领风骚，对我国几代人的英语学习产生了深远影响。

得益于北京外国语大学重视夯实语言基本功、培养人文素养的优良传统，外研社先后出版了《大学英语教程》《现代大学英语》和《高级英语》等一系列经典教材。这些教材注重对学生语言基本功和人文素养的培养，选篇精良、题材广泛、内涵深刻、语言规范，练习设计科学合理，久经时代考验，成为莘莘学子心目中永恒的经典。

新时期，英语专业教学突出学科特点、重视人文教育，在继续强调语言能力的基础上，对学生人文素养、思辨能力、跨文化能力、自主学习能力等方面的培养提出了更高要求。

2018年1月，教育部正式颁布《普通高等学校本科专业类教学质量国家标准》（简称《国标》），将外语类专业培养目标确定为培养具有良好的综合素质、扎实的外语基本功和专业知识与能力，掌握相关专业知识，适应我国对外交流、国家和地方经济社会发展、各类涉外行业、外语教育与学术研究需要的各外语语种专业人才和复合型外语人才。

在这一时代背景之下，外研社高等英语教育出版分社积极探索创新，陆续出版了致力于培养学生思辨能力和学科素养的《大学思辨英语教程》系列教材，以及以任务型教学为原则，重交际、重语言综合应用能力培养的《新交际英语》系列教材。《大学思辨英语教程》以北京外国语大学团队为主编写，总主编是北京外国语大学副校长孙有中教授。这套教材响应英语专业教学改革呼声，以《国标》为指导，以思辨能力培养为核心，以主题引领听说读写，牢固搭建人文知识结构，精细夯实语言功底，全面提升学生学术英语能力。《新交际英语》以广东外语外贸大学团队为主编写，秉承"全人教育"理念，通过大量真实的交际任务，使学生在运用语言完成任务的过程中盘活以往的语言知识与技能，进一步提升语言运用能力。这两套教材培养目标明确、紧随时代

北京外国语大学副校长孙有中教授

需求，全方位、立体化地为培养"会思考、能感知、善交际"的高素质国际化外语人才贡献力量。

　　从某种意义上说，外研社英语类专业教材的发展历程也是我国高校英语类专业发展的历程。2005年，教育部正式批准设置翻译本科；2007年，国务院学位委员会批准设立翻译专业硕士（MTI）试点教学单位。外研社2007年年底启动翻译专业硕士学位系列教材，

《新交际英语》

《大学思辨英语教程》

2008年年底启动翻译本科专业系列教材，始终密切关注翻译专业的建设与发展。2007年，商务英语专业正式设立。外研社随即在全国范围内对商务英语专业教学现状进行了广泛调研，于2010年起陆续出版"高级商务英语系列教材""新标准商务英语系列教材"等精品教材，满足商务英语专业的教学需求。外研社英语类专业教材开发不断紧跟并响应时代号召，从语言知识到语言技能，从交际能力到综合素质，再到学科核心素养培养的转变——每一步历程都亲历，每一次转变都引领。

### 2.5 基于核心优势，发展多元业务

外研社在大学英语市场上的成功，不仅依靠丰富的教材体系，还有数字产品、教师培训和测评等多元业务作支撑。常小玲副总编辑将这种做法称为"前拉后推"。"前拉"是指外研社在教材理念方面的引领作用。但是只有理念引领却不告诉教师如何教也不行，因此还需要完善的支持服务体系。"后推"就是通过各种资源和服务，不断推动教师更新教学观念、改进教学方法。在此基础上，外研社根据高校外语教育改革与发展形势，不断创新业务模式，优化内部机构，逐步形成了以教材为核心的多元业务格局，包括数字业务、教师培训、语言测评等多个领域。

在数字业务方面，外研社在21世纪之初就研发了《新视野大学英语》教学管理平台。2014年，外研社成立北京外研在线教育科技有限公司，加大投入力度，专注数字业务，并在教学管理平台基础之上，升级推出了"U校园智慧教学云平台"（简称"U校园"）。U校园诞生和迭代的背后，饱含着工作团队的艰辛努力。规划初期，项目组即面临没有办公地点和专业人员不足的严峻问题，后经多方

协调，办公场所方才落地配楼阳光房。就是在这个冬冷夏热、夜晚只能用台灯照明的办公室中，大家一同挥洒汗水、收获喜悦，不断升华团队战斗力与凝聚力。产品设计中心对30多个市场竞品进行了多轮严谨分析并结合扎实的市场调研工作，紧锣密鼓地输出了高达70多个历史版本，以平均每周1次的高频率推进产品设计和评审工作，确保了U校园最终按时上线。短短两年，U校园就已为全国千余所院校、近17 000名教师提供了强有力的教学管理支持，近260万名大学生通过U校园开展英语学习、提升语言能力，日活跃用户量达到35万以上。同时，从3000多万小时的学习时长中获取的10亿多条教学、学习数据，也将为高校开展基于大数据分析的教学改革提供有力支撑。

与此同时，外研在线对其他产品的研发、升级也从未懈怠。每一个产品，皆切磋琢磨来之不易；每一段历程，皆砥砺以行但求臻美。iTEST 1.0新产品于2011年问世，是国内首批在线测评产品之一，在外研在线成立之后更是取得了飞跃式发展。2015年，iTEST 3.0版本问世，承载了测评全流程的功能优化升级，让用户能够真正把产品"用起来"。2016—2018年，iTEST见证了用户规模和使用频率的迅速上涨，但同时多样化的使用模式、高并发的业务场景也给系统带来了空前挑战，线上问题开始频频出现。面对问题，这支年轻的技术团队有勇气，更有一份愈挫愈勇的坚持。于是，夜以继日便成为大家这段时间的工作常态：白天忙系统功能开发，晚上专注排查和解决当天线上问题，坚决不放过任何"漏网之鱼"。在此背景下，汇聚了丰富的线上问题解决方案的iTEST 4.0版本推出，将安全稳健性更升一级。2018年，在教育云技术已经日趋成熟的时机下，iTEST完成全面改版，推出了基于纯公网的5.0版本——iTEST智能测评云平台，配套iTEST爱考试移动APP，使在线测评场景进一步得到扩展，并利用移动端的独特优势，更加深刻地践行了以测促学、以练促教的测评理念。

"智能+教育"是大势所趋，iWrite英语写作教学与评阅系统即是人工智能助力打造混合式写作教学模式的一款成功产品。自诞生以来，iWrite便是Unipus生态中一个特别的存在：一方面，要做好用户体验，全力辅助师生写作教学；另一方面，要在"自然语言处理"技术上攻坚克难，不断优化评阅引擎，为师生提供精准的评分和纠错。而"自然语言处理"堪称"互联网+"大潮下教育产品科研攻坚战的最前沿阵地，其难度不言而喻。回顾这条研发攻坚之路，可谓道阻且长，亦是满载荣耀。在总设计师梁茂成教授的带领下，技术团队焚膏继晷，成果斐然，并于2019年创新启用双核纠错引擎机制，通过引入深度学习统计模型——"基于RNN和注意力机制的神经机器翻译模型"，并以数以千万计的标注语句对纠错引擎进行深度训练，触达语法规则盲区，与基于语法规则的简约模型互为补充，双核联动，极大提升了引擎纠错性能，使人工智能辅助写作教学成为现实。目前，iWrite已覆盖全国超过1800所院校，累计批改作文超500万篇，从品质上真正实现了对用户的承诺：Write right with iWrite。

针对信息技术浪潮下教师教育模式及培训生态的变革，外研在线于2016年3月研发建立"U讲堂外语教师发展智慧平台"，并陆续推出"高校外语教师发展在线研修课程"，吸引了国际国内外语教育界专家学者以及全国广大一线教师的广泛关注。时间定格于2016

Unipus官网

年3月31日晚8点——U讲堂首期在线直播讲座（webinar）在外研社
大厦洽一会议室正式直播。作为U讲堂建立后的第一位直播专家，
来自英国杜伦大学的迈克尔·拜拉姆（Michael Byram）教授在直播
后开心地表示："我很荣幸成为第一位在U讲堂上进行在线直播的
人，对我来说，这是一次充满挑战又很有趣的体验，对在线观众的
提问进行即时反馈是一件很有挑战性的事情，但我很享受这种在线
互动的过程。祝贺Unipus！你们在为广大教师做一件好事，你们是
先锋！祝福你们越办越好！"2016—2019年，外研在线教师发展团
队不断开拓创新，U讲堂从无到有，从有到优，建立了完善的教师
发展在线课程体系，构建了高校外语教师发展能力结构框架，探索
出直播webinar、系列直播课、录播课、远程教研等多样化课程形
式；累计邀请国内外200多名专家在线授课，上线课程350多门，总
课程学时数达2200多学时，注册学员达5万多人。许多教师受益于
U讲堂研修课程，或提升了专业能力，或获得了职业发展，或收获

了科研进阶。U讲堂已经成为广大外语教师交流学习、实现自身职业发展的"线上共同家园",也将在新时代为构建"互联网+教师教育"新生态而不断创新前行。

U校园、iTEST、iWrite、U讲堂……它们的故事不止于此,它们的精彩仍在继续。在外研社40年来的众多产品中,它们是新鲜的,如小荷才露尖尖角;它们是奋发的,志在挂云帆济沧海;它们也是沉稳的,深知路漫漫而修远,当上下求索,持续精进。

与此同时,外研社高等英语教育出版分社运营的三个网站也分别聚焦教学、学术及研修,为教师提供立体化教学支持。"高等英语教学网"创建于2006年,经过多次改版,已成为集资讯发布、图书介绍、资源下载、会议及赛事成果展示等功能于一体的教学支持性网站,为教师提供全面的支持与服务。"iResearch外语学术科研网"依托丰富的学术研究资源和专家资源,以满足外语教师的科研需求为宗旨,为处在各个科研阶段的教师提供研究方法、文献资

iResearch外语学术科研网

源、科研工具、成果发表等各类支持，为教师提供专业、实用、有效的"一站式"科研服务。"全国高校外语教师研修网"则以提高教师能力、培养科研团队、促进院系发展为己任，全面展示全年研修计划（线下课程与线上课程）及详情，提供便捷的线上报名、缴费等功能。

2017年12月23日，由北京外国语大学倡议发起、全国多所院校联合组建的中国高校外语慕课联盟（China MOOCs for Foreign Studies）在京成立，标志着中国高等外语教育信息化进入深化应用、创新融合的新阶段。2018年3月23日，中国高校外语慕课平台（UMOOCs）正式上线。中国高校外语慕课联盟理事长单位代表、北京外国语大学党委书记王定华在开幕致辞中说道："近年来，我国高等教育不断创新变革，全球信息技术井喷式爆发。中国国际地

2018年3月23日，北京外国语大学党委书记王定华教授（中）出席中国高校外语慕课平台启动仪式

位和国际角色对人才培养要求逐步提升，聚焦教育、放眼世界、着眼未来，三者共同的作用使得慕课教学成为高等外语教育的必然选择，中国高校外语慕课联盟更是顺应时势、响应未来的产物。"王书记充分肯定了UMOOCs的价值。基于UMOOCs，全国各高校可以共建语言与文化类特色课程，实现跨校、跨区、跨国资源共享，增强院校学术影响力与国际传播力。作为我国首个以外语学科特色为主的慕课平台，UMOOCs汇聚全国多所具备外语学科优势的院校的综合语种资源，并通过国内外优势资源互通，建设具备多语言能力的国际化人才培养战略高地。2019年，中国高校外语慕课联盟与"学习强国"平台合作，在"学习强国"移动端APP慕课栏目下设立"高校外语联盟"专栏，促进优质外语资源的广泛传播和公平共享。随着不断丰富与完善，UMOOCs将促进新时代慕课、"互联网+"、虚拟仿真、人工智能等现代信息技术与高等外语教育交织、交融，坚定实施科教兴国、人才强国，为国家未来发展筑基铺路。

在教师培训方面，外研社自1999年举办《新编大学英语》教师培训起，不断优化培训内容，创新培训模式，从教材使用方法培训到最新教学理念交流，与高等外语教育专家学者及教师携手并进，应对高等教育供求关系、国家需求、国际竞争环境的变化，探讨和解决教学实践问题，磨炼和提升教学科研能力，为高校外语教师搭建学习、交流、切磋教学技艺的广阔平台。现今，"全国高校外语教学研究与教学发展系列研修班"由高等学校外语学科中青年骨干教师高级研修班、全国高等学校大学英语教学发展与创新研修班、全国高等职业院校英语教学发展与创新研修班、全国高等学校英语类专业教学发展与创新研修班共同构成。据统计，2018年研修班共迎来10 000余名教师参加，近500名教师登上"教学之星"大赛的舞台展现教学风采。

"高等学校外语学科中青年骨干教师高级研修班"作为大型强化专题研修班，已形成专业的品牌与鲜明的特色。2006年4月，"高等学校英语教师教育与发展系列研修班"第一期"大学英语学习策略教学法研修班"成功举办，正式拉开了外研社强化专题研修班的序幕，成为全国高校外语教师培训改革的先行者。2009年12月，中国外语与教育研究中心与外研社在总结历年经验的基础上推出"高等学校外语学科中青年骨干教师高级研修班"系列课程，标志着外研社在高校师资培养方面迈上了新的台阶。2011年5月，该项目作为唯一覆盖全外语学科的研修项目，获得教育部"高等学校青年骨干教师高级研修班项目"正式立项。同年11月，研修班部分课程被纳入北京市教育委员会"北京市大学英语教师专业化能力发展专题研修班"师资培训重点项目。2015年，研修系列课程已实现以"外

2015年外研社"教学之星"大赛全国总决赛现场

语研修+"为特色，通过"线下+线上、国内+国际、课程+服务、共享+定制"的方式，拓展国内外合作共建，加强后续支持与服务，实现多样化、个性化的研修形式。2018年，系列课程紧密围绕"专业发展、教研并进"这一定位，充分体现国际化的教学理念和个性化的教学模式，增加体现教学改革与学术前沿的新主题，涵盖师德师风类、教学类、科研类、测评类和信息技术类五大类别。截至2018年11月，该项目共举办182期国内研修班和10期国际培训（含赴美和赴英项目），来自31个省（区、市）700多所院校的35 600多人次外语教师从中受益。

在测评业务方面，外研社曾经出版了大量英语四六级考试用书。《新视野大学英语》出版后，郑树棠教授提出要给教材做配套的测试题库，以方便教师从题库中自由组合试卷进行考试，外研社便开始着力研发教材配套测试题库。与此同时，外研社也在积极研发独立的外语测试系统。2015年9月，作为iTEST的第三代迭代产品，iTEST大学外语测试与训练系统正式上线。基于云服务的基础架构和大数据分析的核心理念，该系统支持各类规模、多种模式的考试，实现听、说、读、写、译全题型的智能评分，将日常教学、自主学习和测试评估有效结合，通过高质量云题库、个性化题库管理系统以及覆盖测评全流程的在线管理系统，为院系建立多维度评价体系、进行数字化教学评估提供专业的解决方案，为高校创新教学模式、开展课题研究、增进合作交流提供强有力的支持与保障。

外研社的社会化考试也在推进。2014年10月19日，北京外国语大学中国外语与教育研究中心、外研社等多方共同成立了中国外语测评中心（China Language Assessment，简称"CLA"）。测评中心

中国外语测评中心成立大会合影

着力研发系列外语考试，开展外语教育测评研究，向社会提供多层次的外语能力测评服务，满足各类用人单位在外语人才选拔方面的需求。2016年9月，中国外语测评中心联合国内外专家历时两年多研发设计的"国际人才英语考试"（English Test for International Communication，简称"国才考试"）正式启动，目前每年有3万余人报名考试。自2016年发布以来，国才考试获得社会广泛认可，为高校创新人才培养模式和用人单位选拔高素质国际化人才提供了重要依据，有助于提升学生的国际视野与协商合作能力、跨文化理解与表达能力、分析问题与解决问题的能力等。

### 2.6　构筑支持体系，建立教学发展共同体

20世纪90年代，为了推广教材，李朋义社长带领姜岩玲、周静、洪志娟等一批外研人，开始不辞辛苦地开拓大学英语市场。20

2013年10月，徐建中总编辑主持全国高校英语专业教学改革与发展学术研讨会开幕式

多年来，从李朋义、赵文炎、徐建中，再到常小玲、李会钦、徐一洁、李淑静、赵颖等，依靠一批又一批外研人的努力和16个信息中心的支持，外研社得以在大学英语市场取得丰硕成果。总编辑徐建中长期主管大学英语业务，他对大学英语发展趋势、院校需求、市场推广规律了如指掌。徐建中还是一位身先士卒的领导。主管业务期间，他几乎每个周末都在全国各地跑学校、谈业务，和院校的教师成了朋友。如今，在赵颖和孙凤兰的主管下，在焦勇、王悦、赵静、王海燕、侯凯、李江涛、翟嘉琪七位大区经理的带领下，外研社市场人员仍是全年三分之二的时间在外出差，周末基本都在开会或者组织市场推广活动。16个信息中心也为教材推广和教学服务付出了艰辛的努力。凭借这种拼搏精神，外研社与院校、教师、学生三者之间建立了密切的关系，从单纯的教材推广转变为提供综合解决方案，与院校建立教学发展共同体。

2016年，在徐建中的领导下，外研社全力承办全国高等学校外语教育改革与发展高端论坛，以每年度最新的教育趋势为主题，解读国家高等教育政策。2016年4月，首届"全国高等学校外语教育改革与发展高端论坛"以"国家外语人才培养标准、指南、评价"为主题，在《高等学校外国语言文学类专业本科教学质量国家标准》和《大学英语教学指南》两大高等外语教学纲领性文件即将颁布之际，解读国家外语教育顶层设计，为高校外语教学改革、课程体系建设和新时期国家外语人才的培养指明方向。2017年第二届论坛聚焦"外语战略、国际人才、智慧教学"，探讨外语战略发展、政策导向和理论创新，解析国际化人才的培养路径和评价标准，展示"互联网+"时代外语教学的智慧之道。2018年第三届论坛以"新时代、新人才、新方略"为主题，贯彻党的十九大对教育提出的新要求，使各高校充分把握新的发展契机，设计符合时代要求的新方案，培养国家战略所需的新人才，共同致力于提升我国参与国际高等教育秩序建设与标准制定的能力。第四届论坛于2019年3月举办，主题为"使命、格局、举措"，聚焦新时代高等外语教育的新使命，共议外语教育发展的新格局，探讨与之相呼应的新举措。北京外国语大学党委书记王定华在论坛开幕致辞中表示，论坛云集群贤，共商高等外语教育改革发展，恰逢其时，意义非凡。回眸改革开放历史，外语教育与国家命运紧密相连。"一带一路"倡议的提出与发展赋予了外语教育新的使命与机遇。因此，外语教育发展目标和政策的制定都需要以服务"一带一路"建设为使命，进行全局规划和顶层设计。

高端论坛由教育部高等学校外国语言文学类专业教学指导委员会、教育部高等学校大学外语教学指导委员会和北京外国语大学主

北京外国语大学党委书记王定华教授在论坛上讲话

办，外研社承办。自创办以来，每届论坛均邀请教育部高教司领导、教育部高等学校外国语言文学类专业教学指导委员会及各分委会专家、教育部高等学校大学外语教学指导委员会专家、国际外语教学与研究界专家、高校外语教学管理者和骨干教师分别做主旨报告、专题报告、专题论坛交流等；每年均有2000余名高校外语院（系/部）领导及骨干教师参加，已成为高等外语教育界的一大学术盛会。外研社之所以能举办如此盛大的高端论坛，背后离不开徐建中这么一位"最强大脑"作支撑。"每届高端论坛的主题，我们会请很多专家一起碰，最后无一例外都采用了徐总提出的想法。"外研社高等英语教育出版分社社长李会钦如是说。徐建中对行业发展的精准把握来自两个方面：一是因为长期深入一线学校，他和众多院校的校长、教师成了亲密的朋友，得以与他们交流最前沿的教学动态和需求；二是身为总编辑，他对教育政策与发展大势有精准的把握，能够切中我国高等外语教育发展的方向和需求。

高端论坛高屋建瓴，为全国高校的外语教学发展提供了新思

2018年3月，第三届全国高等学校外语教育改革与发展高端论坛在京举办

2019年3月，第四届全国高等学校外语教育改革与发展高端论坛在京举办

路。在实际教学中，外研社还通过科研课题、示范基地、学术图书、赛事活动等为各高校构筑全面的支持体系。自2001年起，北京外国语大学中国外语与教育研究中心发起了"中国外语教育基金"项目，资助和指导全国各级各类院校开展外语教学与科研活动，由外研社提供经费和协助实施。2019年，"中国外语教育基金"第九批科研项目正在进行当中。2018年1月，"中国外语教育基金"下设的专项基金——"中国外语测评基金"正式成立，以"衔接测评与

教学，促进外语教育综合改革与发展"为宗旨，鼓励外语测试和教学的研究者及实践者积极开展相关领域研究，提升外语教师测评素养，推动研究成果指导测评和教学实践，服务教育重大决策。

此外，外研社还与各院校共建示范基地，实现资源共享、协同发展。目前，外研社与天津大学、沈阳农业大学、石河子大学等多所院校共同建立了数字化教学示范基地，促进云计算、大数据、人工智能技术在外语教育领域的应用，共同推进高校外语教学智慧化发展。外研社在各省份成立了外研社教师培训基地，以浙江财经大学、郑州大学、西南大学等院校为基地，推进教师培训的本地化，建立各地教师专业发展共同体。国才考试推出后，多所院校与外研社合办国际化人才培养基地，在立足运用、创新教学、加强科研、以考促学等方面展开深层次的交流与合作，为培养一批又一批具有全球视野、熟练运用外语、通晓国际规则、精通国际谈判的专业人才而共同努力。

近十年来，外研社针对教师提供的服务也从教师培训拓展到学术引领和赛事服务方面。

为配合全国高等学校外语教师系列研修班活动，帮助教师在专题研修之后进一步深化研修效果，外研社在2010年前后精心策划了"全国高等学校外语教师丛书"。此套丛书由文秋芳教授担任总主编，包括理论指导、科研方法、教学研究、课堂活动等子系列。每本书涉及该领域教学中各个重要环节可能遇到的困难与应对的方法，同时辅以丰富、真实的课堂教学案例和教学研究案例，注重理论与实践的结合，对外语教师的教学实践与研究具有很强的借鉴价值。这套丛书还在陆续出版、补充的进程中，还为教师的教学与科研提供切实、全面、前沿的引导与支持。

与此同时，国家战略发展、信息技术变革、语言产业繁荣和高校教学改革等背景对我国外语教育发展和外语学科建设产生了深远影响，也推动了我国外语学术出版的脚步。在高等英语教育出版分社学术期刊部主任段长城等人的努力下，外研社引进出版了"外语学术核心术语丛书"，并精心策划了"外语学科核心话题前沿研究文库"大型原创学术书系出版项目。"外语学术核心术语丛书"是为外国语言文学专业学习者准备的专业入门丛书，每个分册都包含了针对该学科的中文导读、引言、核心术语、重要学者、代表性论著和索引等，内容系统专业，语言简易通俗。

"外语学科核心话题前沿研究文库"是国内研究者原创学术成果的汇集，围绕外语学科各重要领域的核心话题，每本书聚焦一个话题，深入探讨该话题在国内外的研究脉络、前沿成果、研究方法和发展趋势。文库将点与面、经典与创新结合，每三至五年进行一次修订，成为相关话题研究的必读之书。文库项目被列为"十三五"国家重点出版物出版规划项目，对传播外语学科研究成果，推动外语学科研究进程，影响和鼓励更多学者为我国外语研究贡献力量起到了重要的推动作用。

为提升教师教学能力，外研社自2013年起与教育部高等学校大学外语教学指导委员会、教育部高等学校英语专业教学指导分委员会共同举办外研社"教学之星"大赛。大赛每年都根据外语教学发展趋势精心确定主题，如2016年是"微课在翻转课堂中的应用——让精彩设计在知识和人心之间架起一座桥梁"，2017年是"智慧设计：搭建通向智慧学习的桥梁"，2018年是"基于任务的设计：目标、过程与评价"，2019年则是"成效导向的教学设计：从金课程到金课堂"。近年来，比赛类别从英语教学拓展为多语种教学和高职高专英语教学，内容与形式也在从课堂教学向课程设计发展，从个人参赛向团队参赛转变。随着新技术的发展，外研社还通过U讲堂、中国高校外语慕课平台等在线平台，以及教学开放周、虚拟教研室等方式，为不同地区的外语教师提供多元化、个性化的培训课程，构建外语教师专业发展共同体。

在学生服务方面，外研社为广大学子提供了丰富的赛事活动。始于1997年的"外研社杯"全国大学生英语辩论赛开国内公益赛事

2018"外研社·国才杯"全国英语演讲大赛现场

2019"外研社·国才杯"全国英语演讲、写作、阅读大赛在京启动

之先河，至今已经连续举办22届。2002年，外研社创办"外研社杯"全国英语演讲大赛，现已成为国内参赛人数最多、规模最大、水平最高的英语演讲赛事。2012年，外研社启动"外研社杯"全国英语写作大赛，旨在推动英语写作教学，提高学生英语写作水平，引领高校外语写作教学的改革与发展。2015年，为激发大学生的英语学习热情，为他们提供阅读实践的机会和自我挑战的舞台，外研社推出了全新的"外研社杯"全国英语阅读大赛。英语演讲、写作与阅读能力是国家未来发展对高端人才的基本要求，也是高端人才外语能力、思辨能力、交际能力、创新能力和国际竞争力的综合体现。三项大赛以高远的立意和创新的理念，汇聚全国优秀学子，竞技英语表达与沟通艺术，为全国大学生提供展示外语能力、沟通能力与思辨能力的综合平台。

俗话说，打铁还需自身硬。外研社在开拓大学英语市场的同时也不忘苦练"内功"，不断优化组织结构，培养专业人才，提升管理能力。从当初的一个工作室变成高等英语教育事业部，再成为高等英语教育出版分社，业务范围越来越广阔，从单纯的教材编辑拓展到选题策划、学术期刊、数字出版、教师发展、市场宣传等多个方面。2015年，外研社开始集群化发展，高等英语教育出版分社和综合语种教育出版分社、职业教育出版分社组成高等

常小玲副总编辑在2019"外研社·国才杯"全国英语演讲、写作、阅读大赛启动仪式上讲话

教育事业群，业务体系更加丰富完善。外研在线承担起整个高等教育事业群的数字产品研发与数字业务开拓；外研教育测评中心以国才考试和国才学院为重点，开展语言测评与培训业务；营销中心变成事业群的共享部门，分为七个大区，为事业群提供全方位市场推广开拓；信息中心为事业群的市场推广与教学服务提供全面的本地化支持。2018年，外研社高等教育事业群把握大势，立足现实，坚守主业，多元发展，加快建设线上线下融合、教学评研一体的教育服务闭环，实现收入8.51亿元，达到了社会效益和经济效益的最佳结合。

### 3．把握时代机遇，构建多语言教育出版新生态

随着我国加快"走出去"步伐，特别是2013年"一带一路"倡议的提出，中国融入国际社会、参与全球治理，构建人类命运共同体的进程明显加快。在此时代背景下，国家对多语种国际化人才培

养提出了更高要求。综合语种出版分社抓住这一时代机遇，坚持"挺拔主业，融合创新"的发展思路，围绕高等教育集群"大出版、大平台、大市场"的整体规划，坚守传统出版、稳固主业，同时以教育服务解决方案为抓手，发展数字服务与培训业务，构建多语言教育出版新生态，提升服务能力，实现业务转型。

### 3.1 十六年磨一剑，铸就《汉法大词典》

综合语种出版分社的同事们每每外出拜访会谈，常听到的一句话就是"我们是读外研社的书长大的"。这让他们无不感到自豪和温暖。这句话蕴藏着读者对外研社深深的信任和依赖，但同时也让他们深感自己的责任和使命。出版质量是外研社的生命线，坚持正确导向，坚持高质量出版，塑造外研品牌，一直是外研人坚守的准则。对多语言出版来说更是如此，因为很多语种的教材、辞书在全国只有外研社独家出版，也因此综合语种出版分社不断地填补着一项又一项的出版空白。其中，《汉法大词典》的编纂和出版就是一个生动的例子。

#### 3.1.1 "我很幸运，书出版了，人还在"

2014年12月28日，《汉法大词典》新书发布暨出版座谈会在广东外语外贸大学举行。当主持人邀请词典主编、广外老校长黄建华教授登台发言时，已近耄耋之年的黄校长一个箭步登上讲台。黄校长上台后第一句话便是"我很幸运，书出版了，人还在"。

《汉法大词典》

徐建中总编辑和黄建华教授出席《汉法大词典》新书发布暨出版座谈会

话音未落，会场爆发出雷鸣般的掌声，经久不息。掌声是向这位不屈不挠与病魔赛跑的斗士致敬，是为"青灯黄卷慰平生"的学者风骨喝彩。坐在台下的领导、学界同仁、桃李门生大多早已耳闻了这位被誉为"南粤楷模"的老校长的故事。

1998年，应外研社之邀，刚刚从校长任上退下来的黄建华教授领衔组织编写《汉法大词典》，从1998年签订出版协议，到2014年完稿出版，历时16年之久。2008年，黄建华教授被检查出肺癌，但他心里一直挂念着词典的事情，手术后病情稍有好转就又继续投入工作。2012年，他被确诊为肺癌IV期，再次住院。这时词典已经编了一大半，很多人劝他为了身体就先放下吧。但黄建华教授内心只有一个信念：无论如何都要完成它。他想尽各种办法与病魔作斗争，并学会了与癌症共处。在这一过程中，外研社法语团队积极配合黄建华教授，分担了其中部分工作。2014年年初新词的增补工作最终完成。《汉法大词典》收单字条目1万余

《汉法大词典》
主编黄建华教授

条，多字条目10万余条，全书2300多页，总字数约720万字。2014年年底，《汉法大词典》终于和读者见面，填补了我国法语辞书出版的一项空白。

### 3.1.2　法语部三年只为一本书

2012年，得知黄建华教授肺癌IV期并转移以后，法语部向社里申请希望能够暂停所有其他出版项目，全员全力以赴投入到《汉法大词典》的出版中，以争取让黄建华教授在有生之年看到词典的出版。虽然当时还有其他教材教辅和学术出版项目也需要尽早出版，但社里经过与法语部反复沟通，最终同意先集中所有人力完成这部大词典的出版。在随后的三年中，由邹晶白、李莉、孟贤颖、张璐等组成的编辑团队围绕《汉法大词典》项目，像一艘开足马力的航船，全速冲向终点。当她们看到码放得一人多高的书稿终于变成了沉甸甸的大词典，送到作者、读者手中时，内心无比温暖。用责编李莉的话说："三年只为一本书，我们赢了！"

### 3.1.3 学科专家齐审中文百科条目

汉外语文词典中的百科条目从来都是差错高发区，对于外研社的外语编辑来说，把握这些百科条目更是难上加难。为了保证整部词典内容的准确性，科技词语的系统性、平衡性以及规范性，外研社聘请了辞书学会周明鑑、刘青、李志江等15位学科专家审订了稿件中全部44个学科的8000多条百科条目以及条目的字形和词形。法国拉鲁斯出版社辞书专家德梅先生、中央编译局吕华译审审订了法文译文，外交部译审谢燮禾老师审订了有关国家、地区、货币等政治、地理名词。其间，召开专题论证会、集中改稿会10多场，精益求精、严格把关，保证了词典内容的高品质。

### 3.1.4 《汉法大词典》享誉海内外

《汉法大词典》适逢中法建交50周年之际出版，出版后得到许多关注和认可，新华社、人民网、《中国日报》、法国《欧洲时报》、印度的News Nation等国内外主流媒体均对词典的出版进行了报道。业界专家们对该词典高度评价：《汉法大词典》是一部具有很强的规范性、科学性、知识性和实用性的辞书，被认为是双语词典编纂领域的一件大事，填补了中国辞书出版的一项空白。

教育部高等学校外国语言文学类专业教学指导委员会法语分指委主任委员、上海外国语大学原校长曹德明教授这样评价《汉法大词典》："作为中法文化接力的有益尝试，契合了开创更美好中法关系和文化交流的需求，满足了中国法语专业人才培养的需求，对展现中国五千年丰富灿烂的传统文化、推动中法两国的文化交流具有重要的意义。"《汉法大词典》出版不久就远销法国，巴黎友丰书店总经理潘立辉盛赞："外研社做了一件功德无量的事情，《汉法大词典》旅法华人需要，法国人也需要。"

2018年年初，《汉法大词典》荣获第四届中国出版政府奖图书奖。

### 3.2　布局教材出版，重点打造"新经典"

进入21世纪第二个十年以来，中国的经济飞速发展，中国与世界各国的经济、文化、教育等领域的交往也越来越频繁。国家对于外语人才的需求发生着巨大的变化。同时，教育技术手段越来越发达，计算机辅助教学和数字化学习也在不断丰富着教师的教学方式和学生的学习方式。教材是课程和教学资源的主要载体，时代的需要是教材发展的外在动力，推动着新教材的不断研发。为了适应时代和教学需要，综合语种出版分社于2011年3月启动了"十二五"教材出版规划工作。在分社副社长崔岚的主持下，分社教材编辑部的编辑们通过市场调研、专题座谈会等方式认真研究国家教育改革的发展态势，细致分析各语种相关的"教学大纲"和"教学要求"，结合课程目标和课时安排设计开发相应的多语种教材资源。之后的几年间，综语分社依据这份出版规划，以及教育部组织外语教育专家研制开发并于2018年1月正式发布的《普通高等学校本科专业类教学质量国家标准》，统筹开发了日、德、法、俄、西、韩以及非通用语语种的"新经典"高校本科专业多语种系列教材。

3.2.1　《现代西班牙语》修订，"董爷爷"重拾教鞭进课堂

1999年版的《现代西班牙语》一直是深受欢迎的全国高等院校西班牙语本科专业教材，同时也在众多培训机构使用，深受广大社会学习者喜爱，为中国西班牙语教学做出了巨大贡献，被几代西语学习者亲切地称为"现西"。主编董燕生教授更是被西语界年轻教

新版《现代西班牙语》系列教材

师亲切地称为"董爷爷"。为了适应新形势对西班牙语教学的更高要求，自2011年起，外研社西语部主任李丹邀请董燕生教授着手进行《现代西班牙语》的更新换代工作。在经历了三年多的调研、编写、试用和修正后，新版《现代西班牙语》系列教材于2014—2019年陆续出版。新版教材一改旧貌，从过去的32开单色图书变身为16开彩色教材。除了装帧设计美观大方之外，教材在内容编排上更是焕然一新。为了让全国西班牙语教师更好地了解并使用新教材，将新的教学理念付诸实践，外研社策划并录制了"董燕生教授大一公开课"。视频中，"董爷爷"手捧全彩色大开本的新教材，带领2014级大一新生开启了他们的西语人生。截至2019年，全国近百所开设西语本科教学的院校全部换上了新教材。

3.2.2 "岫岩会议"启动《新经典日本语》系列教材编写

2012年7月12—13日，在经过了3年多的市场调研准备工作之后，"《新经典日本语》教材开发研讨会"在辽宁岫岩召开。经过两天的紧张讨论，中日专家、教材编者和外研社编辑共同确定了新经典日本语教材编写的教学理念、结构设计和编写计划。规划中的

　　教材内容包含精读、听力、会话、阅读、写作等日语语言技能训练的板块，问世后将成为体系最完整的一套日语专业教材。会议结束后，项目组马上按照编写—试用—修改—正式出版的节奏，启动了紧张有序的编写、出版工作。

　　2013年9月新学期，精读和听力第一册的教材启动试用。教材一旦开始被试用，意味着后续每册的出版节奏必须跟上。为了保证教材编写进度，2014年7月，项目组就将大连外国语大学的中日专家请到外研社国际会议中心，连续十天封闭工作。在教材编者和外研社日语编辑的通力合作下，《新经典日本语》系列教材按照原定

《新经典日本语》系列教材

的计划陆续出版。

综语分社日语部在主任杜红坡的带领下，制定了周密的教材推广方案。2014年，在教材正式出版第一册的阶段，就在辽宁、山东和广东三个省份开展了区域性推广。2015年，基础阶段全部教材出齐后，第一届全国高校日语专业教学改革与发展高端论坛和暑期教学法研修班应运而生，自此，全国范围的推广活动拉开帷幕。经过5年的大力推广，《新经典日本语》系列教材得到日语教学界广泛认可。截至2019年8月，该系列教材覆盖院校已超过200所，占据了日语专业教材市场的半壁江山。

3.2.3　新"国标"指导出版"新经典高等学校德语专业本科高年级系列教材"

"新经典高等学校德语专业本科高年级系列教材"的研发和出版开启了外研社多语种本科高年级系列教材建设的开端。这套教材的研发是时代的需要，也是德语界教学改革成果的体现。

2014年，北外"德语专业复合型、国际化人才培养模式的改革与实践"项目荣获国家级教学成果二等奖。在某种意义上，这一教改成果为后来制订德语专业"国标"提供了参考。外研社力邀教改项目负责人、北京外国语大学德语系贾文键教授担任总主编，主持开发"新经典"高等学校德语专业本科高年级学生的专业方向型系列教材。2016年4月15日，德语教学与研究领域的多位专家学者齐聚外研社，共同探讨新时期高等学校德语专业本科高年级课程体系建设的话题，并启动了"新经典"系列教学资源建设项目。

依据"国标"对于学生能力提出的各项要求，外研社德语部历时四个月，在对全国68所高校德语专业培养方案和课程设置进行充

北京外国语大学副校长贾文键教授（前排左四）、外研社党总
支书记王芳（前排左五）出席"新经典高等学校德语专业本科
高年级系列教材"项目启动仪式

分调研的基础上，提出了教材建设和选题方向的明确方案，2016年
9月开始在全国高校德语教师中公开遴选选题，获得了广泛关注。
保证教材出版质量、满足高校德语专业高年级教学需要、提高国际
化人才培养质量是外研社和总主编的共同目标。为此，项目实施之
初，德语部就聘请了德语教育界多位知名专家学者组成编审委员
会，定期召开会议，讨论选题。自2018年开始，符合"国标"要求
的德语语言学、翻译学、国别研究方向的教材陆续出版。总主编贾
文键教授在系列教材总序中写道："教材编写的核心指导思想是，
在提升学生语言技能的同时传授专业知识，在深化专业教育的同时
拓展通识教育，实现语言技能与专业知识、专业教育与通识教育的
有机结合和高度统一，使学生具有中国情怀、国际视野，具备语言
能力、文学能力、国情研判能力、跨文化能力，并在此过程中提升

"新经典高等学校德语专业高年级系列教材"

学生的思辨能力、创新能力和自主学习能力。""新经典高等学校德语专业高年级系列教材"的出版填补了我国德语专业本科高年级方向课程教材方面的空白。

3.2.4 《新经典法语》：从教材服务走向教学服务

在经历了4轮试用、3次大改后，2017年《新经典法语》正式出版。教材总主编、北京外国语大学法语学院傅荣教授在序言里写道："外研社审时度势，潜心推出这套全新的《新经典法语》专业教材，同时成就了一个跨学科、跨学校、跨地域的优秀的外语教学与研究团队。"的确，这是一次新浪潮与传统的融合创新。教材既紧跟时代，提供鲜活的语料文本，又遵循马晓宏《法语》的传统，把语法讲得清楚明白。这是多所院校的一线教师与出版社编辑密切合作，探索语言专业基础课堂"一体化"教学的成果体现；这是从单一纸质教材出版向提供教育解决方案的积极探索。从教材服务走向教学与课程服务，"外研法语虚拟教研室"已经成为全国法语专业教师分享教学经验、探讨教学方法的重要平台。

外研社法语部在打造这套高品质的"中国制造"教材的过程

《新经典法语》系列教材

中，凭借自身过硬的专业素质和高品质的服务，赢得了教材编写团队、教材使用院校及出版同行的肯定和赞扬。

### 3.2.5 小语种，大世界："新经典非通用语种系列教材"

国之交在于民相亲，民相亲在于心相通。近年来，随着"一带一路"倡议的提出和不断推进，北京外国语大学在培养国家急需的非通用语种人才问题上进行了周密部署：一方面加强了专业建设、课程设置和教师发展上的力度，另一方面着力加强教材建设。截至2019年年初，北京外国语大学已经开设了101种外语语种。外研社综语分社从2011年起就承接了北外"十二五"非通用语种教材出版工作，其间出版了土耳其语、罗马尼亚语、老挝语、意大利语、克罗地亚语、豪萨语等十多个语种的本科教材。2017年以来，外研社凭借自身在教材出版领域积累的资源和优势，携手北外共同开发了"北京外国语大学'新经典'高等院校非通用语种专业系列教材"项目。

该项目以培养人才、引领教学、服务社会为宗旨，以打造高质量教材为原则，力图打造语言规范、地道、鲜活，内容与时俱进的系列教材。在装帧设计上，基础阶段的语言综合训练型教程将以全

北京外国语大学"新经典"高等院校非通用语种专业系列教材

彩的崭新面貌问世，改变以往非通用语种教材陈旧的面貌，满足新时代外语学习者的学习需求。截至2019年9月，已经出版瑞典语、拉丁语、马来语、葡萄牙语等多个语种的教材。未来还将出版尼泊尔语、立陶宛语、斯洛伐克语、爱沙尼亚语、乌克兰语、哈萨克语、阿尔巴尼亚语、塞尔维亚语等数十个语种的教材。

### 3.2.6　以情感和方案打动对方，续签《大家的日语》

《大家的日语》是一套畅销全球的日语学习教程，2002年被外研社引进出版，迅速成为日语培训市场最受欢迎的教程之一，是日语部乃至综语分社的支柱产品。2013年，《大家的日语》第二版在日本出版，正当日语部抱着舍我其谁的心态同日本3A出版社谈新版授权出版的时候，对方告知国内另外一家出版社也向他们提出了申请，他们还在犹豫授权给哪家。这封邮件犹如一盆冰水浇来。万分紧急之际，当时主管综语分社的外研社党总支书记徐秀芝与分社社长彭冬林一起召集应急公关会议，提出"以真情打动对方，以方案赢得信任"，并制定了新版产品设计方案和市场运营方案。2014年年底，出版社外研社专门邀请对方社长一行前来考察交流，了解外

党总支书记徐秀芝一
行拜访日本3A出版社

研社的日语出版规划和市场能力。2015年4月22日，徐秀芝书记又亲自带队前去东京回访3A出版社，当面将我们的诚意以及具体可行的方案展示给对方。经过艰苦的会谈，对方终于同意授权续约。

### 3.3 我们越来越不像出版社：出版新业态

3.3.1 "小白楼"谋划多语种网课

2010年，出版人路金波运作出版的《媳妇的美好时代》首度尝试纸质书与电子书同步首发，结果，从电子书获利数万元。席卷全国的数字出版浪潮不可避免地波及了教育领域，综合语种出版分社数字出版工作室应运而生。2012年10月，在北京外国语大学西院的"小白楼"，综语分社数字出版工作室与北外网院共同谋划多语种网络课程建设，外研社多语种数字出版业务正式拉开帷幕。

数字出版的编辑们为高校教师精心规划课程设计思路和视频拍摄方法，成功说服他们放下心中的顾虑，面对镜头侃侃而谈。截至2019年9月，共有28个语种近4000课时的多语种网络课程在外研在

多语种网络课程上线

线、北外在线、有道词典等多个平台上线。

2017年12月中国高校外语慕课联盟成立，并于2018年3月推出中国高校外语慕课平台，综语分社录制的网络课程成为平台上的首批多语种慕课。

3.3.2　立下军令状：两年建成6个语种题库

在"教学研评测"的教育闭环中，测评是必不可少的重要环节，而数字测评对于国内的多语种教学界可以算得上是个"生词"。推动多语种领域的测评研发显得迫在眉睫。

依靠外研社已经研发的iTEST大学英语训练与测试系统的成熟技术，综语分社在副社长邹晶白的带领下，积极推进多语种题库建设。2014年，外研社携手北京外国语大学和新疆大学，率先启动了俄语试题库建设，并于当年上线，第二年就有多所学校开始使用。只有英语和俄语题库还远不能满足大学外语测评的需求。2015年年底总结工作时，当时主管高等教育事业群工作的副社长徐建中向综语分社提出：在两年内上线主要语种题库。分社立下了军令状，两年完成任务。2016年年初日语、德语、法语、西语、韩语五个语种的试题库建设全面启动，并于2017年年底成功上线。截至2019年9月，综语分社共完成6个语种、41个题库、34 705道试题上线。

### 3.3.3　从词典APP到汉外外汉词典数据库

随着在线词典、词典APP等数字化工具书的日益普及，纸质词典销售下降已成为一个不争的事实，而大型纸质词典因为投入成本高、售价高、携带不便，销售明显受到影响。外研社多年积累下来的优质多语种词典内容，如何在新时代焕发新生？这一课题提上了综语分社的议事日程。

在外研社的统筹安排下，综语分社积极与外部公司合作，依托外研社"现代"系列和"精编"系列等词典，开发了十余款涵盖日、俄、德、法、西、韩共6个语种的词典APP。其中，整合了《新世纪法汉大词典》和获得中国出版政府奖的《汉法大词典》的"法语大词典"APP一经推出，就取得了热烈的社会反响。

此外，经过多次可行性论证，外研社于2018年1月启动了13个语种的汉外多语言数据库建设

多语种词典APP

项目，并于2019年4月启动了7个语种的外汉多语言词典数据库建设项目。词典数据库既是外研社从纸质工具书出版向知识服务系统建设转型的基础工程，也是外研社作为中国最大外语出版机构和内容服务商的核心竞争力建设的基础工程。

2019年1月，综合语种出版分社更名为综合语种教育出版分社，聚焦多语种教育服务。2019年7月，综合语种教育出版分社多语言辞书数据工作室成立，以从组织架构上保证上述项目的实施。

3.3.4 多语种教师有了自己的"暑培"

近年来，我国高等院校的多语种教学和研究取得了令人瞩目的成绩，特别是"一带一路"倡议提出以来，多语种教育在呈现出生机勃勃的新局面的同时也面临着诸多困难。广大中青年多语种教师

综合语种出版分社负责人彭冬林（前排左九）、崔岚（前排左八）组织的高等院校多语种专业中青年骨干教师研修活动合影

作为高校多语种教学的中坚力量，其科研与教学法理论基础相对薄弱。如何提升多语种课堂的教学水平和效果，提高多语种教师的科研素养，成为各大院校普遍面临的难题。多语种教师也渴望像本校的英语教师那样得到培训和业务能力提升的机会。

面对这一情况，综语分社培训业务部自2013年起，策划并实施了专门针对多语种教师的研修班。他山之石，可以攻玉。我们邀请英语名家和多语种专家同台授课，借鉴英语教学经验为多语种教学所用。自此，多语种教师有了自己的"暑培"。北京外国语大学、大连外国语大学、西安外国语大学、江南大学等学校陆续和外研社携手举办了多期多语种教师暑培项目，培训主题包括教学法、科研方法、翻译理论与实践等，累计培训20余期。炎炎酷暑挡不住多语种教师的学习热情，5年来，多语种"暑培"项目累计培训近2000人次，覆盖语种超过30个，切实为各高校外语院系发展和多语种骨干教师培养提供了有力支持，推动了多语种教师跨语种、跨院系、跨学科的合作交流。

### 3.3.5　课程师资打包服务，走进国防大学课堂

培训业务部成立以来，除开展地面形式的多语种师资培训之外，也在不断探索为院校提供线上线下结合的课程和师资服务。

自2017年9月起，培训业务部为中国人民解放军国防大学研究生院提供了外语课程师资整体服务。该项目依托外研社优质的多语种教学与学术资源，组织多语种教师进行课程设计、教学管理、测试评估等工作，全面负责该院的研究生外语课程教学。教学实践与反馈表明，项目不仅切实提高了该院研究生的外语水平，而且在学习理念和方法、跨文化交际能力和国际视野方面为学员们带来了有

意义的提升。在2018年北京市研究生英语演讲比赛上，国防大学三名参赛学员经过辅导后分别获得了特等奖、一等奖和二等奖的好成绩。

与此同时，外研社还长期为外交部策划实施欧亚地区国家及上海合作组织秘书处俄汉–汉俄高级翻译培训班，为国际关系学院开设线上线下结合的韩语、阿拉伯语作为第三外语的课程教学。自2018年起，外研社推出了高校俄语、西班牙语、阿拉伯语线上进阶直播课。

多语言培训市场前景广阔，学习需求日趋个性化。在周朝虹主任的带领下，培训业务部同事致力汇聚资源、融合创新，以线上线下相结合的方式服务教师、院校和机构，服务学习者，构建多语言教育出版新生态。

### 3.4　未雨绸缪，启动中学多语言教学服务解决方案

2014年12月，教育部全面启动基础教育高中课程改革项目，并组织专家对《普通高中课程标准（实验）》（2004版）进行修订。2017版课程标准在原有的英语、日语和俄语语种外，增加了德语、法语和西班牙语。新课标以培养面向未来的国际化人才为目标，凸显了对基础阶段的学生在多语言学习和跨文化理解能力上的培养。

为适应国家基础阶段课程标准改革对多语言教学的新要求，外研社积极组织和参与在全国外语校和外语特色校中开设和发展多语种教学；推进高校，特别是师范院校与本地中小学在多语种教学领域协同发展；为各级各类学校提供多语种教育服务解决方案，包括教材建设、教师发展、学业测评服务、多语种派师、多语种专家下校研讨等内容。

中学多语种教学论坛

经过对多语种教学现状和未来需求的充分调研，在北京外国语大学大力支持下，外研社于2016年7月启动了日语、俄语、德语、法语、西班牙语5个语种中学教材的开发编写工作，力图填补当前国内中学阶段多语言教材建设的空白，为广大中小学提供优质的多语言教学资源。综语分社还积极组织中学多语种教师培训项目，并于2017年11月推动在全国外国语特色校高端论坛中首次增设多语种分论坛。2018年10月，"全基中心中学多语种教育发展研究分中心"正式成立，期望为中学多语种教师提供更好、更专业的教学发展服务。

## 4. 职业教育出版的突围之路

自"十一五"规划纲要实施以来，我国职业教育体系不断完善，办学模式不断创新，招生规模和毕业生就业率屡上新台阶。2010年出台的《国家中长期教育改革和发展规划纲要（2010—2020年）》中明确提出，要"大力发展职业教育"，"把职业教育纳入经济社会发展和产业发展规划，健全多渠道投入机制，加大职业教育投入"。外研社长期关注我国职业教育的发展态势，在"十一五"

规划中明确提出成为综合发展的教育服务提供商这一发展目标，这其中职业教育的出版是重点发展领域。

党的十八大以后，职业教育的重要性进一步凸显。2018年11月14日，习近平总书记在中央全面深化改革委员会第五次会议上强调，要把职业教育摆在更加突出的位置。2019年1月24日，国务院印发《国家职业教育改革实施方案》，把党中央、国务院奋力办好新时代职业教育的决策部署细化为若干具体行动，提出了7个方面20项政策举措。这份被视为"办好新时代职业教育的顶层设计和施工蓝图"的文件给职业教育带来了新动力。

### 4.1 高等职业教育英语教材初具规模

早在2000年，外研社就已经开始出版职业教育英语教材。当时李朋义社长与北京市教育科学研究院合作，联合国内多家五年制高职院校英语老师合作编写出版了《英语教程》。该书由赵东岳担任责任编辑，被评为"教育部职业教育与成人教育司推荐教材"。在职业教育英语教材极其稀缺的时代，外研社的这些教材为用户提供了宝贵的资源，也确立了外研社作为教育部"职业教育教材建设基地"的地位。

新世纪初，高职教育开始蓬勃发展。为满足职业院校外语教学的需求，落实《高职高专教育英语课程教学基本要求（试行）》（教育部高教司2000年10月颁布/试行），外研社探索研究、策划出版了一系列高等职业教育英语教材，包括公共英语教材、行业英语教材与英语专业教材等。

2002年，李朋义、徐建中、雷航和姚虹等人在和深圳职业技术学院应用外国语学院时任院长徐小贞及其团队进行了多次沟通后，确定合作开发一套针对三年制高职高专的英语教材《希望英语》。该系列教材以国家级教学成果"3S"教学模式为蓝本，学生用书首次采用了四色印刷的方式，开启了高职英语教材以全彩形式呈现的新时代；同时，教材配备自学光盘，成为高职英语教材中将信息技术和英语教学融合的先行者。教材倡导"以任务为导向"的先进教学理念，以全新的教学设计和灵活的学习任务设置对高职高专新型英语教材的开发产生了深远的影响。教材出版后得到了用户的一致好评，由朱书义担任责任编辑的《希望英语综合教程1》被评为"第六届全国高校出版社优秀畅销书二等奖"。

2004年，李朋义社长邀请郑树棠教授为高职院校编撰一套适合高职教学的教材——《新视野英语教程》。该教材延续《新视野大学英语》的精品品质，一经面世，便凭借明确的教学对象、严谨的教学内容、完备的教学体系、丰富的教学资源受到全国各地高职院校的普遍好评。从2004年的第一版、2009年的第二版到现在的第三版，从"普通高等教育'十一五'国家级规划教材"到"'十二五'

《新视野英语教程》

职业教育国家规划教材"，该系列教材历经多年教学实践的检验和持续的优化与完善，已经发展成为职业院校口口相传的经典教材。《新视野英语教程》由外研社与郑树棠教授共享版权，自2004年出版至今，平均每年有60多万高职新生使用。

2004年，当时主管大学英语出版工作的副社长徐建中出面，邀请南京大学杨治中教授主编了《新起点大学基础英语教程》。这套教材包括《读写教程》《听说教程》《学习方法与阅读》《自主综合训练》等分册，以"学用结合、学以致用、学会后用"为特色，同样颇受赞誉，成为高职高专院校英语起点稍低的学生的首选教材。

《希望英语》《新视野英语教程》《新起点大学基础英语教程》这三套高职公共英语教材特色各异，在2006年均被评为普通高等教育"十一五"国家级规划教材。

在高职公共英语教材初具规模之后，外研社便开始策划编写高职高专商务英语专业教材。2006年推出的《新视野商务英语视听说》系列教材由广东金融学院马龙海教授主编，填补了国内高职高专商务英语专业视听说教材的空白。该教材以新颖的选题、真实鲜活的视听资料、优质的编校质量赢得了广大师生的一致好评，并被评为普通高等教育"十一五"国家级规划教材。2007年，《新视野商务英语视听说》（上册）被评为"北京市高等教育精品教材"。

同期，外研社和高职高专院校的优秀教师合作，出版了《商务现场口译》《商务英语写作》《商务秘书实务》《财务会计英语》《外事实务》等一系列精品教材，其中《商务秘书实务》2009年被评为"首届大学出版社优秀教材二等奖"。

2008年出版的《致用英语》系列教材是供高职高专英语类专业

《致用英语》

基础课使用的教材，由时任教育部职业院校外语类专业教学指导委员会主任委员刘黛琳教授担任总主编，包括9个分册，北京师范大学程晓堂教授、北京外国语大学金利民教授分别担任该系列《综合教程》和《口语教程》的主编。《致用英语》系列教材为高职高专英语类专业教学提供了先进的理念和丰富的资源，其第二版2014年被评为"十二五"职业教育国家规划教材。

随着高职教育的深入发展，2008年，外研社和深圳职业技术学院团队再次联手，合作开发了《新职业英语》系列教材。该系列教材以"工学结合、能为为本"为教学理念，与职场典型工作场景和工作任务紧密对接，具有鲜明的应用性特点。《新职业英语》由"基础篇""行业篇"与"素质篇"三个子系列构成，形成完备的教学体系，提供立体化的教学资源。"基础篇"每单元浓缩一个典型工作环节，学习任务与工作任务协调，实现"教、学、做"一体化。"行业篇"立足高职高专院校各专业群所面向的行业，力求使学生具备在本行业领域内运用英语进行基本交流的能力，包括《机电英语》《IT英语》《经贸英语》《医护英语》《汽车英语》等多个分册，是目前高职行业英语教材市场中品种最丰富的一个系列。"素质篇"侧重职业道德、职业规范与职场礼仪，致力于提升学生的文化修养与综合素质。《新职业英语》系列教材自出版以来广受好评，其第二版于2014年被评为"十二五"职业教育国家规划教材。

### 4.2　打响中等职业教育国家规划教材"第一枪"

2005年，外研社正式设立专项启动资金，调研、跟踪中等职业学校的教材建设与更新工作，并在此基础上于2006年正式启动了外研社版中等职业教育课程体系建设的一期工程。2007年8月，外研社职业教育出版分社成立。时任社长吕志敏在职教分社成立之初写道："职业教育出版分社承担着为全国中高等职业院校提供教学与科研服务的责任，是一个集选题策划、编辑加工、市场推广、教学科研等多种职能于一身的综合性部门，也是教育部职成司确定的职业教育教材建设基地之一。"

2008年年底，教育部发布《教育部办公厅关于申报中等职业教育课程改革国家规划新教材选题的通知》（教职成厅函〔2009〕2号，以下简称《通知》）。接到《通知》之后，外研社随即成立了中职文化基础课项目领导小组，启动了中职《英语》《语文》国家规划教材的立项和开发。项目领导小组负责在全社范围内进行协调统筹，必要时可以调动外研社的一切资源为本项目服务，具体分工如下表所示：

| 外研社中职文化基础课项目领导小组 | | |
|---|---|---|
| 职务 | 姓名（及社内职务） | 职责 |
| 组长 | 于春迟（社长） | 负责该项目的全局工作安排，重点保障全社资源的调配 |
| 副组长 | 蔡剑峰（总编辑） | 负责指导教材编写工作的进展，确保教材编写流程科学、质量过硬 |
| | 沈立军（副社长） | 负责该项目所涉及的社内各部门间的沟通、协调和后勤保障工作 |

续表

| | 外研社中职文化基础课项目领导小组 | |
|---|---|---|
| 组员 | 吕志敏（职教分社社长） | 总体负责该项目日常工作的协调及管理 |
| | 马宁（总编室主任） | 负责该项目编写流程中各环节的协调与服务 |
| | 冀群姐（质管部主任） | 负责教材编辑、出版过程中的质量监控 |
| | 田寒（出版中心总监） | 负责教材的印制、装订、入库、备货 |
| | 牛茜茜（设计部主任） | 负责协调安排中职文化基础课教材的整体装帧设计工作 |

　　项目领导小组下设若干专门工作小组，随时与教材编委会保持信息沟通和工作联络，负责处理编委会委托的日常事务、项目论证、会议研讨、资料收集与整理及项目申报事宜等具体工作。其中，"中职文化基础课——英语工作小组"组长为外研社副总编辑

中国当代语文教学专业委员会职业教育语文教学研究中心成立大会，于春迟社长（左四）主持大会

章思英，副组长为副总编辑王勇和分社终审专家陈海燕。工作小组成员由外研社具有多年英语教材编辑经验的资深编辑赵东岳、王剑波、葛萌、张志纯、李维章、李小香、严雪芳、朱书义等组成。

除了成立专项小组之外，外研社为中职教育文化基础课《英语》项目预留人民币500万元，作为教材调研、项目论证、内容编写、教学资源开发与网站建设的配套资金。在此资金之外，外研社还加大投入，用于本套中职英语教材相关的师资培训、课题研究和学术研讨，以便在教材出版后为广大中职师生提供更好的培训及配套服务。

2009年11月，全国基础外语教育研究培训中心中等职业外语教育中心和中国当代语文教学专业委员会职业教育语文教学研究中心在外研社成立，为国规教材的研发奠定了坚实的基础。

### 4.3 做"学得会、用得上"的中职英语教材

中职院校与普通高中和普通高校有着明显的差异。在详细了解中职英语教学和教材使用现状后，2005年至2008年，外研社采用问卷、研讨会、访谈、听课等多种形式对全国近千所中等职业学校的英语教学和教材使用现状进行了调查。调查报告显示，国内中职英语教材普遍存在编写理念不符合中职教育培养目标、难度偏大、内容结构不合理、缺少灵活性和拓展性、数字化教学资源匮乏等问题。

针对中职英语教材存在的问题，外研社决定依据2009年颁布的《中等职业学校英语教学大纲》（以下简称《大纲》）的要求，整合国内外新的外语教学理念和方法，组织专家编写一套符合中等职业教育课程改革精神，符合学生认知规律和发展性需求，易学好用，

让学生"学得会、用得上"的中职英语教材。

做一套让中职学生"学得会、用得上"的教材并不容易。在组织编写时，"为用而学，学而能用"这一指导思想贯穿整个编写过程，也是这套教材最显著的特色。系列教材设置的起点符合大多数中职学生实际的语言情况，难度和梯度比较合理；学习内容的安排注重流程化、语境化、可操作性强；在练习和活动的设计上，用听、读引领学生说、写能力的发展。这些都体现了"为用而学，学而能用"的思想。

不同区域之间中职学校教学水平的差异非常大。因此，教材需要满足教师面向全体学生因材施教的要求，要尊重学生的差异，为教学提供多种选择。《大纲》要求将中职英语教材分为基础模块、职业模块和拓展模块，并且在基础模块中分出"基本要求和较高要求"两个层次，就体现了这一思想。

外研社在编写教材时也充分考虑了这些因素。整套教材共5本书，均按照《大纲》要求的三个模块设计。整套书以"主题（Theme）-功能（Function）-结构（Structure）-任务（Task）"作为四维支撑体系，体现平衡英语教学理念（Balanced Approach）；教材内容选篇紧贴学生生活和职业场景，体现实用性；教材每个单元都遵循"激活-输入-有控制性的训练-适量输出-相对开放的语用活动"这样一个教学流程，既符合学生认知规律和学习习惯，也有利于教师教学。

该套教材除了学生用书、教师用书、练习册和录音带等传统的教学资源，还为师生提供了多媒体立体化教学资源。2009年，该教材被评为"中等职业教育课程改革国家规划新教材"。作为教育部

外研版中职
《英语》教材

"一纲四本"的版本之一，外研版中职《英语》教材出版十年来，为数百万中职学生的英语学习提供了坚实的保障。

### 4.4　成为职业教育国规教材出版重镇

"十二五"期间，外研社职业教育出版分社对职业教育形势做了总体研判和分析后，提出打造外研社职教出版品牌的战略目标，以及"依靠外研社综合实力和国际合作优势，全方位、立体化、数字化开发教产融合、校企合作的创新型职教教材，并建立配套服务体系"的总体思路，出版了一系列思路创新、内容领先的中职专业课教材和高职公共基础课教材。

2012年，职教分社组织策划一批专业课教材选题参加教育部中等职业教育专业技能课国规教材立项评审，最终22个专业获准立项，经全国职业教育教材审定委员会审定通过，70余种中职专业课教材成为"十二五"职业教育国家规划教材。其中9个核心专业经人力资源和社会保障部职业技能鉴定中心评审通过，成为全国首批

“一纲一本”“双证书”课题实验教材，填补了我国职业教育教材出版空白，为在职业院校推行“双证书”制度提供了课程资源支持。

2013年至2014年，职教分社策划出版了12种高职公共基础课全科教材以及53种专业技能课教材，并经全国职业教育教材审定委员会审定为“十二五”职业教育国家规划教材。其中，由张连仲主编的《新技能英语》是中高职衔接英语教材，包括8个级别，涵盖中职和高职学段；《就业与创业指导》《职业生涯规划》《职业素质教育》获人力资源和社会保障部职业技能鉴定中心发文推荐，已有上百所高职院校选用。

2015年7月，外研社涉及中职文秘、公关礼仪、行政管理、机械制造技术、机电技术应用、汽车制造技术、电子商务、焊接技术等专业的34本中职教材通过全国职业教育教材审定委员会审定，被确定为“十二五”职业教育国家规划教材。其中大部分教材同时通过人力资源和社会保障部职业技能鉴定中心审定，被评为职业院校“双证书”课题实验教材。

从2009年到2019年，在高职英语教材跨越式发展的几年中，一套又一套精益求精、各具特色的教材接连问世。这些教材一方面凝结了专家的真知灼见，另一方面也让编辑练就了一身武艺。《新职业英语》体系庞大，包含“基础篇”“行业篇”和“素质篇”共计近20个品种。茹雪飞、王俞涵负责项目统筹规划，全部门编辑分别担任各册责编各司其职，前期进行需求调研，中间力保按时出版，后期配合宣传推广。点点滴滴的学习和锻炼，使编辑成为出版上的“多面手”。以卫昱为项目负责人的《捷进英语》项目组锐意创新、胆大心细，除了将“保证教材质量”和“保证出版进度”设定为目标之外，还力争实现"全部自有版权"。为此，项目组积极开拓新路，在与出版流程所涉及的各方合作中掌握了更多话语权。《捷进英语》的原创视频由史丽娜一手策划，并且通过跟英国公司的多轮谈判，顺利拿下了版权。这样的转变使编辑更有了自信心和能动性。《新生代英语》由引进原版教材改编而成。为了这一"改"字，项目负责人邓芳和各位编辑费尽心思、集思广益、字斟句酌。这套教材在内容上不仅丰富新颖且更有时代性，在题目设计上不仅难度适中且更有趣味性，在版式设计上不仅美观大方且更有层次性。这其中的点滴改动汇聚起来的智慧和心血，使编辑成为出版的"巧手"。总之，职业教材的出版之路是为学生、为教师的创新之路，也是编辑辛苦付出和锻炼提升之路。而编辑们的能力提升也是外研社积累的在社会效益和经济效益之外的另一笔宝贵财富。

### 4.5 完善教材体系，领跑职教市场

2011年年初，教育部高职高专处和继续教育处从高教司归入职成司。基于此，外研社在"十二五"规划中提出：中高职教材并举、基础课和专业课教材并举，分类实施，重点突出，实现"基础课龙头产品+专业课特色产品"的战略布局。

2015年年底，原属高等英语教育出版分社的高职高专英语教材业务全部并入职业教育出版分社，以便更加高屋建瓴地协调和规划职业教育教材出版工作。

据职教分社社长李淑静介绍，截至2015年年底，外研社高职英语教材形成了较为完备的体系，覆盖基础英语、行业英语和英语专业。基础英语教材包括《希望英语》《新视野英语教程》《新起点大学基础英语教程》《新职业英语基础篇》《知行英语》等多套

《捷进英语》

"十五""十一五""十二五"国家规划教材，以及由国内外著名专家学者联合开发的《捷进英语》；英语专业教材包括《致用英语》和《新视野商务英语视听说》系列；行业英语教材包括《新职业英语（行业篇）》和行业英语系列。一直从事职教英语教材出版工作的朱书义表示，外研社是职教类英语教材品种最全的出版社。如今，外研社职教类公共英语教材拥有10大品种，可以满足不同层次院校的教学需求。职教分社与职业教育专家学者共同引领高等职业教育教学改革创新，推动高等职业教育教学改革深入发展。

随着英语教材体系的完善，外研社也在探索不同的教材出版路径。2015年，由外研社自主设计、邀请国外著名专家参与编写的《捷进英语》因其"微学习"的内容理念广受高职院校欢迎和好评。2016年，职教分社与圣智学习集团合作出版的《新生代英语》是一套中职、高职、应用型本科衔接的英语教材，由中外英语教育专家合作编写，体系全、跨度广，可满足中职、高职和应用型本科各阶段的教学。2017年，职教分社尝试完全由编辑自主策划、编写、出版的模式，由姚瑶担任项目负责，启动《乐学英语》系列教材项目，其中汇集各类英语专项技能分册。同年，结合地方实际、体现地方特色的山东省中职、高职衔接规划教材《英语》成功出版。

2018年，职教分社与深圳职业技术学院合作策划高职高专英语教材《超越英语》，应用"结果导向"教学理念，首次在教材中引入视频互动教学。2019年，《中等职业学校英语课程标准》即将出台，职教分社组织成立了中职英语教材工作小组，积极筹备新一轮中等职业教育英语国家规划教材的申报工作。

《超越英语》

2019年6月16日，中国职业技术教育学会会长、教育部原副部长鲁昕，北京外国语大学党委书记王定华出席中国职业外语教育发展研究中心成立大会

北京外国语大学中国职业外语教育发展研究中心成立大会
暨首届中国职业外语教育发展研究高端论坛

2019年6月16日，中国职业外语教育发展研究中心在外研社成立

### 4.6　探索评价标准，推动职教改革

随着经济和社会的发展，职业教育迎来了新的发展契机。2019年年初，国务院印发《国家职业教育改革实施方案》（简称"职教20条"），把职业教育摆在教育改革创新和经济社会发展中更加突出的位置，将新时代职业教育的决策部署细化为若干具体行动，具有划时代和里程碑意义。一系列大力发展职业教育的政策陆续出台，进一步推动职业教育的全方位改革。

在职业教育百花齐放、大有可为的新时代，北京外国语大学中国职业外语教育发展研究中心于2019年6月16日正式成立。研究中心以推动职业教育改革、服务国家战略发展为使命，以培养高素质国际化技术技能人才为目标，以顶层设计、研制标准、建立示范、推广应用为路径，充分发挥"智库""平台""桥梁""标准"等作用。研究中心设指导委员会与专家委员会提供专业指导。指导委员会顾问为鲁昕（中国职业技术教育学会会长），主任为王定华（北京外国语大学党委书记），副主任为曾天山（教育部职业技术教育中心研究所副所长）。指导委员会成员包括：韩震、文秋芳、王文斌、顾曰国、韩宝成、张连仲、孙善学、姜大源、俞启定、徐国庆、谭旭、周明星、张元、陈衍、江锡祥、陈丽玮。研究中心成立后，通过举办会议、组织培训、研发资源等方式，积极推动职业外语教育的理论创新与实践创新，促进职业院校、用人单位与研究机构之间的沟通合作。

与此同时，外研社也努力探索更符合职业教育特点的外语能力评价体系。2019年11月3日，全国职业院校英语测评与教学改革研讨会暨英语职业技能等级考试发布会在北京召开。由中国职业外语教育发展研究中心主持研发的英语职业技能等级考试（Vocational English Test System，简称VETS）正式发布。作为职业教育在校生、毕业生和社会成员英语职业技能水平凭证，该考试将为培养新时代国际化技术技能人才探索标准，为对接用人单位岗位需求搭建桥梁，为推动职业外语教育改革引领方向，为促进中国职业教育国际化贡献力量。

在中国全面提升国家治理能力、全面参与全球治理体系的大背景下，国家迫切需要能够走向国际的有知识、有技术、有专业、有语言能力的人才，语言已成为非常重要的战略资源。英语职业技能等级考试的研发是中国职业外语教育发展研究中心的重要举措，是出于服务国家战略发展、推动院校教学改革、对接企业用人需求、完善英语能力测评体系等多方面的深入考虑。外研社基于多年来在外语教学与测评领域积累的丰富经验，将密切关注教育部职业教育发展规划，全力支持职业院校外语教学改革，在做好教材出版工作的基础上，一如既往地提供高品质的教学资源和服务，成为职业教育外语教学改革的领跑者，为培养新时代需要的国际化、高素质技术技能人才贡献力量。

### 5.《季羡林全集》出版

2011年是外研社学术出版史上的重要一年。

这一年10月，历时3年多打磨的《季羡林全集》（30卷）全部出版完成。该套书囊括从20世纪20年代以来季羡林的全部作品，包括近千万字的散文、杂文、序跋、学术论著、译著等，成为收录季羡林作品最全的套集。这是外研社首次出版著名学者的大型全集。

《季羡林全集》的出版对外研社具有重要意义。为此，外研社从编辑队伍组建到印厂合作、纸张选用、封面设计等方面做了充分的准备。最终，该套书荣获"第二届中国出版政府奖"印刷复制奖，也是外研社献在季老灵前的一瓣馨香。

#### 5.1 从一个成语开始

外研社与季羡林结缘始于1995年。

那一年，外研社在香格里拉大酒店举办《汉英词典》（修订版）新书首发仪式。社长李朋义邀请了浦寿昌、季羡林、叶水夫、程镇球、李赋宁、陈琳等在内的近200位著名专家对这本辞书提出宝贵意见。听完李朋义的介绍后，季羡林先生对外研社的成绩表示了赞扬，并感叹说："你真是出版界的'拼命三郎'啊！"

针对这本词典的特色，季老称赞有加，而且讲了一个故事：有一次，周恩来总理招待外宾，宴会之后把翻译们留下来，大家一起总结宴会上的翻译有无问题，周总理就提到了一个成语"倚老卖老"翻译得不妥。季老接着说："我刚才拿到书后，先查了查这个成语这本词典是怎么翻译的，结果发现他们翻译得很恰当，就是'利用自己年老的条件来取得利益'。这也从一个侧面证明这本词典不错，尤其适合涉外的同志使用，我会大力推荐的。"季老推荐《汉英词典》绝非只在讨论会上说说而已。后来，凡是有朋友或者同事去欧洲，季老都要提醒对方带一本外研社出版的《汉英词典》。

因为《汉英词典》，季老与外研社结下了不解之缘。

此后多年，季老一直关注外研社的发展。2005年后，时任北京外国语大学校长郝平和副校长兼外研社社长李朋义等人多次前往301医院拜访和看望季老，每次谈话的核心问题都围绕着外语学习。季老说，在外语教学与研究方面，北大的学术研究做得出色，北外对学生外语能力的培养做得扎实。他回忆说，他从20世纪50年

李朋义社长向季老约稿，出版《季羡林全集》

代起，经常从北大骑自行车去北外取经。季老希望外语人才的培养能够综合北大和北外的长处，既能打下"听说读写译"扎实的外语基本功，又能造就较好的学术研究功底。李朋义得知季老喜欢俄罗斯红菜汤，每次他去探望季老前，都会带上保温盒，去莫斯科餐厅买上两份俄罗斯红菜汤。

2007年的一天，郝平校长、李朋义社长和著名外语教育专家陈琳教授一起去301医院拜望季老。李朋义向季老介绍，外研社正在努力朝着"记载人类文明，沟通世界文化"这一发展目标迈进。听完汇报，季老对外研社的出版理念和实干精神给予高度评价。随后，郝平校长和李朋义社长向季老表达了外研社出版《季羡林全集》的诚挚愿望。季老欣然同意授权外研社独家出版《季羡林全集》，还提出将来可以做一个年表，将他每年的作品收列其后，以备编选之用。他说"这就是你们的宝贝"，意思是此项工作非常有利于《季羡林全集》的编选。

## 5.2 内外联动，组建强大的编辑团队

得到季老的独家授权后，李朋义立即成立了专门的出版工作小组，提出"以本社编辑为主导、借助社外编辑力量"的团队组建模式，广揽人才，聘请专家，并要求外研社把这件事当成头等大事来抓，一定要确保《季羡林全集》的出版品质。

2008年年初，一支由熟悉季羡林学术的学界专家和精通业务的资深编审组成的编辑出版委员会正式成立。委员会包括黄宝生先生（中国社会科学院外国文学所研究员、外文所学术委员会主任和社科院学术咨询委员会委员）、葛维钧先生（中国社会科学院亚太所研究员、玄奘研究中心副秘书长）、郭良鋆女士（中国社会科学院

研究员）、柴剑虹先生（中国敦煌吐鲁番学会常务理事兼秘书长）、
王邦维先生（北京大学东方学研究院院长）、蔡德贵先生（山东大
学教授、巴哈伊研究中心主任）、钱文忠先生（复旦大学历史系教
授、华东师范大学东方文化研究中心研究员）、张光璘先生（北京
大学东语系教授）、孙晓林先生（三联书店党委委员、《读书》杂志
前编辑部主任）、赵伯陶先生（《文艺研究》杂志资深编审）等。北
京外国语大学和外研社领导郝平、杨学义、李朋义、于春迟、蔡剑
峰、徐建中等组成出版委员会，领导出版工作。

2008年7月15日，外研社举办了盛大的《季羡林全集》编辑出
版工作启动仪式，时任外研社总编辑蔡剑峰以及全集编辑出版委员
会的专家们出席了本次活动。蔡剑峰表示，近年来，图书市场上出
现了大量署名为季羡林的图书，质量参差不齐，有的甚至任意更换
文章题目或改动原作文字，这些未经季老授权的书严重影响了季老
的声誉。此次外研社出版的《季羡林全集》是唯一一套取得季老正
式授权的全集。这套书不仅是迄今为止收录季老作品最全的一套书
籍，而且保持了季老作品的本来风貌。全集计划于2011年在季老百
岁生日时作为贺礼全部推出。

启动仪式上，季老因身体状况不能亲自到场，特委托他的学术
助手杨锐女士代表他出席并宣读季老亲笔写的致辞。季老在信中
说："我虽然年近期颐，但仍然是难得糊涂，我目前头脑中还有几
个学术问题，随时都在考虑，比如东西方关于长生不老理解的差异
问题，就是其中之一。"

编辑、出版《季羡林全集》是外研社学术出版史上的一大盛
事。季老著作涉猎广泛、学力深厚，特别是在古文字学、印度学、

东方学、佛学和翻译学等领域成就卓著，他的一些研究在世界上也几成绝学，这在客观上给全集的出版带来了很大的挑战。

为了解决上述困难，外研社提出"以本社编辑为主导、借助社外编辑力量"的团队组建思路。参与全集出版工作的编辑可以分为三层：第一层，熟悉季老学术的学界专家；第二层，精通业务的出版社编审；第三层，有经验的青年编辑。

在季老的亲自指导下，《季羡林全集》的编纂参照江西教育出版社1996年出版的《季羡林文集》24卷的基本体例，主要增补1996—2008年间季老撰述的散文、杂文、序跋、讲话、日记、书评等，也补入季先生早年发表而后来发现的学术论文及书评。此外，全集的出版重点是订正季老传世各种版本的文字差误及错讹。全集除了根据国家现行语言文字规范标准订正作品中个别文字、标点与手误之外，特别注意保持和恢复作品最初定稿或交付发表时的原貌，尤其是作者的行文风格及用语特点。最后，根据全集编纂原则，所增加的作品按照内容或体裁分类列入各卷，再根据年代编次，以统一全书体例。

### 5.3　精益求精，保证全集质量

《季羡林全集》作为献给季老的生日贺礼，编纂工作容不得一丝大意。

根据季老的建议，全集参照江西教育版的基本体例，算是"站在了巨人的肩膀上"。不过为了避免疏漏，项目组还是拜访了当年编辑文集的专家学者（多为季老的学生），听取他们的意见。在与他们交谈中，编辑们有三条重要收获：一是囿于条件，当年文集未收录季老的几篇学术文章，如常被学界提起的《吐火罗语与雅尼俗语——1979年8月29日在乌鲁木齐学术报告会上的报告》等；二是奠定季老在吐火罗文研究界地位的《吐火罗文〈弥勒会见记译释〉》最早是在德国出版的，要找到德文版做对照才能保证其收录的准确性；三是季老的晚年学术专著《糖史》现存有手稿。项目组通过各种办法找到了相关的手稿，为全集的学术部分打下了坚实的基础。

王琳是全集的项目负责人，时隔多年回想起当年的编辑工作，她依然记忆犹新。"编辑团队中，柴剑虹、孙晓林和赵伯陶三位是资深编审。我从他们做稿子的态度和方法上，获益良多。"王琳说。

首先是注重版本。

以季老的《学海泛槎》一文为例，该文为季老对自己学术研究的总结，有近20万字，当初收入全集时是以中国广播电视出版社《季羡林散文全编》中的《我的学术研究》一篇为底本。孙晓林先生在编加中发现，文中有"这篇'自述'"字样，遂让王琳去查找文本是否有其他篇名。王琳经过查证后发现，中国广播电视出版社书中的这篇文字为《学海泛槎——季羡林自述》（华艺出版社）的节选，就购买了此书供孙晓林先生参考。孙先生看完后很快又致电王琳，说《学》一书"编者的话"中提到"本书曾在2000年由山西人民出版社出版，此次由我社重组再版"，请王琳再去购买山西人民出版社的版本。几经周折，王琳在北大图书馆借到该书，复印后给孙先生，孙先生根据山西人民出版社版本才完成了编加工作。孙晓林先生的认真态度，着实让王琳感佩。"孙先生交来的审稿记录，往往长达几十页，每一处改动及改动原因都'记录在案'。"

其次，逐一核对原文。审稿记录均注明版本，做到有据可依。

核对引文是对编辑的基本要求。但是因为种种原因，能够坚持下来的编辑并不多。赵伯陶先生对古籍数字化颇有研究，他在电脑上安装了《四库全书》等光盘，核查引文轻松了不少。孙晓林先生和柴剑虹先生一般都是直接核对原书，而且会在审稿记录上清晰地注明版本，做到有据可依。王琳等年轻编辑们拿到这样的审读记录，时常会想起季老本人。季老在德国读书时受到德国人严谨作风的熏陶，当时他的博士论文已经通过，但导师要求他把所有的引文再核对一遍，他便又去图书馆重新把书一本本借出来进行核查。

再次是下笔慎重，尽量保持历史本来面目，保持作者的文字风格。

编辑近现代作家全集时，编辑们往往会对一些不符合当下语言规范的文字进行修饰。这原是为了汉语的规范化，也是为了减少读者的阅读障碍。在《季羡林全集》的编辑过程中，编辑们认为，对20世纪三四十年代乃至二三十年代的作者使用的语言进行修饰不利于现代汉语发展史的研究，比如"发见（发现）""曼长（蔓长）"等词汇在编辑时都予以保留，以期尽量保持历史本来面目。而一些表达看似拗口或者口语化的句子也尽量不动，保持作者的文字风格。还有季老常用的方言词，如"馒首"等在查对后也予以保留。

找到1989年出版的《云南出版工作》是个意外收获。当时孙晓林先生要核对一篇《巴利文》，原文载于1989年出版的《云南出版工作》，这是一本云南出版协会主办的刊物，后停刊。王琳在网上查到云南版协的电话，连打了三天电话，均未接通。一个同事得知此事，前去联系总编室的侯艳红，请侯老师帮忙。侯艳红听罢，立刻联系了中国版协。没过几天，不仅联系到了云南版协的人，还找到了当期杂志。孙晓林先生本来只是抱着一线希望说"如果能看看原文就好了"，没想到最后居然找到了出版地点这么偏远、出版时间这么久的杂志。孙先生在拿到这篇文字的初刊稿复印件时连说"没想到"。

### 5.4　惜别季老

2009年5月，在全集前6卷即将开印前，接任李朋义担任外研社社长的于春迟带领《季羡林全集》编辑委员会成员去301医院向季老汇报工作进展，并录下了一段极其珍贵的视频。于春迟告诉季老，过去30年，外研社的主要任务是帮助中国人学习外语、了解世界文化，为中国人打开一扇通往世界的窗户；今天外研社要为外国人学习汉语、了解中国打开新的窗户。这也秉承了外研社"记载人类文明，沟通世界文化"的宗旨。季老的《留德十年》已由哥廷根大学著名汉学家布林克曼教授和北京外国语大学李逵六教授、哥大中国博士生刘道前一起翻译成德文，外研社将在当年的法兰克福国

于春迟社长向季老汇报
《季羡林全集》出版情况

际书展上将此书介绍给世界读者。季老说，那就请德国的读者多给我的书提意见。2009年适逢外研社成立30周年，于春迟希望季老能对外研社的编辑们说几句鼓励的话。季老想了一会儿，说了两个字："努力。"

7月11日上午，我国著名学者、文化巨擘、北京大学资深教授季羡林先生在北京辞世，享年98岁。听闻噩耗，于春迟非常悲痛。他说："就在前不久，我们看望季老时他还记挂着全集出版和外研社的发展，可惜就差几天时间，他没能看到全集问世。好在封面版式他都亲眼看过。我们一定会遵循季老生前的谆谆教诲，继续兢兢业业地做好中外文化学术交流、传播与培养人才的工作，踏踏实实地完成好《季羡林全集》的编辑出版工作，用更丰硕的成果告慰季老在天之灵。"

项目负责人王琳说，《季羡林全集》中有不少珍贵照片和文章从未发表过。全集前三卷收录了季老的散文著作《因梦集》《天竺心影》《朗润集》《燕南集》《万泉集》《小山集》，以及季先生在1988年至2008年间所创作的散文。

季老的去世让诸多人感到悲恸。陈琳教授在7月20日到八宝山与季老做了最后的告别之后，写下了一篇追思季老的文章，回顾了与季老的往事。在文末陈琳教授写道：

今天，季老离我们而去了。我想起，他在三年前所写的《九十五岁初度》中曾说："有生必有死，是人类进化的规律，是一切生物的规律。是谁也违背不了的……我一不饮恨，二不吞声。我只是顺其自然，随遇而安。"他又说："我已经活了九十五岁，无论如何也必须承认这是高龄。"又何况，季老去得安详、平静、没有

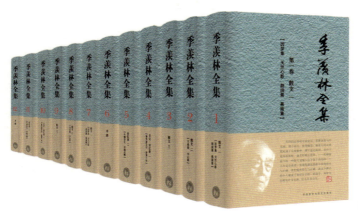

《季羡林全集》

受到痛楚。从这点说，我们应该感到安慰。……但是我却又痛心地记得，在这篇文章的最后，季老又说："我们现在的国家是政通人和海晏河清，可以歌颂的东西真是太多太多了。歌颂这些美好的事物，九十五年是不够的。因此我希望活下去。岂止于此、相期以茶。"……写到此，抬头见窗外曙光初露。我忽然回忆起季老在接受"翻译文化终身成就奖"大会上的讲话："未来是你们的。我希望看到……人才辈出，蒸蒸日上。"

得知季老突然辞世的消息后，外研社全体员工特别是《季羡林全集》编辑委员会的工作人员都感到非常悲痛。季老非常关心全集的编辑出版工作，却在全集前六卷已经付梓、即将问世之际溘然长逝，给读者留下了无限的遗憾。《季羡林全集》前六卷原定在8月6日出版，作为送给季老的生日礼物。为此，外研社将已经在6月开印的《季羡林全集》前六卷提前出版，并赶在19日的季羡林遗体告别仪式前上市，作为纪念季老、也是送给读者的最好礼物。

## 6. 藏诸名山，传之其人——《王佐良全集》

2016年2月，外研社出版了十二卷本的《王佐良全集》，作为王佐良先生100周年诞辰的献礼之作。王佐良先生是我国英语界泰斗级人物、享誉中西的外国文学专家，曾担任北京外国语学院副院长、英语系系主任、外国文学研究所所长，《外国文学》主编，国务院学位委员会学科评议组外国文学组组长，中国外国文学学会副会长等职。他一生致力于英语教育、英语文学研究与翻译，在外国文学史、比较文学、翻译研究上颇多建树，在英语教育及外国文学研究领域做出了里程碑式的贡献。

《王佐良全集》首次全面呈现王佐良先生在外国文学研究、中外比较文学领域的理论研究与实践成果，以及他作为诗人、翻译家和作家留给后人的优秀文学遗产，使其开创的研究、译介和教学的优良传统得以继承和发扬，对我们重新学习和认识王佐良先生的成就有着重大的意义。

### 6.1 著述宏富，弦歌不辍

王佐良先生是诗人、文学家、作家、翻译家和教育家。他毕生著述宏富，创作时间贯穿20世纪30年代至90年代，作品遍涉外国文学研究、外语教育、翻译、诗歌及散文创作等

王佐良教授

多个领域。

王佐良在学生时代就开始了写作生涯。读中学时，他先以"庭晟""竹衍""行朗"等笔名，在武汉一些报纸和杂志上发表短篇小说和散文；上大学后又发表了《武汉》《北平散记》等纪实文学，特别是在《一二·九运动记》等政论报道中抒发了自己的爱国情怀和进步思想；其间还在昆明《文聚》杂志上发表了中篇小说《昆明居》。但他更多的还是写诗，早期的诗作除在《清华周刊》《时与潮文艺》等刊物上发表过之外，他的两首诗还被闻一多先生收入了编选的《现代诗钞》。后来，瑞典汉学家马悦然（Göran Malmqvist）还曾翻译过王佐良在昆明时写的两首诗，收入其所编的瑞典文版《中国诗选》中。20世纪90年代，陈琳教授请王佐良先生给学生作一场有关文学与语言学习的报告，介绍王佐良先生是诗人。王佐良先生很客气地说："刚才陈老师介绍我时，说我是诗人。是的，我喜欢诗，我爱诗，我爱中国诗，我爱外国诗，我也翻译了许多诗；但我自己写得不多。然而把我称作诗人，而且首先介绍我是诗人，我是高兴的，我是感谢的。"

《王佐良全集》

　　1939年，王佐良自西南联大外语系毕业并留校任教，开始尝试翻译工作。虽然当时的西南联大生活条件清苦、工作繁重，他和许多教授一样需要经常外出兼职谋生，最多曾同时干6份工作，但是他仍然笔耕不辍。当时，他翻译了爱尔兰大文豪乔伊斯的短篇小说集《都柏林人》，托人带到桂林准备出版，不幸遇上日寇飞机轰炸，手稿化为灰烬。后来仅整理出来一篇《伊芙林》，于1947年刊载于天津《大公报》文学副刊上。在此期间，王佐良先生还开创了国内研究英国诗人艾略特的先河。同时，他也是最早全面评述穆旦诗歌的人。

　　新中国成立之初，王佐良与他的老师金岳霖、钱钟书等知名学者一起，受聘参加了《毛泽东选集》一至四卷的翻译工作。他还和姜桂侬、吴景荣、周珏良、许国璋、朱树飏等合作，由英文转译出版了苏联作家爱伦堡的长篇小说《暴风雨》。这本书虽然是根据英译本转译，但风格上参考了法语的译本，疑难内容还请人对照了俄语原作，充分体现了译者们精益求精的严谨作风。此后，王佐良先生没有再涉足大部头小说的翻译，而是专心于英语经典诗文和散文的翻译。他翻译了英国哲学家弗朗西斯·培根的《谈读书》，其中有被同行学者们誉为"好似一座令后来者难以翻越的高高的山峰"的经典佳句：

　　读书足以怡情，足以傅彩，足以长才。其怡情也，最见于独处幽居之时；其傅彩也，最见于高谈阔论之中；其长才也，最见于处世判事之际。练达之士虽能分别处理细事或一一判别枝节，然纵观统筹、全局策划，则舍好学深思者莫属。读书费时过多易惰，文采藻饰太盛则矫，全凭条文断事乃学究故态。读书补天然之不足，经验又补读书之不足，盖天生才干犹如自然花草，读书然后知如何修剪移接；而书中所示，如不以经验范之，则又大而无当。

关于写诗和译诗的关系，或者说诗人和诗歌译者之间的关系，王佐良先生在多篇著作中都有表述。在《我为什么要译诗》中，他写道：

> 我为什么要译诗？主要是我爱诗。原来自己也写诗，后来写不成了，于是译诗，好像在译诗中还能追寻失去的欢乐，而同时译诗又不易，碰到不少难题，这倒也吸引了我。

在《译诗和写诗之间》一文中，他说："只有诗人才能把诗译好。""诗人译诗，也有益于他自己的创作。"在《穆旦的由来与归宿》一文中，他又说："诗歌翻译需要译者的诗才，但通过翻译诗才不是受到侵蚀，而是受到滋润。"王佐良先生也正是这样一个以自己的诗才译诗，而又从中得到无限滋润的诗人。

王佐良先生在生命的最后 10 年中致力于文学史的研究。他主持编撰了国家社会科学基金重点研究项目"英国文学史"。这是一项浩大的工程，全书共分为五卷，从英国中古时期文学一直论述到 20 世纪后期的当代文学。其中，他和周珏良主编的《英国二十世纪文学史》以及与何其莘主编的《英国文艺复兴时期文学史》先后由外研社出版。除了主编"五卷本英国文学史"这样的综合性文学史之外，王佐良先生还编写了一些专题性文学史书，如《英国浪漫主义诗歌史》《英国诗史》《英国散文的流变》等。

他在谈及"修史"这一严肃的工作时认为，编著者不仅要尊重历史，而且"要有中国观点；要以历史唯物主义为指导；要以叙述为主；要有一个总的骨架；要有可读性"。他反复强调"写外国文学史首先应该提供史实，以叙述而不是以议论为主"，要"有说有唱，说的是情节，唱的是作品引文。没有大量的作品引文，文学史是不可能吸引读者的"。他还一再告诫说，文学史的"写法也要有点文学格调，要注意文字写得清楚，简洁，少些套话术语，不要把文学史写成政论文或哲理文，而要有点文学散文格调"。即便是学术论文，王佐良先生也提倡应"写得短些，实在些，多样些，如果做得到，也要新鲜些"，要如实地记录下自己"所感到的喜悦、兴奋、沉思、疑问、领悟等等"，并应"尽量避免学院或者文学家圈子里的名词、术语"，"好的文学作品应该是能使人耳目清明的，论述文学的文章也应照亮作品，而不是布下更多的蜘蛛网"。

抗战末期，西迁至四川乐山的武汉大学校长王星拱在宣布可能需要再次撤离的信息时说："我们已经艰难地撑了八年，绝没有放弃的一天，大家都要尽各人的力，教育部命令各校：不到最后一日，弦歌不辍。"王佐良先生在《英国诗史》的序言中写道："衰年而能灯下开卷静读，也是近来一件快事。"纵观王佐良先生的著述生涯，也正可谓"弦歌不辍"！

## 6.2　广罗资料，展现大师成就

王佐良先生去世后，陈琳教授两次给外研社李朋义、于春迟、蔡剑峰、徐建中、王芳等社领导写信，提议由外研社整理、出版《王佐良全集》，以完整保存王佐良先生的研究成果，进一步推动我国外语教育与外国文学研究事业发展。外研社欣然接受。经王佐良先生家属授权后，外研社成立了《王佐良全集》专家委员会和编辑出版委员会，首次全面搜集整理他的著作，结集出版。在全集的出版过程中，陈琳教授倾注了大量的心血，并亲自撰写了序言。

全集出版工作所涉繁难极多，如何全面搜集资料是首要问题。为全面搜集资料，外研社利用各大图书馆和数字资源库广泛调研，并通过媒体发布《〈王佐良全集〉征集资料启事》，调动各种可能的资源。在此过程中王佐良先生的家人、朋友、弟子，以及北京外国语大学校史馆、美国布朗大学图书馆、中国现代文学馆等个人和机构都给予了无私的支持和帮助。

全面收集资料只是工作的第一步，在这之后，外研社需要对资料进行整理、甄别、筛选并进行分卷。《王佐良全集》项目负责人赵雅茹介绍说："在这方面，《王佐良全集》专家委员会、编辑出版委员会中各相关领域的学者、专家给予了专业的指导。尤其是王佐良先生家人以及陈琳老师、姜红老师、李铁老师等几位专家，为全集的顺利出版提供了莫大的支持。"

最终，经过编辑团队的反复讨论，《王佐良全集》以作者生前编定作品为主体，大体按著作性质分卷排列。专著、文集之外的补遗文章，尤其是笔名文章，遵照专家及家属意见加以甄别并酌情收录。该部分内容按作品出版或写作时间编次，并注明出处。各分卷卷首增写说明，简要介绍该卷内容及校勘所据版本、出处。为保持单部著作的完整性，作者生前出版的专著、文集中不同程度的重复内容未做删减；非作者自撰的辅文未收；重复内容中不尽一致之处为作者不同时期改动，保留版本差异。最后一卷附全集著作篇目索引，以便读者查阅。

外研社出版的十二卷本《王佐良全集》，不仅收录了王佐良先生散见于各类专著、文集中的篇目及珍贵历史照片，还收录了其未结集发表的原创和翻译作品，尤其是国内未发表过的博士论文、诗

徐建中总编辑（右一）出席王佐良著作专架揭牌仪式

作等，不仅填补了出版空白，而且对重新认识和学习王佐良先生的成就有着重大意义。

首先，《王佐良全集》最重要的意义在于"继承"和"发扬"。《王佐良全集》旨在通过全面呈现王佐良先生在外国文学研究、中外比较文学研究领域的理论研究与实践成果，以及他作为诗人、翻译家和作家留给后人的优秀文学遗产，使他所开创的研究、译介和教学的优良传统得以继承和发扬。其次，《王佐良全集》本身也具有重要的史料价值，对中外比较文学、翻译、外语教育、中西交流等方面的研究都具有重要意义。再次，王佐良先生在文学史、诗歌史、语言学、翻译理论等领域的学术著作也将成为英国文学、翻译、英语语言学，以及其他相关专业学习和研究者的重要参考。全集的出版既为普通读者提供了一个王佐良先生作品的高质量版本，又整合了先生的全部研究成果，为学界的研究和传承提供了坚实的基础。

### 6.3　确定编辑原则，彰显作品原貌

由于资料繁复，编辑人数众多，全集的编辑原则和体例就变得十分重要。只有让每位编辑都有可以遵循的规范和依据，才能保证项目的统一和流程的可控。因此，外研社在编辑《王佐良全集》时设定了"尊重"和"完善"这两个基调。

所谓"尊重"，是对于全集这类学术大家的作品，编辑时尤其需要谨慎，妄改是最要杜绝的问题，尊重作者、原作语言和时代背景是首要原则。而对于内容、语言上的疑问，编辑们也务求进行多方面的查证、核实，不能确证的地方宁可不改，一仍其旧。

所谓"完善"，是指全集的编辑仍负有统一体例、对错讹予以改正的责任。比如不同年代出版的作品，对文字、数字、标点有不同的规范，收入全集中就需要加以统一。再比如，编辑过程中经常会遇到"手民之误"，即不是作者本意之误，对于这种情况全集编辑有责任甄别勘误。比如王公的名译"读书足以怡情，足以傅彩，足以长才"，就有版本将表示"增添光彩"的"傅彩"误为"博彩"。另外，还存在原编者误改的现象，比如王佐良先生曾为《英诗金库》作序说"原编者收了288首诗，按时代先后分为四部分，第一部分到1616年，是十六世纪及十七世纪初叶的作品；第二部分到1700年，以十七世纪作品为主"。在收入早前的文集时，王佐良先生原文中所写的"十七世纪"被误改为"十八世纪"。此外，由于时代和资料等方面的限制，王佐良先生的原作也可能存在事实性、逻辑性的瑕疵，这些都需要在编辑全集时根据一定的规范来予以完善。

大的原则确定之后，具体的编辑体例问题，一样不得马虎。

长风破浪

在项目启动之初，编辑团队就探讨了制定体例的思路：在具有普遍性的问题上制定明确的规范，减小编辑因不同倾向各自判断的空间；在特殊问题上给出一以贯之、逻辑自洽的规则，给编辑的个人判断提供框架和支持，并由统稿人把关。同时，制定体例时既要考虑可操作性，也要考虑科学性，因为体例一定会随着项目的进展不断更新、不断增加，要用合理的规则一以贯之，才能避免前后矛盾或框架不能容纳问题的现象。

为了使遇到的问题得以合理解决，外研社编辑团队将遇到的问题主要分为体例统一问题和内容问题两类。

体例统一涉及的主要是原作原本的或者收入全集后存在的不一致之处。首先是注释、参考文献。由于很多作品出版时间较早，并且在当时并没有现今的学术规范，因此注释和参考文献体例各异，包含信息不统一。收入全集后，编辑们以尽量尊重原貌为大原则，对注释和参考文献的内容不做增删，只进行格式上的统一和个别的勘误（明显的笔误或排印错误径改，内容改动加编者注）。参考文献未按字母、拼音或笔画排序的，如反映了作者的特定意图，也予以保留，仅就条目内部的格式进行统一。其次，因出版年代不同，文集中也会存在文字问题，比如繁体字、异体字、不符合现代规范的字等。对于繁、异体字，参照《鲁迅全集》，原则上都改为简体，但对个别体现当时习惯或改动之后可能导致误解的繁、异体字，则提出讨论、酌情保留。对于不符合现代规范的字和非推荐词形，参照《现代汉语词典》改为规范用字、推荐词形，《现汉》中都出条的，以单书或单篇为单位统一。而对于数字的用法，编辑们则参照现今规范，对使用阿拉伯数字和汉字的情况进行统一。标点则主要参照林穗芳先生的《标点符号学习与应用》，兼顾最新的规范进行修订。最后，对于从外文翻译过来的人名、地名、作品名、机构名等，考虑到原作时代特点以及翻译家对译名问题的争论，编辑们认为不宜简单按照译名手册等进行统一，但是作者生前出版的单书或发表的单篇文章，则应该做到内部统一。

如果说体例统一问题还有可以参照的共同标准，那么相比之下内容问题则更为复杂。首先是明显的笔误、排印错误或原版本的编辑错误，虽然这些可以直接进行修改，但对此类错误的认定却需要慎之又慎。最可靠的办法就是征引作者生前出版的不同版本进行互校或请教相关领域的专家，这一过程十分繁琐。其次是引文的误植，在充分确认原文、核实版本的基础上，可以直接修改。但若影响上下文的表达，就需要增加编者注释。再次是事实性错误，例如人物生卒年、作品出版年等，考虑到资料发掘和学术研究是不断演进甚至有所反复的过程，该类问题有其时代特点，因此，这类问题倾向以作编者注的方式处理，给出现今的资料来源。这样既能体现学术研究的发展变化，也为今天的读者提供了可回溯、可借鉴的资料。最后是逻辑性问题，因为这是最取决于编者个人判断的问题，因此必须通过作注的方式处理，以免出现想当然的妄改。另外，为了区分各种不同的注释，凡作者本人的注释不另补注说明，作者所加译注注明"译者注"，原编者所加注释注明"原编者注"，全集编者所加新注注明"编者注"。

《王佐良全集》的出版过程实属不易，赵雅茹在项目完成后说："即使如此，囿于自身的学识与经验，我们虽然勉力为之，仍难免疏漏，只能祈愿读者方家教正，今后修订完善。"

### 6.4 今天不是终点，时间还在奔流

王佐良先生晚年曾说："年逾古稀，还能工作，从一个意义上来讲，可以说是我的福气，从另一个意义上来讲，也是不得已。我总是希望在有生之年为国家多做些贡献。尤其对我们来说，耽误了几十年的时间，就特别想把损失的时间尽量补回来。这是一种责任，也是一种快乐。"因此，在他生命的最后10年间有16部之多的著作问世，去世时仍有几本书在印制过程中。

1995年1月17日，北京《读书》杂志社主编沈昌文先生到王佐良先生寓所代取他应台湾《诚品阅读》杂志之约撰写的《谈穆旦的诗》文稿，并送来了他想读的金庸小说。不料，这篇为台湾读者撰写的评论文章竟成了他的绝笔。在沈先生到来之前，王佐良先生因心脏病复发住进了医院，继而不幸于1月19日晚在北京逝世，终年79岁。

王佐良先生的逝世震动了中外英语文学界和有关方面。国家教委、北京外国语大学、清华大学、外研社等有关部门、院校和单位纷纷派人或致电表达了深切的悼念之情。新华社、《人民日报》、《中国日报》、《光明日报》等新闻媒体发布了讣告和悼念文章。中央电视台播放了各界人士在八宝山革命公墓礼堂向王佐良先生遗体告别的仪式。新华社香港分社社长周南及夫人、爱尔兰驻华大使和在美国的友好人士等一大批生前好友发来了唁电。人们衷心表达了对这位蜚声中外的一代大师的怀念之情。

1995年2月9日，王佐良先生的骨灰被安放在北京香山脚下的万安公墓。

2016年2月，十二卷本《王佐良全集》出版。

2016年7月16日，北外举行王佐良先生百年诞辰纪念大会

2016年7月16日，北京外国语大学举办"王佐良先生百年诞辰"纪念大会。北京外国语大学胡文仲教授回忆，他去看望王佐良先生的遗孀徐序女士时，看到书房的桌上放着王公的照片，一切都井井有条。徐序打开抽屉给他看："你看王公把一切都整理得那么好，我查了他的东西，发现所有该发的文章都发出去了，没有任何事情需要我做，只有一件事没有来得及，就是出版社送来了一套金庸的小说，要他看，他没有来得及看。"

尽管王佐良先生已经故去，但他所代表的那一代学人的"弦歌"足以传之其人。

## 7. 皇家版《莎士比亚全集》——还原最真实的莎士比亚

2016年，时值英国文豪威廉·莎士比亚（William Shakespeare）逝世400周年，世界各地掀起了纪念莎士比亚的热潮。几百年来，莎

皇家版《莎士比亚全集》

士比亚的作品不但从未被人们遗忘，更被视为人类文学和文化史上的珍品，被传颂、被学习、被模仿、被引用……被一次次反复品味和解读。英国作家本·琼森（Ben Jonson）曾如此评价莎士比亚："他非一代骚人，实属万古千秋。"（He was not of an age, but for all time.）

这一年，外研社历时8年打造的皇家莎士比亚剧团版（Royal Shakespeare Company）《莎士比亚全集》（以下简称皇家版《莎士比亚全集》）39册全部完成出版。这是一套由中国外国文学学会莎士比亚研究分会会长、北京大学教授辜正坤先生担任翻译版主编，集合了许渊冲、彭镜禧、傅浩、刁克利、曹明伦、罗选民、张冲等目前汉语翻译界和莎学界诸多知名学者参与的权威版本。

## 7.1　1623年版重出江湖

1623年是莎士比亚去世的第七年。这一年，莎士比亚的舞台同仁约翰·赫明奇（John Heminges）和亨利·康德尔（Henry Condell）倾尽心血整理并结集出版了《莎士比亚戏剧集》第一对开本。在之后的300多年中，它成为许多导演和演员最为钟爱的莎士比亚文本，被视为全世界最珍贵的书籍之一。2007年，英国麦克米

伦出版公司推出的皇家莎士比亚剧团版《莎士比亚全集》邀请国际
权威莎学专家乔纳森·贝特（Jonathan Bate）和埃里克·拉斯穆森
（Eric Rasmussen）担任主编，首次对第一对开本进行了全面修订。
此版本重新确立了1623年第一对开本莎士比亚作品集的权威地位，
使其成为新莎士比亚全集剧文的权威依据。

　　贝特先生在皇家版《莎士比亚全集》的导言中追溯了数百年来
莎士比亚专家在编辑莎士比亚作品时处理第一对开本及其他四开本
莎士比亚著作的方式。他认为，18世纪初的莎士比亚学者尼古拉
斯·罗伊（Nicholas Rowe）将两个不同版本的《哈姆莱特》文本拼
凑在一起的方式不妥。因为现代莎士比亚版本目录学家的研究证
明，早期不同的《哈姆莱特》文本和戏剧演出的舞台历史相关，代
表了该剧在不同时期演出的面目。所以，罗伊的合并版本绝非莎士
比亚的原作。而罗伊的拼合法又被后世的编撰者所效仿，如蒲柏
（Alexander Pope）即进而使用所谓"取精融汇法"（pick-and-mix），
把许多四开本和对开本剧文混为一体，许多学者以为这是处理莎士
比亚版本问题的绝妙法门。

　　贝特先生和拉斯穆森先生共同主编的这部皇家版《莎士比亚全
集》采取了截然不同的做法：它坚定地维护对开本的固有完整性、
真实性和权威性，竭尽全力恢复对开本的本来面目。但在某些特定
方面，他们也注意吸收四开本之长。此外，这个版本在力求保持剧
文真实性的同时也力求使之具有当代性，例如对拼写、标点等加以
现代化，以使莎士比亚总是活生生的莎士比亚。

　　皇家版《莎士比亚全集》和其他版本最大的区别是，这个版本
是提供给有戏剧演出需要的剧院使用的版本。戏剧演出是立体的。

在剧院里边，要看空间结构，要想象演员是怎么活动的，还有动作、生命、布景等各式各样的相关因素，它是一个立体性的结合。剧本不再作为孤单的文字存在，而是起到把所有戏剧、艺术都凝聚起来的作用。因此，这个版本就是为了让莎士比亚的戏剧重新回到舞台，让它不再停留在书斋，仅仅受到学者的审视。

## 7.2  让中国读者感受莎翁真实的魅力

说起这套珍贵的皇家版《莎士比亚全集》和中国读者见面的故事，时间还要回到2006年。

这一年，时任社长李朋义前往英国参加书展，适逢他的老友麦克米伦教育出版集团总裁白德信的岳父生日。白德信先生邀请李朋义社长一同前往斯特拉特福镇，为其岳父庆生。斯特拉特福镇是莎士比亚的家乡，在做客的两天里李朋义社长和白德信先生一起游览了莎士比亚故居，观看了莎士比亚戏剧，并参观了莎士比亚出生地和基金会。在此期间，李社长得知麦克米伦即将出版皇家版《莎士比亚全集》，便萌发了由外研社来引进并翻译出版这套书的中文版的念头。李社长表示，外研社作为一家以"记载人类文明，沟通世界文化"为宗旨的出版社，如果没有将莎翁全集这样一套经典推介给世人，会是一个缺憾。有鉴于此前的良好合作，双方很快就签订了合作协议。2008年，外研社组建翻译团队，皇家版《莎士比亚全集》的中国之旅自此正式开启。

在此之前，中国的《莎士比亚全集》已有6个译本。朱生豪先生以牛津版为基础翻译的版本最为国人所熟知，1957年台湾世界书局出版的5卷本《莎士比亚全集》、1978年人民文学出版社出版的11卷本、1998年译林出版社出版的8卷本，都是以此为蓝本。此外，还有

李朋义社长应白德信先生邀
请参观莎士比亚故乡，双方
商定由外研社出版皇家版
《莎士比亚全集》

20世纪60年代出版的梁实秋版，以及2014年方平等翻译的版本。

　　为了使读者能够更真实而全面地接触莎翁作品，外研社力邀辜正坤教授担纲。辜正坤教授一直是莎士比亚的忠实粉丝，他也想将自己心中所理解的莎翁作品翻译出来，为中国文坛贡献自己的一份力量。皇家版《莎士比亚全集》引起了辜正坤教授的强烈兴趣。他花了一年多的时间翻译了《哈姆莱特》，又陆续翻译了《罗密欧与朱丽叶》《麦克白》等作品。为了加快进度，他建起一支翻译莎士比亚作品集的"梦之队"来通力合作，决心打造一套无增删的《莎士比亚全集》，翻译家许渊冲、曹明伦及数位莎学专家都位列其中。

　　莎士比亚作为世界文坛上最闪耀的明星，其地位和声望已家喻户晓。然而，虽然几乎人人都知道莎士比亚，但很多人还是认为莎士比亚难以走近或不敢走近，这其中最主要的原因是读者对于早期的现代英语不了解。因此，对于一般读者，尤其是中国读者而言，莎士比亚版本的注释是一个关键部分。外研社综合出版事业部负责人姚虹说："为了让读者在阅读译本时能了解原版的辑注风格与成果，更真实地接近最受追捧的经典版本，了解作品中所运用的隐喻和文化背景，这套全集采用了丰富的注释。英文部分的注释帮助读者增加在语言和文化方面的理解。中文部分的译注分两类：一类是将原版里帮助读者理解的英文注释翻译出来；另外一类是译者注，译者参照其他文本，说明其他版本的翻译。如果注释本身存疑，则在保留原注的情况下，加入译者有理有据的新注。"此外，这套书的每部作品前几乎都有世界顶级莎学专家贝特先生撰写的介绍短文，其他编辑还为剧文中大大小小的费解之处提供了详略得当的注解，这为不熟悉早期现代英语的读者提供了非常实用的信息。

以往出版的莎士比亚作品都会对莎士比亚剧作中的污言秽语进行不同程度的删减或其他处理，而这次的译本并没有刻意回避这些。辜正坤教授在接受媒体采访时表示："我这次翻译《哈姆莱特》，就尽量把它真实的一面翻译了出来。"有些时候，哈姆莱特就是一个满嘴说脏话的人，"奥菲利娅掏心掏肺地喜欢他，但他对奥菲利娅常常说的都是不堪入耳的脏话。光天化日之下侮辱人，我觉得中国人是不能接受的"。再比如《罗密欧与朱丽叶》第一幕第一场是两个仆人在吵架。其实他们说的都是脏话，是在把对方作为性侵犯的对象。皇家版对这些双关语基本上都有注释。

### 7.3　诗化译本致敬经典

莎翁作品集的翻译背后历来有很多故事。从朱生豪先生凭一人之力开创性地翻译31部莎士比亚剧作，到近年方平先生的译本，虽然各有缺陷和不足，但无疑都把莎士比亚作品的汉语翻译往前推进了一大步。如何能将莎翁笔下那个充满睿智言语、动人心弦的世界呈现出来，一直是中国翻译界关注的焦点。

在莎士比亚生活的伊丽莎白时代，诗歌是文学的王冠。莎士比亚写过很多诗，他也希望人家把他看成一个诗人，而不是剧本作者。因为在那个时代，写剧本的人地位低下，戏剧难登文学的大雅之堂。莎士比亚的戏剧作品基本都以诗体写成，一句话十个左右的音节都是按照抑扬格的方式，是素体诗，虽不一定押韵但也还是比较严谨的一种格律形式。

要想尽可能还原真正的莎士比亚，就必须将莎士比亚的作品翻译成诗体而不是散文，这已是莎学界的共识。因此，本套译本主编辜正坤教授在与外研社相关领导和责任编辑讨论后，确定在本套书的翻译风格上全面遵循"以诗体译诗体，以散体译散体"的原则，并使译文尽量逼肖原作的整体风格。但这项工作的背后有着常人无法想象的艰难。辜正坤教授认为，真正诗体化的翻译比散文体难得多。他在本套全集的重译集序中写道："笔者自己写诗，诗兴浓时，一天数百行都可以写得出来，但是翻译诗，一天只能是几十行，统计成字数，往往还不到一千字，最多只是朱生豪先生散文翻译速度的十分之一。梁实秋先生翻译《莎士比亚全集》用的也是散文，但是也花了37年，如果要翻译成真正的诗体，那么至少得370年！"此一翻译过程的艰辛可见一斑，但其打造出的目前所有汉译本中最诗化的《莎士比亚全集》确实让人充满期待。

译本的内容质量对于书的生命力而言是重中之重，但书的装帧形式同样不容忽视。整套全集的装帧设计以简洁、清新、大方为理念，封面并未采用莎士比亚肖像，而是代之以莎士比亚手迹。该书的责编之一李云介绍说，封面设计做了几十稿，但最终确定这一方案是因为它体现了"最真实的文本"，并寓意着这个版本具有上乘的翻译质量。

　　2016年4月22日，外研社和英国文化教育协会、中国国际广播电台英语环球广播共同在中华世纪坛举办了《莎士比亚全集·英汉双语本》发布会暨莎翁名段中译文征集活动启动仪式。英国大使馆文化教育公使、英国文化教育协会中国区主任艾琳（Carma Elliot），英国文化教育协会（中国）艺术与创意产业总监马昌（Nick Marchand），中国国际广播电台英语环球广播总监关娟娟，中国外国文学学会莎士比亚研究分会会长、北京大学教授辜正坤，知名语言学家、北京大学教授胡壮麟，中国出版协会副理事长、外研社名誉社长李朋义及外研社社长蔡剑峰一同出席了本次活动。蔡剑峰社长在接受媒体采访时表示，艺术需要百花齐放，翻译也允许有多种译法。外研社此次推出的皇家版《莎士比亚全集》用诗体的翻译来呈现莎翁文学的美，给读者呈现了高水平的莎翁著作译本。2016年，英国皇家莎士比亚剧团来华演出历史名篇《亨利四世》和《亨利五世》，所使用的中文台本正是外研社推出的皇家版《莎士比亚全集》。

2016年4月，《莎士比亚全集·英汉双语本》发布会

## 8．从《柯鲁克夫妇在中国》到《兴隆场》的出版

2018年12月11日，北京外国语大学的几位校领导和专家教授，外研社总编辑徐建中、名誉社长李朋义等人在外研社一层大厅为一位老人庆祝103岁寿辰，并发布了她的新书《兴隆场》。这在外研社的历史上是一件稀罕事。

这位百岁老人就是加拿大籍国际友人伊莎白·柯鲁克（Isabel Crook）。她是新中国英语教学的拓荒人，荣获"改革开放40周年最具影响力的外国专家"称号，也是李朋义难忘的恩师。

### 8.1 最真挚的国际友人

1915年，伊莎白出生于四川成都。她的父母是加拿大的基督教传教士，民国初年来到中国，后在成都华西协合大学任教。伊莎白的童年和少女时代，有一半光阴是在中国度过的。在和中国西部少数民族人群的接触中，她渐渐对人类学产生了兴趣。

成年后，伊莎白回到加拿大，在多伦多大学专攻心理学，1938年取得硕士学位。那时中国的抗日战争已经爆发，伊莎白却不惧战火，毅然返回中国，深入四川璧山兴隆场（今重庆市璧山区大兴镇）开展调研。从那时起，对中国社会特别是中国农村的关注与调查贯穿了伊莎白的一生。她见证了革命时期中国农村的历史变革，并最终选择留在了中国。

1940年，伊莎白回到成都探亲，结识了在金陵大学任教的英国记者大卫·柯鲁克（David Crook）。二人情投意合，结为夫妇。大卫是英国共产党员，曾参加过反法西斯的国际纵队，在他的鼓舞下，伊莎白加入了英国共产党，并有了为之奋斗一生的目标。

1947年12月，柯鲁克夫妇以国际观察员的身份来到今河北省武

安市石洞乡十里店，观察和采访了中国共产党领导下的土改复查和整党运动的整个过程。他们深入田间，与农民同甘共苦整整一个冬春，最终形成了两部闻名国内外的社会人类学著作。1959年，《十里店——中国一个村庄的革命》（*Revolution in a Chinese Village: Ten Mile Inn*）在英国伦敦出版；20年后，内容更为翔实的《十里店——中国一个村庄的群众运动》（*Ten Mile Inn Mass Movement in a Chinese Village*）在美国纽约问世。这两部珍贵的历史文献让西方人了解了真实的中国土改运动。后来，柯鲁克夫妇多次回访十里店，与当地人民结下了深厚的友谊，数十年间从未中断。

1948年夏天，告别十里店村的柯鲁克夫妇来到了石家庄南海山村。那里驻扎着由叶剑英、王炳南直接领导的外事学校，柯鲁克夫妇受邀在此从事英语教学工作。他们和马海德、韩丁、葛兰恒、史克等外国同志一道，帮助中国培训了迎接新中国成立的首批使用英语的外事干部。

新中国成立之后，柯鲁克夫妇一如既往地工作在中国外语教学的第一线，他们勤勤恳恳、任劳任怨、勇于探索，奋斗了半个多世纪。在这段漫长而坎坷的岁月中，他们同中国人民一起战斗，在三年困难时期一起吃苦，在"文革"的浩劫中一起经历灾难，最后又一起共享了拨乱反正的欢欣。数十年风风雨雨过后，他们深感自己如此深爱着中国的山川大地，深爱着善良、淳朴、勤劳的中国人民。

### 8.2 《柯鲁克夫妇在中国》出版

新中国成立后，柯鲁克夫妇随他们任教的外事学校从解放区进入北京，继续担任英语教师。这所外事学校演变为外国语学校、北京外国语学院，最后发展成为北京外国语大学。大卫还为学校起了

李朋义与恩师伊莎白在《柯鲁克夫妇在中国》出版过程中参观北外校史馆

英文名Beijing Foreign Studies University，令全国外语院校争相效仿。尽管学校几度更名，但柯鲁克夫妇再未离开。数十年中，他们坚持不懈地在北外校园耕耘，培养了成千上万名精通英语的中国青年，这其中就包括外研社的社长李朋义。李朋义至今还记得跟随伊莎白教授学习了两年英语精读课，选修了大卫的世界史英文课。柯鲁克夫妇对待教育事业一丝不苟，成为李朋义等大量青年学生日后工作的榜样。

1988年，在纪念埃德加·斯诺（Edgar Snow）《西行漫记》（*Red Star Over China*）中文译本出版五十周年时，有不少同志认为国际友人在中国的革命和建设事业中发挥了重要的作用，但对于他们的著作和事迹介绍得远远不够。有鉴于此，中国史沫特莱、斯特朗、斯诺研究会（Smedley-Strong-Snow Society of China）和一些中外文出版社共同发起了"中国友人丛书"，并组成编辑委员会。原国务院副总理、国务委员黄华担任主任委员，编委会成员包括相关出版社的社长、总编、副总编和一些中外专家。

　　"中国友人丛书"由相关出版社陆续出版，收录了很多国际友人的著作和传记，包括史沫特莱（Agnes Smedley）、斯特朗（Anna Louise Strong）、斯诺、爱泼斯坦（Israel Epstein）、汉斯·米勒（Hans Müller）、横川次郎等人，当然也包括与中国人民同甘苦、共患难的老朋友柯鲁克夫妇。黄华为该丛书作序，称赞他们"像灿烂的群星，在中国人民的解放事业中闪烁着永恒的、耀眼的光辉"。

　　外研社根据北京外国语大学的建议，于1995年组织出版了《柯鲁克夫妇在中国》。该书汇集了40余篇热情、诚挚的文章，从历史的各个侧面记录了柯老夫妇在华的工作和生活情况。撰文作者包括时任《今日中国》杂志名誉总编辑、中国工业合作协会国际委员会名誉副主席爱泼斯坦，中宣部原副部长张磐石，《人民日报》原副总编安岗，北京外国语大学原副校长罗清等相关人士。书中还选录了柯鲁克夫妇的两篇作品，回顾了大卫参加西班牙反法西斯战争时的一些往事，以及他们多年来在教学工作中的得失、体会和经验，让读者对他们的崇高品格及投身中国革命和建设的光辉业绩有了更进一步的了解。该书前言中这样写道：

《柯鲁克夫妇在中国》
首发座谈会

柯鲁克夫妇在华近半个世纪的经历是平凡而又伟大的。说平凡，是因为他们并未创建惊天动地的伟业；说伟大，是因为他们俩作为外国人，对中华民族在历史上所遭受的凌辱深表同情和义愤，对中国人民为解放自己、摆脱贫穷落后面貌义无反顾、坚韧不拔的斗志有深刻的理解，而且为了中国人民的革命事业放弃了自己的事业，远离自己的祖国，毅然留在中国，投身于中国人民的解放运动，并把大半生的时间和精力全部奉献给新中国的外语教学事业，为中国培养造就了一批又一批战斗在外交、经贸、新闻、教育等战线上的外语人才。

### 8.3　百岁老人与《兴隆场》

20世纪80年代初，柯鲁克夫妇从北外的一线教学岗位上退了下来，但他们依旧作为学校的顾问为外语教学发光发热。结束了30年的教学生涯后，伊莎白又开启了尘封已久的学术工作——整理40多年前在兴隆场开展调研的手稿，并故地重游。

1940年，伊莎白曾应邀参与了四川璧山兴隆场的乡村建设项目。她和中国学者俞锡玑一起开展住户调查，了解当地农民的经济生活状况，搜集整理了大量一手材料和鲜活事例。她们不仅四处走访调研，还肩负着帮助乡民改善生活的使命，积极投入到兴隆场的改革洪流中去。但受到战争局势影响，1942年乡建项目被迫中止，而计划写成的研究报告也未能完成。后来由于各种原因，这项研究工作被无限期搁置起来，直到20世纪80年代初伊莎白离开教学一线，她才再次打开了那只盛放着兴隆场调查资料的抽屉。

退休生活为伊莎白完成兴隆场研究的夙愿提供了难得的机会。1981年，伊莎白重访兴隆场，并花了十多年的时间核对笔迹、整理手稿，于1994年完成了一部三卷本的人类学著作《经济、政治与社会》。在听取了一些学者和编辑的意见后，伊莎白又与美国学者柯临清合作，几经增删，几度回访，之后于2013年在国外首先出版了英文版 *Prosperity's Predicament: Identity, Reform and Resistance in Rural Wartime China*。

与成书的过程一样，该书译本的出版也遭遇了重重困难。在翻译完稿后，译者邵达四处联系出版社，却频频碰壁。多方联系无果，邵达通过伊莎白的儿子柯马凯找到了李朋义。李朋义翻看了书稿，觉得该著作无论是从人类学角度还是三农问题角度都极具学术价值和历史意义。于是，李朋义向外研社总编辑徐建中推荐了此书。徐建中毅然接手了《兴隆场：战时中国农村的风习、改造与抵拒（1940—1941）》，排除困难，举全社之力，高效率、高质量地将这本书呈现给读者。

2018年12月11日，伊莎白教授的《兴隆场》新书发布会暨103岁寿辰活动在外研社隆重举行。北外校领导、专家教授、国际友人

徐建中总编辑向伊莎白赠书

重庆市璧山区人民政府授予伊莎白"重庆市璧山区荣誉市民"称号

以及伊莎白的家人和朋友参加了此次活动。李朋义主持了发布会，徐建中总编辑代表外研社发言并向伊莎白赠送新书。当天下午还在北京大学举办了《兴隆场》新书研讨会。

自20世纪80年代初重返璧山起，伊莎白先后6次重回故地访友调研，并设立了"伊莎白·柯临清助学基金"，长期资助璧山贫困学生。2018年，伊莎白教授被授予"改革开放40周年最具影响力的外国专家"称号。2019年7月30日，伊莎白在外研社接受了重庆市璧山区人民政府授予的"重庆市璧山区荣誉市民"称号。这是璧山人民对伊莎白·柯鲁克教授无私奉献的回馈，也是中加友谊的见证。

遗憾的是，大卫教授于2000年离世，享年90岁。在北外校园里有一座大卫·柯鲁克的半身塑像，简单地从四个方面概括了他的一生——"英国人，犹太人，共产党人，中国人民的朋友"（British,

Jewish, Communist, Friend of the Chinese people）。

伊莎白·柯鲁克获"友谊勋章"

2019年9月17日，国家主席习近平签署主席令，授予伊莎白·柯鲁克"友谊勋章"。"友谊勋章"为国家最高荣誉，授予为我国社会主义现代化建设和促进中外交流合作、维护世界和平做出杰出贡献的外国人。如今，伊莎白的身份是"北外终身荣誉教授"，她依旧生活在住了五六十年的北外家属楼里，从未搬过家。她将自己的世纪光阴全部无私地奉献给了她所热爱的中国革命、建设和教育事业，将自己最重要和最美丽的时光都奉献给了北外，奉献给了中国人民。

## 第二节
## 直面挑战，谋求转型

2011年，伴随着《文化产业振兴规划》的贯彻落实和《新闻出版业"十二五"时期发展规划》的实施，由政府主导的出版产业结构调整步伐加快，出版业发生了一场深刻的变革。外研社也开始了从出版机构向教育服务提供商的战略转型。

## 1. 由"教育出版社"转型为"解决方案提供商"

在"十一五"期间，外研社沿着"以出版为中心，以教育培训和信息服务为两翼，数字化出版、产学研结合，成为综合发展的教育服务提供商"的战略目标，全力开拓新业务市场，取得了丰硕的成果。2011年是外研社"十二五"规划的开局之年，也是外研社成为真正意义上的"综合教育服务提供商"的关键节点。为了完成这一战略任务，外研社全体人员在指导思想、战略战术、文化软实力等方面做足了准备。

### 1.1 居安思危，积极求变

此前的几年，中国出版业进入深度调整期。出版社维系生计的传统出版业务面临巨大的变化和挑战。每年出版的图书品种数量激增，平均印数下降，纸价飞涨，退货率攀升，库存压力猛增，出版业的利润空间被摊薄。出版产值过分倚重教材教辅、数字化浪潮来势汹汹、行业竞争加剧等成为出版机构需要解决的重要课题。在整个出版行业面临"成长天花板"的境遇下，外研社也不可避免地面临"大企业病"的威胁。

面对严峻的形势，于春迟在2010年年底的全社大会上指出，"十二五"时期，外研社已进入建社以来最具挑战性的战略变革期、最具革命性的产业转型期和极其关键的发展机遇期。为此，外研社要加强危机、资源、市场和创新这四种意识。于春迟在讲话中着重谈危机意识。他说："早在'十一五'初期，我们就开始考虑外研社的红旗到底还能扛多久的问题，我们就开始担忧我们的十多个亿的码洋能够撑多久的问题。然而五年过去了，我们的业绩还在增长，危机也没有降临。但是我想明确告诉大家，外研社所面临的

于春迟社长在2010年全社大会上讲话

内外危机丝毫没有减弱。"经过"十一五"的发展，外研社人员规模达到了1900多人，营业规模近20亿元，收入超过10亿元。纵观诸多大企业的发展轨迹，可以发现10亿元的收入规模是企业成长的一个重要转折点。它拥有进一步做大做强的希望和可能，但是倘若把握不好机会，也很有可能一蹶不振。外研社必须意识到危机。

企业最大的危机便是没有危机意识，居安思危的思想是任何一个企业走向成功的不二法门。"外研社成立30年来，经历了许多个发展的转折点，有时甚至是困境中的'绝地反击'。只要我们牢记'发展才是硬道理'，坚持'发展是第一要务'的信念和决心，在整个行业都面临洗牌的情况下抓住机会，就能比别人跑得更快、飞得更高。"于春迟在2010年的全社大会上如是说。

2011年7月6日，蔡剑峰担任外研社社长，外研社新一届领导班子正式组成。如何把一个10亿元规模的大社强社进一步做大做强？如何让外研社在出版业面临"成长天花板"的环境下永葆活力？摆在外研社面前的这些问题解答起来并不容易。在2011年外研社中期经营总结会上，蔡剑峰社长通过对出版、教育、外语行业的深入分

2011年7月6日，外研社新领导班子合影

析，呼吁外研人要看到大环境的变化，要树立起"主动求变"的思想，发挥自省意识和批判精神，主动走上创新变革的道路。

## 1.2　从What到How的转型思考

2011年10月31日，蔡剑锋社长在外研社编辑出版业务讨论会上发言时指出，外研社要进入"集体有意识"的时代，每个外研人要加强"思维力""协调力""执行力"。他提出了三个问题：

第一个问题：新形势下，我们怎么看待自己？

第二个问题：新形势下，我们怎么看待发展？

第三个问题：新形势下，我们如何实施战略？

作为唯一入选中国500最具价值品牌的大学出版社，外研社之所以成为大社名社，是因为有李朋义、于春迟等一批外研人的正确决策，更因为外研社有自由竞争的精神和积极进取的企业文化——勇于探索未知的领域，把不可能的事变为可能。

多年来，外研社开展了数不尽的赛事活动、教师培训和学术科研活动，参与人次超过千万。从单一的图书出版到举办各种活动，外研社的主要目的是为了帮助读者提高外语能力。但是，外语能力的提高不是仅靠某一本或几本书（WHAT）就能解决的，还要有方法（HOW），比如为什么是这本书而非那本书，还有如何与其他课程、测试、练习相结合等。因此，学习者需要的是一个解决方案（SOLUTION）。

教育出版从"给客户什么"向"告诉客户怎么办"转变，也就是从单纯的产品生产和销售转向全方位服务的提供。出版社不再生产千篇一律的书，"为一本书找到更多的读者"，而是倾听客户的声音，从市场需求出发，"为每一位读者提供更多的服务"。作为教育出版社，不能只是提供学习产品，还要告诉学习者怎么学，为其提供一个最有效的全面解决方案。因此，外研社才做了赛事活动、教学研讨、网络教材、多语种培训、自适应测试、点读笔、点读书等一系列贯穿教与学的全方位服务的集合。

"综合教育服务提供商"是外研社"十二五"时期的定位和方向，它明确了外研社要做什么，要成为什么。作为一家有着"自新"传统的出版社，外研社希望找到一条差异化道路，一条自我涅槃的特色之路。

外研社的差异化建立于自身对教育和服务的独道理解之上。从外研社对自身"外语+教育+出版"的机构定义上可以总结出三个等式。第一，"教育=创新+人文"。1952年，爱因斯坦在《纽约时

外研社2011财年干部总结会

报》上发表的《论教育》至今振聋发聩。"只用专业知识教育人是
不够的……他必须获得对美和道德上的善有鲜明的辨别力。否则，
他——连同他的专业知识——就更像一只受过很好训练的狗，而不
像和谐发展的一个人。"在经历长久的"工具论"的弯路之后，教
育应该释放自由、创新、人文因子。第二，"出版=数字化+审美"。
出版是一种表达。今天，数字技术带来的多样化形式让阅读成为一
种审美体验，使出版不仅要满足"功用"，而且要"美"。第三，"语
言（双语）=外语+汉语"。从外语到汉语，外研社所关注的不只是
出版物的语言载体，而是将自己定位为中国语言产业的践行者；所
期许的是在拓展国人世界视野的同时，将自己的母语和文化推向世
界，做"最中国的国际出版社，最国际的中国出版社"。

实现"教育服务提供商"的转型，需要"高+低"两条腿走路。
"高"就是"品牌"——学术为引领，"低"就是"终端"——以市
场为基础。

"高"，源于外研社始终坚持的终极梦想——成为卓越的大学出版社。教育出版企业的转型，从这一意义上来说，转变的并不只是模式或能力，而是观念。学术这条路，外研社要走出一套"外研社标准"。"低"，是要建立终端控制力，在外研社称之为"抓地力"。也就是从单纯的产品生产和销售转向全方位服务的提供，市场的后端变为前端，终点即起点。外研社作为教育出版企业，不再只提供学习产品，还要告诉学习者怎么学，为其提供一个最有效的全面解决方案。

在不久的将来，读者从外研社得到的将不只是"书"，而是一份"合约"：通过签约，读者将获得一个打包的"全面解决方案"。

### 1.3 突破"成长天花板"

翻开外研社2011年的成绩单，全年发行码洋22.55亿元，同比增长13%；实现利润2.39亿元，增幅9%；总资产达到19亿元，同比增长16.9%；净资产达到13亿元，同比增长12%。在"环境变差、对手变强、蛋糕变小、外敌变多"的大环境下，外研社仍然拥有让出版同行羡慕的实力和业绩。

与此同时，也应该看到外研社面临的问题——稳定，但没有突破。2011年外研社的利润增幅9%，低于收入增幅的13%；十年以来，外研社在英语图书的市场份额一直徘徊在25%，此时已经显出一些疲态。

经过三十余年的奋斗，外研社的传统业务已经进入成熟期。如何让外研社继续保持高峰状态，突破"天花板"效应，再现青春？经过半年多的思考，蔡剑峰给出了明确的解决办法——由"产品公司"转型为"解决方案公司"。他提出，外研社要尽可能维持或延长传统出版主业的高峰状态，变"成熟"为"成长"；另外，要面向出版数字化和教育服务化的愿景及早转型。外研社此后的战略实施主要集中在学术、出版、网络、培训、资本等方面。

在学术领域要形成"外研社标准"。测评体系的建立将是教育服务价值链的制高点，外研社志在必得。建立测评体系，能够更好地联系"教与学"，为用户进行诊断与反馈，提供个性化学习方案。在出版领域，要实行产品体系再造，实现传统出版向数字出版和服务的转移。向教育服务者转型，其意义在于从"单一的产品提供者"变为"一站式的服务提供者"，为每一个读者创造最大的价值。"族谱工程"把外研社的出版产品体系化、模块化、分级化，为读者提供阅读路线规划、诊断和指导。同时，每一本书的背后都有一个庞大的动态的在线数据支持，以实现将外研社大规模的读者资源向线上体验者、使用者转移的目标。在网络时代，重点打造B2C的网络平台——"线上外研社"，使之成为为个体学习者提供服务的权威性平台，同时实现数字时代编辑角色的转型。在培训领域，外研社着力打造终身教育服务体系，依托北京外国语大学的优质教育资源，辅以高科技教学手段和严密的质量监控，实现"线上+线下的社会化终身教育服务"。在资本运作方面，外研社将吸纳资本、分散风险，进入培训行业，培养上市融资项目。

这是一场硬仗、一种重生和一次变革。只有跳出传统发展模式的"温水"，迈进创新发展模式的"蓝海"，外研社才能在新的生命周期内凤鸣九天。

## 2．规范管理体制，转变市场机制

蔡剑峰社长对2011年的工作概括是"边想边干"，一边确保全年各项任务顺利完成，一边思考如何调研市场、寻找新的业务增长点。2012年，他对以前提出的"边界"进行了重新思考。在数字化转型时期，出版的边界开始模糊，业务开始交叉，必须"重塑边界、共享资源"，继而延伸出之前提出的"边界理论"，即没有空隙、交叉碰撞、促进创新。

新的一年，外研社的总体工作思路是：规划管理，加强控制；创造空间，推动创新。为了将这些工作做到位，仅2012年上半年外研社就召开了20次社委会。

### 2.1　管理条块化，组织扁平化

外研社的规范管理先从社委会和编委会着手。2012年，外研社在社委会的基础上成立了监察小组、协调小组和战略小组三个工作领导小组。

监察小组由沈立军、杨小虎副社长领导，它的作用是建立预警机制，清除隐患，挖掘潜力，完善制度，监督执行，规范管理。2012年，监察小组依据《中华人民共和国行政监察法》和《中华人民共和国行政监察法实施条例》，结合外研社的企业性质、组织机构、营业活动范围等，几易其稿，制定了符合外研社实际情况的《监察管理办法》，初步确立了一套包括立项立案、沟通传达、迅速处理和会商决议四个环节在内的监察任务执行流程。

协调小组由范晓虹副社长领导，旨在建立问题解决机制，梳理流程，推动整合，提高应对能力和工作效率，加强管理。范晓虹总结说，协调小组的工作方式是听、想、说、思考、沟通。比如在推进"阅读运动"这个全社联动的大项目过程中，协调小组用项目管理的办法，从组织实施、参与人员、制度设计、资金使用和沟通机制等多方面保障了"阅读运动"的顺利实施。

战略小组由王芳、谢文辉副社长负责，它更多的是要帮助外研社寻找下一步发展的机会，降低企业的机会成本。战略小组成立后，王芳带领战略管理部的同事通过对出版行业和教育行业发展趋势的分析，再度研判了外研社在教育领域的地位，探究了资本化和国际化的机遇等问题，多次在社委会、外研社总结会上论述了外研社的转型之路。在2012年外研社经营总结会上，王芳代表战略小组向外研社全体中层干部做了《数字时代外研社的战略选择》报告，提出外研社要实现转型，需要从业务、组织、人员和底层资源建设四个方面入手。王芳指出，外研社要加快"协同编辑平台"和"协同翻译平台"建设，提升数字化水平。

与此同时，外研社还重新组建了编委会，设立了选题规划与审定委员会、编校质量管理与监督委员会等六个委员会。编委会在总编辑徐建中的带领和副总编辑章思英、王勇的配合下，充分发挥各编委的作用，在规划制订、选题优化、编辑培养等方面工作效果显著，特别是通过优化选题坚定不移地贯彻了社委会的战略部署，有效地控制了低效图书进入流程。此外，通过编辑大会等创新形式，编委会为提高编辑能力搭建了很好的平台。

社委会工作小组的建立和编委会的改制让外研社由块状管理向条块结合的方向发展。外研社管理层以前是分块管理，现在社领导同时还要管一条纵向的线，再加上编委会的职能，这三个圆圈交叠，圆圈之间的空白最小。

外研社要成为解决方案公司还必须以客户需求为导向，服务要适应个性化、定制化、快速响应。满足这一需求的企业组织形态应是网状的文化创意组织。在组织内部，战略目标要直达基层，组织内部要具有广泛联系。传统的出版社以产品为生产导向，组织形态是线性的，无法应对这种新的需求。为此，蔡剑峰在2012年全社大会上提出，希望外研社能够培植出息壤。所谓息壤，是远古大禹的父亲鲧治水时的一个宝贝，它是能够自我生长、自我膨胀的土壤。未来的外研社就是一种创新的息壤。

根据外研社的战略任务，蔡剑峰在调整社委会和编委会工作后，对全社机构做出了整体规划和调整，目的就是要逐步打破块状组织结构，整合条线，直达终端。

首先是推动线性、条状组织结构向矩阵式结构转变。所谓矩阵式结构就是把按职能划分的部门和按产品（或项目）划分的部门结合起来，组成一个矩阵，同一名员工既和原部门保持组织与业务上的联系，又参加产品或项目小组的工作。这种组织结构非常适合于横向协作和项目攻关。

矩阵式结构的纵向——仍维持原有部门划分，但组织单元更小，以快速响应前端需求。在这个原则下，分社原有的二级部门可以考虑转化为项目组，数量增加，规模则减小。员工在绩效上仍接受分社任务和考核，如考核权重占比80%。

矩阵式结构的横向——将以重点项目、任务为导向，以项目管理制为基础，项目可大可小。重大项目的具体任务由社委会或编委会确认并发布，并明确委托牵头落实机构和分管社领导。员工完成横向任务的情况将接受他们的考核，如考核权重占比20%。横向整建制团队在完成某一项目后，或分解重组，或整建制转移承担另外的任务。

扁平化的矩阵，在结构上能打破原有框架，消解区隔，重塑"边界"。在一个开放的组织中发展出一种协作环境，能够鼓励员工发挥个人主观能动性。一个灵活的机制便于员工寻找自身价值，组织也能扩展其认知转变，提高响应变化的能力。对一个业绩优秀的组织来说，要想跨越到"卓越"的境界，"管控"须退居次要职能，"支持"成为首要职能。

灵活多样的创新小组是矩阵中的亮点，也最能激发员工的创造力。2012年，外研社尝试成立了多个"创新项目小组"，积累了一定经验。如《朗文当代高级英语辞典》推广小组临危受命，来自6个部门的8位同事协同作战，逆转销售颓势，实现码洋增长320万元，增幅达到30%。阅读运动小组完成了各项国内外调研工作，在品牌设计、营销方案策划、线上线下结合等方面做了大量工作。这些项目有一个共同的特点，那就是由来自不同部门、熟悉不同资源、具有不同思维特点的同事一同努力、一同探索、一同尝试，合力做了很多看起来"事不关己"的活儿，完成了很多看似不可能完成的任务。

## 2.2 为业务发展创新架构

2011年，蔡剑峰社长提出外研社要成为解决方案公司。从教育出版走向教育服务，首先要考虑的问题是在数字时代，除了书，学习者还需要什么？要解答这个问题必须要倾听客户的声音，以客户的需求为导向，从"为一本书找到更多读者"转向"为一位读者提供全方位教育服务"。外研社为学习者提供的一对一、个性化的全面解决方案不同于图书销售和在线培训，它是学习者所需要的服务的总和，并且大于其总和，因为它包括了外研社与用户之间情感上的信任与依赖，是相伴成长、成才的一份承诺，这就是——"外研契约"。

要实现"外研契约"不仅需要在业务层面进行系统化、体系化的完善，也需要企业机制上的配合。组建创新型的组织结构，是外研社适应业务转型要求的第一步。党总支书记王芳作为战略小组的负责人，她提出教育服务的关键词是服务，是全面的解决方案，要贴近客户需求，快速响应并整合资源。为此，外研社必须具备更高效、统一的前端市场触角，更灵活、机动的后端研发力量以及规范、标准的整体服务规划。

王芳长期负责外研社的营销业务。在她看来，外研社以前的市场营销是在一个产品线上进行区域化推进，但是各产品线在区域营销上是各自独立的，几乎无交叉支持。这种组织架构的优势是每个单一的产品对于客户而言是精准营销，使得外研社每条产品线营销的管理效率相对比较高。但是在为一个用户提供更多服务的解决方案时代，它的弊端就凸显了。如果仍按照原有的前端线性营销模式，这个用户就会有外研社多个线性组织的若干市场人员去接触去服务，每个产品线的市场人员对其他产品和服务不仅不熟悉，甚至还会抵触、排斥。但是，外研社的市场营销必须要本地化、区域化，因为它是支撑外研社向教育服务提供商转型所必需的，是外研社贴近市场、提高响应速度所要求的；再者，它可以统筹和有效利用全社的市场资源，拓宽优秀市场人员的发展空间；另外，市场线前端的整合所带来的还有各条线的专家资源的整合，这对于外研社更好地规划和使用专家资源，建设强大的服务能力，是有先决条件作用的。

王芳还认为外研社要以教育出版为基础，首先，大力发展高附加值的业务，包括数字业务和教育培训业务。其次，要逐步打破块状组织结构，向扁平化发展，强调合作协调。再次，要进一步精细化管理，探索支持组织转型的管理手段，这包括财务、人员、业务流程、服务标准等一系列的管理优化和制度化建设。最后，还要加快干部和核心人员的储备。

经过一番调整，外研社的市场组织架构分为三段。前端，即市场端，着力加强营销能力，建立统一的本地化出口，协同创新，更灵活、机动地响应用户需求；搭建一套适应一般图书、教材和解决方案等不同产品的销售模式和组织。后端，加强产品研发能力，通过项目制管理模式的推行，在现有分社的基础上，形成更小、更富有活力的组织单元，动态满足前端提出的资源开发需求。这是外研社未来业务的大后方。中端是服务支持体系，加强解决方案设计能力，将标准产品和定制服务结合，整合专家资源，大力发展培训业务，真正提升"教育服务解决方案"和"外研契约"的设计和销售能力。

按照"前端-中端-后端"的战略布局，外研社于2013年年初成立了基础教育教研支持中心。作为全新的业务支撑部门，教研支持中心在"大基础"的概念下，根据"整合、规划、协同"的工作思路，在只有两三个人员编制的情况下，为广西、海南和贵州的不同客户提供了整体解决方案及科研课题管理方案；建立了专家统一管理平台，服务233位常设专家；运营新标准英语网、外研社基础分社子网、中心网等网站；提供教育培训课程资源。

经过社领导班子的规划，外研社搭建起了一套"以客户为导向"的营销体系，从市场终端的需求出发满足用户需求。在这一体系的带动下，外研社的营销能力和收入直线提升。2017年，外研社与四川省教科院合作开展了"四川省中小学生英语分级群文阅读"项目，与海南省教育厅、海南省教培院共同启动了以《悠游国际少儿英语》为蓝本的海南省公立学校教材定制项目，与多所中小学在科学教育领域探索送课到校的打包服务模式。在高等教育领域，外研社为贵州师范大学、云南财经大学等众多高校的英语专业提供了人才培养、教学课程设置、师资力量与教学材料配备等全方位的解决方案；还为中国地质大学、浙江传媒学院等高校提供了混合式教学的平台，并通过科研项目支持学校教学模式的研究和教师的发展需求。新的市场营销体系带动了外研社图书、数字产品、培训及赛事等各类产品的销售和服务的发展。

在新业务探索方面，外研社对研发部采取中心建制，下设测试工作室、汉译英工作室，为动态的项目组搭建平台，增强其为全社教育服务转型的智囊支持和战略布局作用。在数字转型方面，强化业务部门的数字出版中心职能，同时扩建数字资源中心，为产品的富媒体化提供服务。在内部管理方面，外研社还成立了战略管理部，为全社经营提供决策支持，并加强统筹和管理。在出版中心下设经营计划部，强化生产等环节的控制；在财务中心下设审计部，加强内控。

### 3. "阅读季"—— 一场以营销拉动转型的热身赛

2013年，外研社举全社之力，重磅推出"阅读季"品牌营销活动，为0到99岁的读者提供高品质阅读产品和阅读服务。在活动期间，外研社把数百场营销活动整合在"阅读季"这一大品牌活动之下，用统一的视觉形象向读者传递外研社推广阅读的理念。

外研社以"阅读季"为驱动，以全方位的产品地图和契约式的理念为读者提供个性化、持续性的服务，提供体系化的"阅读服务解决方案"。这一系列举措凸显了外研社转型的思路和路线设计，并最终向大众呈现"综合教育服务提供商"的角色定位。

### 3.1 族谱工程，搭建外研社产品地图

在2011年年底的全社大会上，外研社确定了"十二五"时期的发展目标——继续"向综合教育服务提供商转型"。实现这一目标需要突破窠臼，寻求新思路，谋求新的业务增长点。

2012年伊始，外研社提出要通过"饥饿疗法""强身健体"，解决被出版同行视为顽疾的图书库存问题。通过"严控新书品种数"和"优化供应链管理"，外研社库存周转效率成倍提升。储运部在李国基的带领下，重点优化库存管理，退货码洋同比降低，财年退货再回

阅读季

库码洋为8908万元，直接挽回损失1120万元。在不增加人员的情况下，储运部的每位员工年均发货4063万元，完成了出版社同行眼中不可能完成的任务。经过短暂调整，外研社跨入"放大优势向前扑，寻找机会快步跑"的新阶段。

与此同时，外研社着手启动"族谱工程"，重新盘活47个语种的9000余种图书。

"族谱工程"由王勇、范晓虹等社领导为总协调人，宋微微担任项目经理，25个关键部门一起联动，对已出版的图书进行体系化、模块化、分级化整理并纳入外研社产品族谱图系中，以便为读者提供阅读路线规划、诊断和指导。同时，每一本书的背后都有庞大且动态的在线数据支持，从而实现外研社大规模的读者资源向线上使用者转移。这样一份清晰明了的"产品地图"可以让编辑把最好的书留住，通过再投入让它越来越完美，成为长销书；把另外一些书转成数字化阅读材料，补充必要信息，作为长销书的增值服务内容。它还可以使业务人员清晰地看到哪里有空白，从而及时调整选题、推广等规划。对大众读者而言，他们可以通过产品图谱迅速了解外研社产品的深度和广度，选择适合自己的图书产品。

"族谱工程"为外研社从专业化向综合化转型提供了坚实的资源基础。在此基础上，外研社规划和推动的"启蒙阅读""分级阅读""通识阅读""专业阅读"正在分别进行体系化建设。"英语分级阅读"已经呈现出完善的构成体系，其中包括"书虫""大猫""悦读联播""丽声""悠游阅读""阳光英语"等系列图书，以及以分级阅读课题、阅读策略课题为切入点的科研课题和青少英语培训。

"大猫英语分级阅读"

"阳光英语分级阅读"

接下来，外研社启动了"阅读运动"，借助点读笔、网络增值资源等全方位服务进行一场了"联动演习"。

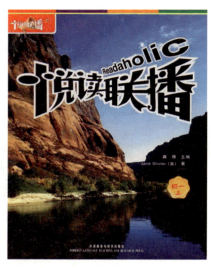

实现产品体系的创新再造，要善于打破思维定式，一心两用，"用新人，做新事"。外研社鼓励负责新产品、新业务团队每天都要考虑一些不属于自己日常工作范围的事情。"产品公司"擅长的是投放新产品，优化产品投放链，并致力于使投放最好产

"悦读联播"

品成为可能的内部流程。就图书业而言，"产品公司"关注的是选题、质量、市场、销售、客户支持等；而"解决方案公司"首先关注的却是分析并挖掘客户的需求，从而为特定用户提供现实的和未来的服务，它的业务模式更多地强调对客户的未来需求进行前瞻性研究和设计解决方案。

### 3.2  阅读运动，项目牵引整合资源

推动全民阅读是中国出版界的一件大事情。对外研社来说，把阅读运动产业化是一个不可或缺的手段。只有这样，才能打通供应、推广、使用的整个链条，让阅读行为长久地、良性地循环下去。未来的学习是从功能教育向全人教育的转变，需要全面滋养，兼具工具性和人文性，也是从网络学习（E-learning）到移动学习（M-learning）再到泛在学习（U-learning）的过程。从出版行业内部

外研社英语分级阅读体系

来看，未来行业竞争加剧，外研社需要谋求品牌竞争，建立读者的忠诚度。"牛津阅读树"就是外研社的榜样。如果外研社也有一棵树，那么这棵树会告诉读者怎么读，从哪个级别进去，以及系列之间怎么去迁移。

2012年1月，外研社向新闻出版改革发展项目库申报了"无障碍阅读工程"项目，开启了外研社的阅读运动。6月，外研社以"无障碍阅读工程"这个项目为基础，向财政部文化产业发展专项资金申请了"基于数字技术和双语特色的阅读产品开发及服务推广"重点项目。

项目中标后，外研社开始规划"两线四段四位一体"的阅读体系。"两线"是指通过线上和线下的不同平台，对内"让中国认识世界"，对外"让世界了解中国"；"四段"是指0至6岁启蒙阅读、6至18岁分级阅读、大学阶段通识阅读、成人阶段专业阅读四个阶段；"四位一体"是指阅读内容、语料库、资源平台、技术平台四大模块融汇一体。这个阅读体系既符合年龄规律又符合人的认知过程，它从学龄前儿童、中小学生、大学生、成年人阅读的实际问题和需求出发，充分发挥外研社的多语言优势，以有规划地整合、出版一系列纸质和数字出版物为核心，建设"启蒙阅读-分级阅读-通识阅读-专业阅读"的完整体系，面向全年龄段提供双语特色的阅读产品及服务。

外研社申报的财政部文化产业发展专项资金项目强有力地推动了外研社在数字技术和阅读产品方面的研发进度。经过三年的项目实施，外研社阅读品牌日益彰显。通过内部发起的"族谱工程"，外研社对已有的图书资源进行了盘点梳理，对薄弱环节进行了有效

补充。立足于丰富的出版资源和领先的教育理念，该项目结合阅读
测评、数字点读、双语平行语料库、分级阅读测试系统等技术开发
配套读物，以多终端的呈现方式构建起基于数字技术和双语特色的
阅读产品开发及服务推广体系，既推动了传统出版产业发展模式的
转型与变革，更从企业视角服务于全民阅读的实际需求，助力提高
全民族文明素质，助力学习型社会的构建发展。

在双语语料库建设方面，外研社已建成3300多万字词的外研社
英汉汉英平行语料库。同时，外研社将已出版的几大英语分级读物
建成语料库，开发专门的工具分析、统计、检索各系列图书，直到

2016年还不断有新的分级阅读系列图书不断加入，成为国内独一无二的英语分级阅读语料库。

在阅读产品开发方面，完成基于iTEST平台开发的分级阅读测试系统，累计完成400册分级读物的测试内容开发；从2012年到2014年共计完成"国家地理儿童百科"系列、"聪明豆绘本"系列、"迪士尼系列"（启蒙阅读）、"斑斓阅读"系列、"丽声拼读"系列、"书虫"系列、"领先阅读X计划"系列（分级阅读）七个系列共计200本图书的出版；双语工程的图书翻译完成1500种，累计2000种；增值服务平台功能完善并投入大规模使用。外研社发起的"阅读运动"进一步加快了"族谱工程"的进度，开展了二期工作，建设了涵盖500万条语句，收词量达3500万条的双语平行语料库，升级了iTrans协同翻译平台。此外，外研社与北京师范大学联合申报了全国教育科学"十二五"规划教育部重点课题——"中国中小学生英语分级阅读体系标准研制"，由北京师范大学王蔷教授领衔，宋微微、齐相林等负责具体工作，开始研究并制定"中国中小学生英语分级阅读标准"。经过五年的理论研究与200余所课题校的教学实验，2016年《中国中小学生英语分级阅读标准（实验稿）》（以下简称《标准（实验稿）》）正式由外研社出版，也标志着我国英语分级阅读的研究初见成果。分级阅读标准研制对外研社有重大的意义。第一，制定标准就意味着发言权。《标准（实验稿）》为英语教育研究者、基础英语教育工作者推动中小学生开展英语阅读提供了理论指导和应用依据，为学校选择适合学生的英语阅读读物提供了科学可操作的标准。第二，能指导出版、促进销售。自分级阅读标准研制以来，依据《标准（实验稿）》出版的英语分级读物已超过20个套系，并在不断增加中，初步形成了2000余本的分级读物体系规模。第三，这是外研社转型的基础。个性化教育方案的提供在很大程度上基于这些标准体系的建设。目前，基于《标准（实验稿）》的研究与实践而设置的课题、子课题已累计500余项，为不同学校设定英语阅读教学目标和阅读素养评估提供了方向和具体的指标。

在项目的牵引下，2016年10月10日，外研社与北京师范大学外国语言文学学院联合成立了"中国英语阅读教育研究院"（China English Reading Academy），由王蔷教授出任研究院院长，由外研社研发中心承担具体执行工作。研究院汇聚了国内外英语阅读教育专家学者的智慧，深入研究英语阅读教学与评价，为教学和科研人员搭建了专业化的研究发展平台，为学校和教研机构提供全方位的阅读教学解决方案，推动和组织国内外学术交流与合作，并积极探索数字时代英语阅读教学方法与评价模式的改革和创新。研究院的理论研究与实践拓展确立了外研社在中小学英语分级阅读领域的权威及学术地位。此外，外研社还积极加快阅读产品开发，搭建了面向大学生和成人读者的社会化阅读网站"爱洋葱"和阅读增值服务平台2u4u.com.cn。

为推动阅读教育服务发展。在范晓虹的带领下，宋微微、李鸿飞等人在内部调研了高等英语教育出版分社、综合英语出版分社、职业教育出版分社、综合语种出版分社、少儿出版分社、科学出版编辑部、北外在线等12个分社和部门，了解它们的市场需求及可与"阅读运动"结合的点，将所有分社和部门的市场活动纳入"阅读季"品牌活动之中。与此同时，外研社调研了美国、英国、德国、日本等国在推广阅读方面所做的工作，为我国推广"全民阅读"工

"阅读运动"团队

作做了良好的理论准备。

从"族谱工程"到"阅读运动"，外研社的目标很明确，就是从"单一的产品提供者"变为"一站式的服务提供者"，向教育服务转型。范晓虹曾在外研社经营总结会上讲，"阅读运动"是具有全局意义的项目，转型如果没有大项目的引领，打一场全社参与的大战役，打通社内资源、提高整合能力就只是纸上谈兵。"阅读运动"的意义对内正是在于推动内部整合，梳理内容体系，拉动资源配置；对外则是传递清晰的品牌形象，为外研社的大目标——向教育服务转型进行充分准备。当"阅读运动"蓝图实现的时候，外研社能向客户提供可行的解决方案，能持续领跑行业，外研社的阅读品牌能够深入人心，最后是让阅读变成常态，成为读者的基因，成为读者长效的工作，成为读者每天要想和做的事。

### 3.3 "阅读季"塑造阅读服务形象

外研社作为权威外语出版机构，一方面要做深做透"外语"，另一方面要在这一优势基础上倡导最有生命力的学习，那就是阅读。外研社反复强调："'季'的本意是谷物从播种到收获的这段时间。外研社的'阅读季'强调的正是这样一个参与阅读的过程。从播种开始，种下希望，收获无止境。"另外，"阅读季"涵盖启蒙阅读、分级阅读、通识阅读、专业

阅读季标志

阅读四个阅读阶段，可以呈现成长与发展型学习的阶段性变化，这也与"季"字有着暗合之意。

2013年，"每一天一刻钟"亲子阅读活动、"地球一小时"儿童创意开关贴设计大赛，以及"我是书虫"阅读漂流活动、"4号线儿童大学"等一系列营销活动，纳入了外研社"阅读季"活动当中。尽管囊括在"阅读季"品牌中的活动形式多种多样，但是它们的共

4号线儿童大学开学典礼

通之处在于每项活动都在为阅读提供或大或小的解决方案，为阅读提供支持服务。如"我是书虫"阅读漂流活动是外研社和牛津大学出版社共同推出的大型校园双语阅读活动，倡导学生共读一本书，在班级内、学校内广泛开展阅读漂流。活动中，学生不仅把读到的内容消化吸收，还把故事改编成剧本，分角色扮演，最终拍摄成短视频。"悦读屋——让阅读成为社区生活方式"这一活动通过在北外青少英语校区设立"悦读屋"，配备分级读物，制定和发布阅读大纲，建立起覆盖校区周边社区的"书香社区"，定期举办不同主题的阅读沙龙和讲座，并提供在线咨询和解决方案。另外，"聪明豆"百场公益讲座、北京市家庭阅读指导中心阅读推广活动、名家百校行公益讲座等各种活动，无不体现了"阅读指导和阅读引领"的出发点。

"阅读季"可以称得上是外研社教育服务转型战略实施中的一个具体案例。针对学习者的个人特点——几岁应该读什么书，如何更有效地阅读，关联读物有哪些，读者可以参加什么阅读活动等——外研社的"阅读季"会为所有这些问题提供答案，甚至为全年龄段的读者提供专属的阅读规划。在这个服务过程中，外研社着重探索传统业务和数字技术的集合以及B2B、B2C两种商业模式。从企业转型的产业化发展角度来说，"阅读季"的远景目标是全年段、全媒体的外语/双语阅读解决方案趋于完善，市场占有率绝对领先，阅读品牌深入人心。

2013年9月，在政府相关部门的支持下，外研社承办了首届北京惠民文化消费季暨北京家庭阅读季·海淀区全民阅读活动。作为活动的执行方，外研社社长蔡剑峰表示："北京家庭阅读季想做一

首届北京惠民文化消费季暨北京家庭阅读季·海淀区全民阅读活动开幕式

种深度的、互动式的、有温度的阅读体验，营造快乐的阅读环境，用丰富多彩的主题日活动进行互动交流，精心挑选最好的家庭阅读图书。最重要的是，我们面向的是最具情感的阅读单元——'家庭'，和家人共读一本书，在每一次家庭阅读中品味书香，播种阅读时光。"

此次家庭阅读活动为期10天，邀请北京市民家庭通过传统阅读、在线阅读和移动阅读等多元的阅读方式积极参与活动，旨在打造一张北京市文化名片。为了全方位服务市民家庭的个性化阅读需求，鼓励并促进北京市家庭阅读消费，北京家庭阅读季特别设计了四大主题模块——"生活的艺术"+"我是书虫"+"儿童大学"+"科学与健康"，分布于六大场地，包含近百场儿童游戏、手工活动、名家阅读讲座和文创展示，近千幅精美插画展，数万种精美图书展卖，还有"挑战吉尼斯世界纪录——最多人合写一篇故事"公众大挑战。

2013年9月8日，吉尼斯世界纪录大中华区认证官宣告，外研社"挑战吉尼斯世界纪录——最多人合写一篇故事"活动成功，以24小时内1171人的参与人数打破了由爱尔兰都柏林圣三一学院保持的953人的世界纪录。本次合写故事以"壬午除夕，芹泪尽而逝。但他留下了一部伟大的文学杰作《红楼梦》"为开篇，邀请到了著名红学家李希凡、台湾地区儿童文学大师林文宝、知名作家李银河、英法文学翻译家许渊冲等知名学者、作家参与。来自各行各业的民众纷纷以"刘姥姥""宝玉"等人物为蓝本，发挥现代人独特的想象力，将红楼梦的故事以接力的方式进行了续写。

连续承办"北京家庭阅读季"活动不仅让外研社实现了规模性阅读服务平台的打造，也得到了40余家出版社、文化创意企业和驻华使馆等机构的热情参与。这种以阅读为中心的文化活动实现了跨界、跨领域合作，在资源更为丰富的前提下，进一步放大了阅读服务的效能，外研社也从中取得了丰富的运作经验。这种模式一旦成熟，可以移植到北京以外的城市，让有创意的阅读平台和品牌在更大范围内实现服务价值。

### 3.4 "阅读季"开启内部整合之门

外研社要转型，需要有新思路、新业务。新业务的诞生必然要跨越原有部门的业务边界，要求实现更高层次上的整合，其中涉及员工能力的转化、机构功能的转换、企业观念的转变等。在这一点上，"阅读季"再次发挥了它的效能。

"阅读季"是外研社项目管理的代表。在项目运作过程中，各部门的很多员工都会和"阅读季"发生关联，这就需要打破边界的协同。比如，在承办"北京家庭阅读季"时，外研社采取了项目管理制的办法，从11个部门抽调了36名业务骨干，组成"北京家庭阅读季"项目组。项目组下设5个小组，分别负责场地协调、日常协调、项目宣传、人员协调、外部洽谈，大家合力开展工作。活动准备前期，在正常的8小时工作以外，一周召开一次协调会；活动开始前一个月，以3天为一个工作节点，不定期进行工作的协调与最终确认，从根本上保证了筹备工作的高效有序进行。除此之外，外研社还有不少体现跨部门合作的项目。如"外研社少儿双语阅读服务项目"通过线上线下的途径，为儿童和家长提供培训、课程、测评、环创服务，这一综合性项目就由少儿分社、综英分社、汉语分社一起推动实施。截至2014年年底，该项目已在山东、江苏、云南、福建建立了4个分级阅读基地，吸纳幼儿园和小学70所，服务人群近10万人。

有了"阅读季"的练兵经验，蔡剑峰开始筹备成立外研社事业集群，把业务按照基础、高等、阅读三大类别划分。其中阅读事业集群涉及教育服务和阅读文化两大领域，并延伸出创意服务。这些部门以阅读为原点，为学习者提供包括图书、网络、测试、培训、赛事、咨询等一系列定制服务。

### 3.5　助力全民阅读，践行社会责任

在全世界，阅读都是一项非常重要的研究课题，特别是对于青少年而言意义重大。中国的国民阅读率相对不足，为了提升国民阅读水平，国家已连续多年将"全民阅读"写入政府工作报告。外研社身为文化企业，立足自身专业优势，积极投身图书捐赠、教师培训、公益赛事和阅读推广等社会活动，用多种有效的方式践行社会责任。2013年，外研社在发起"阅读季"活动的同时，也在积极助

力全民阅读，彰显企业的社会效益。

2013年5月3日，外研社携手中国宋庆龄基金会正式启动"中国宋庆龄基金会外研文化教育基金"（简称"外研文化教育基金"），标志着中国首个由出版企业设立的专项公益基金正式成立。基金特聘英国驻华使馆公使白琼娜（Joanna Burke）、北京外国语大学教授陈琳、北京外国语大学英语教育专家侯毅凌、曹文担任荣誉顾问，为基金项目的科学开展提供智力支持。

外研社和宋庆龄基金会的此次"牵手"，源自外研社多年来对社会公益始终如一的坚守。蔡剑峰社长在基金启动仪式上说："虽然外研社正处于艰难转型的变革期，然而我们愿意相信，无论改变多大，支撑发展的基石不会动摇：那就是对质量的承诺，对读者的关心，对弱者的帮助，对事业的追求。我们愿意相信，唯有对社会抱有高度责任感的企业，才能真正地持续发展，而我们在从事着服务于人类心灵的工作，我们的信念不变！外研社愿意与宋庆龄基金

全国人大教科文卫委员会主任委员、中国出版协会理事长柳斌杰（左九）和北京外国语大学党委书记韩震（左七）出席外研文化教育基金启动仪式

758

会一起，试着做一个不问收获的耕耘者，一同为自己身处的时代、为中国的文化教育事业发展，尽一点绵薄之力！"

依托外研文化教育基金，外研社积极参与全民阅读活动，帮助读者了解阅读体验，构建属于自己的阅读人生，绽放多姿的个人阅读生命，实现发展型学习和终身学习。2013年，以"遇见你的无数种可能"为口号，外研社在6座城市的6所高校举办了倡导全民阅读的公益讲座，来自芝加哥大学、普林斯顿大学和中国人民大学等学术机构的学者及一线教育工作者和媒体人与这些高校的师生们分享了阅读经验。

2013—2015年，外研文化教育基金在语言教育、人才奖励、文化阅读、常规捐赠四个公益领域中发挥了重大作用，共实施了6个资金公益项目、2个物资捐赠项目和多项赠书活动，累计投入300万元人民币、552万码洋赠书；收到境内企业捐款13 896元、境外企业捐款1.5万美元；建成有声图书馆200多所，奖励技能大赛、"我是书虫"阅读漂流大赛获奖选手100多人，直接受益的幼儿园儿童、大中小学师生超过3万人，影响学生、教师超过4000万人。

从一本书到一场讲座，从一届赛事到一场培训，从单笔资助到成立首个公益基金……外研社的每一项阅读公益举措，都是为了实现一个小小的梦想，而数十载的公益行动逐渐汇聚成了大江大河。外研社期盼通过基金项目的系统化、科学化、规范化，把今后的公益事业做得更广、更深、更有效。

外研社积极推动阅读，一是为了道德价值实现，因为它是一项真正有益于社会、有益于民族、有益于未来的事业；二是为了商业价值实现，外研社阅读品牌的塑造，阅读体系的建立与完善，与读者情感智力联系的加强，都使阅读产品和服务的销售水到渠成。"阅读季"作为外研社的阅读品牌，整合全社的内容、资源、技术、营销之力，要实现的正是这两种价值。

## 4. 把脉企业方向，实现跨界融合

外研社的发展方向是什么？这个问题自"十一五"时期就已经提出。随着外研社逐步发展壮大，如何把脉企业的发展方向，是每任领导都要面临的重要问题。

"十一五"时期，李朋义社长就制定了"以出版为中心，以教育培训和信息服务为两翼，产学研结合、数字化出版，成为综合发展的教育服务提供商"的发展战略。围绕这一战略目标，于春迟社长提出了通过建设ERP系统和优化人力资源体系强化出版社内功，以专业化、数字化和产业化为发展主导方向，继续打造以教育出版为主线、以数字化和教育培训为支撑的业务体系，积极推动外研社向教育服务提供商的战略转移。

进入"十二五"时期，外研社出版主业进一步稳固加强，已成为"中国外语图书市场上真正意义的产业领导者"。走上社长岗位的蔡剑峰，承担起了向2000多名外研人回答外研社未来如何进一步沿着"十一五"的方向有所创新的责任。

### 4.1 逆向而思，顺势而为

2013年年底，经过两年多的讨论，社委会在分析了外研社自身禀赋、竞争格局、社会环境和技术条件等种种变化之后，进一步明确了外研社所提出的教育服务是以双语为特征、以语言为特色。为了让企业发展更加安全，同时也谋求更大的发展，外研社提出，外研社除了"主路"还要有"辅路"。在向着教育服务提供者和解决方案公司这条路前进的同时，另一个相辅相成的通道也已开始建设，那就是以国际化为特色的文化创意传播服务这条道路。

外研社首先要做好出版。坚持阅读，做好出版，从"族谱工程"开始，坚持阅读本地化。这条思路符合外研社向服务转型的战略，超越了纯粹的传统出版。推行阅读运动，既是提供解决方案，又是一种推广，还是形象的树立。

其次是教育。理论上讲，外研社应该是最懂教育的出版企业。因为外研社有外语教育高等学府的基因，在懂教育前提下做好服务，这是理所应当的。外研社要有一批人懂教育，他们可以通过编书、参加活动等方式来获得对教育的理解，并将其传递给社会。外研社为社会提供的不只是书，更有解决方案。

最后是外语，这是外研社所擅长的。外研社要走规模效益的路子，要投身文化创意国际传播的大潮。在国家大力推动文化产业成为支柱产业的过程中，充分发挥外研社的外语优势，参与其中。

2013年，外研社做了大量的文创业务探索工作，同时在战略管理部的努力下，申请了多项政府资金支持，基本形成了外研社文创业务发展的主体思路。之后，外研社以事业发展部和北京国际文化创意与传播基地为主体，跨界合作、开拓创新，最大化地利用和释放外研社在语言、教育、出版中积累的资源能力，实现资源增值。

外研社提出"顺势而为"的发展思路，主要是指出版要适应"互联网时代"的发展。目前，出版与其他业态融合已成为出版业发展的必然趋势和必由之路。2015年4月，国家新闻出版广电总局、财政部联合印发了《关于推动传统出版和新兴出版融合发展的指导意见》，成为出版业跨界融合发展的新起点。

外研社的融合发展其实来得更早一些。2013年年底，外研社提出要"顺势而为"，进行越界融合。第一个融合是实体与虚拟的融合，第二个是出版与教育、出版与文化、出版与科技的跨界融合。

实体与虚拟的融合对外研社而言是一个大问题。在网络世界有两种企业，一种是以流量为特点的企业，比如淘宝网；另一种是资源加流量的企业，外研社就属于资源加流量的以内容为特点的企业。数字化的潮流已经开启，外研社能否顺势而为实现融合是个大问题，能不能融合成为一家有独特价值的企业也是个大问题。

出版和教育融合，外研社已经做得很好，迈进了这个门槛。出版和文化的融合正在跨界，出版和科技融合也在尝试。除了互联网外研社能做的事情还有很多，比如把点读笔和阅读结合，做成无障碍阅读。把两种资源整合糅到一起，这是一种创新，也是外研社未来业务发展的一个方向。

外研社的"顺势而为"不只是要适应"互联网时代"的需求，还要通过战略重构、组织变革、流程再造、模式创新、业务转型来实现产业升级，构建平台型商业生态系统，强化外研社的核心竞争力，向成为"广受信赖的教育服务提供者"的目标而努力。从产品公司转向教育服务公司，要求外研社主动去为用户定义价值，而外研社所进行的"前端-中端-后端"的市场组织体系改造，就是为了价值实现。从2014年开始，外研社加大研发和服务的投入，加强生产和销售的管理，整合内外部资源，主动发现机会，创造服务价值。

### 4.2 融合资源，集群化发展

集群化发展，是外研社向教育服务转型综合改革的重要策略。

在2014年的外研社全社大会上，蔡剑峰社长介绍了业务集群设立的逻辑：机会、资源、价值是制定战略的三大要素，由此衍生出的机会导向型、资源导向型和价值导向型三种业务模式，分别对应的就是基础集群、高等集群和阅读集群的发展策略。

自2014年年初起，外研社在两次经营总结会上进行了集群化的热身训练。各分社和独立业务单位按集群划分，就工作总结和业务讨论进行汇报，加深相互了解和合作。两次集群化的热身训练让外研社在思想上、组织上、业务上做了很好的准备。2015财年，外研社业务集群化进入实质性运营阶段。集群层面设立统一领导，设立集群编委会和业务协调机制，集群内部自主进行业务组合、产品规划、营销合作、机制调整和流程设计。各个业务集群根据业务发展阶段确定各自工作重点，为下一个五年的全面改革做好准备。

根据外研社的业务板块，基础、高等和阅读三大业务集群在

外研社2014财年总结暨表彰大会

2015财年正式成立。

基础教育事业群由基础教育出版分社、教辅出版分社、英语教育出版分社、外研通、外研联创、教育服务支持中心、本地化办公室等单位组成，以教育主管部门、教研机构、中小学校、幼儿园和社会培训机构为目标客户，提供教学科研的各类产品和服务。基础教育集群的产品和服务刚需比重较大，市场空间大，跨全学科，是"以英语为核心，全学科发展为方向"，由外而内形成战略。基础教育事业群经营委员会由王芳书记、王勇副总编辑负责，成员有申蕾、张黎新、李国辉、陈子昱等。

高等教育事业群由高等英语教育出版分社、综合语种出版分社、职业教育出版分社、外研在线、营销中心、信息中心等单位组成，为高等院校和职业院校提供教材教辅、数字产品、测试、培训、赛事活动、咨询服务等，全面支持教学科研发展。高等教育事业群以外研社在高等教育领域多年积累的独特资源和能力为基础去定义和创新价值，并使新的价值为市场所接受，形成新的需求。这是一个由内而外的战略，是"以英语为核心，多语言多技能发展为方向"，发展一种共建共享、共治共荣的模式；重点建设和推广Unipus高校外语教学平台，催生市场机会，带动高等教育事业群业务数字化能力提升和服务转型。高等教育事业群经营委员会由徐建中总编辑、常小玲副总编辑负责，成员有李会钦、彭冬林、李淑静、徐一洁等。

阅读事业群包括少儿出版分社、综合英语分社、汉语出版分社、社科分社、科学工作室、外研汉译工作室、乐奇乐思、北外在线、北外国际等单位。其特点是用户年龄跨度大，业务范围广，涉及教育阅读和文化阅读两大领域，并延伸创意服务。阅读集群的设立是为了打造满足个人用户自主学习的"外研契约"和具有文化消费特点的文创服务。集群以"阅读季"两线四段四位一体为线索布局产品，以"阅读服务方案"销售为突破，探索转型，丰富阅读产品体系，做好阅读服务推广。阅读事业群经营委员会由范晓虹副社长负责，成员有许海峰、吴侃、涂宜将、白志勇等。

至2015财年末，三大事业群发挥了"1+1＞2"的作用，实现了全线增长。基础教育事业群实现收入7.94亿元，占全社收入的44%，位居三大事业群之首。课内教材、培训教材、教辅、点读产品全线增长，成为拉动全社销售收入增长的最重要引擎。高等教育事业群围绕"大市场、大服务、大出版、大平台"的工作思路，成效显著，实现销售收入6.27亿元，占全社收入的34%，利润贡献超50%，位居三大集群之首，为外研社传统业务转型升级、新业务孵化培育奠定了坚实基础。阅读事业群涵盖出版、文创、教育培训三大类业务，具有新业务集中、社会效益突出、目标用户年龄跨度大等复合性特点。2015财年集群共实现销售收入3.95亿元，占全社总收入的22%。

"天下之事，未尝不败于专而成于共"，外研社的三大事业群协同发展，和而不同，共同完成转型中新的价值创造、价值传递和价值实现，在外研社的发展史上写下浓墨重彩的一笔。

2016财年，三大事业群有所调整，并在三大事业群之外设置综合出版事业部。它既是外研社教育服务大生态的有机组成部分，又是外研社发展全学科、多领域、有特色一般书的出版基地。综合出版事业部编委会由姚虹、刘晓楠负责，成员有车云峰、金辉、李扬、李云、刘旭、罗来鸥、申葳、唐辉、王莹、周渝毅等。

　　"集群化"只是外研社构想的自身战略转型的开始。接下来，外研社要从数字化、国际化、资本化入手，谋求产业转型融合升级；积极开发资源，布局国际出版、国际教育和语言产业；引入新机制、新生态，借助资本杠杆，推进业务外延式发展。

## 5．完善业务布局，实现多元发展

　　外研社在"十一五"发展规划中明确提出，沿着"以出版为中心，以教育培训和信息服务为两翼，数字化出版，产学研结合，把外研社打造成一个教育综合服务平台"的战略目标，全力开拓新业务，拓展新的市场空间，力求做到"主业挺拔、辅业茂盛"。根据规划，外研社一方面向教育培训领域进军，另一方面稳步实现数字化转型。

　　根据以往制定的战略规划，进入"十二五"时期，外研社在"挺拔主业"的同时，全力开拓教育培训、数字出版、文化创意等市场，寻求新的经济增长点。

### 5.1　担当教育责任，发展培训业务

　　2006年，根据"十一五"规划确定的战略目标，外研社与韩国YBM/Si-sa公司进行合作，开始了少儿英语培训的早期探索。

　　2010年7月，外研社创办了"北外青少英语"（简称"北外青少"，后更名为"E PLUS北外壹佳英语"）。该培训项目以大学视角和国际视野，融合国际标准和语言教育规律，遵循严谨、科学的教学体系，以语言素养、学科素养和人文素养为三大支柱，力求培养儿童学习者成为具备国际素养的全球化人才。北外青少与其他培训

机构最大的区别在于，除了让儿童学习者学会或者提升语言能力之外，还考虑到教育的理念、方法和对儿童学习者人格的塑造，为儿童学习者设计一条"从外语到阅读，再到人文素养"的学习之路。

回顾北外青少的创办史，创始人之一的北京外国语大学教授曹文颇有感触。2010年，曹文曾因为找不到适合儿子的英语培训班而苦恼。课程设计专业出身的她对于机构对接的国际标准非常在意，她带着儿子跑遍了全北京的主要培训机构，却没有一家机构让她满意。于是曹文亲自带领团队投身到设计课程体系和探究教学方法中去，将课程体系与国际标准对接，只为给儿子和更多孩子创造一个值得信赖的、严谨的培训机构。依托北京外国语大学和外研社的文化底蕴、教学资源，曹文和范晓虹非常清楚地认识到世界一流大学需要的是什么样的人才，因此将办学落脚点聚焦在儿童学习者的国际素养教育上。

2014年5月28日，北京外国语大学决定成立"北京外国语大学国际教育集团"（简称"北外国际"），任命范晓虹为北外国际总经理，曹文担任北外国际首席学术官、学术委员会主任。北外国际以大学视角和国际视野发展青少教育、国际教育和教育合作三大核心业务，专注于K12国际素养教育课外培训和全日制国际化学校运营与支持服务。集团成立后，北外国际在少儿英语培训之外，还向北外

范晓虹副社长担任北外国际总经理

附小、附中选派指导教师推进课程改革、开发校本课程、编写教材；为学生开设选修课和专家讲座，开辟丰富多彩的第二课堂。此外，北外国际还承担了外语特色校的合作共建任务，向海淀区和西城区的19所学校外派教师。

曹文担任北外国际首席学术官、学术委员会主任

2018年5月，北外国际正式对外宣布将持续专注于K12基础教育领域的外语特色和国际化学校教育，发布了全新的战略定位，推出全新品牌"E PLUS北外壹佳英语"和"UNIPLUS北外国际"。其中，E PLUS北外壹佳英语聚焦课外，以语言、学科和人文三大支柱为核心，培养国际素养新一代，已经开设了E PLUS北外壹佳学堂和E PLUS北外壹佳学游业务；UNIPLUS北外国际则聚焦全日制国际化学校的运营和支持服务，与北京外国语大学各个附属学校以及更多中小学校携手打造学校的外语和国际化办学特色，实现对学生持续国际素养的UNIPLUS培育。2018年，UNIPLUS北外国际实现销售收入4.56亿元，同比增长38%；实现利润超4000万元，同比增长114%。升级后的E PLUS北外壹佳品牌影响力进一步提升，英语、学游、国学三条业务线更为清晰。增长迅速的E PLUS北外壹佳英语已经建成以语言素养、学科素养、人文素养为三大支柱的课程体系，学习中心增至38所，在校学生突破35 000人。UNIPLUS北外国际品牌积极探索可持续发展合作办学模式，在外语课程、外语特色学科课程、

2018年5月28日，北京外国语大学党委书记王定华（左二）、北外
国际总经理范晓虹（左三）、北外国际首席学术官曹文（左一）一
同为UNIPLUS北外国际品牌揭幕

E PLUS北外壹佳品牌亮相

国际高中等项目上已与33所外语特色学校和国际化学校建立了合作
关系。

2019年，经过5年的发展，北外国际已成为拥有青少教育、国

际教育、教育合作、共建项目、教师发展、国际考试六大业务，坚守学术本位、教育本真，定向基础教育国际化发展解决方案和4—18岁青少年国际素养教育，校区遍布全国、体系覆盖基础教育课堂内外的新型教育体。

外研社作为外语教育培训行业的上游，不仅为培训机构提供教材和师资培训，随着自身业务的发展，各业务单元的教育培训项目也逐步发展起来。

在基础教育领域，2006年，外研社基础教育分社开启了首个中小学英语教师职业发展培训项目——"歆语工程"。自2010年起，外研社开始承担"国培计划"的项目。截至2018年，外研社共协办了来自31个省（区、市）的近百个国培项目，出色地完成了累计13 000余名教师的培训任务。从2015年起，北京外国语大学和外研社还承担了教育部义务教育英语学科教师培训课程标准的研制工作，研制成果出台在即，将为广大教师的专业发展做出更多贡献。

2015年，外研社基础教育集群继续夯实培训体系，目前已成功开展以全员分层培训、主题专项培训、跨地区培训及远程培训为主要方式的各级各类定制化培训。通过前期走访、多层调研了解各地教学需求和教学痛点，多年来，已成功为各地区多个教育机构提供了定制化、个性化的教师全面发展解决方案。其中，"山西省中小学教学名师培养项目"和"山东省中小学英语骨干教师高端培训项目"作为省级培训项目的案例，课程设置旨在为相应省份培养骨干与优秀教师，以及学科带头人。"六盘水市中小学英语教师全员培训项目"和"北京市燕山区中小学英语教师口语、听力提升培训项目"作为市级和区级培训项目的代表，定制分层次主体化的师资培

外研社举办的"国培计划"培训大会

2019全国基础教育阶段多语种学科建设与教学发展研讨会，王勇副总编辑（左六）出席大会

训，使新任教师、转岗教师、骨干教师均获得契合其教学水平的培训与指导。为配合六盘水市"基础外语教育三年突破工程"，外研社圆满地完成了六盘水市全部2831名英语教师的线上线下结合的培训项目。从2017年开始，北京外国语大学招生办和外研社联合推出"北外种子计划"人才选拔项目和"北外启明星计划"教师培训项目。

在高等教育领域，2006年第一期"全国高等学校英语教师教育与发展系列研修班"成功举办，其目的之一是使外研社成为全国高校外语教师培训领域的先行者，二是为进一步推广外研社的大学英语教材打下更坚实的基础。2009年12月推出的"高等学校外语学科中青年骨干教师高级研修班"系列课程，标志着外研社在高校师资培养方面迈上了新的台阶。2011年8月，外研社职业教育出版分社协助教育部职成司举办了第一届"全国中等职业学校骨干教师培训班"，这是教育部职成司首次面向中等职业学校公共课教师组织的

2018年"北外启明星计划"教师培训项目启动仪式

国培项目。2016年7月，职教分社为大连市教育局定制系列培训项目，与大连市教育局、大连市教育学院建立了良好的业务关系。2016年10月，《教育部财政部关于实施职业院校教师素质提高计划（2017—2020年）的意见》出台，各省（区、市）开始高度重视职业院校教师培训工作。职教分社积极关注各省的教师素质提升计划，主动出击，2017年以来先后中标"广西壮族自治区2018—2020年职业院校教师素质提高计划""山东省2018—2020年职业院校教师素质提升计划"。自此，职教分社培训业务开始与省级教育行政部门合作。

在分级阅读领域，自2015年起，研发中心联合北京师范大学外国语言文学学院共同主办"全国中小学英语阅读教学学术研讨会"，邀请包括国际读写协会主席、美国《共同核心州立标准》（Common Core State Standards）核心成员、国际学生评估项目（PISA）核心成员等在内的国内外阅读研究与教学专家及一线教师参会，惠及教师学者3000余人，成为国内中小学英语阅读教学领域最高规格学术会议。2016年，少儿出版中心开始大力推动全国中小学开设英语阅读课程，全年共组织了30多场教师培训，举办了两届全国自然拼读与英语阅读教学研讨会，培训中小学英语教师13 000人。这些会议或培训在全国引领了中小学英语阅读教学的方向，推动了中小学英语阅读教学的趋势。

如今，外研社的培训业务已走过十三载，项目从无到有、从1到N，培训主题从单一到综合再到自由组合，培训区域从定点培训到遍布全国，培训规模从几十人到上万人，培训部门人员从一人到一个团队，培训效益从社会效益到社会效益与经济效益双丰收。可以说，外研社始终立足外语教育教学核心优势，以教师培训业务联结全国的外语教师，助力教师发展，支持教师成长。借助国家对教师发展的重视和政策，外研社的教师培训业务稳步发展，迎来一个崭新的春天。

### 5.2　推进技术融合，迈向"互联网+"

提起北外在线，大家对它的印象可能还是北京外国语大学网络教育学院独家技术服务提供商。其实，自2008年外研社全资回购以来，北外在线依托北京外国语大学和外研社的强大师资力量与教学资源，一直致力于为个人用户提供一站式英语及多语种学习综合解决方案和学历学位教育深造服务，为教育行业提供技术和资源研发、教学内容支持及服务；为政府、高校、企事业单位提供具有专业性和互动性的、智能化的在线学习解决方案。

2011年，北外在线与北京交通大学持续开展了大学英语拓展课程学习平台项目，累计服务用户7000多名。2014年，北外在线为北京印刷学院定制、开发了"华夏文明之窗"系列5门课程，将纸质教材的内容设计转化为多媒体展现形式。18年来，北外在线积累了丰富的内容资源，组建了实力雄厚的专家团队，发布了15 000多学时的各类线上教学资源。北外在线服务的客户已经覆盖了国家发展和改革委员会、北京市旅游发展委员会、北京市人民政府外事办公室等政府机关，北京交通大学、北京工商大学、同济大学、中国地质大学等高校，国家电网、国家核电、中国银行、中非发展基金等中外机构。北外在线以"做懂技术的外语特色教育服务提供商"为发展宗旨，聚焦"一带一路"语言综合服务，致力于成为中国产教融合服务联结商。

"北外网课"官网

随着人工智能时代的到来，成人在职教育不只是对学历、学位的提升，更是对知识结构、专业能力、个人视野的持续充电和升华，大力发展非学历教育成为构建终身学习社会至关重要的因素。北外在线推出针对个人学习者的外语学习一站式平台"北外网课"（www.beiwaiclass.com），课程囊括英、日、韩、法、德、西、"一带一路"沿线国家语种等20种语言，内容集语言学习、考试辅导、海量资料于一体，共覆盖10万语言学习用户，被称为"中国人学外语的理想网校"。

### 5.3 Unipus：一座连接外语学习者的智慧之桥

外研社在出版《新视野大学英语》时就敏锐地意识到，高校外语教学的环境和外语学习者的情况都在不断变化，大学外语教育应该创造现实与虚拟结合、线上与线下结合、课内与课外结合的学习环境，以满足个性化的学习需求。

在数字化时代，外研社提出要向综合教育服务提供商转型。转型的自信来自哪里？外研社认为来自自身对教育事业长期积累的深刻理解。这是外研社的基因，也是外研社的核心竞争力。这一点在外研社倾力打造的Unipus高校外语教学平台上体现得尤为突出。

2014年10月18日，在总编辑徐建中的主持下，外研社发布了全新的数字化教学共同校园Unipus。它源于创新教育理念，基于先进信息技术，是以外语教育为特色，集学习、教学、测评、科研、合作交流于一体的线上"共同校园"。徐建中总编辑在发布会上说，Unipus体现了教育技术智能化、交互化、自主化和移动化的发展趋势，创建了学习者、教学者、研究者、管理者、教育资源与服务提供者等多方参与的教育生态，是推动多方联动、多维空间的开放校园（Universal Campus）。Unipus依据科学能力测评体系，汇聚国内外优势资源，优化在线互动教学环境，提升个体学习体验与效果，是师生创新发展的智慧校园（Unique Campus）。Unipus同时为高校创新教学模式、开展课题研究、推进跨校合作提供支持保障，是共建资源、共享成果、共赢未来的共创校园（United Campus）。时

2014年10月，外研社数字化教学共同校园Unipus发布

任教育部高等学校大学外语教学指导委员会主任委员王守仁教授对Unipus给予了充分肯定。他指出，《大学英语教学指南》强调"大学英语要大力推进教学与信息技术的融合"，Unipus内容丰富，符合《指南》精神，将在贯彻《指南》的过程中发挥重要作用。

Unipus秉承"Enrich Learning, Empower Teaching"的理念，致力推进信息技术与外语教育的深度融合，助力构建全新的外语教育生态体系，助推我国高等外语教育现代化发展。徐建中曾解释如何体现"Enrich Learning"：一是让外语学习更"灵动"，二是让校园生活更"生动"。具体来说，Unipus为学生提供完备的外语学习课程体系，学生可根据自身语言水平与学习兴趣选择课程，Unipus根据学生的学习重点、学习兴趣和习惯，推送个性化、碎片化的学习内

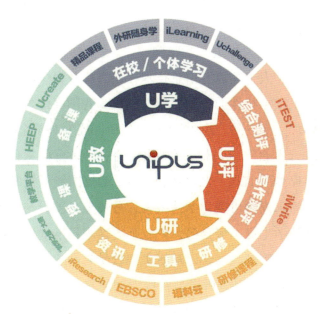

外研社数字化教学共同校园Unipus

容，让外语学习"灵动"在学生的指尖，"流动"在学生的头脑，"生动"在学生的心里。自2015年起，Unipus为"外研社杯"系列赛事提供稳定的技术支持和专业的内容资源：iTEST大学外语测试与训练系统为选手和参赛学校提供赛事支持、成绩评阅、数据分析功能，使赛事体验更加流畅；iWrite英语写作教学与评阅系统采用链语法和机器学习相结合的方法，从语言、内容、篇章结构及技术规范4个维度对选手的文章进行评阅。"Empower Teaching"则主要体现在让教学更"互动"、让评测更"动态"、让教研有"驱动"三方面。Unipus基于大数据的学生学习行为分析，为教师实现课堂授课与课外学习的真正互动创造了条件。通过Unipus，教师可以随时监测学生的学习效果，了解学生的学习需求，从而及时调整教学计划，进行动态教学改进。在Unipus的支持与推动下，教师的教学与科研也有了更强的"驱动力"。

随着教育部大力推进"互联网+"环境下的教育技术应用，充分发挥大数据、人工智能等信息技术在新时代教育中的独特优势，构建具有人工智能特性的智慧教育，已成为我国高等外语教育的新境界、新诉求、新方向。2017年9月，外研在线发布了全新的"U校园智慧教学云平台"，以打造更智能化的外语教育信息化系统。据外研在线首席内容官徐一洁介绍，首先，U校园能根据教学活动不同参与者的需求提供可视化学情报告，分析能力差异与学习差异背后的原因，使学生更了解自己，使教师更客观精准地评价学生，使管理者更科学地管理教与学，从而实现教学有的放矢，提升教学质量。其次，U校园学习分析模型在探索如何基于学生的日常学习预测大规模水平考试成绩，从而帮助院校有针对性地开展备考辅导和

徐建中总编辑在Unipus的会议上讲话

教学。最后，基于对不同学校教学大数据的收集，U校园还能总结出不同学校对不同类型学生进行教学的有效方法和模式，方便院校联系自身实际，有针对性地选择适用且已经过他人验证的行之有效的教学方式，切实提高教学效果。经过两年多的推广，U校园已覆盖1000余所院校，拥有近300万师生用户，积累数据10亿条。

徐建中用"Unipus is for teachers to share and shape, for students to show and shine"来概括Unipus的特点。他说，Unipus代表着一个传统企业的数字化未来，将会对高校外语教学与学习产生重要影响，也是你我共建、触手可及的"新外研社"。

### 5.4　Unischool构建基础教育生态圈

外研社在基础教育领域的数字化起步可以追溯到2009年。当时，根据基础英语教与学的实际需要，在于春迟、王芳、王勇等社领导的带领下，申蕾、蒋亦雷、王越等同志推出了"基础英语自主学习平台"和"基础英语教育试题库系统"。借助学习平台，学生通过在线测试、拓展学习、个性化电子档案、错题夹，可以了解自己的英语水平与薄弱环节，并有针对性地进行补救。教师可以获得应有尽有的备课辅导资源以及抽题组卷工具，繁杂的备课、出题工作因此变得简单便捷。2010年，外研社上线了新版"新标准英语网"，网站融合了国内外先进的教育技术，将水平自测、语音评测、写作测评等各种先进的技术广泛应用于英语教学领域。这些技术可供使用者按需选用，从而最大限度地满足了英语教与学的个性化需求。"新标准英语网"的推出翻开了外研社由传统出版向数字出版转型过程中崭新的一页。2011年，《英语》（新标准）系列教材出版10周年之际，外研社推出了原版原式呈现的网络版教材，实现了与纸质教材的"无缝衔接"。2015年，教育部"2015年基础教育信息化应用现场会"在广东省佛山市南海区召开，外研社"网上新标准"产品受邀进行了小学英语示范课展示，充分体现了新科技手段在教育教学运用中呈现方便、资源丰富、高效简洁的特点，是一次信息化手段与课堂教学完美结合的全面展现。

经过多年的积累，2016年6月8日，外研社推出了面向基础学段搭建的教、学、研三位一体的教与学平台——Unischool。Unischool集图书与数字产品、增值服务、资源建设、教师培训、科研课题、考试评测、赛事活动等业务于一身，专注为基础教育阶段的广大学校及教育培训机构提供数字化外语教育解决方案。Unischool是近年来外研社数字化战略规划的又一次重要尝试，力图推动传统教育模式创新，构建全新的基础教育生态圈。外研社党总支书记王芳表示，Unischool的发布是外研社基础教育集群在数字业务整合发力上不断

2016年6月，Unischool教与学平台上线，党总支书记王芳（中）出席上线仪式

探索的成果，将为完善外研社未来的教育生态打下坚实的基础。

2017年，Unischool教师频道、阅读频道的推出是外研社在信息化进程已取得一定成果的基础上，为满足师生对教学和学习资源以及教师职业发展的需求做出的全新探索和尝试。Unischool教师频道面向基础教育阶段的外语教师，提供包括英语教师培训与职业发展、教师备课授课的共享资源、教师类活动赛事、学术出版等内容的解决方案。Unischool阅读频道面向基础教育阶段的学生和教师，提供课标配套读物供学生自主阅读或教师拓展教学，精选国内外优质英语阅读资源，全面支撑个性化阅读的教与学，为师生提供全新线上阅读学习体验。其中，"外研社基础英语分级体系"是以国内K12阶段学生英语语言能力发展客观情况为依据，遵循循序渐进的

外研AI智能学习平台

发展规律，借鉴计算语言学的研究成果，收集K12学段英语教材、读物等不同类型的语料，整合17种影响因子研究制定而成的。

2018年，外研社又全新推出外研AI智能学习平台。外研AI是外研社依托自有优质英语教学资源，结合先进的人工智能与大数据技术建设的基础学段英语智能化教学交互平台。它的各项人工智能专利技术能保障英语学科全卷的识别和批改的高效、准确，能够输出大数据支持下的各类学习报告，完成英语学科教学质量监测，通过真实、有效、高频次的数据反拨教学并有针对性地推送个性化教学内容，从而真正提升基础英语教育的信息化水平。外研AI通过技术创新，提高了评阅效率，为教师减负增效；通过内容创新，智能推送优质教学内容，助力学校建设校本资源；通过服务创新，帮助教师精准教、学生个性学、家校互动勤。外研AI推进了"互联网+教育"的应用，构建了"教、学、测、评、研"的教学生态。平台上线不久即在保定师范附属学校得到应用，有力支持了学校的英语教学，为此荣获"首届中小学教育装备新技术应用创新案例"评选活动一等奖。

### 5.5　借势而行，多元探索

2014年，外研社按照"十二五"规划的战略，全力向教育服务转型。与此同时，根据社长蔡剑峰提出的"教育服务主路，文化创意辅路"的规划，外研社自2013年开始积极开拓文创项目，争取政府扶持资金，仅仅用一年多的时间就开拓出了一片天地。

#### 5.5.1　西山项目——讲好中法交流的故事

2014年，适逢中法建交50周年。当地时间3月26日，国家主席习近平在法国参观了里昂中法大学旧址，拉开了中法交流一系列活动的序幕。在北京西山也坐落着一座"北京中法大学"。中法大学是1920年由李石曾、蔡元培等人发起，利用法国庚子赔款退还余额及募捐所得，在北京西山和法国里昂分别设立的两所学校。两所学校虽均已停办，但在中法交流史上留下了不可磨灭的印记。目前，北京西山还保留着中法大学及附属温泉中学旧址、贝家花园、贝大夫桥等中法交流遗址。

外研社得知北京市海淀区委、区政府积极搭建西山地区中法交流平台后，积极协助海淀区政府组织办展，由外研社旗下的北京国际文化创意与传播基地承办"对流——北京西山中法文化交流史迹展"。为办好这次展览，外研社跨部门合作，组织了5个工作团队，分别负责文史资料收集、展品收集、平面空间设计、视频制作和互动装置布展工作。开展当日，前来参观展览的法国大使馆文化参赞为了多看展览内容，甚至取消了当天已经安排的其他活动。由于此

文创基地举办的"对流——北京西山中法文化交流史迹展"

次展览良好的社会效益，海淀区政府和外研社决定将短期展览改为长期展览。

2015年5月15日，由海淀区政府主办、北京国际文化创意与传播基地策划、执行的"对流——北京西山中法文化交流史迹展（精华展）"在北京钓鱼台国宾馆芳菲苑迎来了前来参加中法高级别人文交流机制第二次会议的200多名中法各界嘉宾。中方主席、中国国务院副总理刘延东，法方主席、法国外交与国际发展部部长洛朗·法比尤斯，教育部部长袁贵仁，教育部副部长郝平，科技部副部长王志刚，法国驻华大使顾山，以及教科文卫领域的其他部委领导在会议开幕前参观了展览，并给予了高度评价。

此次精华展是在2014年纪念中法建交50周年举办的西山展览的基础上，选择并聚焦当时众多在西山地区活动的法国友人中的三位——贝熙业（Jean Jérome Augustin Bussiere）、铎尔孟（André d'Hormon）和圣-琼·佩斯（Saint-John Perse）在中国的传奇经历及成就，特别关注他们同中国友人一道，在各自领域为中法文化交流做出的重要贡献，以及中国人民与中国文化对他们的深刻影响。

以前毫无会展经验的外研社之所以能够完成这个展览有几个不

可忽视的原因。首先是中国丰富的历史文化资源。西山地区有20多处中法交流遗址，可发掘的资源非常多。其次是外研社的外语优势。西山项目需要检索各种法语资料，习近平主席在法国提到西山和贝熙业时，法国外交部手头也没有太多的资料，很多内容都是外研社挖掘和梳理出来的。最后是外研社国际合作的优势。在所有出版社中，外研社的国际化程度无人能及，这就便于通过各种渠道获得相关资源。

2018年，外研社继续围绕"高端策展"与"文创产品"两条线深度挖掘文化资源，策划实施了国家图书馆文津奖颁奖典礼和"致敬经典、面向未来"展览，以优质的内容创作和视觉体验获得业界普遍好评。

### 5.5.2 青少年法治教育

"乍一听，会感觉青少年普法教育和外研社的业务关系不大，然而，"外研社青少年法治中心负责人张薇薇说，"教育部之所以把青少年普法网这个项目交给北京外国语大学和外研社，是因为法治教育不是孤立和封闭的。教育部希望它是一个有国际视野的法治教育体系。外研社之所以承接这个项目，主要是因为外研社要按照自己的思路，进行企业的多元化探索。一个成熟的出版企业，其实还有很多事情可以做。"

新时代以来，在全面推进依法治国方略的指引下，在教育部政策法规司与北京外国语大学的共同指导下，外研社青少年法治中心服务国家战略，积极探索，砥砺前行，逐步形成了"四位一体"的全国青少年学生法治教育新格局。

第一，承办全国学生"学宪法、讲宪法"活动与教育部国家宪

教育部政策法规司司长邓传淮（左）与北京外国语大学党委书记王定华（右）签署《关于共建青少年法治教育中心的协议》

法日主题教育活动。自2014年起，每年举办的教育部"国家宪法日晨读活动"有约十万余所学校通过普法网观看直播。自2016年起，连续4年举办教育部全国学生"学宪法、讲宪法"活动，吸引全国大中小学生在线学习62.5亿人次。

第二，建设运营教育部全国青少年普法网。外研社承接的教育部全国青少年普法网是教育部委托北京外国语大学和外研社共同建设、运营的法治教育网站，旨在充分利用网络等现代媒体和传播方式，拓展和丰富中小学普法工作的途径与方法，促进各地各级学校普法工作的有效推进。普法网源自北外教授的青少年法治教育研究课题。由于中国的青少年法治教育长期缺位，借鉴他国经验弥补我国在这方面的不足成为当务之急。外研社便在此时承担了重任。外研社利用在出版、教育等领域的优势资源，着力将普法网打造成一个集在线普法教育、救援、交流与研究于一体的平台。普法网于2013年上线，教育部将普法网建设列入《教育部2014年工作要点》，全力支持普法网建设。经过6年多的发展，普法网已覆盖所有地市级教育局，注册学校16万所，注册用户1亿人。

第三，建设运营全国青少年学生法治教育实践示范基地。2016年，教育部等七部门联合发文支持全国青少年学生法治教育实践示范基地建设。目前，示范基地标准化建设已经初具规模。

第四，推进教育法治出版。相继出版《新编教育法律法规规章》《青少年法治文库》等图书。其中，《青少年法治文库》获"国家出版基金项目"支持。《青少年法治教育》期刊已经出版34期，成为全国学生法治教育的重要窗口。

从策划展览到承接青少年法治教育项目，看似"不务正业"的一系列举措恰恰体现了外研社拓展发展领域的新思路。外研社将自身定位为社会化平台，给予各个创业团队足够的主导权，任其在平台上驰骋。此举不仅释放了外研社积累多年的教育、出版资源潜力，还锻炼了队伍的创造力，探索了未来发展的新途径。

## 5.6 建立"外研标准"

一个企业的研发能力相当于一个人的大脑。在外研社，研发测试团队的建设可以追溯到2008年成立的测试开发组。当时，外研社承接了教育部中小学生学业质量检测项目。历经8年的积累与坚持，从单一项目到研发中心的设立，从标准研制到产品开发，外研社持续投入、潜心研发，于2016年推出了国才考试，首考便获得成功。国才考试的推出，标志着外研社由产品走向服务、走向标准的转型。

先将时间轴拨回到2012年。

2012年，外研社对研发部实行中心建制，任命宋微微担任研发中心总监。中心下设测试工作室和汉译英工作室，为全社教育服务转型提供智囊支持和战略布点。外研社要向教育服务提供商转型，

　　测评是必备的能力，是一切教育服务的起点。如果没有科学的测评，就无法建立与客户的信任关系，更谈不上推送解决方案。因此，研发中心基于外研社转型对语言测评的需求，整体规划，局部探索，致力于开发基于外研社资源的测评标准。2013年，宋微微带领研发中心团队对社内10个部门的负责人和关键用户进行需求访谈，了解各部门对测试标准的需求，确定未来标准研制的重点任务。研发中心邀请国内外著名语言测评专家组建了一支顶尖的专家队伍，对欧盟的Dialang多语言诊断测评系统进行本地化改造，并在研究了国内外10余种语言能力量表和课程标准的基础上，拟定了含有11个水平等级的"外研社语言能力测试标准"框架。

　　为使标准服务于教学，研发中心又汇聚专家力量，依据标准开发了"优诊学"英语能力诊断测评系统。目前，该系统优先面向高中和大学用户群体推出了包括听力、阅读、写作、口语、语法和词汇等能力的诊断测试，其主要特色是在真实语境中对学生英语微技能进行全面细致的诊断，反馈学生当前的语言能力和发展潜力，提示教师应该重点关注的学生语言学习薄弱项，并提供对应的学习建议、教学建议和教学资源，协助教师处理好教、学、评的关系，有效提升教与学的精准化和个性化。在此基础上，外研社还以"发展测评、助力教学"为宗旨，在"教学中的测评""测评牵引教学"等方面开展研究、深入探索、提供服务，与北京师范大学联合成立"中国基础教育外语测评研究基金"，支持测评与教学相关课题研究，定期举办"全国英语教学与测评学术研讨会"，为语言测试理论研究与实践的结合、教学与测评的融合提供交流和发展的平台，助力教师教学能力的发展和测评素养的提升，助力语言学习者的能力成长。

2014年9月，外研社与北京外国语大学共同成立了中国外语测评中心。中心以中国外语与教育研究中心和北京外国语大学的学科优势为依托，研发系列外语考试，规范我国外语人才评价标准，开展外语教育测评研究，开发满足市场需求、面向行业和部门需要的外语考试。中心的成立让外研社在外语测试领域的专业性与权威性得到进一步强化。

经过两年的调研和精心设计，2016年9月27日，国才考试正式发布。中国外语测评中心副主任韩宝成教授在启动会上详细介绍了考试的内容和测试标准。国才考试分为"初级""中级""高级""高端""高翻"5个类别，重点考查国际化人才应具备的英语沟通能力，包括通晓国际规则与协商合作的能力、分析问题与解决问题的能力、跨文化理解与表达的能力等。韩宝成教授还提出，国才考试旨在成为社会选

韩宝成教授在国才考试启动会上讲话

国才考试开考

国才考试证书样张

徐建中总编辑总结国才考试工作

才、用才的行业标准，为社会各界发现和选拔未来发展所需要的"国际人才"或"国家人才"，也将通过国际化人才培养目标实现对高校英语教学的反拨，使英语教学指向应用、指向对国际化人才核心素养的培养。11月26日，国才考试全国首考在北京、南京、武汉、西安和广州五大考区同时开考，首考在全国设置了13个考站和28个考场。考生来源广泛，既有来自北京大学、中国人民大学、中央财经大学、北京外国语大学、外交学院等高校的众多在读学生，也有来自跨国企业、大型国企、事业单位的职场人士。

国才考试从策划到正式发布，再到首考报名人数突破3万，离不开中国外语测评中心专家的深入钻研，也离不开徐建中、李会钦等带领的外研社团队的辛勤付出。2014年，教育部在当年工作要点中明确提出，探索全国统考减少科目，不分文理科，外语等科目社会化考试一年多考。徐建中敏锐地意识到，这将是外研社的一个重要机遇。他和韩宝成教授随即商讨此事，二人一拍即合，确定设计一个为用人单位招聘、选拔人才提供参考依据，为高校学生及社会人士求职就业提供评价与认证服务的考试项目。2016年，国才考试设计方案甫定，还没有成形的宣传材料，徐建中就带着团队去全国各地高校进行宣讲。山西运城学院是徐建中独自上台宣讲的第一所高校。上场前，他认为凭借国才考试的先进设计理念，一定能够一呼百应。令人意外的是，他讲完后，在场的师生对国才考试的先进理念并不"感冒"，没有一个学生有报名的意愿。宣讲结束后，徐建中在国才考试团队的微信群里发了一条消息："原来国才并没有我想象中的那么好推广。"这个小小的"开头难"并未真的难住徐建中。凭借与全国高校的深广关系，他和韩宝成教授一起，带领高等营销中心、信息中心与国才市场团队，一所一所学校去推广、谈合作。他因如此拼命的劲头被国才考试团队成员称为"徐国才"。

据国才考试推广负责人李娟娟说，国才考试除了在高校广受认可之外，也得到了亚洲基础设施投资银行、国家开发银行、中国南方航空集团公司以及一些国际组织、跨国公司、外资企业、国内大型企事业单位人力资源部门的认可。国才考试以其精准的定位、创新的理念、严谨的设计、先进的模式，目前已成为评价国际化人才外语能力的"行业标准"。2019年3月，传递国才考试理念的国才学院成立，全新构建覆盖语言、跨文化和思维提升的三大课程体系，为企业培养国际化人才、提升国际竞争力、实现国际化布局提供解决方案。这也标志着"外研标准"在更高层次和更大范围有了更深远的影响力。

# 第三节
## 打造教育生态圈

2016年，国家"十三五"规划明确提出未来五年要"坚持教育优先发展，加快完善现代教育体系，全面提高教育质量，促进教育公平"。根据国家"十三五"规划的发展目标，外研社在梳理自身资源的基础上，制定了自己的"十三五"发展战略，提出要"坚守出版，发展教育，探索并布局文创，建设国内领先、国际知名的教育文化企业"。

## 1. 迈向"十三五"

"十二五"时期是外研社发展历史上的又一个重要五年。从"一体两翼"到"教育服务提供商"，进而朝着"一主一辅，成为国内领先、国际知名的教育文化企业"努力，外研社在实践中不断地调整和明晰自己的发展战略，审视和培育自身核心竞争能力。到"十二五"末期，相较于2010年，外研社发行码洋由21亿元增长到32.86亿元，增长11.86亿元，增幅56.4%；总资产由16亿元增长到27.2亿元，增长11.2亿元，增幅70%；净资产由 11.6亿元增长到20.1亿元，增长8.5亿元，增幅73.3%。

外研社"十二五"增长情况

　　2015年年底，外研社完成了建社以来规模最大、最彻底的一次组织架构调整和干部全员聘任，聘请咨询公司对企业方向重新把脉，为外研社迈入"十三五"规划和集团化改革做好了组织准备与管理保障。2016年9月，外研社召开"十三五"战略发展规划专题会，聚焦未来五年的战略规划和发展目标。"十三五"期间，外研社提出要成为国内领先、国际知名的教育文化企业。重点突出教育文化企业，是因为外研社转型升级背后的逻辑就是从出版到教育到文创，即"从1到10到100"。把一本书卖给更多的人是出版；让一个人读更多的书，即"从1到10"，就是教育；而文创就是客户花10元买了书之后，还要花100元买除了书之外的其他东西。从出版到教育的桥梁是阅读，从教育到文创的桥梁也是阅读。教育是一个国家发展的基石。李克强总理在2014年10月29日国务院常务会议上指出，要"提升教育文体消费"。外研社要把握住此次绝好的机会，在教育产业中继续扩大空间，充分动用资源，让它发挥更大的价值，继续放大优势"快步跑"。

　　外研社在制订"十三五"战略规划时强调，要在今后的发展中高举社会价值、社会责任的大旗，要调整评价考核导向与激励机制，建立健全两个效益相统一的评价考核机制。2015年9月，中共中央办公厅、国务院办公厅印发《关于推动国有文化企业把社会效益放在首位、实现社会效益和经济效益相统一的指导意见》，突出强调："文化企业提供精神产品，传播思想信息，担负文化传承使命，必须始终坚持把社会效益放在首位、实现社会效益和经济效益相统一。"根据中央文件精神，外研社在"十三五"期间重点构建经济效益、社会效益相统一的机制与体制，用心做好产品，进一步发挥市场在文化资源配置中的积极作用。

怎样搭建双效统一的机制？外研社通过这几年的探索已经找到了一些有效途径。

（1）坚持党的领导，坚持党的出版方针。这是外研社一直以来毫不动摇的方针。

（2）把握舆论导向，坚持社会效益。全媒体时代应该建立什么样的应对机制？如何把握好舆论导向？这是外研社编委会要认真担负起的责任，具体措施包括选题建设、人才培养、产品质量等。

（3）内部实行业务分类管理。经营类和市场竞争类的业务在开展过程中不能损害外研社的社会效益导向。举一个例子，对于三大事业群和一个事业部，成立之初已明确分工，综合出版事业部就是要着重体现社会效益，其他几个集群则重点实现产业升级、服务转型。

（4）积极参与国家文化改革试点。这特别有利于外研社下一步的战略布局，对跨行业的融合发展有极大的帮助。

（5）保持与国家政策走向一致。外研社要发挥国企的控制力和影响力，积极响应国家"农家书屋""走出去""全民阅读""一带一路"等重大政策。这是外研社发挥国企的优势，搭建双效合一的机制体制的又一个重大战略机遇。

2016年10月，根据社委会的指示和要求，战略管理部牵头聘请了咨询公司，在系统充分地调研了外部环境和外研社内部能力与资源、各事业群的发展规划并进行了充分研讨后，编写了《外研社"十三五"战略发展规划》。规划为外研社的发展指明了方向："十三五"期间，外研社将坚守出版，发展教育，探索并布局文创，建设国内领先、国际知名的教育文化企业。这一目标在出版、教育、文化三大业务板块上的具体体现是：

坚守出版，关注阅读。出版仍是外研社未来的业务根基，是教育、文创相关业务拓展的出发点和基础。未来五年外研社要更加重视出版品质，坚持精品图书战略，不追求规模上的盲目扩张，而是重在满足社会高品质的阅读与文化消费需求，确保双效统一；同时，未来五年外研社要加快构建出版服务和支持平台能力，在强化品牌效应、提高出版效率、提升资源整合能力的基础上，创新出版业务合作模式，凝聚外部合作力量，更多地发挥和利用自身的出版能力、资源优势。

发展教育，关注教育公平和高端教育。教育服务转型是外研社"十三五"期间的核心任务所在。在此期间，外研社将大力推动供给侧改革，在适应和响应市场端需求的同时，持续保持和加强教育理念与服务标准的引领作用。关注教育公平和高端教育两端，覆盖高等、基础、幼儿三个核心教育学段，建立线上、线下相结合的教育生态。"十三五"期间，外研社将着力推动从"教育出版"到"教育生态"、从"B2B模式"到"B2B+B2C模式"、从"应试教育"到"应试教育+素质教育"的三大转型，进一步巩固教育出版等线下业务的现有地位，快速完成线上业务布局。

探索并布局文创，积极对接国家文化发展及"走出去"战略，分享国家改革红利。"十三五"期间，外研社将充分发挥文创思维，挖潜各类出版资源，在创新出版、IP综合运营、文化空间对接服务等领域进行业务探索、建设工作，培养核心竞争力。同时，积极对接国家文化"走出去"战略，将文创业务探索与国际业务相结合，积极落实海外建点布局工作，拓展语言服务业务，创新业务模式，形成"高维打低维"的竞争优势，推动国际文创业务落地。

"十三五"期间，外研社坚持把社会效益放在首位，努力成为国有文化企业中双效统一的杰出代表。为此，外研社从质量把关、加大扶持优质重点项目的力度、学术建设、版权输出及"走出去"等维度落实各项工作，并将社会效益指标分解落实到下属业务单元的年度绩效考核当中，切实保障实现社会效益。

"十三五"期间，外研社继续以"数字化、资本化、国际化"为重要助推器，保障各项目标得以实现。

数字化方面，外研社从"以信息化手段助推管理能力提升"和"以数字化手段助推业务发展"两方面开展工作，通过实施全面信息化规划，将信息化角色逐步从成本杠杆转变为战略实现因素。面对集团管控体系建设和三大战略转型课题需求，外研社一方面通过打通信息系统、将所有主营业务纳入线上管理、改进客户管理系统与推广应用等多重手段，支撑战略落地；另一方面，充分发挥数字化手段对传统出版业务的辅助作用，加大数字出版、在线教育等新型数字业务的发展力度，并通过资本合作手段积极参与互联网在线教育。

资本化方面，积极发挥资本杠杆作用，加快核心业务布局和占位。外研社完成集团化改革后，业务更加多元化。外研社"十三五"期间必须更大力度地推进在线教育、优质数字内容积累、海外业务拓展、文化产业等领域的产业布局，实现跨越式发展。外研社将根据项目实际情况，尝试直接投资、设立产业投资基金、建立融资平台等多种途径，确保规划目标的落地实施。

国际化方面，外研社着力打造点（具体项目）、线（统筹及牵引主线）、面（全社高度）相结合的国际化布局，以实现国际资源的聚集、国际市场的开拓，以及国际传播力和影响力建设。以出版业务积累的资源为基础，外研社在各目标市场积极寻找具备较强出版、教育或中国文化传播能力及意愿的合作伙伴，打造当地具有较大影响力的本地化出版、语言教育或文化传播机构或力量；同时，通过国际化反哺国内市场，打通国内、国外两个市场、两类资源。

在"十三五"规划蓝图的引领下，外研社继续坚持导向、挺拔主业、守正出新、多元发展的方针，覆盖国内高等、基础两个核心教育学段，建立线上、线下相结合的教育生态，在巩固教育出版等线下业务现有地位的基础上，快速完成线上业务布局；在做大做强国内教育服务的同时，有选择地拓展国外区域市场语言教育培训服务业务；在做好教育服务核心业务的同时，重点建设数字出版与教育的文化科技孵化器，大力发展创新出版、IP综合运营、文化空间对接服务等文创业务。截至2020年年末，外研社计划实现收入规模25亿元，基本完成高等、基础学段教育服务生态的打造，同时实现在文创业务方面的布局与突破。

## 2．对接国家战略，讲好中国故事

习近平总书记在2013年12月30日中央政治局第十二次集体学习时强调："提高国家文化软实力，要努力提高国际话语权。要加强国际传播能力建设，精心构建对外话语体系，发挥好新兴媒体作用，增强对外话语的创造力、感召力、公信力，讲好中国故事，传播好中国声音，阐释好中国特色。"这对中国的文化企业提出了新的要求。

## 2.1 从"引进来"到"走出去",再到"走进去"

外研社一直以"记载人类文明,沟通世界文化"作为发展使命,积极做中外交流的桥梁。1983年,还是一个"小舢板"的外研社与牛津大学出版社签署了第一项版权贸易协议,引进出版《牛津初级英语学习词典》《牛津英语用法指南》,为中国人学英语、看世界打开了一扇窗。此后,外研社陆续为国内学习者引进出版了《新概念英语》、《走遍美国》、"书虫"等大量的经典外语图书。当年的"小舢板"也不断壮大,成长为中国出版业的一艘巨舰。21世纪以来,外研社在巩固国内外语教育出版领域的优势地位之外,积极拓展海外市场,从"引进来"转变成"走出去",将《汉语900句》《走遍中国》《汉语小词典》等一批图书的版权推向海外市场。

2013年,"一带一路"倡议提出后,文化"走出去"成为文化企业的重要工作。2015年,《中共中央关于制定国民经济和社会发展第十三个五年规划的建议》强调,"加强国际传播能力建设,创新对外传播、文化交流、文化贸易方式,推动中华文化走出去"。优质出版物、版权资源、文化产品及版权衍生产品输出,优秀出版企业的全球布局,成为"十三五"期间出版业践行"走出去2.0"模式的主要途径。

伴随着国际社会对中国关注度的提升,外研社加快了"走出去"的步伐,不断打造中国主题、中国文化、汉语学习等类型的图书,输出到海外市场,致力于向世界讲述不一样的"中国故事"。

2012年8月,外研社与施普林格·自然集团签署战略合作协议并启动"中华学术文库"(英文丛书)项目。"中华学术文库"(英文丛书)是首部由国内出版机构与世界知名出版集团联合推出的

外研社与施普林格·自然集团启动"中华学术文库"项目

中国主题的英文学术文库，被誉为"中国学术出版走向世界的尝试"。为加强优秀学术文本遴选，项目组邀请了汤一介、厉以宁、乐黛云、李学勤、陆学艺、耿云志、汪荣祖、朱英璜、郝时远、俞可平、韩震等诸多知名学者组成学术委员会，负责对选题策划进行论证，文库内容涵盖经济学、社会学、历史学、哲学、比较文学、考古学等学科。从2013年1月至2019年11月，"中华学术文库"（英文丛书）共出版38本学术著作。

外研社出版的汉外—外汉《汉语小词典》被列入2016年国家出版基金项目，已出版英语、法语、柬埔寨语、泰语、僧伽罗语等11个语种版本，计划未来共出版45个语种版本。

教育部、国家语委作为召集单位，中央编译局、中国外文局、外交部等12个部委（单位）参与的"中华思想文化术语传播工程"系列图书已达成法语、波兰语、西班牙语、僧伽罗语等20多个语种的版权输出，外研社还并与施普林格·自然集团联合开发"中华思

《中华思想文化术语》

想文化术语研究丛书"（英文版）。

外研社积极响应国家对文化"走出去"和国际传播能力建设的总体要求，围绕加强周边国家外交和推进"一带一路"倡议，大力布局海外市场，通过海外投资、创办实体、成立中国主题编辑部等多种形式实施本土化战略，结合对象国市场需求和受众特点，在选题策划、编辑、发行、推广、物流等环节全面本地化。

2014年3月，外研社第一个海外子公司"外研国际文化教育有限公司"在伦敦注册设立，这是外研社海外布局的重要一步。

2015年10月24日，外研社与牛津布鲁克斯大学合作成立"牛津布鲁克斯大学孔子学院"，标志着全球首家由出版机构与国外大学直接合作共建，同时也是首家以出版为特色的孔子学院正式成立。牛津孔院业务主要包括汉语教学、文化活动、出版特色和创新项目等。2018年，牛津孔院举办了54场丰富多彩的中国主题文化活动，累计

3727人参加；注册学生人数428名，同比增长68%，共开设13门课程。

2017年3月，外研社首家海外"中国主题编辑部"在保加利亚东西方出版社挂牌成立，这是外研社在"一带一路"沿线国家建立的第一个分支机构。外研社聘请了保加利亚汉学家韩裴担任主编。在此之前，韩裴已翻译了包括《三十六计》、北岛诗集在内的多部作品。2017年，东西方出版社社长柳本·科扎雷夫荣获"第

2015年，牛津布鲁克斯大学孔子学院成立仪式，蔡剑峰社长（左二）与范晓虹副社长（左六）出席

2019年，徐建中总编辑（左一）与范晓虹副社长（左五）赴牛津布鲁克斯大学调研

蔡剑峰社长代表外研社与保加利亚东西方出版社签约，合作成立中国主题编辑部

十一届中华图书特殊贡献奖"，此奖项为中国出版业面向海外的最高奖项。截至2018年11月，保加利亚东西方出版社已出版《汉语小词典》《中国文化读本》《中华思想文化术语（第1—2辑）》《红楼梦（1—3）》《七侠五义（1—2）》等中国主题图书。同年外研社又先后在波兰、匈牙利和法国成立中国主题编辑部。法国编辑部成立后出版的首部图书《红楼梦》（插画版）一出版即热销500册。外研社的系列探索为中国出版企业向中东欧"走出去"树立了"外研模式"。

2018年北京国际书展期间，外研社在中宣部、外交部的指导下，联合国内和中东欧国家的20余家出版机构，发起并成立了"中国-中东欧国家出版联盟"，为中国和中东欧出版机构的交流合作搭建了平台，在推动版权贸易、拓展营销渠道、构建人才队伍等多个方面发挥了作用。

从单纯的版权引进到版权输出，再到成立海外中心，外研社完成了"走出去"能力的三级跳。通过海外设点，外研社正在打造以出版为核心，结合教育、培训、文创等内容的国际特色业务，通过本地化运营，创新出版企业"走出去"模式。

中宣部进出口管理局副局长赵海云（下图左三）、北京外国语大学副校长贾文键教授（下图左二）出席中国-中东欧国家出版联盟启动仪式

外研社的"走出去"与"引进来"工作不仅仅是产品层面的，也包括了赛事、培训、夏令营、数字资源平台等多个方面。汉语出版中心在刘捷副社长的带领下，除了出版对外汉语、中国文化等类型图书外，还与国家汉办/孔子学院总部积极对接，承办了多期"See爱"北外孔子学院夏令营及孔子学院总部外派教师志愿者培训营，为波兰、西班牙、德国、韩国、俄罗斯、阿尔巴尼亚等国的青年学生和对外汉语教师搭建了一个互相学习和交流的平台。此外，刘捷

副社长还启动了Aha汉语学习平台上线，开发了外研社首个外向型汉语学习类词典APP，为外研社从多角度、多层次"走出去"做出了贡献。

刘捷副社长在北外孔子学院夏令营开营仪式上讲话

**2.2　布局海外市场的核心经验**

如今，外研社已经在海外建立了13个海外中心和主题编辑部。如何在不同的国家和地区、不同的语言文化环境中，与这些国家和地区的出版社和教育机构合作共建中国主题编辑部，这其实非常考验布局者的能力。徐建中总编辑在接受媒体采访时表示，外研社海外布局有"三大坚持"。

一是立足中国内容。徐建中说："文化自信，坚持作为中国出版人'走出去'的中华情怀。正是坚持文化自信，才更能赢得对方尊重。文化自信主要体现在我们对内容质量的高标准，关注到细节。"徐建中回忆，外研社曾在与某国外出版社联合出版图书时，因为示意地图有瑕疵而临时紧急更换；也曾在国外参加国际书展时，因为国旗不规范而要求主办方紧急处理后才同意产品展示。

二是坚持本土化。外研社积极与国外出版机构合作，聘请熟知当地出版市场情况的本地团队（如汉学家、编辑等）主持编辑部日常事务，并对他们进行职业化培训和制定绩效考评制度。外研社还与当地的孔子学院开展合作，开拓汉语出版市场，向当地读者推介中国历史、传播中华文化。对于主题编辑部拓展的出版项目，外研社会进行本土化的改编，拓展不同的营销渠道。比如，对汉语学习类产品的推介，在泰国采用了学校定制渠道，在马来西亚采用了培训学校定制和市场推广结合的手段。

三是坚持国际化。外研社国际业务中心负责人彭冬林说："国际化的编辑工作一定要注意不同受众群体的文化传统、价值取向不同，寻找海外读者的兴趣点，打造有文化共鸣的产品，避免文化折扣。"他举例说，海外读者更倾向于具有趣味性、能够引发思考的图书，有些国内广受欢迎，但并不一定符合海外读者口味的图书，就需要根据不同国家的情况，和作者沟通调整中文本的叙事方式，而不是简单地照原作翻译。

"沟通世界文化"是外研社一贯秉承的出版使命，总编辑徐建中总结了外研社国际化战略的核心思想。首先是"开放合作"。国际化是外研社的基因，迄今外研社已积累了700多家遍布全球的国际合作伙伴，这是外研社国际化最为宝贵的资源。其次是"专业化操作"。从1983年签署第一个版权协议以来，在近40年的国际化进程中，外研社始终按照国际出版市场的规则进行专业化、市场化操作，在市场调研、选题策划、翻译编辑、项目管理等方面向国际知名出版机构看齐，打造高质量的产品，坚持社会效益和经济效益的统一。最后是"发挥优势"。外研社的优势在于丰富的国际合作经验和强大的多语种翻译出版能力，这为外研社向"一带一路"国家"走出去"打下了坚实的基础。

外研社的"走出去"工作，不仅注重经济效益，更承担了重要的社会责任。政府互译项目是中国与"一带一路"国家出版交流的重要成果。外研社目前是承接政府互译项目最多的出版企业。在中国-阿尔巴尼亚、中国-葡萄牙、中国-以色列、中国-斯里兰卡四个

霍尔茨布林克出版集团首席执行官斯特凡·冯·霍尔茨布林克
（Stefan von Holtzbrinck）（中）、施普林格·自然集团大中华区总裁
安诺杰（Arnout Jacobs）一行到访外研社

德国柯莱特出版集团一行到访外研社

已承接的项目框架下，外研社规划了一批体现经典性、人文性和时代性的中外互译出版物，为推动中国与这些国家的文化交流发挥了积极作用。中阿、中斯项目已累计出版12部图书，中以项目的首部图书成果也即将问世。

数据显示，外研社累计获得国家和北京市各类政府"走出去"项目和奖励200余项，连续5次被评为"国家文化出口重点企业"，荣获国新办和国家新闻出版管理部门联合颁发的"中国图书对外推广计划特别贡献奖"，并被北京市新闻出版广电局评为首都新闻出版广电"走出去"示范企业。党的十八大以来，外研社积极响应中央对文化"走出去"和国际传播能力建设的号召，通过多种形式推动国际合作进入新阶段。

### 3．以书为媒，让中华思想文化"走出去"

2019年3月，外研社和施普林格·自然集团在伦敦国际书展上举行了"中华思想文化术语研究丛书"（英文版）首批新书全球发布仪式。"中华思想文化术语研究丛书"（英文版）是"中华思想文化术语传播工程"（以下简称"术语工程"）的重要衍生作品。2016年，外研社与施普林格·自然集团签约，共同策划"中华思想文化术语研究丛书"（英文版）。这一系列作品基于外研社已出版的"中华思想文化术语"丛书，从中挑选关键术语，由资深学者执笔进行详细阐述，由资深译者和汉学家翻译成英语，由施普林格·自然集团以纸质和数字的形式在全球发行。这是第一次系统研究、创新传播中华思想文化术语的出版尝试。

"术语工程"源于一位年轻的德国汉学家在《南方周末》上发

2019年3月，"中华思想文化术语研究丛书"（英文版）在伦敦国际书展上举行了首批新书全球发布仪式，徐建中总编辑（前排左一）出席

表的文章，文中提到，作为中国传统文化代表的许多术语在国外翻译传播之中可能遭到误读。针对这种情况，2013年国务院领导做出批示，准备启动"中华思想文化术语传播工程"。"术语工程"是由教育部、国家语委牵头，多部委联合参与的国家级重大项目，核心任务是整理、诠释、译介能够反映中国人话语体系与核心价值观的思想文化术语。该项工程由北京外国语大学承担，秘书处设在外研社，副总编辑章思英担任秘书处负责人。

为保证"术语工程"的专业性，基于写作和译审的需要，秘书处组织了顾问、专家委员会、学术委员会、资深汉学家团队，组织缜密、流程细致，各位专家各司其职又相互配合，保证整个项目顺利运行、出版物质量过硬。出任顾问的有林戊荪先生、李学勤先生、叶嘉莹先生、张岂之先生。专家委员会和学术委员会由文、史、哲学科及翻译领域的百余位学者组成，专家委员会主任是时任北京外国语大学党委书记、哲学专家韩震教授。此外还有来自美国、英国、加拿大、德国、比利时、瑞典、印度等国的十余位资深汉学家参与，包括夏威夷大学教授安乐哲、芝加哥大学教授艾恺、波恩大学教授顾彬等。他们除了润色英文译文外，还要纠正个别可能被忽略的常识性问题。由学科组、译审组、推广传播组构成的学术委员会包括哲学、文学艺术、历史和翻译四大类别。哲学组组长王博是北京大学副校长、北大儒学研究院院长，专注于中国哲学史的研究；文学艺术组组长是中国人民大学国学院教授袁济喜，在中国古代文学研究领域有多部著作；历史组组长聂长顺教授，在武汉大学专攻中国文化史；译审组组长黄友义退休前长期担任中国外文局副局长兼总编辑，具有丰富的对外翻译和传播经验，现任中国翻译协会常务副会长，注重对外介绍中国的研究，熟悉国际合作出版。

"中华思想文化术语"丛书是"术语工程"的核心成果，丛书汇集了反映中国传统文化特征和民族思维方式、体现中国人文精神和核心价值观念的思想文化术语，是理解中华民族、中国传统文化和当代中国不可或缺的钥匙。副总编辑章思英说："关于中国思想和文化的研究专著并不少见，而从源头全面而系统地梳理中国思想文化史上的术语，是'中华思想文化术语传播工程'成立的初衷，也是工程的创新之处。"

从术语的筛选、释义到翻译，每个步骤都饱含着专家学者的严谨与求真精神。章思英副总编辑介绍了翻译流程的专业与缜密："本系列图书的翻译流程采纳了前人的经验，仅译审流程就有五道之多：译者翻译—汉学家审稿—中国专家审稿—译审组组长定稿—英文编辑统稿。以上五道程序并非单向的，有时会多次'循环'，特别是译者与中文作者和审稿专家密切互动，直到译文能准确地传达中文的内容。"

2016年，外研社与施普林格·自然集团联手打造"中华思想文化术语研究丛书"（英文版）。从策划到正式出版，外研社花了整整三年时间，每一步都用最认真的态度、最严谨的流程对待，并与国外合作伙伴进行深入沟通。

这一衍生产品的诞生源自"术语工程"秘书处的体会：虽然很多词汇对于中国人都是耳熟能详的术语，然而在出版"中华思想文化术语"丛书时，他们发现仅用不到300字对外诠释术语，对于外国读者可能还是存在理解上的空白。因而，他们产生了针对"中华思想文化术语"中的关键词，进一步出版术语研究丛书的想法。

从确定词表开始，外研社与施普林格的编辑反复商讨，不仅仅是简单地确定范围，还要对国外读者进行调研，与国内专家进行沟通。王琳表示："这套书在讲每一条术语的时候都具有广阔的国际视野，都结合了当今的时代热点。"比如社科院赵汀阳老师的《天下》一书，不仅仅是在讲中国古代周朝时候的群雄逐鹿的天下，更是一本与当代政治秩序相结合的世界管理方面的书籍。而在国外专家匿名评审选题表方面，外研社更是进行了详尽的准备，包括目录、内容提要、作者介绍、样张等材料。这其中还有一个良性的互动，例如国外专家团在评审江苏社会科学院副院长樊和平教授的《伦理》一书的内容提要时，除了给予极高的评价外，还建议在内容之中可以引用国外知名汉学家安乐哲对于"伦理"的见解，让国外读者能够从更熟悉的点切入，从而更好地引发阅读兴趣。在完成了前两步之后，才正式进入撰写阶段，之后还会进行中文编审、邀请译者翻译。最后，则会根据国外出版机构的要求进行英语稿整理，使出版物更加符合国外读者的阅读习惯。

最初的选题经过千锤百炼，最终为全球读者呈现了一场中华传统文化的饕餮盛宴。章思英在总结"中华思想文化术语研究丛书"（英文版）的出版意义时强调，"深度合作的意义还在于我们的学者通过我们国外合作伙伴的平台直接在国际的学术平台上发声，让世界听到中国的学术声音"。

徐建中总编辑出席在伊朗德黑兰书展上举办的《中华思想文化术语》波斯语版新书首发式

章思英副总编辑出席《中华思想文化术语》乌尔都语版签约仪式

章思英副总编辑出席《中华思想文化术语》西班牙语（墨西哥）版签约仪式

章思英副总编辑出席《中华思想文化术语》匈牙利语版签约仪式

目前，"中华思想文化术语"丛书已经出版了7辑，每辑收录100条中华思想文化术语（中英文对照），并已签约亚美尼亚语、西班牙语（西班牙）、西班牙语（墨西哥）、马来语（马来西亚）、阿尔巴尼亚语、保加利亚语、法语、波兰语、尼泊尔语、土耳其语、阿拉伯语（黎巴嫩）、僧伽罗语（斯里兰卡）、白俄罗斯语、马其顿语等26个语种。这套丛书在2019年"伟大历程　辉煌成就——庆祝中华人民共和国成立70周年大型成就展"上展出。"中华思想文化术语研究丛书"（英文版）的选题品种也日趋丰富，"中庸""美""教化""神思"等已列入第二批的出版范围。伴随着"术语工程"的推进以及更多中国主题、对外汉语图书的传播，外研社有信心为中国与世界文明间的交流、借鉴做出应有的贡献。

## 4．打造教育生态闭环

2018年是贯彻党的十九大精神的开局之年，是改革开放40周年，也是外研社完成"十三五"战略规划的关键之年。外研社根据"十三五"发展战略提出的"坚守出版，发展教育，探索并布局文创，建设国内领先、国际知名的教育文化企业"的发展目标，启动了"十三五"战略规划的实施，确保各项业务都紧密围绕"出版-教育-文化"这一盘棋来组织。

2017年10月，北京外国语大学党委组织部下发通知，任命总编辑徐建中主持全面工作。2017年年底，徐建中在外研社全社大会上强调，外研社的发展首先要"坚守主业、守正出新"。出版是外研社的主业，主业的根扎得越牢，外研社这棵树才能越茂盛。2018年，外研社围绕"坚守主业"的发展理念，取得了丰硕的成绩。

2018年，基础教育事业群完成了《英语》（新标准）高中教材修订送审工作，出版、教育培训、在线等各项业务收入均有明显增长，其中培训业务收入同比增长近60%。过去三年，基础教育事业群很好地抓住了教育培训市场快速增长的机会，培训收入超过亿元。《新概念英语》、"剑桥系列"等拳头产品领涨，原版书、大客户定制等新兴增长点均保持两位数年均增长率。外研社自主研发的《悠游阅读·成长计划》系列教材成为海南全省公立校一年级起始教材定制项目，同时还输出到阿拉伯与东南亚地区。

基础教育事业群的业绩和成果与"十三五"初期事业群市场区域化整合以及前中后台组织设计有着密不可分的关系。三年来，八个营销大区、中台部门与业务部门积极配合，在保障教材、教程、读物、培训、数字软硬件等产品增长的前提下，整合市场力量，主动培育顾问式营销能力，引导市场需求、创新推广模式、挖掘产品亮点、打造解决方案。以教师发展为导向的线上线下混合式研修模式效益显著，"遵义市中小学英语教学领军人才五年提升项目"成为社会效益与经济效益双丰收的典范。

高等教育事业群积极面对国际交流增多、人才需求增长、高等教育改革、职业教育转型、线上教育发展等外部环境，把握大势，立足现实，加快建设线上线下融合、教学评研一体的教育服务闭环，在社会效益与经济效益上都实现了突破。在外语教材出版方面，各语种教材的出版体系、支持体系、服务体系和衍生体系日益完善，大学英语、英语专业、职业教育及综合语种教材均实现了较快增长。2018年，外研社高校外语教材市场份额再度攀升，多语种图书出版市场占比继续位居市场第一。在数字资源建设方面，以U

校园、U慕课和U讲堂为代表的开放平台，以iTEST、iWrite、iSpeak为代表的特色产品，正在高校用户和社会用户中得到更多关注和使用。"中国高校外语慕课平台"（UMOOCs）获得第十二届新闻出版业互联网发展大会的"优秀数字教育平台"奖。在外语师资培养方面，高等教育事业群认真落实"立德树人"的教育要求，着力培养高素质、创新型的外语教师队伍。2018年，各部门继续遵循"外语研修+"的理念，开展国内与国际、线下与线上、全国与定制的研修活动，组织不同语种的"教学之星"大赛，策划工作坊、开放周、虚拟教研室等创新研讨活动，提供了丰富多彩的线上研修课程，出版"外语学术核心术语丛书"等提升教师科研能力的学术图书，获得了外语院系的广泛好评，也使外研品牌在全国高校外语教师中深入人心。

面向C端的教育培训业务是外研社超越出版、迈向教育的一大业务支撑。2018年，青少培训、合作办学、学历教育等业务均保持健康快速的增长；教育培训业务服务用户数量持续增长，影响范围不断扩大，与外研社的出版品牌形成正向呼应。

北外国际2018年实现品牌全面升级。E PLUS北外壹佳品牌影响力进一步提升，UNIPLUS北外国际品牌得到社会广泛认可。北京市教委委托的大学帮扶中小学任务完成出色。北外在线积极研究政策走向、筹划业务转型，从"产品"思维向"服务"思维转型，努力向"学历教育和非学历教育均衡发展"方向调整。2018年"网络教育新政策"实施，学历教育招生规模大幅度缩小，但学历教育结构的调整、层次的拓展和非学历业务的积极布局试错，都是为未来新结构业务格局的建设做艰难突破。

2018年年底，外研社根据现状和未来的发展，对业务框架做了调整。集群划分为学前教育事业群、基础教育事业群、高等教育事业群，业务板块更清晰，重点更突出。社委会认为外研社在学前阶段的市场空间是最大的，外研社要加大对学前教育的投入力度，要继续促进线上、线下的融合。汉语出版中心、国际业务中心和文化创意中心单独运营，提高了汉语、国际业务和文创业务的地位，使各业务板块发展更加聚焦。

2018年是我国改革开放40周年。改革开放的40年也是中国外语教育不断发展壮大的40年。全面回顾外语教育历程，深刻总结成就与经验，对建设新时代中国特色社会主义外语教育有重要的意义。2018年12月23日，北京外国语大学举办了"庆祝改革开放40周年暨中国外语教育发展高端论坛"。在论坛上，外研社隆重发布了《改革开放的先声——中国外语教育实践探索》一书。该书作者为中国教育

国家督学、北京外国语大学党委书记、博士生导师王定华教授

科学研究院副院长、研究员、博士生导师曾天山教授和国家督学、北京外国语大学党委书记、博士生导师王定华教授。作者站在国家改革开放和建设发展的高度，从中国教育的视角审视了国家外语教育的重大意义、发展历程、关键政策、重要举措、巨大成就、突出贡献、基本经验和未来发展，全景展示了改革开放40年中国外语教

育的发展历程与所做出的贡献，并提出了未来外语教育的战略规划和制度设计的构想。作为《民族复兴的强音——新中国外语教育70年》的姊妹篇，该书于2019年8月推出第二版。

2019年，外研社继续围绕"坚守主业、守正出新"的发展理念，全力稳固教材市场，创新形式、拓展市场；继续全面建设教、学、测、评、研为一体的教育服务闭环，巩固提升各项服务能力；密切关注形势，积极把握中高考改革所带来的市场机会，积极策划和培育基础学段市场化测评产品，积极把握高等学段学生、教师和院校需求，加强解决方案设计，构建外语学科建设与国际化人才培养共同体；重点发展数字业务，尽快搭建完成符合闭环业务需要的数字产品体系，并同步提升平台运营能力；积极关注《中国英语能力等级量表》发布后的测评业务机会，做好业务布局与应对。

2019年9月6日，为庆祝中华人民共和国成立70周年，回顾并总结新中国外语教育发展70年的光辉历程，"新中国外语教育发展高端论坛暨《民族复兴的强音——新中国外语教育70年》新书发布会"在外研社举行。中国教育国际交流协会会长、教育部原副部长刘利民，教育部高教司副司长徐青森，教育部职业技术教育中心研究所副所长曾天山，北京外国语大学党委书记王定华，北京外国语大学党委常委、副校长袁军、孙有中，以及《民族复兴的强音——新中国外语教育70年》作者代表伊莎白·柯鲁克、陈琳、梁敏、梅兆荣、胡文仲、黄建华、刘道义、张幼云、薛建成、尹卓、文秋芳、冯存礼、龚亚夫、李朋义、史铁强、王守仁、修刚、隋然等出席论坛，论坛由袁军主持。外研社社委会全体成员参加会议。《民族复兴的强音——新中国外语教育70年》回眸新中国成立70年来

中国教育国际交流协会
会长、教育部原副部长
刘利民讲话

北京外国语大学党委书
记王定华向中国教育国
际交流协会会长、教育
部原副部长刘利民赠书

教育部高教司副司长徐
青森讲话

外语教育的发展历程，串联70年来外语教育的重要事件，梳理70年来外语教育的成长脉络，描摹了一幅波澜壮阔、生动鲜活的新中国外语教育画卷。在系统梳理、探究史实的同时，精心遴选了数十位新中国外语教育的亲历者、见证者和引领者，从他们的多维视角，以历史为纲，以外语教育为旨，或口述或转述积累多年的外语学习经验，或阐述或总结教学治学方法，或言传或身教人生处世哲学，经纬交织，娓娓道来，将新中国70年的外语教育史演绎得鲜活而生动，可触且可感。

面向新时代，外研社还将积极迎接教育信息化的浪潮，全力打造北外在线、外研在线（Unipus）、外研社K12（Unischool）、北外壹佳英语（E PLUS）等在线平台，构建和形成"外研社+互联网"的媒体融合大平台。外研社还通过全国基础外语教育研究培训中心、中国英语阅读教育研究院、中国外语测评中心、中国外语教材研究中心、中国职业外语教育发展研究中心等机构推动理论与实践创新，构建产研融合、协同发展的新生态。

# 这十年我们的发展成就 _____

　　这十年，在国家深化文化、教育体制改革和互联网、大数据等新技术对出版业产生冲击和影响的外部环境下，外研社始终坚持党的出版方针，坚守出版主业，探索出版与科技的融合发展，取得了丰硕的成果，先后获得了"中国出版政府奖""先进出版单位""新闻出版'走出去'先进单位"等荣誉。十年来，外研社坚持正确的出版导向，出版了《新一代大学英语》、《大学思辨英语教程》、《汉法大词典》、"新经典"系列教材等一批优质图书，有力地推动了中国外语教育事业的发展。十年来，外研社积极进行融合发展，打造了北外在线、外研在线、外研社K12、北外壹佳英语等在线平台，获批国家新闻出版广电总局"出版融合发展（外研社）重点实验室"。十年来，外研社以学术为引领，成立了中国英语阅读教育研究院、中国外语测评中心、中国外语教材研究中心、中国职业外语教育发展研究中心等机构，推动理论与实践创新。这十年，外研社始终把社会效益放在首位，继续免费培训全国中小学和大学英语教师，成立中国宋庆龄基金会外研文化教育基金，将企业的公益理念落到实处，实现社会效益和经济效益相统一，大力发展与国家教育体制改革相配套的文化教育服务体系。

2019年社领导
班子合影

2019年外研社中层干部合影

外研社被评为2011年度新闻出版"走出
去"先进单位

外研社荣获中国出版政府奖——先
进出版单位

外研社荣膺首都文化企业三十强

外研社被评为2013—2014年度国家文化出口重点企业

外研社被评为2015—2016年度国家文化出口重点企业

外研社荣膺第八届全国文化企业30强提名企业

Unipus数字化教学共同校园被评为2014—2015年度数字出版·创新作品

外研社被评为2019北京图书订货会十佳出版新技术应用企业

# 第五章

# 薪火相传，不忘初心

在改革开放的春风中诞生，在市场经济的风雨中成长，在文化体制改革的大潮中壮大，在文化强国的道路上再攀高峰。伴随着几代外研人的奋勇拼搏和无私奉献，以"记载人类文明，沟通世界文化"为使命的外研社，已经走过了40个春秋。

外研社的40年，也是中国教育改革发展的40年。现在，外研社已经发展成为一个拥有3000多名员工，年销售码洋30多亿元的大型教育文化出版企业，成就了中国出版发展史上的"外研奇迹"，打造了业内外皆有影响的"外研品牌"。

外研社40年的蓬勃发展，靠的是党的坚强领导、紧跟时代的发展战略、深度融合的国际合作策略以及以人为本的企业文化。

本章主要从发展战略、国际合作、企业文化、党的建设四个方面总结了外研社40年的发展经验，以勉励今人，昭示来者。

# 第一节
## 关于发展战略

战略是企业发展的根本性、全局性、方向性问题，事关企业的生死存亡。战略方向错了，投入越多，损失越大。纵观外研社发展的各个阶段，以战略定发展是外研社的基本经验。

从"八五"规划时期的"精品战略"到"九五"规划时期的"以教育出版为中心"战略，从"十五"规划时期的"规模效益战略"到"十一五"规划时期的"信息服务战略"，从"十二五"规划时期的"四轮驱动"向教育服务提供商转型战略到"十三五"规划时期的"教育文化名企"战略，这一系列既符合自身条件又适应环境

变化的发展战略和规划，为外研社30年的发展奠定了坚实基础，保
证了全社的社会效益和经济效益，让外研社实现了跨越式发展。

## 1．精品战略

20世纪90年代后，国内出版
社由100多家增加到500多家，图
书品种由每年1万种增加到10万
种，图书市场相对饱和。外研社
单种图书的征订数和印数不断下
降，导致库存大量积压；加之受
出书范围限制，外研社面对的竞
争尤为激烈。

面对市场的挑战，外研社在
1990年3月首先提出了"在夹缝中
求生存，以质量求发展，向特色

社长兼总编辑李朋义

要效益"的思路，要求全体编辑人员树立市场观念，"心中想着读
者，眼睛盯着市场"。这就是以"压缩品种、优化选题、提高质量"
为主要内容的"精品战略"的基本构想。

1992年，邓小平南方谈话发表，当年秋天，党的第十四次全
国代表大会召开。外研社认真学习、解放思想、应时而动，制定
了《外研社改革与发展综合方案》（以下简称《方案》）。《方案》
明确提出把握"以经济建设为中心"的思想，在坚持社会效益的前
提下，将生产经营放在一切工作的首位，把经济效益搞上去。《方
案》提出了"人员职业化、业务多元化、市场国际化、设备现代

化、管理科学化"的"五化"标准，涉及经营管理体制改革、人事制度改革、分配制度改革等若干方面。在这个《方案》的指导下，外研社准确把握时代脉搏，于不同时期制定实施了正确的发展战略。

后来，社长李朋义进一步对"精品战略"进行了阐述，反复强调"选题是出版社的生命线"。他要求在选题策划上，强化精品意识，靠精品去赢得市场；在选题开发上，讲究超前而不滞后，创新而不守旧，开拓而不仿效；在选题特色上，严格在自己的出版范围内运作，充分发挥资源优势。

"精品战略"的提出，使外研社由追求数量扩张的原始粗放型经营阶段进入追求满足市场需求、提高图书质量的集约型发展阶段。在"精品战略"的指导下，外研社出版了《许国璋〈英语〉》、《新概念英语》、《汉英词典》（修订版）、《朗文当代英语辞典》、《走遍美国》等大批精品图书，逐步形成了精品群和品牌规模。1990年外研社年销售码洋1000万元，到1995年实现年销售码洋1.8亿元，5年时间增长了十几倍。外研社大厦也破土动工，这些都为外研社下一步发展打下了坚实的基础。

以质量为核心的"精品战略"，是外研社持续、快速、健康发展的关键。这一战略首倡于危机之中，为外研社带来了社会效益和经济效益的双丰收，并贯穿外研社发展的始终。10年后的2005年，外研社再一次强调了精品意识："图书出版的精品意识，是指图书的选题、编辑、制作过程中做到精心策划、精心组织、精心编校、精心设计、精心制作，努力做到'人无我有，人有我新，人新我优'。要在充分市场调研的基础上，选择出版知识含量多、思想含量深、信息含量高、原创性强的精品图书，满足读者多样化的需求，构成精品积聚优势。"只有靠精品生存、靠精品发展、靠精品打造出品牌效应，才能在激烈的竞争中立于不败之地，为出版事业乃至整个文化事业做出贡献。

## 2. 以教育出版为中心战略

1999年，国务院批转教育部《面向21世纪教育振兴行动计划》，大学扩招全面实行；同年，《中共中央国务院关于深化教育改革全面推进素质教育的决定》，提出建立新的基础教育课程体系，标志着占垄断经营地位的大中小学教材市场逐步放开。外研社认为，随着教材市场的放开，外语教育领域有了巨大的市场潜力；外研社经过十年发展，已经积累了一大批知名品牌，成功占领了市场；而外研社与北京外国语大学之间的联系使得外研社有资源上的独特优势。

外研社果断提出了"以教育出版为中心"的发展战略。"以教育出版为中心"的内涵是：大学出版社要充分利用大学的资源优势和人才优势，不仅要为我国高等教育服务，而且要为基础教育服务；不仅要为校园教育服务，而且要为社会教育服务；不仅要为学龄教育服务，而且要为终身教育服务。

随着"以教育出版为中心"发展战略的提出，外研社从原来的以一般图书出版为重点转移到以教育图书出版为重点，加大各类课堂教育、技能教育教材的出版力度。外研社此后的发展实践证明，实行这一战略转移对外研社进入21世纪、走向腾飞发展阶段起到了至关重要的推动作用。

　　为落实"以教育出版为中心"的发展战略，外研社决定实行工作室制和项目责任制，将原有的编辑室改组，分别成立大学英语工作室、中小学英语工作室、综合英语工作室和日语工作室，把外语教育真正落实到各种课堂和非课堂外语教育上。2001年，在大中小学教材推广迎来热潮后，为了增强工作室的选题策划能力和市场开拓能力，外研社在原有工作室的基础上，成立了大学英语部、中小学英语部、综合英语部、语言学与辞书部等八大事业部。

　　在"以教育出版为中心"战略的指导下，外研社大举进军大学英语教材市场、中小学英语教材市场，并开免费教材培训之先河。外研社先后出版了《新编大学英语》《当代大学英语》《新视野大学英语》《新标准英语》等精品教材，形成了以幼儿、小学、中学、大学、研究生"一条龙"英语教材为主，辅以语言学与辞书、文学与读物、教辅与测试以及德、日、俄、法、西等几十个语种和对外汉语图书出版的布局。到2000年，外研社年销售码洋已达4.5亿元，比1995年增长了1.5倍。

　　"以教育出版为中心"的发展战略使外研社用了短短5年时间就走过了一般图书20多年的发展历程。外研社有效整合出版资源，综合利用出版、教育和培训资源进行立体化出版，综合竞争力大幅提升。外研社逐步成为中国最大的外语教材出版基地之一，确立了中国外语教育服务"第一品牌"的优势地位。1995年1月，外研社被国家教育委员会评为"先进高校出版社"；1998年12月，被中共中央宣传部和国家新闻出版总署授予"全国优秀出版社"荣誉称号；1999年，被国家新闻出版总署评为"讲信誉、重服务出版单位"。这些变化被新闻界称为"外研奇迹"，并被总结为"外研现象"或"外研模式"。

外研社提出的"以教育出版为中心"战略，确立了外研社业务发展的方向，是外研社发展史上的重要战略转折点，是外研社实现腾飞的一个新起点。

## 3．规模效益战略

2001年，我国加入世界贸易组织，国外资本从多个方面、通过多种手段渗入国内市场，给国内出版行业以前所未有的冲击。随着国家发展民营经济政策的出台，上千家民营书业工作室以打造品牌教辅书为突破口进入出版业务，而全国500多家出版社或多或少也把出版外语书作为发展途径，市场竞争愈发趋于白热化。

面对新的形势变化，社长李朋义认为已有的"精品战略"已经不能满足外研社充分发展的需求，因此提出了"规模效益战略"，即扩大规模、增加效益。在2002年到2003年他四次谈到了规模和效益的关系，指出两者是对立统一的。在新的阶段，外研社要寻求在规模和效益两者之间的综合平衡，要有单个大项目的大投入、大产出，抓重点、出精品，也要有人员、出版物数量和质量、市场占有率、销售空间的大规模，在大的规模中产生大的效益。

通过大力抓选题、抓编校、抓出版、抓发行、抓速度，大胆拓宽出版领域，涉足更多语种、儿童读物、科学领域、电子出版，外研社形成了一个多元化、系列化、立体化的出版框架。在规模和效益不能兼得的情况下，应该先扩大规模、占领市场，然后再争取效益。这一战略的提出，既解决了过去十年中外研社存在的"规模"和"效益"的矛盾，将外研社由"出精品"扩大到了"精品群"，又使外研社横向跨领域，即向汉语、儿童、科学、电子出版领域进行了拓展。

"规模效益战略"使外研社抓住了重要的战略机遇期，通过扩大规模、增加效益，实现了跨越式发展。在"规模效益战略"时期，外研社的人员规模、组织规模、出版规模、发行规模、利润规模和总资产规模都得到迅速的扩张：人员由2000年的不到800人发展到2005年的1330人；在组织架构上，形成了6大职能中心、8大事业部、10个独立法人企业，以及分布全国的16个信息中心；外研社的发行码洋由2001年的6亿元增长到2005年的13亿元；利润从2001年的5600万元增长到2005年的1.6亿元；新建了大兴外研社国际会议中心，外研社总资产突破10亿元。

在取得良好经济效益的同时，外研社社会效益显著。这一时期出版的《现代汉语词典》（汉英双语）、《中国小学英语学习词典》（英汉对照）、《朗文中阶英语词典》（英语版）、《现代汉语规范词典》、"国家地理科学探索丛书"等53部图书获得"国家辞书奖""全国优秀畅销书奖"等国家奖项。2001年，外研社党总支被中共北京市委授予"先进基层党组织"荣誉称号。

## 4. 信息服务战略

进入"十一五"后，中国出版业进入深度调整期，社长李朋义在2005年外研社的一次协调会上提出了"信息服务战略"。这一时期，由于政策的原因，教育出版利润下滑，教材出版竞争更加激烈；大型出版集团改制上市，国际出版巨头对国内出版业的渗透进入实质阶段；教育培训市场兴起。面对新一轮的产业升级和业务转型，外研社又一次到了发展的十字路口，必须未雨绸缪。"以出版为中心，以教育培训和信息服务为两翼，数字化出版，产学研结合，把外研社打造成一个教育综合服务平台"的"信息服务战略"
正是在如此巨大的压力之下提出的。它在确保外研社坚持导向、挺
拔主业的同时，扩大规模，增加效益，盘活资源，坚持转型，开辟
了新的业务增长点。

以出版为中心，即不断强化外研社在传统出版领域的领先地
位。以教育培训和信息服务为两翼，即依托北京外国语大学强大的
外语资源优势，使外语出版和外语教育联动，实现外语出版产业链
的延伸；信息服务则是从另一翼，通过信息化手段、数字化出版，
进一步整合外语资源，打造新的商业模式。通过产学研结合，外研
社将不仅是出版物的生产中心，也将成为学习培训中心和外语教育
研究中心。

在"信息服务战略"的引领下，外研社成功应对国内外竞争，
加快结构调整、转变增长方式，实现了持续发展。截至2010年，外
研社总资产达到16亿元。2008年，外研社以22.29亿元的品牌价值
入选"中国500最具价值品牌"。同年，外研社被国家新闻出版总
署评为"国家一级出版社"，并被授予"全国百佳图书出版单位"
称号。

这一时期，外研社主业挺拔，市场规模不断扩大。发行码洋从
2005年的13亿元增长到2010年的21亿元，大学英语教材市场占有率
达到50%，一般英语图书市场占有率达到24.18%。"五卷本英国文
学史"、《新编大学英语》等43部图书获得"中华优秀出版物奖""大
学出版社优秀畅销书奖""输出版优秀图书奖"等重要奖项，《汉语
800字》（手机版系列）等电子音像制品获得"中国出版政府奖音像
电子网络奖"。培训和数字新业务探索有力，北外在线培训、电子

分社数字出版、数码产品点读笔等取得了良好的经济效益。

### 5."四轮驱动"向教育服务提供商转型战略

2007年，社长李朋义调任中国出版集团公司党组书记兼副总裁，于春迟接任外研社社长。

在持续实施"信息服务战略"的同时，于春迟社长提出，以实施ERP项目和优化人力资源体系为两大系统工程，修炼管理内功，强化出版社的核心竞争力；以强化出版主业和拓展新业务为两大战略重点，继续打造以教育出版为主线、以数字出版和教育培训为支持的业务体系，"四轮驱动"向教育服务提供商转型。

"四轮驱动"战略的具体内容包括：上马ERP系统，从"靠领导推动"转化为"靠流程推动"；推行基于绩效的人本管理；强化出版主业，为新业务提供"源头活水"；开拓新业务，在品牌、资源上与出版主业良性互动。

社长于春迟

"四轮驱动"战略全面提高了外研社的管理水平，增强了抗风险能力，使外研社在国内出版领域继续保持领先地位，并且大力推进外研社更快更好地向新业务转型。

"十二五"初期，蔡剑峰接任外研社社长。"十一五"期间，国务院通过《文化产业振兴规划》，强调坚持以结构调整为主线，加快推进重大工程项目，扩大产业规模，增强文化产业整体实力和竞争力。随着由政府主导的产业结构调整的大力推进，出版数字化全面加速，资本市场的影响持续加剧，出版业处于一场深刻的变革之中。

蔡剑峰进一步明确了外研社"向综合教育服务提供商转型"的战略。为此，外研社提出了两个努力方向：第一，尽可能维持或延长传统出版主业的高峰状态，变成熟为成长；第二，面向出版数字化和教育服务化的愿景，及早转型，由"产品公司"转型为"解决方案公司"。以基础教育事业群、高等教育事业群和阅读事业群三大集群的组建为发轫点，外研社迈出了改革转型的步伐。

"向综合教育服务提供商转型"战略使外研社的发展跃上了一个新的台阶。"十二五"期间，外研社的发行码洋由21亿元增长到32.86亿元；总资产由16亿元增长到27.2亿元。外研社的社会效益日益显著，品牌建设卓有成效，新业务发展取得阶段性成果。一个重新定义边界，以教育和技术、传统和数字、产品和服务相结合的外研社教育服务体系逐步形成。

## 6．教育文化名企战略

进入"十三五"，我国经济全面进入"减速增质"的新常态。出版业呈现新的发展趋势：一是"国字头"出版传媒集团、地方上市出版集团业务版图大踏步扩张，凸显规模优势，释放资本红利；二是从"中国制

社长蔡剑峰

造"到"中国创造",打造文化软实力;三是数字时代,互联网全面渗透改写商业模式,推动跨界融合,为产业"增质""增值"。

面对新形势,外研社提出了"坚守出版,发展教育,探索并布局文创,建设国内领先、国际知名的教育文化企业"战略。努力将外研社打造为国际化的教育文化集团。在此战略指导下,外研社一方面坚守主业,对经典教材《新编大学英语》、《新视野大学英语》、《英语》(新标准)进行修订,出版"高等学校翻译专业本科教材"、《新标准商务英语综合教程》等新编教材,确保主业稳固;另一方面,进军数字化领域,成立全资子公司外研在线,搭建以外语教育为特色,集学习、教学、测评、科研、合作交流于一体的线上共同校园,建立中国高校外语慕课联盟,推出国才考试,进入教育、培训和文创领域,积极开拓新业务。新时代,外研社的出版业务复合扩张,新业务成绩斐然,共同支撑出版、教育、文化三大业务板块持续稳定增长。

2017年10月,北京外国语大学党委任命总编辑徐建中同志主持外研社工作。徐建中主持全面工作后敢于担当大任,善于稳定大局;党总支书记王芳带领党员群众坚定理想信念,积极主动作为。在全社的努力下,外研社重回健康良好的发展轨道。徐建中所提出的外研社能力建设的内容——内容生产力、技术驱动力、营销竞争力、生态融合力、平台链接力、人员效益力、职能管控力、企业盈利力等"八力"建设,实际上已成为外研社新的发展战略。

这一时期,外研社继续创造新业绩。2018年实现销售收入26.44亿元,比2015年的18.16亿元增长了46%。《汉法大词典》荣获第四届中国出版政府奖图书奖,《大学思辨英语教程》、《新视野大

总编辑徐建中（主持工作）

学英语听说教程》、《新生代英语》、"新经典外语"等一批新教材成
为拉动业务增长的新生力量。

这一时期，外研社的努力得到了各级政府和各行业的认可，获
各级、各领域奖项近30个。

## 结语

40年来，外研社持续、稳定、健康、快速的发展，得益于《外
研社改革与发展综合方案》的指导，得益于制定和实施了一系列正
确的发展战略和规划。

历任外研社的领导者正是战略的谋划者和执行者。他（她）们
既当战略家，又当操盘手，既有长远的战略眼光和目标，又有务实
的精神和干事的本领。回顾制定发展战略的经验，李朋义概括了四
句话：不动摇，坚持抓方向；不争论，埋头搞发展；不犹豫，坚决
搞调整；不保守，大力搞创新。不动摇，坚持抓方向，就是要始终
强化政治意识、大局意识、核心意识、看齐意识，坚持正确的出版
方向；不争论，埋头搞发展，就是要坚持解放和发展生产力，增强
外研社的经济实力和综合发展能力；不犹豫，坚决搞调整，就是要

根据内外环境的变化，不断地调整变革；不保守，大力搞创新，就是要与时俱进地解放思想，更新观念，创新求变。

## 第二节
## 关于国际合作

国际合作是外研社出版业务的一个重要特色。自1983年签订第一项涉外图书版权合同以来，外研社国际合作项目已占全社全部出版项目的50%。其中，输出图书版权1000余种，签约海外作者300多位，与700多家海外出版机构建立和发展了合作关系，建立的海外出版机构和海外中心遍及欧、美、澳和东南亚等地。2018年，国际合作项目销售收入占全社总销售收入的50%。

伴随着改革开放的历程，外研社领导班子带领外研人经过艰苦实践，探索出了国际合作的三类模式：一是通过引进优秀版权，搭建了教材、辞书、工具书、读物、学术、数字化等几条产品线，完善了产品布局；二是定制本土化产品，让外国出版物更适合中国读者，拓宽了选题空间和出版空间；三是探索产品和版权输出，以40多种语言输出图书版权千余种，扩大了国际话语权和影响力。

正是通过多种探索、实践丰富的国际合作，外研社才从小到大、由弱到强地发展起来。也正是通过国际合作，外研社得以从国际先进的出版经验中汲取养分，逐步形成一套适合自己的发展思路和发展风格。

## 1．引进优秀版权，拓宽出版空间

改革开放初期，由于经济、政治、文化、国际交流等各方面对于外语交流的迫切需要，我国全面掀起了学习外语的热潮。为满足国人的外语学习诉求和解决学习材料严重不足的问题，少数出版社开始尝试引进国外的优秀图书。在版权引进这个陌生的领域，外研社走在了探索的前面，通过一段"摸着石头过河"的经历，为国人学习外语、拓宽视野"打开了世界的大门"。

1983年，在总编辑林学洪的努力下，外研社与牛津大学出版社签署了《牛津初级英语学习词典》和《牛津英语用法指南》这两本书的授权协议。这是外研社签署的第一份国际合作协议，也是外研社在中国还没有加入《世界版权公约》和《伯尔尼公约》的背景下便开始尊重版权的标志。此举赢得了牛津大学出版社的信任，随后外研社与其"学术与普及部""英语教学部""双语词典部"逐步开展各项合作。

自此，外研社逐步展开了与国外各大出版社的全面合作，并确定了"尊重版权、规范合作、讲究信誉"的国际合作原则。在中国加入《世界版权公约》和《伯尔尼公约》之前，外研社已凭借良好的信誉和广泛的合作占得先机，走出了"引进优秀版权"的出版新路。

为更加专业地引进版权，丰富和扩大产品线，外研社于1992年成立了国际合作部，专门负责国际交流合作事宜。为了满足不同层次外语学习者的需要，外研社提出"书架工程"，陆续从朗文出版公司引进了《朗文英语语法》《朗文英汉双解词典》；从牛津大学出版社引进了"经典世界文学名著丛书"系列，《牛津实用英语语法》等；从剑桥大学出版社引进了语言学习类教材；从西蒙与舒斯特出版公司引进了《西蒙初级英语语法》《西蒙中级英语语法》《西蒙高级英语语法》等；从兰登书屋引进了《兰登书屋韦氏美语学习词典》。除图书版权外，音像、数字等产品的版权也被纳入引进范围。1993年，外研社与瑞士希莫兹咨询公司及中央电视台合作推出英语教学节目《维克多英语》，当年便发行该节目配套用书25万套。同年，外研社与各地电视台合作，引进了美国麦克米伦公司的《走遍美国》，配套教材发行达百万套。此后，外研社又成功引进了英国广播公司的《走向未来》，面市当月平均每分钟售出12套。外研社成为我国引进和制作外语电视教学节目最多的出版社。这些电视外语节目为外研社赢得了很高的社会效益和显著的经济效益。

"引进优秀版权，拓宽出版空间"是外研社国际合作的主要模式。2000年以后，优秀版权引进图书呈现井喷式增长。从剑桥大学出版社引进的《剑桥国际英语教程》《剑桥国际少儿英语》《剑桥国际儿童英语》，覆盖全年龄段，撑起了外研社培训教材体系。从牛津大学出版社引进的"书虫"系列、"斑斓阅读"系列、"丽声英语分级读物"系列，使用人数近千万，长销不衰，至今仍在不断更新和扩大产品线。从麦克米伦出版集团引进的《〈自然〉百年科学经典》开辟了外研社科学出版新领域。

外研社通过引进国外优秀的图书版权，不仅为国内读者打开了一扇学外语看世界的窗口，也扩展了自身的产品线，创造了可观的经济效益。在引进版权的同时，外研社始终不忘服务社会主义精神文明建设。对外研社来说，国际合作项目不只是单纯的商业贸易，

同时也负载了相应的文化使命，在实现经济效益的同时也时刻不忘
社会效益。

## 2．定制本土产品，创新合作模式

由于具体国情与文化背景的差异，在各国众多优秀出版物中，
能够直接引进版权、合作出版的仍然有限。为了实现更深层次的国
际合作，外研社开始探索将国外出版物本土化，使之能够更加符合
中国读者的需求。

1997年出版的《新概念英语》便是为中国读者定制出版物的一
个典型。它是外研社社长李朋义和朗文出版亚洲有限公司董事长沈
维贤携手，邀请《新概念英语》作者亚历山大及其夫人朱莉娅与中
国专家何其莘教授联袂为中国英语学习者专门修订的英语教材。该
书一经问世，便畅销不衰，形成一个涵盖出版、培训、赛事等多项
内容的"新概念英语"产业，在中国培养了一大批"新概念迷"。"新
概念英语"产业实际上是由"版权合作"向"项目合作"的迈进，也
是合作模式的进一步创新。双方从临时性的具体项目战术合作，发
展为长期的、全面的战略合作，优势互补，获取了更大的市场利益。

《新概念英语》这种"实力联姻、深度合作"的创新合作模式，
讲求的是双方优势的重新组合。以优秀选题为母体，针对特定的市
场推出针对性的新生代产品。基于《新概念英语》的成功，外研社
意识到了国外出版公司强大的作者资源、选题资源和品牌影响力。
单一引进版权不如利用国外出版公司的声誉和强大实力，共同策划
适合国内读者的新产品。

2000年，外研社与英国麦克米伦教育出版集团合作出版的《新

标准英语》就是双方共同策划选题、联合组稿、协同出版的典型案例。双方根据国内英语课程标准和中小学生英语学习的实际需求，从无到有策划出国内第一套小学、初中、高中、大学"一条龙"系列英语教材。较高的质量和完备的配套体系，让这套教材拥有了4000万的中小学生使用者，累计销量达7亿册。这是社长李朋义和麦克米伦教育出版集团总裁白德信创造的共同投资、共建中英两国作者队伍、共同营销的成功案例。我国著名英语教育家陈琳教授和国际著名英语教学和教材编写专家葛一诺教授及其作者团队为此付出了巨大的努力。

此后，外研社与大量国际知名出版公司，如牛津大学出版社、剑桥大学出版社、西蒙与舒斯特出版公司、兰登书屋等开展了类似合作，为中国读者量身定制了一大批优秀教材、读物和工具书。外研社与这些出版集团的负责人建立了良好的合作关系和深厚感情，使这种合作基础更加巩固。

外研社"实力联姻、深度合作"的创新合作模式也充分注意了国际交流中"以我为主"的合作方针。首先是选题规划阶段，由外研社根据国内的政策和市场的具体情况充分体现中国的特色；其次在合作阶段，外研社凭借实力和影响力，维护其主导者的权益；最后是出版阶段，由外研社科学分析，决定产品的内容和形式，对方参与配合。这一合作方针成为外研社国际合作中的宝贵经验。

### 3. 实施"走出去"战略，借船、造船、买船三步走

2000年之前，我国的版权引进和输出之比大体上是15：1，巨大的贸易逆差在一定程度上反映了中国传统文化在世界舞台上相对

弱势的状态。步入新世纪后，在中国加入世贸组织和成功申奥的大背景下，全球形成汉语热，对外汉语和对外文化出版显示出巨大的市场潜力。外研社围绕大规模的对外汉语图书、教材、工具书等出版物，进行全新的国际营销与推广。社长李朋义提出了"借船出海，让产品走出去；造船出海，让实体走出去；买船出海，让资本走出去"的国际合作战略，实现了出版战略的重大转移。

"借船出海，让产品走出去"是实施"走出去"战略中具有开拓性的一步，即借用国际知名出版机构畅通的海外渠道"借船出海"，让产品走进国际市场。

在探索"借船出海"走出去时，外研社借鉴了国外出版社进入中国的经验，抓住内容和渠道两个关键点。在内容方面，认真分析国际市场，邀请国际专家共组选题，密切合作。在渠道方面，利用合作方优势，直接进入海外主流销售渠道。目前，这种"借船出海，让产品走出去"的模式正在不断扩大，进入了良性循环。

外研社与麦克米伦出版有限公司合作出版的《走遍中国》就是"借船出海"走出去的一个典型案例。这套教材的编写由中外双方共同确定作品选题、按约定分别进行投资、共同取得收益、按约定比例分配利润。双方共同经营国际市场，除英语外，已经输出了俄语、西班牙语、保加利亚语、波兰语等多个语种的版本。这次合作充分利用了外研社的优势出版资源与麦克米伦公司的强大运营模式和销售渠道，无论是"走出去"的力度、规模、还是回报，均取得了显著效果。

近年来，外研社的"借船出海"更加注重"中国内容，母语底蕴，国际传播"。2013年启动的"中华思想文化术语传播工程"的核心任务就是整理、译介能够反映中国人话语体系与核心价值观的思想文化术语，从而更好地与世界开展交流。

经过多年实践探索，"借船出海"硕果累累，已经成为外研社产品和版权输出的主要模式。《李岚清教育访谈录》（英文版）、《中国文化读本》、"中华思想文化术语研究丛书"、《中国经济改革发展之路》等涵盖语言、文化、学术等各领域的40多个语种近千种图书陆续以类似的方式走向欧洲、美洲、东南亚以及"一带一路"沿线的众多国家。其中，《汉语900句》以29个语种出版，在世界50个国家发行，一年之内全球销量达40 000套，成为外研社实施"借船出海"战略的标志性项目。2017—2019年外研社年度版权输出品种连续三年突破200种，社会效益和经济效益在全国单体出版社中名列前茅。

"造船出海，让实体走出去"是"走出去"战略中转型的一步，即通过海外投资、创办实体、成立主题编辑部等多种形式登陆海外市场。通过本地化运营，实现了"造船出海，让实体走出去"。

2005年，外研社与培生教育出版集团、麦克米伦教育出版集团签署了"对外汉语出版工程"海外合资公司备忘录，迈出了由"借船出海"转型到"造船出海"的脚步。

党的十八大以来，外研社积极响应国家文化"走出去"的总体要求和"一带一路"倡议，造船出海走出去的步伐越来越大。2014年，外研国际文化教育有限公司在伦敦注册设立。2015年，外研社与牛津布鲁克斯大学合作成立了孔子学院，这是国内出版单位在海外创办的唯一一所孔子学院。2017年和2018年，外研社先后在保加利亚、波兰、法国、尼泊尔、白俄罗斯设立中国主题编辑部。2018年，外研社自主研发的英语学习教材和分级读物如"悠游阅读"系列和"丽声北极星"系列，输出到"一带一路"沿线国家，特别是阿拉伯和东南亚。

在多方资源汇聚的基础上，外研社陆续建设或参与建设了中华思想文化术语传播工程平台、中国-中东欧国家出版联盟平台、中华文化与学术外译平台、一带一路国家语言服务平台等，巩固和拓展了与国际出版机构的双向合作，自身国际化水平不断提高。

在"造船出海，让实体走出去"的过程中，外研社始终坚持"内容为王"的原则，在成立实体公司和编辑部时，牢牢地将内容资源掌握在自己手里，为后续开发教育、培训等增值业务做准备。同时，外研社在合作中，注意扬长避短，充分发挥多语种翻译出版的优势，最大限度地节省了人力物力，加快了出版流程。

"买船出海，让资本走出去"是"走出去"战略中迈向未来的一步。这尚属外研社的远景规划，但却是外研社真正意义上的走出去。外研社的体会是：中国出版要实现国际化，最根本的还是要通过资本运作，并购、收购国际出版公司或国际出版公司的股份，真正走向国际出版舞台。这不仅仅是中国产品走向国际，而且是中国出版企业从出版视野、管理水平到出版市场驾驭能力的全面升级。只有真正拥有国际化公司，才能有更合适的资源把中国文化用海外读者熟悉的方式介绍给世界。

当前，中国出版企业正大步走向国际市场，外研社凭借长期积累的国际合作优势又一次站在了中国文化"走出去"的前列。虽然任重而道远，但所迈出的步伐是扎实的。外研社希望通过兼并、联合、重组等一系列国际化措施，进行真正的国际化合作。而外研社的核心价值体系、文化价值观，潜移默化地蕴含在产品之中，蕴含在对国际企业运作理念当中。通过借鉴外国出版企业的经验，利用他们的国际化出版人才，进行我们自己在国际上的运作。这样，中国出版界才能真正成为国际市场的竞争主体。

## 4. 国际合作大见成效

改革开放的40年也是外研社发展壮大的40年。在国家文化强国战略的指引下，在文化大发展大繁荣的总趋势下，外研社坚守外语优势，不断积累经验，国际合作大见成效。

### 4.1　建立了自己的专业化、国际化队伍，培养了一批骨干人才

1992年外研社国际部成立之初，只有两人，主要负责引进版权和支付版税。随着业务发展的需要，外研社通过选送员工到国外留学，邀请国外优秀专家来华授课，派遣员工到合作公司学习、工作等方式，逐渐培养出了自己的专业化、国际化队伍。

这支队伍承担全社国际选题收集、引进/输出版权、建立和维护国际合作关系、市场调研以及组织参加海外展会等工作。这些工作涵盖了出版的方方面面，极大地锻炼了员工的能力，为外研社培养了一批骨干员工与核心力量。一些社级领导干部如于春迟、蔡剑峰、王勇等都是从国际部选拔上来的，诸如宋微微、侯慧等一批中层干部也是从国际部培养出来的。

国际部这支团队的建立和成长离不开社领导的引领、培养与提拔。李朋义本身就是一位专业化、国际化的出版人。他本人留学英国，深受西方文化的熏陶和影响，谙熟国际合作规则，担任德国法兰克福书展国际顾问委员会委员、英国文化教育协会中国英语教育咨询委员、国际出版商协会执委会委员、亚太出版协会副主席等职

英国牛津布鲁克斯大学校长
格拉哈姆·阿普顿（Graham
Upton）教授向李朋义社长授
予荣誉博士学位

务，在国际出版界有很强的影响力。国家新闻出版署原署长于友先在英国牛津布鲁克斯大学授予李朋义荣誉博士学位的仪式上说道："李朋义以创新实干的精神带领外研社取得了突出的成绩，他在推动中国出版业市场化进程，以及推动中外出版的合作交流方面做出了重要贡献。无论是工作业绩还是职业风范，李朋义都堪称出版界学习的榜样，他被布鲁克斯大学授予出版学荣誉博士当之无愧，这不仅是李朋义个人的荣誉，也是中国出版界的荣誉。"

在国际化人才队伍的培养上，外研社有一套成熟的经验。首先，在国际人才的选拔上，外研社认为应该从外语专业人才中去选择。在外语功底扎实的前提下学编辑、出版、发行、国际合作等行业知识比较容易。反过来，如果有扎实的出版、发行功底，再精通一门外语却不容易，很难达到顺利谈判甚至与合作方交流感情的程度。而感情交流在国际合作中是很重要的，是取得对方信任的重要保证。正是因此，外研社的历任社长都具有外语专业背景。其次，在人才的培养上，一方面通过派遣员工国外留学的方式，提升人才的专业技能和视野；另一方面，选送骨干员工到国外的大型出版企业交流，如牛津大学出版社、剑桥大学出版社、麦克米伦出版有限公司、培生教育出版集团等，学习国外先进的出版经验。目前外研社国际部有版权经理11人，都具有外语专业学术背景和硕士学位。国际部平均每人每年引进优秀版权百余种，输出版权20余种，可以说外研社的国际部在国内出版业中是最为成熟和专业的国际化队伍之一。

在充分培养和储备本社人才之外，外研社还团结了一大批海外资深作家、翻译家、汉学家、出版家等。他们不仅为外研社的国际合作做出了重要贡献，也为中外出版和交流提供了智力支持。

### 4.2 国际地位逐年提高，建立了成熟稳定的国际合作伙伴关系

在外研社刚刚走出国门时，因为影响力有限，在国际合作谈判过程中处于相对弱势的地位。从1995年第一次参加法兰克福书展起，外研社就加快了国际合作步伐。1997年与英国朗文出版公司合作出版《新概念英语》；2001年与英国麦克米伦出版公司合作编写《新标准英语》；2004年与培生教育出版集团合作出版《李岚清教育访谈录》（英文版）；2005年与培生教育出版集团、麦克米伦教育出版集团签署"对外汉语出版工程"海外合资公司备忘录；2006年与汤姆森学习出版集团合作出版《汉语900句》；2006年与麦格劳-希尔教育出版公司合作出版《我和中国》；2008年与哈珀·柯林斯出版集团共同启动《新世纪英汉大词典》项目；2009年与牛津大学出版社发布《突围——国门初开的岁月》（英文版）。通过以上的合作出版，外研社同国际出版机构的合作关系越来越稳定。

这一系列"大投入""大产出"的举措引发了海内外媒体的关注。英国《书商》杂志曾以"中国登上世界舞台"为题，头版头条

报道了外研社与培生教育出版集团、麦克米伦教育出版集团的"对外汉语出版工程"海外合资公司备忘录签署仪式。中央电视台为此邀请李朋义社长做客《对话》栏目，畅谈中国文化"走出去"。外研社的国际地位越来越高，与主要的国际出版巨头如培生教育出版集团、麦克米伦出版有限公司、牛津大学出版社、剑桥大学出版社、圣智学习集团、麦格劳-希尔公司、哈珀·柯林斯出版集团以及法国、德国、日本、韩国、加拿大、澳大利亚等几十个国家和地区的近700家出版社建立了良好的合作关系。2018年至今，在徐建中、王芳为首的社领导带领下，外研社的合作伙伴又扩展到了"一带一路"沿线国家，如波兰、保加利亚、白俄罗斯、马来西亚、匈牙利等国，并在这些国家建立了海外中心。

### 4.3　实现了社会效益与经济效益的双丰收

在引进/合作优秀版权方面，以外研社的经典品牌《新概念英语》、《新概念英语青少版》、"书虫·牛津英汉对照读物"、《新标准英语》、"丽声拼读故事会"、"大猫英语分级阅读"、《多维阅读》、《走遍美国》、《走向未来》、《剑桥国际英语教程》、《剑桥国际少儿英语》、《牛津英汉双解小词典》、《朗文当代高级英语辞典》等为例，每个套系销量至少在百万册以上，有的数以亿计。它们在取得巨大经济效益的同时，也获得了"全国优秀畅销书""60年60本最具影响力英语教育出版物""中国大学出版社图书奖优秀畅销书一等奖""全国高校出版社优秀畅销书一等奖"等多种国家级奖项，取得了良好的社会效益。

在输出版权方面，外研社输出了上千种出版物，涵盖中国文化、中国学术、对外汉语等几大类。党的十八大以来，外研社输出40多种外语图书版权近600种，版税收益超1000万元，仅2018年就输出版权236种，收入170万元。其中以《在彼处——大使演讲录》《梁思成与佛光寺》《天桥》《火焰与词语——吉狄马加诗集》等为代表的优秀出版物入选经典中国国际出版工程。《突围——国门初开的岁月》《走遍中国》《中国经济改革发展之路》《北平历史地理》《汉语900句》等图书多次荣获"输出版优秀图书奖"。《走遍中国》《中国文化读本》《中华思想文化术语》平均获得了5个以上的国家级奖项，更是其中的杰出代表。这些优秀出版物，有力地提高了外研社在国内外出版界的知名度和影响力，也为中国文化"走出去"做出了贡献。

在国际项目方面，外研社是目前承接政府互译项目最多的国内出版企业之一。在承接的中国-阿尔巴尼亚、中国-葡萄牙、中国-

2019年中罗图书互译出版项目合作签约仪式，中宣部进出口管理局副局长赵海云（左五）和北京外国语大学党委副书记胡志钢（左六）出席仪式并讲话

以色列、中国-斯里兰卡四个项目框架下，已累计出版12部图书。
2019年，中国-罗马尼亚互译出版项目正式签约。2018年北京国际
书展期间，外研社还在中宣部、外交部的指导下，联合国内和中东
欧国家的20余家出版机构，联合发起成立"中国-中东欧国家出版
联盟"，总编辑徐建中任该联盟理事长，为中国和中东欧出版机构
的交流合作搭建平台，在推动版权贸易、拓展营销渠道、构建人才
队伍等多方面发挥引领作用。

　　数据显示，外研社累计获得国家和北京市各类政府"走出去"
项目和奖励200余项，连续十年、五次被评为"国家文化出口重点
企业"，荣获国新办和国家新闻出版广电总局联合颁发的"中国图
书对外推广计划特别贡献奖"，并被北京市新闻出版广电局评为首
都新闻出版广电"走出去"示范企业。

## 5．关于开拓国际市场的几点思考

　　对于国际市场的开拓，外研社提出了四点思考。

　　第一，要具备世界眼光。不能局限于传统的出版思维，要开拓
视野去了解世界出版的大势和潮流，要详细学习世界各大出版公司
的经营战略，才能融入国际出版的主流社会。在内容上，应充分结
合对象国的需求，注意海外读者的思维方式和行为习惯，打造有文
化共鸣的产品；在发行、推广、物流等环节上应全面本土化，进入
对象国主流渠道；在商业模式上，要在"以我为主"的前提下，采
取国际出版商认同的合作模式。

　　第二，要有充分的实力积累。进入国际市场的门槛很高，只有
从出版视野、管理水平、市场驾驭能力等方面全面升级，才能在国

际视角下出版优秀产品，建立适应国际化、市场化的体制机制，才能真正进入国际市场并站稳脚跟。

第三，首先要了解外国文化。在2006年法兰克福书展期间，社长李朋义应邀参加美国哈珀·柯林斯出版集团组织的国际出版人酒会。参加酒会的各国出版人从首相选举聊到红酒文化，彼此充分沟通，为接下来的合作打下良好的基础。李朋义总结道：这就是外国的文化，想要进入外国的出版圈子，就必须既坚持中国的传统文化，又尊重外国人的行为方式。其次要有耐心，必须舍得花时间和精力去沟通，建立充分的信任。《〈自然〉百年科学经典》版权谈判，就是社长李朋义和他的同事通过一顿长达六七个小时的晚餐，取得合作方英国自然出版集团的信任而顺利签约的。同样基于信任，外研社与麦克米伦公司《新标准英语》的备忘录最初只是写在信封后面的几句话。尽管要面对降价、租型和各种市场变化带来的挑战，双方都做出了妥善安排。在项目实施三年后，外研社和麦克米伦公司才签署了正式协议。

第四，要坚持"以我为主"。坚持以中华文化为主，以党的教育方针、出版方针为主的原则。国际合作出版必须坚持"立德树人、为社会主义现代化建设服务、为教学科研服务、为人民服务"的教育方针和出版方针。在关键问题上绝不让步，做到对读者和历史负责，对自身长远发展负责。

## 结语

党的十八大以来，以习近平同志为核心的党中央高度重视国际传播能力建设，强调"要努力提高国际话语权。要加强国际传播能

力建设，精心构建对外话语体系，发挥好新兴媒体作用，增强对外
话语的创造力、感召力、公信力，讲好中国故事，传播好中国声
音，阐释好中国特色"。习近平总书记在十九大报告中强调，要以
"'一带一路'建设为重点，坚持引进来和走出去并重，遵循共商共
建共享原则，加强创新能力开放合作，形成陆海内外联动、东西双
向互济的开放格局"。

　　经过40年的磨砺，外研社国际合作业务在"引进来"和"走出
去"两方面积累了丰富的经验。在"引进来"方面，外研社采取了
引进优秀版权与国外公司深度联姻、定制本土化产品两种模式，以
外语为特色，涵盖了汉语出版、科学出版、少儿出版等领域，开拓
了引进国外优秀出版物的一条特色道路。

　　在"走出去"方面，"借船出海"让外研社的优秀图书和版权
走向国际主流市场；"造船出海"与当地合作方建立实体，版权、
项目输出更加直接和方便；"买船出海"通过资本运作，让企业真
正走向国际舞台。

中国外语教育发展与出版高端论坛暨外研社40周年国际合作颁奖仪式

在中国特色社会主义进入新时代的新的历史时期，外研社将秉承"记载人类文明，沟通世界文化"的企业使命，不断加快国际合作步伐。这不仅是外研社发展的必由之路，更是外研社为促进中国文化与世界对话的社会担当。

## 第三节
## 关于企业文化

从语源上说，"文"是文章、文采、人文，是企业表露于外的，为人所感知的和有脉理可循的；"化"是教化、感化，用潜移默化的方式引导、影响人们发生变化并形成良好习惯。"文化"，简单地说，就是用"文"去"化"，或者是用"文"的内容去教化、感化。"化"可以理解为一种氛围、方式。

"企业文化"一词源于英语"corporate culture"。价值观、行为准则、经营理念、企业精神、人才战略等构成企业文化的核心内容，是企业为生产经营管理而形成的观念的总和，是一种以人为中心的企业管理理论，它是企业管理中的软实力。

据此，企业文化可以作广义与狭义两方面的理解：狭义指企业的内在精神与价值观念，广义则包括企业的发展目标与经营战略、企业的形象与制度设计、企业的管理理念与文化氛围、企业的历史传统与思维习惯等。这里所说的企业文化是广义上的文化，包括外研社的企业使命、历史传统、战略目标、日常管理与氛围等。下面从精神文化、物质文化、制度文化、社会担当四个层面对外研社40年的企业文化进行总结和探究。

## 1. 外研社企业文化之精神文化建设

外研社建社以来以"记载人类文明，沟通世界文化"为企业的初心和使命，以振兴民族外语教育、推动社会文明进步为己任，立志建成大型教育文化集团，以跻身于世界先进出版之林，代代相传，奋斗不息。

"记载人类文明，沟通世界文化"，是外研社对于社会进步、人类发展、文明传承所承担的庄严责任，是外研社坚持以高品质的知识创造和文化传播引领读者的不变初心。习近平总书记在2019年亚洲文明对话大会开幕式上指出："每一种文明都是美的结晶，都彰显着创造之美。一切美好的事物都是相通的。人们对美好事物的向往，是任何力量都无法阻挡的！各种文明本没有冲突，只是要有欣赏所有文明之美的眼睛。我们既要让本国文明充满勃勃生机，又要为他国文明发展创造条件，让世界文明百花园群芳竞艳。文明之美集中体现在哲学、社会科学等经典著作和文学、音乐、影视剧等文艺作品之中。现在，大量外国优秀文化产品进入中国，许多中国优秀文化产品走向世界。中国愿同有关国家一道，实施亚洲经典著作互译计划和亚洲影视交流合作计划，帮助人们加深对彼此文化的理解和欣赏，为展示和传播文明之美打造交流互鉴平台。""交流互鉴是文明发展的本质要求。只有同其他文明交流互鉴、取长补短，才能保持旺盛生命活力。""我们应该以海纳

振兴民族外语教育，推动社会文明进步

不同文字书写的"记载人类文明，沟通世界文化"

百川的宽广胸怀打破文化交往的壁垒，以兼收并蓄的态度汲取其他文明的养分，促进亚洲文明在交流互鉴中共同前进。"

出版是人类文明传承和发扬的重要方式，是不同文明交流互鉴的重要载体。外研社以"记载人类文明，沟通世界文化"为使命，与700多家国际合作伙伴不断进行着交流与合作，推出了《新标准英语》、《新概念英语》、《剑桥国际英语教程》、"书虫·牛津英汉双语读物"、"大猫英语分级阅读"等精品图书，以及其他教材、读物和词典，在中国出版市场上打造出一个又一个经典品牌。同时，介绍中国建设成就、优秀传统文化的主题出版物从外研社走向海外，让世界更全面、立体地了解真实、美好的中国，为中外文化融通与文明互鉴搭建了交流与合作平台，成为中外文化沟通的"桥梁"。

40年的发展过程中，外研社一直大力弘扬"求真务实、开拓进取、团结协作、无私奉献"的企业精神、"正直、担当、合作"的核心价值观和"方正有爱、苦干实干、坚忍创新"等优良传统，紧紧将全体外研人的精神凝聚在一起。

"正直、担当、合作"是外研社的核心价值观，它既是外研社发展经验的总结，又是发展战略得以贯彻、实施的保障。强大的共同价值观是维持一贯的企业文化、确保企业凝聚力的关键所在。

"正直"是势。外研社是外研人共同的精神家园。外研人爱家、护家、建家，把企业的事当作"家事"。外研人把创家业当作自己的事业，不留私心，不畏艰难，不讲条件，尽心尽力。外研人有着全身心投入的敬业精神，有着对文化工作的高度责任感和使命感，有着高度的职业素养、职业精神和职业态度，有着对企业发展的执着追求，更有着锲而不舍、百炼成钢的忠诚。"正直"体现在实事求是、坚持原则、有正义感。外研人行事光明磊落，待人真诚坦荡；通过正确的渠道和流程表达自己的观点，在表达批评意见的同时也提出相应建议；明辨是非，不传播未经证实的消息，不在背后不负责任地议论；对于他人的意见和反馈"有则改之，无则加勉"；敢于制止损害出版社利益的不诚信行为；刚柔并济，外圆内方。

"担当"是道。外研社对外要实现社会效益优先的双效统一发展，对内要为自己的员工"赋能"，为他们提供能更高效地进行创造的环境和工具。这就要求外研人敢于承担与本职工作相应的权责，全面贯彻落实上级决策部署，脚踏实地地完成本职工作，面对急难险重任务可以出色地应对；努力提升工作能力，改进服务质量，积极有效地调动资源、开展协调，化解复杂矛盾，攻克改革难题；坚持原则、认真负责，面对大是大非敢于亮剑，面对矛盾敢于迎难而上，面对危机敢于挺身而出，面对失误敢于承担责任，面对歪风邪气敢于坚决斗争。

"合作"是术。对内要讲协同，对外要讲合作。它要求外研人拥有开放、平等、信任的协作心态；乐于分享信息与资源，表达正面期待，征求他人意见，给予他人动力，化解矛盾与冲突，积极构建良好的合作氛围；相互信任，相互支持，分工明确，协作配合；与外部客户或供应商互通有无、互惠互利，通过理解与服务达到双赢，拒绝零和博弈，从而全面提升企业工作绩效；乘众人之智，用众人之功。

"方正友爱、苦干实干、坚忍创新"是外研精神的特色。

方正友爱。外研社是个大家庭，很多同事相知相扶多年，已经成为兄弟姐妹。这是难得的、宝贵的，是缘分，是感情。工作中难免有不可避免的竞争甚至矛盾，但大家的利益一致，大家的奋斗目标一致，大家的愿望一致。以社为家、爱社如家，这样的企业是温暖的。

苦干实干。外研社是一个有着奋斗传统的企业，外研社40年取

"外研勋章"等奖牌、奖杯和嘉奖证书

得的辉煌无一不是一代代外研人共同奋斗的结晶。这是一种高尚的精神，这种精神永不过时，并将长久激励着外研人。任何美好的事物都需要艰苦的奋斗，需要苦干实干，需要每一个人自觉、自尊、自愿地认真工作。

坚忍创新。创新是所有卓越企业的一种共性特质。创新也是企业发展的源动力，是实现产业升级、社会发展的推动力。在所有创新型企业中，企业的每一分子、每一名员工的高度真正地决定着企业的高度。

从借款30万、使用五六间窄小的办公室起步，发展到今天这片浓墨重彩的外研红，外研社已经走过了40年征程。40年来，外研社之所以成为一个卓尔不群的企业，就是因为拥有了面对自我、面对环境时的坚定立场，拥有了属于外研人自己的独特精神文化。从老一辈外研人的筚路蓝缕、拼搏创业、开拓进取，到新一代外研人的忠诚敬业、团结协作、无私奉献，外研文化里始终浸润着林学洪的奉献精神、李朋义的拼搏精神。这种精神永不过时，长久激励着一代代外研人。

如果说40年积累、坚守、传承的精神文化是外研社成长的基石，那么，外研人面对困难勇于求变、坚忍创新的精神，则是推动外研社发展的动力。回顾外研社的发展历程，会发现困难、挑战和不断的变化始终伴随着外研社。正因如此，"坚忍创新"成就了外研人独有的外研精神。这就是外研社之所以能够挺立中国出版业潮头，成为中国外语出版、教育出版领域标杆的深层原因和不竭动力，也是外研社在数字化变革时代勇敢迎接挑战、敢于赢得未来的原因。

过去的40年，在不变的坚守与求变的精神指引下，外研人成就了"外研现象"，写下了中国出版业的奇迹。它所创造的外研经验是外研人宝贵的财富，它所沉淀下的外研精神是外研人永远的寄托，它所凝聚的外研情怀是外研人长久的挂念。

## 2. 外研社企业文化之物质文化建设

企业文化的显著特点是以物质为载体，物质文化是企业的外部表现形式。优秀的企业文化是通过重视产品的开发、产品的信誉、服务的质量和企业环境等物质现象来体现的。

外研社的物质文化建设在环境上体现为被各界广泛赞誉与认同的"北京市九十年代十大建筑"之一的外研社办公大楼与外研社国际会议中心，"外研红"是外研社独有的建筑符号和文化元素。外研社的物质文化更体现在出版物的"精品战略"上。20世纪90年代初，李朋义社长曾在接受采访时首次提到"精品战略"："外研社图书出版的精品意识，是指在图书的选题、编辑、制作过程中做到精心策划、精心组织、精心编校、精心设计、精心制作，努力做到人无我有，人有我新，人新我优。要在充分市场调研的基础上，选择出版知识含量多、思想含量深、信息含量高、原创性强的精品图书，满足读者多样化的需求，构成精品积聚优势。"

"精品战略"的提出使外研社由追求数量扩张的原始粗放型经营进入追求满足市场需求、提高图书质量的集约型发展阶段，为外研社带来了社会效益和经济效益的双丰收。在"精品战略"的指导下，外研社出版了《许国璋〈英语〉》、《新概念英语》、《汉英词典》（修订版）、《朗文当代高级英语辞典》、《走遍美国》、《新标准英语》、《新编大学英语》、《新视野大学英语》、《季羡林全集》等一大批精品图书，在读者中产生了广泛影响，被媒体称为"中国外语图书市场上真正意义的产业领导者"。外研社的物质文化还体现在分布于国外的分支机构及影响力上。外研社以"记载人类文明，沟通世界文化"为初心和使命，积极践行国家关于"文化自信"的战略部署以及"一带一路"等重大倡议，将中国文化、中国故事传播到"一带一路"沿线及更多海外国家和地区。截至2019年9月，外研社已在11个国家建立了海外机构，与英国牛津布鲁克斯大学合作成立了孔子学院，发起成立了"中国-中东欧国家出版联盟"，2018年度版权输出数量超过200种，以文载道、以文化人，为中外文化融通与文明互鉴搭建了交流与合作平台。

### 3．外研社企业文化之制度文化建设

企业制度文化是指得到企业广大员工认同并自觉遵从，具体由企业的领导体制、组织形态和经营管理形态构成的外显文化，是一种约束企业和员工行为的规范性文化。它是企业文化的中坚和桥梁，把企业文化中的物质文化和精神文化有机地结合成一个整体。企业制度文化一般包括企业的领导体制、企业的组织机构、企业的经营制度、企业的管理制度和一些其他特殊制度，是企业运行内在规律的外在形式。

外研社40年的发展史，一直秉承以人为本的理念。以人为本的理念有三方面的含义：以作者为本、以读者需求为本和以员工为本。作者是外研社的知识之源。外研社尊重知识、尊重著作权、尊重作者，把作者当成出版社不可分割的一部分，时刻关注作者的利

益，保障作者的利益不受侵害，因此团结和培育了一大批国际国内的作者队伍。外研社以读者为师、与读者为友，把满足读者的需求作为出版社的第一需要。外研社以系列精品图书带给读者高雅的精神享受，并通过举办大量的培训、竞赛、演讲等活动与用户密切沟通，以诚信、负责的态度与读者结成密切的合作伙伴关系，以优质的服务提升外研社的认知度和美誉度。外研社关心人、理解人、培养人，把员工的疾苦、冷暖、命运和情感与企业紧密联系在一起，以期实现共同进步、共同发展。以员工为本，既要关心企业员工的当前利益，也要关心他们的长远发展。员工是企业发展的实践者，以员工为本是企业发展的根本保障。李朋义社长强调要"给实干者以保障，给有志者以舞台"，激活员工的向心力与凝聚力，让员工体会到企业的建设和发展与自身利益息息相关。他对干部提出了"想象奇迹，脚踏实地"的要求，倡导"疑人不用，用人不疑，选准了人要大胆使用、放手使用"，不论资排辈，任人唯贤。在企业人才队伍建设方面，外研社在语言学、文学、翻译学、管理学等诸多学科，通过国内进修、出国深造、人才交流等多种方式为员工提供不同的成长通道，建设了一支多层次的出版管理队伍，培养出外研社发展的中坚力量。

"事业心、责任感、忠诚度、职业化"，这是判断外研人是否合格的四个标准。

外研人必须有强烈的事业心和责任感，才能保证不负"记载人类文明，沟通世界文化"的使命，保证为读者、为社会奉献精品。职业出版人要有出版情结，有强烈的事业心，把出版业当作崇高的事业，因为出版人肩负着让人类文明的财富能够传承下去的重任，

外研社艺术团

给实干者以保障，给有志者以舞台

引导着社会文明的进步。对一个职业出版人来讲，要时时刻刻把这份事业放在面前。同时，出版人的社会责任感很重要。为大众奉献什么样的精神产品，这只是一方面。为了赚钱而卖书号，又不加强管理，出些文化垃圾，就是对社会的不负责任。

忠诚是对事业的忠诚，也是对外研社的忠诚。外研社是外研人的"父母"，因为外研社是衣食父母，给了外研人在这个行业中充分施展才华的机会。外研社是外研人的"家庭"，因为外研社是外研人安身立命的地方，所有外研人就像生活在一个大家庭里的兄弟姐妹。外研社是外研人的"儿女"，每一个人都要呵护她的成长。

职业化素质很重要。外研人的职业化是指应该具有四项基本素质：第一，有清醒的政治头脑；第二，有现代的管理思想；第三，有较好的文化修养；第四，有崇高的敬业精神。

以人为本的理念使外研社内部管理上增强了企业凝聚力、向心力和外研人的忠诚度，同时渗入了外研社运行的全过程中，凝聚在外研社的出版物和品牌上，提高了企业的知名度和信誉，提升了企业的价值。

外研社的现代管理制度体系是在40年的业务发展过程中逐步建立完善的。2012年，根据社委会决议，由徐秀芝书记牵头，行政中心、战略管理部及财务中心等部门组成制度小组，对全社自成立以来散落于各处的制度进行了一次大规模的整理。这一次的制度建设旨在：建立规范、完整的制度体系，确保企业"有法可依"；规范流程，明确责任与权限，使"隐性"知识和规则"显性"化。此次制度建设工作初步确立了制度体系，分为制度、办法、实施细则三个级别，设置了基础管理制度、支撑管理制度与业务管理制度三个大类，下设决策管理、组织管理、财务管理、人力资源等15个子类别，共新建/修订并发布制度54项，完善了很多已有的制度。

2012年年底，第一次制度建设中涉及但尚未发布或制定完成的制度陆续发布，最主要的是《外研社招标采购管理办法》以及与之配套的《外研社供应商准入管理办法》，至此外研社的制度体系实现了基本完善。

随着业务的发展，各部门又陆续制订、修订并发布了部分制度，包括较为核心的《财务报销管理制度》《考勤管理制度》等。同时根据国家关于进一步加强国有资产管理的有关精神，为了进一步完善全社制度体系，2016年年初，在王勇副总编辑的统筹下，由办公室、法务审计部和战略管理部牵头，对全社的各类制度再次进行了大规模的梳理和修订。经过制度小组的初筛和讨论，最后整理出全社制度共计148项，涉及13个部门或中心，以及编委会、绩效委员会。

2018财年，办公室、法务审计部和战略管理部组成"制度小组"，对外研社规章制度进行了第三次梳理和整合，总计整理出132项制度，其中保留制度66项，新建制度24项，修订制度42项，涉及14个部门或中心与4个委员会。此次梳理增强了企业风险控制能力，保障了国有资产安全，提升了财务监管力度，精细化了人力资源管理，规范了各部门内部业务流程，并搭建了电子化办公平台。

目前，外研社已形成包含"决策管理制度""人力资源制度""财务管理制度""行政管理制度""销售管理制度""资产管理制度""出版业务管理制度""数字资源管理制度""风险控制管理制度""采购管理制度"等十大类136项制度，为内容生产力、技术驱动力、营销竞争力、生态融合力、平台链接力、人员效益力、职能管控力、企业盈利力的外研社管理理念和现代化企业运行提供了有力的制度保障。

## 4．外研社企业文化之社会担当

外研社建社以来，以普及我国外语教育和提高全民族的文化素质为己任，每年投入大量的人力、物力和财力，出版具有文化品味、思想价值的精品出版物，举办免费的教师培训活动，举行公益品牌赛事活动，创造了浓郁的社会文化氛围。

为了帮助英语教师提高教学和研究水平，外研社建立了强大的、多元化的培训资源平台以及全方位、多角度的培训体系。外研社每年斥资数百万元，邀请国内外基础英语教育领域的各级专家奔赴全国各地，向教师传递最新教育理念，拓宽教师的教学思路，了解教师的实际需求，解答教师的各种疑惑；通过面授、网络、光盘、资料等全方位与多维度的培训方式，切实帮助各地教育部门解决一线教师培训难、教育教学理念落后、知识体系陈旧等问题。自1997年以来，外研社举办了"外研社杯"全国大学生英语辩论赛，公益教师培训，"外研社·国才杯"全国英语演讲、写作、阅读大赛，外研社"教学之星"大赛等一系列具有品牌影响力的赛事活动。这些比赛涉及范围广、参与人数众多，促进了英语学习者的交流，极大推动了中国英语教育和英语出版事业的发展，让外研品牌的无形资产不断升级。

2013年，外研社携手中国宋庆龄基金会成立中国宋庆龄基金会外研文化教育基金，这是中国首支由出版企业设立的公益基金，通过奖励外语优秀人才、资助有声图书馆建设、开展阅读活动等，推动青少年素质培养，促进社会文化教育发展。

作为国内最大的外语教育图书出版基地和外语图书市场的领跑者，外研社对全民外语教育负有重大的责任，外研社也有实力推动中国外语教育发展，有能力更好地回报社会。提高我国外语教育水平、提升全民外语素质，是外研社一贯秉承的办社宗旨，也是外研社作为"企业公民"应尽的责任和义务。

一直以来，外研社在支持教学、推动科研、协同创新、服务社会等方面进行了富有成效的探索，积极构建"教、学、测、评、研"五位一体的生态圈，依托图书、课程、测试、会议、赛事等优质资源，推动了我国外语教育创新发展。新时代，外研社将担负新使命。这个新使命就是与北京外国语大学一道，培养掌握党和国家方针政策、具有全球视野、通晓国际规则、熟练运用外语、精通中外谈判和沟通的国际化人才，是有针对性地培养急需的、懂外语的各类专业技术和管理人才，是有计划地培养、选拔优秀人才到国际组织中发挥作用，是深入推进外语教育变革、全面提升国民外语能力、勠力增强国家软实力。

面对新使命，外研社积极创新，在北京外国语大学的大力支持下，成立了中国外语测评中心、中国外语教材研究中心、中国高校外语慕课联盟、中国职业外语教育发展研究中心，在全国外语教育领域发挥了重要的智库、桥梁、平台作用。这些举措站位高、立意深，极具前瞻性与开拓性，在全国产生了广泛影响，也使外研社形成了教、学、测、评、研五位一体全面发展，基础、职业和高等外语教育平衡布局，线上线下高度融合，国内国外双向拓展的业务形态和发展格局。

目前，外研社已发展成为中国外语教学与研究重要基地、外语类图书出版重镇和中国企业"走出去"的典范。外研社先后荣获"全国优秀出版社""先进高校出版社""新闻出版'走出去'先进单位""国家文化出口重点企业""讲信誉、重服务出版单位""全国教材先进管理单位""首都文化企业30强"等荣誉称号，被评为国家一级出版社。外研社出版的众多图书获得了中国出版政府奖、中华优秀出版物奖等所有国家级重要奖项。

习近平同志高度重视提高国家文化软实力的问题，指出"要努力提高国际话语权。要加强国际传播能力建设，精心构建对外话语体系，发挥好新兴媒体作用，增强对外话语的创造力、感召力、公信力，讲好中国故事，传播好中国声音，阐释好中国特色"。这对

外研社大厦入选"北京市九十年代十大建筑"

外研社所获部分国家级荣誉

作为中外文化交流前沿阵地的外研社来说，既是责任，也是使命。外研社将借助北京外国语大学的外语优势和国际合作经验，为国家战略和企事业单位"走出去"提供文化服务和信息支持，为培养具有国际化视野的高素质外语人才发挥积极作用。

面对新时代的发展契机，外研社将不忘初心、牢记使命、开拓创新、砥砺前行，认真贯彻习近平新时代中国特色社会主义思想，为实现中华民族伟大复兴的中国梦做出新的更大的贡献！

想象奇迹，脚踏实地

**外研社企业文化的十个方面**

◇ "记载人类文明，沟通世界文化"的企业使命

◇ "正直、担当、合作"的企业核心价值观

◇ 主动服务国家战略部署，服务全民外语教育的企业宗旨

◇ "以人民为中心"的发展理念

◇ 内容生产力、技术驱动力、营销竞争力、生态融合力、平台链接力、人员效益力、职能管控力、企业盈利力的管理理念

◇ "求真务实、开拓进取、团结协作、无私奉献"的企业精神

◇ "方正有爱、苦干实干、坚忍创新"的优良传统

◇ "事业心、责任感、忠诚度、职业化"的企业用人标准

◇ "想象奇迹，脚踏实地"的干部要求

◇ 出版产品的"精品意识"

# 第四节
# 关于党的建设

建社40年来，外研社党组织在北京外国语大学党委的正确领导下，始终以邓小平理论、"三个代表"重要思想、科学发展观和习近平新时代中国特色社会主义思想为指导，大力加强党的建设，取得了良好的效果。

根据党章的规定，学校和厂矿企业属于基层单位，学校的各级

组织（党委、党总支和党支部）属于党的基层组织。依照北京外国语大学党委的决定，外研社先后成立了党支部和党总支。

建社初期，外研社的党员人数不过五六个人，没有单独成立党支部或党小组，党员同志被编入北京外国语学院教务处党支部。后来，随着党员人数的增加，外研社于1981年单独成立了党支部，姚金中同志担任党支部书记。同年，外研社党支部和北外图书馆党支部合建为一个党总支，姚金中同志担任总支书记兼出版社党支部书记。1984年，范明贤同志任外研社党支部书记。1985年，图书馆·出版社党总支增加了电教中心党支部，外国语言研究所、外国文学研究所和外国文化研究所党支部，北京外国语学院印刷厂的党员同志编入了外研社党支部。同年，姚金中同志退休，董德全同志接任总支书记，王琪同志任副书记。1986年，增补范明贤同志为党总支副书记兼外研社党支部书记。1987年，董德全同志退休，范明贤同志接任总支书记，任满申同志为副书记兼外研社党支部书记。同年，由于党员人数增加，外研社分为两个支部。1998年，外研社单独成立了党总支，徐秀芝同志任总支书记，于春迟同志任副书记，下设4个支部。2012年12月，王芳同志任总支书记，下设21个支部，共有党员698人，占全社员工的21%。

外研社党组织依照党章的规定和中央的要求，在学校党委的领导下，从出版社的实际出发创造性地开展工作，发挥了政治核心作用，为出版社的快速发展做出了贡献。

40年来，外研社党组织主要做了三个方面的工作：抓中心，即贯彻党的基本路线；抓干部，即坚持党管干部的原则，贯彻党的组织路线；抓党建，即搞好党的政治建设、思想建设、组织建设、作风建设和纪律建设。

長風破浪

## 1. 党政分工合作，以抓生产经营为中心

### 1.1 贯彻落实党的基本路线（即党的政治路线）和出版方针，以生产经营为中心开展相关工作

党的基本路线是"一个中心、两个基本点"，即以经济建设为中心，坚持四项基本原则，坚持改革开放。四项基本原则是立国之本，改革开放是强国之路。这两个基本点极为重要，在任何情况下都不能丢弃或削弱。但是，这两个基本点必须服从和服务于经济建设这个中心。因此，坚持党的基本路线不动摇，关键是坚持以经济建设为中心不动摇。在改革开放40多年的进程中，外研社党组织对于这个关键问题认识是明确的、头脑是清醒的、态度是坚决的。

党的基本路线落实到出版社，就是坚持党的出版方针和坚持以生产经营为中心，把发展作为第一要务，深化改革，扩大开放，促进外研社快速发展。

1978年年底，党的十一届三中全会胜利召开。在这一光辉的照耀下，外研社应运而生，可以说外研社是三中全会和改革开放浪潮下的产物。

党的十一届三中全会以来，党中央确定了党在社会主义初级阶段的基本路线。

1992年，邓小平同志发表了南方谈话，当年秋天召开了党的第十四次全国代表大会。谈话和大会意义重大，影响深远，外研社党组织极为重视，组织了一系列的学习、研讨活动，全体党员和干部、全社员工学习之认真、态度之重视是空前的。

为了进一步解放思想、开阔眼界、加快改革步伐，主持工作的常务副社长李朋义和总编辑靳平妥、总支书记范明贤、副书记任满

申等人，先后在东北三省和北京市、上海市、西安市考察访问了一些大学出版社，先后走访了辽宁大学出版社、吉林大学出版社、东北师范大学出版社、哈尔滨工业大学出版社、中国人民大学出版社、北京大学出版社、上海交通大学出版社、西安交通大学出版社、西北大学出版社、陕西师范大学出版社等15家出版社，还有吉林外文书店、黑龙江外文书店等。通过学习，全社上下增强了贯彻党的基本路线的自觉性和积极性。

1992年10月，外研社通过了李朋义起草的《外研社改革与发展综合方案》。这个方案提出要自始至终贯彻党的"一个中心、两个基本点"的基本路线；提出自始至终服从、服务于经济建设这个中心；提出要解放和发展出版生产力，为经济建设服务，为教学科研服务，要增强外研社的经济实力和综合发展能力。在这份方案的指导下，此后十多年外研社提出了"精品战略"，出版了如《许国璋〈英语〉》、《新概念英语》、"九十年代英语系列丛书"等一大批畅销图书，建立了信息中心，盖起了"出版第一楼"。正如《方案》满怀激情的结语："我们蕴藏了千载的力量，我们抓住了难逢的机遇，我们充满了前所未有的信心。通过改革，出版社一定能够腾飞。"1999年，外研社建社20周年之际，出版图书5000多种，实现利润2.4亿元，外研社达到甚至大大超出了《方案》的预期目标。

这是外研社毫不动摇地执行党的"一个中心、两个基本点"的基本路线的结果，是外研社毫不动摇地坚持以生产经营为中心的结果，是出版社作为"法人实体和市场竞争主体"进入市场拼搏的结果，也是出版社领导班子正确决策和全体员工努力奋斗的结果。

40年来，外研社贯彻执行党的基本路线和出版方针，以发展为第一要务，以生产经营为中心，开展党务工作，发挥了党组织的政治核心作用，即党总支的保证监督作用、党支部的战斗堡垒作用和党员的模范先锋作用，在出版社的创建、发展和壮大过程中，做出了应有的贡献。围绕生产经营这个中心，开展党的工作，是外研社的基本实践，也是外研社的基本经验。正如习近平总书记所说："党的基本路线是国家的生命线、人民的幸福线，我们要坚持把以经济建设为中心作为兴国之要、把四项基本原则作为立国之本、把改革开放作为强国之路，不能有丝毫动摇。"今后，我们将高举习近平新时代中国特色社会主义思想的旗帜，继续坚定不移地贯彻党的基本路线，为党的出版事业做出新的更大的贡献。

### 1.2 坚持社会效益第一，实现社会效益和经济效益的最佳结合

根据中央"以经济建设为中心，各项工作都要服从和服务于这个中心"的要求，企业要以生产经营为中心，始终以"发展"二字为主题来做文章，用发展的办法解决前进中的问题。社长李朋义经常挂在嘴边的话是："大发展小问题，小发展大问题，不发展都是问题。"他还经常说，出版企业有自身的特殊性，既承担着传承文明、培育人才、创造社会效益的重任，又要创造经济效益。

外研社40年来，既没有忽视社会效益而片面追求经济效益，也未曾放松追求经济效益而突出空泛抽象的社会效益，而是与中央保持一致，寻求二者的统一，实现外研社快速且健康的发展。40年来，外研社始终坚持党的出版方针，严把选题关，从不买卖一个书号，从不出版一本格调失当的图书。与此同时，外研社出版了一批经济效益不高但却代表文化积累的学术专著，如"五卷本英国文学史"、《莎士比亚

全集》、《季羡林全集》、《王佐良全集》等，对读者和历史负责。此外，外研社平均每年出资1200万元以上出版越南语、老挝语、缅甸语、僧伽罗语等非通用语种教材，为国家的外语教育事业做出了贡献。

总的来说，外研社坚持党的出版方针，坚持办社方向和办社宗旨，把社会效益放在首位，取得了迅速发展。从20世纪90年代起，外研社的发展便突飞猛进，从借款30万元到现在年发行码洋33亿元。同时，外研社被授予"全国优秀出版社""先进高校出版社""全国百佳图书出版单位""中国出版政府奖先进出版单位奖"等各类奖项，获得了中国出版界的全部荣誉，实现了社会效益与经济效益的最佳结合。

### 1.3　落实社长负责制

1983年，《中共中央、国务院关于加强出版工作的决定》颁布后，文化部出版局按照"事业单位、企业管理"的原则，推动出版社面向市场实现体制转轨，出版社内部管理由党委负责制向社长负责制转变。1988年5月，中央宣传部、新闻出版署联合印发《关于当前出版社改革的若干意见》及《出版社改革试行办法》，提出逐步实行社长负责制。1992年，十四大党章和有关法律对中央、地方和基层，对企业事业单位领导体制做出明确规定，支持和完善厂长（经理）负责制，厂长（经理）负责制是我国国有企业领导体制的核心和实质。具体到出版社就是社长负责制，即社长作为法人代表处在全社的中心地位，主持社务委员会工作，统一指挥全社的生产经营和其他行政工作。对于一个出版社来说，能否坚持办社方向，把社办出特色，把社做大做强，社长起着至关重要的作用。

在上述文件下达之前，外研社自成立以来，实际上实行社长负责制。

党总支书记范明贤

1992年12月，外研社社委会通过了《外研社改革与发展综合方案》。方案提出：社长是出版社的法人代表，主持、指挥出版社的全面工作。这即是外研社社长负责制的最早提法。

1993年3月，北外校党委任命李朋义同志为外研社社长。自此，外研社正式实行社长负责制，社长处在全社的中心地位，主持社委会工作，统一指挥全社的生产经营和其他行政工作。

在社长李朋义全面主持工作的15年间，外研社快速发展，取得了良好的社会效益和经济效益，获得了"全国优秀出版社""先进高校出版社"等荣誉，销售码洋从1000万元增长到17亿元，固定资产从1000万元增长到20亿元，盖起了"出版第一楼"——外研社大厦，以及综合性现代化建筑群——外研社国际会议中心。出版界称这一系列成就为"外研速度""外研现象""外研奇迹"。

外研社几十年的实践验证了社长负责制的优势，也为社长负责制下各项具体工作的开展积累了宝贵的经验。外研社40年的实践又一次得出了这样的结论：一个单位、一个企业的兴衰进退，在很大程度上取决于"一把手"的作用。外研社的创业、发展、壮大和辉煌，离不开历任社长的卓越功绩。

在实行社长负责制的同时，外研社同所有企业和事业单位一样，实行集体领导，社长是社委会班子的"班长"，而社委会是出版社的领导机构，是集体领导的组织。凡重大问题都要按照"集体领导、民主集中、个别酝酿、会议决定"的原则，通过集体讨论做出决定，各领导班子成员根据集体的决定和分工，切实履行自己的职责。概括起来就是：集体领导，社长负责，依靠群众。外研社党组织坚决支持和维护社长负责制，充分发挥社长的作用。

### 1.4 发挥基层党组织的政治核心作用

党的十五大明确指出："要建设好企业领导班子，发挥企业党组织的政治核心作用，坚持全心全意依靠工人阶级的方针。"十六大党章明文规定："国有企业和集体企业中党的基层组织，发挥政治核心作用，围绕企业生产经营开展工作。保证监督党和国家的方针、政策在本企业的贯彻执行；支持股东会、董事会、监事会和经理（厂长）依法行使职权；全心全意依靠职工群众，支持职工代表大会开展工作；参与企业重大问题的决策；加强党组织的自身建设，领导思想政治工作、精神文明建设和工会、共青团等群众组织。"以上文件其实都强调了党组织要起到政治核心作用。

外研社党总支在学校党委的正确领导下，坚持以邓小平理论、"三个代表"重要思想、科学发展观和习近平新时代中国特色社会主义思想为指导，坚持以生产经营为中心的原则，监督各项生产经营活动中企业政策方针、规章制度、改革发展方案的贯彻执行，并全面支持社长独立负责地行使经营管理、生产指挥、技术开发等方面的职权。

按照党章的规定，企业党组织不主持生产经营工作，在这方面不发挥领导作用，但要保证监督党和国家的大政方针在本企业的贯彻执行，落实到出版社，就是保证党和国家的路线、政策和出版方针在日常出版工作中得以贯彻落实。

改革开放40年来，外研社党组织始终不渝地在基本路线指引下，牢牢抓住生产经营这个中心，围绕这个中心开展各项工作。在邓小平南方谈话和党的十四大召开之后，党总支书记范明贤就提出了五点要求：（1）必须始终把生产经营当作中心任务，放在中心位置；（2）党政必须一张皮，同耕一块地，同种一块田；（3）党务工作要警惕"右"，但主要是防"左"，必须清除"左"的影响；（4）思想政治工作必须落实到业务，不能搞形式主义，更不能离开中心另搞一套；（5）对生产经营这个中心，必须坚信不移、坚定不移、坚决贯彻、坚持到底。在具体工作中，外研社党组织根据党政分开和支持社长统一指挥生产经营的原则，做到"分工而不分家，分开而不分离"。

同时，社长作为党员支持党组织开展工作，尊重党组织的各项决定，自觉履行党员义务，发挥党员干部的表率作用。党政分工明确，相互配合促进，共同努力把生产经营搞上去。

党总支书记徐秀芝与社长李朋义

1992年，外研社提出《外研社改革与发展综合方案》后，党组织积极响应，与行政领导齐抓共管，在社长和社委会的指挥下，要求干部、党员和职工理直气壮地抓选题、抓出版、抓发行、抓效益、抓利润，把生产经营快速搞上去。北外党委书记李宜今称赞外研社党总支书记和社长"配合默契",他们也被广大群众称为"黄金搭档"。

40年来,外研社党组织发挥政治核心作用,主动执行和完善社长负责制,很少发生党政矛盾,从没有出现过争权夺利、拉帮结伙的现象,一直是书记、社长围绕发展目标两心变一心,心心相印,同心协力把出版社办好。

### 1.5 做好思想政治工作

围绕生产经营这个中心,党组织的日常工作是花费大量的时间和精力,通过各种方式、多种形式,做好党员和群众的思想政治工作,调动一切积极因素,挖掘一切潜力,化解各种矛盾和纠纷,使员工们爱岗敬业、各尽其能,为外研社的发展和壮大贡献智慧和力量。党组织做思想政治工作十分注意人文关怀,着重心理疏导。对极个别人也采用行政手段做必要处理,以保持外研社的稳定与和谐。

## 2. 贯彻党的组织路线,坚持党管干部和人才的原则,建立高素质的干部队伍

正确的政治路线要靠正确的组织路线来保证。所谓组织路线主要是选拔、培养和使用干部与人才问题。出版社要坚持"以生产经营为中心"的基本路线,要搞建设,干部和人才建设至关重要。中央反复强调,按照革命化、年轻化、知识化、专业化方针和德才兼备原则,建设一支能够担当重任、经得起风浪考验的高素质的领导干部队伍,是党和国家长治久安的根本大计,是我们的事业不断取得成功的关键。

出版社党组织在贯彻党的组织路线上不仅是保证者、监督者,

更是直接执行者、操作者。出版社的领导班子是根据中央确定的组织路线，按照干部队伍革命化、年轻化、知识化和专业化的方针和德才兼备的原则组建的，也是根据中央具体要求"在注重思想政治素质的基础上，要注意年龄结构、知识和专业结构，还要注意各个成员的特长，使领导班子成为整体素质优良、成员优势互补的坚强集体"执行的。

外研社现任领导班子成员都能贯彻党的基本路线和方针政策，政治素质较好。这些成员或精通一门乃至几门外语，或善于经营管理，或具有别的才干，总之，都是年轻内行并各有所长的干部。

外研社党组织在选拔、培养和使用干部中，坚持德才兼备、以德为先的干部选拔原则和实践锻炼、进修轮岗的干部培养原则。

## 2.1  坚持德才兼备，以德为先的干部选拔原则，广泛听取群众意见

"德才兼备"包含了"德"与"才"两个要求。对于"德"的要求中央有明确规定。陈云同志说过："我们选干部，要注意德才兼备。所谓德，最主要的，就是坚持社会主义道路和党的领导。在这个前提下，干部队伍要年轻化、知识化、专业化，并且要把对于这种干部的提拔使用制度化。"习近平同志指出："要坚持德才兼备、以德为先用人标准"，"什么样的人该用，什么样的人重用，都要把德放在首位"。

重视"才"，就是注重干部的专业能力、专业精神，增强干部队伍适应新时代中国特色社会主义发展要求的能力，同时注意大力发现、储备年轻干部。

外研社党组织在落实"德才兼备"原则选用干部时，坚持"以德为先"，在实践中量"才"用人。在具体选拔领导干部时，做到不拘一格、扬长避短，选拔在实际工作中屡有创新想法、敢于开拓并担当重任、勤恳付出、甘于奉献、能够起到表率作用的同志，把人才放在最适合的岗位上。

外研社年轻人居多，当中许多人有能力，工作业绩突出，也在基层工作中积累了丰富的经验。出版社党组织在配备各部门干部时，不搞论资排辈，放手提拔优秀的年轻同志。外研社三任社长李朋义、于春迟、蔡剑峰都年轻有为，在社长的岗位上开拓进取，为外研社发展做出了重要的贡献。另外，外研社女职工较多，党组织在选拔干部时，也十分注重提拔女干部。事实证明，很多女干部确实能顶半边天，她们对出版社的贡献是值得称赞的。

邓小平同志强调选人必须注意"社会公论"和"人民公认"的原则，必须走群众路线，广泛听取群众意见。根据中央规定和领导人讲话精神，外研社党组织建立了专门的访谈制度，在考察干部时，花费了大量的时间和精力去向群众访谈，既广泛征求意见，又进行个别谈话，详细记录，认真总结，并写出考察报告。考察报告要反映群众对于干部基本素质和优缺点的意见，而且要进行分析并给出干部任用方面的建议。

迄今为止，社级干部如李朋义、于春迟、蔡剑峰、徐秀芝、徐建中、王芳等都是经过党组织考察推荐走上领导岗位的。他们被委以重任，带领全社同志奋力拼搏，使外研社迅速崛起，一跃成为大社、强社。外研社各部门的300多个干部岗位，也同样在深入考察、广泛听取群众意见后聘用了对应的优秀干部人员。这种发扬民主、走群众路线、严格按程序办事的方法，已经实现制度化、规范化，也杜绝了用人问题上的不正之风。

## 2.2 坚持实践锻炼、进修学习与合理流动的干部培养途径

培养干部最重要而且有效的方法，就是让干部在实践中磨炼成长。邓小平同志说过："人才，只有大胆使用，才能培养出来。"外研社几百名基层领导干部都是在各项艰苦的工作实践中因表现出色而得到提拔，而后又在领导岗位上通过实践进一步提升了自身水平和能力。

此外，党总支还为干部培养提供了培训和进修途径，为干部创造了出国留学和在职读书的条件。于春迟、蔡剑峰、徐建中、王芳、王勇、常小玲等都被派去国外或在国内进行学习，并取得了博士或硕士学位。他们通过进修，开阔了视野，迅速成长，不仅成为部门负责人，更有一些已先后出任社长、副社长、总编辑和副总编辑等要职。

在日常工作中，党总支为新晋干部提供线上线下相结合的"领导者培训"，为中层干部定期组织"领航者培训"，通过外请专家讲座、内部交流讨论等方式，切实解决干部在工作中遇到的难题，提升干部管理水平与业务水平。

按照中央既定的方针，外研社定期进行干部换岗交流，并在实践中收到了明显的成效。干部换岗交流，是为了锻炼干部、便于工作，对干部本人亦有好处。外研社每年都对下属干部进行交流换岗换位，并提出越是一些有发展潜力的干部，越是一些重要部门、关键岗位的干部，越要定期交流。外研社的许多干部都先后在三四个部门主持过工作，在每一个部门都尽职尽责，为部门业务做出贡献

的同时也使干部本人的水平和能力得到提高。外研社将继续推行干部轮岗制度，并加大力度长期坚持下去。

### 2.3　在使用干部时注意严格要求、充分信任和表彰激励

干部是外研社的财富，是外研社发展壮大的核心力量，党组织历来是关心爱护干部的。这主要表现在对干部严格要求、充分信任、表彰激励和在生活中给予关爱。

根据中央的精神，党组织要求干部要坚持"党把你放在哪个岗位上，就要在哪个岗位上兢兢业业地履行职责，真正干出成绩来。决不能老是去琢磨自己怎样升官，怎样出人头地，怎样捞点好处"。外研社制定了完善的干部绩效考评制度与晋升体系，同每位干部签署《管理干部责任书》和《管理干部廉政责任承诺书》。正是由于严格要求，才使干部们一方面努力工作，另一方面保持了廉洁，没有陷入泥淖中。

江泽民同志说过："信任是人才发挥作用、激发创新能力的重要条件。信任是最大的尊重和爱护。大家都要关心、爱护、理解、信赖人才，激励他们充分发挥聪明才智。"外研社对干部向来是信任有加，放手使用。他们也都珍惜机遇、努力拼搏，为外研社的腾飞做出了杰出贡献。

在干部的表彰激励上，外研社一是完善薪酬体系；二是制定人才评选表彰机制和激励机制，设立了"优秀干部""领航者""外研勋章"等奖项，并给予获奖干部相应的工资涨幅和奖金，常小玲等干部多次获得"社长特别奖"，带动激发了全体干部力争上游的积极性；三是打通晋升通道，做到干部能上能下，为有才能的干部提供上升空间。

党组织对干部的身体、生活和家庭也很关心，帮助干部解决生活中的实际问题，使干部安心放心；对退休老干部也极为重视，过年过节或是生病住院都会看望慰问，给予医疗补助，并经常组织老干部参加旅游活动。

40年来，在党组织的关心爱护下，外研社涌现出了一批优秀党员、优秀干部、优秀党务工作者、劳动模范和先进工作者，已成为群众公认的楷模。他们的忘我奋斗精神，也不断激励广大职工奋发向上、努力工作。今后，外研社党组织将继续落实党的十九大精神，坚持党管干部，坚持德才兼备、以德为先，坚持五湖四海、任人唯贤，坚持事业为上、公道正派、廉洁奉公，把好干部标准落到实处。

## 3．从严治党，抓牢党的基层建设

习近平总书记指出："中国特色社会主义进入新时代，我们党一定要有新气象新作为，关键是党的建设新的伟大工程要开创新局面。伟大斗争、伟大工程、伟大事业、伟大梦想，紧密联系、相互贯通、相互作用，其中起决定性作用的是党的建设新的伟大工程。""要把新时代坚持和发展中国特色社会主义这场伟大社会革命进行好，我们党必须勇于进行自我革命，把党建设得更加坚强有力。"

为了坚持和改善党的领导，为了党和人民事业的兴旺发达和国家的长治久安，必须加强党的建设。建社至今，外研社党员人数已由最初的五六个人逐渐增加至现在的698人，其中更有林学洪、李朋义等多名党员被评为市级、校级优秀党员，获得各种国家级荣誉。他们作风正派、业绩突出，真正起到了表率作用。在新时代的伟大社会革命中，为了进一步使党组织起到政治核心作用，使党员们起到模范先锋作用，必须要不断从严治党，抓牢党的基层建设。

抓牢党的基层建设，就是抓牢党的政治建设、思想建设、组织建设、作风建设、纪律建设以及从严治党。

### 3.1　加强党的政治建设

重视党的政治建设，是我们党作为马克思主义政党的一贯主张，也是我们党的优良传统。新时代党的建设要"以党的政治建设为统领""把党的政治建设摆在首位"，要坚持旗帜鲜明讲政治，要坚持把党的政治建设作为党的根本性建设，坚持把赢得民心民意、汇集民智民力作为党的政治建设的重要着力点，要坚持把营造良好政治生态作为党的政治建设的基础性、经常性工作，坚持提升各级领导干部防范政治风险的能力，要坚持严明党的政治纪律，要坚持提高领导干部的政治能力。

外研社认真贯彻习近平新时代中国特色社会主义思想，在各项具体工作中将政治正确作为一项重要的决策依据和考核指标。通过组织21个支部党员学习党的十九大精神、学习习总书记在全国教育大会上的重要讲话、集体观看庆祝改革开放40周年大会，深刻领会新时代党的政治建设深刻含义，坚决维护党对新闻出版业的领导，培养和组织了一批会做思想政治工作的党员干部，做到时时刻刻不忘抓政治建设，切实增强"四个意识"、坚定"四个自信"，坚定不移维护党中央权威和集中统一领导，自觉在政治立场、政治方向、政治原则、政治道路上同以习近平同志为核心的党中央保持高度一致。

长风破浪

### 3.2　加强党的思想建设

党的思想建设是组织建设和作风建设的基础。"党的思想建设，主要是用马克思列宁主义、毛泽东思想、邓小平理论、"三个代表"重要思想、科学发展观和习近平新时代中国特色社会主义思想武装全党，落实到生产经营这个中心业务上。我们党历来把思想建设摆在党的建设的重要位置。这是我们党提高自身凝聚力、战斗力的一条十分重要的经验。

对广大党员群众的思想建设工作主要包括基本理论学习、紧跟中央精神、发动党员参与、丰富活动形式。外研社党组织在发动党员群众进行基本理论学习时，要求普通党员掌握党的基本理论以指导自己的思想和工作。党组织专门建立了党建专题网页，上传党章党规，及时转载总书记系列重要讲话，转载《人民日报》最新评论，要求党员群众认真学习、悉心领会，并及时播报21个支部党员的学习动态，营造一种你追我赶的学习氛围。总支书记王芳同志非常重视党员群众的思想建设，在大小会议上都专门做党务工作汇报，宣讲中央精神，组织党员开展"两学一做"学习教育，带领党员赴延安、红旗渠等革命圣地实地学习，切实提高了党员群众的凝聚力和战斗力。2019年7月5日，总支书记王芳同志在全社干部大会上就外研社党的思想问题明确提

党总支书记王芳

出五点要求：一是加强理论修养，旗帜鲜明讲政治；二是坚定理想信念，牢记初心使命；三是勇于担当负责，积极主动作为；四是强化风险意识，增强忧患意识；五是勇于自我革命，找准差距抓整改。现在，这几点要求已经成为广大党员干部的共同认识。

党组织要求党员和干部在认真学习马克思主义理论的同时，还要努力钻研业务，理论联系实际，坚持不懈地学习专业出版知识、现代科学技术知识、法律知识和其他各方面知识。

改革开放40年来，外研社党组织在党的思想建设上，始终按照马克思列宁主义、毛泽东思想、邓小平理论、"三个代表"重要思想、科学发展观和习近平新时代中国特色社会主义思想，执行党的基本路线和各项方针政策，坚持出版方向和宗旨，紧紧抓住生产经营这一中心，不断解放和发展生产力，保障了外研社跨越式的发展。

### 3.3　加强党的组织建设

在党的组织建设方面，外研社所做的工作主要体现在坚持党管干部、加强领导班子建设、培养积极分子发展党员和执行民主集中制上。

如前面提到的干部是决定性因素，外研社党组织坚持"党管干部"的原则，在考察、选拔、培养、使用干部上做了大量工作，形成了外研社干部管理体系，按照革命化、年轻化、知识化和专业化的方针和德才兼备的原则组建配备领导班子。从外研社初创到现在，不同时期的领导班子都肩负并完成了自己的历史使命，为外研社的创立、发展、壮大做出了自己的贡献。群众和上级领导对外研社几届领导班子都是放心和满意的，并对其中的一些成员给予了很高的评价。

在发展党员方面，外研社努力培养群众的入党积极性，严把质量关，重视积极分子的入党热情，并着重解决部分老同志的历史遗留问题。党章明文规定："对要求入党的积极分子进行教育和培养，做好经常性的发展党员工作，重视在生产、工作第一线和青年中发展党员。"中央一再申明："要严格标准、保证质量，做好发展党员工作，特别注意在企业、农村生产第一线发展优秀分子入党。"40年来，外研社培养了大批积极分子，发展了近百名新党员，党的队伍不断壮大，战斗力逐年增强。建社初期，外研社成立党支部后就紧抓党员发展问题，吸纳发展由于出身、海外关系和错划"右派"等问题未能入党的老同志，极大鼓舞了老同志的工作积极性。最近几年，随着外研社体量的增大，王芳书记多次向学校党委提出申请，将新发展党员的名额从每年不到一个增加到三个，为积极分子争取到更多的入党名额。在发展党员的过程中，党组织严把入口关，重视优化结构，严格发展程序，按照"控制总量、优化结构、提高质量、发挥作用"的总要求，成熟一个发展一个。对一时还不够条件者，党组织把工作重点放在培养教育上，不去降低标准，不搞突击发展，使党员素质一开始就在较高的起点上。这对提高党组织的凝聚力和战斗力、对树立党的形象和威信都有好处。

党的组织建设中，除了加强领导班子建设、做好党员的发展和管理工作外，中央还强调"必须坚决执行党的民主集中制原则"。所谓民主集中制，就是凡属重大问题都要按照"集体领导、民主集中、个别酝酿、会议决定"的原则，由集体讨论做出决定，各领导班子成员根据集体的决定和分工，切实履行自己的职责。外研社的社委会是出版社的领导机构，是集体领导的组织。社委会由正副社长、正副总编辑和党组织负责人组成，由社长主持这个班子的工作。大家都是这个班子的成员，包括社长在内也都毫无例外地接受这个班子的领导和监督。

40年来，外研社坚决贯彻民主集中制原则，发扬党内民主，没有家长制和"一言堂"的现象，没有专制和独裁的问题。一切问题决策，都在广泛征求党员意见、倾听群众反映后，在民主的基础上集中，形成统一意志，产生结果。总体说来，外研社形成了"生动活泼的政治局面"。

在指导基层工会和团组织的活动上，党组织支持工会和团组织做了大量提高职工福利的工作，发动广大群众参加丰富多彩的有利于身心健康的文体竞赛和娱乐活动，为外研社企业文化建设、改善党群关系和干群关系、加强职工凝聚力起了促进作用，团组织和工会都几次被学校党委评为"先进集体"。

### 3.4 加强党的作风建设

"党风问题、党同人民群众联系问题是关系党生死存亡的问题。""党坚持不懈地反对腐败，加强党风建设和廉政建设。""党的作风是党的形象，是党的性质、宗旨、纲领、路线的重要体现，是党的创造力、战斗力和凝聚力的重要内容。"抓党风建设，主要是抓思想作风、学风、工作作风和生活作风。

在思想作风方面，外研社党组织主要是抓住"解放思想、实事求是、与时俱进"这条思想路线，带领干部群众，从出版社的现状出发，打破条条框框，不断解放思想，转变观念，以"不动摇，坚持抓方向；不争论，埋头搞发展；不犹豫，坚决搞调整；不保守，大力搞创新"为方针，实事求是地解决出版社发展中的具体问题。

在学风上，外研社党组织号召干部群众"联系实际、学以致用"，采取分析的实事求是的态度，不搞照抄照搬的教条主义，也不提倡搞形式主义。无论是学习海尔集团的先进经验，还是学习德国柯莱特出版社建立信息中心的推广理念，外研社都不是照抄照搬，而是学灵魂、学精神，取其精华，结合实践，在全国建立起16个信息中心，丰富了学以致用的实践。

在工作作风上，外研社提倡求真务实、艰苦奋斗，抵制一切形式主义和官僚作风。出版社的工作特点为业务繁杂，经常举办各类会议和活动，特别是近年来随着外研社体量的增大和业务的多元化，座谈会、培训班、工作坊、基金会、微课、赛事……工作的形式更加多样，但这些都是为了开展业务必须做的，并且严格控制规模和人数，决不搞形式主义，决不搞华而不实的东西，领导干部更是和群众一起摸爬滚打，苦干实干，求真务实。

在生活作风上，外研社严格贯彻中央要求的"全党同志特别是领导干部，一定要树立和保持共产党人的高尚情操和革命气节，追求积极向上的生活情趣，养成共产党人的高风亮节"。外研社党组织定期邀请专家学者宣讲党章，学习模范人物，参观革命圣地，要

2019年，党总支"感悟延安精神 牢记初心使命"专题培训活动

2019年，党员们在梁家河聆听"习近平的梁家河情结"现场课

求党员干部保持热情和干劲，发扬艰苦奋斗的精神，要求党员干部树立正确的人生观、世界观、价值观，端正生活作风和生活态度，经得起糖衣炮弹的考验。

### 3.5　加强党的纪律建设

党的十八大以来，以习近平同志为核心的党中央把纪律建设摆在更加突出的位置，作为全面从严治党的治本之策。党的十九大报告首次把纪律建设纳入党的建设总体布局，并写入党章，赋予了纪律建设新的内涵和外延。纪律建设贯穿党建始终，将党的政治建设、思想建设、组织建设和作风建设纪律化，为党的建设提供保障。

依据党的十八大精神，外研社党组织制定完善纪律、开展纪律教育并督促党员群众严格遵守纪律，多次组织知识竞赛、自查自纠等活动，确保纪律建设落到实处。

总的来说，外研社党的基层建设工作颇见成效，党组织的政治核心作用——党总支的保证监督作用、党支部的战斗堡垒作用和广大党员的模范先锋作用得到了充分发挥。1991年、1997年外研社党支部两次被北外校党委评为"先进党支部"，2001年外研社党总支被中共北京市委评为"先进基层党组织"。

## 结语

出版是对人类文明成果的记录整理和复制传播，是文化得以代代相传的重要载体，在文化积累、社会发展进步方面发挥着重要作用。马克思主义强调出版是人民文化和精神教育的强大杠杆，是科学复兴的手段。长期以来，我国出版工作在宣传党的主张、启迪人民思想、凝聚民族力量等方面都发挥了巨大作用。今天，要推动社会主义文化大发展大繁荣，同样离不开出版工作的有力支撑。以"记载人类文明，沟通世界文化"为己任的外研社肩负光荣使命，责任重大。今后，外研社党组织将继续紧密团结在以习近平同志为核心的党中央周围，继往开来，发挥党组织的政治核心作用，为把外研社进一步做大做强，使其跻身于世界先进出版社之林竭尽全力。

外研社40年的改革发展是中国出版业发展历程的一个缩影。外研社的每一步发展都与中国特色社会主义建设事业的步伐紧密相连。迎着改革开放的春风，外研社应运而生；随着社会主义市场经济体制的确立，外研社绘就蓝图；经历文化体制改革和教育体制改革的洗礼，外研社迅速腾飞；伴着文化产业的崛起和中外交流的深入，外研社构建起产学研融合发展的新生态。在我国改革开放的每个阶段，外研社都始终坚持把党的方针政策同办社方向紧密结合，把党的重大决策与外研社的自身实践紧密相连，从而结出累累硕果，成就了出版史上的"外研奇迹"。

人民是历史的创造者，群众是推动历史前进的英雄。40年来，一批又一批的外研人在平凡的岗位上为每一个选题、每一本图书、每一项业务奋力拼搏，无私奉献，共同铸就了外研社的辉煌。40年的成就是广大干部职工创造的，是所有在外研社工作过的人创造的——无论他们是社长，还是普通员工；无论他们是总编辑，还是普通编辑；无论他们是党总支书记、支部书记，还是普通党员；无论他们是脑力劳动者，还是体力劳动者；无论他们身体健全，还是身有残疾；无论他们是健康地生活着，还是已经离开了我们。他们，是他们缔造了外研社的历史，是他们铸就了外研社40年的辉煌。

进入新时代，广大外研人将继续坚持党的领导，坚守正确的出版导向，认真贯彻落实习近平新时代中国特色社会主义思想。在国内，充分发挥出版工作在社会主义文化建设中的重要作用；在国际，加强国际传播能力建设，讲好中国故事，传播好中国声音，为展现一个伟大光荣的政党、一个自信开放的国家、一个走向复兴的民族的形象而努力奋斗。在未来的发展岁月中，外研社将为实现中华民族伟大复兴的中国梦做出新的更大的贡献。

第六章

# 大事记·人物志·重点项目

长风破浪

# 外研社大事记

**1979年**
- 5月，《外语教学与研究》杂志编辑部向北京外国语学院党委递交《关于成立出版社的报告》。
- 6月，北京外国语学院向当时的主管单位外交部递交《关于成立出版社的报告》并转报国家出版局和中宣部。
- 8月28日，国家出版局批准成立外语教学与研究出版社。
- 10月，北京外国语学院党委任命出版社领导班子：梁克家为副社长，林学洪为总编辑，林易、靳平妥为副总编辑，李松林为出版部副主任。
- 10月，《外语教学与研究》《英语学习》等杂志由商务印书馆转外研社出版。
- 年底，北京外国语学院党委任命熊健为外研社第一任社长。

**1980年**
- 4月，创办《外国文学》《苏联文艺》《德语学习》《法语学习》等杂志。
- 4月，出版第一本英语图书《女英烈传》。
- 7月，《课外学习》杂志由内部发行改为公开发行。

**1981年**
- 3月，北京外国语学院党委任命姚金中为外研社副社长。

**1982年**
- 9月，中宣部〔82〕117号文件批准外研社的出版范围为：

外语教材、外语读物、外语工具书、外语教学参考书、外国语言和文学等研究专著、外国人学习汉语用书、外语教学与学习有声资料。

**1983年**
- 与牛津大学出版社签署第一项版权贸易协议，引进《牛津初级英语学习词典》和《牛津英语用法指南》，由此揭开外研社国际合作的序幕。
- 9月，经广电部批准，北京外语音像教材出版社成立。北京外国语学院院长王福祥兼任社长。

**1984年**
- 北京外国语学院党委任命林易为外研社代总编辑。
- 8月，北京外国语学院党委任命梁德润为外研社副社长。
- 9月，北京外国语学院党委任命董德全为图书馆·出版社党总支书记，王琪为副书记。
- 9月，外语教学与研究出版社成立五周年庆祝大会隆重举行，中宣部出版局副局长伍杰、教育部高教司司长付克等领导出席大会。
- 9月，北京外国语学院党委任命卢云九为北京外语音像教材出版社副社长，主持工作。
- 10月，北京外国语学院党委任命李松林为北京外语音像教材出版社副社长。
- 11月，北京外国语学院院长王福祥兼任外研社社长，梁克家为常务副社长，信德麟为副总编辑。

**1985年**
- 1月，《俄语学习》杂志复刊，由外研社出版。

- 5月，北京外国语学院党委任命段世镇为外研社副社长。

**1986年**
- 4月，世界银行贷款项目"北京外国语学院新印刷厂"动工兴建。
- 9月，北京外国语学院党委任命范明贤为图书馆·出版社党总支副书记。
- 10月，北京外国语学院党委任命段世镇为外研社社长。

**1987年**
- 9月，北京外国语学院党委任命范明贤为图书馆·出版社党总支书记。
- 11月，北京外国语学院党委任命任满申为图书馆·出版社党总支副书记。

**1988年**
- 北京外国语学院新印刷厂建成。
- 7月，北京外国语学院党委任命靳平妥为外研社总编辑，郑建德为副总编辑。
- 9月，北京外国语学院党委任命解景芳为北京外语音像教材出版社副社长并主持工作，王耀根为副社长。
- 12月，北京外国语学院党委任命穆大英兼任北京外语音像教材出版社社长，陈琳为总编辑。

**1989年**
- 5月，外研社总编辑林学洪被评为"北京市劳动模范"。
- 11月，北京外国语学院党委任命刘宁为北京外语音像教材出版社常务副社长。

**1990年**
- 《中国俄语教学》杂志由上海外国语学院转外研社主办。
- 北京航空航天大学创办的《大学英语》杂志改由外研社承办。
- 4月，北京外国语学院党委任命李朋义为外研社副社长。

**1991年**
- 4月，北京外国语学院党委任命徐冀侠为图书馆·出版社党总支副书记。
- 7月，外研社党支部被北京外国语学院党委评为"先进党支部"。

**1992年**
- 4月，时任国务院总理李鹏为外研社出版的《中英友好奖学金纪念名册》题写书名。
- 6月，北京外国语学院党委任命李朋义为外研社常务副社长，主持日常工作。
- 7月，与瑞士希莫兹咨询公司合作推出的电视教学节目《维克多英语》在中央电视台播出，首开外研社电视教学节目之先河。
- 8月，北京外国语学院党委任命李朋义兼任北京外语音像教材出版社副社长，郑鸿毅为外研社副社长，赵文炎为外研社副总编辑。
- 9月，获得《许国璋〈英语〉》的出版权，《许国璋〈英语〉》成为外研社的拳头产品之一。
- 9月，与牛津大学出版社合作出版的"世界经典文学名著"丛书，是最早出现在我国外语图书市场上的一套大规模的英语原版文学名著丛书，全套100种，占领此后近三年外语读物市场80%左右的市场份额。

- 10月，《外研社改革与发展综合方案》出台，提出"人员职业化、业务多元化、市场国际化、管理科学化、设备现代化"的发展目标，为外研社的高速发展奠定了基础。

- 10月，北京外语音像教材出版社更名为"北京外语音像出版社"。

**1993年**

- 1月，北京外语音像出版社与中电公司签署合同，引进日本小谷DP-90大开盘高速录音复制系统。

- 自本年起，社长段世镇享受国务院政府特殊津贴。

- 3月，北京外国语学院党委任命李朋义为外研社社长。院党委还决定在外研社、音像社及印刷厂成立三人核心小组，组长为党总支书记范明贤。

- 8月，北京外研书店成立。

- 8月，北京外国语学院党委任命徐冀侠为音像社副社长。

- 9月，北京外国语学院党委任命图书馆·出版社党总支副书记任满申兼任外研社副社长。

- 10月，北京外国语学院党委任命徐秀芝为图书馆·出版社党总支副书记。

- 11月，两社社委会通过出版大楼设计方案。该方案由建设部建筑设计院高级建筑师崔恺担纲设计。

**1994年**

- 1月，被国家教委评为"全国教材管理工作先进集体"。

- 6月，为祝贺外研社成立15周年，时任中共中央政治局委员、全国人民代表大会常务委员会副委员长田纪云题词：祝贺外语教学与研究出版社建社十五周年。时任中共中央政治局委员、国务院副总理李岚清题词：希望出版更多优秀教材和科研著作，为培养外语人才作贡献。时任中共中央政治局委员、国务委员李铁映题词：了解世界，增进友谊。

- 10月，外语教学与研究出版社成立15周年庆祝大会隆重举行。赛福鼎·艾则孜、王光英、卢嘉锡、阿沛·阿旺晋美、程思远、司马义·艾买提及徐志坚、于友先等领导同志出席大会并题词祝贺。文化、教育界著名人士冰心、艾青、王蒙、吕叔湘、季羡林、启功等也应邀题词，表示祝贺。

- 10月，北京外国语大学长春图书音像制品经销部（后改为外研社东北信息中心）成立。

- 12月，蔡剑峰被评为首届"全国优秀中青年图书编辑"。

**1995年**

- 1月，被国家教委评为"先进高校出版社"。

- 1月，外研社与北京外语音像出版社合并，形成"一套人马，两块牌子"的格局，李朋义任两社社长兼总编辑。社委会成员包括：李朋义（社长兼总编辑）、范明贤（党总支书记）、任满申（副社长）、徐冀侠（副社长）、赵文炎（副社长）、解景芳（副总编辑）、郑建德（副总编辑）、徐秀芝（副总编辑）、于春迟（社长助理）。

- 8月，由北外英语系编写的《汉英词典》（修订版）出版，成为当时国内最权威的汉英词典，代表了外研社辞书出版的最高成就。

- 10月，投资近亿元、面积达17 000平方米的出版大楼工程开工建造。
- 年底，被中宣部、新闻出版署评为"良好出版社"。

**1996年**
- 与英国朗文出版公司签订协议，共同改编出版《新概念英语》，标志着外研社国际合作业务有了质的飞跃。
- 社长李朋义获"北京市高校校办企业优秀企业家"称号。
- 第一批"书虫·牛津英汉双语读物"系列图书出版。该系列图书至今已销售上亿册。
- 蔡剑峰被外研社社委会聘任为社长助理。

**1997年**
- 再次被中宣部、新闻出版署评为"良好出版社"。
- 4月，中国高校英语口语协会（CUESA）成立，胡文仲任会长，李朋义任秘书长。秘书处设在外研社。外研社承办该组织一年一度的"'外研社杯'全国英语辩论赛"。该项赛事已经成为我国规模最大、水平最高的英语口语赛事。
- 4月，丑寒获首届"中国书刊发行奖"。
- 10月，社长李朋义被授予"北京市建功立业标兵"称号。
- 11月，时任中共中央总书记、国家主席江泽民访问加拿大，将外研社出版的《随大山商访加拿大》图书及音带、光盘赠送给加拿大政府。这一项目是由加拿大政府有关部门投资拍摄、外研社出版、中央电视台播出的合作项目。

- 年底，外研社收购北京银盘电子技术有限公司，开始进行电子出版并规划电子网络出版。李朋义兼任公司董事长。

- 12月，外研社出版大楼正式落成并投入使用，出版界誉之为"中国出版第一楼"。时任教育部党组书记陈至立视察大楼时，赞赏其为"一百年不落后"的一流建筑。

**1998年**

- 外研社物业管理中心成立。

- 1月，社长李朋义被评为"全国百佳出版工作者"。

- 1月起，社长李朋义享受国务院政府特殊津贴。

- 4月，北京外国语大学党委任命蔡剑峰为外研社副总编辑。

- 6月，外研社兼并北京外国语大学印刷厂。

- 6月，正式接管《英语学习》杂志的编辑工作。

- 8月，创建外研社读者俱乐部，迈向开放大学式的社会外语培训与图书推介相结合的道路。

- 10月，经北京外国语大学党委批准，外研社单独设立党总支，徐秀芝任总支书记，于春迟任副书记。

- 10月，国家民族事务委员会授予外研社"民族团结进步模范单位"称号。

- 12月，被中宣部、新闻出版署授予"全国优秀出版社"称号。

**1999年**

- 1月，社长李朋义第二次被授予"北京市高校校办企业优秀企业家"称号。

- 1月，创办北京青苹果文化发展有限公司，从事与出版相关的文化市场业务。

- 3月，投资500万元拍摄大型对外汉语教学节目——《汉语世界》。
- 4月，《新编大学英语》出版，标志着外研社正式进军大学英语教材市场，也是外研社向教育出版转型的标志。
- 5月，北京外国语大学党委任命于春迟兼任外研社副社长。
- 7月，开始举办"全国大学英语教学研讨会"，当年投入资金1100万元，培训大学英语教师3600人，有力地推动了我国大学英语教学的改革。
- 成立华中、西北地区的信息中心，此后相继在全国一些重要城市建立了16个信息中心。
- 12月，副社长赵文炎、发行部副主任李明明因公殉职。

**2000年**
- 1月，实行全员岗位聘任制和年薪制。
- 1月，北京外国语大学党委任命徐建中为外研社副社长。
- 1月，与北京市大兴县芦城乡人民政府签订《土地征用协议书》，外研社征地76.99亩，用于建设新的储运及生产基地和外研社国际会议中心。
- 2月，被北京市教育委员会、北京市人事局授予"北京市教育系统优秀校办企业"称号。
- 6月，与香港电讯盈科有限公司合资成立北京世纪盈华信息技术有限责任公司，涉足网络教育，社长李朋义兼任总裁。
- 12月，被北京市海淀区国家税务局授予"2000年度国税50强"称号。

- 12月，北京外国语大学网络教育学院成立，陈乃芳校长任院长，顾曰国、李朋义任副院长。

**2001年**

- 1999—2001年，连续三年被新闻出版署评为"讲信誉、重服务出版单位"。
- 外研社大厦被评选为"北京市九十年代十大建筑"之一。
- 社长李朋义和英国麦克米伦教育出版集团总裁白德信签署外研社历史上第一份大型教材合作出版协议，确定出版《新标准英语》。这是完全按照教育部颁布的新课程标准编写的第一套"一条龙"英语教材。
- 6月，中共北京市委授予外研社党总支"先进基层党组织"称号。
- 社长李朋义任中国英语教学研究会秘书长。

**2002年**

- 1月，北京外国语大学党委任命蔡剑峰为外研社总编辑，于春迟为常务副社长。
- 《新编大学英语》《新视野大学英语》《现代大学英语》《新编大学德语》《当代大学英语》《俄罗斯文学选读》等20种教材入选普通高等教育"十五"国家级规划教材。
- 2月，时任中共中央政治局常委、国务院副总理李岚清同志视察北外及外研社，时任教育部副部长吕福源陪同视察。
- 9月，外研社大兴基地第一期工程（书库、纸库、音像库、印刷厂、录音带制作厂）竣工。
- 11月，《现代汉语词典》（汉英双语）出版，标志着外研社正式实施"双语出版"战略，也是我国语言辞书编纂史上的一大创举。

- 首次举办"'CCTV杯'全国英语演讲大赛"，来自全国31个省（区、市）500多所高校的600万名大学生参与大赛。
- 社长李朋义任中国音像协会教育音像出版委员会会长。
- 总编辑蔡剑峰被授予"全国百佳出版工作者"称号。

**2003年**

- 9月，中央电视台与外研社联合举行"2003年'CCTV杯'全国英语演讲大赛筹备会暨新闻发布会"。
- 11月，《新概念英语》作者亚历山大铜像和《许国璋〈英语〉》作者许国璋教授铜像揭幕仪式分别在外研社举行。外研社又一次践行了"以人为本，以作者为本"的出版理念和企业文化。
- 12月，外研社第一款电子词典《外研通5300》问世。
- 12月，《新视野大学英语》被教育部作为"大学英语教学改革"教材向教改试点院校推荐。

**2004年**

- 1月，社长李朋义被教育部评为"优秀归国留学人员"。
- 2月，由外研社和语文出版社联合主办的"《现代汉语规范词典》首发式"在北京人民大会堂举行。全国人大常委会副委员长许嘉璐，新闻出版总署署长石宗源，教育部副部长、国家语委主任袁贵仁，中宣部出版局局长张小影，北京外国语大学校长陈乃芳，中国辞书学会名誉会长曹先擢，中国社会科学院语言研究所所长沈家煊等出席会议并讲话。出席首发式的还有中国出版工作者协会主席于友先，教育部社政司、语用司、语信司领导，新闻出版总署图书司、发行司领导以及教育界、语言学界和辞书界的知名专家学者共700余人。

- 3月，北京外国语大学党委任命章思英为外研社副总编辑。

- 4月，为了支援邓小平同志家乡的文化建设，外研社向四川省广安市图书馆捐赠一批图书和音像制品，其中包括刚刚推出的《现代汉语规范词典》。

- 4月，社长李朋义被北京市授予"首都五一劳动奖章"。

- 5月，外研社国际会议中心、北京外国语大学外研培训中心、外研社物流中心、北京外国语大学印刷厂新厂的落成仪式在外研社国际会议中心隆重举行。

- 5月，第四届"中国英语教学国际研讨会"由外研社主办，来自20多个国家的1500多位代表出席。这是当时国内英语教学界规模最大的学术会议。

- 9月，《为了13亿人的教育》(《李岚清教育访谈录》英文版)正式出版，由外研社与培生教育出版集团联合出版、全球发行。该书的出版，不仅对世界了解中国教育、中国教育走向世界做出了重大贡献，也是外研社第一次与国外公司联合出版英文著作并在全球发行，是外研社探索对外合作新形式的又一个里程碑。

- 10月，社长李朋义率团参加德国法兰克福书展，主持在书展期间举办的《为了13亿人的教育》首发式，并出席第18届国际版权会议。该会议的主题是"在亚洲的版权贸易"，李朋义作为唯一受邀的中国代表，就中国版权贸易的情况作会议主旨发言。

- 12月，《朗文当代高级英语辞典》（第3版）出版。该词典具有收词量大、新词语多、例句丰富多样、时代特色鲜明、词组搭配全面等显著特点。

- 12月，由外研社和中央电视台联合主办的"2004年'CCTV杯'全国英语演讲大赛"决赛在中央电视台举行。

**2005年**

- 1月，被北京市国税局评为"纳税信用A级单位"。

- 1月，社长李朋义在由《中华英才》杂志和联合国教科文组织驻华代表处等单位主办的"全国十大系列英才"评选活动中被评为"2004年度十大诚信英才"。

- 2月，社长李朋义任中国辞书学会副会长。

- 2月，社长李朋义任英国文化教育协会中国英语教育咨询委员。

- 2月，新闻出版总署"三项学习教育活动"领导小组授予外研社全国出版行业"三项学习教育活动"知识竞赛"优秀组织奖"。

- 2月，"《新世纪法汉大词典》首发研讨会"隆重举行。

- 3月，成功主办第九届"'外研社杯'全国英语辩论赛"决赛，北京外国语大学代表队第四次夺得冠军。

- 4月，经国家工商总局批准，外研社取得企业营业执照，结束了"事业单位，企业管理"的历史。

- 4月，《麦克米伦英汉双解词典》正式出版。

- 6月，教育部职务任免通知教任〔2005〕27号，任命李朋义为北京外国语大学副校长兼任外研社社长。

- 10月，法兰克福书展期间，外研社与培生教育出版集团、麦克米伦教育出版集团共同签署"对外汉语出版工程"海外合资公司备忘录；与牛津大学出版社签署"辞书编纂战略合作"协议；与凤凰卫视欧洲台联合举办大型多媒体对外汉语教育项目——《汉语世界》的新书首发式。这一系列活动标志着外研社的"走出去"战略全面实施。

- 11月，英国牛津布鲁克斯大学授予社长李朋义荣誉博士学位，授予仪式在北京隆重举行。李朋义也因此成为国内出版界第一位获得国外大学授予荣誉博士学位的出版人。

- 11月，《麦克米伦高阶英汉双解词典》首发式隆重举行。

- 外研通电子词典顺利通过国家质量技术监督局的鉴定。

- 《英语》（新标准）一条龙教材的小学部分正式出版，初中、高中部分全部通过教育部审定。

**2006年**

- 1月，外研社营销中心正式启动网上发行系统，并将2006年定为"网上发行年"。

- 1月，根据南京大学中国社会科学研究评价中心2006年度中文社会科学引文索引（CSSCI）来源期刊统计，外研社出版的期刊《当代语言学》位列语言学类第一名。

- 2月，被国家版权局授予"2005年度全国版权保护示范单位"荣誉称号。

- 4月，时任国家主席胡锦涛在对肯尼亚进行国事访问期间，会见了内罗毕孔子学院的师生，并向内罗毕孔子学院赠送了外研社出版的《新世纪汉英大词典》。

- 5月，社长李朋义获"韬奋出版奖"。这是我国出版界表彰个人的最高奖项。

- 7月，李岚清同志著作发布会暨篆刻作品展开幕式在新加坡举行。外研社出版的《为了13亿人的教育》在新加坡亮相，引起广泛关注。

- 8月，杨小虎被外研社社委会聘任为社长助理。

- 8月，与汤姆森学习出版集团联合主办"《汉语900句》新书发布会"。

- 8月，时任中共中央政治局常委李长春同志视察第13届北京国际图书博览会，并到外研社展台亲切指导。陪同李长春同志视察的还有中共中央政治局委员、北京市市委书记刘淇，国家新闻出版总署署长龙新民等领导同志。

- 10月，第58届法兰克福书展期间，外研社与汤姆森学习出版集团联合主办"《汉语900句》全球合作出版签约仪式"；与麦克米伦教育出版集团联合举办《走遍中国》《〈自然〉百年科学经典》的项目合作签约仪式。

- 10月，全国基础外语教育研究培训中心在外研社国际会议中心举行了成立大会。原中共中央政治局常委、国务院副总理李岚清同志为研究培训中心亲笔题名。

- 12月，"爱国者"外研通数码点读笔问世。

- 社长李朋义任中国编辑学会副会长。

**2007年**

- 1月，北京外国语大学党委任命沈立军为外研社副社长，王勇为副总编辑。

- 3月，中共中央任职通知中委〔2007〕159号，批准李朋义任中国出版集团公司党组书记。中宣部任命李朋义为中国出版集团公司副总裁。

- 3月，时任国家主席胡锦涛在对俄罗斯进行国事访问期间，将外研社出版的100套《汉语900句》（俄文版）作为国礼赠送给莫斯科1948中学师生。

- 5月，国内首部俄语多媒体入门教材《电视俄语》（DVD版）由外研社推出。

- 5月，北京外国语大学党委任命于春迟为外研社社长，徐秀芝为党总支书记兼副社长，蔡剑峰为总编辑，王芳为副社长，范晓虹为党总支副书记，李朋义为名誉社长。

- 8月，被国家语言文字工作委员会授予"全国语言文字工作先进集体"称号。

- 8月，与IBM公司签署合约，正式启动ERP项目，开始实施"登峰行动"。

- 10月，第59届法兰克福书展期间，外研社与麦格劳－希尔教育出版公司签订《大学汉语》合作出版协议。

- 11月，被商务部、文化部、广电总局和新闻出版总署共同认定为"2007—2008年度国家文化出口重点企业"。

- 12月，"2007北京新地标评选活动"揭晓，外研社大厦以高得票率获此次评选组设立的"地标提名奖"（共10家）。外研社大厦也是本次评选活动中唯一入选的办公楼。

**2008年**

- 1月，被中国出版工作者协会、中国书刊发行业协会评为2006—2007年度"诚信经营、优质服务"出版单位。

- 1月，与央视动画有限公司在外研社国际会议中心举行"携手未来，共铸辉煌——动漫出版合作发布会暨签约仪式"，同时召开《小鲤鱼历险记》2008年新闻发布会。

- 3月，名誉社长李朋义荣获新闻出版总署颁发的首届"中国出版政府奖优秀出版人物奖"。

- 5月，外研社ERP管理系统正式上线。

- 6月，被新闻出版总署评为国家一级出版社，荣获"全国百佳出版单位"称号。

- 6月，世界品牌实验室发布"2008年中国500最具价值品牌"，外研社位列第315名，品牌价值22.29亿元。

- 10月，名誉社长李朋义成为德国法兰克福书展国际顾问委员会首位中国委员。

- 12月，外研社获"北京市新闻出版版权创意成果奖"，社长于春迟获"北京市新闻出版版权创意成果奖先进个人"称号。

**2009年**

- 1月，社长于春迟入选全国宣传文化系统"四个一批"经营管理人才。

- 5月，职业教育出版分社编写的《语文》和《英语》通过教育部评审，标志着外研社成功进军职业教育出版领域。

- 9月，北京外国语大学党委任命刘甲英为外研社副社长。

- 10月，李岚清同志著作《突围——国门初开的岁月》（英文版）由外研社和牛津大学出版社联合出版，成为第61届法兰克福书展的亮点之一。

- 11月，谢文辉被外研社社委会聘任为社长助理。

- 11月，外语教学与研究出版社成立30周年庆祝大会隆重举行。原中共中央政治局常委、国务院副总理李岚清题词：中国情怀全球视野，文化交流薪火相传。时任新闻出版总署副署长邬书林，教育部副部长、北京外国语大学校长郝平，以及外研社的专家、作者、合作伙伴等近千人出席庆祝大会。

- 名誉社长李朋义获"新中国60年百名优秀出版人物"及"新中国60年百名优秀出版企业家"称号。

- "外研通"数码点读笔面世，推出《新概念英语》《英语》（新标准）等点读书。

**2010年**
- 外研社转企改制工作全部完成，正式更名为"外语教学与研究出版社有限责任公司"。

- 名誉社长李朋义任中国书刊发行业协会副会长。

- 成立北京外研通教育科技有限公司，大力开展数码产品业务。

- 11月，总编辑蔡剑峰荣获首届"高校出版人物奖"。

**2011年**
- 7月，北京外国语大学党委任命蔡剑峰为外研社社长，徐建中为总编辑，杨小虎、谢文辉为副社长。

- 12月，被新闻出版总署授予"新闻出版走出去先进单位"称号。

- 名誉社长李朋义任中国出版协会副理事长。

**2012年**

- 8月，总编辑徐建中任中国英语教学研究会副秘书长。

- 9月，名誉社长李朋义获"全国文化体制改革工作先进个人"称号。

- 10月，被商务部、中宣部、财政部、文化部、广电总局和新闻出版总署共同认定为"2011—2012年度国家文化出口重点企业"，这是外研社第二次入选此项认定。

- 11月，获得"中关村科技园区高新技术企业"认定。同月，外研社面向个人读者的社会化阅读服务平台"爱洋葱"网站正式上线。

- 12月，北京外国语大学党委任命王芳为外研社党总支书记，何皓瑜为副书记。

- 12月，成立教辅出版分社，启动全学科教育出版。

- 12月，"外研社杯"全国英语写作大赛开始举办。

**2013年**

- 1月，发布面向全年龄段的"阅读季"计划，提供从启蒙阅读、分级阅读到通识阅读、专业阅读的解决方案，是外研社教育服务转型的重要转折点。

- 1月，社长蔡剑峰入选"全国新闻出版行业第三批领军人才"。

- 5月，发起设立"中国宋庆龄基金会外研文化教育基金"。这是国内首支由出版企业设立的公益专项基金。

- 6月，入选国家新闻出版广电总局首批"数字出版转型示范单位"。

- 7月，外研社"教学三星"大赛开始举办。

- 8月，被认定为首批"北京市设计创新中心"。

- 9月，创造了"最多人合写一篇故事"的新的吉尼斯世界纪录。

- 10月，外研社北京国际文化创意与传播基地被认定为"海淀区文化科技孵化器"。

- 11月，社长蔡剑峰当选"中国文化创意产业最具网络影响力十大人物"。

**2014年**
- 1月，荣获第三届"中国出版政府奖先进出版单位奖"。

- 3月，外研国际文化教育有限公司，即FLTRP（UK）Ltd在英国注册成立。

- 3月，被认定为第一批"北京市文化创意产业人才培养基地"。

- 6月，"外研社"被认定为"北京市著名商标"、。

- 6月，被商务部、中宣部、财政部、文化部和新闻出版广电总局共同认定为"2013—2014年度国家文化出口重点企业"，这是外研社第三次入选此项认定。

- 9月，荣膺首届"首都文化企业30强"称号。

- 9月，北京外国语大学中国外语测评中心成立，运营中心设在外研社。

- 10月，外研社数字化教学共同校园Unipus正式发布。

- 10月，社长蔡剑峰荣获第十二届"韬奋出版奖"。

- 11月，荣获2014年"中国版权最具影响力企业"称号。

- 12月，北京外国语大学党委任命范晓虹为外研社党总支副书记，何皓瑜为副社长，常小玲为副总编辑。

**2015年**
- 名誉社长李朋义任亚太出版协会副主席。
- 名誉社长李朋义任中国翻译协会副会长。
- 名誉社长李朋义获"中国十大出版人物"称号。
- 4月，党总支书记王芳入选北京市宣传文化系统"四个一批"人才。
- 6月，外研社"一带一路"国家语言服务中心正式成立。
- 10月，外研社与英国牛津布鲁克斯大学合作创建的牛津布鲁克斯大学孔子学院正式揭牌成立。
- 12月，"外研社杯"全国英语阅读大赛开始举办。

**2016年**
- 5月，名誉社长李朋义任国际出版商协会执委会委员。
- 9月，推出"国际人才英语考试"（简称"国才考试"）。
- 10月，举行"中国英语阅读教育研究院成立大会"，中国英语阅读教育研究院揭牌成立。
- 11月，被商务部、中宣部、财政部、文化部和新闻出版广电总局共同认定为"2015—2016年度国家文化出口重点企业"，这是外研社第四次入选此项认定。
- 12月，入围第二届"首都文化企业30强"。

**2017年**
- 2月，正式启动"中国－以色列经典图书互译出版项目"。
- 3月，在伦敦书展颁发的国际出版卓越奖中，侯慧荣获"年度专业版权人奖"。
- 3月，外研社首家海外中国主题编辑部在保加利亚东西方出版社正式挂牌成立。

- 8月，外研社与新东方、沪江联手在英国组建创新型出版公司Innova Press。
- 10月，北京外国语大学党委任命总编辑徐建中主持外研社工作。
- 12月，由北京外国语大学发起的"中国高校外语慕课联盟"成立，外研社承担秘书处工作。
- 12月，外研书店入选"十大'最北京'实体书店"。
- 12月，外研社与爱奇艺达成战略合作，并获得"年度影响力教育品牌"奖项。

**2018年**
- 4月，荣获"首届出版融合技术编辑创新大赛"优秀组织奖。
- 5月，"U校园智慧教学云平台"获中国信息产业商会颁发的"2018年中国云计算领域最佳解决方案"奖项。
- 6月，外研在线获"中国教育管理创新示范单位"称号。
- 6月，外研社马来西亚汉语中心顺利签约揭牌。
- 8月，中国－中东欧国家出版联盟（16+1出版联盟）正式成立。外研社作为发起单位之一参与其中并发挥重要作用，联盟秘书处设在外研社。联盟已吸纳24家成员单位，其中11家来自中国，13家来自中东欧国家。
- 8月，外研社尼泊尔中国主题编辑部签约仪式暨新书首发式在北京举行，并发布合作新书：《中华思想文化术语》（第2—4辑）（尼英双语版）及《中国文化读本》（尼泊尔语版）。
- 9月，北外在线在第十五届"亚洲教育论坛年会"上获得"2018亚洲教育创新奖"。

- 9月，总编辑徐建中当选中国辞书学会副会长。
- 10月，第三次入选"首都文化企业30强"。
- 10月，外研社主办的"2018北京外国语大学国际化人才培养高峰论坛暨生源基地校工作会议"圆满召开。
- 11月，外研社－中山大学"智慧阅读教学基地"正式挂牌。
- 12月，第62届贝鲁特阿拉伯国际书展期间，就对外汉语分级读物"七色龙"、英语分级读物"悠游阅读"和"丽声北极星"三大系列读物产品与黎巴嫩当地出版商成功签署授权协议。
- 12月，与波兰马尔沙维克出版集团签署包括刘震云的《我不是潘金莲》、韩少功的《赶马的老三》、方方的《风景》在内的7部中国现当代作家代表性作品的波兰语版版权输出协议。

**2019年**
- 1月，在第十二届新闻出版业互联网发展大会上，由外研在线运营的"中国高校外语慕课平台"（UMOOCs）获得"优秀数字教育平台奖"。
- 1月，北京外国语大学党委任命刘捷为外研社副社长。
- 3月，外研社国际人才学院成立。
- 3月，北京外国语大学中国外语教材研究中心成立，秘书处设在外研社。
- 3月，联合国和国际版协共同发起"联合国可持续发展目标图书俱乐部"项目，许海峰担任评委会委员。
- 4月，荣获2018—2019年度"牛津合作出版金牌伙伴奖"。
- 4月，荣获美国国家地理学习大会"影响力大奖"。

- 5月，总编辑徐建中代表外研社出席5月15日召开的亚洲文明对话大会开幕式，习近平主席出席大会并发表主旨演讲，全国共有10家出版社出席大会。

- 6月，北京外国语大学中国职业外语教育发展研究中心成立，总编辑徐建中当选中心执行委员会副主任。

- 7月，外研社与英国泰勒弗朗西斯集团（Taylor & Francis Group）举行战略合作签约仪式。

- 7月，党总支书记王芳入选第九届"北京影响力"年度最具影响力企业家50强。

- 8月，被商务部、中宣部、财政部、文化和旅游部、广电总局共同认定为"2019—2020年度国家文化出口重点企业"，这是外研社第五次入选此项认定。

- 8月，北京外国语大学党委任命总编辑徐建中为外研社法人代表。

- 9月，"新中国外语教育发展高端论坛暨《民族复兴的强音——新中国外语教育70年》新书发布会"在外研社举行。中国教育国际交流协会会长、教育部原副部长刘利民，教育部高教司副司长徐青森，教育部职业技术教育中心研究所副所长曾天山，北京外国语大学党委书记王定华，北京外国语大学党委常委、副校长袁军、孙有中，以及《民族复兴的强音——新中国外语教育70年》作者代表伊莎白·柯鲁克、陈琳、梁敏、梅兆荣、胡文仲、黄建华、刘道义、张幼云、薛建成、尹卓、文秋芳、冯存礼、龚亚夫、李朋义、史铁强、王守仁、修刚、隋然等出席论坛。外研社社委会全体成员参加会议。

- 10月，庆祝外研社成立40周年研讨会隆重举行。全国政协文化文史和学习委员会副主任、中国版权协会理事长阎晓宏，中国职业技术教育学会会长、教育部原副部长鲁昕，北京外国语大学党委书记王定华、校长杨丹，北外原党委书记、校长陈乃芳，北外原党委书记杨学义，中国出版协会副理事长、外研社名誉社长李朋义，南京大学教授王守仁，中国出版协会副秘书长沈建林，以及外研社历任社领导、专家、作者、读者、合作伙伴和员工代表等近千人共同见证了这一重要时刻。会上，北外党委书记王定华、校长杨丹为李朋义、段世镇、靳平妥、范明贤、徐秀芝、梁克家、信德麟、郑鸿毅、任满申、徐冀侠、解景芳、刘甲英等做出非凡贡献的老一辈外研人颁发了"外研社终身成就奖"。

- 11月，由中国职业外语教育发展研究中心主持研发的英语职业技能等级考试（Vocational English Test System，简称VETS）正式发布。

# 外研社人物志

## 社领导篇

### 历任社长

**熊健**（1920. 11—2016. 8）

新中国成立前曾用名熊兴仁。男，湖北大梧人，中共党员。1935年至1937年于日本东京大学东亚学校求学，1943年于广西大学经济系毕业，曾于广西大学、北平朝阳学院、华北学院任助教、讲师、副教授。1942年6月参加革命，1943年1月经周恩来总理特批加入中国共产党，同年4月转正。1942年6月至1956年8月在中共中央社会部（新中国成立后隶属于中共中央调查部）领导下，在国民党上层人士中开展工作，曾参加解放北平的战斗。1956年调入北京外国语学院，历任德语系、西班牙语系首任系主任，以及亚非语系主任、教务主任兼党委书记、教育革命组副组长等职。1979年至1984年任外语教学与研究出版社第一任社长，其间出版《英语学习》《外语教学与研究》杂志，创办《外国文学》《苏联文艺》《德语学习》《法语学习》《课外学习》杂志。在任期间，外研社出版书刊的种类、数量位居国内大学出版社前列。1985年12月退休。1963年及

919

1993年两次获得北京市台办颁发的"对台工作先进个人"称号；2006年荣获北京外国语大学党委颁发的"优秀共产党员"称号；2015年荣获中共中央、国务院、中央军委颁发的"中国人民抗日战争胜利70周年"纪念章。

**王福祥**（1934.1—2017.4）

男，山东寿光人，中共党员，教授、博士生导师。1950年4月被保送到哈尔滨外国语专门学校学习俄文，毕业后留校工作。1954年考入莫斯科大学语文系，1959年获副博士学位。自1960年1月起在北京外国语学院任教，1982年6月至1984年4月任副院长，1984年4月至1997年2月先后任北京外国语学院院长、北京外国语大学校长。1984年至1986年兼任外语教学与研究出版社社长。曾任第八届、第九届全国政协委员。1984年被评为国家级有突出贡献的中青年专家。1987年获国际俄罗斯语言和文学教师协会颁发的"普希金奖章"。1989年获英国剑桥国际传记中心颁发的名人荣誉证书并被录入《澳洲及远东名人录》。1991年被评为全国优秀教育工作者、全国优秀教师、北京市优秀教师。著有《俄语话语结构分析》《俄语实际切分句法》《主从复合句分类原则》《话语语言学》等30多部著作。自1991年起享受国务院政府特殊津贴。

**段世镇**（1933.4— ）

男，辽宁大连人，中共党员，编审。1960年毕业于北京外国语学院英语系，毕业后留校任教，兼任英语系团总支书记。1978年调入农业部外事局，历任联合国粮农组织出版处中文翻译组组长、定稿人，农业部外事局副处级外事秘书。1985年调入外语教学与研究出版社任副社长，1986年11月至1993年4月任社长。1994年退休。在任期间，坚持执行党的出版方针和办社宗旨，出版了200多种新编高校外语教材、100多种学术专著，为推动教师科研工作创造了有利条件。主持工作期间，出版书刊种类和数量始终位居大学出版社前列。所主编的《现代汉英词典》获第四届全国图书金钥匙奖，参与编写的《现代英汉词典》获第五届全国图书金钥匙奖，另参与编纂《英汉双解朗文美语词典》《最新英汉汉英词典》《新编小英汉词典》等。曾任北京地区大学出版社协会副理事长。自1993年起享受国务院政府特殊津贴。2019年10月25日，在庆祝外研社成立40周年研讨会上被授予"终身成就奖"。

**李朋义（1954.8——　）**

男，河北黄骅人，中共党员，编审。1980年毕业于
北京外国语学院英语系，后分配到外语教学与研究
出版社。1989年获英国利兹大学语言学硕士学位。
历任外研社编辑部主任、总编室主任、副社长、常
务副社长，1993年3月任社长。1995年外研社与北
京外语音像出版社合并后，任两社社长兼总编辑。
2005年任北京外国语大学副校长兼外研社社长，同
时兼任北京外国语大学附属中学校长。2007年3月
经中共中央任命，任中国出版集团公司党组书记兼
副总裁；2009年12月任高等教育出版社社长。2010
年12月12日，中国教育出版传媒集团成立，李朋义
任中国教育出版传媒集团有限公司党组书记、总经
理。2011年4月任中国教育出版传媒股份有限公司
董事长、总经理。

李朋义同志主持外研社工作的15年间，锐意改革，
不断进取，为外研社发展做出了突出贡献。他引领
了外研社的崛起与腾飞，创造了"外研现象""外
研奇迹"，使外研社成为中国出版业的一面旗帜。

李朋义多次被北京外国语大学评为校级先进工作
者、优秀干部和优秀共产党员。1996年和1999年两次
获得"北京市高校校办企业优秀企业家"称号。1997

年获"北京市建功立业标兵"称号。1998年获"全国百佳出版工作者"称号，享受国务院政府特殊津贴。2004年获"首都五一劳动奖章"，被教育部评为"优秀归国留学人员"。2005年获"2004年度十大诚信英才"称号。同年，因在中外合作出版交流方面的杰出贡献，获英国牛津布鲁克斯大学荣誉博士学位。2006年获"韬奋出版奖"。2008年获首届"中国出版政府奖优秀出版人物奖"。2009年获"新中国60年百名优秀出版人物"和"新中国60年百名优秀出版企业家"称号。2010年当选"2010中国教育出版行业年度人物"。2012年获"全国文化体制改革工作先进个人"称号。2015年获"中国十大出版人物"称号。2019年10月25日，在庆祝外研社成立40周年研讨会上，李朋义同志被授予"终身成就奖"。

李朋义还担任了中国出版协会副理事长、国际出版商协会执委会委员、亚太出版协会副主席、德国法兰克福书展国际顾问委员会委员、英国文化教育协会中国英语教育咨询委员、中国书刊发行业协会副会长、中国编辑学会副会长、中国辞书学会副会长、中国翻译协会副会长、中国英语教学研究会秘书长、中国音像协会教育音像出版委员会会长、《国际出版周报》编委会主席等十多个与出版、学术相关的国际性或国家级社会团体职务。

**于春迟（1968.1—　）**

男，山东乳山人，中共党员，编审。1990年北京外国语学院英语系本科毕业，1997年英国斯特林大学编辑出版学硕士研究生毕业，2006年获长江商学院高级工商管理学硕士学位。历任外语教学与研究出版社国际合作部主任、社长办公室主任、出版部主任、社长助理、总支副书记、副社长。2002年任常务副社长。2007年至2011年任社长。2008年至2011年兼任北京外国语大学校长助理。在任期间，以实施ERP项目和优化人力资源体系为两大系统工程，修炼管理内功，强化出版社的核心竞争力，以强化主业和拓展新业务为两大战略重点，提出"四轮驱动"向教育服务提供商转型战略。外研社继续发扬传统优势，坚守外语出版，组织《新视野大学英语》（第三版）等一批有影响力的出版物的出版发行；积极拓展新业务，进军汉语出版、少儿出版、科学出版等领域。2011年4月受教育部党组任命，担任中国教育出版传媒集团有限公司党组成员、中国教育出版传媒股份有限公司副总经理，2015年10月任该公司总经理；2017年3月兼任中教华影电影院线股份有限公司董事长；2018年8月被教育部党组任命为中国教育出版传媒集团有限公司副董事长。曾获2008年全国宣传文化系统"四个一批"经营管理人才、"中国百名优秀出版企业家"、"中国大学出版社首届高校出版人物"、"北京市新闻出版版权创意成果奖先进个人"等荣誉称号。

**蔡剑峰**（1968.4—　　）

男，浙江温州人，中共党员，编审。1989年北京外国语学院对外汉语专业本科毕业，1993年北京外国语学院英语系硕士研究生毕业，1996年获英国斯特林大学编辑出版学硕士学位，2007年获中欧国际工商学院高级工商管理学硕士学位。1989年至2002年，历任外语教学与研究出版社外语读物编辑室主任、国际合作部主任、社办公室主任、社长助理、副总编辑，2002年任总编辑，2011年至2017年任社长。2012年至2017年，兼任北京外国语大学校长助理。2017年由国家外文局党组任命为海豚出版社社长。1994年被评为首届"全国优秀中青年图书编辑"；2004年被授予第四届"全国百佳出版工作者"称号；2013年入选"全国新闻出版行业第三批领军人才"；2014年获"韬奋出版奖"。

**徐建中**（1960.12—　　）

总编辑主持工作。男，河北人，中共党员，编审。1987年河北师范大学本科毕业，1992年北京外国语学院英语系硕士研究生毕业，1997年9月至1998年7月赴英国牛津布鲁克斯大学进修。1992年加入外语教学与研究出版社，历任编辑室主任、读者俱乐部主任、社长助理、副社长，2011年7月任总编辑。在任期间，推出了国际人才英语考试，该考试充分挖掘外研社渠道和专业优势，集教学、测试、评价、培训于一体，成为外研社业务的重要延伸。主持策划了《当代大学英语》《新一代大学英语》《新交际英语》《大学思辨英语教程》等大型系列教材，推动了Unipus智慧教学云平台上线，基本实现了"互联网+教育"背景下数字化出版全面转型。2017年10月受北京外国语大学党委任命，主持外研社工作。徐建中同志主持全面工作后敢于担当大任，善于稳定大局。他所提出的外研社能力建设的内容——内容生产力、技术驱动力、营销竞争力、生态融合力、平台链接力、人员效益力、职能管控力、企业盈利力等"八力"建设，已经成为外研社新的发展战略。2012年8月任中国英语教学研究会副秘书长，2018年8月当选为秘书长。同年9月当选为中国辞书学会副会长。2019年6月当选为北京外国语大学中国职业外语教育发展研究中心执行委员会副主任。

# 历任党总支书记

**姚金中**（1925.3—2008.8）

男，中共党员。1944年参加工作，1981年3月调任外语教学与研究出版社副社长，分管出版、发行与财务工作，后来兼任图书馆·出版社党总支书记。1985年离休。

**范明贤**（1941.4—　　）

男，辽宁普兰店人，中共党员，编审。1960年至1965年在北京外国语学院俄语系学习，毕业后留校工作。1980年年底调入外语教学与研究出版社任编辑，1983年任出版社党支部书记，1986年任图书馆·出版社、电教中心和研究所党总支副书记兼出版社支部书记，1987年至1998年任图书馆·出版社党总支书记。在任期间，坚决贯彻落实党的基本路线和出版方针，以生产经营为中心开展工作；坚定维护和落实社长负责制，支持社长统一指挥生产经营和行政工作；抓牢抓好党的基层建设，为出版社的快速发展提供了政治保障。主持编写出版《汉俄新译语汇编》《现代汉俄词典》《基础俄汉词典》《汉英新译语汇编》。曾被评为北京外国语大学"优秀共产党员""先进工作者"。2001年退休。2019年10月25日，在庆祝外研社成立40周年研讨会上被授予"终身成就奖"。

**徐秀芝**（1954.3— ）

女，江苏太仓人，中共党员，编审。1978年北京外国语学院法语系本科毕业，随后留校到附属中学任教。1979年11月进入外语教学与研究出版社工作，任法语编辑。1991年至1993年被外交部借调至中国驻科特迪瓦共和国大使馆经济商务处任外交官。1994年担任图书馆·出版社党总支副书记，1995年兼任副总编辑。1998年任外研社党总支书记兼副社长。在任党总支书记期间，坚决贯彻落实党的基本路线，带领全社党员、干部在落实党的思想建设、政治建设、组织建设和纪律建设方面做出了突出贡献。作为党总支书记，坚决支持社长负责制的管理体制，同李朋义、于春迟、蔡剑峰等几任社长配合默契，使外研社实现了社会效益和经济效益的最佳结合并获得了中国出版界的诸多重要荣誉。作为副社长，推动外研社与麦克米伦出版有限公司合作的"21世纪小学英语"项目（《新标准英语》教材项目前身）的启动。在所分管的多个领域，身先士卒，团结带领广大干部圆满地完成了出版业务工作。曾获北京外国语大学"优秀共产党员"称号。2014年退休。2019年10月25日，在庆祝外研社成立40周年研讨会上被授予"终身成就奖"。

**王芳（1973.12—　）**

女，江苏如皋人，中共党员，副编审。北京外国语大学德语语言文学硕士、长江商学院高级工商管理学硕士。1998年至1999年赴德国康斯坦茨大学进修媒体研究学。1994年加入外语教学与研究出版社，2003年至2007年任社长助理兼营销总监。2007年至2012年任副社长。2012年12月起至今担任外研社党总支书记兼副社长。主抓营销工作时，注重市场调研，创新宣传策划，建立了经销商招标分级管理制度。一手打造的"外研通"点读笔探索出了新型数码产品的发展模式。作为党总支书记，始终坚持正确的政治导向、坚持真理，丰富学习内容和创新学习方法，让党员学习制度更加常态化、制度化，实现了党建工作与业务工作的有机统一。在"不忘初心、牢记使命"的主题教育中，提出了五点要求：第一，加强理论修养，旗帜鲜明讲政治；第二，坚定理想信念，牢记使命初心；第三，勇于担当责任，积极主动作为；第四，强化风险意识，增强忧患意识；第五，勇于自我革命，找准差距促整改。这些已成为外研社广大党员干部的共识。曾获"查处侵权盗版案件有功个人"、"第二届北京市新闻出版行业领军人才"、北京市宣传文化系统"四个一批"人才等荣誉称号。2019年入选第九届"北京影响力"年度最具影响力企业家50强。

## 历任总编辑

**林学洪**（1926.1—2000.9）

男，福建福清人，中共党员，编审。1946年毕业于厦门大学。1959年任《外语教学与研究》期刊编辑，1979年任主编。同年任外语教学与研究出版社总编辑。曾参与《汉英词典》的编写工作，编选审定大批教材、辞书、学术著作和中外文读物；筹划出版一系列大、中型词典；参与创办学术论丛《文苑》；策划出版"学生英语文库"系列图书，并参与其编、译、校工作，为高级阶段英语学习者提供读物、参考书。1989年离休。1983年被评为"北京市先进教育工作者"，1989年被评为"北京市劳动模范"。

**林易**（1923.9—2012.7）

男，江苏常州人，中共党员，编审。1949年上海大夏大学英文系本科毕业。1950年至1952年在北京俄文专修学校学习。1952年任《俄文教学》杂志及《外语教学与研究》杂志编辑、《汉英词典》编委。1979年起先后担任外语教学与研究出版社副总编辑、代总编辑。1980年起负责编写、加工、翻译、校订图书近百种，主编《小小汉英词典》《新编小汉英词典》等。1987年离休。

**靳平妥**（1928.1—　）

男，河北饶阳人，中共党员，编审。1952年毕业于北京俄文专修学校，同年调入俄专创办的《俄文教学》杂志编辑部任编辑，1959年杂志更名为《外语教学与研究》。1955年至1957年间任北京外国语学院授课教师。1958年任《语言学译丛》编辑，1969年调入北京外国语学院教育改革组，负责部分省（区、市）的招生工作。曾任《课外学习》杂志主编，1980年该杂志由校内发行改为出版社公开出版发行，发印量每期10万册以上，为建立初期的外研社提供了经济支持。《课外学习》杂志在1985年被评为"全国最佳杂志"之一。1979年兼任外语教学与研究出版社副总编辑，1988年接任总编辑。1993年离休。2019年10月25日，在庆祝外研社成立40周年研讨会上被授予"终身成就奖"。

长风破浪

## 历任副社长

**梁克家**（1929.7— ）

男，辽宁法库人，中共党员。1949年3月参加革命。1950年北京俄文专修学校毕业，同年留校任俄语助教。1951年调入《俄文教学》杂志编辑部工作，曾任总编室副主任。1956年《俄文教学》编辑部改为《外语教学与研究》编辑部后任负责人。1979年，负责筹备建立外语教学与研究出版社。出版社成立后任副社长，协助熊健社长处理出版社日常工作。1984年任常务副社长。1986年任正社级调研员，受社长委托负责外研社世界银行教材贷款项目。1991年离休。2019年10月25日，在庆祝外研社成立40周年研讨会上被授予"终身成就奖"。

**梁德润**（1943.12— ）

男，中共党员，编审。1961年入读北京外国语学院西班牙语系（五年制本科），1966年毕业留校，在西语系工作。1980年调入外语教学与研究出版社，1984年至1992年任副社长。1992年调入北京航空航天大学出版社任副社长。2004年年初退休。

**任满申**（1941.6— ）

男，山西闻喜人，中共党员。1960年至1965年先后在华北人民大学历史系、山西大学政治系学习。1965年10月被分配到北京外国语学院工作，曾在人事档案科、院长办公室、法语系党总支工作；1974年11月调入院党委宣传部担任秘书工作。1982年3月加入外语教学与研究出版社，其间曾从事编辑、行政管理、党务人事、工会基建等工作。1986年至1989年任编辑部和总编室副主任，1987年至1998年担任图书馆·出版社党总支副书记，1993年至2002年兼任外研社副社长、工会主席。曾兼任北京市大学版协常务理事。曾获北京外国语大学"优秀共产党员"称号。参与《现代汉俄词典》《汉俄新译语汇编》的编写工作，翻译英文版读物《海滨小屋》，撰写《中国图书大辞典》1995年版三级类目21条。2002年退休。2019年10月25日，在庆祝外研社成立40周年研讨会上被授予"终身成就奖"。

**徐冀侠**（1944.10— ）

男，河北安次人，中共党员，副研究员。北京工业学院四系毕业。1989年担任北京外国语学院电教中心党支部书记。1991年6月加入北京外语音像教材出版社，同年兼任图书馆·出版社党总支副书记，1993年任北京外语音像出版社副社长。1995年外研社与北京外语音像出版社合并后改任两社副社长。2005年退休。2019年10月25日，在庆祝外研社成立40周年研讨会上被授予"终身成就奖"。

**郑鸿毅**（1935.2— ）

男，吉林长春人，中共党员。1982年由北京外国语学院保卫处调入外语教学与研究出版社，任社办主任；1984年任发行部主任，逐步建立起外研社自办发行网络；1992年担任副社长。2002年退休。曾获外研社"终身成就奖"。2019年10月25日，在庆祝外研社成立40周年研讨会上再次被授予"终身成就奖"。

**赵文炎**（1952.3—1999.12）

男，浙江临安人，中共党员，副编审。北京外国语学院俄语专业本科毕业，曾留校担任俄语教师。1985年加入外语教学与研究出版社，1992年任副总编辑，1995年改任副社长，1998年兼任大学英语工作室主任。1999年12月因公殉职。

**刘甲英**（1952.12— ）

男，北京人，中共党员。1988年高等教育自学考试英语专科毕业，2002年北京工商大学民商法学研究生班结业。1970年12月入伍，加入西藏军区某部，1979年调回成都军区某部，历任后勤助理、正营职站长、副团职翻译（少校军衔）。1991年退伍转业至北京外国语学院人事处工作。1992年调至北京外语音像教材出版社任办公室主任。1995年音像社并入外语教学与研究出版社后任储运部主任，2000年任社长助理，2005年任副社长兼国际会议中心总经理。2012年退休。2019年10月25日，在庆祝外研社成立40周年研讨会上被授予"终身成就奖"。

**沈立军**（1970.8— ）

男，浙江慈溪人。1992年本科毕业于中国农业大学经管学院，留校任教，历任经管学院助教、讲师。1999年获中国人民大学工商管理学硕士学位，同年进入外语教学与研究出版社工作。2000年任期刊中心主任助理，主持工作；2001年担任中小学英语工作室副主任；2002年负责组建外研社市场部，任社长助理兼首任市场部主任；2003年任社长助理兼财务部主任。2007年任外研社副社长，主管财务和部分市场推广工作；2008年开始主管外研社新成立的职业教育出版分社；2010年开始主管外研社新成立的数字教育事业部。2014年任北京外国语大学财务处处长。

**范晓虹**（1972.6—　）

女，山西晋中人，中共党员，副编审。1994年重庆大学电气工程系本科毕业，1999年获中国人民大学工商管理学硕士学位。同年加入外语教学与研究出版社，1999年3月至2001年8月任读者俱乐部主任，2001年8月至2006年11月任人力资源部主任，2001年12月至2007年5月兼任社长助理，2007年5月至2009年10月任党总支副书记，2008年8月至今兼任北外在线（北京）教育科技公司总经理，2009年3月至2012年10月兼任北京乐奇乐思教育科技有限公司总经理，2009年10月至今任副社长，2014年至今兼任外研社党总支副书记、外研国际文化教育有限公司董事长及北京外国语大学国际教育集团总经理，2016年至今兼任外研国际（加拿大）文化教育有限公司董事长。曾获北京市"三八红旗奖章"、北京市出版人才"百人工程"（第一批）、第三届"高校出版人物奖"、第五届"首都市民学习之星"等荣誉。

**杨小虎**（1970.7—　）

男，北京人。1992年北京工业大学本科毕业，2001年获英国斯特林大学编辑出版学硕士学位。1997年加入外语教学与研究出版社，历任信息技术中心总监、北京银盘电子技术有限公司总经理。2006年至2009年，参与领导和设计了外研社点读笔等大型项目，为外研社的数字化发展做出了积极贡献，还参与了全社预警机制的建立和外研社沈阳基地的管理工作。2006年被聘任为社长助理，2011年任副社长。2016年离职。

**谢文辉**（1974.11—　）

男，江西兴国人，中共党员。2002年北京工商大学研究生毕业，后加入外语教学与研究出版社市场部任策划主管；2003年至2006年调入社办公室工作；2006年年底任社办公室副主任；2007年任人力资源部主任；2008年任行政总监；2009年任社长助理，分管社办公室、人力资源部；2011年任副社长，先后分管人力资源部、营销中心、销售中心、教辅分社。2015年离职。

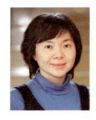

**何皓瑜**（1976.3—　）

女，四川西昌人，中共党员。1996年北京外国语大学俄语专业本科毕业，1999年北京大学文学硕士研究生毕业，2010年获北大光华管理学院工商管理学硕士学位。2005年加入外语教学与研究出版社，任事业发展部主任，负责拓展数字化新业务，先后担任电子音像网络出版分社社长、市场中心总监、行政总监、战略管理部主任等职。2012年12月任外研社党总支副书记，2014年12月任副社长。2019年离职。

**刘捷**（1966.5—  ）

男，山东临朐人，中共党员，编审，博士。1987年获山东师范大学教育学学士学位，1990年获河北大学教育学硕士学位，2001年获北京师范大学教育学博士学位。1990年至1998年于河北省秦皇岛市教育委员会工作。2001年8月至2019年1月于人民教育出版社工作，曾任课程研究室主任助理、报刊社副社长、《小学语文》杂志副主编、《教育史研究》杂志副主编等。2019年1月调任外语教学与研究出版社副社长，兼任《国际汉语教育（中英文）》杂志执行主编。主要论著有《专业化：挑战21世纪的教师》《栅栏内外：中国高等师范教育百年省思》《高中新课程与教师专业发展》《民族复兴的强音——新中国外语教育70年》等。公开发表学术论文和书评一百余篇。多篇论文被《新华文摘》、中国人民大学复印报刊资料等全文转载。策划、责编的图书和期刊曾多次荣获"中国出版政府奖""国家图书奖""国家期刊奖"等奖项。多次获得"优秀共产党员"等称号。

## 历任副总编辑

**信德麟**（1927.9—　）

男，天津人，中共党员，研究员。1948年就读于北平私立华北文法学院俄文系，同年12月参加革命。1952年哈尔滨外语学院俄语专业毕业，1961年苏联列宁格勒大学研究生毕业。1961年至1976年在黑龙江大学任教，1977年至1983年任《编译参考》杂志副主编，1983年由外文局调入北京外国语学院外国语言研究所，历任研究所研究员、外语教学与研究出版社副总编辑。1989年离休。自1993年起享受国务院政府特殊津贴。主要著作有《斯拉夫语通论》《拉丁语和希腊语》《拉丁语语法》《信德麟集》等。2019年10月25日，在庆祝外研社成立40周年研讨会上被授予"终身成就奖"。

**解景芳**（1943.11—　）

男，北京大兴人，中共党员。1968年于北京外国语学院俄文系本科毕业。1969年11月被抽调入伍，作为总参某部机要人员，先后任正营职、副团职助理研究员，在军内秘密战线上奋斗了近20年。其间，参加根据中央军委文件指示、由军事科学院牵头编译的《苏联军事百科全书》的译审工作，负责"军事地理"分卷的编审出版。该书荣获"国家科技进步奖"，个人获军科院颁发的荣誉证书。在该书出版期间还相继出版了《俄汉世界地名词典》《苏联军事百科词典》《外国军事人物》等。1987年转业回母校工作，先后任北京外语音像教材出版社副社长、外语教学与研究出版社及北京外语音像出版社副总编辑，主要负责音像产品的选题、录制出版工作。曾分管总编室、各语种编辑室的工作，组织出版多语种音像教材，如《电视英语》、《小学英语》、"东方"《大学俄语》、《法语》等上百种。同时，曾负责全国5个省（市）中小学教材的宣传开拓与发行工作。2003年退休。2019年10月25日，在庆祝外研社成立40周年研讨会上被授予"终身成就奖"。

### 郑建德（1938.9—2018）

男，山西黎城人，中共党员，编审。1965年山西大学政治系毕业，1965年至1982年在北京外国语学院党委宣传部工作。1982年调入外语教学与研究出版社编辑部，曾任编辑部主任，1988年至1996年任副总编辑。1998年退休。

### 章思英（1964.3—　）

女，四川成都人，中共党员，编审。1985年北京大学西语系英语语言文学专业本科毕业，1987年北京大学英语语言文学系研究生毕业，1991年获英国斯特林大学出版学哲学硕士学位，2000年获美国伊利诺伊州立大学传媒学理学硕士学位。1987年至2001年在中国外文局工作，历任《今日中国》杂志英文翻译、英文部副主任和中国文学出版社英文部主任。2001年加入外语教学与研究出版社，2001年至2004年3月任总编辑助理，2004年3月至今任副总编辑。

**王勇**（1971.6—　）

男，江苏溧水人，中共党员。1994年从北京外国语大学英语系毕业后进入外语教学与研究出版社工作，主要从事教材（图书及配套音像产品）的编辑工作。1999年9月至2000年6月被公派至英国斯特林大学攻读编辑出版学硕士学位，2000年7月回国后开始担任总编辑助理，负责基础英语教育出版，带领团队完成了小、初、高一条龙新课标教材——《新标准英语》的编写、出版工作。2007年至今任副总编辑。2006年获北京外国语大学"优秀共产党员"称号。

**常小玲**（1975.10—　）

女，河南唐河人，副编审。1994年至2001年就读于北京师范大学外语系，2001年获翻译理论与实践方向硕士学位；2014年至2018年就读于北京外国语大学中国外语与教育研究中心，2018年获二语习得方向博士学位。2001年进入外语教学与研究出版社工作，从大学英语部编辑做起，历任大学英语部副主任、高等英语教育事业部副主任、高等英语教育出版分社社长、总编辑助理、副总编辑。曾主持或参与多部高校英语教材的策划与出版、学术类图书及网站的设计与研发，以及高校英语教师培训的组织与实施等。2003年至2011年连续九年获外研社"社长特别奖"。

## 社长助理

**郝桂秀**（1956.8—　　）

女，陕西绥德人，中共党员。1980年获南开大学中文系学士学位，1989年于中国社会科学院文学研究所研究生班进修。1980年至1985年在西安外国语大学任教，1985年至1986年在北京《中国审计》杂志社任编辑，1986年至1987年在中共北京市西城区委党校任教，1987年至1997年在北京外国语大学中文学院任教。1996年参加北外"211工程"申报小组，率团创作了申报"211工程"的专题片《通往世界之桥》，获当年北京市教育节目一等奖。1997年加入外语教学与研究出版社，历任汉语编辑部主任、音像制作中心主任、社长助理。曾主持策划出版了《游学在中国》《汉语学习词典》等汉语图书，策划编写并制作了中国第一部大型系列汉语教学片《汉语世界》，配套改编了英语教学片《走遍美国》《进步美语》《新概念英语》等。2000年离职。

# 1995年同外研社合并前的音像社历任领导

**穆大英**（1936.1— ）

男，天津人，中共党员，教授。1959年北京外国语学院法语系毕业。1963年9月至1965年7月在法语系工作。1965年12月至1970年5月赴柬埔寨支援其大学建设，在金边王家大学专家组工作。1970年9月至1984年7月在北京外国语学院法语系任教，曾任教学组长、教研室主任、系副主任、系总支书记、教务长。1988年兼任北京外语音像教材出版社社长。1991年9月至1997年6月先后任北京外国语学院副院长、北京外国语大学副校长。1992年12月兼任北外国际交流学院院长。

**陈琳（1922—　）**

男，江苏人，中共党员，教授。1950年进入外国语学校（今北京外国语大学）任教。1956年主编出版新中国第一套高校通用外语教材《大学英语》，担任由周恩来总理倡导的"一条龙外语教学"工作负责人。1978年主持新中国第一套面向全国播放的电视广播英语课程并编写教材。1988年受命筹建北京外国语学院海南分院，同年兼任北京外语音像教材出版社总编辑。曾任国家语委咨询委员会委员、国家语委外语中文译写规范专家委员会主任委员、中国老教授协会常务理事、外语专业委员会理事长等职。2010年，担任教育部"国家英语课程标准"研制专家组组长。曾获"全国科教兴国贡献奖""全国老有所为贡献奖""全国优秀教师"等殊荣。主编全国通用《大学英语》（第一、二册）、《电大英语》、《新标准英语》等系列教材。

2018年7月，教育部授予陈琳教授"全国优秀教师"荣誉称号。

**刘宁（1954.6—　）**

女，吉林长春人，中共党员。1982年东北师范大学政治教育系毕业，获学士学位；1998年北京大学政治学与行政管理系在职研究生毕业，获硕士学位。1982年至1989年间历任北京外国语学院人事处科员，人事科副科长、科长，审计室主任科员。1989年11月至1995年2月任北京外语音像教材出版社（1992年10月更名为北京外语音像出版社）常务副社长，1995年至2002年任北外档案馆馆长，2002年至2009年任北外人事处处长，2009年至2014年任北外统战部部长兼校机关党总支书记。2014年退休。

在北京外语音像出版社工作期间，主持出版了英语听力系列音像教材，英语口语系列音像教材，德、法、俄、日等多个语种的听力和口语音像教材及出版物。其中，《电视英语》的音像教材风靡全国。同时，从日本引进了一条录音磁带自动化生产线。

**李松林**（1927.5—2011.4）

男，河北三河人，民盟盟员。1952年毕业于中国人民大学。毕业后曾在中国人民大学、北京俄语学院、北京外国语学院从事教育行政和教材管理工作。1977年曾先后倡议及参与筹建外语教学与研究出版社和北京外语音像教材出版社，1979年任外研社出版部副主任，1984年任音像社副社长。1987年离休。后受聘担任中国图书联合公司、珠海市中管院投资与市场研究所、语文出版社、北京华侨建设公司、东方白马书画院等多家单位的顾问、研究员、副所长、副社长、院长等职。

**卢云九**（1935.10—　　）

男，江西南康人，中共党员，研究员。1961年毕业于北京外国语学院罗马尼亚语专业。历任北外东欧语系辅导员、秘书、电教员，北外电教中心副主任，中国电教协会理事，外语专业委员会秘书长。1984年兼任北京外语音像教材出版社副社长。

**王耀根**（1937.3—   ）

男，浙江宁波人，中共党员。1959年7月毕业于上海澄衷中学并被保送至北京外交学院。1962年8月随外交学院西班牙语系、法语系等系的青年学生调入北京外国语学院。1964年6月毕业并留校工作。1984年8月调出西班牙语系，与卢云九同志一起筹备和创建北京外语音像教材出版社，任副社长，负责编辑和发行工作。1990年调至北京外国语学院离退休工作处任处长。1997年7月退休。1999年至2016年任北京外国语大学归国华侨联合会主席，其间校侨联曾获北京市侨联和中国侨联表彰。2003年被评为北京外国语大学"优秀共产党员"，2004年获"首都侨界先进个人"荣誉称号，2014年获北京市侨联"工作先进个人"称号。

# 中层干部篇
## （按姓氏笔画排序）

**于丙寅**（1940.10—　）

男，河北阜城人，中共党员，大学专科学历，助理研究员。1958年参加中国人民解放军。1965年退伍，被分配到北京外国语学院，历任人事处科员、副科长、科长。1985年调入院长办公室，历任秘书、基金办主任等职。1990年被任命为北京外国语学院印刷厂厂长。任职期间，印刷厂获北京印刷质量协会"十佳企业"称号，个人获全国高校印刷协会"优秀厂长"称号。2001年退休。

**于金凤**（1965.11—　）

女，北京人，中共党员，大学本科学历，中级经济师。1999年加入外语教学与研究出版社，2002年至今任物业管理中心常务副总经理。在任期间，带领团队整合并规范了外研社物业管理体系，建立健全管理团队及相应的规范制度，所主管的部门连续多年获得"海淀区紫竹院地区安全生产工作先进单位"称号，并曾获外研社"优秀部门"称号。个人多次获"海淀区紫竹院地区安全生产工作先进个人"称号，并曾获外研社"优秀干部"称号。

**马宁（1968.12— ）**

女，山东青岛人，大学专科学历。1997年5月加入外语教学与研究出版社，2003年1月调入总编室。2007年12月至今任总编室主任。在任期间，总编室曾多次获外研社"优秀部门"称号，个人多次获外研社"优秀员工"和"优秀干部"称号。

**王军（1968.10— ）**

女，新疆乌鲁木齐人，大学专科学历。1998年加入外语教学与研究出版社，曾任内容管理部数字专员、主管，见证并参与了外研社数字化转型初期各类图书、期刊、资料等的数字化内容管理平台的搭建和全套数据工作。2014年12月调入外研社工会，2016年主持工会工作。所管部门于2016年获得北京市总工会女职工委员会颁发的"我最喜爱的母婴关爱室"水晶牌，2017年获得北京外国语大学"工会工作先进单位"及北京市教育工会"先进教职工小家"挂牌，2018年被中国教育工会北京外国语大学委员会授予"模范教职工之家"，同年被推选为北京市教育工会"模范职工小家"，并获得北京工会"暖心驿站"挂牌。

**王敏**（1932.5—　）

女，上海人，中共党员，副编审。1953年毕业于上海育才中学，同年考入中国人民大学外交系（1955年改为外交学院），作为外交学院首批大学生就读法语系。1957年毕业，被分配到外交部亚非司工作。1959年被下放到房山。1961年回京到外交部世界知识出版社工作。1970年被下放到外交部湖南醴陵攸县"五七干校"。1974年年底调入北京外国语学院教务处，参与编辑刊物《外语教学与研究》，并参与采编刊物《课外学习》。1980年任《课外学习》编辑部主任。1988年退休。其后曾联合编著出版《英汉人物地名事件词典》《中国边境巡礼》等书籍。

**王鸿**（1962.6—　）

男，北京人，中共党员，大学专科学历。1983年10月至今在外语教学与研究出版社工作。1990年至1993年任发行部副主任，1994年至1999年任校对室主任、出版部副主任，2000年至2002年任总编室副主任，2003年至2013年任版权保护办公室和法务部主任、副主任，2014年至2016年任北京外研书店总经理。曾获国家版权局授予的"2013年度查处侵权盗版案件有功个人二等奖"和北京反盗版工作委员会授予的"2005年度维权工作先进个人"荣誉称号。

**王春丽**（1955.12—　）

女，吉林长春人，大学本科学历，编审。1985年5月加入外语教学与研究出版社，1998年2月担任第一编辑室主任。2016年退休。

**王维国**（1942.8—2007.2）

男，北京人，大学本科学历，副编审。1979年9月加入外语教学与研究出版社，1979年至1990年在《课外学习》编辑部工作，1991年至1992年调入出版社编辑部工作，1993年至1994年转入综合编辑部，1995年至1996年任辞书编辑室主任，1997年至1998年2月任质检中心副主任，后任质检部主任。2003年7月任民进中央出版委员会委员。

**牛茜茜**（1978.12—　）

女，山东青州人。2000年7月毕业于清华大学美术学院工艺美术系，同年入职中华书局设计部，从事书籍装帧设计工作。2003年2月入职外语教学与研究出版社设计部。2005年6月开始主持设计部工作，历任副主任、主任职务。2017年3月调入国际文创基地担任副主任。2018年12月任北京乐奇乐思教育科技有限公司总经理。在设计部工作期间，设计作品曾多次获"全国大学出版社图书设计奖"，并曾入围"第八届全国书籍设计艺术展"。调入文创基地后，参与策划的图书出版项目《"看不懂"的中国词：人文地理篇》获"冰心儿童图书奖"。"布奇原创漫画书系"入选2018年"原动力"中国原创动漫出版扶持计划。个人曾获外研社"优秀干部"称号，并多次获得"外研勋章"。

**叶向阳（1967.9—　　）**

男，浙江平阳人，文学博士。先后毕业于厦门大学英文系与北京大学中文系比较文学研究所。1997年7月加入外语教学与研究出版社。1998年任第四编辑室（策划）主任。1999年任大学英语工作室副主任，负责教材的编辑出版工作，其间工作室出版了两套具有全国影响力的非英语专业大学英语教材——《新编大学英语》和《新时代大学英语》。2000年至2009年，曾先后担任测试工作室、《中华读书报·国际文化专刊》、汉英翻译室等部门的负责人。2009年调离外研社。现任北京外国语大学国际中国文化研究院副教授、研究生导师。曾获北外"为学校教学科研工作做出突出贡献"团体荣誉证书。

**田寒（1960.5—　　）**

男，安徽和县人，中共党员，大学本科学历。1989年3月至1990年9月任外语教学与研究出版社发行部副主任，1990年10月至1992年9月任出版部副主任，1992年10月至1993年1月任对外合作部主任，1994年9月至1999年12月任发行部主任，2000年1月至2011年12月历任出版部主任、出版中心主任、出版中心总监，2012年1月至2015年12月任财务中心管理控制部副主任。在任期间，参与了《维克多英语》《电视英语》《电视俄语》《走遍美国》《走向未来》等项目，以及与中央电视台科教部、中央电大、北京电视台、台湾阶梯公司等的合作。1997年荣获新闻出版署颁发的首届"中国书刊发行奖"。曾获外研社"优秀干部"称号。

**申蔷（1968.10—　）**

女，北京人，民进会员。英国斯特林大学出版学硕士，清华大学经济管理学院高级工商管理学硕士。1992年12月调入外语教学与研究出版社，1999年调入中小学工作室任主任助理，2006年开始主持基础教育出版分社工作，2016年12月至2018年3月任基础教育数字出版中心总经理，2014年12月至2017年12月兼任外研社董事，2018年4月调入总社编委会。2016年12月被聘为民进北京市海淀区文化与出版专委会主任，2018年5月被聘为民进北京市委出版传媒委员会副主任。曾获2010—2012年度"北京市新闻出版行业领军人才"称号，多次荣获外研社"社长特别奖"。2016年获第五届韬奋出版人才高端论坛征文二等奖，2018年获第七届韬奋出版人才高端论坛征文优秀奖及民进海淀区"参政议政先进个人"荣誉称号。

**付帅（1984.6—　）**

男，河北张家口人。2006年云南大学管理学本科毕业，2010年北京大学硕士研究生毕业。同年入职外语教学与研究出版社人文社科分社。2013年兼任外研书店总经理助理，2018年年初任外研书店副总经理，2018年12月底任外研书店总经理。带领外研书店先后获得首届"十大'最北京'实体书店""2017年度校园书店""2018年度社办书店""2018年度主题书店""北京市特色书店"等荣誉称号，并入选国家新闻出版广电总局2018年度改革发展项目库。个人曾获得"全国书业非书品经营2016—2017年度优秀经理人""2014—2016年度北京市文化工作先进个人"等荣誉称号。

**白蕴伟（1947.7—　）**

女，辽宁沈阳人。1988年至1989年于中央文化管理干部学院进修。1986年7月加入北京外语音像教材出版社，同年10月任音像社经理部副经理。1989年10月任发行部主任。1995年外研社和北京外语音像出版社合并后任外研社发行二部主任。1999年任发行三部主任。曾多次被评为北京外国语大学"先进工作者"，并获外研社"优秀干部"及"终身成就奖"等荣誉。

**邢印姝**（1974.7—　　）

女，江苏徐州人。1997年本科毕业于山东大学外国语学院英语语言文学系，曾于北京市第二十中学任高中英语教师。2002年加入外语教学与研究出版社，先后担任基础教育出版分社教材教辅编辑部主任、教师发展部主任等职，并兼任分社分编委会副主任。主要负责了《英语》（新标准）小学、初中第一版教材和修订版教材的送审、出版工作，配套教辅产品的研发工作，以及教师发展类培训等工作。2015年年底调入基础教育研究发展中心，担任中心副总监一职，并先后兼任教师发展部主任、教学服务部主任等职。2018年年底调入英语教育出版分社，担任分社社长一职。多次获外研社"优秀干部"称号。

**吕志敏**（1968.2—　　）

女，山东济南人，编审。1989年获北京师范大学学士学位，2001年获北京师范大学硕士学位。1989年7月至2007年12月在开明出版社工作，曾任编译中心主任。2007年12月调入外语教学与研究出版社工作，曾任职业教育出版分社社长，兼任分社编委会主任和综合编辑部主任。在任期间，统筹主持了外研社职教人才培养创新教材总项目的体系设计、选题论证和开发实施，策划开发了一系列体现教产融合、校企合作课改理念并被评为国家规划教材的创新教材，策划引进的"职业教育经典译丛"入选"十二五"国家重点图书出版规划项目。2012年被评为"北京市新闻出版行业领军人才"，曾获外研社"社长特别奖"。

**曲妍**（1979. 10—　　）

女，黑龙江哈尔滨人，中共党员。2002年南开大学外国语学院英语系本科毕业，2009年北京大学光华管理学院研究生毕业，获工商管理学硕士学位。2003年7月加入外语教学与研究出版社，历任基础英语事业部市场部市场经理、高级市场经理等职。2012年调入战略管理部，历任副主任、主任。负责外研社的组织设计、企业管控、战略规划及股权投资等工作。在任期间，主导并完成"外研社战略管控与流程优化"项目，完成外研社"十三五"规划、组织结构调整，优化外研社下属参控股公司的股权设计及结构。曾获外研社"优秀干部·领航者"称号并多次获得"外研勋章"。

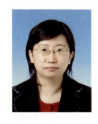

**任小玫**（1973.3—  ）

女，山西平遥人，民进会员，编审。1993年北京外国语学院英语系本科毕业。1996年北京外国语大学英美文学专业硕士研究生毕业，同年3月加入外语教学与研究出版社，同时担任华东理工大学硕士研究生校外导师，中宣部与教育部出版物质检专家。2002年上半年任测试与教辅部副主任，主持工作。曾参与《新概念英语》《新标准英语》的编辑出版与中国文化"走出去"工程的翻译任务。发表论文40余篇，出版学术专著与译著10余部。现为民进北京市委机关刊物《北京民进》常务编委与民进北京市委出版传媒委员会副主任、中国索引学会常务理事、中国地质学会徐霞客研究分会副会长。

**刘锋**（1975.9—  ）

男，江苏建湖人。1997年山西财经大学本科毕业。曾供职于中国长城科技集团股份有限公司。2006年加入外语教学与研究出版社，曾在营销中心市场部、营销中心发行部工作，后任数码产品发展中心（后注册为北京外研通教育科技有限公司）市场营销部主任、副总经理及基础集群东南营销大区总经理等职务。在外研通任职期间，主管市场销售等工作，建设有别于传统图书渠道的全新的数字产品渠道，大幅提升了数字产品的销售规模。2018年至今任销售中心总监。曾获外研社"优秀干部"荣誉称号。

**刘国俊**（1954.8— ）

男，北京人。1980年清华大学电机工程系电机设计专业本科毕业，1987年北京科技大学社会科学系法学专业本科毕业。1983年至1993年历任北京外国语学院英语系、英语二系、校学生工作处和北外成教学院政治辅导员、干部。1993年至2003年任北京外国语大学成教培训中心主任。2003年调入外语教学与研究出版社。2003年至2014年任北京外国语大学外研培训中心主任。2004年至2014年任外研艺术团团长。2014年退休。

**刘展鹏**（1971.3— ）

男，湖北罗田人。1996年本科毕业于中国人民大学哲学系。毕业后进入外语教学与研究出版社，在社办公室任秘书工作。后历任职业教育出版分社副社长、北京青苹果文化发展有限公司总经理、北京外言翻译有限公司总经理等职。2015年到武汉本地化办公室工作至今。

**许平南**（1958.5—2004.12）

男，北京人，大学专科学历。1981年从部队转业后加入外语教学与研究出版社。1990年至1997年担任出版部副主任，后主持工作。1997年至2003年担任设计部主任，其间主持的《英语》一书的封面设计获外研社"优秀设计奖"。

**许春建**（1962.3—2001.10）

男，北京人，大学本科学历。1983年加入外语教学与研究出版社，1992年任第四编辑室（综合）主任。

**许海峰**（1974.4—　　）

男，山东巨野人。1997年北京外国语大学英语系本科毕业，2000年获北京外国语大学英语语言文学专业硕士学位，同年加入外语教学与研究出版社。历任研发中心主任助理、语言学与辞书部副主任、学术与辞书部副总经理兼编辑部主任、学术与辞书分社副社长兼市场部主任、综合英语出版分社副社长等职。2015年任少儿出版中心总经理、少儿出版分社社长，率先提出了大力推动全国中小学和培训机构开设丽声英语自然拼读课程和丽声英语分级阅读课程的构想，并通过组织大规模的教师培训落实了这一构想，从而推动少儿出版分社业绩连年快速增长，规模连创历史新高。曾荣获外研社"社长特别奖"，并多次荣获外研社"优秀干部""优秀干部·领航者"称号。

**孙凤兰**（1968.10—　）

女，山东济宁人，中共党员，副编审。2005年北京外国语大学英语学院硕士研究生毕业，同年进入北京大学出版社工作。2007年11月调入外语教学与研究出版社，2013年晋升为外研社高级市场经理，2015年被任命为营销中心学术发展部主任，2017年担任东北大区总经理、学术发展部主任、培训推广部主任和高等教育集群营销中心副总监，2019年任期刊中心总监。曾获外研社"为社争光奖"，多次获得外研社"优秀员工"等荣誉称号。成功申报2016年国家社科基金项目"基于语料库的中国学术英语口语研究"。

**杨岚**（1977.12—　）

女，天津人。2000年北京邮电大学科技英语专业本科毕业，同年入职外语教学与研究出版社的全资子公司——北京银盘电子技术有限公司，负责多媒体教学光盘产品的内容开发，承担了《许国璋电视英语》《大众英语》《英语听力》《英语口语》《步入商界》等多个重大项目及点读笔项目。2009年加入数码产品发展中心（后注册为北京外研通教育科技有限公司），负责点读产品的研发工作。2015年至今任外研通公司总经理。在任期间，推出了智能Wi-Fi点读笔，实现了在点读笔上完成口语测评和人机对话。曾多次获外研社"优秀员工""优秀干部"称号，所带领部门多次获外研社"优秀部门"称号。

**李晶**（1974. 8—　）

女，北京人，中共党员。1997年北京大学政治学与行政管理系毕业，获法学学士学位。1999年加入外语教学与研究出版社。2003年年初任国际部主任助理。2004年至2010年调入基础教育出版分社，担任市场部主任、培训部主任。在任期间，带领团队推广《英语》（新标准）系列教材，并为各地的英语教师提供教学培训。2007年年底兼任基础教育出版分社副社长和外研培训中心副总经理。2010年至2012年被派驻到外研社与韩资合作成立的教育合资公司，任副总经理。2012年至2016年年初兼任法律事务部主任。2012年至2019年兼任赛事部总经理。2019年1月调入基础教育研究发展中心任副总监，同时兼任市场部主任、学术规划部主任。曾获国家版权局"2013年度查处侵权盗版案件有功个人二等奖"，多次获得外研社"优秀员工""优秀干部"称号。

**李冬青**（1956—　）

男，山东青岛人。1971年入伍，在中国人民解放军北京军区政治部战友话剧团担任编剧工作，创作《红白喜事》《正月十五雪打灯》《天桥梦》《红星落满萋萋地》等多部作品。其中，《红白喜事》获文化部、中国戏剧家协会及北京市委多项大奖，并被收入《中国大百科全书》（戏剧卷）。1996年转业到北京电视艺术中心任副主任。1997年加入外语教学与研究出版社，曾任音像制作中心副主任、工会副主席等职务。其间参与创作大型对外汉语教学片《汉语世界》。2016年退休。创作话剧《北上·北上》，并入选文化部艺术司2016年度剧本扶持工程名单。

**李会钦**（1978.9—　）

女，河北武强人，中共党员。2000年本科毕业于燕山大学外国语学院并留校任教。2006年对外经济贸易大学外国语言学与应用语言学专业硕士研究生毕业后加入外语教学与研究出版社。2008年至2011年任高等英语教育出版分社大学英语部副主任，其间负责出版《新标准大学英语》。2012年至2013年任高等英语教育出版分社副社长，2014年任分社副社长并主持工作，2015年任分社社长兼外研在线总经理，其间出版《新一代大学英语》（发展篇）、《新视野大学英语》（第三版）等教材。2016年任高等英语教育出版分社社长，其间出版《大学思辨英语教程》、《新交际英语》、《新标准大学英语》（第二版）等教材。2017年至2019年任分社社长兼外研教育测评中心总经理，其间运营国际人才英语考试、成立国际人才学院。曾获北京外国语大学党委颁发的"优秀共产党员"称号，多次获得外研社"优秀员工""优秀干部"等荣誉称号。

**李明明**（1956. 11—1999. 12）

女，河南人，中共党员，大学专科学历。曾任发行三部主任，兼任信息部主任。1999年12月因公殉职。

**李国基**（1973. 11—　）

曾用名李明辉。男，河南商城人，中共党员。2002年至2008年在中央党校函授学院北京分院完成专升本学习，2007年至2009年在对外经济贸易大学国际经济贸易学院完成在职研究生学习。1993年3月加入外语教学与研究出版社，先后担任储运部主任助理、储运部副主任（主持工作），现担任销售中心储运部主任一职。2001年获北京外国语大学"学校务工经商人员先进个人"称号。曾多次获得"外研勋章"及外研社"优秀员工""优秀干部"称号。

**李国辉**（1976.5— ）

男，河北保定人，民盟盟员。2004年获中国人民大学新闻学院传播学专业硕士学位，同年加入外语教学与研究出版社。历任学术与辞书事业部市场部副主任、营销中心市场部副主任等职。2009年任数码产品发展中心（后注册为北京外研通教育科技有限公司）总经理，负责的"外研通"点读笔的销量多年保持全国首位。2015年任基础教育研究发展中心总监，兼任北京外国语大学国际化人才培养基地联盟副秘书长。2016年获"纪念北京市民盟组织成立70周年盟务工作先进个人"和"民盟中央社会服务工作先进个人"称号。曾多次获得"外研勋章"及外研社"优秀干部·领航者"称号。

**李树祥**（1949.4— ）

男，河北徐水人，中共党员。1975年毕业于北京外国语学院俄语系，后留校工作。1992年加入外语教学与研究出版社，同年任外研书店经理。2006年调入法务部。2009年退休。

**李振生**（1950.8— ）

男，河北高阳人，中共党员，大学专科学历。1979年毕业于中国人民解放军空军第九航空学校，曾任飞行学院教员、中队长、大队长、团参谋长、飞行学院副参谋长。空军一级飞行员，荣立二等功、三等功各一次。1991年转业至北京外国语学院。1992年调入外语教学与研究出版社，历任储运部副主任、主任。2006年任工会副主席。2010年退休。

### 李鸿飞（1979.3—　）

男，河南平顶山人，中共党员。北京大学新闻与传播学院国际传播学专业硕士研究生毕业。本科毕业后留校，2003年至2007年一直担任教学与管理工作。2009年加入外语教学与研究出版社，2012年3月主持营销中心市场部工作，2014年任教育服务部与企划部主任，2015年至今任品牌管理部主任。曾入选"'新时代杯'2017年度十大阅读推广人"，并曾获"外研勋章"、外研社"为社争光奖"等荣誉。

### 李淑静（1977.3—　）

女，陕西蒲城人，中共党员。1996年至2000年就读于西安外国语学院英语系，毕业后进入西北工业大学外语系任助教。2007年获英国谢菲尔德大学英语语言与语言学硕士学位。2003年8月加入外语教学与研究出版社，曾负责北京、陕西、河南、广东、广西、海南、湖南、湖北等省（区、市）高英市场工作。2009年任高等英语教育出版分社市场部副主任；2010年任市场部主任；2011年任分社副社长，主管市场部及市场信息部。2015年3月至今任职业教育出版分社社长。曾获外研社"优秀员工"称号。

**严学军（1959.1— ）**

男，江苏扬州人，编审。1982年获南京工学院（今东南大学）哲学学士学位，1988年获北京师范大学中国古典文献学硕士学位。1982年参加工作，先后任职于江苏省东海县委宣传部、北京舞蹈学院及语文出版社。曾任外研社汉语出版分社副社长和编委会主任、社编委会委员，兼任中国辞书学会理事、中国语文现代化学会理事、中国辞书学会语文词典专业委员会副主任等职。曾策划与组织多部语文词典编写，并参与"二十四史全译"《后汉书》一书白话文翻译及《现代汉语规范字典》《现代汉语规范词典》等多部语文工具书的编写与审稿。在语文社工作期间，担任责编的《现代汉语规范字典》于1999年获"第四届国家辞书奖一等奖""第三届国家图书奖提名奖"。

**吴侃（1974.10— ）**

男，河北景县人，研究生学历。2008年4月加入外语教学与研究出版社，任事业发展部市场主管。2008年12月调任北外在线（北京）教育科技有限公司，任市场部主任，负责北京外国语大学网络教育学院营销策略制定与执行及"北外网院"品牌打造。2011年年初全面负责"北外青少英语"业务，并于2018年完成品牌升级，构建面向4—18岁中国孩子国际素养教育的"E PLUS北外壹佳教育"品牌（下辖"E PLUS北外壹佳英语""E PLUS北外壹佳学堂"和"E PLUS北外壹佳学游"）。截至目前，在读学员近4万名，进入中国16个城市，开设校区50余个。现任北外国际教育集团青少教育事业部总经理。曾获外研社"优秀干部""外研勋章"等荣誉。

**吴浩**（1982.9—　　）

男，安徽休宁人，副研究员。2000年至2016年于北京大学求学，先后获得法学和经济学双学士、法学硕士、法学博士学位。现任北京外国语大学丝绸之路研究院执行院长、外语教学与研究出版社编辑委员会委员、《中华读书报·国际文化专刊》主编等。2009年4月至2015年5月在外研社工作，历任学术资源部主任、人文社科出版分社社长。在职期间，策划出版"博雅双语名家名作"、外研社·施普林格"中华学术文库"、《王佐良全集》、"英诗经典名家名译"等图书，策划图书入选中国国家社科基金"中华学术外译项目"40余项、"经典中国国际出版工程"20余项、"丝路书香工程"
重点翻译资助项目近20项、国家出版基金1项。曾
获2010—2012年度"北京市新闻出版和版权工作先
进个人"荣誉称号，多次荣获外研社"优秀干部"
称号。

**何洪冰**（1969.5—　　）

男，湖北荆门人，中共党员。北京中加工商学院
工商管理学硕士学位。1993年6月加入外语教学与
研究出版社。曾任发行二部主任、营销发行部副
主任、市场部主任。曾获外研社"社长特别奖"。
2004年离职。

**狄梅**（1979.1—　　）

女，江苏东台人，中共党员。2001年南京理工大学
外语系本科毕业，2004年苏州大学外国语学院硕
士研究生毕业，2013年获北京大学光华管理学院工
商管理学硕士学位。2004年7月加入外语教学与研
究出版社，先后从事编辑、培训、市场等岗位的工
作。2009年调入汉语出版分社，历任海外业务拓
展部副主任和主任、市场培训部主任、分社社长助
理、分社副社长。2016年作为牛津布鲁克斯大学孔
子学院首任中方执行院长驻英国工作。2018年回国
后担任北京国际文化创意与传播基地副主任。2019

年1月担任文化创意中心总经理。曾多次获得外研社"优秀员工""优秀共产党员""优秀辅导人"称号。2019年离职。

**宋银华**（1944.1—　）

女，江苏吴江人，大学专科学历。1962年7月至1977年7月任上海市继光中学英语教师、班主任。1977年7月调入北京外国语学院附属小学任英语教师。1982年9月调入外语教学与研究出版社任校对员，后任校对室主任。1993年被评为院系（部、处）级"先进工作者"。1993年11月借调至中国驻瑞士大使馆商务处任出纳。1996年12月回国后任外研社校对员。1997年退休。

**宋微微**（1973.11—　）

女，河南遂平人，副编审。1997年北京外国语大学英语语言文学专业硕士研究生毕业，同年加入外语教学与研究出版社读物工作室。1998年至2003年任国际部编辑、版权经理。2004年至2006年任国际部主任。2007年至2009年任综合英语出版分社社长，主持了《新概念英语青少版》《剑桥国际少儿英语》《剑桥国际儿童英语》等图书的出版。2010年至2012年任国际部主任兼研发部主任，推动了外研社英语分级阅读标准的研制。2013年至今任研发中心总监，主持外研社诊断测评体系的研制与《中国中小学生英语分级阅读标准》的出版。现兼任中国英语阅读教育研究院副院长、北京外国语大学党外知识分子联谊会理事。

**张展**（1955.9—　　）

男，北京人，大学专科学历。1974年4月参加工作，1995年调入外语教学与研究出版社，1998年任出版中心副主任兼材料部主任。在职期间，协助出版中心主任工作，主持出版中心材料部工作。在外研社兴建大兴国际会议中心基地期间，积极协调并保证各个材料供应商的供货。2015年10月退休。

**张小蓓**（1962.6—　　）

女，北京人，大学专科学历。1982年4月加入北京外语音像教材出版社，1992年任音像社第五编辑室（录音）主任，2003年起历任外研社音像制作中心副主任、主任。2017年退休。

**张同曙**（1960.1—　　）

男，北京人，民盟盟员。1982年北京师范大学体育专业本科毕业。曾在北京外国语大学任教。1996年加入外语教学与研究出版社出版部。1998年至2005年任发行部销售经理，负责湖南、湖北、河南三省的图书销售工作。2006年至2013年调入北京外研书店任总经理。2014年调入外研社国际会议中心任总经理。曾获外研社"优秀员工""优秀干部"称号及"外研勋章"。

**张留友**（1971.8—　　）

男，浙江岱山人，北京大学光华管理学院硕士研究生学历，工商管理学硕士学位，具有高级会计师和中国注册会计师（CPA）资格。先后在中国兵器工业210研究所、中国水利电力对外公司、林德-厦门叉车有限公司北京分公司工作。2003年加入外语教学与研究出版社，历任外研社国际会议中心财务经理、外研社财务部副主任。2009年至2019年8月任财务部主任，2019年9月起任法务审计部副主任。曾获北京外国语大学"财务工作先进个人"称号和外研社"优秀员工""优秀干部""社长特别奖""外研勋章"等荣誉。

**张黎新**（1977.1—　　）

女。2002年对外经济贸易大学翻译硕士研究生毕业，同年进入外语教学与研究出版社综合英语事业部工作。2004年担任综合英语事业部总经理助理，2005年任副总经理。2007年担任《英语学习》杂志社副社长、杂志副主编，兼任综合英语出版分社副社长。2009年担任综合英语出版分社社长、编委会主任。2010年担任英语教育出版分社社长、编委会主任，主持策划外研社第一套自有版权原创培训教材"悠游国际少儿英语"，第一套大型自有版权原创分级阅读系列图书"悠游阅读"。2015年至今担任基础教育出版分社社长、编委会主任，主持完成《英语》（新标准）高中教材的全面修订。曾获"社长特别奖"，多次获评外研社"优秀干部"，所在部门多次获评外研社"优秀部门"。

**张薇薇**（1973.5—　　）

女，河北南皮人。北京理工大学软件工程专业硕士研究生毕业。1999年12月加入外语教学与研究出版社，2006年承担早教项目"布奇乐乐园"的研发创意工作，2011年承接并主持国家新闻出版广电总局"十二五"重大发展项目库项目"国际多语言公共服务平台"，2012年承接并主持教育部青少年法治教育重大建设项目并主持创办《青少年法治教育》期刊，现任外研社青少年法治教育中心总经理。曾策划并出版《早上好》《合璧西中》《格局-格调》等多套丛书，主持"十三五"国家重点图书、音像、电子出版物出版规划项目"青少年法治文库"。

**陈友（1968. 9—    ）**

男，广西平南人，中共党员。1995年中央民族大学计算机系硕士研究生毕业。到外研社工作后，一直从事内部信息化建设及管理工作。从外研社最早的财务系统应用，到发行系统、编辑出版系统的建设，再到投入巨资应用的SAP ERP/BW等系统，为外研社的信息化建设以及数字化转型贡献了力量。现任信息化管理部主任。曾多次获得外研社"优秀员工""优秀干部""外研勋章"等荣誉。

**陈宇（1964. 2—    ）**

男，北京人。1981年至1985年于复旦大学国际政治系国际政治专业学习。1985年8月入职外交部世界知识出版社。1992年任金盘公司（清华同方光盘电子出版社、中国知网前身）主编。1996年与其他股东联合创办北京银盘电子技术有限公司，任董事长兼总经理。1997年12月，银盘公司被外研社并购后任外研社电子出版部主任。2000年协助李朋义社长筹办北外网络教育学院和世纪盈华公司，同年年底任北外网院院长助理、世纪盈华公司营运总监。2009年回社任编辑。曾获1986年度外交部先进工作者，1998年度外研社"优秀员工"。

**陈子昱**（1973.7—　　）

男，湖南长沙人。北京师范大学教育学硕士，曾任职于北京四中、北京师范大学出版社。2009年加入外语教学与研究出版社，同年年底任基础英语教育分社市场二部主任。历任基础分社市场部主任、社长助理、副社长等职，负责全国基础教材教辅等产品的市场推广和维护。2016年至2018年任基础教育集群华南营销大区总经理、基础教育集群经营委员会成员。2019年起任基础教育集群营销中心总监。带领团队先后获得外研社2014年度"优秀部门"、2016年度"外研勋章·协作勋章"，个人曾获外研社"优秀干部·领航者"称号。

**陈媛媛**（1980.2—　　）

女，山东淄博人，中共党员。2005年获韩国首尔大学国语国文系硕士学位。同年进入外语教学与研究出版社综合语种事业部工作，先后编辑出版了《汉语流行口语宝典》、《新标准韩国语》、《无师自通韩国语》（DVD版）等畅销图书。2008年被派驻到外研社与韩资合作的彩虹梦想教育咨询有限公司任副总经理。2010年调回外研社本部。2013年任销售部主任助理。2014年12月任教辅出版分社副社长。2015年12月至今任人力资源部主任。曾获外研社"优秀员工""优秀干部·领航者""为社争光奖""外研勋章"等多项荣誉。论文《外研社编辑出版人才培养案例解析》获第六届韬奋出版人才高端论坛征文三等奖。

**邵磊**（1983.9—　　）

男，陕西延安人，中共党员。2005年北京外国语大学法语系本科毕业，2018年获北京外国语大学传播学硕士学位。2005年进入外交部工作，先后在翻译司、中国驻几内亚使馆、干部司、欧洲司等国内和驻外机构工作。2013年6月加入外语教学与研究出版社国际部，2015年任国际部主任助理，2018年任国际部副主任并主持工作，2018年年底任国际合作部主任。2015年至2018年，推动全社版权输出实现大幅增长，在全球10个国家完成外研社海外业务的布点并启动本地化运营。曾获外研社"优秀干部·开拓者""优秀辅导人"等称号，并多次获得"外研勋章"。

**苗强**（1972.7—　　）

男，北京人，副编审。1991年进入首都师范大学中文系学习，1998年获首都师范大学中国古代文学专业硕士学位。曾供职于开明出版社、《东方时报》及北京语言大学出版社。2014年加入外语教学与研究出版社，任汉语出版分社编辑部主任。2015年年底担任外研社国际汉语出版中心总经理，兼任《国际汉语教育（中英文）》杂志执行主编。曾获"全国优秀版权经理人"称号。2019年离职。

**罗凌**（1976.1—　）

女，湖北武汉人，中共党员，硕士研究生学历。2007年10月加入外语教学与研究出版社，曾任人力资源部主任，现任经营计划部主任。任职期间主导的管理改革项目包括：2008年外研社绩效管理改进项目、2010—2011年"健全职位平台，构建薪酬体系"项目、2017年外研社有形资产分析项目、2018年外研社无形资产分析项目。

**金秀珍**（1931.4—2003）

女，河北河间人，中共党员，副编审。1949年7月毕业于天津圣功女中，同年8月参加革命，先后在华北人民革命大学、外国语学校、北京俄文专修学校学习和进修。1953年毕业后留校任教。1980年8月由北京外国语学院教材出版科调入外语教学与研究出版社编辑部。1984年至1985年任编辑部主任。1987年离休。

**屈凌云**（1977.9—　）

女，天津蓟县人，中共党员，硕士研究生学历。2006年2月加入外语教学与研究出版社，先后在营销中心市场部、外研通、赛事部、期刊部、基础教研中心、基础数字中心等部门工作，历任部门主任、基础教研中心副总监、基础数字中心总经理等职务。曾在中文核心期刊《出版广角》上发表《互联网思维下我国学术期刊创新发展思路》《国外期刊产业化发展对我国的启示》等研究论文。多次获外研社"优秀干部"称号。

**郑玉杰**（1972.11—　）

女，河南郑州人。中国人民大学传播学硕士。2003年加入外语教学与研究出版社，曾任法务部主任、高等英语教育出版分社副社长，现任出版中心总监。曾多次获得外研社"优秀干部""社长特别奖"等荣誉，2012年获"北京市新闻出版行业领军人才"荣誉称号。

**赵颖**（1977.4—　）

女，黑龙江齐齐哈尔人。2001年齐齐哈尔大学英语教育专业本科毕业，2007年北京师范大学教育管理专业教育硕士研究生毕业。2001年加入外语教学与研究出版社。2001年至2005年在少儿出版分社先后承担教学、培训及市场推广工作。2006年至2015年在高等英语教育出版分社市场部从事市场推广工作。2013年起开始从事管理工作，历任高等英语教育出版分社市场部主任助理、主任和高等集群营销中心副总经理、总监。曾获外研社"优秀干部"称号，多次获得外研社"优秀员工"称号，所主管的营销中心连续三年获得"优秀部门"称号。

### 赵小刚（1958.9—　）

男，河北深州人，助理研究员。1989年北京大学中文系（夜大）大专毕业。1981年加入外语教学与研究出版社。1995年至2002年任发行一部主任。1998年参与《新概念英语》新版教材的全国推广、销售工作。1999年参与《新编大学英语》《新视野大学英语》《当代大学英语》等教材的全国宣传、推广、销售工作。曾获外研社"社长特别奖"。2018年退休。

### 赵进魁（1931—　）

男，河北唐县人。1979年担任北京外国语学院印刷厂副厂长并主持工作。1993年退休。在任期间，印制《英语学习》《法语学习》等杂志。

**侯慧**（1979.12—　）

女，山东淄博人，中共党员。2001年山东大学外国语学院英语专业本科毕业，2004年对外经济贸易大学外国语言学及应用语言学专业硕士研究生毕业。同年入职外语教学与研究出版社国际部，历任版权经理、主任助理、副主任和主任。2018年被外派至英国工作，现任牛津布鲁克斯大学孔子学院中方院长兼外研国际文化教育有限公司副总裁。在任期间，参与推进《莎士比亚全集》《走遍中国》以及外研社·施普林格"中华学术文库"等多个重大国际合作项目的签约，带领版权专业团队与32个"一带一路"国家建立起出版项目合作。带领团队多次获得"外研勋章·协作勋章""外研勋章·创新勋章"，个人多次获得外研社"优秀员工""优秀干部"称号及"外研勋章"，2017年获伦敦书展"国际出版卓越奖年度专业版权人奖"。

**侯俊英**（1971.11—　）

女，河北邯郸人，中共党员，硕士研究生学历。2008年至2015年任外研社财务中心结算部主任、财务中心管理控制部主任、财务中心副主任等职，2016年至2019年8月担任法务审计部主任，2019年9月起任财务部主任。自2005年起承担基层党务工作，2016年至今为外研社第十三党支部书记。曾获得外研社"优秀干部""为社争光奖""优秀党务工作者",以及北外"优秀财务工作者"等荣誉,多次获得"外研勋章",所负责部门曾被评为外研社"优秀部门"。因打盗维权工作出色,部门获得由国家版权局评选的"2018年度查处侵权盗版案件有功单位二等奖",个人获得"有功个人一等奖"。

**姚虹**(1966.6—   )

女,江苏南京人。北京外国语大学英语语言文学专业硕士研究生毕业,博士学历。1988年加入外语教学与研究出版社,历任读物编辑室主任、大学英语部副主任、学术与辞书出版分社社长、综合英语出版分社社长,现任综合出版事业部总经理。2009年至2010年被外派出任美国夏威夷大学孔子学院中方院长。在任期间,主持或参与过多个重点项目,包括"汉外多语言词典数据库"、"莎士比亚全集中文重译本"、"当代国外语言学与应用语言学文库"(第二、三辑)、《新世纪汉英大词典》、《朗文当代高级英语辞典》(第3版增补本)(英英·英汉双解)、"大猫英语分级读物"等。曾多次被评为外研社"优秀干部·领航者"。

**袁芬**（1952.3—  ）

女，上海人，九三学社社员，大学本科学历，副编审。1993年10月加入外语教学与研究出版社。1998年2月担任第二编辑室主任，该编辑室曾被评为"先进编辑室"。后任综合语种部主任。2000年12月至2001年1月借调至北京市申奥办公室负责法语版申奥报告，受到北京市申奥办表扬并接受北京电视台申奥专题栏目的采访。曾主持"十五"国家重点图书《新世纪法汉大词典》的编辑与校对工作，参与《拉鲁斯法汉双解词典》《汉法分类词汇手册》等图书的出版。2012年退休。

**徐一洁**（1979.5—  ）

女，浙江金华人，中共党员。2000年山东大学英语系本科毕业，2003年清华大学外语系硕士研究生毕业，同年加入外语教学与研究出版社。2006年任高等英语教育出版事业部多媒体部主任助理。2007年任宣传培训部主任、大学英语部主任。2010年至2012年任高等英语教育出版分社社长助理兼大学英语部主任，主持《新视野大学英语》的第三版改版工作。2012年至2014年任高英分社副社长。2014年至2015年任北京外研在线教育科技有限公司副总经理并主持工作。2015年至2018年任外研在线总经理。2018年至2019年任北京外研在线数字科技有限公司总经理，其间Unipus产品成为高等外语教育领域市场占有率最高、活跃度最高的外语学习平台。曾多次获得外研社"优秀干部·领航者"称号。

**徐广民**（1952.3— ）

男，山东黄县人。1977年北京外国语学院本科毕业。1985年5月加入外语教学与研究出版社，1995年任材料部主任，1998年任人力资源部主任，2002年任社办公室主任兼版权保护办公室主任。2012年退休。

**徐天佑**（1924.6— ）

男，河北香河人，大学本科学历。1948年7月参加地下工作。1949年考入北京俄文专修学校，1953年毕业。1979年调入外语教学与研究出版社，主管《外国文学》《英语学习》等期刊的编发，曾任出版部主任。1987年离休。

**徐海生**（1971.10— ）

男，北京人，中国农工民主党党员。1992年厦门大学化学系本科毕业，2001年获清华大学工商管理学硕士学位。2002年入职外语教学与研究出版社市场部。2004年2月至2006年12月历任儿童出版事业部副总经理（主持工作）、总经理。2007年儿童出版事业部变更为少儿出版分社后，任分社首任社长，带领团队策划出版了"聪明豆绘本系列"、《快乐星球》、《小鲤鱼历险记》等多个品牌畅销书，并获得新闻出版总署、教育部、共青团中央颁发的多个图书奖项。2011年任市场部主任。2012年至2013年任北京外研壹佳教育科技有限公司总经理。2014年至2016年任教育培训事业部总经理。曾获北京市外事办公室授予的"北京市民讲外语活动先进个人"称号、上海世博局颁发的个人荣誉证书，两次获得外研社"社长特别奖"。

**涂宜将**（1972.1—　　）

男，江西高安人，中共党员。1995年江西师范大学中文系毕业，曾于江西青年报社、二十一世纪出版社集团及江西高校出版社任记者、编辑、市场营销中心主任、北京分社社长等职。2012年5月加入外语教学与研究出版社。历任少儿出版分社社长兼少儿双语阅读服务中心总经理，北外在线副总裁、首席运营官等职。曾策划打造了"丽声英语分级阅读系列""迪士尼双语读物系列""聪明豆绘本系列"等品牌，策划设计"双语阅读教育服务综合解决方案"，探索产教融合人才的国际化培养连接服务。在任期间，多个业务单元多次荣获外研社"优秀部门"称号与"外研勋章"。

**朗蓉**（1980.12—　）

女，北京人。2003年毕业于北京外国语大学外交学系外交学专业，并于同年7月加入外语教学与研究出版社综合英语事业部，从事文字编辑工作。2008年调入外研社ERP项目组，参与项目一期和二期的全部工作。2009年至2012年参与教程类产品的编辑工作。2013年至2015年调入英语教育出版分社业务发展部，担任副主任、主任职务，负责外研社自主版权的读物产品的策划和研发工作。2015年12月至2018年年底调入基础教育出版分社，担任分社社长助理兼策划部主任、分社副社长等职务，参与《英语》（新标准）高中教材的修订工作。2019年起任新成立的基础教育测评中心总经理。曾多次获得外研社"优秀员工""优秀干部"等称号，并曾获外研社"社长特别奖"。

**崔岚**（1973.2—　）

女，辽宁营口人，中共党员。1998年获北京外国语大学德语语言文学专业硕士学位，同年留校工作，加入外语教学与研究出版社工作至今。历任综合语种事业部德语工作室主任、综合语种事业部副总经理、综合语种出版分社副社长等职。2019年1月起任综合语种教育出版分社社长。任职期间策划、出版的项目多次荣获"全国优秀畅销书奖""中国大学出版社图书奖优秀教材奖"，或入选国家级规划教材等。主持策划出版"新经典"高等学校本科多语种系列教材、北京外国语大学"新经典"高等学校非通用语种系列教材、"新编"大学外语系列教材（高等学校大学外语用）等精品教材。多次获得北外"优秀工会干部"和外研社"优秀干部""优秀共产党员""优秀辅导人""外研勋章·创新勋章"等荣誉。

**商其坤**（1980.11—　　）

男，天津人，中国民主建国会会员，北京大学工商管理学硕士。2010年10月至2016年6月在亚马逊公司担任文教图书品类负责人、首席谈判培训师，主导多个全球项目落地，带领文教图书成为亚马逊中国最大类目。2016年7月至2017年7月在阿里巴巴集团担任高级行业运营专家，组建零售通规则委员会并出任首任委员长。2017年7月至2018年1月任车好多集团总监，负责孵化保卖战略业务。2018年1月至2019年3月作为乐学教育集团联合创始人任首席运营官。2019年3月加入北京外研在线数字科技有限公司，担任首席执行官、董事，负责公司的整体工作。兼任中国英汉语比较研究会外语教育技术专业委员会常务理事、启迪之星创业导师。

**韩蜜**（1980.6—　）

女，山西大同人，中共党员。2001年获天津大学科技英语和法学双学士学位。2004年获对外经济贸易大学英语语言学硕士学位。同年加入外语教学与研究出版社，在综合英语事业部从事编辑工作，参与或负责了《新概念英语青少版》、《剑桥国际英语教程》（第三版）、《朗文当代英语教程》等多个英语教材项目，以及多部英语自学类图书。2010年起任英语教育出版分社编辑部主任，2016年至2018年任英语教育出版分社社长。2012年获外研社"优秀干部"称号。

**韩冬梅**（1967.6—　）

女，吉林长春人，中共党员。1989年北京印刷学院印刷技术专业本科毕业，2011年北京航空航天大学软件学院软件工程专业硕士研究生毕业。1989年分配至北京大学印刷厂工作。1994年调入北大方正集团有限公司。1996年加入外语教学与研究出版社，先后担任印制部副主任兼北外印刷厂副厂长，设计部、研发部、网站管理部、事业发展部、内容管理部、出版中心资源部主任。

**彭彦**（1978.11— ）

女，重庆人，中共党员。2001年获中国人民大学文学学士学位，2004年获中国人民大学文艺学硕士学位，2015年获中国人民大学传播学博士学位。2004年7月加入外语教学与研究出版社，历任数字内容部主任、电子网络出版分社社长、数字教育事业部总经理、资源中心总监、编务中心总监。曾获外研社"优秀干部"称号及"外研勋章"。2019年离职。

**彭冬林**（1966.11— ）

男，江苏泰县人，民进会员，副编审。1987年获南京大学外语系法国语言文学专业学士学位，2013年获北京外国语大学法语系文学博士学位。1987年参加工作，历任人民文学出版社编辑、总编室副主任。2001年9月加入外语教学与研究出版社，2002年至2003年任综合出版部主任，2003年至2007年任汉语出版事业部总经理，2007年至2010年任汉语出版分社社长，2010年至2018年任综合语种出版分社社长，2018年至今任国际业务中心总经理。先后主持和参与《巴尔扎克全集》《汉语900句》《季羡林全集》《汉法大词典》等重大项目。多次获得外研社"优秀干部""优秀干部·领航者""社长特别奖"等荣誉。兼任中国辞书学会理事、教育部-鲁东大学辞书研究中心特聘专家、中国高校外语慕课联盟副秘书长及《区域与全球发展》杂志编委。

**葛菊生（1942.11—　　）**

女，北京人，大学专科学历，会计师。1981年7月加入外语教学与研究出版社，1981年7月至1992年7月任财务组组长，1992年7月至2005年2月任财务部主任。2005年退休。曾获外研社"终身成就奖"。

**景希荣（1929.11—2014.7）**

男，吉林四平人，中共党员。1949年4月参加革命。1979年9月加入外语教学与研究出版社，曾任经理部副主任、主任和发行部经理。任职期间为初建的外研社的出版、发行工作做出了积极贡献。

**童幼春（1950.4—　　）**

男，浙江慈溪人，大学专科学历。1991年1月调入北京外国语学院印刷厂任副厂长，1995年3月任外研社出版部主任，1997年8月任社办公室主任，1999年兼任版权保护办公室主任，2001年7月任印刷厂厂长。2010年退休。

**蓝小耍（1977.1—　　）**

女，广西柳州人。2000年毕业于中央民族大学中文系，同年任教于北京市北海中学。2001年10月加入外语教学与研究出版社。2007年至2012年主持编务中心编辑部工作，2012年至2018年任质量管理部主任，2019年调入基础教育出版分社工作。曾担任外研社重大项目《现代汉语规范词典》(第1版)责任编辑、国家出版基金项目"五六一文化工程"项目负责人，参与外研社重大项目《现代汉语词典》(汉英双语)汉语部分校对工作等，主持拟订《外研社出版物质量管理规定（试行）》《外研社出版物编校手册》等。参编中宣部出版产品质量监督检测中心组编、商务印书馆出版的《图书编校质量差错案例》。曾获外研社"社长特别奖""优秀干部""外研勋章"等荣誉。

**雷航（1947.8— ）**

女，四川达州人，中共党员，编审。1970年北京大学东语系本科毕业，1971年于北京外国语学院进修，曾赴英国利兹大学留学。先后从事过高校教师、部队参谋、外语翻译等工作。1986年调入外语教学与研究出版社，曾担任总编室主任、综合英语部主任、大学英语部主任、质量管理部主任等职务。曾多次荣获北京外国语大学"先进工作者"和外研社"优秀员工""优秀干部"等称号。2006年获北京外国语大学党委颁发的"优秀共产党员"称号。

**满兴远**（1975.7— ）

男，山东淄博人，中共党员。2004年中国人民大学博士研究生毕业，同年7月加入外语教学与研究出版社。2006年起历任汉语事业部总经理助理、海外业务拓展部主任、国际汉语编辑室主任、汉语出版分社副社长。2010年任汉语出版分社社长、北京国际文化创意与传播基地主任。2015年任文创基地总经理。2019年离职。

**薛豹**（1966.8— ）

男，河北易县人。1989年获河北大学日语专业学士学位，1995年获北京外国语大学日语语言文学硕士学位，2012年获北京师范大学历史学博士学位。1995年进入外语教学与研究出版社工作。2001年至2002年任日语工作室主任，2003年至2010年任综合语种出版分社社长，2011年至今任综合语种教育出版分社编委会主任。曾获外研社"优秀干部""感动外研"等荣誉。

**鞠慧**（1981.4— ）

女，山东济宁人，中共党员。北京大学对外汉语教育学院硕士研究生毕业。2006年至2017年就职于高等教育出版社。2017年5月调入外语教学与研究出版社。现任汉语出版中心副总经理（主持工作）、国际汉语编辑部主任、《国际汉语教育（中英文）》杂志副主编。自2006年起担任孔子学院总部汉语教师志愿者培训教师，累计培训志愿者6000余人次。2018年获外研社"优秀干部·开拓者"荣誉称号。参与的政府项目招投标团队获2018年度"外研勋章·协作勋章"，主要负责的"七色龙"项目编创团队获2017年度"外研勋章·创新勋章"。"七色龙"跨媒介汉语学习解决方案获第八届中国数字出版博览会"数字出版·创新项目"奖。

**魏国**（1978.8—　）

男，山东淄博人。2007年毕业于对外经济贸易大学外语学院朝（韩）语系，获硕士学位。同年8月入职外语教学与研究出版社汉语出版分社，责编的《汉语800字》（手机版系列）的韩语版产品获得新闻出版总署颁发的"第二届中国出版政府奖音像电子网络奖提名奖"。后调入电子音像出版分社，2009年调入社办公室，现任社办公室主任。曾获外研社"优秀干部·领航者"称号，多次获得外研社"优秀干部"称号。2015年至2018年连续三年获海淀区安委会颁发的"优秀交通管理干部奖"。

## 信息中心主任

**王伟**（1965.1—　　）

男，黑龙江哈尔滨人，研究生学历。2002年1月加入外语教学与研究出版社，担任黑龙江信息中心主任，多次获得外研社"优秀干部"称号。在职期间，完成外研社教材的销售任务，大力宣传外研社的经营理念，进行多项外语教学培训，并举办各类赛事，对黑龙江高校的外语教学产生了重要影响。现任职于哈尔滨工业大学。

**王建平**（1973.11—　　）

男，安徽歙县人。1991年至1995年就读于南京航空航天大学，1995年至1998年在北京航空航天大学学习。1999年8月加入外语教学与研究出版社，担任华东信息中心主任至今。在职期间，带领华东信息中心全体同事做好外研社高等教育领域教材及数字化产品的营销推广、渠道开拓及高校教学服务工作，配合其他部门的产品落地营销及服务工作。多次获得外研社"优秀干部"称号及"外研勋章"。华东信息中心先后七次被评为外研社"优秀部门"。

**付明**（1966.1—　）

男，山东济南人。1985年考入山东大学图书馆学系就读。1992年9月至1993年7月在北京外国语学院英语系高级班学习。1999年12月进入外语教学与研究出版社工作，任山东信息中心主任至今。

**皮永忠**（1955.3—2016.5）

男，天津人。2004年2月加入外语教学与研究出版社，任新疆信息中心主任。

**刘秋香**（1969.9—　）

女，江西于都人。毕业于南昌有色金属工业学校建筑测量专业。曾就职于江西于都某建筑工程公司，1997年进入华南理工大学出版社图书代办站做教材的宣传推广工作。2001年进入外语教学与研究出版社华南信息中心工作并担任中心主任至今。曾获外研社"优秀干部"称号，华南信息中心多次获得"优秀部门"称号。

**李凤波**（1975.7—　）

男，吉林农安人，中国民主建国会会员。1998年11月入职外语教学与研究出版社吉林信息中心，2004年12月任吉林信息中心主任，逐步建立并完善外研社在吉林省的资源平台。2007年被评为外研社"优秀干部",2011年至2018年连续被民建长春市委评为"优秀会员",2015年被民建吉林省委评为"优秀会员",2018年被统战部评为组织建设"统战之星"。

**陈凤芹(1942.9— )**
女,辽宁阜新人。1960年毕业于鞍山钢铁学院,1965年至1969年任鞍山矿山设计院技术员。1970年至1994年任吉林省冶金设计院高级工程师。1994年至2003年任外语教学与研究出版社吉林信息中心主任。

**陈亮(1970.10— )**
男,湖南新化人。1990年到长沙求学,1993年于湖南商学院经管系企业管理专业毕业。曾在湖南师范大学工作,其间表现优异,多次被评为"先进工作者"。2006年1月加入外语教学与研究出版社,担任湖南信息中心主任至今。在职期间工作表现突出,大学英语教材码洋从最初的每年800多万元增长到2018年的4000多万元,外研社在湖南的市场占有率和美誉度得到空前提升。2008年和2010年两次被评为外研社"优秀干部"。

**邵井庐**（1971.9—　）

男，江西南昌人。1995年毕业于南昌工程学院，大学专科学历。2002年2月加入外语教学与研究出版社，担任江西信息中心主任。截至2018年年底，每年完成教材销售码洋3000万元以上，策划出版《大学英语听力教程》《大学英语阅读拓展教程》等10余种教材。2014年江西信息中心获得外研社"优秀部门"称号。2010年起担任江西省出版物发刊协会民营工作委员会秘书长一职至今。2014年起担任江西外语学会副秘书长一职至今。

**荆运闯**（1969.2—　）

男，陕西西安人。武汉大学图书发行专业本科毕业。1999年10月加入外语教学与研究出版社，任西北信息中心主任至今。曾获外研社"优秀干部"称号。

**黄晓玲**（1972.7—　）

女，福建福州人，大学本科学历。1997年加入外语教学与研究出版社，担任福建信息中心主任至今。曾获外研社"优秀干部"称号及"外研勋章"。

**寇晓东**（1968.10—　）

男，辽宁人。1988年成为沈阳外事服务学校教师。2002年2月进入外语教学与研究出版社工作至今，担任辽宁信息中心主任。在职期间业绩突出，大学英语教材码洋从最初的每年700多万元增长至4000多万元；基础英语教材码洋则从最初的每年300多万元增长至7000多万元。辽宁信息中心曾获外研社"优秀部门"称号，个人曾获外研社"优秀干部"称号。

**颜涌波**（1961.7—　）

男，上海人。1979年至1999年在上海市印刷三厂工作。1999年进入外语教学与研究出版社上海信息中心工作，担任中心主任。2016年荣获"外研勋章·忠诚勋章"。

**霍光汉**（1937.5—　）

男，江苏常州人，教授。1955年至1959年就读于南京大学历史系。1959年至1997年在郑州大学政史系、历史系任教，先后教授美国史、世界现代史等8门课程，发表论文20余篇，担任教研室主任、中国世界现代史研究会常务理事、中国美国史研究会理事等职务，为美国史研究界有一定影响的学者。1998年至2008年任外语教学与研究出版社信息中心

事业部副主任、河南信息中心主任。在职期间业绩
突出，推广的大学英语教材从1998年的57万码洋提
升到2008年的3300万码洋，被河南省90多所院校
选用，占全省大英教材市场份额的65%。河南信息
中心于2001年被评为外研社"先进集体"，个人于
2008年荣获外研社"终身成就奖"。

**戴本文**（1964.9—　）
男，湖北洪湖人。1986年7月毕业于西南交通大
学，先后任西南交通大学出版社编辑、出版发行
部主任，四川省开拓文化发展有限公司总经理。
2004年至今任外语教学与研究出版社西南信息中心
主任。

# 外研社部分专家作者

　　作者是出版社的衣食父母。外研社背靠北京外国语大学，人才辈出，专家云集，具有得天独厚的条件，如今已发展成为中国外语教学与研究的重要基地、外语类图书的出版重镇和中国企业"走出去"的典范。外研社的发展离不开国内外优秀专家的辛勤耕耘和鼎力支持。他们具有丰富的教学、科研和写作经验，构成了外研社最基本的作者队伍，为外研社的发展提供了智力支持和学术指导。他们的学术造诣决定了外研社出版物的品质和地位，他们的学术优势形成了外研社的学术优势。他们是外研社发展的中流砥柱和强大后盾。他们的关怀和奉献造就了外研社今天的成绩，他们的关心和支持将成就外研社明天的辉煌。

冯友兰　　　　　费孝通　　　　　季羡林　　　　　许国璋

王佐良　　　　　薄冰　　　　　　陈琳　　　　　　任溶溶

叶嘉莹

林戊荪

桂诗春

厉以宁

郑荣成

胡壮麟

梁敏

李行健

叶本度

金波

梅仁毅

胡文仲

陆俭明

黄建华

杨立民

刘芳本

汪耀楠

董燕生

徐克容

殷桐生

吴青

吴祯福

胡家峦

叶朗

刘道义

刘光准

程裕祯

冯志伟

屠蓓

楼光庆

刘润清

惠宇

戴炜栋

王立礼

薛建成

邵永真

刘意青

孙致礼

陈德彰

应惠兰

吴一安

李英男

谢天振

郑树棠

刘兆义

张建华

国少华

何其莘

张西平

何刚强

刘黛琳

金立贤 &
Martin Cortazzi

文秋芳

廖七一

郑书九

钟秉林

钱敏汝

丁帆

王军

辜正坤

沈石溪

石坚

傅莹

王宏印

姚小平

田贵森

龚亚夫

叶兴国

董剑桥

陈国华

金莉

王初明

武尊民

梅德明

邱耀德

王克非

史铁强

许钧

王守仁

徐小贞

张连仲

高洪德

张勇先

秦惠民

朱良志

黄必康

王蔷

黄国文

马晓宏

徐一平

顾曰国

朱建华

马龙海

任真

修刚

苏荔虹

韩震

高一虹

丁超

傅荣

王文斌

阚茜

夏谷鸣

罗少茜

吉狄马加

孙有中

刘建

王定华

鲁子问

张剑

何莲珍

刘照惠

季佩英　　　　武和平　　　　韩宝成　　　　顾永琦

蒋洪新　　　　梁茂成　　　　金利民　　　　戴桂菊

侯毅凌　　　　赵杨　　　　　金艳　　　　　张莲

王俊菊　　　　仲伟合　　　　姜亚军　　　　曹则贤

龚雁

曹文

程晓堂

唐克胜

曾天山

陈向京

叶志良

贾文键

任文

刘建达

唐锦兰

李莉文

蓝纯

潘钧

杨鲁新

黄玫

何伟

张宏丽

田朝霞

余国兴

王丹

赵国新

陈则航

高红姬

马俊波

许家金

徐浩

Isabel Crook

L. G. Alexander

Julia Alexander

Guy Salvatore Alitto

Julia Donaldson

Jill Eggleton

Kiran Gautam

Simon Greenall

Regine Hampel

Petko Hinov

Philip Hubbard

Bujar Hudhri

Christopher Jolly

Lynn Maslen
Kertell

András Sándor
Kocsis

Lyuben Kozarev

Yannets Levi

S. E. Lucas

Adam Marszalek

Christine
McCafferty

Korky Paul

长风破浪

Herbert Puchta

Wendy Pye

Jack C. Richards

Axel Scheffler

Claire Selby

Iljaz Spahiu

Valerie Thomas

Craig Wright &
Julia Chang Wright

# 外研社获奖出版物

| 出版物 | 奖项 | 年份 |
|---|---|---|
| 新日本语语法 | 天津市社会科学优秀成果奖 | 1984 |
| 英汉双解牛津初级英语学习词典 | 全国优秀畅销书奖 | 1987.06 |
| 俄语实际切分句法 | 北京首届哲学社会科学和政策研究优秀成果奖一等奖 | 1987.12 |
| 阿拉伯语（1—10） | 北京首届哲学社会科学和政策研究优秀成果奖一等奖 | 1987.12 |
| 论契合：比较文学研究集 | 北京首届哲学社会科学和政策研究优秀成果奖荣誉奖 | 1987.12 |
| 基础俄语（1—4） | 北京首届哲学社会科学和政策研究优秀成果奖二等奖 | 1987.12 |
| 俄语（1—4） | 国家教委高等学校优秀教材一等奖 | 1988.01 |
| 俄语（修订本）（1—4） | 国家教委高等学校优秀教材二等奖 | 1988.01 |
| 阿拉伯语（1—10） | 国家教委高等学校优秀教材二等奖 | 1988.01 |
| 日本文学史 | 国家教委高等学校优秀教材二等奖 | 1988.01 |
| 新概念英语（1—4） | 第二届全国图书金钥匙奖优胜奖 | 1988.08 |
| 赴美英语指南 | 全国优秀图书奖 | 1988.11 |
| 牛津实用英语语法 | 第三届全国图书金钥匙奖优胜奖 | 1989.12 |
| 赴美英语指南 | 第三届全国图书金钥匙奖优胜奖 | 1989.12 |
| 外国童话和寓言选集 | 第三届全国图书金钥匙奖三等奖 | 1989.12 |
| 新编写作教程 | 中国写作学会首届优秀科研成果二等奖 | 1990.06 |

1013

| 出版物 | 奖项 | 年份 |
|---|---|---|
| 论契合：比较文学研究集 | 全国比较文学荣誉奖 | 1990.08 |
| 现代汉英词典 | 第四届全国图书金钥匙奖三等奖 | 1990.10 |
| 俄译汉教程（修订本）（上、下） | 北京第二届哲学社会科学优秀成果一等奖 | 1991.01 |
| 现代英汉词典 | 第五届全国图书金钥匙奖三等奖 | 1991.10 |
| 易卜生评论集（外国文学研究资料丛刊） | 新闻出版署第一届全国优秀外国文学图书奖特别奖 | 1991.11 |
| 肖洛霍夫研究（外国文学研究资料丛刊） | 新闻出版署第一届全国优秀外国文学图书奖特别奖 | 1991.11 |
| 司汤特研究（外国文学研究资料丛刊） | 新闻出版署第一届全国优秀外国文学图书奖特别奖 | 1991.11 |
| 匈牙利语（1—4） | 国家教委高等学校优秀教材奖一等奖 | 1992.01 |
| 基础俄语（1—4） | 国家教委高等学校优秀教材奖一等奖 | 1992.01 |
| 斯瓦希里语（1—4） | 国家教委高等学校优秀教材奖二等奖 | 1992.01 |
| 话语语言学 | 国家教委高等学校出版社优秀学术专著优秀奖 | 1992.01 |
| 论契合：比较文学研究集 | 国家教委高等学校出版社优秀学术专著优秀奖 | 1992.01 |
| 英语文体学引论 | 国家教委高等学校出版社优秀学术专著优秀奖 | 1992.01 |
| 英语文体学引论 | 北京第二届哲学社会科学优秀成果一等奖 | 1992.01 |
| 初级电视英语（上、下） | 第六届全国图书金钥匙奖优胜奖 | 1992.12 |
| 走遍美国 | 大学出版社优秀畅销书奖 | 1994.02 |
| 维克多英语 | 大学出版社优秀畅销书荣誉奖 | 1994.02 |
| 维克多英语 | 第七届全国图书金钥匙奖二等奖 | 1994.04 |

| 出版物 | 奖项 | 年份 |
|---|---|---|
| 英语口语教程（初、中、高级） | 第八届中国图书奖 | 1994.12 |
| 基础阿拉伯语 | 北京第三届哲学社会科学优秀成果一等奖 | 1994.12 |
| 英语听力教程（初、中、高级） | 北京第三届哲学社会科学优秀成果一等奖 | 1994.12 |
| 英语口语教程（初、中、高级） | 北京第三届哲学社会科学优秀成果一等奖 | 1994.12 |
| 德语专业教学调查报告 | 北京第三届哲学社会科学优秀成果二等奖 | 1994.12 |
| "世界名诗精选"系列 | 第四届全国书籍装帧艺术展览一等奖 | 1995.05 |
| 澳大利亚文学论集 | 第四届全国书籍装帧艺术展览二等奖 | 1995.05 |
| 英国二十世纪文学史 | 第四届全国书籍装帧艺术展览二等奖 | 1995.05 |
| TPR儿童英语 | 第四届全国书籍装帧艺术展览二等奖 | 1995.05 |
| 英国二十世纪文学史 | 第二届全国高等学校出版社优秀学术著作特等奖 | 1995.11 |
| 话语语言学概论 | 第二届全国高等学校出版社优秀学术著作优秀奖 | 1995.11 |
| 大学俄语 | 国家教委第三届高等学校优秀教材奖一等奖 | 1996.01 |
| 英语写作手册 | 国家教委第三届高等学校优秀教材奖一等奖 | 1996.01 |
| 欧洲文化入门 | 国家教委第三届高等学校优秀教材奖一等奖 | 1996.01 |
| 保加利亚语（1—4） | 国家教委第三届高等学校优秀教材奖二等奖 | 1996.01 |
| 英语听力教程（初、中、高级） | 国家教委第三届高等学校优秀教材奖中青年奖 | 1996.01 |
| 法语（1—4） | 国家教委第三届高等学校优秀教材奖中青年奖 | 1996.01 |
| 走遍美国 | 第二届全国高等学校出版社畅销书荣誉奖 | 1996.02 |

| 出版物 | 奖项 | 年份 |
|---|---|---|
| 许国璋电视英语 | 第二届全国高等学校出版社畅销书优秀奖 | 1996.02 |
| 走遍美国 | 第八届全国图书金钥匙奖 | 1996.03 |
| 英语口语教程（初、中、高级） | 首届全国优秀教育音像制品奖一等奖 | 1996.06 |
| 走遍美国 | 首届全国优秀教育音像制品奖二等奖 | 1996.06 |
| 许国璋电视英语 | 首届全国优秀教育音像制品奖三等奖 | 1996.06 |
| 国际音标 | 首届全国优秀教育音像制品奖三等奖 | 1996.06 |
| 话语语言学概论 | 第二届全国高等学校出版社优秀学术著作优秀奖 | 1996.10 |
| 汉英词典（修订版） | 第十届中国图书奖 | 1996.12 |
| 外研社·建宏英汉多功能词典 | 1996—1997年度全国优秀畅销书（文教类） | 1997.01 |
| 汉英词典（修订版） | 第二届国家辞书奖一等奖 | 1997.11 |
| 汉英词典（修订版） | 第十批全国优秀畅销书（文教类） | 1998.01 |
| 朗文英语语法 | 第十批全国优秀畅销书（文教类） | 1998.01 |
| 新概念英语（新版）（1—4） | 第二届全国优秀教育音像制品奖二等奖 | 1998.08 |
| 大众英语（上、下） | 第二届全国优秀教育音像制品奖三等奖 | 1998.08 |
| 日语，你好 | 第二届全国优秀教育音像制品奖三等奖 | 1998.08 |
| 英国文艺复兴时期文学史 | 第十一届中国图书奖 | 1998.12 |
| 颐和园长廊人物故事画 | 98优秀多媒体光盘奖 | 1999.04 |
| 朗文英汉汉双解词典 | 第十二批全国优秀畅销书（文教类） | 1999.12 |

| 出版物 | 奖项 | 年份 |
|---|---|---|
| 新概念英语（新版）（1） | 第十二批全国优秀畅销书（文教类） | 1999.12 |
| 汉英词典（修订版缩印本） | 第十二批全国优秀畅销书（文教类） | 1999.12 |
| 大众英语（上、下） | 第十二批全国优秀畅销书（文教类） | 1999.12 |
| 实用英语语法 | 第十二批全国优秀畅销书（文教类） | 1999.12 |
| 随大山访问加拿大（CD-ROM/VCD） | 首届国家电子出版物奖 | 2000.02 |
| 新编大学英语：自主听力 | 第三届全国优秀教育音像制品奖一等奖 | 2000.09 |
| 英语听力（下） | 第三届全国优秀教育音像制品奖二等奖 | 2000.09 |
| 许国璋《英语》（1—4） | 第三届全国优秀教育音像制品奖三等奖 | 2000.09 |
| 综合英语（1、2） | 第三届全国优秀教育音像制品奖三等奖 | 2000.09 |
| 进步美语：SBS新英语教程（电视自学版） | 第三届全国优秀教育音像制品奖优秀选题奖 | 2000.09 |
| 现代日汉日词典 | 第十三批全国优秀畅销书（文教类） | 2000.12 |
| 朗氏德汉双解大词典 | 第十三批全国优秀畅销书（文教类） | 2000.12 |
| 朗文当代英语辞典（英语版） | 第十三批全国优秀畅销书（文教类） | 2000.12 |
| 外研社·学生英汉双解小词典 | 第十三批全国优秀畅销书（文教类） | 2000.12 |
| 大英词典 | 第十三批全国优秀畅销书（文教类） | 2000.12 |
| 当代英语习语大词典（英汉双解） | 第四届国家辞书奖二等奖 | 2001.10 |
| 21世纪小小英汉词典 | 2001年全国优秀畅销书（文教类） | 2001.12 |
| 新编大学英语（3、4） | 2001年全国优秀畅销书（文教类） | 2001.12 |

| 出版物 | 奖项 | 年份 |
|---|---|---|
| 新概念英语自学导读（1、2） | 2001年全国优秀畅销书（文教类） | 2001.12 |
| 新概念英语练习册（1、2） | 2001年全国优秀畅销书（文教类） | 2001.12 |
| 现代汉英词典 | 第五届全国高校出版社优秀图书一等奖 | 2002.01 |
| 彼得森（peterson's）留学应考系列丛书 | 2001年度引进版优秀图书入选奖 | 2002.03 |
| 朗文十万词词典 | 2001年度引进版优秀畅销书 | 2002.03 |
| 当代国外语言学与应用语言学文库 | 2001年度引进版优秀畅销丛书 | 2002.03 |
| 新世纪日本语教程 | 第四届全国优秀教育音像制品奖二等奖 | 2002.09 |
| 英语（新标准）（3A）电视教学片 | 第四届全国优秀教育音像制品奖三等奖 | 2002.09 |
| 德语初级听力 | 第四届全国优秀教育音像制品奖三等奖 | 2002.09 |
| 中国小学英语学习词典（英汉对照） | 第十三届中国图书奖 | 2002.12 |
| 剑桥国际英语教程（学生用书） | 2002年度全国优秀畅销书（文教类） | 2002.12 |
| 中国小学英语学习词典（英汉对照） | 2002年度全国优秀畅销书（文教类） | 2002.12 |
| 即学即用英语会话词典 | 2002年度全国优秀畅销书（文教类） | 2002.12 |
| 新概念英语 | 2002年度全国优秀畅销书（文教类） | 2002.12 |
| 拉鲁斯法汉双解词典 | 2002年度全国优秀畅销书（文教类） | 2002.12 |
| 进步美语：SBS新英语教程（电视自学版） | 第二届国家音像制品奖提名奖 | 2003.01 |
| 外语教学与研究 | 第二届国家期刊奖百种重点期刊 | 2003.08 |
| 新交流英语 | 2002年度引进版科类优秀畅销图书奖 | 2003.08 |

| 出版物 | 奖项 | 年份 |
|---|---|---|
| 外研社·DK英汉汉对照百科读物 | 2002年度引进版社科类优秀畅销图书奖 | 2003.08 |
| 外研社英汉汉英词典 | 2003年全国优秀畅销书（文教类） | 2003.12 |
| 外研社－三省堂日汉汉日词典 | 2003年全国优秀畅销书（文教类） | 2003.12 |
| 朗文当代英语辞典 | 2003年全国优秀畅销书（文教类） | 2003.12 |
| 人人说英语（初级） | 2003年全国优秀畅销书（文教类） | 2003.12 |
| 剑桥英语学习词典 | 2003年全国优秀畅销书（文教类） | 2003.12 |
| 现代汉语词典（汉英双语） | 2003年全国优秀畅销书（文教类） | 2003.12 |
| 新交流英语（学生用书） | 2002年度引进版社科类优秀畅销图书奖 | 2004.06 |
| 汉英医学词典 | 第五届国家辞书奖一等奖 | 2004.06 |
| 学英语300句 | 第五届全国优秀教育音像制品奖一等奖 | 2004.06 |
| 新视野大学英语读写教程（4） | 第五届全国优秀教育音像制品奖一等奖 | 2004.06 |
| 简明当代英语语音 | 第五届全国优秀教育音像制品奖三等奖 | 2004.06 |
| 英语（新标准）（供三年级起始用）第五册 | 第五届全国优秀教育音像制品奖三等奖 | 2004.06 |
| 英语（新标准）（供三年级起始用）第八册 | 第五届全国优秀教育音像制品奖三等奖 | 2004.06 |
| 新概念英语 | 第五届全国优秀教育音像制品奖优秀选题奖 | 2004.06 |
| 伊索寓言 | 2003年度引进版社科类优秀图书奖 | 2004.08 |
| 国家地理科学探索丛书 | 2003年度引进版科技类优秀图书入选奖 | 2004.08 |
| 麦克米伦高阶英语词典（英语版） | 2003年度引进版社科类优秀畅销图书奖 | 2004.08 |

1019

| 出版物 | 奖项 | 年份 |
|---|---|---|
| 牛津英汉双解小词典（新版） | 第六届全国高校出版社优秀畅销书一等奖 | 2004.09 |
| 英语（第一册）（修订版） | 第六届全国高校出版社优秀畅销书一等奖 | 2004.09 |
| 人人说英语（初、中、高级） | 第六届全国高校出版社优秀畅销书一等奖 | 2004.09 |
| 现代汉语词典（汉英双语） | 第六届全国高校出版社优秀畅销书一等奖 | 2004.09 |
| 外研社·三省堂日汉汉日词典 | 第六届全国高校出版社优秀畅销书二等奖 | 2004.09 |
| 希望英语（综合教程1） | 第六届全国高校出版社优秀畅销书二等奖 | 2004.09 |
| 现代大学英语（精读2） | 第六届全国高校出版社优秀畅销书二等奖 | 2004.09 |
| 牛津现代英汉双解词典（新版） | 2004年度全国优秀畅销书（文教类） | 2004.12 |
| 无师自通韩国语 | 2004年度全国优秀畅销书（文教类） | 2004.12 |
| 现代汉语规范词典 | 2004年度全国优秀畅销书（文教类） | 2004.12 |
| 麦克米伦高阶英语词典（英语版） | 2004年度全国优秀畅销书（文教类） | 2004.12 |
| 即学即用商务英语会话词典 | 2004年度全国优秀畅销书（文教类） | 2004.12 |
| 朗文中阶英语词典（英语版） | 2004年度全国优秀畅销书（文教类） | 2004.12 |
| 蒙古族传统乐器 | 首届中华优秀出版物（电子）奖提名 | 2006.01 |
| 经理人汉语（生活篇） | 2005年度版权贸易图书输出版权奖 | 2006.04 |
| 直捷英语 | 2005年度引进版科类出版社科类优秀畅销书奖 | 2006.08 |
| "快乐星球"系列图书 | 第七届全国高校出版社优秀畅销书一等奖 | 2006.09 |
| 实战口译（学习用书） | 第七届全国高校出版社优秀畅销书一等奖 | 2006.09 |

| 出版物 | 奖项 | 年份 |
|---|---|---|
| 朗文当代高级英语词典（英英·英汉双解） | 第七届全国高校出版社优秀畅销书一等奖 | 2006.09 |
| 现代汉语规范词典 | 第七届全国高校出版社优秀畅销书一等奖 | 2006.09 |
| 新世纪汉英大词典 | 第七届全国高校出版社优秀畅销书一等奖 | 2006.09 |
| 即学即用日语会话词典（日汉篇） | 第七届全国高校出版社优秀畅销书一等奖 | 2006.09 |
| 现代韩中中韩词典 | 第七届全国高校出版社优秀畅销书二等奖 | 2006.09 |
| 新视野大学英语视听说教程（1—3） | 第七届全国高校出版社优秀畅销书二等奖 | 2006.09 |
| 牛津英汉汉英小词典（新版） | 第七届全国高校出版社优秀畅销书二等奖 | 2006.09 |
| 汉语900句 | 第一届中国出版政府奖电子出版物奖 | 2007.01 |
| 现代意汉意大词典 | 2006年度输出版优秀图书奖 | 2007.08 |
| 我和中国 | 2006年度输出版优秀图书奖 | 2007.08 |
| 经理人汉语（生活篇、商务篇） | 2006年度输出版优秀图书奖 | 2007.08 |
| 国家地理科学探索丛书：世界人文地理系列 | 2006年度引进版优秀图书奖 | 2007.08 |
| 朗文高阶英汉双解词典 | 2006年度引进版优秀图书奖 | 2007.08 |
| "快乐星球"系列图书 | 第九届共青团精神文明建设"五个一工程"优秀文化作品奖 | 2007.12 |
| 书虫·牛津英汉双语读物（入门级） | 2007年度全行业优秀畅销品种（教育类） | 2007.12 |
| 小学生成语词典 | 2007年度全行业优秀畅销品种（教育类） | 2007.12 |
| 汉语900句 | 2007年度全行业优秀畅销品种（教育类） | 2007.12 |
| 朗文高阶英汉双解词典 | 2007年度全行业优秀畅销品种（教育类） | 2007.12 |

| 出版物 | 奖项 | 年份 |
|---|---|---|
| "快乐星球"系列图书（3） | 2007年度全行业优秀畅销品种（少儿类） | 2007.12 |
| 国家地理科学探索丛书：世界人文地理系列 | 2007年度全行业优秀畅销品种（社科类） | 2007.12 |
| 英语课程标准教学实践丛书 | 第八届全国高校出版社优秀畅销书一等奖 | 2008.01 |
| 外研社最新简明英汉词典 | 第八届全国高校出版社优秀畅销书一等奖 | 2008.01 |
| 新世纪日本语教程 | 第八届全国高校出版社优秀畅销书一等奖 | 2008.01 |
| 外研社现代英汉汉英词典 | 第八届全国高校出版社优秀畅销书一等奖 | 2008.01 |
| 麦克米伦高阶英汉双解词典 | 第八届全国高校出版社优秀畅销书一等奖 | 2008.01 |
| 新编大学语文（第二版） | 第八届全国高校出版社优秀畅销书二等奖 | 2008.01 |
| 日语精读（第一册） | 第八届全国高校出版社优秀畅销书二等奖 | 2008.01 |
| 高级英汉百科图解词典 | 第八届全国高校出版社优秀畅销书二等奖 | 2008.01 |
| 文艺复兴简史 | 第八届全国高校出版社优秀畅销书二等奖 | 2008.01 |
| 俄语初级实践语法 | 第八届全国高校出版社优秀畅销书二等奖 | 2008.01 |
| 轻松英语名作欣赏：基督山伯爵 | 2008年度全行业优秀畅销品种 | 2008.12 |
| 找不着北：CCTV洋主播的中国故事 | 2008年度全行业优秀畅销品种 | 2008.12 |
| 悦读联播（初一上） | 2008年度全行业优秀畅销品种 | 2008.12 |
| 魔盒与歌声（1—8） | 2008年度全行业优秀畅销品种 | 2008.12 |
| 外研社·柯林斯少儿英汉汉英词典 | 2008年度全行业优秀畅销品种 | 2008.12 |
| 五卷本英国文学史 | 第二届中华优秀出版物图书奖 | 2008.12 |

| 出版物 | 奖项 | 年份 |
|---|---|---|
| 中国文化读本 | 新闻出版总署2009年（第六次）向全国青少年推荐的百种优秀图书 | 2009.04 |
| "尚的都是小别扭"系列 | 新闻出版总署2009年（第六次）向全国青少年推荐的百种优秀图书 | 2009.04 |
| 外研通·新概念英语点读笔 | 2008—2009年度数字出版优秀作品 | 2009.07 |
| 走遍中国 | 2009—2010年度国家文化出口重点项目 | 2009.11 |
| 基础汉语学习字典 | 2009—2010年度国家文化出口重点项目 | 2009.11 |
| 胡文仲英语教育自选集 | 中国大学出版社图书奖首届优秀学术著作奖一等奖 | 2009.12 |
| 朗文语言教学与应用语言学词典（第3版英汉双解） | 中国大学出版社图书奖首届优秀学术著作奖二等奖 | 2009.12 |
| 悦读联播（初一上、高一上） | 中国大学出版社图书奖第九届优秀畅销书奖一等奖 | 2009.12 |
| 中国文化读本 | 中国大学出版社图书奖第九届优秀畅销书奖二等奖 | 2009.12 |
| 跨文化交际实用教程 | 中国大学出版社图书奖首届优秀教材奖一等奖 | 2009.12 |
| 高级英语视听说 | 中国大学出版社图书奖首届优秀教材奖一等奖 | 2009.12 |
| 新编语言学教程 | 中国大学出版社图书奖首届优秀教材奖一等奖 | 2009.12 |
| 商务英语入门 | 中国大学出版社图书奖首届优秀教材奖二等奖 | 2009.12 |
| 商务秘书实务 | 中国大学出版社图书奖首届优秀教材奖二等奖 | 2009.12 |
| 科技英语翻译 | 中国大学出版社图书奖首届优秀教材奖二等奖 | 2009.12 |

| 出版物 | 奖项 | 年份 |
|---|---|---|
| 中国儿童文学60周年典藏（6册） | 新闻出版总署2010年（第七次）向全国青少年推荐的百种优秀图书 | 2010.04 |
| 新世纪日汉双解大辞典 | 第十六届APPA图书奖 | 2010.06 |
| 外研社汉语分级读物——中文天天读 | 2009—2010年度国家文化出口重点项目 | 2010.08 |
| 汉语900句（马来西亚语版） | 2009年度输出版优秀图书奖 | 2010.08 |
| 突围——国门初开的岁月（英文版） | 2009年度输出版优秀图书奖 | 2010.08 |
| 迪士尼英语家庭版系列 | 2009年度引进版社科类优秀图书奖 | 2010.12 |
| 《自然》百年科学经典（英汉对照版） | 2009年度引进版科技类优秀图书奖 | 2010.12 |
| 汉语800字（手机版系列） | 第二届中国出版政府奖音像电子网络奖提名奖 | 2010.12 |
| 外研社手机词典 | 第三届中华优秀出版物电子提名奖 | 2010.12 |
| 岁月的书香 | 2010年度"大众喜爱的50种图书" | 2011.03 |
| 布奇乐乐园（1—6岁版系列读物） | 新闻出版总署2011年（第八次）向全国青少年推荐的百种优秀图书 | 2011.05 |
| 中国经济改革发展之路（英文版） | 中国大学出版社图书奖第二届优秀学术著作奖一等奖 | 2011.12 |
| 江村经济——中国农民的生活（英汉对照） | 中国大学出版社图书奖第二届优秀学术著作奖一等奖 | 2011.12 |
| 西方政治学史 | 中国大学出版社图书奖第二届优秀学术著作奖一等奖 | 2011.12 |
| 计算机技术条件下的语言评价 | 中国大学出版社图书奖第二届优秀学术著作奖一等奖 | 2011.12 |
| 《自然》百年科学经典（英汉对照版） | 中国大学出版社图书奖第二届优秀学术著作奖一等奖 | 2011.12 |
| 追寻失落的圆明园（英汉对照） | 中国大学出版社图书奖第二届优秀学术著作奖二等奖 | 2011.12 |

| 出版物 | 奖项 | 年份 |
|---|---|---|
| 第二语言课堂研究：综合指导 | 中国大学出版社图书奖第二届优秀学术著作奖一等奖 | 2011.12 |
| 外研社乐乐园幼儿英语（学生包） | 中国大学出版社图书奖第二届优秀教材奖一等奖 | 2011.12 |
| 新编大学德语（学生用书）（1） | 中国大学出版社图书奖第二届优秀教材奖二等奖 | 2011.12 |
| 新编俄语语法 | 中国大学出版社图书奖第二届优秀教材奖二等奖 | 2011.12 |
| 实用中医汉语精读（基础篇） | 中国大学出版社图书奖第二届优秀教材奖二等奖 | 2011.12 |
| 实用医学汉语：语言篇（1） | 中国大学出版社图书奖第二届优秀教材奖二等奖 | 2011.12 |
| 大学意大利语教程3：文化面面观（上） | 中国大学出版社图书奖第二届优秀教材奖二等奖 | 2011.12 |
| 小小外研社英汉汉英词典 | 中国大学出版社图书奖第十届优秀畅销书奖一等奖 | 2011.12 |
| 朗文当代高级英语辞典（英英·英汉双解）（第4版） | 中国大学出版社图书奖第十届优秀畅销书奖一等奖 | 2011.12 |
| 外研社精编韩汉汉韩词典 | 中国大学出版社图书奖第十届优秀畅销书奖一等奖 | 2011.12 |
| 不花钱学英文 | 中国大学出版社图书奖第十届优秀畅销书奖二等奖 | 2011.12 |
| 吾国与吾民（林语堂英文作品集） | 中国大学出版社图书奖第十届优秀畅销书奖二等奖 | 2011.12 |
| 牛津英语用法指南（第三版） | 中国大学出版社图书奖第十届优秀畅销书奖二等奖 | 2011.12 |
| 中国儿童文学60周年典藏（6册） | 中国大学出版社图书奖第十届优秀畅销书奖二等奖 | 2011.12 |
| 牧犬三部曲（3册） | 新闻出版总署第三届"三个一百"原创出版工程 | 2012.08 |
| 民族文化经典故事丛书（56册） | 新闻出版总署2012年（第九次）向全国青少年推荐百种优秀图书 | 2012.08 |
| 日本文学史序说（上、下） | 2011年度引进版科类优秀图书奖 | 2012.08 |

1025

| 出版物 | 奖项 | 年份 |
|---|---|---|
| 《自然》百年科学经典（英汉对照版）（第一—五卷） | 2011年度引进版科技类优秀图书奖 | 2012.08 |
| 薄冰英语语法指南 | 2011年度输出版优秀图书奖 | 2012.08 |
| 中国文化读本 | 2011年度输出版优秀图书奖 | 2012.08 |
| 走遍中国 | 2011年度输出版优秀图书奖 | 2012.08 |
| 在彼处：大使演讲录 | 2012年度输出版优秀图书奖 | 2013.08 |
| 李岚清中国近现代音乐笔谈 | 2012年度输出版优秀图书奖 | 2013.08 |
| 领先阅读·X计划（学生包）（1—10） | 2012年度引进版社科类优秀图书奖 | 2013.08 |
| 西方语言学史 | 第三届中国大学出版社图书奖优秀学术著作奖一等奖 | 2013.10 |
| 20世纪俄罗斯文学：思潮与流派（理论篇） | 第三届中国大学出版社图书奖优秀学术著作奖一等奖 | 2013.10 |
| 在彼处：大使演讲录 | 第三届中国大学出版社图书奖优秀畅销书奖一等奖 | 2013.10 |
| 外研社丽声拼读故事会（第一级） | 第三届中国大学出版社图书奖优秀畅销书奖一等奖 | 2013.10 |
| 现代大学英语（第二版）（精读2） | 第三届中国大学出版社图书奖优秀畅销书奖一等奖 | 2013.10 |
| 父与子全集（英汉双语彩色版） | 第三届中国大学出版社图书奖优秀畅销书奖二等奖 | 2013.10 |
| 新GRE写作5.5 | 第三届中国大学出版社图书奖优秀畅销书奖二等奖 | 2013.10 |
| 外研社英汉小词典（第二版） | 第三届中国大学出版社图书奖优秀畅销书奖二等奖 | 2013.10 |
| 京华烟云 | 第三届中国大学出版社图书奖优秀畅销书奖二等奖 | 2013.10 |
| 化学的进程（英汉对照） | 第三届中国出版政府奖图书奖提名奖 | 2014.08 |

| 出版物 | 奖项 | 年份 |
|---|---|---|
| FLTRP iTEST大学外语测试与训练系统 | 第三届中国出版政府奖网络出版物奖提名奖 | 2014.08 |
| 中国印·李岚清篆刻书法艺术展作品集 | 2013年度输出版优秀图书奖 | 2014.08 |
| 牛津现代英汉双解大词典（第12版） | 2013年度引进版科类优秀图书奖 | 2014.08 |
| 大象如何站在铅笔上 | 国家新闻出版广电总局2015年（第十二次）向全国青少年推荐百种优秀图书。 | 2015.05 |
| 朗文当代高级英语辞典（英英·英汉双解）（第5版）（全文光盘版） | 第四届中国大学出版社图书奖优秀畅销书一等奖 | 2015.09 |
| 大象如何站在铅笔上 | 第四届中国大学出版社图书奖优秀畅销书一等奖 | 2015.09 |
| 英语，阅读是金！ | 第四届中国大学出版社图书奖优秀畅销书二等奖 | 2015.09 |
| 大学英语文化翻译教程 | 第四届中国大学出版社图书奖优秀教材一等奖 | 2015.09 |
| E英语教程 | 第四届中国大学出版社图书奖优秀教材二等奖 | 2015.09 |
| 《自然》百年科学经典（英汉对照版）第六卷 | 第四届中国大学出版社图书奖优秀学术著作一等奖 | 2015.09 |
| 英语教师行动研究 | 第四届中国大学出版社图书奖优秀学术著作一等奖 | 2015.09 |
| 辩证实践外语教育途径 | 第四届中国大学出版社图书奖优秀学术著作二等奖 | 2015.09 |
| 现代汉语规范词典（第3版） | 2014年度输出版优秀图书奖 | 2015.11 |
| 北平历史地理 | 2014年度输出版优秀图书奖 | 2015.11 |
| 中国文化要略（第3版） | 国家新闻出版广电总局首届向全国推荐中华优秀传统文化普及图书 | 2015.12 |

| 出版物 | 奖项 | 年份 |
|---|---|---|
| 外研社外向型多语种汉语学校词典系列 | 2016年国家出版基金 | 2016.04 |
| 中国文化读本（第2版） | 入选"十三五"国家重点图书、音像、电子出版物出版规划 | 2016.09 |
| 焦点中国书系 | 入选"十三五"国家重点图书、音像、电子出版物出版规划 | 2016.09 |
| 中国雕塑 | 2015年度输出版优秀图书奖 | 2016.09 |
| 中国历史文化导论 | 2015年度输出版优秀图书奖 | 2016.09 |
| 论契合——中西文学与翻译 | 2015年度输出版优秀图书奖 | 2016.09 |
| 探秘远古人类 | 入选中央和国家机关"强素质·作表率"读书活动2016年下半年推荐书目 | 2016.10 |
| 小鹅露露西 | 2016年冰心儿童图书奖 | 2016.12 |
| 讲故事的机器 | 2016年冰心儿童图书奖 | 2016.12 |
| 汉法大词典 | 第四届中国出版政府奖图书奖 | 2017.06 |
| 超越市场与超越政府——论道德力量在经济中的作用 | 2016年度图书版权输出奖励计划重点奖励 | 2017.09 |
| 为土地和生命而写作——吉狄马加演讲集 | 2016年度图书版权输出奖励计划重点奖励 | 2017.09 |
| 追寻失落的圆明园（英汉对照） | 2016年度图书版权输出奖励计划重点奖励 | 2017.09 |
| 走遍中国（美国版） | 2016年度图书版权输出奖励计划普遍奖励 | 2017.09 |
| 新HSK词汇宝典（1～4级） | 2016年度图书版权输出奖励计划普遍奖励 | 2017.09 |
| 青少年科学素养文库（4册） | 入选2017全国优秀科普作品名单 | 2017.12 |
| 在彼处：大使演讲录 | 2016年度输出版优秀图书奖 | 2017.12 |

| 出版物 | 奖项 | 年份 |
|---|---|---|
| 中国经济改革发展之路 | 2016年度输出版优秀图书奖 | 2017.12 |
| 布奇原创漫画书系 | 2018年"原动力"中国原创动漫出版扶持计划 | 2018.09 |
| 汉罗大词典 | 2018年国家出版基金 | 2018.03 |
| 中国文化要略（彩色插图本） | 2018年国家出版基金 | 2018.03 |
| 中国笔墨 | 2018年国家出版基金·主题出版项目 | 2018.07 |
| 中国人是如何管理企业的 | 2017年度输出版优秀图书奖 | 2018.09 |
| 中华思想文化术语（1—4）（波兰语版） | 2017年度输出版优秀图书奖 | 2018.09 |
| 中国经济改革发展之路（西班牙语版） | 图书版权输出奖励计划重点奖励 | 2018.09 |
| 在彼处：大使演讲录（日语版） | 图书版权输出奖励计划重点奖励 | 2018.09 |
| 中国园林（英文版） | 图书版权输出奖励计划重点奖励 | 2018.09 |
| 从雪约到马雅可夫斯基（意大利语版） | 图书版权输出奖励计划重点奖励 | 2018.09 |
| "看不懂"的中国词：人文地理篇 | 2018年冰心儿童图书奖 | 2018.12 |

# 外研社重点出版物

| 书名 | 出版年份 | 作（编、译）者 |
|---|---|---|
| **英语及汉语词语词典/工具书** | | |
| 小小英汉词典 | 1981 | 曹普、张启、袁辰等 编 |
| 小小汉英词典 | 1982 | 严英 编 |
| 新编学生实用英汉小词典 | 1983 | 丁申宽、梁国相 编 |
| 牛津当代英语袖珍词典 | 1988 | [英] F. G. 福勒、[英] H. W. 福勒 原编，[英] R. E. 艾伦 修订 |
| 现代英汉词典 | 1990 | 外研社词典编辑室 编 |
| 大英汉词典 | 1992 | 李华驹 主编 |
| 朗文英汉双解词典 | 1992 | 朗文出版公司 编 |
| 牛津美国文学词典（第五版） | 1993 | [美] 詹姆斯·D. 哈特 编 |
| 牛津英国文学词典（第五版） | 1993 | [英] 玛格丽特·德拉布尔 编 |
| 汉英词典（修订版） | 1995 | 北京外国语大学英语系词典组 编 |
| 外研社·建宏英汉多功能词典 | 1997 | 简清国、林茂竹 主编 |
| 当代英语习语大词典（英汉双解） | 1999 | 秦秀白 主编 |
| 牛津英语同义词词典（英汉版） | 2001 | [英] 艾伦·斯普纳 编著 |
| 现代汉英词典 | 2001 | 刘相东 陈忠等 编 |
| 牛津英汉双解小词典 | 2002 | [英] Maurice Waite 主编 |

| 书名 | 出版年份 | 作（编、译）者 |
|---|---|---|
| 牛津袖珍英汉双解词典 | 2002 | [英] Della Thompson 主编 |
| 外研社英汉汉英词典 | 2002 | 外研社辞书部 编 |
| 现代汉语词典（汉英双语）(2002年增补本) | 2002 | 中国社会科学院语言研究所词典编辑室 编 |
| 中山汉英医学词典 | 2003 | 王晓鹰、章宜华 主编 |
| 新世纪汉英大词典 | 2003 | 惠宇 主编 |
| 牛津现代英汉双解词典（新版） | 2003 | [英] Della Thompson 主编 |
| 外研社汉英小词典 | 2004 | 外研社学术与辞书部 编 |
| 外研社英汉小词典 | 2004 | 外研社学术与辞书部 编 |
| 朗文当代高级英语辞典（英英·英汉双解） | 2004 | 英国培生教育出版有限公司 编 |
| 外研社精编英汉汉英词典 | 2004 | 外研社学术与辞书部 编 |
| 现代汉语规范词典 | 2004 | 李行健 主编 |
| 牛津英汉汉英小词典（新版） | 2004 | 英国牛津大学出版社 编 |
| 朗文中阶英汉双解词典 | 2005 | 英国培生教育出版集团 编 |
| 外研社现代英汉汉英词典 | 2005 | 外语教学与研究出版社 编 |
| DK·牛津英汉双解大词典（插图版） | 2005 | 英国DK公司 编 |
| 麦克米伦高阶英汉双解词典 | 2005 | 麦克米伦出版公司 编 |
| 牛津英语搭配词典（英汉双解版） | 2006 | [英] 克劳瑟等 编 |
| 外研社·柯林斯少儿英汉汉英词典 | 2006 | 章思英 主编 |

| 书名 | 出版年份 | 作（编、译）者 |
|---|---|---|
| 朗文高阶英汉双解词典 | 2006 | 英国培生教育出版集团 编 |
| 柯林斯COBUILD英汉双解学习词典（精编版） | 2007 | 英国柯林斯出版公司 编 |
| 剑桥高阶英汉双解词典 | 2008 | 英国剑桥大学出版社 编著 |
| 外研社英汉多功能词典 | 2008 | ［日］田中茂范等 编 |
| 中山英汉汉英医学词典 | 2008 | 王晓鹰、章宜华 主编 |
| 朗文当代高级英语辞典（英英·英汉双解）（第4版） | 2009 | 英国培生教育出版有限公司 编 |
| 外研社现代英汉词典（第三版） | 2009 | 郭世英 主编 |
| 汉英词典（第三版） | 2010 | 姚小平 主编 |
| 牛津·外研社英汉汉英词典 | 2010 | ［英］朱丽、于海江 编 |
| 麦格劳-希尔英汉双解科技大词典 | 2010 | 美国麦格劳-希尔教育出版公司 编著 |
| 英汉双解工商管理大词典 | 2010 | 周雪林 主编 |
| 小学生规范字典（第3版） | 2010 | 李行健 主编 |
| 朗文高级英语应试词典（英汉双解） | 2011 | 英国培生教育出版亚洲有限公司 编 |
| 柯林斯COBUILD高阶英汉双解学习词典 | 2011 | 英国柯林斯出版公司 编 |
| 朗文多功能英汉双解词典（第四版） | 2011 | 英国培生教育出版亚洲有限公司 编 |
| 外研社少儿英汉汉英词典 | 2012 | 章思英 主编 |
| 外研社英汉小词典（第二版） | 2012 | 于麟等 主编 |
| 朗文高阶英汉双解词典（新版） | 2013 | 英国培生教育出版集团 编，王莹等 译 |

| 书名 | 出版年份 | 作（编、译）者 |
|---|---|---|
| 牛津现代英汉双解大词典（第12版） | 2013 | 英国牛津大学出版社 编 |
| 朗文多功能英汉双解大词典 | 2014 | 英国培生教育出版亚洲有限公司 编 |
| 朗文当代高级英语辞典（英英·英汉双解）（第5版） | 2014 | 英国培生教育出版亚洲有限公司 编 |
| 儿童英汉百科图解词典（新版）（点读版） | 2014 | 加拿大QA国际图书出版公司 编 |
| 小小外研社英汉词典（新版） | 2014 | 外研社综合英语分社学术与辞书工作室 编 |
| 小小外研社英汉英汉词典（新版） | 2014 | 外研社综合英语分社学术与辞书工作室 编 |
| 牛津英语搭配词典（英汉双解版）（第二版） | 2015 | [英] 麦金托什 主编 |
| 新世纪英汉大词典 | 2016 | 胡壮麟 主编 |
| 新世纪汉英大词典（第二版） | 2016 | 惠宇、杜瑞清 主编 |
| 柯林斯COBUILD高阶英汉双解学习词典（第8版） | 2017 | 英国柯林斯出版公司 编 |
| 柯林斯COBUILD中阶英汉双解学习词典（新版） | 2017 | 英国柯林斯出版公司 编 |
| 朗文多功能英汉双解词典（第五版） | 2017 | 英国培生教育出版亚洲有限公司 编 |
| 外研社少儿英汉汉英词典（第二版） | 2017 | 章思英 主编 |
| 麦克米伦高阶英汉双解词典（新） | 2018 | 麦克米伦出版公司 编 |
| 牛津袖珍英汉双解词典（第11版） | 2018 | [英] Maurice Waite 主编 |
| 外研社小学语文工具书系列 | 2018 | 外研社汉语辞书部 编 |
| 朗文当代高级英语辞典（英英·英汉双解）（第6版） | 2019 | 英国培生教育出版有限公司 编 |
| 柯林斯COBUILD初阶英汉双解学习词典（第3版） | 2019 | 英国柯林斯出版公司 编 |

| 书名 | 出版年份 | 作（编、译）者 |
|---|---|---|
| **教材教辅类图书** | | |
| 汉英翻译500例 | 1980 | 庄绎传 著 |
| 中学英语语法 | 1981 | 北京市海淀区教师进修学校 编 |
| 牛津英语用法指南（翻译本） | 1982 | [英] Michael Swan 原著、《英语学习》编辑部 编译 |
| 当代美国英语会话 | 1989 | 杨鑫南 编著 |
| 新编循序渐进美国英语 | 1989 | 王春丽等 译注 |
| 美国文学史及选读 | 1990 | 吴伟仁 编 |
| 牛津实用英语语法（第四版） | 1991 | [英] A. J. 汤姆森等 著 |
| 朗文英语语法 | 1991 | [英] 路易斯·亚历山大 著，雷航等 译 |
| 当代英语用法指南 | 1991 | 杨鑫南 编著 |
| 许国璋《英语》 | 1992 | 许国璋 主编 |
| 大学英语教程 | 1992 | 胡文仲等 编著 |
| 英语初级听力 | 1992 | 何其莘等 编 |
| 英语高级听力 | 1992 | 何其莘等 编 |
| 英语中级口语 | 1992 | 吴祯福 主编 |
| 英语中级听力 | 1993 | 何其莘等 编 |
| 英语初级口语 | 1993 | 吴祯福 主编 |
| 英语高级口语 | 1993 | 吴祯福 主编 |

| 书名 | 出版年份 | 作（编、译）者 |
|---|---|---|
| 新编许国璋英语 | 1993 | 许国璋 主编 |
| 英语视听说教程 | 1993 | 上册 吴青 编著，下册 杨立民等 编著 |
| 高级英语（修订本） | 1995 | 张汉熙 主编 |
| 大众英语 | 1996 | 胡文仲 主编 |
| 新概念英语 | 1997 | [英] L. G. Alexander、何其莘 合作编著 |
| 新编大学英语 | 1999 | 浙江大学 编著 |
| 英语听力 | 1999 | 何其莘、王敏、金利民、夏玉和 编 |
| 英汉翻译教程 | 1999 | 庄绎传 主编 |
| 英语口语教程 | 1999 | 吴祯福 主编 |
| 当代大学英语 | 2000 | [英] Neville Grant、顾曰国 主编 |
| 剑桥流利利英语听力 | 2000 | [英] Adrian Doff等 著，金利民等 编译 |
| 剑桥"英语在用"丛书 | 2001 | [英] Raymond Murphy等 著 |
| 新视野大学英语 | 2001 | 郑树棠 总主编 |
| 现代大学英语 | 2001 | 杨立民 总主编 |
| 新视野英语教程 | 2001 | 郑树棠、胡全生 总主编 |
| 剑桥国际英语教程 | 2001 | [美] Jack C. Richards 编著 |
| 张道真实用英语语法 | 2002 | 张道真 编著 |
| 刘毅英语单词记忆丛书 | 2003 | 刘毅 编著 |
| 走遍美国 | 2004 | [美] Howard Beckerman 编著 |

| 书名 | 出版年份 | 作（编、译）著 |
|---|---|---|
| 新编大学语文 | 2005 | 丁帆、朱晓进、徐兴无 主编 |
| 薄冰英语语法指南 | 2006 | 薄冰 著 |
| 汉语900句 | 2007 | 《汉语900句》编写组 编 |
| 悦读联播 | 2007 | [英] Jane Shuter等 著，龚雁等 主编 |
| 高职高专行业英语系列教材（共12种） | 2007 | 外研社 组编 |
| 高职高专商务英语实践系列教材（共8种） | 2007 | 外研社 组编 |
| 国际汉语教师标准 | 2007 | 国家汉语国际推广领导小组办公室 编 |
| 致用英语 | 2008 | 刘黛琳 总主编 |
| 实用医学汉语系列 | 2008 | 朱德君等 主编 |
| 新标准英语 | 2008 | 陈琳、[英] Printha Ellis 主编 |
| 新标准大学英语 | 2008 | [英] Simon Greenall、文秋芳 总主编 |
| 新概念英语青少版 | 2008 | [英] L. G. Alexander、[英] Julia Alexander 等著 |
| 剑桥国际少儿英语 | 2009 | [英] Caroline Nixon、[英] Michael Tomlinson 著 |
| 剑桥国际儿童英语 | 2009 | [奥地利] Günter Gerngross、[奥地利] Herbert Puchta 著 |
| 新职业英语 | 2009 | 徐小贞 总主编 |
| 中等职业教育课程改革国家规划新教材：语文 | 2009 | 欧阳代娜、洪镇涛 主编 |

| 书名 | 出版年份 | 作（编、译）者 |
|---|---|---|
| 拼读乐园 | 2010 | [英] Claire Selby 著 |
| 中等职业教育公共素质类教材（共10种） | 2010 | 吕志敏、彭慧、曾宁波等 主编 |
| 新启蒙汉语 | 2010 | 牟岭等 编著 |
| 卓越汉语 | 2010 | 外研社 组编 |
| 走遍中国系列 | 2010 | 丁安琪等 主编 |
| 外研社汉语分级读物——中文天天读系列 | 2010 | 朱勇 主编 |
| 新标准幼儿英语 | 2011 | 陈琳 顾问，[加] Kathryn Ann Harper、孙瑞玲 主编 |
| 德国 "双元制" 教学模式本土化示范教材（共7种） | 2011 | 张晖、郑爱权、周晓蓉等 主编 |
| 学思维活动课程 | 2011 | 胡卫平 主编 |
| 公共管理服务类 "十二五" 职业教育国家规划教材（共8种） | 2012 | 张琼华、楼红霞、任素芳等 主编 |
| 中等职业教育课程改革国家规划新教材：英语 | 2012 | 外研社 组编 |
| 加工制造类 "十二五" 职业教育国家规划教材（共21种） | 2012 | 陈世全、赵青、邱寿昆等 编 |
| 财经商贸类 "十二五" 职业教育国家规划教材（共16种） | 2012 | 梁海波、刘春青、宋爱华等 编 |
| 教育部财政部中等职业学校教师素质提高计划系列丛书（共5种） | 2012 | 外研社 组编 |
| 今日汉语 | 2013 | 王晓彤、张惠芬、孔繁清等 编 |
| E英语教程 | 2013 | 葛宝祥、王利民 总主编 |

| 书名 | 出版年份 | 作（编、译）者 |
|---|---|---|
| 知行英语 | 2014 | 杨治中 总主编 |
| 现代汉语规范词典（第3版） | 2014 | 李行健 主编 |
| 公共基础课"十二五"职业教育国家规划教材（共11种） | 2014 | 时勘、杨铁黎、毕结礼等 主编 |
| 悠游国际少儿英语 | 2015 | 张连仲 主编，[英] Tracy Traynor 等 著 |
| 新一代大学英语 | 2015 | 王守仁、文秋芳 总主编 |
| 大学思辨英语教程 | 2015 | 孙有中 总主编 |
| 新交际英语 | 2015 | 李筱菊、仲伟合 总主编 |
| 新视野大学英语（第三版） | 2015 | 郑树棠 总主编 |
| 捷进英语 | 2015 | 石坚 总主编 |
| 新技能英语 | 2015 | 张连仲 总主编 |
| 剑桥通用五级考试官方真题 | 2016 | 英国剑桥大学外语考试部、英国剑桥大学出版社 著 |
| 新标准大学英语（第二版） | 2016 | [英] Simon Greenall、文秋芳 总主编 |
| 乐学英语 | 2017 | 外研社 组编 |
| 新语文 | 2017 | 赵鑫、卢华 等主编 |
| 阳光英语分级阅读 | 2017 | [新西兰] Joy Cowley等 著，[英] Eric Kincaid等 绘 |
| 新生代英语 | 2017 | 顾曰国 总主编 |
| 新一代大学英语（基础篇、提高篇） | 2018 | 王守仁 总主编 |

| 书名 | 出版年份 | 作（编、译）者 |
|---|---|---|
| 雅思词汇真经 | 2018 | 刘洪波 编著 |
| Light Up Science（科学） | 2018 | [英] Philip Adey、[英] Bob Kibble 主编 |
| 多维阅读 | 2018 | 王蔷、[新西兰] Jill Eggleton 主编 |
| 学在中国汉语强化系列教材 | 2019 | 金晓艳、刘涛 总主编 |
| 新编大学语文（第五版） | 2019 | 丁帆、朱晓进、徐兴无 主编 |
| 苹果英语考研红皮书系列 | 2019 | 张剑、李剑、王江涛等 编 |
| **多语种图书** | | |
| 俄语（高等学校教材） | 1980 | 黑龙江大学俄语系 编 |
| 当代苏联文学原著选读 | 1985 | 北京外国语学院俄语系 编 |
| 老挝语 | 1988 | 肖礼海 编著 |
| 无师自通日本语口语 | 1990 | 陶振孝、靳平妥 编译 |
| 日语会话 | 1990 | 北京外国语学院日语系基础教研室 编 |
| 目标：强化德语教程 | 1991 | 肖佩玲、段生根、张人杰等 编 |
| 现代西汉汉西词典 | 1991 | 毛金里等 编 |
| 现代日汉汉日词典 | 1991 | 王洋等 编 |
| 法语 | 1992 | 马晓宏等 编 |
| 泰语 | 1992 | 卢居正等 编 |
| 现代俄汉双解词典 | 1992 | 张建华等 编 |

| 书名 | 出版年份 | 作（编、译）者 |
|---|---|---|
| 瑞典语 | 1993 | 杨迟 编 |
| 韩国语入门 | 1995 | 苗春梅等 编 |
| 大学法语简明教程 | 1995 | 薛建成 主编 |
| 日本语基本动词词典 | 1996 | 陶振孝、于日平 编注 |
| 新日语基础教程 | 1998 | ［日］财团法人海外技术者研修协会 编著 |
| 匈牙利语教程 | 1998 | 龚坤余 编 |
| 现代西班牙语 | 1999 | 董燕生、刘建 编 |
| 朗氏德汉双解大词典 | 2000 | 叶本度 主编 |
| 现代法汉汉法词典 | 2000 | 徐秀芝等 编 |
| 现代意汉汉意词典 | 2000 | 王焕宝、王军、沈萼梅、柯宝泰 编 |
| 基础日语教程 | 2000 | 朱春跃、彭广陆 主编 |
| 新世纪日本语教程 | 2001 | 清华大学外语系 编 |
| 拉鲁斯法汉双解词典 | 2001 | 薛建成等 编译 |
| 大家的日语 | 2002 | 日本侏式会社 编著 |
| 新编阿拉伯语 | 2002 | 国少华 主编 |
| 新编大学罗马尼亚语 | 2002 | 丁超、冯志臣 编 |
| 新编大学德语 | 2002 | 朱建华 主编 |
| 走遍德国 | 2002 | ［德］阿尔布雷希特 编著 |

| 书名 | 出版年份 | 作（编、译）者 |
|---|---|---|
| 新世纪大学日语 | 2003 | 郑玉和、[日] 水谷信子 主编 |
| 越南语 | 2003 | 秦赛南 编著 |
| 现代德汉汉德词典 | 2003 | 窦学富等 编 |
| 新标准德德语强化教程 | 2003 | [德] 奥夫德斯特拉斯 编 |
| 土耳其语 | 2004 | 李智育、周正清 编著 |
| 现代韩中中韩词典 | 2004 | 李武英等 编 |
| 外研社日汉双解学习词典（增补本） | 2005 | 日本株式会社旺文社 编著 |
| 俄汉双解小词典 | 2005 | 李德发等 编译 |
| 新世纪法汉大词典 | 2005 | 陈振尧 主编 |
| 基础马来语 | 2005 | 苏莹莹、赵月珍 编著 |
| 新标准韩国语 | 2006 | [韩] 金重燮等 著、苗春梅等 译 |
| 当代大学德语 | 2006 | [德] 聂黎曦、梁敏 主编 |
| 走遍法国 | 2006 | [法] 卡佩勒、[法] 吉东 著，吴云凤、胡瑜 编译 |
| 日语精读 | 2006 | 宿久高等 主编 |
| 汉语800字（80个语种） | 2007 | 《汉语800字》编写组 编 |
| 新编大学德语（第二版） | 2007 | 朱建华 主编 |
| 新世纪韩国语系列教程 | 2007 | 朴银淑 总主编 |

| 书名 | 出版年份 | 作（编、译）者 |
|---|---|---|
| 大学意大利语教程 | 2007 | 王军 主编 |
| 走遍俄罗斯 | 2007 | 周海燕 编译 |
| 走遍韩国 | 2007 | 韩国新罗大学、中国对外经济贸易大学 合著 |
| 走遍西班牙 | 2008 | [西] 马丁内斯等 著，王磊 编译 |
| 新世纪日汉双解大辞典 | 2009 | 邵延丰 中文版主编 |
| 大学俄语 | 2009 | 史铁强 总主编 |
| 大学葡萄牙语 | 2009 | 叶志良 编著 |
| 法语（修订本） | 2009 | 马晓宏等 编著 |
| 外研社·三省堂日汉汉日词典 | 2009 | [日] 杉本达夫等 编 |
| 无师自通韩国语 | 2010 | [韩] 郑政德 编著 |
| 豪萨语 | 2010 | 孙晓萌、程汝祥 编著 |
| 走遍日本 | 2010 | 王精诚 总主编，沈丽芳 主编 |
| 快乐韩国语 | 2010 | 韩国语教育文化院 著 |
| 朗氏德汉双解大词典（修订版） | 2010 | 叶本度 主编 |
| 文化视窗高级德语教程 | 2011 | 钱敏汝 主编 |
| 现代越南语 | 2011 | 秦赛南 编著 |
| 新明解日汉词典 | 2012 | [日] 金田一京助、[日] 山田忠雄等 编著 |
| 韩汉双解基础韩国语学习词典 | 2012 | [韩] 任洪彬 编著，赵新建等 译 |

| 书名 | 出版年份 | 作（编、译）者 |
|---|---|---|
| 朗氏德语大词典（德德版） | 2012 | [德] 哥茨等 编著 |
| "汉外对照"多语种汉语学习词典系列（45个语种） | 2013 | 北京外国语大学汉语国际推广多语种基地 组编 |
| 你好！法语 | 2013 | 王海燕 主编 |
| 现代西班牙语阅读教程 | 2013 | 郑书九 主编 |
| 新经典日本语教程 | 2014 | 刘利国、宫伟 总主编 |
| 走遍巴西 | 2014 | [巴西] 艾玛·艾波琳等 著，叶志良 著，张剑波 编译 |
| 汉法大词典 | 2014 | 黄建华 主编 |
| 快乐韩国语（第二版） | 2015 | 韩国易通韩语学院 著 |
| 老挝语 | 2015 | 陆蕴联 编著 |
| 现代西班牙语 | 2015 | 董燕生、刘建 编 |
| 致用日语 | 2016 | 赵平 总主编 |
| 基础土耳其语教程 | 2016 | 刘钊、李智育等 编著 |
| 你好！西班牙语 | 2016 | [西] 安娜·C. 哈维斯等 编著 |
| 高丽大学韩国语 | 2016 | 韩国高丽大学韩国语文化教育中心等 编著 |
| 大家的日语（第二版） | 2017 | 日本3A出版社等 编著 |
| 新经典法语 | 2017 | 傅荣 总主编 |
| 新世纪韩国语系列教程 | 2018 | 朴银淑 总主编 |

| 书名 | 出版年份 | 作（编、译）者 |
|---|---|---|
| 现代印地语 | 2018 | 陈泽华、张德福 编著 |
| 少儿类图书 | | |
| Pingu学英语 | 2002 | [英] Diana Webster、[英] Anne Worrall 编著 |
| 快乐星球系列 | 2004 | 杨鹏、胡红兵等 著 |
| Noddy来啦！（双语故事书） | 2004 | [英] Chorion公司 编 |
| 聪明豆绘本系列（第一辑） | 2005 | [英] 朱莉娅·唐纳森 著，任溶溶 译 |
| 小鲤鱼历险记 | 2007 | 外语教学与研究出版社出版社 编 |
| 大山叔叔讲故事 | 2008 | [加] 大山 编著 |
| 剑桥少儿英语考试全真试题 | 2008 | [英] 剑桥大学ESOL考试部 编写 |
| 迪士尼英语家庭版系列读物 | 2009 | 美国迪士尼公司 编 |
| 中国儿童文学60周年典藏 | 2009 | 王泉根 主编 |
| 布奇乐乐园 | 2009 | 外研社儿童发展中心 编著 |
| 小书房世界经典文库 | 2010 | 金波 主编 |
| 外研社丽声拼读故事会 | 2011 | [英] 朱莉娅·唐纳森 著 |
| 温妮女巫魔法绘本 | 2012 | [澳] 瓦莱丽·托马斯 文、[英] 科奇·保罗 图，任溶溶 译 |
| 小小聪明豆绘本系列（第一辑） | 2012 | [德] 阿克塞尔·舍夫勒 著绘，胡臻 译 |
| 顶尖科学家的7堂启蒙课 | 2012 | [德] 乌尔里希·扬森等 编，[德] 克劳斯·恩西卡特 绘，王泽等 译 |

| 书名 | 出版年份 | 作（编、译）者 |
|---|---|---|
| 领先阅读·X计划 | 2012 | 王蔷 主编 |
| 丽声经典故事屋 | 2013 | [英] 亚历克斯·莱恩等 改编，[英] 儒拉·梅特卡夫等 绘，王露思等 译 |
| 丽声妙想英文绘本 | 2014 | [英] 朱莉·埃利斯等 著 |
| 丽声瑞格叔叔自然拼读法 | 2014 | [南非] Graig Wright, Julia Chang Wright（张玉燕）编著 |
| 中国动画黄金典藏 | 2015 | 上海美术电影制片厂 编著 |
| 利奥叔叔历险记 | 2015 | [以色列] 亚纳兹·利维 著 |
| 大猫英语分级阅读系列 | 2015 | [英] Shoo Rayner等 著，[英] Shoo Rayner 等绘 |
| 语感启蒙经典英文儿歌图画书系列 | 2015 | 英国光脚丫童书社等 著 |
| 做孩子最好的英语学习规划师：中国儿童英语习得全路线图 | 2015 | 盖兆泉 著 |
| 温妮女巫魔法绘本（珍藏版） | 2016 | [澳] 瓦莱丽·托马斯 著，[英] 科奇·保罗 绘，任溶溶 译 |
| 我的第一套鹅妈妈童谣 | 2016 | [美] Rozanne Lanczak Williams 著 |
| 丽声瑞格叔叔自然拼读法（青少版） | 2016 | [南非] Graig Wright, Julia Chang Wright（张玉燕）编著 |
| 我的第一套自然拼读故事书 | 2017 | [美] Lynn Maslen Kertell等 著 |
| 丽声英语分级读物 | 2017 | 王蔷 主编 |
| 聪明豆绘本系列（珍藏版） | 2017 | [英] 朱莉娅·唐纳森等 著，[德] 阿克塞尔·舍夫勒等 绘 |

| 书名 | 出版年份 | 作（编、译）著 |
|---|---|---|
| 大猫自然拼读系列 | 2017 | ［英］Robyn Lever等著，［克罗地亚］Tomislav Zlatic等绘 |
| 沈石溪和他喜欢的动物小说 | 2017 | 沈石溪，［加］E. T. 西顿著 |
| 托马斯和朋友英语启蒙分级绘本 | 2018 | 英国HIT娱乐有限公司编著 |
| 悠游阅读・成长计划 | 2018 | ［美］黛比・戈德曼等著 |
| 美国国家地理儿童英语分级读物 | 2018 | 美国国家地理学会 著 |
| 丽声北极星分级绘本 | 2018 | 王蔷 主编 |
| 丽声成长树英文绘本 | 2018 | ［英］Margaret Nash等著 |
| 丽声快乐自然拼读教程 | 2018 | ［英］Sue Lloyd等 著 |
| 黑衣公主 | 2018 | ［美］香农・黑尔，［美］迪安・黑尔 著 |
| 七色龙汉语分级阅读 | 2018 | 戴凯琪等 编著 |
| 泥潭农场 | 2018 | ［英］迈克尔・莫波格 著 |
| 丽声三叶草分级读物 | 2019 | ［澳］卡梅尔・赖利等 著 |
| 海盗鼠寻亲历险记 | 2019 | ［澳］卡梅伦・斯特尔泽 著/绘 |
| 番茄博士双语百科 | 2019 | ［英］约翰・法恩登等 著 |
| 学术类图书 | | |
| 论契合：比较文学研究集 | 1985 | 王佐良 著 |
| 话语语言学论文集 | 1989 | 王福祥、白春仁 主编 |

| 书名 | 出版年份 | 作（编、译）者 |
|---|---|---|
| 论外语教学 | 1989 | 付克 著 |
| 法国文学史 | 1989 | 陈振尧 主编 |
| 翻译：思考与试笔 | 1989 | 王佐良 著 |
| 英语的教与学 | 1989 | 胡文仲 著 |
| 德语情态小品词 | 1989 | 刘芳本 著 |
| 英语简史 | 1990 | ［英］费尔南德·莫塞 著，水天同等 译 |
| 中国英语教学 | 1990 | 中国英语教学国际讨论会 编 |
| 许国璋论语言 | 1991 | 许国璋 著 |
| 文苑（3） | 1991 | 王佐良 主编 |
| 斯拉夫语通论 | 1991 | 信德麟 编著 |
| 论新开端：文学与翻译研究集 | 1991 | 王佐良 著 |
| 周珏良文集 | 1994 | 周珏良 著 |
| 文化与语言（论文集） | 1994 | 王福祥等 编 |
| 文化与交际 | 1994 | 胡文仲 主编 |
| 北京外国语大学语言学研究丛书（9种） | 1994 | 刘润清、胡壮麟 主编 |
| 澳大利亚文学论集 | 1994 | 胡文仲 著 |
| 洪堡特——人文研究和语言研究 | 1995 | 姚小平 著 |
| 英语修辞大全 | 1995 | 冯翠华 著 |

| 书名 | 出版年份 | 作（编、译）者 |
|---|---|---|
| 当代英国文学论文集 | 1996 | 张中载 著 |
| 中国语言学现状与展望 | 1996 | 许嘉璐等 主编 |
| 北京外国语大学外国文学史丛书（22种） | 1999 | 外研社 组编 |
| 北京外国语大学跨文化交际研究丛书（10种） | 1999 | 外研社 组编 |
| 俄语语体研究 | 1999 | 白春仁等 著 |
| 面向21世纪深化大学外语教学改革 | 1999 | 井升华 主编 |
| 当代国外语言学与应用语言学文库（112种） | 2000 | 外研社 组编 |
| 中国德语教学论文集 | 2000 | 高等学校外语专业指导委员会德语组 编 |
| 功能主义纵横谈 | 2000 | 胡壮麟 著 |
| 澳大利亚语言与文化 | 2000 | 杜学增 著 |
| 英美文学文库（30种） | 2004 | 外研社 组编 |
| 应用语言学实践系列（10种） | 2005 | 外研社 组编 |
| 外研社翻译研究文库 | 2006 | 外研社 组编 |
| 德意志文化研究 | 2006 | 殷桐生 编 |
| 季羡林全集 | 2009 | 季羡林 著 |
| 《自然》百年科学经典 | 2009 | [英]Sir John Maddox、[英]Philip Campbell、路甬祥 主编 |
| Learning in Doing·剑桥英语课堂教学系列（10种） | 2009 | 外研社 组编 |

| 书名 | 出版年份 | 作（编、译）者 |
|---|---|---|
| 《自然》学科经典系列：化学的进程（英汉对照） | 2011 | [英] Philip Ball、朱道本、万立骏 主编 |
| 全国高等学校外语教师丛书 | 2011 | 文秋芳等 著 |
| 语言资源与语言规划丛书（11种） | 2012 | 徐大明等 主编 |
| 中国外语教育年度报告 | 2013 | 文秋芳、徐浩 主编 |
| 西方语言学流派（修订版） | 2013 | 刘润清 编著 |
| 英语发展史 | 2014 | 张勇先 著 |
| 超越市场与超越政府——论道德力量在经济中的作用（汉英对照） | 2015 | 历以宁 著 |
| 英汉功能语言学入门丛书 | 2015 | 黄国文、何伟 总主编 |
| 公共服务领域英文译写指南 | 2016 | 教育部语言文字信息管理司 组编 |
| 外语学术核心术语丛书 | 2016 | 外研社 组编 |
| 王佐良全集 | 2016 | 王佐良 著 |
| 外语学科中青年学者学术创新丛书 | 2017 | 外研社 组编 |
| 语言与文化——英汉语言文化对比 | 2018 | 邓炎昌、刘润清 著 |
| 西学史丛书（3种） | 2018 | 外研社 组编 |
| 五卷本英国文学史（5种） | 2018 | 王佐良、周珏良、李赋宁、吴景荣 主编 |
| 外国文学研究文库第一辑（9种） | 2018 | 金莉 主编 |
| 改革开放的先声——中国外语教育实践探索 | 2018 | 曾天山、王定华 主编 |

| 书名 | 出版年份 | 作（编、译）者 |
|---|---|---|
| 战时中国农村的风习、改造与抵拒——兴隆场（1940—1941） | 2018 | [加] 伊莎白、[美] 柯临清 著，邵达 译 |
| 外语学科核心话题前沿研究文库 | 2019 | 外研社 组编 |
| 英语教师专业素养丛书（2种） | 2019 | 顾永琦、余国兴 主编 |
| 外国文学研究文库第二辑（10种） | 2019 | 金莉 主编 |
| 民族复兴的强音——新中国外语教育70年 | 2019 | 王定华、曾天山 主编 |
| 大众文化类图书 | | |
| 九十年代英语系列丛书第一辑：世界文学名著系列（英语原版） | 1991 | 外研社 组编 |
| 学生英语文库 | 1991 | 外研社 组编 |
| 九十年代英语系列丛书第二辑：世界畅销书系列（英语原版） | 1992 | 外研社 组编 |
| 九十年代英语系列丛书第三辑：实用英语系列（英汉对照） | 1992 | 外研社 组编 |
| 九十年代英语系列丛书第四辑：娱乐英语系列（英汉对照） | 1992 | 外研社 组编 |
| 九十年代英语系列丛书第五辑：中学英语读物系列（英汉对照） | 1992 | 外研社 组编 |
| 九十年代英语系列丛书第六辑：简易世界文学名著系列（英汉对照） | 1992 | 外研社 组编 |
| 欧洲文化入门 | 1992 | 王佐良、祝珏、李品伟、高厚坤 主编 |
| 行动起来，为了德国 | 1995 | [德] 赫尔穆特·施密特 著 |

| 书名 | 出版年份 | 作（编、译）者 |
|---|---|---|
| 书虫·牛津英汉双语读物 | 1997 | 外研社、牛津大学出版社 组编 |
| 德语文学名著丛书 | 1997 | 外研社 组编 |
| 中国文化要略 | 1998 | 程裕祯 著 |
| 大师经典文库 | 1998 | 外研社 组编 |
| 中国文学宝库系列 | 1999 | 外研社、中国文学出版社 组编 |
| 安娜·卡列尼娜（上、下）（俄语文学名著丛书） | 2000 | 余一中 注释 |
| 世界人物画传 | 2000 | 外研社 组编 |
| 外研社·DK英汉对照百科读物 | 2002 | 外研社、英国DK公司 组编 |
| 外研社·剑桥英语分级读物 | 2002 | 外研社、剑桥大学出版社 组编 |
| 国家地理科学探索丛书 | 2003 | 外研社、美国国家地理学会 组编 |
| 为了13亿人的教育 | 2004 | 李岚清 著 |
| 斑斓阅读·外研社英汉双语百科书系（49本） | 2005 | 外研社、牛津大学出版社 组编 |
| 轻松英语名作欣赏 | 2007 | 外研社 组编 |
| 外国文学经典：月亮石系列 | 2007 | 外研社 组编 |
| 中国文化读本 | 2008 | 叶朗、朱良志 著 |
| 突围——国门初开的岁月 | 2009 | 李岚清 著 |
| 泰戈尔英汉双语诗集 | 2010 | [印]泰戈尔 著 |
| 博雅双语名家名作 | 2010 | 外研社 组编 |

| 书名 | 出版年份 | 作（编、译）者 |
|---|---|---|
| 这个世界会好吗？——梁漱溟晚年口述（双语精选本） | 2010 | 梁漱溟、[美]艾恺 著，[美]艾恺 译 |
| 书虫·牛津英汉双语读物（美绘光盘版） | 2010 | 外研社、牛津大学出版社 组编 |
| 在彼处：大使演讲录 | 2011 | 傅莹 著 |
| 为什么研究中国建筑（英汉对照） | 2011 | 梁思成 著 |
| 心声集（英汉对照） | 2012 | 马凯 著，凌原 译 |
| 书业十记 | 2012 | 吴伟、[英]潘仕勋 著 |
| 天桥 | 2012 | 熊式一 著 |
| "中国故事"双语读物系列 | 2012 | 史铁生等 著 |
| 演讲的艺术 | 2013 | [美]斯蒂文·E.卢卡斯 著，顾秋蓓 译 |
| 北平历史地理 | 2013 | 侯仁之 著 |
| 名著名译汉英双语文库 | 2013 | 黄健人、孙致礼等 译 |
| 普京演讲集 | 2014 | [俄]弗拉基米尔·普京 著，黄玫 主编 |
| 父与子全集（英汉双语典藏版） | 2014 | [德]卜劳恩 著 |
| 立场—辩证思维训练丛书 | 2014 | [美]Thomas Easton等 编 |
| "译家之言"系列 | 2014 | 外研社 组编 |
| 莎士比亚全集·英文本（39种） | 2014 | [英]威廉·莎士比亚 著，[英]Jonathan Bate、[美]Eric Rasmussen 编 |
| 百科通识文库系列（中文版） | 2015 | 外研社 组编 |
| 科学美国人精选系列 | 2015 | 《环球科学》杂志社、外研社科学出版工作室 编 |

| 书名 | 出版年份 | 作(编、译)者 |
|---|---|---|
| 青少年科学素养文库 | 2015 | 外研社 组编 |
| 中国历史文化导论英文版An Introduction to Chinese History and Culture | 2015 | 张岂之 著 |
| 林语堂英译诗文选 | 2015 | 林语堂 著 |
| 中国人的生活故事 | 2016 | 孔子学院总部/国家汉办 编 |
| 天堂的色彩(罗马尼亚语版) | 2016 | 吉狄马加 著 |
| 人文传统系列 | 2016 | [美] Gloria K.Fiero 著 |
| 莎士比亚全集·英汉双语本(39种) | 2016 | [英] 威廉·莎士比亚 著, [英] Jonathan Bate、[英] Eric Rasmussen 英文主编, 辜正坤汉译主编, 辜正坤等译 |
| 莎士比亚全集·中文本(39种) | 2016 | [英] 威廉·莎士比亚 著, 辜正坤 汉译主编, 辜正坤等译 |
| 中国文化读本(第2版) | 2016 | 叶朗、朱良志 著 |
| 中国文化要略(第4版) | 2017 | 程裕祯 著 |
| 中国笔墨 | 2017 | 潘公凯 著, [美] 沈慧伟 译 |
| 中国文人园林 | 2017 | 陈从周 著, 凌原 译 |
| 步客口袋书系列 | 2017 | 外研社 组编 |

| 书名 | 出版年份 | 作（编、译）者 |
|---|---|---|
| 夏日终曲 | 2018 | [美] 安德烈·艾席蒙 著 |
| 世界名人小传英汉双语阅读 | 2018 | Aman Chiu 著，Johnson Chiang 绘 |
| 英诗经典名家名译 | 2018 | 外研社 组编 |
| 格雷厄姆·格林作品系列 | 2019 | [英] 格雷厄姆·格林 著 |
| 中国文化要略（彩色插图本） | 2019 | 程裕祯 著 |
| 这就是中国：中国日常文化 | 2019 | 莫旭强、邓炯、余珊 编著 |
| 莎士比亚四大悲剧（精装典藏版） | 2019 | [英] 威廉·莎士比亚 著，[英] Jonathan Bate、[美] Eric Rasmussen 英文主编，辜正坤汉译主编，辜正坤、许渊冲、彭镜禧 译 |
| 金秘书为何那样 | 2019 | [韩] 郑景允 著 |

| 名称 | | 作（编、译）者 |
|---|---|---|
| 多媒体及数字产品 | | |
| 走向未来 | | [英] 奥耐尔等 著，刘黛琳、鄂鹤年等 改编 |
| 初级电视英语 | | 张道真 编著 |
| 维克多英语 | | 希莫兹咨询公司版权所有 |
| 维克多英语辅导 | | 外语教学与研究出版社出版发行 |
| 走遍美国 | | 周奇勋 主持改编 |
| 电视俄语 | | 张金兰、郑明秋 编 |

| 名称 | 作（编、译）者 |
| --- | --- |
| 许国璋电视英语 | 许国璋 主编 |
| 进步美语：SBS新英语教程（电视自学版） | [美] Steven J. Molinsky、[美] Bill Bliss 著 |
| 随大山访问加拿大 | 冯存礼、孙建华 编著 |
| TPR儿童英语 | 龚亚夫 编 |
| 学英语300句 | 陈琳 编著 |
| 汉语世界 | 外研社对外汉语编辑室 编 |
| 当代大学英语（光盘） | 外研社 |
| 五六一文化工程·民族文化经典故事广播剧（CD） | 王泉根 主编 |
| 英语（新标准）（动画DVD） | 外研社 |
| 网上新标准 | 外研社 |
| 掌上新标准 | 外研社 |
| 外研通VT-9云智智能点读笔 | 外研社 |
| 外研通VT-8c云享智能点读笔 | 外研社 |

| 刊物名称 | 期刊类别 | 主管单位 | 出版单位 |
|---|---|---|---|
| | 现有期刊 | | |
| 外语教学与研究 | 南大核心期刊（C刊） | 北京外国语大学 | 外研社 |
| 外国文学 | 南大核心期刊（C刊） | 北京外国语大学 | 外研社 |
| 国际论坛 | 南大核心期刊（C刊） | 北京外国语大学 | 外研社 |
| 国际汉学 | 南大核心期刊（C刊） | 北京外国语大学 | 外研社 |
| 外语教育研究前沿（原中国外语教育） | 南大核心期刊扩展版（C扩） | 北京外国语大学 | 外研社 |
| 中国应用语言学（英文） | 普通期刊 | 北京外国语大学 | 外研社 |
| 法语国家与地区研究（中法文） | 普通期刊 | 北京外国语大学 | 外研社 |
| 德语人文研究 | 普通期刊 | 北京外国语大学 | 外研社 |
| 区域与全球发展 | 普通期刊 | 北京外国语大学 | 外研社 |
| 俄语学习 | 普通期刊 | 北京外国语大学 | 外研社 |
| 国际汉语教育（中英文） | 普通期刊 | 北京外国语大学 | 外研社 |
| 中国ESP研究 | 集刊 | 北京外国语大学 | 外研社 |
| 德语国家资讯与研究 | 集刊 | 北京外国语大学 | 外研社 |
| 语料库语言学 | 集刊 | 北京外国语大学 | 外研社 |
| 语言政策与规划研究 | 集刊 | 北京外国语大学 | 外研社 |
| 翻译界 | 集刊 | 北京外国语大学 | 外研社 |
| 跨文化研究论丛 | 集刊 | 北京外国语大学 | 外研社 |

| 刊物名称 | 期刊类别 | 主管单位 | 出版单位 |
|---|---|---|---|
| 英语文学研究 | 集刊 | 北京外国语大学 | 外研社 |
| 北外教育评论 | 集刊 | 北京外国语大学 | 外研社 |
| 江苏外语教学研究 | 集刊 | 南京师范大学 | 外研社 |

**图书在版编目（CIP）数据**

长风破浪：外研社 40 年改革发展史：1979—2019. 下卷 ／ 外研社社史
编写组编著. —— 北京：外语教学与研究出版社，2019.9
ISBN 978-7-5213-1178-5

Ⅰ. ①长… Ⅱ. ①外… Ⅲ. ①外语教学与研究出版社 - 新闻事业史 -
1979-2019 Ⅳ. ①G239.22

中国版本图书馆 CIP 数据核字 (2019) 第 198108 号

出 版 人　徐建忠
责任编辑　李　扬
责任校对　陈　宇
装帧设计　孙莉明
出版发行　外语教学与研究出版社
社　　址　北京市西三环北路 19 号（100089）
网　　址　http://www.fltrp.com
印　　刷　北京盛通印刷股份有限公司
开　　本　710×1000　1/16
印　　张　69
版　　次　2020 年 1 月第 1 版 2020 年 1 月第 1 次印刷
书　　号　ISBN 978-7-5213-1178-5
定　　价　196.00 元（全二册）

购书咨询：（010）88819926　电子邮箱：club@fltrp.com
外研书店：https://waiyants.tmall.com
凡印刷、装订质量问题，请联系我社印制部
联系电话：（010）61207896　电子邮箱：zhijian@fltrp.com
凡侵权、盗版书籍线索，请联系我社法律事务部
举报电话：（010）88817519　电子邮箱：banquan@fltrp.com
物料号：311780001

记载人类文明
沟通世界文化
www.fltrp.com